本书由河南文化传播与社会发展研究中心、
洛阳师范学院“中国语言文学”一级学科资助出版

宋代墓誌輯釋

郭茂育　劉繼保　編著

中州古籍出版社

序

進入二十一世紀以來，我們驚喜地看到，國內有關古代石刻的各種圖錄、彙集與研究著作如雨後春筍般紛紛湧現。僅近十年間出版的歷代石刻著錄數量已經遠遠超過二十世紀中出版的全部石刻著錄。尤其是全國各省、市、縣獨自整理編著的地方石刻集錄，佔有相當大的比重，這與各地文博歷史學者的辛勤努力及地方領導的重視是分不開的。如此豐碩的研究成果，顯示出石刻研究的學術春天已經到來。

作為中國歷史文化名城的洛陽地區，歷史資源極其豐富，歷代石刻層出不窮。除去著名的全國重點文物保護單位新安千唐志齋與關林石刻藝術館等重要收藏外，洛陽市與各縣博物館中也收藏有大量石刻資料。以往已有黄明蘭、朱亮編著的《洛陽名碑集釋》、劉景龍編著的《龍門石窟碑刻題記匯錄》以及《洛陽新出土墓誌》《洛陽新出土墓誌續編》等多種大型石刻著錄出版。洛陽地區的民間收藏家們也陸續編印了《邙洛墓誌三百種》《河洛墓刻拾零》《新出唐志百種》《洛陽新獲七朝墓誌》等新近流入坊間的墓誌材料。這些著錄，為古代歷史文化研究與洛陽考古提供了寶貴的原始資料，也使我們看到了洛陽市的學者們對於收藏和研究古代石刻的無比熱情。

洛陽師範學院圖書館郭茂育研究館員新編著的《宋代墓誌輯釋》一書，就是這種學術熱情的又一次燦爛體現。

郭茂育先生從2010年開始留意宋代墓誌，通過購買、交換等手段，陸續積累了墓誌拓片200餘件。這些墓誌大多是新出土或尚未發表的墓誌，少量為其他書籍已經刊登過圖版的墓誌。這批墓誌中蘊含了極其寶貴的史實，可以為宋史研究者提供最新的資料。它們的整理出版是一個造福學界的大好消息。

古代墓誌的整理研究，從上世紀八十年代起日益被學術界所重視，已經取得了豐盛的成果。華夏古國歷來重視史載，墓誌則是重要的史料來源之一。自漢魏南北朝起，書刻墓誌的喪葬禮制逐漸定型，由此延至明清時期，一千多年來，在中國大地上埋設下了難以計數的各種墓誌，而後也多有出土問世。在學界的努力下，陸續出土的歷代墓誌現在都逐漸被彙集整理成書。但是限於地域廣大，材料分散，各種著錄都很難做到完整全面。因此，各地各種石刻著錄的出版，都在填補着有關空白，擴展着我們的認識。每一種著錄都有其存在的重要價值。而像郭茂育先生收集的這些形制巨大、內涵豐富的精美宋代墓誌，就更是值得我們珍視的寶貴資料了。

我在總結二十世紀出土石刻情況的小書《古代石刻》中歸納過，當時已發表的新出土宋代墓誌近三百件，就其分佈情況來看，在中原的各個省市都有所發現，其中出土墓誌數量較多的主要有河南、江西、陝西、江蘇與浙江等地。雖然由於發表材料並不夠完全，不能貿然就現有情況斷定這些地區就是當時使用墓誌最普遍的地區，但由於宋代社會使用墓誌的人物主要是官員、貴族與士人等社會中上層人士，這些人士多聚居在政治中心與經濟較發達的地區，而河南、江蘇、浙江、江西等地在當時正屬於這樣的地區，從這一點來看，它們也應該是使用墓誌較多的地區。考古發現與當時的實際情況應該是比較吻合的。相對來說，南方的宋代墓誌多屬於南宋時期。而北宋的重要墓誌則集中于河南境內。如孟津出土的元豐七年十月十九日太常少卿、朝議大夫王尚恭墓誌，伊川出土的元豐八年十二月甲申彰德軍節度使、北京留守王拱辰墓誌，鞏縣出土的元祐九年二月乙酉宋神宗皇叔、魏王趙覩墓誌及其妻王氏墓誌，密縣出土的元祐九年八月壬申宣徽南院使、太子太保馮京墓誌及其妻富氏等墓誌，郟縣出土的宣和五年十月晦日著名文人蘇轍次子蘇適墓誌及其妻黄氏墓誌以及新鄭出土的北宋著名文人歐陽修子孫多人墓誌等，都是令宋史研究者們欣喜不已的重要史料。

此外，在河南鞏縣宋陵範圍内還出土了大量宋代陪葬於帝陵附近的宋室子孫及其家屬墓誌。這些墓誌中，大部分屬於宋太祖子[illegible]德昭、趙德芳的後裔，也有太子、公主與宗室親王等。它們的文字都很簡略，只記錄死者官職姓名等，形制近同，字體相似，可能是由皇宮内府統一製作的。説明當時陪葬有統一的管理制度與專責部門。已發表材料的這類墓誌有60餘件。南方的宋代墓誌，曾有陳柏泉先生的《江西出土墓誌》一書加以彙集。而現在郭茂育先生的大作，則在上述基礎上極大地擴充了宋代墓誌的新發現。

河南洛陽，在宋代被定為西京，位居陪都，兼以隋唐以來的都城餘韻，應該列於北宋時期最為富庶的文化昌明之地。不少高級官員祖業創建於此，致仕後退居於此，世代生息於此，從而建有祖孫延續安葬的大型家族墓地，也就給我們留下了大量精美的宋代墓誌，這在郭茂育先生彙集的材料中有着明確的體現。例如太平興國九年四月五日金紫光祿大夫守尚書右僕射石熙載墓誌、皇祐元年十二月庚申太子少師石中立墓誌、寶祐元年十二月庚申朝奉郎守國子博士上騎都尉石從簡墓誌與建中靖國元年二月二十九日朝請大夫石祖溫墓誌等，就是從石熙載開始，包括子石中立、孫石從簡、曾孫石祖溫四代的家族墓葬實證。這些墓誌中都明確記載，葬於河南府洛陽縣宣武原，石中立以下的墓葬都是“祔先僕射元懿公之塋”。石熙載、石中立等人在《宋史》中均有列傳。而這些墓誌中的詳細記載，則不僅大量補充了史籍所載，而且可以詳細地排列出石熙載家族的譜係與親姻關係，必然會有助於加深對於宋代官閥家族與宋代政治史的認識。

本書中，類似石熙載家族這樣在《宋史》中有傳記記載的重要官員家族墓誌還可舉出很多，如：天禧四年十二月十一日武勝軍節度鄧州管內觀察處置等使開府儀同三司檢校太尉兼侍中使持節鄧州諸軍事行鄧州刺史判河南府西京留守上柱國魏國公馮拯墓誌與崇寧三年十一月二十六日故宣德郎知鄜州洛交縣事馮貽孫墓誌，就是祖孫兩人的墓誌，記載了它們同是埋葬在偃師縣內的一個家族墓地中。馮拯作為宋真宗時期的重要官員，曾位居中樞，多次任相，在《宋史》中列有傳記。但是墓誌仍為我們提供了很多未見諸史載的材料，如《宋史·馮拯傳》僅記載了他的兩個兒子“行己、伸己”，而墓誌中則詳細記載：“有子九人，用己、恕己，並殿中丞；端己，宮苑副使；晦己，供奉官；稱己，大理寺丞；勤己，內殿崇班；行己，供奉官，皆閤門祇候；虛己、潔己，並太常寺奉禮郎，淑行美才，韡韡聯秀。婿三人，曰殿直張起，曰大理寺丞館閣校勘劉立禮，曰太常博士同判南京留守司皇甫泌。”近年來，對宋代家族制度的研究論文逐漸增多，如王善軍先生《宋代宗族與宗族制度研究》一書，對大宗族與社會的關係，宗族家產、家法、族規、譜係等都有深入的研究。這些墓誌提供的大族家庭情況，無疑是有關研究中的可貴實證。

古代墓誌與史籍記載的關係十分密切，有些文辭甚至同出一轍。這共同的出處可能就是古代官員的行狀。例如本書收錄的宋代著名文人程顥所撰熙寧十年二月丙申朝散大夫守光祿卿致仕上護軍李孝基墓誌，起首即稱“其孤以狀來請銘”。而我們看到墓誌中的多處記載與《宋史·李孝基傳》的記載相同。如墓誌載李孝基“慶曆中舉進士高第，仁宗召之墀下，注視久之，喜為宰相曰：‘此李某孫耶？能世其家，可嘉也。’……閬中江水大，上城且沒，捍守者皆散走，郡將招公亟去。公曰：‘孰當救斯人耶？’獨率所部，冒險而進，決水射旁穀，城獲存，所全活者蓋十餘萬計。舒吏受賕誣平民以殺人，獄具將決。公察其冤，力與守爭，留之三日，果得其情，吏皆伏辜，一郡大驚。”以及“晏元獻公嘗薦其文，宜在書館。時相有欲恩出於己者，候召公。公曰：‘朝廷名器可私請邪？’終不往，事遂格”，等等，均見於史傳。借此墓誌，既說明古代行狀的重要歷史作用，也讓我們更清楚地瞭解到古代對於人事行政檔案的保存情況以及修史的資料淵源。

以上僅就在正史中列傳的人物墓誌略作簡介，這裏還有眾多在史籍中可以見到的人物，如范仲淹的妻子，撰文的著名文人范祖禹、蔣之奇，篆蓋的名士梅堯臣，等等。可謂琳琅滿目，唇齒含香。此外，這裏還有比較罕見的北宋平民墓誌。在近年已經發掘的大量北宋平民墓葬中，只發現過極少量的簡劣磚石墓誌材料、鎮墓券與買地券以及一些書寫在墓室中的墓記。致使我們一度認為在北宋官方禮制限制平民使用墓誌。而本書中蒐集的熙寧十年十一月十三日張文玉墓誌，墓主僅是一名里正，卻也有鄉貢進士為之撰寫完整工致的墓誌。使我們修正了對宋代墓誌使用制度的認識。

對於該書收錄的豐富內容來說，這些例證不過是略見一斑。至於在書法藝術、文學欣賞等方面的受益，更不是我這篇小序所能盡言的。只好請讀者諸君自己到這一學術寶庫中盡情擷取吧。

《宋代墓誌輯釋》一書，也反映出洛陽學者們的團結合作精神，余扶危先生及其他一些學者曾對此書的編寫給予大力鼓勵和支持。因此，我願意也加入到支持保護華夏傳統文化的這一行列中，誠摯地向您推薦這一重要的歷史資料彙集成果。

趙　超

2015 年 1 月

凡例

一、全書文字使用規範的漢字（繁體字）。在釋文時，凡墓誌中出現的碑別字、俗體字、異體字、諱字則依正字錄之。

二、本書編排依誌主葬期先後為序，葬期早者在前，晚者在後。無葬期可考者，依卒年為序排列。有年無月者列於該年之末。

三、誌石因年代久遠，風雨剝蝕和出土過程中形成的刮痕、石花等，字跡無法辨識者，錄文中均用“□”標出。

四、為了便於檢索，誌主名諱均標注在誌文首行“（　）”內。

例如：宋故恒農楊公（光贊）墓誌銘。

五、本書收錄之墓誌，為保持原貌，目錄、釋文、圖版說明均用原首題。無首題者，由作者自擬標題。如《楊日休墓誌銘》，為作者自擬。

六、誌主索引依四角號碼順序排列。索引中誌主後的數碼為圖版和釋文的序號。

目 錄

圖版釋文

〇〇一　大宋故曹州節度使妻弘農郡夫人楊氏墓誌

彰信軍節度掌書記朝散大夫試大理司直兼殿中侍御史張謂撰

顯德六年（959）八月二十八日卒，同年十一月二十四日葬

誌文 26 行，滿行 26 字，行書。誌石長、寬均 51.5 厘米，洛陽出土。

釋文

○○一　大宋故曹州節度使妻弘農郡夫人楊氏墓誌

彰信軍節度掌書記朝散大夫試大理司直兼殿中侍御史張諤撰

維周顯德六年秋八月二十八日，夫人寢疾，薨於陝州公署，享年五十二。未亂有告曰："一日不起，請權窆於東京舊墳之側，以俟吉期，別卜安厝貴近先人丘隴也。"闔屬稟其明惠，一以從之。夫人信都饒陽人也，其先姬周貴緒，炎漢華宗，因其服冕，乘軒遂至，分葩散萼，清華之級，家諜詳焉。曾祖鳳，真定府功曹參軍；妣瑯邪王氏。祖翥，景城縣尉；妣汾陽郭氏。父顯，九門縣令；妣北海唐氏。夫人即是九門宰之長女也。夫人天縱柔和，生懷聰慧。才高詠絮，何慚謝弈門風；性本知音，不辱蔡邕家訓。洎禮成奠雁，敬展齊眉；綏撫六親，儀範九族。采蘩著頌，早光螓首之容；石窌疏封，更耀鵲巢之美。方期內贊，雅正未詳，何久禱以不靈，忽兩楹而遘禍。嗚呼！秦樓月照，空勞尋鸞鳳，縱由峽口雲歸，無處問神仙消息。夫人五男一女，女適江夏黃氏。男長曰重遇，殿前散指揮使；次令珂，威州衙內指揮使；次可鈞，殿直；次可勳，西頭供奉官；次可瓊，曹州衙內都指揮使。四人早世，今唯可勳、可瓊扶護侍中喪，自曹之洛，及梁發靷齊行，以其年十一月二十四日祔葬於洛陽北原金谷鄉，禮也。可謂有終有始，生共樂於華堂；不比不飛，歿同歸於幽壤。令珂新婦，天水趙氏；可勳新婦，清河張氏；可瓊新婦，潁川韓氏，并送葬焉。二子等痛極倚廬，情深泣血，恨劬勞之罔報，請刊勒以伸哀。諤豪乏苦辛，幸孤假託，止期實錄，不昧佳城，乃為銘曰：

粵有令族，久而彌芳。寒來暑往，振響騰光。爰生淑態，乃配忠良。孝稱九族，行謹五常。德高父母，賢過姬姜。內為贊輔，外播馨香。降年何促，忽云遘殃。載覩清晝，永閟玄堂。風蕭蕭兮白楊暗，草淒淒兮古道荒。寂寂寥寥兮何處覓，歲歲年年兮不可忘。

○○二　大宋故推誠奉義翊戴功臣彰信軍節度曹單等州觀察處置等使光祿大夫檢校太師使持節曹州諸軍事行曹州刺史兼御史大夫上柱國河內郡開國公食邑一千五百戶贈侍中藥公墓誌銘并序

前彰信軍節度掌書記朝散大夫試大理司直兼殿中侍御史張諤撰

建隆元年（960）八月二十六日卒，同年十一月二十四日葬

誌文 38 行，滿行 38 字，行書。誌石長、寬均 67 厘米，洛陽出土。

釋文

〇〇二　大宋故推誠奉義翊戴功臣彰信軍節度曹單等州觀察處置等使光禄大夫檢校太師使持節曹州諸軍事行曹州刺史兼御史大夫上柱國河内郡開國公食邑一千五百户贈侍中藥公墓誌銘并序

前彰信軍節度掌書記朝散大夫試大理司直兼殿中侍御史張謂撰

維皇宋元年秋八月二十六日公寢疾，薨於藩守，享年七十七。天子聞訃，嗟痛久之，輟朝兩日，遣使吊祭，贈侍中，崇禮異也。又周山折，夜壑舟藏，既罷市以興哀，諒牧民之有惠。陵谷慮遠，勳蹟聊書。公太原壽陽人也，其先少皞之苗裔，世因職業，因賜氏焉。拆派分流，始濫觴於一勺；傳枝易葉，遂輝爀於華宗。簪紱冠綏，家諜備載。曾王父道紀，王父規和，雲州左教練使、應州都知兵馬使，以公貴，贈千牛衛將軍、金吾衛將軍。曾王妣范氏，王父妣張氏，追封南陽縣君、清河縣君。列考紹言，檢校工部尚書，累贈司徒。妣閻氏，追封河南郡太夫人。公即是司徒令子也。嶽瀆孕靈，星辰鍾秀；幼不好弄，長乃沉機。見鴻圖百六之初，有豹變九三之趣。潛游侯甸，起足下之程；竟歷和門，展轂中之術。龍德中，歷邢、鄆、鄧等州聽頭軍使。天成間，轉拱、衛、威、和等指揮使。清泰末，又轉親從馬門等都指揮使。公倜儻有勇，果敢馳聲，累立戰功，亟承恩渥。天福初，授金紫光禄大夫，檢校司空，行深州刺史，兼進户封相次，兩移原州，首尾五年，周旋三任，每至罷秩，咸有去思。後除千牛衛將軍，隨駕澶淵，鬥敵醜虜。兵罷，授湊、威二州刺史，兼命統領師徒，剪除部落，開通靈武、青崗一路，援取迴鶻，進奉諸蕃。未及歸朝，又有詔旨，令攻收雍州趙思綰，孤城欲拔，又改充鳳翔行營馬步軍都虞候。持矛蘯寇，破川軍於石鼻關西，挑鞅攻城，陷逆壘於鳴雞祠畔。歸闕，授淄州刺史。未幾，徵還。屬以彭門，遽敢跋扈，召公充行營兵馬都監，盡其力也。城下授檢校司徒，行陳州防禦使，仍進户封袴襦，纔泳刁鬥。還興平陽告急於闕庭，丹鳳四徵於將帥，詔充西北面行營都指揮使，重圍立解，群賊奔歸，釖戟方擬於銷鎔，洙泗復云於僑抗。又詔充行營馬步軍都虞候，慕容夙在戎行，服公武略，杜門守把，不敢鬪敵，數月之間，盡誅朋黨。制授建雄軍節度，晉慈隰等州觀察處置等使。北軍不起，畏里稍之威稜；東道仍開，延青錢之事業。二年，移定國軍節度、同州管内觀察處置等使。旋召隨駕，攻討并門。師回，改授保義軍節度、陝虢等州觀察處置等使。六年在鎮，送迎無一日曾虧；八面受敵，遐邇仰五申之令。國家優寵，特移近藩，未及周星，以在降恩渥，就加檢校太師，兼進國公食邑。公從徵至著積行累功，無夷險以不登，是艱難而皆歷，聲揚名遂，冠古絕今。仁風喧六郡之中，惠愛布四鎮之内。比期犀節，臨濟水以長居；不謂龍泉，躍平津而不返。公娶河南賀氏、弘農楊氏，先公而終，繼室天水趙氏，皆閨庭積訓，蘭蕙爭芳。石窌疏封，俱耀雍和之德；鵲巢著泳，彌光婉娩之容。公五男一女，女適江夏黄氏。男長曰重遇，殿前散指揮使；次令珂，威州衙門指揮使；次可鈞，殿直；次可勳，西頭供奉官；次可瓊，曹州衙内都指揮使。雲情鶴態，士林之趣俱高；趙璧隋珠，寶肆之光交暎。四人早世，今唯可勳、可瓊護喪，自曹之洛。以其年十一月二十四日葬於洛陽北原金谷鄉，弘農郡夫人祔焉，禮也。深輟社痛極絕漿，欲報劬勞，請雕琬琰。謂披砂雖學，溲瓦無功，徽猷莫敘，於佳城實茂草，乃為銘曰：

元后臨軒，淒□□□。怪天有妬，疑神不明。壞我梁棟，毁我長城。一念前事，皆□□生。南攻北討，東戰西征。無所不去，所去俱平。實是心腹，真個股肱。褰惟漸貴，登壇益榮。平陽著頌，馮翊流聲。甘棠播美，陶丘積馨。方當重寄，俄忽云傾。柳翣動兮朝露泣，薤歌發兮愁雲興。卜京洛之北，宅瀍澗之濱。此時魂魄雖歸地，萬古聲光不化塵。

〇〇三　故檢校太尉同中書門下平章事使持節鄆濟等州觀察處置等使兼侍衛親馬步軍副都指揮使仍加食邑伍佰戶食實封貳佰戶中書令韓公（通）墓誌

前鄉貢進士陳保衡撰

建隆元年（960）正月二月二日葬

誌文 41 行，滿行 43 字，正書。誌石長 63.5 厘米、寬 63.5 厘米，洛陽出土。

〇〇三　故檢校太尉同中書門下平章事使持節鄆濟等州觀察處置等使兼侍衛親馬步軍副都指揮使仍加食邑伍佰戶食實封貳佰戶中書令韓公（通）墓誌

前鄉貢進士陳保衡撰

崇蘭之馥，信有敗於商颸；瑞玉之華，忽無薦於清廟。靡不有此，曷致厥中。我相公諱通，字仲達，太原人也。享年五十三，時耶命耶。歲在涒灘月戒太簇，卜葬事于洛水之北平樂鄉杜澤村，以隴西董氏、衛國蔣氏二夫人祔之，禮也。考祥誄德，宜屬辭人，□乃不才，遽承哀託，況預下賓，豈遑退讓。敢取魯史之文，直述往行，庶傳美於終古。惟韓氏之姓，華宗茂族，其來盛焉。若九曲洪河，千尋建木，不言知遠大矣。曾祖諱瑩，授太子太保。曾祖母京兆郡第五氏，封汧國夫人。祖授左驍騎衛將軍，贈太傅。祖母清河郡太君張氏，封衛國夫人。父諱章，授左龍武軍大將軍，贈太子太師。母譙郡太夫人李氏，封陳國太夫人。噫！山岳之厚，植貞操之材，長必為梁棟；賢哲之裔，產奇特之子，起必為公相。公即太師長子也，幼不好弄，則天付龍駒；長乃有謀，則神傳英略。漢高祖起義河東，軍伍之中見公，謂左右曰：此子有淵角之表。遂授銀青光祿大夫，檢校太子賓客兼侍御史，充飛騎尉。天福七禩，轉檢校國子祭酒兼御史中丞、驍騎尉，餘如故。劍埋豐部，難掩光芒；璞在荊山，終逢聖鑒。八年，超授檢校尚書右僕射，仍改賜忠貞佐聖功臣，餘如故。雲方捧日，漸窺舒卷之容；濟乃截溟，別展澄清之志。乾祐初，少帝嗣位，授檢校尚書右僕射。二年，轉檢校尚書左僕射、使持節雷州刺史，兼御史大夫。應分選之命，酬征伐之勞，竭勇志以策勳，盪袄巢而絕跡。大周廣順元年，太祖自鄴中，□以公混金璞玉，難拘瓦礫之間；附鳳攀龍，已極煙霄之上。轉金紫光祿大夫，超授檢校太保、使持節睦州諸軍事、睦州刺史，充本州防禦使兼御史大夫，封南陽縣開國男，食邑三百戶，仍改賜輸忠翊戴功臣，餘如故。孟冬，授檢校太保、使持節、永州諸軍事、永州刺史，充本州防禦使兼御史大夫。知豹略之精微，軍功衆□；奮鷹揚之志氣，忠節自持。三年，進封南陽郡開國侯，加食邑七百戶。仲夏，復授檢校太保，兼御史大夫，充保義軍節度觀察處置留後，功臣如故。顯德元年，授檢校太保、陝州大都督府長史兼御史大夫，充保義軍節度使，陝虢等州觀察處置等使，仍加食邑三百戶，功臣、散官如故。為明君之心腹，作聖代之爪牙。地接洛師，猶觀雄盛；津當陝服，須藉龍韜。仲秋，授檢校太傅，使持節、曹州諸軍事、曹州刺史，兼御史大夫，充彰信軍節度使，曹菓等州觀察處置等使，進封開國公，加食邑五百戶，仍改賜推誠奉義翊戴功臣，散官如故。三年，公特進授檢校太尉，持節許州諸軍事，行許州刺史，兼御史大夫，充忠武軍節度使，許蔡等州觀察處置等使，仍加食邑七百戶，功臣如故。五年，授檢校太尉，使持節宋州諸軍事，行宋州刺史，兼御史大夫，充歸德軍節度使，宋亳等州觀察處置等使，侍衛親軍馬步軍都虞候，功臣、勳封如故。傾摧八陣，戒□六師；璧假酬勳，未為多得；商堰受命，所較幾何。六年，授檢校太尉，同中書門下平章事，行宋州節度使，散官、勳封如故。斧鉞壇場，分閫顯將軍之貴；鹽梅鼎鼐，特衡見承相之尊。仲秋，授檢校太尉、同中書門下平章事、使持節、鄆濟等州觀察處置等使，兼侍衛親軍馬步軍副都指揮使，仍加食邑五百戶，食實封貳佰戶，功臣如故。數地之英風凜物，臨民之利刃投盧，封土廓清，奸邪屏跡。五方異俗，更無晨飲之羊；千里同風，旋止夜吠之犬。雖疊承鴻渥，未釋惣戎；嚴肅禁旅，撫察京都。值今皇帝天命有屬，人心所歸，雪刃前交，莫辯良善，雲師才定，已崩干戈，亦猶火炎崑崗，玉石俱毀。聖上哀誇忠赤，追年移時，乃命天人用營葬事，兼贈中書令。長子鈞，二十二終尚食副使。大小娘子適彭城劉福祚，充西頭供奉官。二小娘子年十一終，充節院使。三哥九歲終。三小娘子五歲、四小娘子四歲。七哥三歲，授東頭供奉官守諒。侄男守琓，充東班第二班都知。嗚呼哀哉！公之德，不可得而備言；公之行，不可得而備錄。雖有大位，而不永遐齡。逝水驚波，闞長川而不返；白駒流影，過空隙而無回。刻石他山，聊伸識墓，披文異日，庶備變陵。銘曰：

星辰之精，河岳之英。出為間傑，來扶聖明。器宇恢偉，武略縱橫。有典有則，唯忠唯貞。力負乾坤，手擎日月。龍韜一受，狼煙四滅。佐邦棟樑，瑞時英哲。後擁旌旗，前持斧鉞。無名無功，君子之窮。有爵有位，君子之貴。令善令德，余之紀兮。直筆直言，幸無愧兮。

建隆元年庚申歲正月辛丑朔二月二日壬申寄葬于河南縣平洛鄉杜澤村，記耳。

〇〇四　宋故洛南稻田都務使銀青光祿大夫檢校刑部尚書兼御史大夫上柱國樂安孫公（延郃）墓誌銘并序

前鄉貢進士張觀述

建隆元年（960）八月十四日卒，同年十二月一日葬

誌文 32 行，滿行 32 字，正書。誌石長、寬均 60 厘米，洛陽出土。

釋文

○○四　宋故洛南稻田都務使銀青光祿大夫檢校刑部尚書兼御史大夫上柱國樂安孫公（延部）墓誌銘并序

前鄉貢進士張覯述

公諱延部，字慕膺，其先樂安人，因利徙家于鄴，今為館陶人焉。周武王封母弟康叔于衛，至武公子惠□而為上卿，後之子孫以字為氏。生類未析同宗，后稷為先，源流既分，遂出衛侯之胤，天台搆賦文以擅名，吳宮教戰武以自許。有後之慶，于今可稱。曾祖諱，以蒙養正渾光塵而不伸；獨善其身，賁丘園而自適。烈考諱，幼勵雄圖，爰昇勇爵，未伸厥志，逢多難于梁，獨竄其身，久避地于宋，寢疾不起，護櫬而歸。夫人隴西李氏。有子二人，公其長也。公秉心弘謹，植性貞純，朋友舉其才，閭里稱其孝。先府君之避地也，公年尚幼，入則奉庭闈盡採蘭之養，出則揮涕泗傷陟岵之情。洎乎聞喪，殆將滅性。服除，隸名于府，未幾，移職于相，倚注無誤，王公賴之。兩池擢鹽，天下之務，劇務也，且煮海之利，供饋且遙，而計軍之儲，濟用無闕，俾莅斯任，固難其人。務長司徒李公表公為兩池擢鹽制置判官，授銀青光祿大夫、檢校太子賓客，兼侍御史。在職累歲，奉公克勤。後同事者并以贓穢獲罪，唯公曾無緇玷，有司旌之。超授晉州擢礬都務使，加檢校右散騎常侍，兼御史大夫、上騎都尉。三載較績，換滑州糧料使，轉檢校工部尚書，加上柱國。罷職未幾，授黎陽發運使。世宗皇帝憤胡馬之南牧，整王師而北征，深入虜庭，其衆萬旅，擢公為隨駕都糧料使，錄其才也。鑾輅凱旋，以勞授洛南稻田都務使，俄加檢校刑部尚書。莅職踰歲，夫人賈氏先公踰月而終，公悼諸子之靡依，每傷神而有慟。未幾，搆疾，顯留理命，以建隆元年八月十四日啓手足於洛南公府之正寢，享年六十有五。以其年十二月一日與先夫人合葬於洛陽縣賢相鄉原，禮也。夫老氏垂旨首三寶曰，慈先王立言，最五常者信。慈所以貫二經，為教之體；信所以揔百行，作言之瑞。苟體行是道，則能事斯畢。公每司繁劇，自勵勤恪，不用刑而吏無忍欺，不曠官而寬以得衆。出言無紿，秉志用誠，得不謂慈之効也。而志奉像教，幼誦佛經。自弱冠迨其終身，每假寐幾□忘味，前後持誦，捨施及齋修供養，抑有萬計人。或內蓄深心，外形善相，肆如簧之舌，為利己之謀。不問俗，不問僧，公盡如其志而奉之，得不謂信之重也。抑以慈御物，不為物所欺；以信任人，不為人所誤，行之無罪，其至矣哉。有子二人：長曰匡贊，洛南權務使；次曰匡輔，見從澶師。慶流蕃衍，偕克負荷。女二人：長適汾陽郭贊，次則覶忝門下。而奉命祖述，敢事文彩，直書無愧，伸之以銘。銘曰：

府君之先，衛侯流裔。府君之生，大鄴鍾粹。性稟貞純，躬服仁義。揚歷有光，夷險一致。生也無負，歿亦得志。二姓同歸，諸孤不墜。護喪兮汝水南，安神兮邙山之次。魂兮歸來，永錫不類。

〇〇五　大宋故翰林學士正議大夫尚書禮部侍郎知制誥判太常寺事上柱國扶風縣開國男食邑三百戶賜紫金魚袋竇公（儼）墓誌銘并序

門生從表姪孫前鄉貢進士趙孚書

建隆元年（960）六月七日卒，同年十二月一日葬

誌文 42 行，滿行 42 字，正書。誌石長 67.5 厘米、寬 63.5 厘米，洛陽出土。

釋文

○○五　大宋故翰林學士正議大夫尚書禮部侍郎知制誥判太常寺事上柱國扶風縣開國男食邑三百戶賜紫金魚袋竇公（儼）墓誌銘并序

門生從表姪孫前鄉貢進士趙孚書

公諱儼，字望之，梁貞明五年歲在己卯正月九日戊寅生於沂州臨沂縣。竇氏三望河南，其一，先公松櫝在洛，今為河南人也。粵若上帝凝命少康，誕發稽夏德之垂休，乃竇姓之分派，本大枝茂源，長慶延歷載以來，貴冑相望，隆后族者三世，君臣流為美談；冊廟勳者九人，簡書載其盛烈。大王父諱遜，薊州玉田令；曾祖妣平氏。王父諱思敬，贈右補闕；祖妣夫人南陽宗氏，追封本望縣太君。烈考諱禹鈞，左諫議大夫，贈尚書右丞；皇妣夫人博陵崔氏，累封清河郡太君。公即右丞第二子也，鍾祖考之善慶，稟乾坤之粹靈，生而清奇，幼而穎晤。五歲嗜學，學若生知；兩髦攻文，文如宿習；庠序所歷，師資罕加。未嘗不駭彼見聞，稱其博達者矣。十四，隨侍先公，祇命西適，凡所經覽，必載詠言。伯氏奇之曰："此必吾家之英華，儒林之標秀也。"群居終日，怡樂在容，殆耳目之所營，非沿習而不取。是故三墳五典、九流百氏，開戶牖而覩其奥，擷菁英而味其旨。若乃晷緯盈縮之跡，禍福倚伏之數，八音之器、五禮之用，必能探洞幽微，窮極要妙者也。於是朝野名士、鄉閭善人，推而歸之，如水走音奏下。晉天福四年秋，鄭郡上計薦公偕焉，禮部張公一覽鄉書，謂所親曰："歲貢茂才一人而已。"來春果以殊級成其令名。滑師史翰素知奇材，表為從事。解褐，授義成軍節度推官，尋授著作佐郎、集賢校理。未幾，復為東郡記室，從勳臣之召也。以外艱去職。公素稟純孝，奄奪慈順，泣血在疚，僅乎傷生。右丞公語之曰："吾且老矣，爾其勉之。"自是溢米稍登，羸形殆濟。制闋，授左拾遺，拜命之日，封疏上言，朝廷之否臧，風教之妍醜，綱紀之疎密，刑政之重輕，備於皂囊，奏之丹陛，思所以感遇而陳力也。漢乾祐元年，加朝散大夫、史館修撰，秉直筆也，訓法斯設，善惡必書，其義皎而明，其言微以顯，可以著為令典，垂於無窮者焉。又遷左補闕，勳柱國。周廣順元年，公之元兄由外制而登內署，命公以主客員外郎、知制誥補元兄之闕位也，時人榮之。歲滿，轉膳部郎中。顯德初，拜中書舍人，進階中大夫，勳上柱國。出入掖垣，典司密命，文章敏麗，義理敷暢。遵四禁而奉職，率一德而不僭。深嚴得人，中外稱美。遷太中大夫、集賢殿學士，判院事，賜三品章綬。二年秋八月，丁右丞公之憂於鄭郡，哀毀過制，一如執郡太君之喪。苴麻既除，霜露多感，眷戀桑梓，徘徊阡陌。杳無祿仕之趣，永圖高尚之懷，無何琴聲未成，綸言已出，徵命旋至，素心弗從。四年秋，復授前職官。于時，周世宗撫寧萬邦，憂勤庶政，凡有位以釐事，必程材而效能。公曰："朝廷大經禮樂而已。"乃上疏請修廢禮，舉壞樂，祖述其事，著於格言。書奏優獎，畢從其請。自唐末亂離，樂部廢缺，金石有在懸之器，律呂無成文之音，公傾耳一聽，謬誤都革。於是，享宴之大禮，祭祀之大事，宮商諧應，人神協和。則吳之中郎，唐之協律，審樂之効，未足多也。又詔公撰集《大周正樂》《大周通禮》。五年秋，召為翰林學士，判太常寺事，權知貢舉。懸科取人，有國大柄，豈伊奔競之路，實為怨憎之府。以文學、以德行、以人地、以形要、以私謁、以偏見，終擾場屋，俱矣。登顯取捨之際，是非牙興，自是六載之間，三黜其春官者矣。公乃察利病而振綱目，省閑繁而革訛謬。文章經業，躬自程試，明練英俊，毫釐靡差，故得天子稱其公平，宰衡謂之允當。狀元高冕，即日召對，恩錫殊厚。擢升右補闕，嘉其得士也。秋七月，加通議大夫，封扶風縣開國男，食邑三百戶。聖上闢統，睠注益隆，遷正議大夫、尚書禮部侍郎。建隆元年夏六月六日，內熱遘厲寢疾，七日歸壽於東京浚儀縣表節坊之第，享年四十二，有詔賵贈，恩禮加等。公先娶夫人張氏，故兵部侍郎昫之女，先公十三年而逝。再娶清河張氏，封本望縣君，故刑部員外郎處素之女，先公一年而逝。今夫人陳留邊氏，刑部尚書歸讜之女。有子曰訴，生戊申之季冬，夭庚申之孟夏。有女一人，適太常丞和峴，故相國魯公之子也。嗚呼！公之為臣，則盡節効誠，立功立事，夙夜匪懈，風雨弗迷。為子，則勤行禮經，順事顔色，率道祗訓，揚名顯親。為弟以恭謹，為兄以友愛。以仁慈視兒姪，以忠信接僚友。學則該偘萬古，文則經緯兩儀。惟百行之靡僭，奚中壽而不至。嗚呼命耶！嗚呼天耶！有文集七十八卷，貽厥家世，永昭德音。以其年冬十二月一日歸葬於西京河南縣平樂鄉河内村，陪先公之原，夫人張氏祔焉，禮也。嗚呼！重泉不開，六親永訣。雖善祥之匪忱，惟令德之無缺。季弟作誌，謹為銘曰：

蒙山岌嶪，沂水潺湲。鞠是靈粹，生為臣賢。公之生兮秀而文，成大名兮播清芬。何強仕之未及，哀短期之旋臻。邙山迤邐，洛水清泠。乃瞻阡陌，是啓疇塋。魂之斂兮不復來，閟英靈兮歸夜臺。綿六親之永恨，誌幽礎以哀哉。

蓋題："大宋扶風竇公墓誌銘"。

耳目之所營非浴習而不取是故三墳五典九流百
迹禍福倚伏之數八音之器五禮之用必能探洞幽
水走(音奏)下晉天福四年秋鄭郡上計薦公偕禮部
殊級成其令名滑師史翰素知奇材表為從事解褐
東郡記室從勳臣之名也以外艱去職公素稟
吾且老矣尔其勉之自是溢米稍登羸形殆濟制闋
綱紀之疏密刑政之重輕倫於皂囊奏之丹陛思所
直筆也訓法斯設善惡必書其義皎而明其言徽以
廣順元年公之元兄由外制而登內署命公
瀚轉膳部郎中顯德初拜中書舍人進階中大夫勳
而奉職率一德而不愆深嚴得人中外稱美遷太中
右丞公之憂於鄭郡哀毀過制一如執郡太君之喪
趣永畄高尚之懷無何琴聲未成綸言已出徵命旋

局部原大

○○六　大宋故推誠奉義同德翊戴功臣河中護國軍節度管內觀察處置等使開府儀同三司檢校太師兼侍中行河中尹上柱國趙國公食邑七千三百戶食實封貳仟肆佰戶贈中書令楊公(信)墓誌銘并序

門吏前攝河中觀察推官鄉貢進士胡汀撰，前進奏官張繼純書

建隆二年（961）四月卒，同年十月十三日遷葬

誌文 47 行，滿行 46 字，正書。誌石長 86 厘米、寬 90 厘米，洛陽出土。

釋文

〇〇六　大宋故推誠奉義同德翊戴功臣河中護國軍節度管内觀察處置等使開府儀同三司檢校太師兼侍中行河中尹上柱國趙國公食邑七千三百戶食實封貳仟肆佰戶贈中書令楊公（信）墓誌銘并序

門吏前攝河中觀察推官鄉貢進士胡汀撰

公諱信，字守真，其先太原人也。昔者固邦，初啟唐叔，受封至武，公子伯僑為楊侯，因而命氏。如山之巉，如川之注，公侯□出，譜系具存，此可略之也。曾祖諱證，累追封齊國公。祖秘，累追封魏國公。皆以天爵屈於人事，宜其集慶於子孫矣。父諱光遠，平盧軍節度，淄、青、登、萊等州觀察使，守太師、中書令、壽王，追贈尚書令、秦王。以大功膺大位，一人殊禮，異姓為王，首齊魯之封，重寰區之望。王之夫人四人，張氏追封秦國太夫人，邢氏追封越國夫人，并以壽終。宋氏封鄖國夫人，趙氏封楚國太夫人。有以夫榮，有因子貴，故也。公即秦王第二子，母曰楚國太夫人。將門出將，賢世出賢，發軔不停，崇基自峻。清泰初，以蔭授銀青光祿大夫，檢校太子賓客，兼殿中侍御史，歷振武、義武軍節院使。至天福末，累加檢校司徒、蘭州刺史，歷宣武、西京、平盧軍衙內都指揮使。開旗之下，□若霏霜；刺部之資，俄膺恩澤。屬秦王之喪也。開運元年，授右羽林軍將軍。屬虜寇京師，漢膺歷數，以公公王之後，孝義有聞。四年春正月，授檢校太保、平盧軍節度使，封恒農縣開國子，食邑五佰戶，即先秦王之舊地也。公復得所部之衆，仗節東歸，可為晝錦還鄉，紅旗繼世。雖榮華焜耀，恒顏慕傷悲。粵若治理不遑，夙夜方明，有制安政。入朝秋七月，加檢校太傅，改授安州節度使，追封恒農郡開國公，賜忠貞佐聖功臣。公再持漢節，恭牧齊民，況鼎盛春秋，未嘗以嬉游廢事，復能正其心施于人，刑賞之柄，不欺不饒。頒天子之詔條，有循吏之風化。乾祐初，加特進，檢校太尉。二年，加檢校太師。入朝，換保太軍節度使，公拔用人，其政如安。廣順元年，加同中書門下平章事，改賜推誠奉議同德翊戴功臣。顯德元年，加開府儀同三司，進封杞國公。受代赴闕，又封韓國公。二年，授左衛上將軍。三年，周世宗親馭六師，扼□淮為內地□，公得扈從，即授濠州城下副部署，惟濠也，築壘方堅，依淮作險。君每提驍騎，直□懸門。未幾，詔移寨於定縣，屬寇盛，來邀取，且不敵。公但提所部之衆，盡滅其黨，所為鼓疾□之威，迎破竹之勢，捷音□□，訴□□擾。詔獎之，改授壽州城下北寨都部署，兼知行府事。又改授右羽林軍統軍，充淮南道行營都排陣使。仍在壽州城下時，壽未拔走，軍積牙江南悉衆來援，城距淮僅十有五里，彼乃築夾道抵金山鹿寨，而進煙塵相應，鵝鸛屢張，公妙運力攻，前無橫陣，每交兵刃，悉就□擒。奈寨柵於山巔，熄舟航於水面，遂使首尾不救，中外莫通。前後七立奇功，皆頒恩詔，革連再賀，壽人云降繄公之力也。以功授忠正軍節度使，仍詔移州於下蔡。公首膺寄任，力効撫綏，革其澆浮，漉淳化井邑之制，依稀若舊謀，不煩於故條，義可并於新豐。丁越國夫人憂，乞去任，不許，授起德鎮東大將軍、左金吾衛上將軍，依前蒞政，又進封魯國公。聖上法内禪正鴻名，星緯有彰，資華大霈。建隆元年，加侍中。當年以生黨拒命，有詔赴闕隨駕，授澤州城下西面部署，澤潞平，以功授護國軍節度使、河中尹。其任益重，其政益優，聞於四方，可使取法。上郊祀，追封趙國公。以累功，通前加食邑七千三百戶，食實封貳仟肆佰戶。二年夏四月暴疾薨於位，享年四十四。天子聞之震悼，遣使吊祭，賵賻有加，特輟視朝三日，制贈中書令。嗚呼！公英威外發，淳□內融，長久必行於仁，造次不忘於禮。忠規有立，孝道居先。每儉於己而厚於人，□於民而□於吏。至若軍師之略，載在國史之中，三公之官，不謂不高也；重侯之爵，不謂不顯也。階崇一品，戶計七千；五鎮旌旗，萬家膏雨；盛德之美，近古為優；歷筭不長，上天難問。初，公之捐館也，由中及外，號泣之聲達於四境，皆可奪我庇蔭，何恨如之。即鄭人之喪國僑，荊渚之悲洋祜，未足多也。於是，官吏、僧道、百姓等千餘人列狀乞留，葬蒲城，立祠堂，揭碑表□，問稱獎存，殁□□重，以祔於先塋，不便民欲，即以其年十月十三日遷葬于河南府新安縣穀川鄉磁澗里，備哀榮也。秀氣欝鹽地，沃埏果是栽，於是吉且從之。鄖國夫人、楚國夫人傷慟之懷，朝夕增厚。夫人，許國夫人白氏，即故西京留守、太子太師致仕晉國公之女也，顯煥清門，輔佐君子，肥家有煒，晝哭盡哀。兄弟一十一人，兄勳，貴州防禦使；弟袆，單州刺史、□朝駙馬都尉；次曰訓，西頭供奉官；次曰休，萊州刺史；次幼并早世。弟四，弟美，見任殿前散員指揮使；次曰鎬，西頭供奉官；次曰炬，護國軍衙内副都指揮使；次曰規，護國軍節院使。姊妹十一人，長姊適故淄州刺史安廷金；次適故陳州防禦副使陸能，并早世；妹適護國軍節度掌書記□彥昇；次適前陝府節度副使□惠；次適前乾州衙内指揮使周承吉；次適壽州觀察判官丘溫玉；次適殿直張守純；次未適人。侄斌，護國軍守城使；嶼，護國軍親□都頤。其宗族之大也，將紳之榮也。惟散員司徒次□于家，方繼父兄，自有才力□矣。其□其用，□輕女一人，先適莊宅副使武再承，早世。男一人，護國軍衙内都指揮使審玉，居盛德之後，□念□之□，本□□，即以禮□門之良者，欲加以孝謹，世深茹慕，增□以□受知門□明義殉終，周□□□之才，久假從軍之□，俾其概□，深愧□□，謹涕血而銘曰：

昔□帝世，厥啟洪源。□周命氏，佐漢貽孫。角立傑□，史載書存。宗族浩大，必大其門。皆□道榮。祖亦無□，積德□融。為□民至，考□□封。公居將帥，□魏追報。崇高一致，□□聚秀。惟公挺生，□山□煥。栝□寵旌，崇階極榮。入衛□□，我機良政。河潤風聲，聖運穆清。良才鎮撫，義涖蒲津。□□□父，斯封□魏。其良其監，六□□□，□□德同。春秋□盛，功業□張。未期托□，能問懷案。恩銷黎首，哀動康莊。倏來留葬，碑表祠堂。列狀上覽，帝恩□□。□□□□，□□□家。□□幽壤，歸旐不衰。衆情安仰，河洛氣蒸，精□固爽。哲人非永，惟天謂何。令名常在，其亡則那。公之佐國，忠誠靡他。□□□內，婚姻克穌。矧以微才，依□□雋。行止從容，恩私優厚。見託斯銘，慚當大手。幽室一扃，天長地久。

前進奏官張繼純書。

蓋題：大宋故河中護國軍節度使相國恒農郡楊公墓誌。

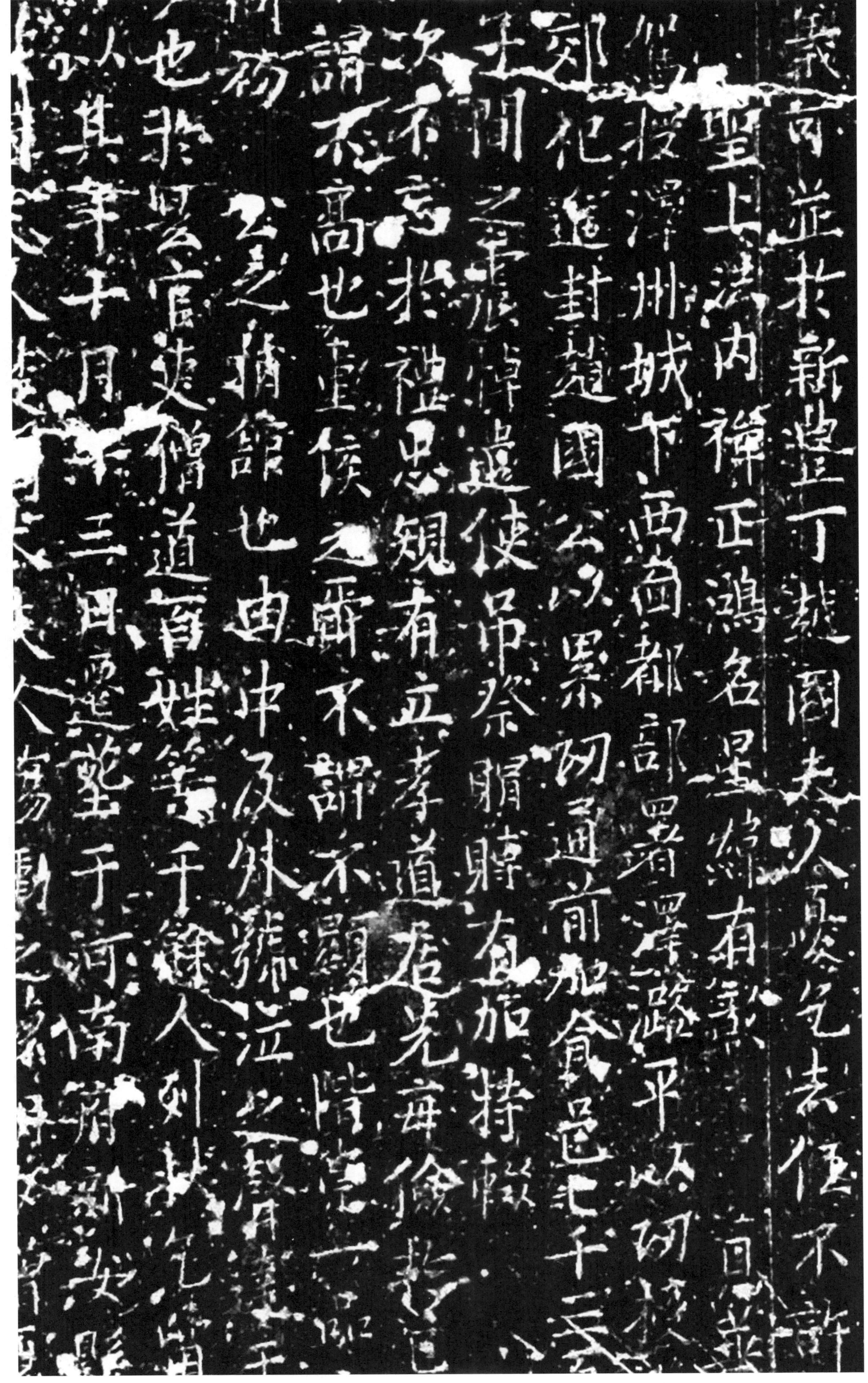

局部原大

〇〇七　大宋故朝議大夫行河南府伊闕縣令弘農楊府君（龜從）墓誌銘并序

鄉貢進士史兢撰

乾德元年（963）八月十一日遷葬

誌文 31 行，滿行 30 字，正書。誌石長 43.5 厘米、寬 43 厘米，洛陽出土。

〇〇七　大宋故朝議大夫行河南府伊闕縣令弘農楊府君（龜從）墓誌銘并序

鄉貢進士史兢撰

楊氏之族，出於姬周，因官命氏。降及兩漢，繼為三公，故世祿之家，推為甲族。公諱龜從，字元吉，本弘農人，累代祖因官徙家，遂移其貫，今則為常山九門縣東義里人也。大王父諱玉，王父諱晟，考諱公才。公，先君之長子也。幼秉不群之操，長堅好古之心，孝以養親，順而待長，故得士君子不遠千里而慕其風，果有代郡良牧辟為倅，仍判代北軍事。公博於群書之外，尤精于易，於是交朋竊目公以“易東”之號。洎長興三載，徵天下學士刊定詩書，唯得碩學者五七人，公獨以《周易》當其選國子監，尋署為勘書官，特授易州九廻縣主簿，旌考校之功也。俄以知己之辟，命攝忠正軍掌書記。幕罷，除涇州觀察支使。試芸香之秩，加朝議郎階，賞贊畫之力也。秩滿上京，公以從事俟國難，展親民之志，遂告執政，乃授開封府襄邑令。於是，斑白者示以攝養之方，丁壯者教以種植之法；貧者俾其知命而勤力，富者使其市義而敬親。遂得一境之熙熙然，如登春臺。朝廷於是就錫寵命，加朝散階，俾榮於命服，試庭評秩，旌理頌也。書三上考而罷，復授陳州南頓令，惠化一如於前。當大晉嗣主臨御之三載，以朱邸舊臣邊公授亳州防禦使，奏公為判官，大郡既理，良牧歸朝。復授解州安邑令，又任河南府伊闕令。俱以秩滿，則安邑、伊闕之政何讓於前二邑乎。遂至檢校粉署外郎兼領栢臺御史，階增朝議大夫，皆明天子旌賞之澤也。洎解印伊闕，掩關洛陽。兩楹之夢忽來，二豎之言克驗。寢疾數日，於丁巳年八月五日啓手足於臨闤坊之私第，享年六十三。尋以卜兆之吉，權葬於洛城東南。夫人太原王氏，自笄年從父之命，歸公之室，以清白之節，仁恕之道輔於公，是有善政之譽，實內助之力耶。及公先終，撫孤幼者七載，理家如嚴君登其門者，肅肅然如履春冰。昨以癸亥歲七月七日終於公亡之第，享年五十七。公一子四女，嗣子搆年十五，幼而未仕。長女適故密縣令邊琮，次女未從人，先公而夭。次女適太子通事舍人邊玢，小女適進士邢慶，餘女亦先夫人而逝。今以夫人告終之歲仲秋月十一日，遷公於河南縣朱陽村北邙原。薄葬之禮，奉理命也。一子號天，六姻執紼，悠悠丹旐，切切悲風，以賢夫人祔善政公。兢猥以不才，辱以銘誌，見託辭不獲免，敬而直書，兼為銘曰：

公之生世，聿修祖德。從事之敏，親民之則。遂百姓心，成多士式。洎公之終，遺愛誰同。干政善譽，千載清風。荏苒七祀，權葬洛東。邙山之側，再兆公室。□年稱□，撰日獲吉。採其懿範，得之名實。陵谷因遷，刊銘貞石。

○○八　故滎陽郡毛氏郡夫人（田景咸妻）墓誌

涇原渭等州觀察判官朝議大夫檢校尚書工部員外郎兼殿中侍御史何翰撰

乾德元年（963）閏十二月一日卒，乾德二年（964）四月二十日葬

誌文 31 行，滿行 31 字，正書。誌石長、寬均 61 厘米，洛陽出土。

釋文

〇〇八　故滎陽郡毛氏郡夫人（田景咸妻）墓誌

涇原渭等州觀察判官朝議大夫檢校尚書工部員外郎兼殿中侍御史何翰撰

噫！夫淥水傾低，劉餗嗟之無覆浪；白駒過隙，庄生喻之於世人。矧乎春長秋衰，聿成永則，焚芝埋玉，大數有期，人之到斯終焉已矣。滎陽郡夫人，姬周貴系，齊魯名家，和淑傳芳，雍睦流德。珠翠之飾，不重珍奇；寬惠之明，常懸頰舌。洎伐柯有契，合巹得期，再適田公太傅。公諱景咸，罽門大族，後唐名臣。始大夏以從軍，累中朝而立事。頻權禁旅，常左偏裨。又遷忠武軍副都指揮使，復領馬步軍都軍頭，尋授龍捷第六軍主。俄值漢祚寖微，忠良猜忌，殺其宰輔，舊臣遞相魚害，戕賊暗飛，急詔欲誅，純臣相次，内外沸騰，軍庶失望。步軍都指揮使王殷與將校等同謀立，鄴都侍中便提七萃遽翦逆徒，輦轂猶是澄清，察庶於焉無主，中外藩后共切拜章，請開宗社之基，用解倒懸之困。再讓不暇，俯從願心。我公預其成謀，請便建鼓，果以先及澶水，尋降禁師，成此功勳，遂授懷州刺史。布政方洽，宸襟思勞，詔赴上京，授左廂龍捷第一廂主。郡夫人奉宣詔，賜霞帔冠，子分物銀器，兼轉官資。未及翌月，授邢州觀察留後。爰值周祖晏駕，世宗纂圖，首降碧油，迺正黄鉞。在任二載，又遷南陽，殊未一年，移領鄜畤。臨蒞則秋毫不犯，守道則夏臺均平。杜抂撓於生靈，去倉庫於耗蠹。公以年過耳順，意樂林泉，懇瀝封章，希辭爵袟，再三陳訴，剖告今天，果奉睿恩，分留洛水，守右衛上將軍。但感九重之煦，獲沾厚祿之榮。去載，室家得恙，腠理深沉，既二豎以俄來，則三醫而無驗。於乾德元年閏十二月一日啓手足，終于洛陽縣綏福坊私第。我公先娶故夫人李氏，賢協肅慎，儉素謹身，不幸早奄逝波，竟悲捐館，然未歸葬，權殯增歔。毛氏郡夫人與李氏，偕內贊家道，外助夫名。我公太傅撫棺灑血，追念傷心。莫諧舉案之歡，尤激終天之恨。至乾德二年四月二十日歸葬于洛陽縣賢相鄉勳德村。叶青鳥之兆，空白馬之崗。有子，前鄜州衙內都指揮使漢明，孝於家，奉於國，侍顏色而和其人，衆藝可觀，寬德無比。奉九族而多仁多義，結友朋而無事無非。乍失所天，何啻絕漿之慟；廣張逆往，爰勤劬勞之恩。五原之禮備焉，六尺之軀報矣。嗚呼！霜彫秋葉，月沒西山，人間之數常期，白日之暉先促，悲風慘野，蒿里凝愁，一閉泉臺，九幽夜壑。翰本無學問，遽忝延容，止刀筆以進身，在文華而無用，遠令敘事，唯副直書。乃為銘曰：

大周之族，魚貫蟬聯。代傳英哲，時推良賢。爰適公侯，富貴日遷。累駈紅旆，長耀朱軒。一日縈疾，萬藥不痊。就木興嘆，永夜無天。大樹鳴咽，愛子纏綿。專揆吉日，奠宅九泉。攀號唯極，痛苦終焉。紀其貞石，俾敘永年。

〇〇九　大宋故濟陰苗府君（存本）墓誌銘并序

顯德六年（959）十一月十一日卒，乾德二年（964）十二月二十四日葬

誌文 25 行，行字數不定，正書。誌石長 53 厘米、寬 54 厘米，山西出土。

釋文

〇〇九　大宋故濟陰苗府君（存本）墓誌銘并序

嗚呼！隙駟流形，道飈垂景，浮生如夢，佛經為電露之光，人事一空，天道著短修之理，故幽壤之歎，休戚之悲，歷覽古今，孰能逃免。府君諱存本，當府屯留縣蒲汭鄉谷西村人，其先出自漢時長水校尉之後昆也，洎分宗引派，源峻流清，家諜編聯，世襲其美。早因家戶寄跡戎門，遂流居府內。曾祖紹，祖筠，父隱，代資孝義，門繼簪裾。鄉閈推禮讓之能，里巷振謙恭之德。府君乃隱之長子也，府君有嗣子一人名浦，見充本府使院押衙館驛案，前行銀青光祿大夫、檢校太子賓客，兼殿中侍御史、雲騎尉，娶郭氏。過庭示訓，和氣臨人。懷橘採蘭，每無虧於就養；出身入仕，但克奉於公方。孫男潤哥，新婦張氏；姪男章，新婦常氏；姪孫男留，六小厮見。府君武略資身，膽勇動衆，將一心而為主，有敵皆摧杖三尺以臨戎，無難不歷，加以內弘壯氣，外顯和柔，傍敦信義之風，不失雍凞之性。比望遠酬大志，別俟昇騰，不期事與願違，陰非陽報，忽遭瞰室，俄迫藏舟。旋興後夜之悲，果應變桐之夢。以顯德六年十一月十一日卒于家，享年八十。夫人張氏，素叶母儀，天資令範。夫義婦聽，風規自合於肥家；有行有賢，婉雅式遵於善道。方得乘龍之偶，將邀築鳳之名，孰為珠碎媚川，玉沉溫岫。室縈美疹，雖良藥以無瘳；花落暮春，在天年之莫追。以甲子歲冬十一月十九日終于寢室，年八十四。悲哉！人生幾何，壽命有限。烏飛兔走，徒云卻老之方；代謝時移，任是廻山之力。達人以如存若亡，其死若休。嗣子浦恒念劬勞，情深欲報，樹風難止，再見無緣。於是遠卜佳城，別尋吉兆，以乾德二年冬十二月二十四日遷夫人祔之，葬于城西南原五里，禮也。爾乃排兇具進，轜車篁篋，陳爐煙裊，山凝哀霧，水送悲風。薤歌初唱於寒霄，丹旐低垂於曉景。松門一閟，難逢載啓之秋；骨肉長辭，莫盡終天之淚。刊茲翠琰，用顯遐齡，其為銘曰：

伊苗府君，校尉之後；寄跡軍門，鷹揚甲冑。比希昇越，何期促壽；骨肉悲傷，痛連心首。重尋吉兆，遠卜佳城；漫漫霧色，咽咽水聲。轜車將進，路次難行；松門一閟，萬歲千齡。

蓋題："大宋故苗府君墓誌銘"，"一聲聲使九泉聞，草白林踈慘斷雲，烏鵲有情應助哭，曉城人出吊新墳"。

〇一〇　宋故恒農楊公（光贊）墓誌銘

承奉郎前守澶州衛南縣令宋白撰

乾德四年（966）四月十八日卒

誌文 22 行，滿行 22 字，行楷。誌石長 42.2 厘米、寬 42 厘米，洛陽出土。

〇一〇　宋故恒農楊公（光贊）墓誌銘

承奉郎前守澶州衛南縣令宋白撰

召公所治，甘棠之國，山河欝盤，氣象雄秀，必生奇士，翊戴聖人。公諱光贊，字佐臣，分陝人也。大王父遠，祖通，父瓊皇，不仕。當晉石不嗣，漢劉膺乾，周太祖挾天子令諸侯，愼擇偉人，強我霸府。公實佐命，洞識潛龍，宸拯既昇，禁庭列位。廣順元年，授殿直，充鳳翔汧陽寨兵馬都監，備狂寇也。顯德三年，轉西頭供奉官、武牢關使、守禦都指揮使，鎮要津也。乾德三年，為西京、陝府兩界巡檢使，護編民也。國家縻好，爵試諸難，方器其人，將大其用，天乎不憖，奪其遐壽，四年孟夏十八日寢疾而終，年四十八。嗚呼！仙藥不遇，蓬壺浪高，逸駕方驅，瑤池路盡，其命也夫。良圖未伸，餘慶鍾後。公婚閻氏，婦儀母則，著于閨門。公嗣子懷㙺，同州節院使，多才多藝，乃文乃武，白日千里，青天一飛，觀其磊落之賢，必復公侯之貴。今以車駕幸京洛，塋地迹王城，卜嘉辰、宅吉地自河南縣渚陽村，移葬于梓澤鄉宣武村，禮也。公之善行播於朝廷，公之英名存乎人倫。白熟其令嗣，敢獻銘云：

龍階尺木，鳳儀蕭韶；已臻雲霄，為瑞明朝。所苦者逸勢未畢，而英風寂廖。地之博兮遙遙，天之高兮迢迢。不可窮兮，不可問兮，為怨難銷。有令子兮可肖，改封樹兮旌孝。福既鍾兮祿彌紹，萬代千齡兮永光耀。

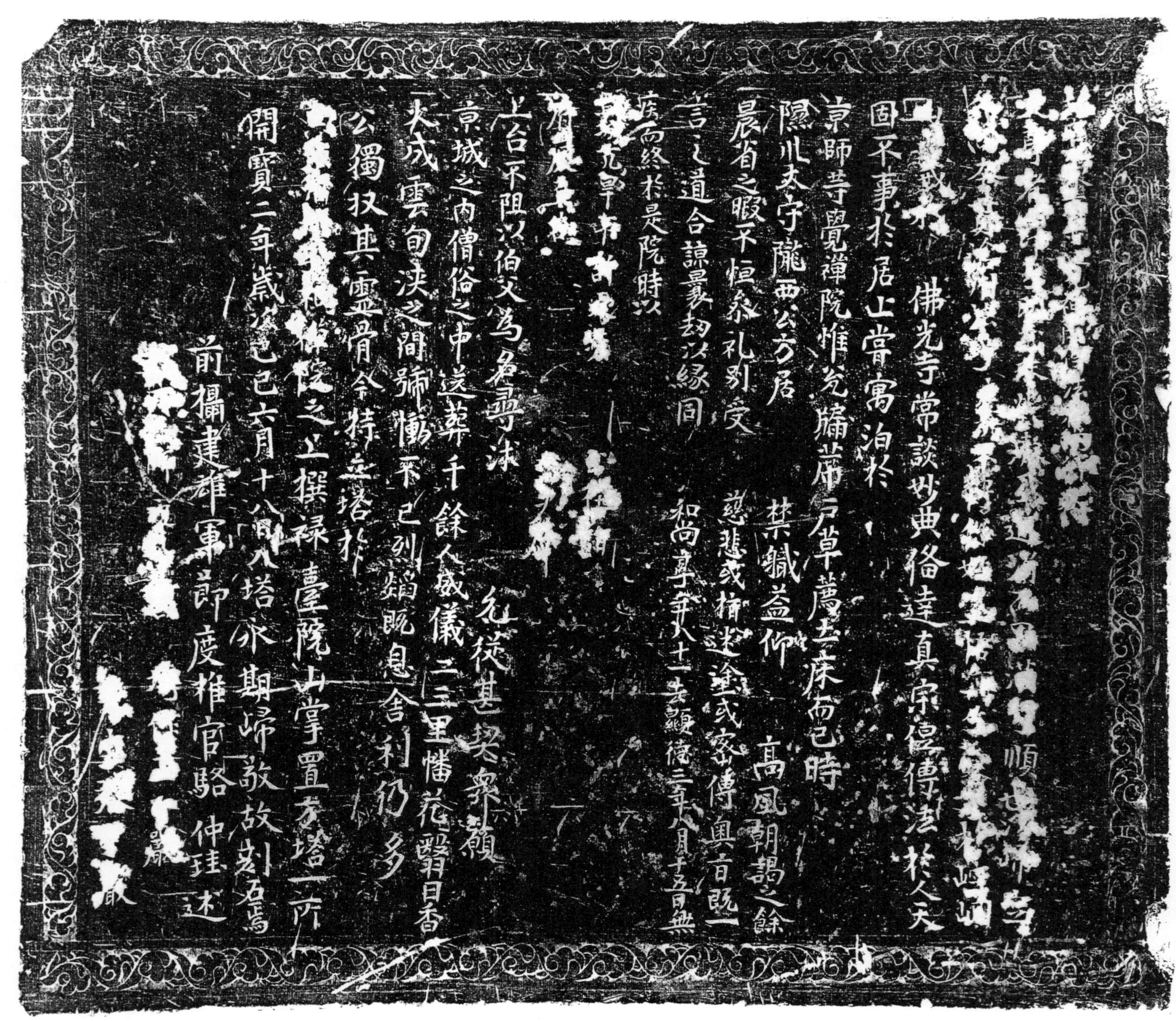

〇一一　和尚塔銘記

前攝建雄軍節度推官駱仲珪述

開寶二年（969）六月十八日入塔

銘文 21 行，行字數不定。正書。高 50 厘米，寬 59 厘米。

釋文

〇一一　和尚塔銘記

北宋□覺禪師□法□□□□

大壽者，即□□□珠□□□□□□□□滿□順也。師空□□，本貫滄州□。□□□□□□□也。生恬無□，為□□於崆峒山□戒於佛光寺，常談妙典，備達真宗。但傳法於人天，固不事於居止。嘗寓泊於京師等覺禪院，惟兊牖席戶草薦土床而已。時隰川太守隴西公方居禁職，益仰高風，朝謁之餘，晨省之暇，不恒參禮，別受慈悲，或指迷途，或密傳奧旨。既一言之道合，諒曩劫以緣同。和尚享年八十一，去顯德三年八月十五日無疾而終於是院，時以其城亢旱不訴□步。公在諸府□□□□，上臺不阻，以伯父為名尋沐允從，甚契衆願。京城之內，僧俗之中，送葬千餘人，威儀二三里。幡花翳日，香火成雲，旬浹之間，號慟不已。烈焰既息，舍利仍多。公獨收其靈骨，今特立塔於□□□□□□□禪院之上，撰祿臺院山掌，置方塔一所。開寶二年歲次己巳六月十八日入塔，永期歸敬，故刻石焉。

前攝建雄軍節度推官駱仲珪述。

〇一二　宋故建雄軍節度判官朝議大夫檢校戶部尚書兼御史大夫柱國賜紫金魚袋太原郡閻府君（光度）墓誌銘并序

表姪張德林述，尹昭連書

開寶三年（970）三月二十日卒，同年十二月二十三日葬

誌文32行，滿行33字，正書。誌石長64厘米、寬63.5厘米，洛陽出土。

釋文

〇一二　宋故建雄軍節度判官朝議大夫檢校戶部尚書兼御史大夫柱國賜紫金魚袋太原郡閻府君（光度）墓誌銘并序

表姪張德林述，尹昭連書

府君姓閻氏，諱光度，字景融，太原人也。曾祖諱均，祖諱簡在，有唐穆敬文武之朝，俱登祿仕。父諱湘，皇任左威衛上將軍、檢校司空。早以妙翰待制於北門，渥澤臻隆，輝煥三紀。初梁太祖之有天下也，詔敕繁總。時翰林學士盧左承文度，□承宣喚視，草於御前，公運筆如神，龍顏數顧，由是朝論有盧文閻翰之譽，為識者所稱。母渤海高氏。洎威衛司空即逝，府君年方弱冠，禮法自持，未及中祥，班行有舉，咸稱筆法雅有父風。授左武衛倉曹參軍，直禁林不越十年，紆朱拖紫，晨夕之下，士子榮之。後丁夫人憂，止逾卒哭，勉就公參。噫！非獨同僚籍均分於職業，皆云：聖代思潤色於王言，移孝資忠，古由今也。晉開運中，階朝散大夫，官太原卿，堅求免直于時。臺司奏擬，皇澤允俞，授昭義軍節度判官、檢校太僕卿，兼御史大夫、騎都尉，庭臣出職，幕府生光。接談笑於罇罍，禮容自律；審重輕於縲紲，毫髮無冤。裨贊元戎，聯綿六任，累加朝請、朝議二大夫，轉檢校工、禮、刑、戶四尚書，勳柱國，陪臣之位，罕有加焉。先娶夫人王氏，早殞。今夫人劉氏，王公貴胄，鳳凰和鳴。有子六人：長居敏、次居煥、次居正、次居中、次居誨、次居儼。府君己巳歲罷職平陽，甚有遠返嵩洛退閑之意，奈何戎師天水，公顧待殷於未容輕別。明年春正月，復嬰故疾，莫偶良醫，筋力漸羸，扶榮不舉，三月二十日，命夫人喚諸子列於前，曰：“吾病困必慮不起，汝等各長成，并已婚媾，吾身後能侍奉老母如吾生前，則為孝子矣。洛中彰善宅，足以聚居，東南莊足充歲計，若不改吾舊制，則汝等無患失所矣。”言絕而瞑，享年六十有九。夫人與諸子哀號僻踴，迨不全生。在城官僚、將効、僧道等聞聲鍾，無不慘愴者，蓋三任總十五年，無不知，無不識，無不惠，無不恩，所以感衆意之如此也。即以其年十二月二十三日，居敏等從夫人扶護神櫬，歸葬于洛京河南縣平樂鄉朱陽村杜澤里，祔威衛司空之大塋，禮也。府君律身清儉，結交歲寒，矜孤恤貧，敬佛重法，所以在世日，衣足食足，官高職高。去世日，不怖不驚，如眠如睡，實為人始終之具美者也。德林忝府君親表之遇，不同諸家，故為誌言，不敢□美，不敢借詞，滴淚磨墨，對□揮毫，直紀芳猷。謹為銘曰：

玉含溫潤，蘭有馨香。府君德行，堪為比方。少年入仕，禁苑騰芳。天廚廄馬，銀印金章。紅蠟光中，御鑪煙裏。縱逸揮毫，周旋稱旨。貴自象河，出忝珠履。贊畫有聞，寬和無擬。㖞然疾恙，命也如何。秦醫不効，逝水驚波。壽年非夭，享祿尤多。諸孤扶護，歸去哀歌。歸去哀歌兮洛陽陌，歸去大塋兮邙山側。千秋萬祀兮掩重泉，松柏蕭蕭兮伴自魂。

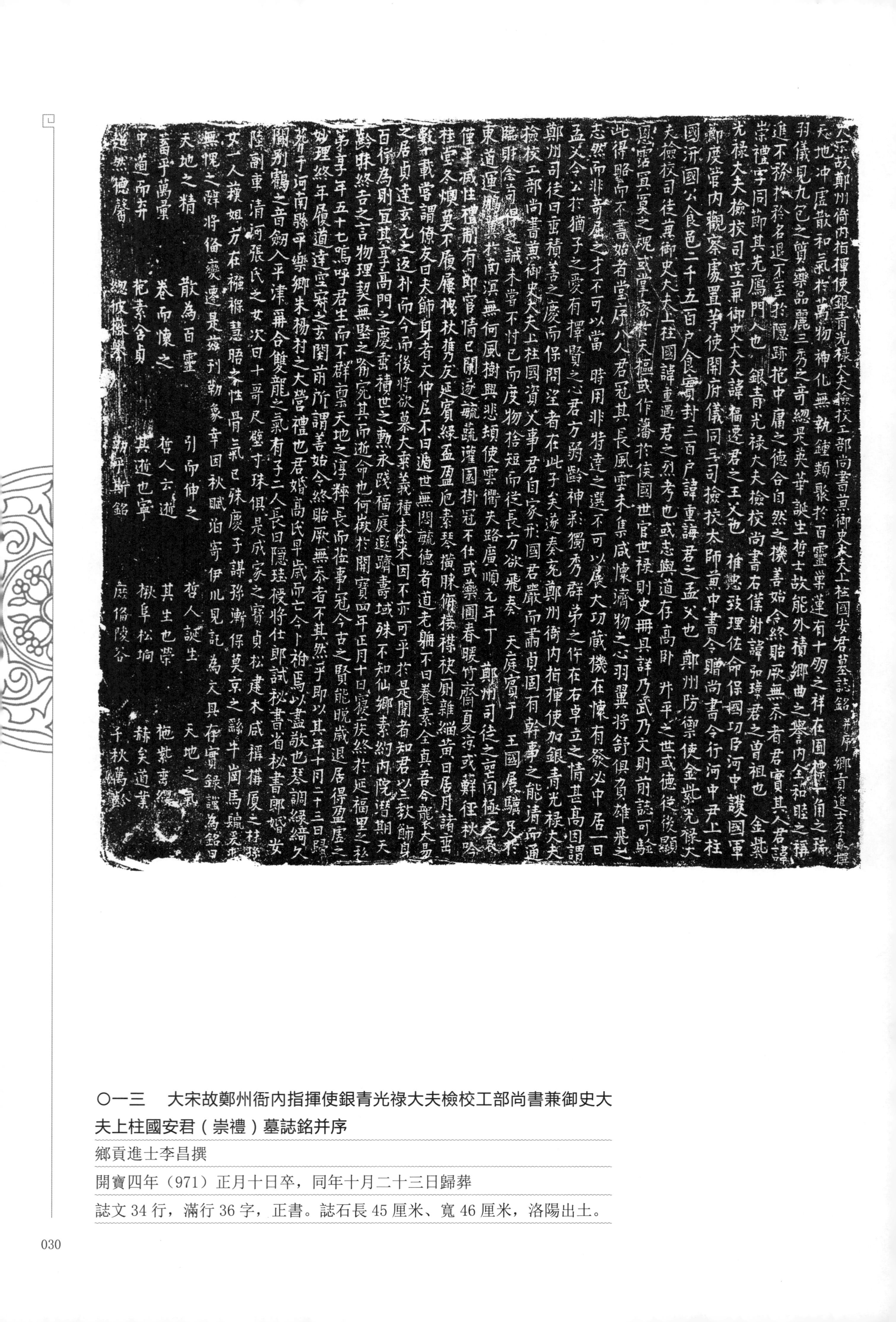

〇一三　大宋故鄭州衙内指揮使銀青光祿大夫檢校工部尚書兼御史大夫上柱國安君（崇禮）墓誌銘并序

鄉貢進士李昌撰

開寶四年（971）正月十日卒，同年十月二十三日歸葬

誌文 34 行，滿行 36 字，正書。誌石長 45 厘米、寬 46 厘米，洛陽出土。

釋文

○一三　大宋故鄭州衙內指揮使銀青光禄大夫檢校工部尚書兼御史大夫上柱國安君（崇禮）墓誌銘并序

鄉貢進士李昌撰

天地沖虛，散和氣於萬物；神化無執，鍾類聚於百靈。巢蓮有十朋之祥，在囿標一角之瑞。羽翼見九色之質，藥品麗三秀之奇。總是英華，誕生哲士。故能外積鄉曲之譽，內全和睦之稱。進不務於矜名，推不至於隱跡。抱中庸之德，合自然之機。善始令終，貽厥無忝者，君實其人。君諱崇禮，字同節，其先雁門人也。銀青光禄大夫、檢校尚書右僕射諱弘璋，君之曾祖也。金紫光禄大夫、檢校司空，兼御史大夫諱福遷，君之王父也。推忠致理佐命保國功臣、河中護國軍節度、管內觀察處置等使、開府儀同三司、檢校太師兼中書令、贈尚書令，行河中尹、上柱國、汧國公、食邑二千五百戶，食實封三百戶諱重誨，君之孟父也。鄭州防禦使、金紫光禄大夫、檢校司徒兼御史大夫、上柱國諱重遇，君之烈考也。或志與道存，高臥昇平之世；或德從後顯，恩霑冥寞之魂。或掌密於天樞，或作藩於侯國。世官世禄，則史冊具詳；乃武乃文，則前誌可驗。此得略而不書。始者堂序八人，君冠其長。風雲未集，咸懷濟物之心；羽翼將舒，俱負雄飛之志。然而，非奇屈之才，不可以當時用；非特達之選，不可以展大功。藏機在懷，有發必中。居一日，孟父令公於猶子之愛，有擇賢之心。君方弱齡，神彩獨秀，群弟之忤在右，卓立之情甚高。因謂鄭州司徒曰："垂積善之慶，而保問望者，在此子矣。"遂奏充鄭州衙內指揮使，加銀青光禄大夫、檢校工部尚書、兼御史大夫、上柱國。資父事，君自家形國。君嚴而肅，貞固有幹事之能；清而通，臨財念苟得之戒。未嘗不忖己而度物，捨短而從長。方欲飛奏天庭，賓于王國，展驥足於東道，運鵬翼於南溟，無何風樹興悲，頓使雲衢失路。廣順元年，丁鄭州司徒之喪，罔極之哀，僅乎滅性，禮制有節，宦情已闌，遂毓蔬灌園，掛冠不仕。或藥圃春暖，竹齋夏涼；或蘚徑秋吟，桂堂冬燠。莫不履屨拽杖，攜友延賓；緑盃盈巵，素琴横膝；俯接襟袂，廁雜緇黃；日居月諸，垂數十載。嘗謂僚友曰："夫飾身者文仲尼，不曰遁世無悶；毓德者道老聃，不日養素全真。吾今襲大易之居貞，達玄元之返樸，而今而後，將欲慕大乘，義種未來，因不亦可乎？"於是，聞者知君以三教飾身，百儀為則，宜其享高門之慶，垂積世之勳，永踐福庭，遐躋壽域。殊不知仙鄉素約，內院潛期。天齡昧終吉之言，物理契無堅之喻，宛其而逝，命也何徵。於開寶四年正月十日寢疾，終於延福里之私第，享年五十七。嗚呼！君生而不群，稟天地之淳粹；長而莅事，冠今古之賢能。晚歲退居，得盈虛之妙理；終年履道，達空寂之玄關。前有所謂善始令終，貽厥無忝者，不其然乎？即以其年十月二十三日歸葬于河南縣平樂鄉朱楊村之大塋，禮也。君婚高氏，早歲而亡，今祔焉，以盡敬也。琴調緑綺，久聞別鶴之音；劍入平津，再合雙龍之氣。有子二人：長曰隱珪，授將仕郎，試秘書省秘書郎，婚安陸副車清河張氏之女；次曰十哥。尺璧寸珠，俱是成家之寶；貞松建木，咸稱構廈之財。孫女一人蘇姐，方在襁褓。慧晤之性，骨氣已殊。慶子謀孫，漸保莫京之繇；牛崗馬鬣，爰求無愧之辭。將備變遷，是茲刊勒象，幸因秋賦，泊寄伊川。見託為文，具存實錄。謹為銘曰：

天地之精，散為百靈；引而伸之，哲人誕生。天地之氣，蓄乎萬彙；卷而懷之，哲人云逝。其生也榮，袘紫垂纓；中道而棄，袍素舍貞。其逝也寧，揪皐松坰；赫矣道業，超然德馨。總彼徽譽，勒乎斯銘；庶備陵谷，千秋萬齡。

〇一四　大宋故推誠奉議同德翊戴功臣永興軍節度管內觀察處置使特遣檢校太尉同中書門下平章事上柱國楪陽縣開國公食邑三千七百戶實施封壹仟貳佰戶贈侍中吳公墓誌銘并序

開寶五年（972）二月二十三日葬

誌文 43 行，行字數不等，行書。誌石長、寬均 78 厘米，洛陽出土。

釋文

○一四　大宋故推誠奏議同德翊戴功臣永興軍節度管内觀察處置使特進檢校太尉同中書門下平章事上柱國樸陽縣開國公食邑三千七百戶實施封壹仟貳佰戶贈侍中吳公墓誌銘并序

玉之為質，□□□而德所以蘊藏十仞，無以掩其光，松□為□也，貞茂而材所以柏質四時□□□……是□休□□□知幾其禮以義為利，且道未振懷報，□以家蒙生公，時肇未昌□□□……公寔其人，□□□……繼直史者，道光□□□……祖實贈太子太傅。祖母蘇氏，封□國夫人，列考□，贈太子師，□□□……太夫人，夫德則□，□世□□所□□，生我□□□……公數歲，太夫人以此□□，且自汝孝□□□……精七德，游心者俾大之功，書讀□王銘也者。孝忠全得，□□□之好，以專歷□□□……殆將壯□睹。入周，太祖□帷□之祖功，崇於仍□□□……於霸府離邦朱里，以□功名，就列於陪臣。以前効誠，以司委□□□……旨，太祖每敕戒其家屬，必以公為標式。暨太祖□心□□□……未再稔轉内軍左庫使，不逾時，遷大内皇協使。得士者寧□盛世，以使所□崇者，功□□□……海而垂天，劉驥之體，一日而千里。俄值太祖登選事，世宗歷幼，王□□□……加金紫階，洎爵邑功臣，名號充内，各省使由此院□□院使□□□……畢命之臣，不離公門，勵戴君之節，旋授公樞密使，□官動爵，賦密□之地。□□□……出納休命周旋，今猶道不虛行，動成丕績，政無留事。□□者□□屬□我後昌□□□……偉人，授同中書門下二品。秩滿三事，方煥於登庸，任重十連，俄□於命師，乃授公持節秦州，請軍□□州刺史、□武軍節度，秦、成、階等州觀察處置押藩□使，踰年，授京兆尹，充永興軍節度、管内觀察處置等使，將□□□斯為盛故階，自銀青至特進官，自右僕射至太尉，爵自開國男至開國公，功臣自四字至八字，食邑自三百戶至三千七百戶，實封自貳佰戶至壹仟貳佰戶，前後司留務者，三知軍府者，四除昏□之患，再治堤防，修職貢之□，兩睹郊祀，嘗出鎮於天水也，會獯戒効，逆為邊鄙之愛。公樹之以威，柔之以德，則沂□之右，致其□□，及移藩於鎬京也，值稼穡薄稔，有生民之病，公撫之以政，教之以術，則關輔之内，恒且歲豐矣。人財其惠，朝野以為美譚。庚午歲，以聖節入覲。明年夏四月二十五日構疾，薨于東京積善里之私府，享年五十四。上聞之震悼，輟視□懸，憫動舊也。翊日，贈侍中，詔中使監視其事，賵賻□寶，咸□給之。以開寶五年春二月二十三日敕葬我公于河南府河南縣平樂鄉張陽村。□□公所尚者慈，所篤者志，急務者文武，洞達者緇黃，捨此而言，□有好玩，接一介之士，必修其禮，容對萬乘之君，不懾於詞氣。行為枝葉，耿八凱於高陽；言有樞機，□爾寄於曲□。復偶聖世，方隆永圖，惜哉！純臣患□眉壽，尺有所短。太史氏之前，聞天不憖遺，魯哀公之深旨禍福，□狀群輿悲之。公有兄二人，長曰廷斌，不仕；次曰廷誨，成德軍馬步軍都指揮使。弟二人，曰廷人，終於贊善大夫，曰廷□，終於龍捷指揮使。美蜿蜒之鬐鬣，嘗謂五龍較頡頏之羽翰，尤高一鶚友□之分，凡今鮮儔。許州夫人太原郭氏，夙資懿德，雅有令儀。詩美宜家，克著尚柔之道；禮稱命婦，允成内助之功。有子六人：長曰光明，左驍騎尉將軍；次曰光載，東頭供奉官；次曰光範，永興軍中軍使；餘并幼。皆辟樹交輝，瑤□覽秀。情□罔極，方潛風樹之哀；譽在必聞，即盛箕裘之業。有女六人，長適西頭供奉官李延順，餘皆在家。有侄三人，曰光列，永熙軍衛□都虞候；曰光圖，節院使；曰光傑，子城使。有孫三人，孫女一人，悉幼。高門之積慶也，據左臥造士，洊玷於甲科；嘗愧効官，還分於允澤。洎退居下，俚受公之招；分言適上，都遇公之捐館。焚巢增歎，方夫於從知；□翰無憀，遽承於見託。若為固讓，空愧好辭。勳績難忘，彼美□書於青史；炎涼不駈，辭文聊志於玄堂。銘曰：

大哉乾元，茫茫□埏。彼二儀之純氣，生千里之巨賢。卷其道也約藏玄□，得其時也魚躍清泉。攀鱗兮附翼，左方兮右圓。名高兮臺鉉，位重兮旌旃。內籌外書兮聖王前膝，董逋恤隱兮疲民息肩。流慶兮裔緒，增榮兮祖先。噫猶斯之具美，奚弗永其降年。公之達理兮彭殤一致，公之盛德兮忠孝兩全。惟大名之不朽，任陵谷之變遷。

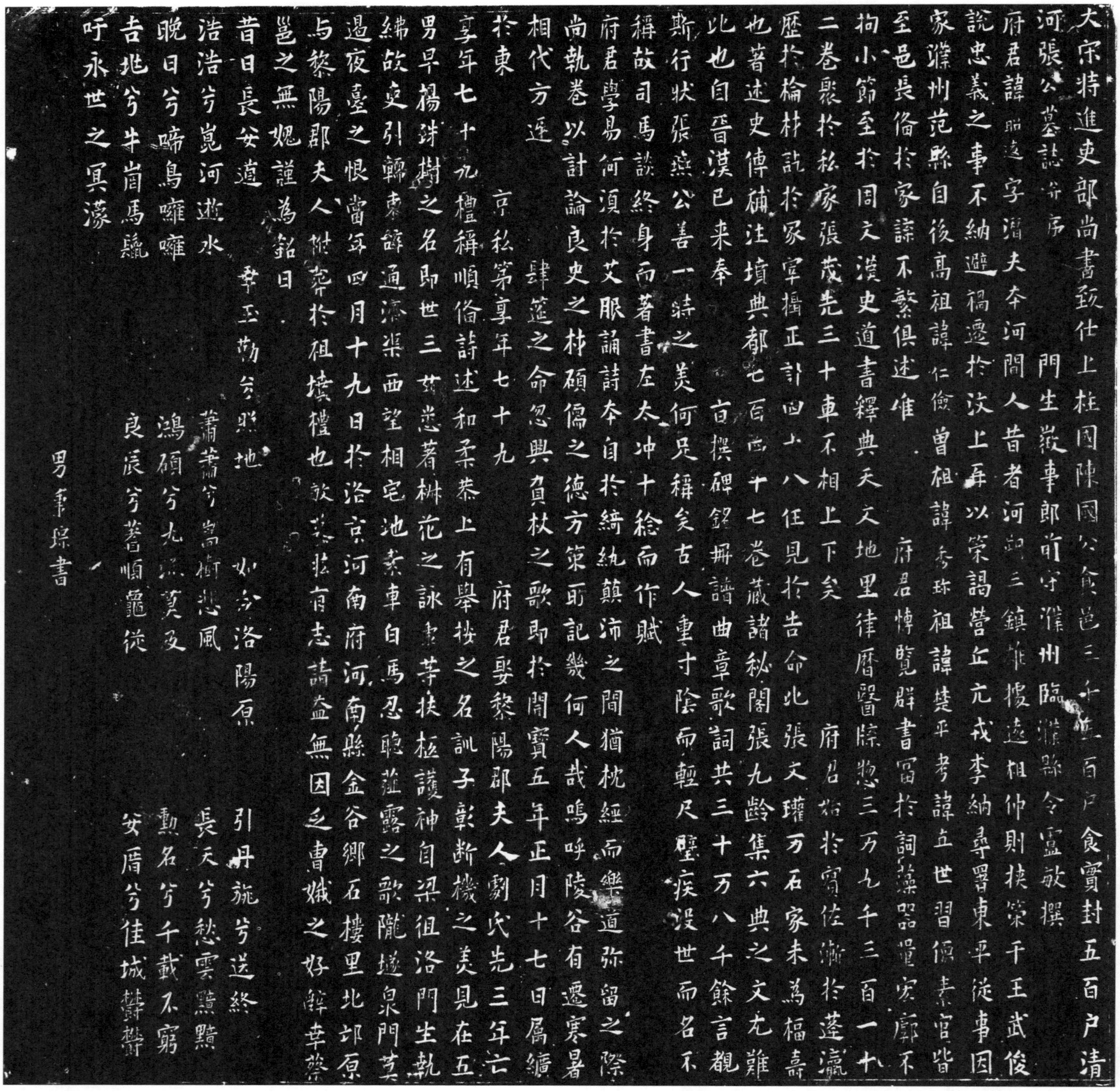

〇一五　大宋特進吏部尚書致仕上柱國陳國公食邑三千五百戶食實封五百戶清河張公（昭遠）墓誌銘并序

門生徵事郎前守濮州臨濮縣令盧敏撰，男秉琮書

開寶五年（972）正月十七日卒，同年四月十九日葬

誌文 28 行，滿行 30 字，正書。誌石長 58 厘米、寬 60 厘米，洛陽出土。

釋文

○一五　大宋特進吏部尚書致仕上柱國陳國公食邑三千五百戶食實封五百戶清河張公（昭遠）墓誌銘并序

門生徵事郎前守濮州臨濮縣令盧敏撰

府君諱昭遠，字濳夫，本河間人。昔者河朔三鎮雄據，遠祖仲則挾策干王武俊，說忠義之事，不納，避禍遷於汶上。再以策謁營丘亢戎李，納，尋署東平從事，因家濮州范縣。自後，高祖諱仁儉、曾祖諱秀珍、祖諱楚平、考諱直，世習儒素，官皆至邑長，備於家牒，不繁俱述。唯府君博覽群書，富於詞藻，器量宏廓，不拘小節。至於周文漢史，道書释典，天文地理，律曆醫牒，總三萬九千三百一十二卷聚於私家，張茂先三十車不相上下矣。府君始於賓佐，漸於蓬瀛，歷於楡材，訖於冢宰，攝正計四十八任，見於告命，此張文瓘萬石家，未為福壽也。著述史傳，補注《墳典》，都七百四十七卷藏諸秘閣，張九齡集六典之文，尤難比也。自晉漢以來，奉旨撰碑銘、冊譜、曲章、歌詞共三十萬八千餘言，睹斯行狀，張燕公善一時之美，何足稱矣。古人重寸陰而輕尺璧，疾沒世而名不稱，故司馬談終身而著書，左太冲十稔而作賦。府君學易何須於艾服，誦詩本自於綺紈。顛沛之間，猶枕經而樂道；彌留之際，尚執卷以討論。良史之材，碩儒之德，方策所記，幾何人哉。嗚呼！陵谷有遷，寒暑相代，方遲肆筵之命，忽興負杖之歌。即於開寶五年正月十七日，屬纊於東京私第，享年七十九。府君娶黎陽郡夫人劇氏，先三年亡，享年七十九。禮稱順備，詩述和柔，恭上有舉按之名，訓子彰斷機之美。見在五男，早揚珠樹之名；即世三女，悉著椒花之詠。秉等扶柩護神，自梁徂洛，門生執紼，故吏引輀。東辭通濟渠，西望相宅地。素車白馬，忍聽《薤露》之歌；隴璲泉門，莫遏夜臺之恨。當年四月十九日於洛京河南府河南縣金谷鄉石樓里北邙原，與黎陽郡夫人祔葬於祖墳，禮也。敏慕於有志，請益無因，乏曹娥之好辭，幸蔡邕之無愧，謹為銘曰：

昔日長安道，幸玉勒兮照地；如今洛陽原，因丹旐兮送終。浩浩兮崑河逝水，蕭蕭兮嵩樹悲風。長天兮愁雲黯黯，晚日兮啼鳥嚨嚨。鴻碩兮九流莫及，勳名兮千載不窮。吉兆兮牛崗馬鬣，良辰兮蓍順龜從，安厝兮佳城欝欝。吁永世之冥濛。

男秉琮書。

〇一六　大宋故翰林學士中大夫守禮部尚書上柱國扶風縣開國男食邑三百戶賜紫金魚袋贈左僕射竇公（儀）墓誌銘并序

朝請大夫行尚書左司員外郎知制誥充史館修撰判館事柱國賜紫金魚袋扈蒙撰

乾德四年（966）十一月二十一日卒，開寶五年（972）十一月十七日葬

誌文 40 行，行字數不定，正書。誌石長 68 厘米、寬 70 厘米，洛陽出土。

〇一六　大宋故翰林學士中大夫守禮部尚書上柱國扶風縣開國男食邑三百戶賜紫金魚袋贈左僕射竇公（儀）墓誌銘并序

朝請大夫行尚書左司員外郎知制誥充史館修撰判館事柱國賜紫金魚袋扈蒙撰

天之瑞曰慶雲，曰甘露，余以為非天瑞也；國之寶曰河圖，曰汾鼎，余以為非國寶也。若有人負拔俗之才，蘊超世之量，祥麟威鳳比其德，舜韶湯濩齊其聲，孝以肥於家，文以華於國，優游清貫，終始令名，斯可謂之天瑞矣，斯可謂之國寶矣。嗚呼！云誰之比，即故大宗伯、扶風竇公之謂也。公諱儀，字可象。昔者大禹浚川，功濟於天下，少康自竇姓著於古先，則公之洪源茂緒，從可知矣。近世有自平陵遷于薊門者，故又為郡人焉。曾祖遜，皇嬀州司馬。祖思敬，皇薊州玉田縣令，贈右補闕。考禹鈞，皇左諫議大夫，累贈尚書右丞。皆履道儲祉，含華葆光。易所謂：積善之家，傳所謂盛德之後。物畜而大，亶其然乎！公即右丞府君之長子。妣曰清河郡太夫人崔氏。始娠之歲，文曲璨其祥光；載誕之辰，尼丘聳其瑞表。成童之後，識者多之。弱冠有五，為鄉里所舉。於是提鴻筆，戰廣場，當時文士，無不辟易。是歲登進士第，解褐辟寧江軍記室，連歷滑陝孟三鎮從事。由東平廉判，入為右補闕，遷禮部員外郎。周初，拜倉部員外郎、知制誥。未幾，召為翰林學士，轉駕部郎中、給事中、禮部侍郎，并依前充學士。及丁外艱，終大制，天子降璽書，復以禮部侍郎，充端明殿學士，徵赴闕。會世宗皇帝南徵淮甸，公判隨駕三司，以督糧運。洎革輅凱旋，申命公權西京留守、判河南府事。昔漢以蕭何調軍食，帝業會昌；周以邵公尹洛宅，皇都用乂。兼而得之者，公也。尋拜兵部侍郎，仍加爵邑，疇其庸也。旋以昊天有命，皇宋勃興，由中及外，遷虞事夏。若夫垂掌百工，堯仁所以光被；夷典三禮，舜德於是升聞。故皇家之受命也，始以公為工部尚書，復以公為禮部尚書，蓋有意乎！跂二帝之徽猷，崇六卿之重位也。皇上始行郊禮之歲，以慶澤周流，詔書填委，再召為翰林學士，于時人具爾瞻。方期於大用，天不憖遺，奄遘於沉痾，即以乾德四年十一月二十一日薨于其第，享年五十有三，優詔贈尚書左僕射。公先夫人渤海高氏，次隴西李氏，次河東吕氏，次魯郡曾氏。或王謝清門，或潘楊舊好，然而雲中月亞，嗟桂影之難留；林下風淒，惜蕣華之先謝。唯會稽郡夫人孔氏，爵為邦媛，善佐夫賢。洎鍾荼蓼之哀，獨奉蘋蘩之祀。有子三人，雖屬妙齡，俱為令器。女一人，適滑州節度推官閻昫。公之貴介弟曰儼，故翰林學士、禮部侍郎。次曰偘，起居郎。次曰偁，宋州節度判官。次曰僖，右補闕。俱擅價于儒林，咸筞名于貢部。昔堯年八凱，不登雋造之科；荀氏六龍，尚欠文章之稱。豈比夫連翩射策，次第昇朝。塤篪合奏于宮懸，軒蓋交馳於魏闕者哉！故近代言弟兄之盛者，推竇氏為首焉。聳公相之望者，謂我公為最焉。粵以開寶五年歲在壬申冬十一月十七日癸酉，葬于河南府河南縣平樂鄉河內村北邙原先塋之次，遷四夫人之喪袝焉，禮也。惟公端厚直方，孝友恭肅，以雄文茂學，為入士之用，以宏才敏識，為懋官之基。國初，權掌文衡，別立規制，禮闈之內，于今用為恒式焉。後乃兼判法寺，重定格律，《刑統》既成，至今垂為大典焉。加以挺特立朝，公忠事國。璵璠千仞，超烈焰以無瑕；咸護九成，韻清風而有節。夫如是，則得不謂之正人歟，得不謂之賢臣歟。惜乎！有代天之才，而不執代天之柄；富經邦之道，而不處經邦之位。斯國家之不幸耶，蒸黎之薄祐耶，於公無闕事矣。余嘗兄事于公，公亦弟畜于我，逮茲為識音，尤覺銷魂，抆淚濡毫，勒銘於石曰：

公之名兮，光于國史；公之行兮，立為人紀。公之文兮，搢紳推美；公之才兮，邦家是倚。所不足者，不登乎相位而以矣。系曰：出洛城兮瞻北邙，攢拱木兮盤高崗；年之吉兮月之良，公安宅兮慶無疆。

鄉貢開元禮張正一書。

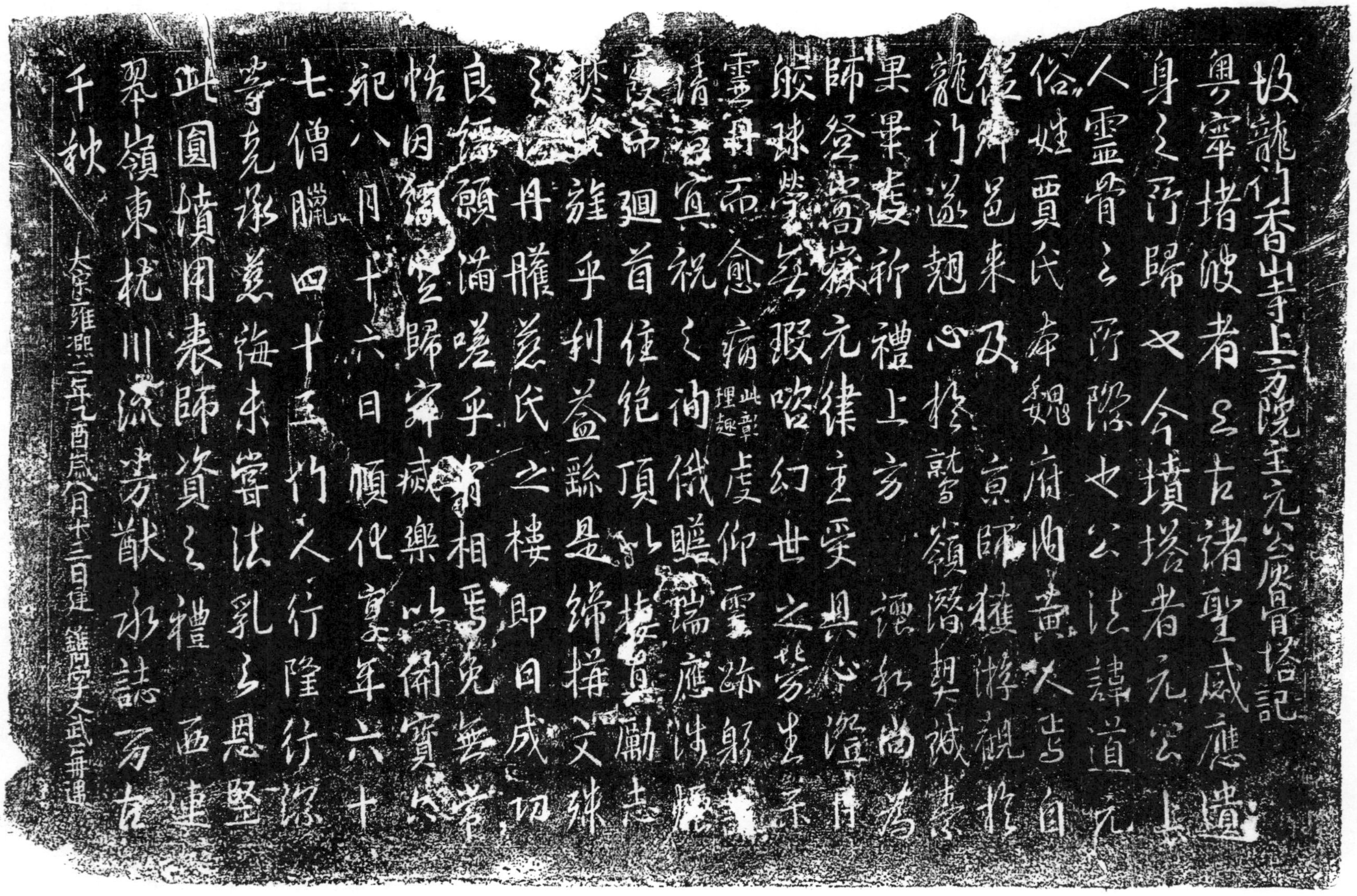

〇一七　故龍門香山寺上方院主元公灰骨塔記

武再遇鐫字

開寶六年（973）八月十六日卒

塔銘 23 行，滿行 12 字，行書。石長 38 厘米、寬 58 厘米，立石地點：洛陽龍門。

釋文

〇一七　故龍門香山寺上方院主元公（道元）灰骨塔記

粵窣堵波者云，古諸聖感應遺身之所歸也。今墳塔者元公上人靈骨之所際也。公法諱道元，俗姓賈氏，本魏府內黄人焉。自從鄉邑來及京師，獲游觀於龍門，遂翹心於鷲嶺，潛契誠素果畢虔祈，禮上方湮和尚為師，登嵩嶽元律主受具，心澄月皎，珠瑩無瑕。諳幻世之勞生，采靈丹而愈病。此彰理趣。虔仰靈跡，躬說清涼冥祝之洵，俄瞻瑞應，涉煙霞而迴首。住絕頂以棲，直勵志焚修，旌乎利益。繇是締構文殊之□，丹雘慈氏之樓，即日成功，良緣願滿。嗟乎！有相焉免無常恬，因緣空歸寂滅樂。以開寶六祀八月十六日順化，享年六十七。僧臘四十三，門人行隆、行深等克承慈誨，未嘗法乳之恩，堅此圓墳，用表師資之禮。西連翠嶺，東枕川流，芳猷永誌，萬古千秋。

大宋雍熙二年乙酉歲八月十三日建。

鐫字人武再遇。

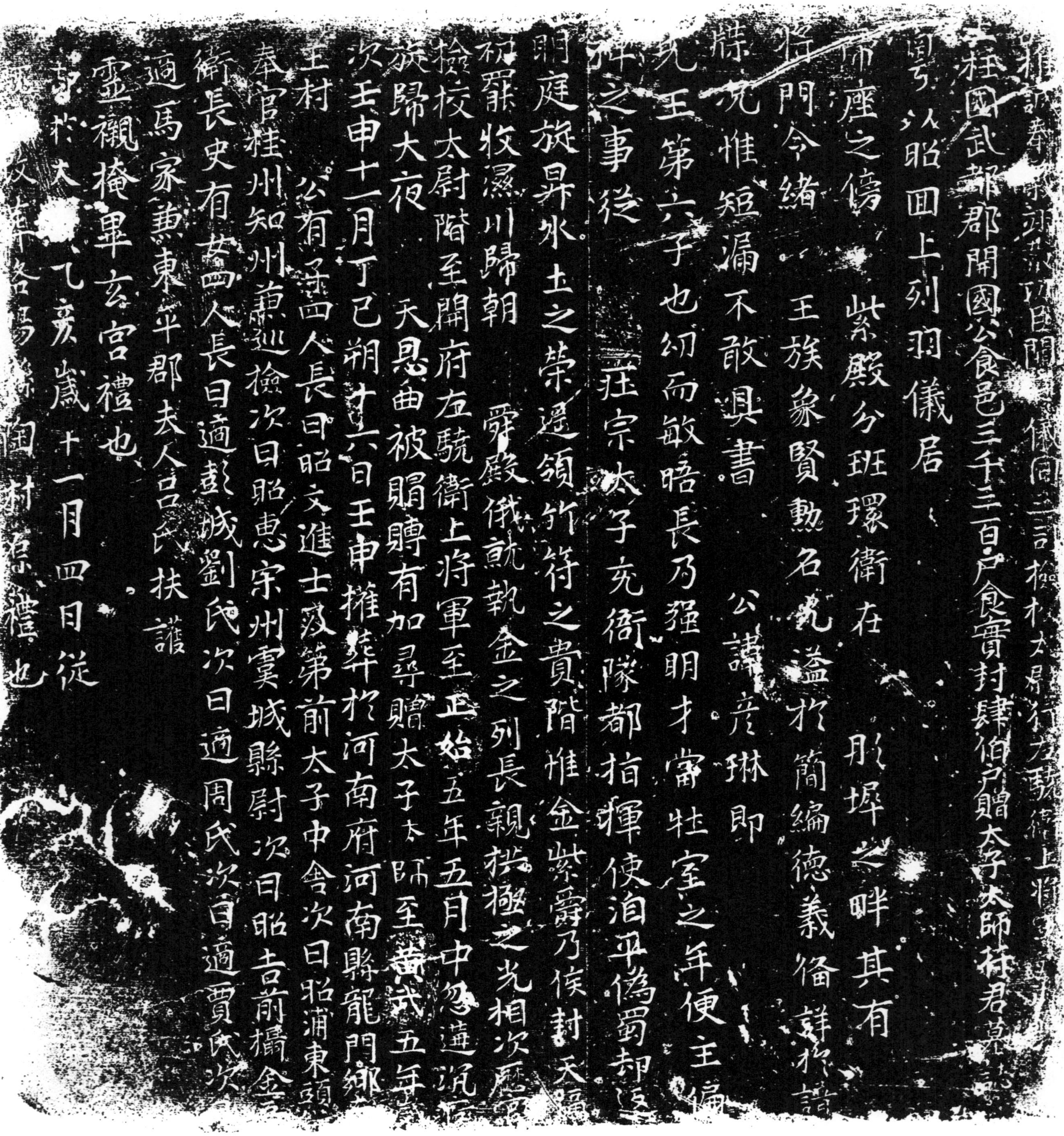

〇一八　故推誠奉議翊戴功臣開府儀同三司檢校太尉行左驍衛上將軍御史大夫上柱國武都郡開國公食邑三千三百戶食實封肆伯戶贈太子太師符君（彥琳）墓誌

開寶八年（975）十一月四日葬

誌文 20 行，行字數不等，正書。誌石長 43 厘米、寬 42 厘米，洛陽出土。

釋文

〇一八　故推誠奉議翊戴功臣開府儀同三司檢校太尉行左驍衛上將軍御史大夫上柱國武都郡開國公食邑三千三百戶食實封肆伯戶贈太子太師符君（彥琳）墓誌

粤以昭回上列，羽儀居帝座之傍；紫殿分班，環衛在彤墀之畔。其有將門令緒，王族象賢，勳名光溢於簡編，德義備詳於譜牒，況惟短漏，不敢具書。公諱彥琳，即先王第六子也，幼而敏晤，長乃強明，才當牡室之年，便主偏裨之事。從莊宗太子，充衙隊都指揮使。洎平偽蜀，却返明庭，旋昇水土之榮，遙領竹符之貴，階惟金紫，爵乃侯封。天福初，罷牧濕川，歸朝舜殿，俄就執金之列，長親拱極之光，相次歷官，檢校太尉，階至開府、左驍衛上將軍。至正始五年五月中，忽遘沉痾，旋歸大夜。天恩曲被，賵賻有加，尋贈太子太師。至黃武五年歲次壬申十一月丁巳朔十六日壬申，權葬於河南府河南縣龍門鄉王村。公有子四人：長曰昭文，進士及第，前太子中舍；次曰昭浦，東頭供奉官、桂州知州，兼巡檢；次曰昭惠，宋州虞城縣尉；次曰昭吉，前攝金吾衛長史。有女四人：長曰，適彭城劉氏；次曰，適周氏；次曰，適賈氏；次曰，適馬家兼。東平郡夫人呂氏扶護靈櫬，掩畢玄宮，禮也。□於大□乙亥歲十一月四日，從魏王改葬洛陽縣陶村原，禮也。

注：誌文中記有四個年號，然，其一在誌石出土后，被挖改為“正始”；又一則改為“黃武”。改挖痕跡清晰可辨，改刊後的字體與原來迥然不同。據誌載“五年歲次壬申十一月丁巳朔十六日壬申”的紀日干支推算，所改的“黃武”二字，原為“開寶”。倒數第二行中被鑿去一字，結合誌文來看，似為“宋”字。改挖的目的，是受利益之驅使，以宋誌充魏誌。這是清末以來一些文物奸商慣用的伎倆。

○一九　宋故内酒坊使銀青光禄大夫檢校吏部尚書兼御史大夫上柱國權知揚州軍府事張府君（秉）墓誌銘并序

鄉貢進士□□撰，昭光書

開寶五年（972）四月六日卒，太平興國三年（978）七月二十六日遷葬

誌文 37 行，行字數不定，行書。誌石長 60 厘米、寬 59 厘米，洛陽出土。

〇一九　宋故内酒坊使銀青光祿大夫檢校吏部尚書兼御史大夫上柱國權知揚州軍府事張府君（秉）墓誌銘并序

粵若將稱臧馬，唯彰撫劍之名；守曰龔黃，但播化民之惠。未有位居列校職，□內庭，負文武之威□，得政理之要道。入則侍禁闈而親旒，冕弼九五之尊；出則代牧守而鎮藩，宣有六條之政。寬猛必聞於相濟疲瘵，由是以皆蘇視民而有第，□□聽訟而自聞蔽第。即府君其人也，七遷茂族，四姓名家。在漢則良為萬乘之師，受編書於濟北；居晉則華處三公之任，識劍氣於酆城。一門多貴盛，無覆弈葉，乃英雄間出。府君本澶州衛南人也，大王父諱禮，不仕。玉唯被褐，匪登如氏之場；珠自媚川，不照魏王之乘。烈考諱裕，秋霜勵志，旅力過人奮身，初自於戎行立事，遂登於勇爵，超贈左清道率府率。夫人阮氏，贈陳留縣太君，繼夫人王氏，贈太原縣太君，皆母以子貴，府君之慶及恭高堂也。府君即率府率之長子也，諱秉，字執義。五行鍾秀，九畹齊芳，覩英威則鶚在秋天，顧節操則筠生獬谷。待衛親軍使史公之綰兵柄也，公初投班筆，始事轅門，處趙勝之囊中，未知毛遂在項梁之鉞，不□識淮陰。周高祖之即位也，知公夙懷義勇，未遂奮飛，俾入侍於春官，冀漸登於貴仕。世宗之纂大寶也，起家為東頭供奉官，班居近侍，地處深嚴，忠貞但屬於赤心，慎密□言於溫樹。屬并寇未殄，世宗親征，公負天□之勤勞，有軍旅之勳効，遂轉充虎捷指揮使。屯戍非一，果毅有餘，因擢授內弓箭庫副使。未□□，浹授弓箭庫使，尋遷為軍器庫使。洎梁王禪位，皇宋龍飛，汶水澶泉，繼充巡檢襄□□，首次委監，臨積功効以尤多，致酬賞而不一。其間，一授閑廄使，次授尚食使，又轉遷內酒坊使。屬王師西討，蜀郡初平，命公領馬步兵士，自乾渠至利州七百餘里，往來安撫，晝夜警巡。□圻悉遂於居寧，士庶略無於搔動。兼降下二十餘寨，其所管部內，則層巒疊翠，閣棧排空，往往□□石當路，負怪狀奇形之異，扼窮巖峭壁之巔，飛黃嚼勒以難前，大章踠足而中輟。公於是□火炬以焚之，建瓴水以沃之。騞然圻裂，盡如霆霹之聲；俄爾蕩平，非勞器鍤之用。因改漫天嶺為朝天嶺，蓋易險阻而為通路也。尋授權知利州軍州事，大軍之後，餘寇始平，下車既賜于慰安，闔境旋聞於悅服。材茂未秀，則偃之以君子之風；惠政已敷，乃著之於與人之誦。政成再遷，權知揚州軍府事，隋封舊國，江左雄藩，苟非當代名人，孰委皇家利柄。公莅事之日，匪懈為懷，於是起榷貨務千餘間，以備商賈之貿；修橋道十餘所，以通舟車之便。鑿陳公塘，開懷子河，以益漕運之利。蓋公家之務，知無不為，致四民仰冬日之和，萬戶有春臺之樂。越一年，群情方洽，巨疹俄鐘，因乞告以尋醫，遂有詔而歸闕。以開寶五年四月六日終於汴之私第，享年六十。嗚呼！寒暑相推，闇運盈虛之數；賢愚共盡，誰逃朽沒之期。越明年春建辰之月葬於浚儀縣新里鄉之古原。夫人瑯琊縣君王氏，先府君七年而亡，合祔於此，禮也。有子二人：長曰昭允，文林郎試秘書省校書郎；次曰昭易，攝鄆州別駕。並謝家玉樹，王氏瑤林，既承積慶之門，終有大來之望。而後長男遷授右班殿直，次男以我皇纂位，攀附鱗翼，累授軍器庫副使。無何，于皇朝太平興國三祀秋七月二十六日，次男軍器庫副使不幸短命，三十六，□□降天恩，署官錫葬，因是改卜于洛之邙山，從吉地也。是宜紀諸盛美，誌彼貞珉，冀陵谷之雖遷，□功名而不朽。銘曰：

五嶽四德，三才二儀，聚彼精粹，實產英奇。作皇王之羽翼，俾家國以俱肥。入則侍從禁闈，出則安輯黎庶。兩部咸□於惠愛，四民共歌於衆藩。生有德化，歿存政聲。雖復蔓草縈骨，深谷為陵。彼令聞兮不朽，實千載以知名。

鄉貢進士□□撰，昭光書。

○二○　大宋故鄭府君（用）墓誌銘并序

顯德六年（959）十一月六日卒，太平興國三年（978）十一月九日葬

誌文 19 行，行字數不定，正書。誌石長 44 厘米、寬 45 厘米，山西出土。

釋文

〇二〇 大宋故鄭府君（用）墓誌銘并序

夫天地為爐，金石堅而尚猶銷礫；陰陽作炭，松柏貞而亦有凋零。蓋為萬物廢興，遄速則寒來暑往；百年修短，奔馳則雨驟風飈。洎乎榮謝，難逃死生，莫道厥有。滎陽郡鄭府君，元是上黨縣雄山鄉宋璧村人也，因官流派於府東南石曹村，廣扇嘉猷，備聆殊異。高祖、曾祖、祖，府君用，不事公卿，唯便南畝，為人溫恭允塞，在家儉約固窮。厥后疾膝心腸，病纏骨髓，巫咸之術無効，扁鵲之針罔瘳，享年七十二，於顯德六年十一月六日沒。夫人來氏，母儀夙備，婦道既全，從子之貞順名彰，三徙而擇隣以教，享年六十二，顯德六年十一月十二日沒。同產兄郭虔、新婦張氏。嗣子鄭遇懷文懷武守信守忠，為鄉邑之摽能，永作人間之領袖。新婦常氏、後婚李氏，邕容王貌，婉娩芳姿。仲子璠，名聞曾子，行繼顏生，早彰泣竹之功，夙著聖橋之志。新婦解氏、賈氏，族望名家，門連貴戚，三從之備，四德無虧。孫延超，新婦李氏；誼，新婦秦氏；延美，趙氏。孫女，王郎婦、李郎婦、張郎婦。曾孫潑兒、小潑、鄭五，并伸孝道，共考蓍龜。於太平興國三年歲次戊寅十一月壬午朔九日庚寅，合祔府東南七里。東倚高望山，西接清彰水，南望五龍，北靠栢谷。恐年移世隔，疆井遷移。銘曰：

乾坤之內，人最為靈。悲哉生死，有限枯榮。豈唯周孔，方類老彭。咸歸大夜，便同遠行。石火風燭，蘭霜薤露。花謝花榮，永昌永富。

〇二一　大宋故汾陽郭公（朝威）墓誌銘并序

鄉貢進士崔錫撰

太平興國五年（980）十二月二十五日卒，太平興國七年（982）十月十五日葬

誌文 34 行，行字數不定，行書。誌石長、寬均 50 厘米，陝西出土。

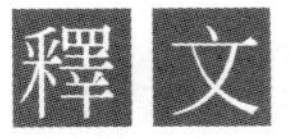

〇二一　大宋故汾陽郭公（朝威）墓誌銘并序

鄉貢進士崔錫撰

郭氏之先，姬周之裔，始肇封於虢叔，爰命氏以成周。代有賢傑，激揚清望。泰有神龍之智，賀彰露冕之風。巨純孝以動天，嘉忠謀而佐魏。伋施仁政，期竹馬於并州；隗負宏才，陟金臺於燕國。煥乎史策，此不俻焉。公諱朝威，晋陽西河縣開義鄉人也。曾祖諱，烈祖諱，並高尚不仕。烈考諱旻，皇晋以輔弼藩侯，累遷勳職。妣瑯琊王氏，世振英風，代施陰隲。播徽猷於里閈，彰禮讓於鄉閭。或道之不行，樂丘園而適性；或仁而有勇，依勳烈以成功。咸高垂裕之規，盡顯貽謀之德。果生令嗣，克紹家聲。公即勳職之元子也，幼而孝悌，長實雄稜。威聲凌汾晋之郊，勇氣挫孫吳之陣。常謂所親曰："大丈夫當輸忠立節，賈勇揚名，豈可事生業顧，交親屑屑於鄉里哉。"時屬晋君失位，漢祖龍飛，公負羽從軍，推誠擇主。今同師宋公，時以金張貴胄，冠鄧殊勳。始膺鳴鳳之祥，旋降建牙之命。以公有弈世贊佐之勞，有曩昔鄉里之舊，署職轅門，數提虎旅。平原位重，全因毛遂之功；无忌名高，盡賴侯生之力。莫不沉謀有断，智略無前，綱紀元戎，肅清方鎮。宋公累換麾幢，亟更藩屏，尊奬王室，綏撫疲甿。下車而政績堪嘉，仗節而妖氛自弭。故得軍儲有羨，國用無虧。將幕臨時，盡仰宋均之德；臺星照處，咸歌召伯之風，皆公裨佐之力也。累遷職至都教練使、銀青光祿大夫、檢校左散騎常侍兼御史大夫、上騎都尉。宋公之鎮邠也，一旦謂公曰："吾一領旌旄，垂數十載矣，勤勞之績，尔實居多。今素滻別墅，景物甚嘉，外有井邑以聚其民，內有池亭可怡其性。地利繁富，人煙擳比，俾公居之，蓋以醻勳德而均勞逸也。"公之初至也，闢荊榛而樹花卉，就泉石而葺亭臺，搆小樓而望終南，築繚垣而臨素滻。優游宴樂，勤恪奉公。唯將禮義化人，不以貨財潤己。小之比大，伋黯卧理於淮陽；卑以齊高，廉范行歌於蜀郡。豈謂纔踰耳順，方展壯心，俄嗟電露之光，遽迫崦嵫之景。嗚呼哀哉！以太平興國五年十二月二十五日，啓手足於鳴犢鎮之私第，享年陸拾有三。公箭可麗龜，劍能剸光，英姿廓落，雅量宏淉。加以猛可濟寬，仁而有信，秉公忠而事主，用孝義以肥家。故遂天命超遷，賢侯倚賴，書稱五福。公實得之有，于玆沒何足恨。夫人長沙秦氏，賢明有節，婉淑無儔。勤丝枲以實鄉，奉蘋蘩而不倦。方期偕老，俄嘆未亡。願吊鶴以興悲，舞孤鸞而起恨。公有弟一人，諱朝美。有妹二人，長適河西郡毛氏，次適清河郡張氏。芝蘭並秀，鸞鳳和鳴。雖踈輿邑之封，咸敘室家之慶。有子三人：長曰文遂，與叔俱先公而亡，今亦附於葬所。仲曰文通，隨使繫職。季曰文度，習進業而未舉。有姪一人曰文正，公念惜之情，踰於諸子，或四科而就業，或七德以彰名。珪璧殊形，盡琢禮天之噐；宮商迭奏，俱呈治世之音。咸能制度克終，箕裘不墜，亦公積善之慶也。有女二人：長在室而卒；次幼而未笄。今則日月遄邁，宅兆有期，得馬足之嘉城，卜牛眠之吉地。以太平興國七年十月十五日葬於萬年縣白鹿鄉焦呂村之原，禮也。錫學昧淵微，文虧藻麗，豈可紀揚盛德，刊勒貞珉。徒以早熟英猷，常聆懿行，直而不文，誌於幽壤，辭之靡獲，遂為銘曰：

猗歟郭氏，受姓於周。代生間傑，世有賢侯。晋陽竹馬，洛浦仙舟。昭彰簡策，永播徽猷。懿彼烈祖，世居并土。用之則行，文而有武。陰騭顯徵，鄉閭仰附。燕翼孫謀，有慶于魯。偉哉郭公，少振英風。駈馳上国，翼賛元戎。沉謀宏遠，奇貌恢融。戴仁履信，善始令終。稅息方諧，膏肓忽起。天道寧論，人生至此。白鶴來翔，青鳥薦祉。谷變陵遷，貞珉不毀。系曰：公之德兮合天常，公之道兮沒而彰。儻積善兮有慶，期子孫兮必昌。

〔蓋文〕：郭府君墓誌銘。

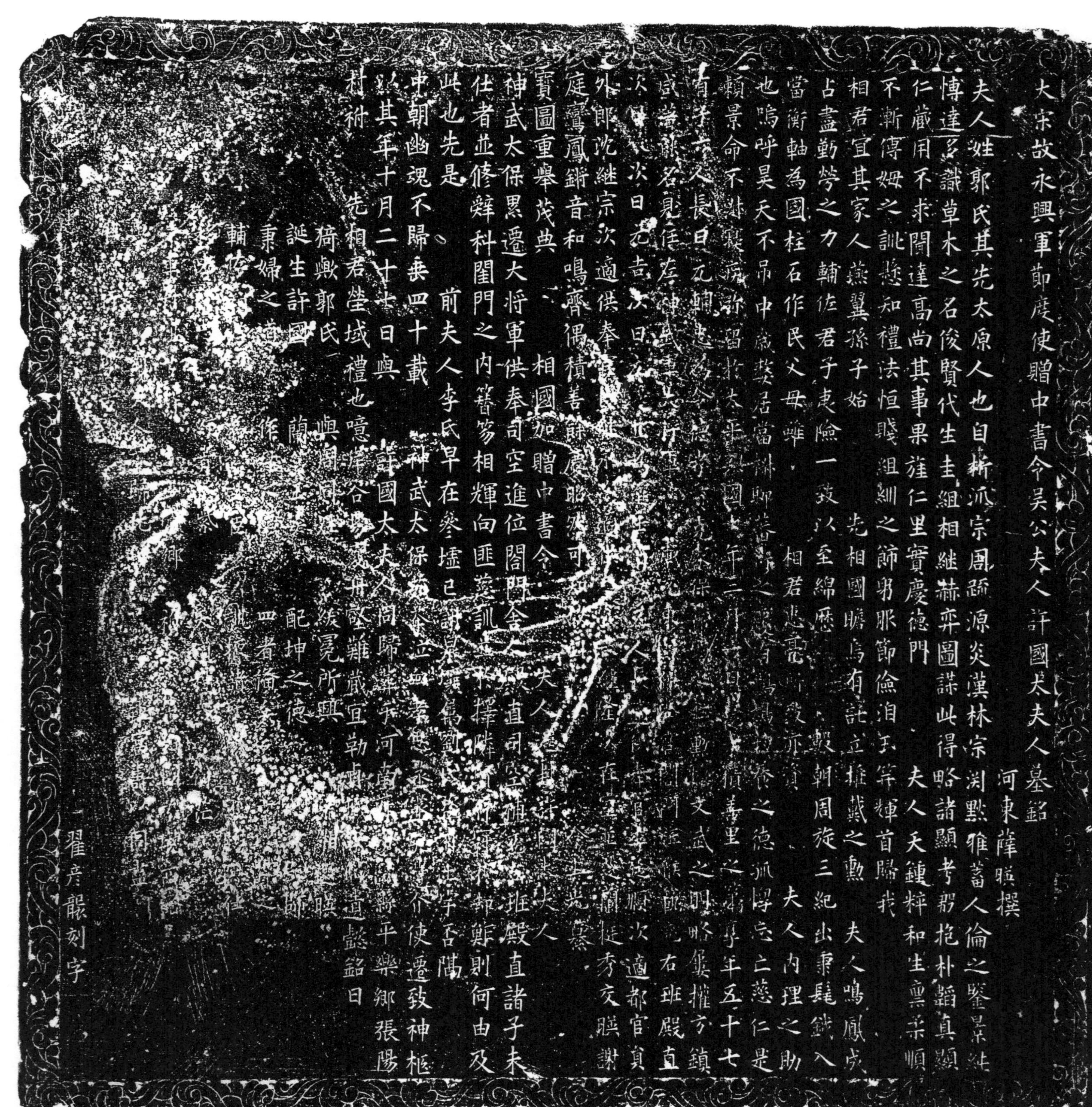

〇二二　大宋故永興軍節度使贈中書令吴公夫人許國太夫人（郭氏）墓銘

河東薛暎撰，翟彦襲刻字

太平興國七年（982）三月六日卒，同年十月二十七日葬

誌文 29 行，滿行 32 字，正書。誌石長 64.5 厘米、寬 64 厘米，洛陽出土。

釋文

〇二二　大宋故永興軍節度使贈中書令吴公夫人許國太夫人（郭氏）墓銘

河東薛暎撰

夫人姓郭氏，其先太原人也。自析派宗周，疏源炎漢，林宗淵默。雅蓄人倫之鑒，景純博達；多識草木之名，俊賢代生。圭組相繼，赫弈圖諜，此得略諸顯考。殷抱朴韜真，顯仁藏用，不求聞達，高尚其事，果旌仁里，實慶德門。夫人天鍾粹和，生稟柔順，不漸傅姆之訛，懸知禮法；恒賤組紃之飾，躬服節儉。洎玉笄輝首，歸我相君，宜其家人，燕翼孫子。始先相國瞻烏有託，立推戴之勳；夫人鳴鳳成占，盡勤勞之力。輔佐君子，夷險一致，以至綿歷數朝，周旋三紀，出秉髦鉞，入當衡軸，為國柱石，作民父母。雖相君忠亮，所致亦資，夫人內理之助也。嗚呼！昊天不吊，中歲嫠居，當椒聊蕃行之慶，有鳲鳩均養之德。孤惸忘亡，慈仁是賴，景命不淑，寢疾彌留，於太平興國七年三月六日歿于積善里之第，享年五十七。有子六人：長曰元輔，忠為令德，孝實克家，保□□之□勳，懷文武之明略，屢權方鎮，咸著能名，見任左神武軍大將軍。次曰元載，充東頭供奉官、閤門祗候，範充右班殿直。次曰□，次曰元吉，次曰元彦，并為進士。女五人，長適供奉官李廷順，次適都官員外郎沈繼宗，次適供奉官□繼承，次適供奉官□繼隆，次在室。并芝蘭挺秀，交暎謝庭，鸞鳳鏘音，和鳴齊偶，積善餘慶，昭然可知。故□□□□。今上光纂寶圖，重舉茂典，相國加贈中書令，夫人追封許國太夫人。神武太保累遷大將軍、供奉、司空，進位閤門舍人、殿直司空，補充右班殿直。諸子未仕者，并修辭科。閨門之內，簪笏相輝，向匪慈訓，并於擇隣賢行，冠於却鮓，則何由及此也。先是前夫人李氏早在參墟，已謝泉壤，屬劉氏盜□土宇，否隔中朝，幽魂不歸，垂四十載。神武太保茹荼泣血，孝思丞第，□□介使，遷致神柩，以其年十月二十七日與許國太夫人同歸葬于河南府河南縣平樂鄉張陽村，祔先相君塋域，禮也。岸谷易變，舟壑難藏，宜勒貞珉，□□遺懿。銘曰：

猗歟郭氏，與周同姓。紱冕所興，□相遐暎。誕生許國，蘭□玉姿。配坤之德，□□□師。秉婦之道，作母之□。四者備矣，□□□□。輔佐相□，□□□臣。訓掖諸子，□□□仕。移孝□□，□青□紫。天□□□，何茫□□。素車舟□，□□□鄉。祔□□□，□□□□。□□□□，夫人歸化。□富壽以同盡。

翟彦襲刻字。

〇二三　大宋故贈太子太傅王公（建福）墓誌銘并序

正奉大夫行尚書駕部員外郎知制誥上柱國賜紫金魚袋賈黄中撰，傅孝恭書

太平興國七年（982）十一月六日遷葬

誌文 25 行，滿行 25 字，正書。誌石長 59.5 厘米、寬 58.2 厘米，洛陽出土。

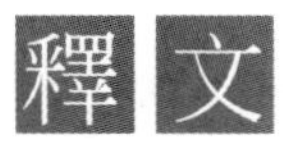

○二三　大宋故贈太子太傅王公（建福）墓誌銘并序

正奉大夫行尚書駕部員外郎知制誥上柱國賜紫金魚袋賈黃中撰

《詩》曰：既明且哲，以保其身。《易》曰：積善之家，必有餘慶。若乃含貞履素，克鐘貽厥之謀；韜光隱曜，下濟聿修之德。蕃衍貴盛，不亦宜乎？君諱建福，字好德，季歷啟其遙源，子喬分于仙胄，或將或相，乃武乃文，則秦之翦，漢之陵，魏之祥，晉之導，不常厥處，代生其賢，今為并州祁人也。曾祖諱隱，祖諱文禮，考諱稜，贈太子太保。妣劉氏，追封莒國太夫人。公元精稟和，雅量齊物，蘊彼至道，錫乎繁祉。顯仁藏用，闇然而愈彰；和光同塵，考之而無跡。魏萬則其族必大，陳仲則後世莫京。翼子傳孫，遺芳餘烈，懸米之派自積石而至龍門，膚寸之雲不崇朝而遍天下。故載準旟，憑熊軾，車服棨戟，劍珮歌鐘，顯顯列侯贈太師。公之子曰柞，儼貂冠，被華兖，舟檝霖雨，寅亮弼諧，堂堂賢相贈侍中。公之孫曰溥，聯綿珪組，丹青簡冊，歷七朝，踰四紀，享富貴，立功名，代稱王氏之門為甲者，有自來矣。故公在于有周，贈以奉常之袟；洎我皇宋，崇以宮傅之命。惟飾終之盛典，葉賞祖之格言。公先與追封蕭國太夫人賈氏合葬於汾上之故里，自頃災生大鹵，隟構實沉，車軌不通，封圻盜據，散金莫及，漬酒難期，既屬同文，遂謀改卜，爰自汾曲遷於洛郊，克葬未諧，侍中歸壽，嗣曾孫貽孫等虔奉先志，齊舉襄事，即以太平興國七年十一月六日，與侍中會葬于河南府河南縣宣武原，禮也。崗巒縈屬，雲樹蒼茫，夜堂一扃，塵事千載。至于太師之勳績，侍中之功行，有國史，有豐碑，此略而不書。今但揀世德之梗概，紀改卜之時日而已，銘曰：

賢侯之父，相國之祖。遷自汾上，葬于洛湝。翼子貽孫，千秋萬古。

傅孝恭書。

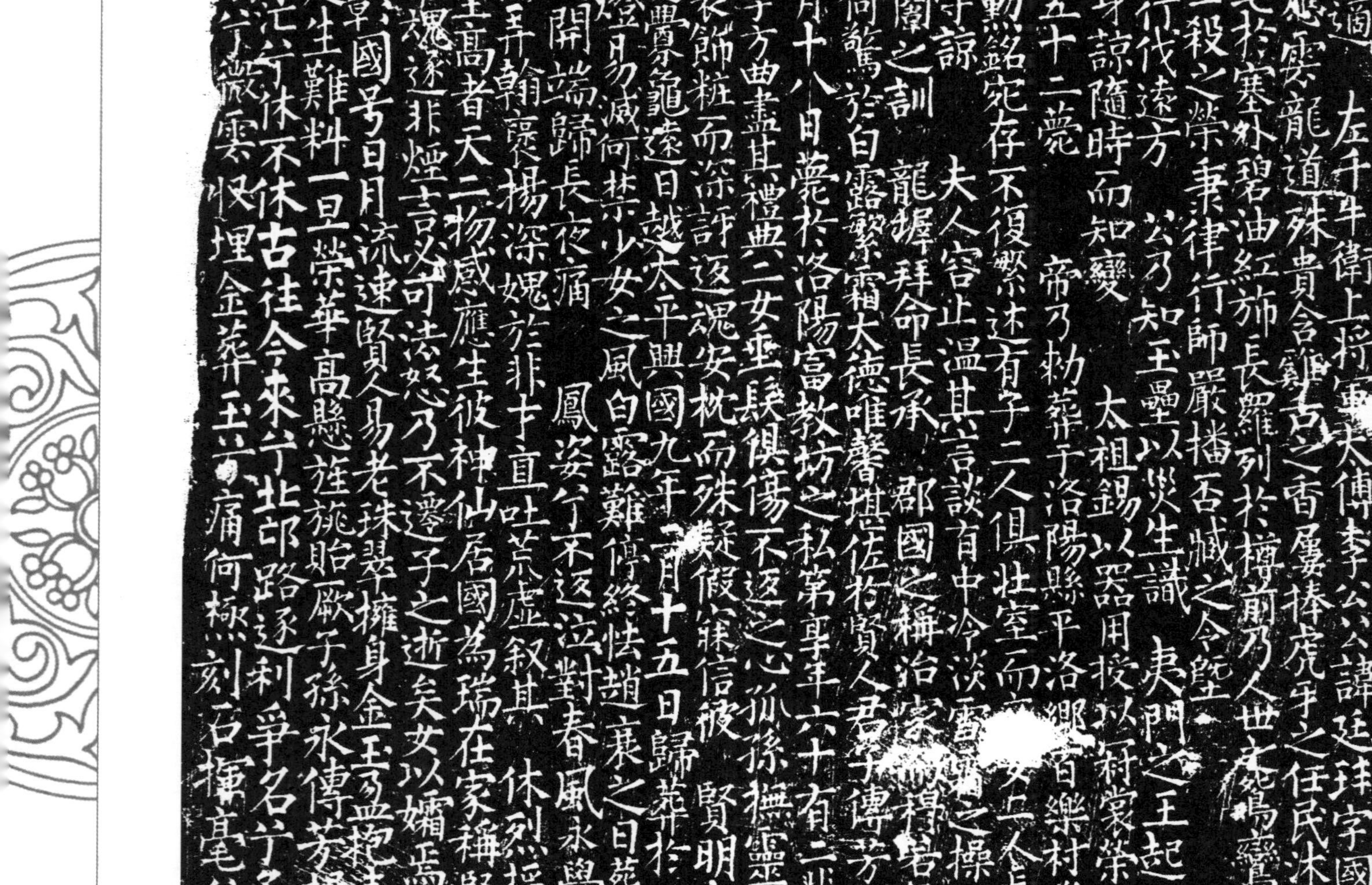

〇二四　大宋故清河郡夫人張氏（李廷珪妻）内誌銘并序

外孫鄉貢進士趙永撰，外孫壻鄉貢學究柳丕書并題蓋

太平興國八年（983）五月十八日卒，太平興國九年（984）二月十五日葬

誌文 30 行，行字數不等，正書。誌石長 59.3 厘米、寬 54 厘米，洛陽出土。

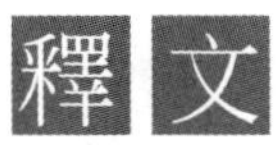

〇二四　大宋故清河郡夫人張氏（李廷珪妻）內誌銘并序

外孫鄉貢進士趙永撰，外孫壻鄉貢學究柳丕書并題蓋

若夫江河至廣，不能駐東逝之聲；松柏雖堅，難以禁後凋之色。茫茫川口，仲尼猶是興嗟；苒苒澗中，賢者以之比德。揆物情以如此類，人生之可悲，今古難逃，榮賤一致。夫人姓張氏，本并州人也，後徙家于蜀。祖不仕，父偽蜀肅衛指揮使諱彥鎔，臨事有斷，於國輸忠，懷料敵野戰之方，蘊扶國起家之業，世之偉器，天喪斯人，享年五十而卒。夫人幼適左千牛衛上將軍、太傅李公，公諱廷珪，字國寶，幼仕偽蜀後主律呂響應，雲龍道殊，貴含雞古之香，屢捧虎手之任，民沐其德，君仰其材。武幕行軒，早雲屯於塞外；碧油紅旆，長羅列拎樽前，乃人世之鴛鷺，寔國家之柱礎。登壇授命，孤權生殺之榮；秉律行師，嚴播否臧之令。曁太祖皇帝出師西顧，行伐遠方，公乃知玉壘以災生，識夷門之王起，全兵請罪，飛表輸誠，信遠害以全身，諒隨時而知變。太祖錫以器用，授以冠裳，榮趨警衛之班，不出大夫之列，享年五十二薨。帝乃勑葬于洛陽縣平洛鄉百樂村崇德里。深謂生榮死貴，盡始有終，勳銘宛存，不復繁述。有子二人，俱壯室而卒。女二人，長適左內率府率趙元棣，次適王守諒。夫人容止溫其言談，有中冷淡雪霜之操，孤清蘋藻之規，笄總問安。幼稟庭闈之訓，龍墀拜命；長承郡國之稱，治家而穆。若無私作事，而昭然可法。修篁有節，何驚於白露繁霜；大德唯馨，堪佐於賢人君子，傳芳弈葉，不可殫論。太平興國八年五月十八日，薨於洛陽富教坊之私第，享年六十有二。悲乎！倚廬枕塊，生養死哀，嚴遵於孝，方曲盡其禮典。二女垂髮，俱傷不返之心；孤孫撫靈，但痛隔生之抱。啥以珍玉，斂以衣衾，飾粧而深訝返魂，安枕而殊疑假寐。信彼賢明之德，高懷貞白之心，而乃建旐于庭，釁龜遠日，越太平興國九年二月十五日，歸葬於故太傅李公之塋，禮也。嗚呼！紅燈易滅，何禁少女之風；白露難停，終怯趙襄之日。葬事輝爀，傍人慘傷，顧馬鬣以俄開端，歸長夜痛鳳姿兮不返。泣對春風，永學欠青箱，文慙黃絹，勤苦早稱於弄翰，褒揚深媿於非才，直吐荒虛，敘其休烈，援毫抆淚，敢獻銘言：

至峻者嶽，至高者天，二物感應，生彼神仙。居國為瑞，在家稱賢，蘭芷並德，松竹讓堅。美彰彤管，魂逐非煙，言必可法，怒乃不遷。子之逝矣，女以孀焉，作嬪君室，何人比肩。福掩天人，幼彰國號，日月流速，賢人易老。珠翠擁身，金玉盈抱，素魄正圓，翠蓂云槁。天意猶斯，人生難料，一旦榮華，高懸旌旐。貽厥子孫，永傳芳操。白楊蕭蕭兮春復秋，洛水汒汒兮休不休。古往今來兮北邙路，逐利爭名兮多白頭。佳城閉兮紅日晚，悲歌咽兮微雲收。埋金葬玉兮痛何極，刻石揮毫兮宣盛猷。

○二五　大宋故推忠協謀佐理功臣金紫光禄大夫守尚書右僕射上柱國樂陵郡開國侯食邑一千五百戶食實封二百戶贈侍中石公（熙載）墓誌銘并序

將仕郎守尚書職方員外郎知制誥賜緋魚袋趙昌言撰并篆額，弟將仕郎守大理評事知開封府戶曹參軍事熙政書

太平興國九年（984）正月卒，同年四月五日葬

誌文 45 行，滿行 47 字，正書。誌石長、寬均 71.5 厘米，洛陽出土。

〇二五　大宋故推忠協謀佐理功臣金紫光禄大夫守尚書右僕射上柱國樂陵郡開國侯食邑一千五百戶食實封二百戶贈侍中石公（熙載）墓誌銘并序

將仕郎守尚書職方員外郎知制誥賜緋魚袋趙昌言撰并篆額

歲在涒灘春王正月戊午，公暴疾作，達於宸聽日寅及卯，上三遣中使督名醫視之，復駕幸其第，上未及見，而公薨，上親臨哀慟者久之，輟視朝兩日，詔贈侍中，謚曰元懿。命中貴人備葬事，大鴻臚護之，以其年四月五日與清河郡夫人之喪，同葬於西京河南府河南縣宣武村先塋，禮也。噫！神龍之興，霈膏澤使，動植皆被其潤者，必景雲翼之；聖人之起，敷至德使，黔黎咸安其化者，必巨賢佑之。公之生也，稟成象之精，鍾維岳之靈，為儒之英，作國之楨，才實天付，道與時並。以五百歲之賢，遇一千年之聖。惟言與志，實遇事以皆揚；惟名與勳，斯因時而俱盛。靈芝三秀，既有道以方生；建木千尋，合明堂之終構。胡天道之難諶，彼福善之可駭；緊大用以未終，而中壽之弗屆。高山仰止，垂世之程空存；哲人其萎，終古之悲斯在。公諱熙載，字疑績，本洛陽人也。曾祖諱質，唐客省副使，贈太子太保。詳明典禮，曉達時務，直躬臨事，甚有古風。祖諱延威，梁盧龍軍節度副使，贈太子太傅。懿範承家，良謀應務，文能附衆，武克禁暴。父繼遠，皇不仕，贈太子太師。長材括於否運，樂道終乎高年。濟濬靈原，伏地而流終截海；玉含全德，韞石而光必輝山。道雖晦於當時，慶果鍾於令嗣。公生而英晤，風神環秀。四歲，鍾先妣侯氏追封上谷郡太夫人之喪，號咽孺慕，發乎自然。十歲屬文，時有佳句。二十七舉進士，時周故翰林學士扶風竇公儼，以人倫公共之稱，持乎文柄，試元后作民父母賦，公獨以威惠致民畏愛之理，比父母之義，竇公稱之，第公殊級。明年，太祖以天命允歸，皇極斯建。上以金枝之秀，龍德初潛，招延俊人，置在朱邸，公以才名首膺辟命。建隆元年，上自節制東魯，□正天邑。皇太后以慈念所鍾於上彌厚，慮賓從未稱其任，召公入見，甚所稱獎。是日，公自泰寧軍節度掌書記，特授右拾遺，充開封府推官，賜緋魚袋。乾德元年，遷左補闕充職。公既感上以非常之禮待己，思以不拔之節報上，加之神鋒太俊，為人所忌。二年，公丁先太師之憂，服滿，當軸者出公為忠武軍節度掌書記，尋移授崇義軍節度掌書記，歷歷星次，十周於天，居左宦之情，與就列之日無異焉。衿量坦然，殆鮮所比。開寶九年冬，五老飛星，河啓授圖之瑞；八卦成列，帝光出震之期。惟天眷祐於皇家，惟聖紹膺於寶祚。上即位，以命既惟新，人資求舊。翌日，詔公赴闕，授左補闕，示牽復也。時上方敷大政，思得群材，命公權知貢舉。未幾，梅山諸洞蠻蜒為盜，朝廷發師討之，供費控扼，潭實為要，且聞郡政久陁，上思得人以治之，命公權知潭州軍州事，既而梅山之盜悉已平靜，湘中之政又皆振舉。太平興國四年正月，詔還，宣室入見之日，特授尚書兵部員外郎，充樞密直學士，賜紫金魚袋。未期月，命公同簽署樞密院公事。二月，上以并寇逋誅，親駕戎輅為民除亂，制授公給事中，充樞密副使。洎兇魁面縛，神武昭宣，皇輿方慶於廻鑾，清廟遂行於捨爵。遷刑部侍郎，依前充樞密副使。六年秋，制授太中大夫、戶部尚書、樞密使，加推誠翊戴功臣、樂陵縣開國伯，食邑七百戶。是年冬，上郊禋畢，改推忠協謀佐理功臣、金紫光禄大夫、樂陵郡開國侯，食邑八百戶，食實封二百戶。公足疾有加，上幸樞密院親醫灸之，公臥疾，駕幸私第，道平生以撫問之。八年秋，公告退頻仍，上不得已，允解樞機之務，制授尚書右僕射，示遂公志也。然上注意愈深，虛中臺之位，待公疾瘳以命之，公遽啓手足焉，享年五十有七。公始娶清河張氏，無子早卒。再娶張氏，封清河郡夫人，先公九日而終。有子二人：長曰中孚，次曰中立，皆有俊氣。弟四人：熙導，右班殿直；熙古，進士及第，守右補闕，直史館；熙平，□□遺進；熙政，進士及第，守廷評，知開封府戶曹參軍事。皆負時才。妹二人：長適朱氏，次適王氏，咸有令則。嗚呼！人之履於世，立其身，事君也忠，奉親也孝，臨事也公，接士也恭，待友也義，撫下也惠。皆欲以優而柔之，勤而行之。擅乎具美，揚乎全德，知之非難，鮮克有終。惟公英華發乎中，事業見乎外，自若事上，自潛躍迨今三十年，謀無深而不陳，政有害而必述，未嘗有一事致上意有疑者，斯不謂事君也忠乎。自佩韘至終身，事今封隴西郡太夫人牛氏，承其顔而慰其心，盡其禮而潔其養，遂痼疾在躬，未嘗一日有懈。朝廷語人子之美，向以公為首，斯不謂奉親也孝乎。從政之所，難無不理，勤無不至，居其下者，不能怨之，所舉之事，皆為永式，斯不謂臨事也公乎。居崇貴之位，搢紳輩登門者待之，無一人情不周禮，不盡虛懷應物，時論多之，斯不謂接士也恭乎。故梁縣令蕭守勳自幼與之交，後蕭以故閑罷，家甚貧，公迎之，分其祿以贍之，洎蕭卒，孤兒幼女四人，皆出己財，擇令族為主，以畢其婚嫁，其家如蕭之存，斯不謂待友也義乎。自未仕及起家，親族間有孤寡者，無不聚而育之，雖僮僕家有吉兇事，如己之有，必營備其費以給之，斯不謂撫下也惠乎。美之具，德之全，求之於古，誰其間然。昌言實公之表甥也，考妣荷公之義異於衆。昌言十有五，承公善誘俾為文，干名遭逢文明，塵玷清切，公之行事，固所周知。靈輀西引，佳城將閟，公之二子與太夫人暨公諸弟，泣而相示，俾茲誌述，義不當讓，直書其事，為之銘曰：

神所祐兮善之積，公之積兮斯亦極。時之用兮材之全，公之全兮實巨賢。千年之運兮既遇聖，九萬里之翼兮方摩天。何大用兮方顯，而遐齡兮弗延。山頹萬仞，玉埋九泉。音容杳邈，松檟千年。惟令名之不朽，垂終古兮卓然。

弟將仕郎守大理評事知開封府戶曹參軍事熙政書。

注：參見本書其子〇六六《石中立墓誌》、其父〇三二《石繼遠墓誌》。

因時而俱盛靈芝三秀既有道以方生建木千尋合
之弗届高山仰止垂世之程空存　哲人其萎終古之
贈太子太保詳明典禮曉達時務直躬臨事甚有古風祖
文能附衆武克禁暴父継遠皇不仕贈太子太師長材括
君器而光必輝山道雖晦於當時慶果鍾於令嗣公生而英
慕發乎自然十歲屬文時有佳句二十七舉進士時周
民父母賦　公獨以威惠致民畏愛之理比父母之義
上以金枝之秀龍德初潛招延俊乂置在朱邸
邑　皇太后以慈念所鍾於　上弥厚子慮賓從
掌書記特授右拾遺充開封府推官賜緋魚袋乾德元
之節鉞　上加之神鋒太俊為人所忌二年　公丁
秩授崇義軍節度掌書記歷歷星次十周於天居
年冬五老飛星河洛授圖之瑞八卦成列　帝光

局部原大

○二六　大宋贈秘書少監王府君（璘）墓誌銘并序

朝散大夫行尚書兵部員外郎知制誥權判史部流內銓兼判尚書刑部登聞檢院護軍濟陽縣開國男食邑三百戶賜紫金魚袋丁度撰，翰林書藝文林郎守少府監主簿御書院祗侯孔令儀書并篆蓋，中書省玉冊官御書祗侯鄒義、王守清刻

雍熙元年（984）二月十一日卒，同年十月四日葬

誌文 30 行，滿行 35 字，正書。誌石長、寬均 61 厘米，河北出土。

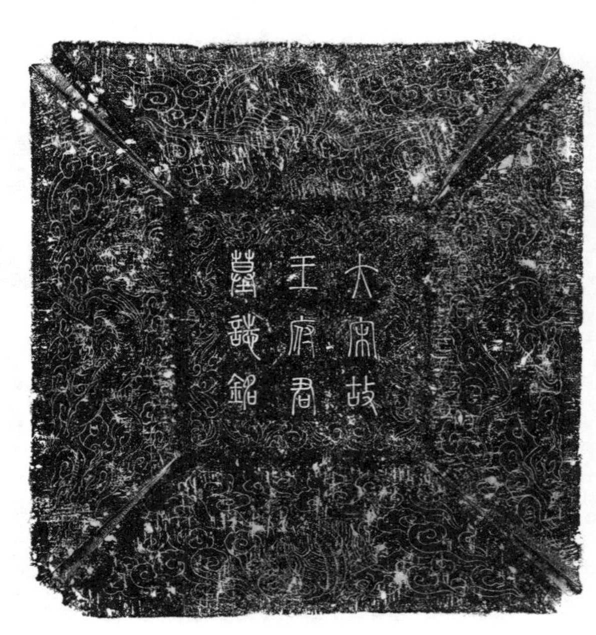

〇二六　大宋贈秘書少監王府君（璘）墓誌銘并序

朝散大夫行尚書兵部員外郎知制誥權判史部流內銓兼判尚書刑部登聞檢院護軍濟陽縣開國男食邑三百戶賜紫金魚袋丁度撰，翰林書藝文林郎守少府監主簿御書院祗侯孔令儀書并篆蓋

府君諱璘，字温其，常山人，代為北州望族。曾祖諱傑，器識雄遠，材略遽茂。李唐之世，兵柄在方鎮，王元逵之杖鉞真定也，列于麾下，以戰獲立功名，掌梟騎之鋒，氣敢自任。祖諱盛，考諱忠信，服儒篤學，節行稱于州里，再世不顯，皆身退而家肥，華纓榮祿故不及焉。妣平昌郡孟氏。府君中正溫恕，廉讓孝謹，涉道嗜學，研幾燭理。為文長于奏記，惇惇振藻，蔚其古風。酷好司馬遷《史記》、班固、范曄《漢書》，皆自手寫，備巾箱之玩。博涉衆藝，號為畢給。周顯德中，梁光祚授節符之重，守于趙郡，稔公之名，召置戎幕，儒服從容，府望增重。累署本郡上佐，掌臨城關市之賦，安卑俟時，所莅居最。慕其風土，因而家焉。五運下衰，薦仍世故，魁壘之士，多在外藩。太祖之受命也，疇咨延訪，惟恐不及，亟詔諸侯，咸得論奏。光祚以公與故八作使祁延昭薦名于朝，會銜橛之變，步趨既梗，謂然歎曰：“吾材備時用不克，利見王庭，其道蹇歟？”退居衡廬，篤終焉之志，跌宕文史，究覽古今。其為學也，號為宏富；其履行也，篤于友悌。而胸臆結約，蓋屈于命。雍熙甲申歲二月十一日感疾而終，年六十三。夫人天水趙氏，華宗淑喆，姻黨宜之。繼室田氏，以慈仁裕家道，以柔明修捆範，追封京兆郡太君。五男：長曰義方，事昭成太子于宮邸，最為親信。曰德方，以經行修明，至泗州盱眙縣令。曰仲方、曰礹、曰䔵。仲方洎䔵無祿，蚤世。惟第四子文預英雄之彀，才備皇王之用，雜理憲法。以孤峻任職，參制財利；以精敏應務，歷天章閣待制，今為尚書左司郎中、樞密直學士、知益州。天子倚之方任，士流推其國器。女三人：長適趙郡康維翰，次適侍禁段玭，次適真定竇琮。式是柔儀，俱享遐紀。孫八人：曰淳，大學館學究，今即亡矣；曰正猷，越州會稽縣主簿；曰正己，右班殿直；曰正平，故潯州桂平縣主簿；曰正規，試將作監主簿；曰正思，故將作監主簿；曰正臣，試將作監主簿；曰正路，太常寺太祝。積德垂裕，懷才競爽，遠大之望，未易量焉。夫揚名顯親孝子之心也，初贈府君廷尉評，凡六追命至麟臺，少列密學。以夙罹憫兇，連失怙恃，弗克茵鼎之養，未遑封樹之事。謀及龜筮，歲利癸酉，卜兆于臨城縣龍門鄉之兩口原，經啟窀穸，用寧體魄，露章請告，力營襄事。冬十月辛酉，自曾門而下，十有四，喪啟泉壚而遷祔焉。且岸谷之變，不可以不識，篆茲樂石，且無愧辭。銘曰：

燕趙之間，古稱奇士。地且深厚，材多粹美。英英王君，抱道懷文。頡頏之姿，超世逸群。筮仕侯邦，利賓王國。疾廢數奇，吁嗟懿德。有美令嗣，乃熾而昌。永懷顧復，孝思不忘。膴膴鮮原，陰陰宰樹。刻銘下泉，傳信終古。

中書省玉冊官御書祗侯鄒義、王守清刻。

蓋題：“大宋故王府君墓志銘”。

注：參見本書其子〇五八《王礹墓誌》。

○二七　大宋故朝散大夫試大理評事前行許州臨潁縣令兼監察御史贈太常博士祖府君（仲宣）墓誌銘并序

朝奉郎大理寺丞分司西京柱國左貞撰

顯德四年（957）十月一日卒，端拱元年（988）十月八日葬

誌文 34 行，行字數不等，正書。誌石長 52 厘米、寬 52.5 厘米，洛陽出土。

釋文

〇二七　大宋故朝散大夫試大理評事前行許州臨潁縣令兼監察御史贈太常博士祖府君（仲宣）墓誌銘并序

朝奉郎大理寺丞分司西京柱國左貞撰

府君諱仲宣，字子明，本幽州范陽人，東晉將軍逖之後也。近世歷官河朔，遂徙家於深州安平縣，今為安平人矣。大王父，曾祖母，王父，祖母。屬有唐之季，燕趙虎踞，干戈日尋，子孫由是蒼黃，家諜因茲失墜。洎顯考之成長，固詢問而難知。顯考諱奉時，字應機，嘗攝真定府衙推，屬是亂離，不求榮達。母清河張氏，有子五人，府君即第三子也。後唐明宗朝，童子擢第，才唯神授，學則生知。劉晏正朋自有出人之辯，蘇頲詠尹咸推拔俗之才。迨晉開運初，釋褐授隰州司法參軍，法既平光，民所賴焉。秩滿，州牧杜公光範，飛章上請於朝廷降命，旋陞於賓幕，授公試大理評事、本州軍事判官。洎杜公移刺慶州，又奏授前職，仍加兼監察御史。布頒條之政，彼則當仁；致遺愛之風，我實有力。至周顯德初罷職，俄授許州臨潁縣令，加朝議郎階。公曉烹鮮之術，以清淨為宗；懷製錦之能，以簡易為本。不俟期月，果振英聲，朝廷有聞，加朝散大夫，以旌為政。民方懷惠，國正籍才，方傳三異之風，遽歎兩楹之夢。以顯德四年十月一日終於任，享年四十有三。以其年是月權厝於許，以大宋端拱元年十月八日，并衙推神襯，自安平扶護與母張氏夫人自許會葬遷於洛京洛陽縣平樂鄉杜澤里，禮也。不歸故里，蓋府君之遺旨焉，嗚呼哀哉！以府君之孝於親，忠於國，不享松椿之壽，俄成今古之悲。偶今上嗣位之七載，追贈太子洗馬。不數歲，又贈秘書丞，復又贈太常博士。公有兄二人，弟一人，皆無祿早逝。公先娶隴西李氏夫人，即今右揆相國之堂姊，先公而亡。次娶先夫人之堂妹，即相國之親姊也，封隴西縣太君。當良人宰邑，宜家迥耀於閨門，及愛子登朝，荷寵繼承於綸綍，蓋由積善是致其昌。有季弟一人，曰仲矩，嘗任殿前承旨。有子二人：長曰岳，明法登第，歷官州縣，次任京僚，累遷朝秩，通理甌越。洎廻上國，旋奉殊恩，任朝請郎，守國子博士，通判河南府，兼留守司事，借緋。莫不英奇命世，儒雅絕倫。珪璋須用於禮天，麟鳳果彰於瑞世。求通理於伊洛，期遷卜於松楸。既遂初心，益彰孝道。婚安定郡梁氏，封本縣縣君，姬姜茂族，鍾郝良家，克彰孝謹之名，果奉封崇之命。次子宰哥，未齠年而亡。有女四人：長適太子通事舍人皇甫繼宗，次適昇州上元縣主簿王垂裕，並已殞謝。第三女適太子中舍徐澤，第四女適將作監丞程貞白。而并德光女史，譽繼王媼，事夫彰舉按之賢，睦族有宜家之美。孫男四人：長曰小名蔡老，次曰舜老，次曰贊老，次曰譙老。孫女一人，曰壽姐。今嗣子思刊翠琰，以紀清芬，他年用備於變遷，遺烈期傳於不朽。貞素虧奧學，兼乏英辭，但務直書，謹為銘曰：

著龜告吉，日月其良；爰從許下，來遷洛陽。叀遵遺旨，不還故鄉；擇茲福地，據彼宏崗。適嘗昭代，永閟玄堂；庭羅蒼栢，路列白楊。悲風淅瀝，迴野淒涼；陵谷遷變，子孫其昌。

時大宋端拱元年歲次戊子十月甲寅朔八日辛酉記。

〇二八　大宋故武府君（始則）墓誌銘并序

（后周）廣順元年（951）十二月十九日卒，端拱元年（988）十一月一日遷葬

誌文 21 行，行字數不定。行書。誌石長 47 厘米、寬 49 厘米。山西出土。

釋文

○二八　大宋故武府君（始則）墓誌銘并序

夫圓清上運，方濁下凝，長空之垂象變通，廣闊之成蒙苞括。興□難窮，榮枯莫測，此是自然之理也。君諱始則，晉朝大夫，並州太原郡。武氏之先宗自得周文王之苗裔，周武王胤緒，皇帝之子封為大姓，承武姜公之後，少昊帝之孫，因官逐任，分布九州。高祖諱，曾祖諱，阿伯諱，阿婆孫氏，阿母任氏，祖婆郭氏。高祖因官逐任，到武鄉縣太平鄉石壁村，見有祖塋。府君當為官中抽點入府在衙前，守職到同節度副使，府君諱放，溫和巨量，至重懷襟，標素德以崇嚴，蘊謙恭之雅操。以奠壽弟，松雲命同，龜鶴何期，忽傷夢電，頓泣親羅，春秋六十有三，於廣順元年十二月十九日終矣。夫人李氏，早契三從，貞烈遐同於謝氏；不違四德，賢能克喻於姜姬。以望命如石，筭若靈龜，何期一夢沈潛，杳無綱紀，享年七十，於乾德元年正月十五日殂矣。嗣子一人：知誨，謙義重德，稟氣仁賢，溫良而志操寒雲，恭儉而節標青柱；在喪則七日絕漿，倚廬則三年血淚。育女董郎婦。新婦王氏，敦睦六親，柔和四德，似石之心，不退如玉之德。孫男二人：長仁美，次仁誼。孫女二人：韓郎婦，張郎婦。孫新婦二人：蘇氏、連氏。玄孫女二人：大姐、乞姐。其孫男孫女第各惣高漳美譽，遠播芳聲。在家之善稟三從，於外而能遵四德。斯時也，孝子孝孫，盡竭苞囊之貨；遠親近戚，皆陳櫝篚之金。考卦窮文，占時揆日，粵以端拱元年歲次戊子十一月甲申朔一日遷葬於府北約三里，在郭馬村太平鄉內勤賢辛塋。其地東連柏谷，西接漳河之水；南窺鳳城，北望三山之廟。青鳥頻相，白鶴勤窺。慮恐年移谷變，故立銘文為記：

倚哉逝水，□□□遄。去雖有路，迴即無緣。男哀叩地，女哭號天。一□荒郊，萬古千年。

注：該誌實為宋誌，出土後，持有者受射利之驅動，將首行第二字“宋”改為“唐”，改動字跡明顯而拙劣，其他部分未改動。

〇二九　宋故安時鎮國崇文耀武宣德守道中正功臣武勝軍節度鄧州管内觀察處置等使開府儀同三司贈太師尚書令兼中書令持節鄧州諸軍事鄧州刺史上柱國鄧王食邑九萬七千戶食實封壹萬陸仟玖百戶賜劍履上殿書詔不名追封秦國王（趙俶）墓誌銘并序

金紫光祿大夫行鴻臚卿上柱國邯鄲縣開國伯食邑七百戶慎知禮撰，鄧王府都押衙兼知表□□□守良□書

端拱元年（988）八月二十四日卒，端拱二年（989）正月十五日葬

誌文 53 行，滿行 51 字，正書。誌石長 92.5 厘米、寬 90 厘米，洛陽出土。

〇二九　宋故安時鎮國崇文耀武宣德守道中正功臣武勝軍節度鄧州管内觀察處置等使開府儀同三司贈太師尚書令兼中書令持節鄧州諸軍事鄧州刺史上柱國鄧王食邑九萬七千戶食實封壹萬陸仟玖百戶賜劍履上殿書詔不名追封秦國王（趙俶）墓誌銘并序

金紫光祿大夫行鴻臚卿上柱國邯鄲縣開國伯食邑七百戶慎知禮撰，鄧王府都押衙兼知表□□□守良□書

代天之工，必崇高而啟其緒；成物之務，惟光大以垂其式。戴元後，總群牧，開國承家，守宗廟祭祀者，崇高而有之，秉聰明正□□偉也；綏中國，遏四夷，興衰撥亂，息生民戰伐者，光大而有之，達進退存亡其難乎！粵若高明，下濟駿極，上升玄黃，其□義淳□凝，□□身而及諸人，發於家而顯於國。致代天之用，用而克濟；宣成物之任，任而有終。跡賁丹青，聲融金石者，得之於聖朝矣。王諱俶，字文德，彭城人也。唐季不嗣，我烈祖武肅王，啟五諸侯，霸式遏寇虐，世位以德。我顯考文穆王，率十連帥，伐叛□，王家有志，四方克開。厥後，世勳顯矣，盟府存焉。王以立賢之義而嗣基，以稽古之訓而為政，非六籍不任，非五常不履。敘人倫，敦教化，《詩》以導其源；申典故，發訓誓，《書》以體其要；共祭祀，分吉凶，禮以通其變；和神祇，平風俗，樂以中其節。動靜施捨，不離聖賢之域者，□易以幾其道；損益制度，不忘諸侯之職者，春秋以守其法。服膺而行，則罔弗詳備，惟仁執心，以義應物。禮持慎修之柄，智懸廣照之源，信以懷之美全用也。率性而動，固咸克終始。雖服色正朔，因夏而每殊於沿革；禮樂征伐，尊周靡變於艱難。專征方國，纘戎祖考，修車馬、繕甲兵，克勤小物，用戒戎作，四郊之備，有嚴于外；養民力、謹邦賦，因地之利，任土作貢，五壤之共，有勤于上。勝殘去殺，累仁恩於百年；保大定功，啟明聖於千載。太祖神德皇帝，有舜玄德，纘周鴻緒，威懷廣運，光靈肸蠁。顧我早攀鱗翼，浚合江河之順；遠傾肝膈，皎如日月之臨。元子奉於贄生，大夫旅於庭實。將順匪解，同寅用光。朝饗敘班，爵命申錫，則推乃睠，皆越維常。錙衣二世，將賴武公之力；朱旗兩鎮，是命伯禽為後。九服之異焉，四國無擬者，繇是南面，專委東夏。開寶甲戌中，江淮拒召，帷幄議兵，有事干戈，錫我鈇鉞。王祇承天旨，肅將帝威，樓櫓合而足以長驅，鉦鐲嚴而先之大講。方叔伐鼓，整六師而東下；小白齊車，載遷主而西討。敷用七德，七德有常；勤修百役，百役咸舉。時雨相慶，捷月屢成，金既聲而敵奔，刃不血而兵戢。降王啟封於安樂，勳臣議爵於靈台。既櫜武庫之兵，始展明堂之覲。一之見太陽，照為慶色；再之會湛露，酌為華滋。心朗德融，禮尊事極。頌太師無窮問，魯道有光；策相國第一功，漢章斯舉。詔就國，耿駸駟之未久；會同軌，泣攀龍之不回。今聖上五讓纘於慶基，三揖迪於古訓。駿奔萬里，象魏載朝，山龍煥容，雲天需樂。入則伯舅以均禮，出則師老以聯恩。朝廷於是尊賢，搢紳有以觀德。跡諸體望，軼彼古今。王惟曰："光華在辰，文思當寧。無外者三代之化，有道者萬方所歸。藩輔固而寰宇甯，車書通而天地一。舉千乘之重，請藉有司；炳三台之明，願拱宸極。"于再于三而伏奏，拜手稽首以昌言。詔曰："錫山土田，啟國淮海，王其輔我，子也建侯。"獻地何慚慙於隴西，徙家誠喜於關內。禮之異數，史不絕書，寒暑推移，雨露優渥。焫蕭配祖，郊報屢嚴；行葦厚賢，井賦滋廣。王處盛彌儉，守溢惟沖，以疾罷朝，以告彌攝，恭德自懼，爰居匪寧，則曰："大元帥之任人臣，本於綏難；明天子之育黎獻，方務止戈。西土既甯，竇憲不開於將幕；北辰已正，子儀亦解於兵符。"表廢置之權，述升平之遇。畢於克讓，三乃曰俞。沔漢南邦，其稱甚偉；茅土錫祚，移命益尊。自誠而明者，寅畏之深；利有攸往者，優適之美。南陽故土，近地疏封，讓國重表於穰中，爵王兼陟於許下。臥龍之野，荒龜即都。小大咸和，文武是式。三推帝籍，展慶華戎；一字王封，即真樊鄧。至於文昌之總百揆，紫微之受萬機，時敘二司，具瞻三紀。方將道合軒問，禮贊乾封，垂憲言於辟廱，颺康歌於衢室。福善虛應，遘疾彌時，降單軺之侍醫，飛二星之中使，交馳驛路，咫尺帝音，君臣之間始卒厚矣。嗚呼！動靜

相倚，吉凶靡常，徒致請於幣玉，終有摧於棟樑。彼元化之滓溟，此人事之淒涼。端拱元年秋八月二十四日薨於府署，享年六十。皇帝聞哀撤懸，悼往出涕，尊伊之設華冕，表霍之用黃腸。誄行於素旒，追終於玉冊。特詔輟視朝七日，遣太中大夫、尚書工部侍郎郭贄持節冊命，追封秦國王。太常考謚曰忠懿，中常侍臨奠恤哀，大行人備物護葬。申命貴近，以專總督喪所給者，詔加等焉。孟冬十一日，啟柩于鄧。墻柳歸載，萋萋野色；耆艾攀擁，哀哀路音。二十有五日，舘喪于京師之東墅。越二年正月十五日，葬於河南府洛陽縣賢相鄉陶公里，禮也。王妃孫氏，賢為女師，化被王國，先朝肆覲，後車錫命。冊妃之典，自王而始。褖鞠方茂，瑤華先秋。繼室以楚國夫人俞氏。子八人：嗣，安遠軍節度使、開府儀同三司、檢校太師兼中書令、蕭國公惟浚，性受天和，美存世濟。文武二府，侍膝為海內之榮；忠孝一家，匪躬存天下之式。生盡其養，喪過乎哀；次，鎮國軍節度使、特進、檢校太師惟治，發揮符采，含吐英華，殿大邦於雙油，廣崇教於三载；次，濰州團練使惟渲；次，昭州刺史惟灝；次，武衛將軍惟漘；次，從釋，法名淨照；次，衙內都指揮使惟演；次，衙內指揮使惟濟。善有餘裕，秀髮其華。友于閨門，見孔懷之兄弟；達于邦國，知必大之子孫。女七人：長適河東裴祚，次適錢塘元象宗，次適汝南慎從吉，次適故富春孫誧，早亡。次適富春孫誘。餘則笄年，而猶室處。皆苴麻泣血，欒棘變容，生而知之，禮無違者。王稟奇骨之峻削，受正性於恬愉，體貌肅如，神氣穆若，語默存道，動靜求仁。靡尚豫遊，頗遵儉素，愛人善愈於己能，聞人過率以情恕。推誠於下，擢才不疑，儒雅自勤，名教胥樂，百家窮覽，六義研機。載笑載言，咸本事實；曰興曰比，動即編聯。所著詩為《政本集》，亦志在其中矣。六書異體，五射名法，必有所尚，皆造其微。思輔仁壽之化，頗尊天竺之教，浮休內達，惻隱兼濟，魚鱉不夭，草木恐傷。終乎不自荒，甯以克永世，大矣哉！當王位崇高，以聰明正直，盡人臣之能事；洎王功光大，以進退存亡，服聖人之格言，得不謂盡善盡美於斯者乎？洪惟武肅王克慎厥始，文穆王克和厥中，洎王克成厥終，三後葉心，四方是則。語忠臣孝子者，百世可知也。嗚呼哀哉！清洛旁注，碧嵩遙峙，丘壟前後，雲樹迆邐。風笳酸骨兮曉凝，霜籟斷魂兮夕起，吊千古兮謂何？歎九原兮已矣。若夫世族之始，命官之次，則總列於廟碑，具存於國史。約莫京之德，恭述敘焉；申無愧之辭，泣為銘爾。銘曰：

諸侯有土，孰為尊主，表率鷹揚，我祖之武。庶邦塚君，孰為世勳，奉成燕翼，我宗之文。以賢為嗣，文武不墜，政刑交修，干戈有備。惟聖建中，車書大同，玉帛奉職，圭瓚饗功。將命徂征，問儀請覲，光大成績，周旋履順。五瑞既輯，萬方載會，君子知微，聖人無外。全吳之墟，賦千乘車，獻為內地，恭乎顯諸。南鄧之野，錫五色社，往即新邦，寵之優也。煌煌紫垣，三台坼裂，峨峨明堂，一柱摧折。君恩天地，臣心日月，存亡跡均，哀榮事絕。有國有家兮世烈輝光，乃相乃侯兮慶祚靈長。身委道兮終萬化，葬備物兮形四方。兆茲域兮泰筮有常，垂斯文兮德音不忘。志□孝之墓者，有秦國王。

明堂之覲一延見　太陽熙為慶色再之會　湛
舉　詔就國耿驂駟之未久會同軌泣舉
纘於　慶基三揖迺於古訓駿奔萬里　家
賢　搢紳有以觀、德迹諸體望軼彼古今　王
車書通而天地一舉千乘之重請藉有司病　三
西啓國淮海　王其輔我子也建侯獻地何懃於
獻行葦厚賢井賦滋廣　王雯盛彌儉守溢惟沖以
黎獻方務止戈西土既寧實憲不開於將幕
南邦其稱甚偉茅土錫祚移命益尊自誠而明者
許可臥龍之野荒疆即都小大咸和文武是式三
萬機時叙三司　耳瞻三紀方將道合　軒問禮
鑾飛二星之中使交馳驛路咫尺　帝音

局部原大

〇三〇　大宋洛京故左街廣福禪院主通惠大師玄堂誌銘并序

隴西彭祐之撰并書

端拱二年（988）六月十四日卒，淳化元年（990）二月十四日葬

誌文 33 行，滿行 34 字，正書。誌長 62 厘米、寬 61.5 厘米，洛陽出土。

釋文

〇三〇　大宋洛京故左街廣福禪院主通惠大師玄堂誌銘并序

隴西彭祐之撰并書

大師諱法照，俗姓米氏，其先高平人也。文行武功，世濟厥美。會唐末喪亂之際，枝系播越，譜牒湮墜，高曾乃祖，靡詳遺烈。厥考諱士廓，字若虛，素蘊奇操，幽棲不仕，淡泊自處。先妣劉氏，以協睦純孝聞。大師以開平四年庚午歲生於中山，旋自始亂，徙家并土。大師生而秀異，長而沉厚，舉止顧眄，不雜俗態。洎成贄雁之慶，旋茹所天之痛。俄屬晉祖皇帝建義并郊，旁採令淑，以備掖庭之職。大師以淳厚貞素，宗黨所推，洎中是選，上頗稱異。于時，上以季女永樂公主，年方稚齒，宜親令範，傅姆之選，實難其人。詔以大師躬荷厥任，復以貴主，稟粹靈之異氣，悟榮華之匪實，每端居靜念，則恍若有得。於是聽絲簧則神憒，服珠翠則體倦，瀝懇上言，願師正覺。皇上凝欝歎念者久之，志不可奪。竟遂所請。時太原府籍有休糧禪院高行尼道恒者，上素重之，召以教導，越數年，精進匪懈。天福八年癸卯歲，奉詔剃度為尼，賜紫方袍，號弘願大師。皇情載傷，嬪御揮涕。時大師目擊殊勝，身心豁然，念貴主辭榮，聖皇割愛，願為近侍，以畢厥生。上許之，同時落髮。旋屬晉祖遏密，後主纘嗣。奉詔具戒於東都報先寺，命服師號，即日加焉，時開運二年乙巳歲也。洎弘願大師示化洛都，送終無缺。大師克紹令迹，督掌院事，中外祇肅，高卑仰止。焚修之外，非法不言，蚤夜孜孜，以汲來學。猗歟，亦法門之巨棟也。皇宋開寶七年甲戌歲，太祖皇帝郊祀之後，普覃慶澤，以大師有潔己之行，幹事之勤，爰奉綸言，俾主院事，稟持之感，不其盛歟。端拱二祀歲在己丑春，始搆微恙，夏六月漸就痿瘵，居一日，儼容禪榻，召法友門人而謂曰："如來演清淨教，示生滅法，有為有相，悉同夢幻，彼圓蓋方輿，劫盡猶壞，矧塵根漏識，孰謂可憑，靜念此身，殆將化去，勉守遺訓，無怠厥志。"即以其月十有四日終于禪室，示滅之夕，靈貺特異。雲蔽閣以助泣，風激松而借悲。法侶哀摧，檀信追慕。嗚呼哀哉！享年八十有二，法臘四十有七。越來歲仲□□十有四日，瘞靈骨於賢相鄉積潤原，遵遺命也。爰有當院昭德大師，乃大師空門之良友也，洎院主明因大師，即弘愿大師之上足也。咸殖善本，悉悟空詮，有念必同，無境不照，載撫靈骨，深激至誠。乃共建高議，樹塔高二十尺，將以重答慈蔭而永示來者也，祐之賴涘之樵民也。素不業文，近以尋親京洛，側聆高言，猥承見託，罔揆斐然，將冀陵谷貿遷，芳猷不泯，謹為銘曰：

大鈞運兮品物形，惟令淑兮膺粹靈。慕正覺兮脫塵纓，侍帝子兮辭紫庭。綺紈陋兮膏粱腥，戒珠潔兮禪味馨。悟實際兮恍而醒，住法界兮樂且寧。瞻皓魄兮匪終盈，緊幻境兮那久停。盡報身兮如蛻翎，契圓寂兮歸窈冥。伊水界兮邙山縈，膏壤潤兮貞松青。峙靈塔兮藏誌銘，綿萬祀兮亘千齡。

昭德大師，賜紫尼瓊禧，院主明因大師，賜紫尼堅俊，賜紫尼堅滿。惠光大師，賜紫尼堅通，賜紫尼堅志，尼堅靜，尼堅誓。

〇三一　大宋故曹州乘氏縣令贈太子洗馬梁府君（文獻）墓誌銘并序

朝奉郎尚書比部員外郎直昭文館賜緋魚袋句中正纂

乾德五年（967）十二月二十八日卒，淳化四年（993）十一月七日葬

誌文 30 行，滿行 30 字，正書。誌石長 59.5 厘米、寬 58.2 厘米，洛陽出土。

〇三一　大宋故曹州乘氏縣令贈太子洗馬梁府君（文獻）墓誌銘并序

朝奉郎尚書比部員外郎直昭文館賜緋魚袋句中正篹

維乾德五年十二月二十八日，曹州乘氏縣令梁公卒於位，春秋四十有五。夫人臨海鐔氏，惟二子皆幼，以餘俸稅田，用資伏臘，以逮成人，誨之織紝。歸士君子，而復右執檟楚，左持簡冊，訓若嚴師，成其國器。果在下□之世，陟于藝文之科，浸漬帝恩，頡頏鴛鷺。梁氏有後，蓋夫人之力焉。府君諱文獻，字國寶，其先本秦仲，因周東遷，封秦少子康於夏陽為穆公，所并遂奔。晉至漢遷之北，地元鼎中，分為安定郡，世以為望，而後脈析而自繁，茅茹而不絕。諒因積德，世誕其人。曾祖仲廉，唐峽州刺史。祖彥儒，唐容州司馬。考諱鉽蜀，劍州監軍使、劒門關使。始自唐室土崩，士族奔迸，祖門遂西之益部而家焉。神州旋嘆於鼎分，歸路已灰於劍棧。劍州府君以親老居貧，仕不擇祿，伏膺戎閫，至於沒齒。府君即次子也，幼而歧嶷，長而重厚，克踐古賢，迹不習非，聖書澤霧。高奇華煥，而天真五色凌雲；麗則瀏亮，而雄奧八都孟蜀。進士釋褐，永平軍節度掌書記。便膺銀艾，旋改金章，雖可樂於從軍，祈字民於縣政。授綿竹令，遷射洪令。又屬邊藩幕畫，必簡長才，咸推偘侃之儒，復署翩翩之職。既稱金臺之上介，仍兼粉署之名郎。授山南節度掌書記，檢校尚書主客員外郎。秩滿，授水部員外郎，又遷虞部員外郎。爰遇聖宋龍興，蜀后革□，倍從官吏，沐浴真恩，授今任檢校駕部員外郎。臨民以德，阜俗以淳，課調惟時，力役惟准，逋民于以知息肩，郵吏于以停掣肘。方將報政，遽歎奠楹，天乎不淑，殲我良宰。遂權窆于大名府属邑。淳化四年三月詔贈太子洗馬，從子貴也。府君嘗謂其子曰：嵩少伊瀍，神仙藪澤，終焉於此，誠吾志乎。今卜東周以安宅兆，從治命也。以淳化四年歲次癸巳十一月七日，葬于洛陽縣宣武原，禮也。府君有子二人：男曰鼎，進士甲科，今任開封府判官、守太常博士，金相玉質，鴻學雄文，為時所稱。女，字金華，適琅邪王驥，進士中第，嘗從事永嘉，亦士林之秀茂者也。府君言謹行純，在醜瓦合，侯弓應聘，爵王佐以盤桓；牛刀字人，局儒術而閑放。方期行道聖世，誰謂閱水遄奔，方孟子之無時，誠堪浩歎；若臧孫之有後，非不幸也。臨穴惴，嗚呼哀哉！銘曰：

生申勢聳，出書源長。代□紀地，眠牛轉罔。森森梓栢，肅肅白楊。東朝洗馬，□石玄堂。

〇三二　大宋故累贈太子太師樂陵石公（繼遠）墓誌銘并序

承奉郎守秘書省著作佐郎直集賢院賜緋魚袋趙安仁撰，孫男承奉郎守秘書省著作佐郎賜緋魚袋中立書，孫男承奉郎守秘書省著作佐郎賜緋魚袋中立書

乾德二年（964）四月二十六日卒，淳化五年（994）七月一日葬

誌文 40 行，滿行 52 字，正書。誌石長 56 厘米、寬 58 厘米，洛陽出土。

○三二　大宋故累贈太子太師樂陵石公（繼遠）墓誌銘并序

承奉郎守秘書省著作佐郎直集賢院賜緋魚袋趙安仁撰，孫男承奉郎守秘書省著作佐郎賜緋魚袋中立書

昔萬石君當炎漢累盛之時，以節行貞規，發揚世德，故子孫通顯于口，流為美談。今元懿公遇我宋重熈之運，以元勳茂績振舉家聲，故祖禰追榮百代，垂為盛事，遙源巨派，逢時會昌，則石氏世家其來尚矣。然而不有陰德，孰啟高門，作善降祥，斯為不朽。公諱繼遠，字孝先，北燕人也。祖諱質，唐客省副使，贈太子太保。祖妣王氏，追封瑯琊郡太夫人。烈考諱延威，梁幽州節度副使，贈太子太傅。妣張氏，追封清河郡太夫人。公即太傅之子也，誕稟粹靈，幼承義訓，負文武之略，有燕趙之風。屬晉漢迭興，寰區未乂，思効用於邦國，始□業於王侯。列藩知名，虚己以待。故中書令白公文珂之鎮河中也，器公全中，累以要職。白公常待以優禮，公亦事之盡心。故□撫大邦，皆聞善政，蓋公以藩府得失之事，軍民好惡之情，密貢直言，用裨治道，致幽微必達，壅滯必伸，用是人受其賜者多矣。□白公致政，公老於家，而公之長子元懿公榮名鼎科，拜慶於洛邑，贊職天府，迎侍於梁園，綵服增榮，搢紳仰止，方展晨昏之養，遽終壽考之期，即以乾德二年四月二十六日寢疾，終於東京之府署，享年六十一。太平興國二年始贈秘書丞，七年累贈太子太師。時元懿公佐理清朝，榮勳密地，故公與太保、太傅暨王氏、張氏、侯氏三夫人同日追贈焉。侯氏即公先夫人也，生元懿公而卒，以劬勞之德，服膺大郡之榮，追封上谷郡太夫人。繼室牛氏以均養之仁，生被小君之號，封隴西郡太夫人，有子熈政，今為太子右贊善大夫。女三人，長適邊氏，早卒；次適朱氏，次適王氏。粤以乾德甲子歲冬十月旬有九日，葬我公太師於河南府洛陽縣宣武村，陪先太傅之塋，舉上谷郡太夫人侯氏合祔焉。元懿公諱熈載，字凝績，天與英氣，代鍾慶靈，風貌瓌奇，文章秀美，百家聚學，得聖哲之指□，三變□辭富，賢人之事業，譽高鄉曲，名動京師，莊溟方仰於雄飛，代邸即膺於奇遇。□皇上之作，鎮兗海也，首參記室，尹正京邑，□尋□賓階。上以元懿公懷傑俊之才，有裨贊之効，睠待之旨特異等倫，俄而出王府以居憂，歷戎藩而掌奏。洎逢繼統，爰拜□□□，授右補闕。上欲選英儒於内殿，即命列茂等於禮闈，當時辭人伏其公道，如舊相禮部張公齊賢、給事中徐公休復、諫議大夫□公丕，皆元懿公甲科之所薦也，其精識藻鑒皆此類也。及熊湘報政，象闕陟明，面授樞密直學士、兵部員外郎，錫以金紫。屬車駕親征太原，參預密晝行朝，授給事中、樞密副使。上還京，遷刑部侍郎，密職如故。未幾，進位樞密使、戶部尚書。地峻儼衡，日□旒扆，疇咨聖政，則律作呂諧；啟沃天心，則冰釋泉湧。方將輔唐虞之功化，廣夔咼之謀猷，而足疾逾年，懇求納祿，□益重君臣之契，特昇師長之資，授尚書右僕射，遂優逸而就頤養也。時太夫人以肥家擅譽，元懿公以事母著稱，朝廷洽聞，太子欽慕，故自進封郡號，入謁宮廷。聖人尚齒推恩，命坐與語，寶冠霞帔，皆面賜之，待遇殊隆，寵錫繁衍。及元懿公請告在第，昭夫人諭旨於家，閨壼之榮，無以過此。元懿公之薨也，上親臨其第，屑涕者久之，敕鴻臚護葬，陪于先塋，謚曰元懿。太夫人牛氏，以淳化五年夏四月十六日寢疾，薨于東京私第之正寢，享年七十一。上復聞而嗟悼，遣中使賜緡百千，階以牢醴，文遣司賓，夫人致奠，禭以華服，皇情始終斯實重焉。卜其年秋七月十一日扶護歸洛，復祔于太師之玄寢。元懿公常謂給事中、參知政事、天水趙公實甥舅之親，有臺輔之量，今參政給事，果昇通顯，爰報幽明，當元懿公復土之辰，為文誌墓。及太夫人終堂之日，分祿以助喪，為存沒之所歸，俾子孫之有託，事光前史，行過古人，則致主安民，經邦緯俗，廟堂之政，從而可知。公次子贊善，以太平興國八年，御前登進士第，釋褐，授廷尉評，知東京戶草掾，改光祿寺丞。俄歷太常寺太祝，復為大理評事，頃以奉使西蜀，違親北堂，特被急徵，俾諧侍疾。值草寇竊發，貞師蕩平，迫董轄於軍儲，實勤勞於王事，既承軺而入奏，先陟屺以纏哀，而中旨奪情。即日召對，承賜金於内

帑，外通籍於宮僚。則忘家赴國之謂忠，立身揚名之謂孝。以茲發跡，其誰可量。元懿公長子中孚、次子中立，咸以世祿起為廷臣，俱以文儒之家，不樂軒墀之職，屢以簡筆達于冕旒，上益知之。於是中孚改授將作監丞，中立累遣秘書省著作佐郎，賜緋魚袋。則學成麟角，才得鳳毛，二子之謂也。惟太師宏才達識，生不遇時，而密贊藩條，惠加黎庶，所以鍾間出之令嗣，致一品以飾終。惟元懿公讜議訏謀，得逢英主而入參機務，功濟華夷，所以成大名以顯親，膺懋賞而延世；由慈孝之兼美，為邦家之耿光，足以範人倫而起名教矣。公之愛子令孫以安仁乃元懿公同年子也，俾揚先德，用顯貽謀，不獲讓辭，聊書梗概。其銘曰：

赫矣上聖，重凞大定；乃眷元勳，用光積慶。弈世累仁，三師并命；石氏門風，於斯為盛。猗歟太師，有子英奇；雲龍佐運，穴風光時。沒而不朽，神亦有知；彰吾隱德，在我忠規。偉哉元懿，逢時致理；位冠天樞，勳崇國史。孝顯其親，賞延於子；更茂華宗，益臻繁祉。萬古西洛，千秋北邙；宮師累代，幽宅相望。禮重同穴，義遵合防；拂石為誌，終古傳芳。

孫男承奉郎守秘書省著作佐郎賜緋魚袋中立書。

注：參見本書其子〇二五《石熙載墓誌》、其孫〇六六《石中立墓誌》。

公與太保太傅暨王氏張氏侯氏三夫人同日追贈焉侯氏即　公先夫人也生
太夫人繼室牛氏以均養之仁生被小君之號封隴西郡太夫人有子洪政今為太子
適王氏卑以乾德甲子歲冬十月旬有九日葬　我先師於河南府洛陽縣
允懿公諱洪載字凝績天與英氣代鍾靈風韻瓌奇文章秀義百家所
名動　京師莊須方仰於雄飛　代邪即膺於　寄遇　皇上之作鎮兗海也首
乎有裨贊之効　睠待之音特異等倫儀而出　王府以居憂歷我藩而掌手奏
內殿即命列茂等於禮闈當時辭人伏其公道如舊相禮部張公齊賢給事中
精識藻鑒皆此類也及熊湘報政　象闕陛朝　面授樞密直學士兵部員
授給事中樞密副使　上還京遷刑部侍郎樞密職如故未幾進位樞密使
翊啓沃　天心則冰釋泉湧方將輔　唐虞之功化廣夔卨之謀猷而足疾
書右僕射遂優逸而就頤養也時　太夫人以肥家擅譽
聖人尚齒推恩命坐與語賚貫紂霞帔皆　面賜之　待遇殊隆　允懿公以事母　寵錫
以過此　允懿公之薨也　上親臨其第悄涕者久之　勅鴻臚護葬陪于
寢疾薨于　東京私第之正寢享年七十一　上復聞而嗟悼遣中使

局部原大

〇三三　宋故朝散大夫尚書兵部郎中知福州軍府事柱國河南源公（護）墓誌銘

鄉貢進士楊世英撰，河南郡藥為光書

端拱二年（989）正月六日卒，至道二年（996）十一月十八日葬

誌文 28 行，滿行 28 字，正書。誌石長、寬均 46.5 厘米，洛陽出土。

釋文

〇三三　宋故朝散大夫尚書兵部郎中知福州軍府事柱國河南源公（護）墓誌銘

鄉貢進士楊世英撰，河南郡藥為光書

公諱護，字省躬，河南洛陽人，唐侍中乾曜之後。濮州刺史諱霸曾祖也；□邑令諱韜大父也；贈殿中丞諱崇皇考也；江夏縣太君隴西李氏皇妣也。公進士登第，釋褐，試校書郎，充彰德軍節度推官，赴相師太保羅公之辟也。儒行士風，蘊籍斯□，□□讜議，裨贊居多。改大理評事，充安國、鎮國二府從事。洎元戎捐館，幕罷去官。相師侍中韓公贇素高其名，飛章上請，轉監察御史，充彰德軍節度掌書記，翩翩美命，不愧當仁。開寶初，座主內翰扈公蒙重以器業，聲聞於朝，太祖召見，應對稱旨，詔授右拾遺，昇班列也。覃恩懋賞，累陟清華。歷右補闕、起居舍人、庫部員外郎、水部、同門、兵部三郎中、柱國，敘勳大夫，馭貴嘗宰京縣，掌邦憲，專轄關市，通理方面，運軍儲而將命，決獄訟以蒞官，寬猛相須，皆著丕績。今上繼統，俊乂盈庭，以府屬舊僚，尤加異寵，雄藩名郡，數委頒政。所臨之地，急吏緩民，觀其用心，今之良牧也。公筮仕兩朝，游宦三紀，言窮文雅，性執端莊，勢利不能啟其衷，險易無得移其志。動靜居正，進退盡忠。方期授代旋歸，推誠致主，銘功篆行，慶澤後昆，嗚呼，積善無徵，□兇爰降，位不稱德，命也如何。端拱二年正月六日終於福州公府之正寢，享年六十有二。前夫人隴西李氏，公侯茂族，婉淑巨彰，既適未歸，無子早世。後夫人恒農楊氏，縉紳良嗣，貞順有聞，婦道母儀，作範閨閫，累封恒農、廣平二縣君，從夫貴也。生子五人，女一人。長曰垂範，次曰垂象，次曰垂慶，餘二子與女幼夭。惟象及慶俄亦淪喪，獨垂範永懷罔極，虔奉襄事。越至道紀號龍集丙申十一月丁卯朔十有八日甲申，安兆於河南府洛陽縣金谷鄉尹村之原，以楊、李二夫人合葬，遵古禮也。選日惟良，定方逢吉，俯玄堂而永閉，慮深谷以為陵，表墓揭銘，載旌盛烈。其辭曰：

公生之代，帝運下武。立身揚名，逢時遇主。濟美邦家，樹風藩府。歸葬斯原，從今是古。

□地東西闊叁拾步，南北長肆拾步，□面衙道，東西闊□□，南至□□。

注：參見本書其父〇三六《源崇墓誌》。

〇三四　大宋楚王故夫人馮氏（趙元佐妻）墓誌銘并序

朝散大夫行尚書屯田員外郎充秘閣校理同編修上柱國臣舒雅奉敕撰，翰林侍詔將仕郎守太僕寺丞兼御書院祗侯賜緋魚袋臣裴瑀奉敕書并篆額，御書院潘進鐫字

至道二年（996）四月二十七日卒，至道三年（997）正月二十日葬

誌文 30 行，滿行 32 字，行書。誌石長 77 厘米、寬 75.5 厘米，鞏義出土。

〇三四　大宋楚王故夫人馮氏（趙元佐妻）墓誌銘并序

朝散大夫行尚書屯田員外郎充秘閣校理同編修上柱國臣舒雅奉勅撰，翰林侍詔將仕郎守太僕寺丞兼御書院祇侯賜緋魚袋臣裴瑀奉勅書并篆額

夫人魏人也。其先畢萬支孫，以受封為氏。在鄭則大夫能斷，居秦則丞相有功；漢庭以良媛垂名，魏室以中宮播美。高才淑德，世有其人。贈太子少傅諱蕚，夫人之曾王父也。留侯多疾，名高四皓之前。衛王、贈太師諱暉，夫人之王父也。韓信登壇，位在諸侯之上。定國軍節度使、開府儀同三司、檢校太師、贈中書令諱繼業，夫人之考也。敦詩閱禮，在軍旅以從容；緩帶輕裘，鎮邊疆而暇豫。休聲茂績，國史存焉。夫人即中令之幼女也。若乃三世公侯，百年惠愛，積此多慶，生茲令人。故其年在孩提，則心懷柔順；禮從傅姆，則性益賢明。女儀過目以皆通，壼法經心而曲妙。習蘋蘩之事，所以修祭祀之恭；効絺紘之工，所以備衣巾之用。加以孝承父母，仁接姻親，有邦媛之形容，得家人之繫象。風生蘭畹，方散於國香；日麗蕣華，遽迎於天澤。皇子楚王上庠齒胄，大國疏封，詔行百兩之儀，時葉三星之吉。由是增華象服，錫寵魚軒，六衣承褕闕之章，雜佩應珩璜之節。寢門朝赴，先助於問安；便坐日嚴，恭行其沃盥。方期善應，詎謂災纏。而王四體不康，十旬無愈，莫悟桮虵之影，空驚床蟻之聲。夫人義切所天，情專扶侍。晨曦未上，則藥必先甞；夕漏已分，則衣寧解帶。因勤勞之日久，遂傷感以疾生，以至道二年四月二十七日薨於王邸，享年三十有二。女尚幼。以明年正月二十日，勅葬於河南府鞏縣之南原，禮也。夫人稟訓侯門，作嬪王室，能行婦道，多識壼儀。宜其天與遐齡，神資百祿，今茲不淑，命也云何。皇帝悼及宮闈，恩施泉壤，爰舉飾終之典，俾從護葬之期。貴臣承命以開櫕，郎吏抽毫而紀石。庶使陵遷谷變，不遺金玉之音；暑往寒來，永播芝蘭之德。銘曰：

公侯之家，積仁累德。天鑒匪遐，是生嬪則。白玉溫容，青春麗色。窈窕之逑，休聲何急。賢王齒胄，明詔言婚。脂車百兩，備物盈門。亦既奠雁，乃御其轅。皇恩錫壤，正位乘軒。乃預王躬，方申內輔。如何玉體，忽焉沉痼。桑扁無功，蓍龜之據。扶侍生勞，翻成夢竪。賢明莫展，善慶何成。霜摧蕙質，火烈瓊英。散悲淙於外戚，增惻愴於皇情。詔中貴而護葬，飾盛禮於佳城。樹蒼蒼而暮色，云黯黯以風行。唯徽音之不泯，將地久而天平。

宮宛使、內侍省入內內使、都知同勾當皇城翰林、金紫光祿大夫、檢校司空、兼御史大夫、上柱國、隴西郡開國候，食邑一千戶李神福、御書院潘進鐫字。

注：墓誌中所指“楚王”為趙元佐。

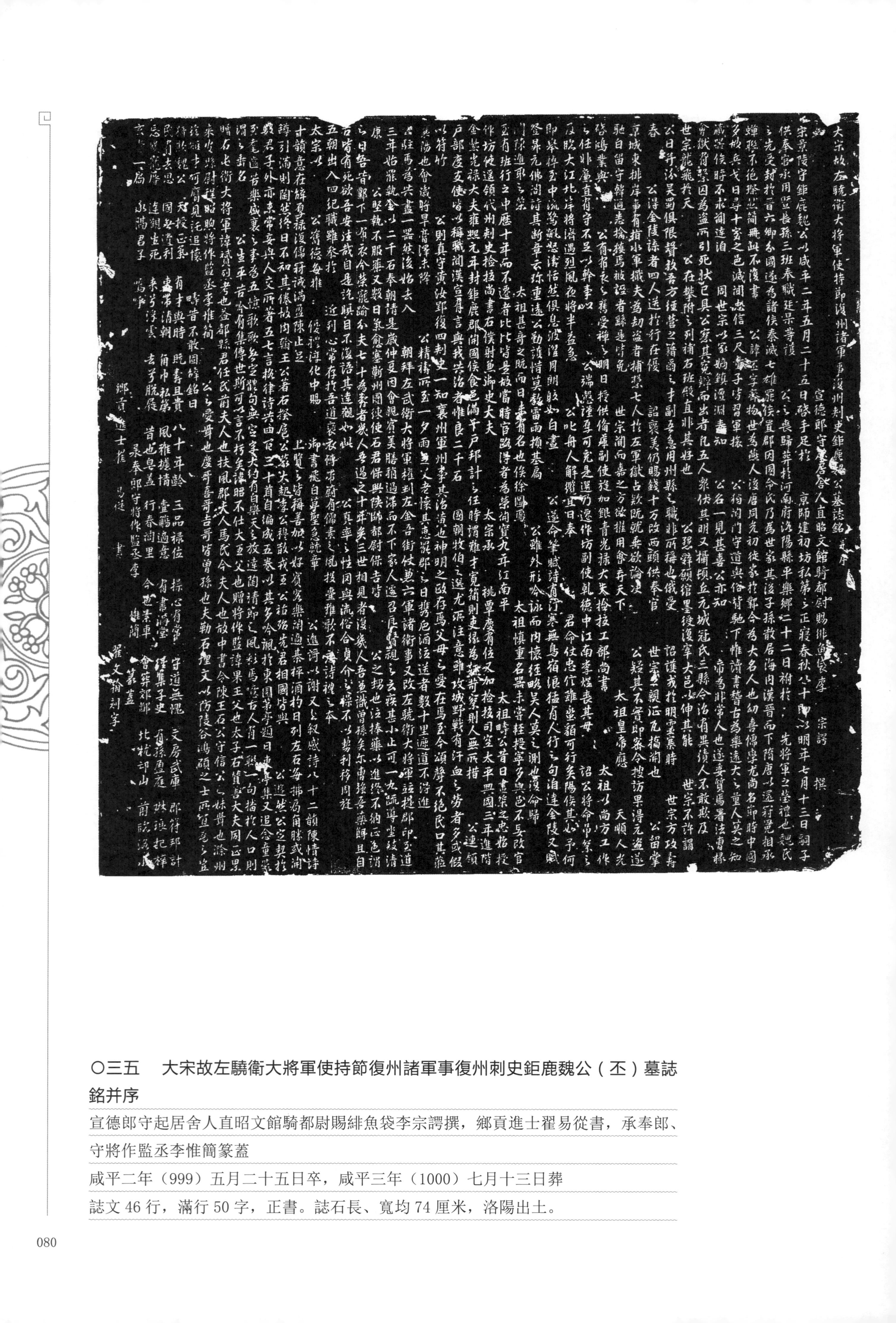

〇三五　大宋故左驍衛大將軍使持節復州諸軍事復州刺史鉅鹿魏公（丕）墓誌銘并序

宣德郎守起居舍人直昭文館騎都尉賜緋魚袋李宗諤撰，鄉貢進士翟易從書，承奉郎、守將作監丞李惟簡篆蓋

咸平二年（999）五月二十五日卒，咸平三年（1000）七月十三日葬

誌文46行，滿行50字，正書。誌石長、寬均74厘米，洛陽出土。

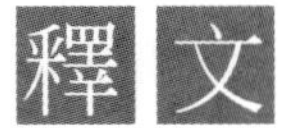

〇三五　大宋故左驍衛大將軍使持節復州諸軍事復州刺史鉅鹿魏公（丕）墓誌銘并序

宣德郎守起居舍人直昭文館騎都尉賜緋魚袋李宗諤撰

宋景陵守、鉅鹿魏公以咸平二年五月二十五日啟手足于京師建初坊私第之正寢，春秋八十。即以明年七月十三日，嗣子供奉官承用暨長孫三班奉職廷杲等，護公之喪，歸葬于河南府洛陽縣平樂鄉，二十二日祔于先將軍之塋，禮也。魏氏之先，受封于晉，六卿分國，遂為諸侯。秦滅七雄，罷侯置郡，因國命氏，乃為世家。其後子孫，散居海内，漢晉而下，隋唐以還，冠冕相承，蟬聯不絕，璨然簡冊，此不復書。公諱丕，字齊物，世為燕人。後唐同光初，徙家於鄴，今為大名人也。幼喜儒學，尤尚名節，時中國多被兵戈，日尋十室之邑，滅聞忠信。三尺童子，皆習軍旅。公獨閉門守道，與俗背馳，下帷讀書，稽古為樂。遠大之量，人莫之知，藏器俟時，不求聞達。洎周世宗以塚嫡鎮澶淵，素知公名，一見甚喜。公亦知帝為非常人也，遂委質焉。署法曹掾，會獄有系囚，為盜所引，死狀已具。公察其冤，辯而出者凡五人，衆伏其明。又攝頓丘、元城、冠氏三縣令，治有異績，人不敢欺。及世宗龍飛於天，公在攀附之列，補右班殿直，非其好也。公懇辭，願綰墨綬，復宰大邑，以伸其能。世宗不許，謂公曰："並、汾、吴、蜀，俱限聲教，吾方經營之，藉爾之才，副吾急用。州縣之職，非所稱也。"俄受詔，護戎於明靈寨，時世宗方攻壽春。公得金陵諜者四人，送於行在，優詔褒美。仍賜錢十萬，改西頭供奉官。世宗之親征瓦橋關也，公留掌京城東排岸事。有指水軍楫夫為劫盜者，捕系七人于左軍獄，占款既就，垂欲論決。公疑其不實，即密令搜訪，果得元盜，遂馳白留守韓通，悉擒獲焉，被誣者由是皆免。世宗聞而嘉之，方欲擢用，會棄天下。太祖皇帝，應天順人，光啟鴻業。與公有布衣之舊，受禪之明日，授供備庫副使，旋加銀青光祿大夫，檢校工部尚書。太祖以尚方工作之任，非廉直有守，不足以幹事。以公端慤謹厚，可充是選，乃遷作坊副使。乾德中，江南李煜喪其母，詔公將命弔祭之。及臨大江北岸，將濟，遇烈風，夜將半，益急。公叱舟人解纜，且曰："奉君命，仗忠信，雖蠻貊，可行矣。陽侯其如予何！"即舉棹，至中流，驚飆怒濤，恬然俱息，波澄月朗，皎如白晝。公遂命筆賦詩，有"汀寒無鳥宿，浪猛有人行"之句。洎達金陵，又賦登昇元佛閣詩，其斷章云："珍重遠公勤護惜，莫教雷雨損基扃。"公雖外形吟詠，而内懷經略，吴人莫之測也。復命歸闕，陳進取之策。太祖甚奇之，既而曰："未有名也，俟徐圖焉。"太祖慎重名器，未嘗輕綬，寧多與邑，不妄改官。至有班行之中，歷十年而不遷者，比比皆是。故當時官路，得者為榮。開寶九年，江南平。太祖疇公昔日畫策之忠，始授作坊使，遙領代州刺史，檢校尚書右僕射兼御史大夫。太宗承祧，覃慶有位，又加檢校司空。太平興國三年，進階金紫光祿大夫。雍熙三年，封鉅鹿郡開國侯，食邑滿千戶。邦計之任，時謂難才，寬簡則吏緣為奸，苛察則人無所措。公連領戶部、度支伛，皆以稱職聞。漢宣有言，與我共治者，惟良二千石。國朝牧伯之選，尤所注意，雖攻城野戰，有汗血之勞者，多或假以符竹。公則真守黄、汝、郢、復四刺史，一知襄州軍州事。其治黄也，神明之政存焉，父母之愛在焉，至今頌聲，不絕民口。其蒞襄陽也，會歲將旱，膏澤未降。公精禱所至，一夕雨足。父老懷其惠，置郡之日，攜卮酒泣送者數十厘，遮道不得進。公駐馬，為共盡一器，然後始去。入朝，拜左武衛大將軍，權判左金吾衛，仗兼六軍諸衛事，又改左驍衛大將軍，并提郡印。至道三年，始罷執金，以二千石奉朝請。是歲仲夏，因會親賓，美膳稍過，滯而不下。家人遂召良醫，視之云："疾甚小，止可一丸疏導，坐至清康。"公堅執不服藥。又數日，氣愈塞。蘄州團練使石君保興、陝師都尉保吉，皆公之甥也。泣捧藥以進，終不納。正色謂之曰："吾昔鄴下一布衣，今榮寵逾分，夫七十未壽者幾人？吾過之十年矣。三世相見者復幾人？吾兼識曾孫矣。爾曹強吾藥餌，且自古皆有死，欲吾安往哉！"自是訖，瞑目不復語，其達觀如此。公真率之性，罔於流俗合；貞介之操，不以勢利移。周旋五朝，出入四紀；職雖參於近列，心常存於吾道。褒衣博帶，蔚有儒素之風；投壺雅歌，不忘《詩》《禮》之本。

太宗以公舊德，每推優禮。淳化中，賜御書飛白草聖《急就章》，公進歌以謝。又書敘感詩八十二韻，陳情詩十韻。意在辭厚祿，復儒冠，誡滿盈，陳止足，上覽之皆稱善。加以好賓客，樂閒適，棋枰酒杓，日列左右。每拂局角勝，或開樽引滿，則陶然終日，不知其倦。故內翰王公著，右揆扈公蒙，大起李公穆，散戎王公祐，殆先君相國，皆與公游。然公定契于數君子外，亦未常妄與人交。所著五七言格律詩，公四百三十首，自編成五卷，以其多吟諷於東園第亭，題曰《東亭集》。又追念童蒙至耄齒，苦樂盛衰之事，為《五憶歌》。歌無定體，句無定字，大約有白樂天之放達，陶靖節之風彩焉。噫！古人有一聯一句，播於人口，則謂之垂名。公生平苦吟，有集傳世，斯可以言不朽矣。諱昭不仕，大王父也。贈將作監諱果，王父也。太子右贊善大夫同正，累贈右屯衛大將軍諱贇，烈考也。益都縣君任氏，前夫人也。扶風郡夫人馬氏，今夫人也。故中書令、陳王石公守信，公之妹婿也。滁州來安縣尉程昭煦，將作監丞李惟簡，公之愛婿也。慶哥、喜哥、吉哥，皆曾孫也。夫勒石埋文，以防陵谷；鴻碩之士，所宜為之。豈茲短才，可靨見托；追懷疇昔，不敢固辭。銘曰：

猗歟魏公，天授正氣；有才與時，既壽且貴。八十年齡，三品祿位；操心有常，守道無愧。文房武庫，郡符邦計；民有去思，國無遺利。束帶清朝，角巾私第；風雅攄情，壺觴適意。有書滿堂，經集子史；有孫盈庭，琳琅杞梓。忘機寵辱，達觀生死；來兮浮雲，去兮脫屣。昔也皂蓋，行春閭裏；今也素車，會葬郊鄙。北枕邙山，前臨洛水；玄堂一扃，永隔君子。嗚呼！

承奉郎、守將作監丞李惟簡篆蓋。

鄉貢進士翟易從書。

翟文翰刻字。

尚書右僕射兼御史大夫　太宗承祧覃
鉅鹿郡開國侯食邑滿千戶邦計之任時謂難才寬簡則
宣脩言與我共治者惟良二千石　國朝牧伯之選尤盛
汝郢復四判史一知襄州軍州事其治績迪神明之政存乎
公精禱所至一夕雨並父老懷其惠露郡之日攜
去入　朝拜左武衛大將軍權判左金吾街仗兼六軍諸
朝請是歲仲夏因會親賓美膳稍過滯而不下家人遽召
數日氣愈塞蘄州團練使石君保興陝路都尉保吉皆
寵踰分夫七十為壽者幾人吾過之十年矣三世相見者
訖瞑目不復語其達觀如此　公真率之性同與流
近列心常存於吾道褒衣博帶蔚有儒素之風投壺雅
優禮淳化中賜　御書飛白草聖急就章
滿盈陳止足　上覽之皆稱善加以好賓客樂

局部原大

〇三六　宋贈殿中丞河南源府君（崇）墓誌銘并序

鄉貢進士李乾貞撰，鄉貢進士李堯臣書并篆蓋

開寶八年（975）六月二十七日卒，咸平三年（1000）十月三十日葬

誌文 29 行，行字數不等，正書。誌石長 40.5 厘米、寬 49.5 厘米，洛陽出土。

釋文

○三六　宋贈殿中丞河南源府君（崇）墓誌銘并序

鄉貢進士李乾貞撰，鄉貢進士李堯臣書并篆蓋

公諱崇，字千仞，其先出於皇帝。君長北方凡七十餘代，值魏道武稱孤，謂涼王子賀曰："與卿同源，因而命氏。"厥後遂為河南洛陽人。按國史撰家諜，名卿良相，世高富貴，故當世為華族焉。曾祖侑，國子祭酒；祖霸，濮州刺史；王父韜，博州堂邑令。公即堂邑第六子也，生而歧嶷，長實英明，讀書屬文，尊大儒術，業成時敵，遂歸清平別墅，著《為政》《兵源》二書，治皇王之義。會中令王公仗鉞邢臺，開府辟士，唯儁是與公其預焉，奏署本州別駕。秩滿，改觀察推官，公喜為知己，用以不欺，事上以無私，馭下禮存事舉，尤顯器能。于時，皆政不修，魯道有蕩，蠻夷猾夏，臧馬生郊。公乃愀然歎曰：時不我與，道之難行。興仲尼即隱之心，當□玉知非之歲，謝病解職，杜門閑居。謂衣食可以聚人，課僮僕厚生之業；唯文藝可以于祿，教兒姪進德之方。始也化自閨門，俄爾被乎鄉里，彬彬穆穆，肩古人之風焉。炎宋開運，帝澤彌廣，以名臣之家，知其有才，制授大理評事。驥足得塗，□光向莫，才雖邁種，命不逮時，以開寶八年六月二十七日終於邢州金市坊之第，享年七十有六。夫人隴西李氏，先公五月而亡。以其年十二月權窆於龍崗縣石井鄉。子一人護，任兵部郎中。女一人適滎陽鄭貞固。公沒之後一年，贈太子右贊善大夫，夫人追封隴西縣太君。又三年，再贈殿中丞，夫人進封江夏縣太君。時兵部以陳力在朝，頻居外任，表以情深安葬，詔令替罷歸鄉，佳城未果於夙心，岱嶽俄游於靈魄。今長孫垂範以咸平庚子歲七月二十八日，發取神襯，自邢抵洛，卜其年丁亥月癸酉日具大葬之禮於洛陽縣金谷原。奉先君之志，顯順孫之心，誌墓有銘，用飾陵谷。文曰：

唯源氏之世德兮既隆且長，誕生我公兮厥族為光。器宇淳粹兮松柏悅茂，辭彩紛敷兮蘭桂馨香。貞固足幹兮用之可濟，大道不齊兮舍之即藏。積善餘慶兮天道不昧，□賢貽厥兮其後必昌。位之下兮才顯豁，命之盡兮名昭彰。卜邙□□吉地，安靈骨於玄堂。

注：參見本書其子○三三《源護墓誌》。

〇三七　大宋故推忠佐理功臣正奉大夫守工部尚書上柱國清河郡開國候食邑一千六百戶食實封二百戶賜紫金魚袋贈右僕射張公（宏）墓誌銘并序

朝奉郎守太子中舍張宗誨撰，進士傅望回書并篆額，潯陽翟文顯并弟文翰刻定

咸平四年（1001）三月七日卒，同年五月十三日葬

誌文 44 行，滿行 44 字，行書。誌石長 89 厘米、寬 90 厘米，洛陽出土。

〇三七　大宋故推忠佐理功臣正奉大夫守工部尚書上柱國清河郡開國候食邑一千六百戸食實封二百戸賜紫金魚袋贈右僕射張公（宏）墓誌銘并序

朝奉郎守太子中舍張宗誨撰，進士傅望回書并篆額

維咸平四年春三月七日戊寅，工部尚書張公諱宏启手足於京師昭德里之私第，享壽六十三。皇帝臨軒震悼，輟視朝一日，詔以右揆之印綬告于其第，賵贈之禮率過常等，旌以嗣子可久為廷尉評，可道為奉常太祝，可度為奉常理，禮郎推茂恩也。咸銑血擢毀，用龜耆之吉，以其年五月十三日躬扶護靈柩葬於西都伊闕縣歸善鄉府下里之祖塋，以先夫人之櫬合祔焉，從《周禮》也。公字臣卿，今為洛陽人。其源出漢丞相留後良之後，東漢有司徒歆之弟協為衛尉，協子岱為太山太守，與袁紹、魏太祖首起義師，西向誅董卓。晉宋而下，歷齊、梁、陳、隋，逮于皇唐，皆軒冕相此，世出公相焉。皇任易州刺史、累贈太子少保諱玄，追封會稽郡太夫人孔氏，大王父母也。皇任易州滿城令、累贈太子少傅諱持，追封洪農郡太夫人楊氏，王父母也。皇任金州平利令、累贈太子少傅諱峭，追封中都郡太夫人魏氏，考妣也。皆以慈仁厚義弼成政事，陰德及物，殊功在人，雖昭嘏之報，不顯於當世，而焜耀之慶，垂裕後昆。公即太傅第四子也，幼而精慧，長而寬博。所學必聖人之道，所談必經濟之業。方及加冠，美聲流聞，當時名儒，皆景重其風彩。太平興國二年，以進士御前擢上第。釋褐，拜大匠丞，通理宣城郡，德業吏理，為旁郡表率。朝廷陟明，四年，改太子中允，涖市征於淮陽。歲中召回，直太史氏，錫五品服。明年，遷大著作左拾遺，又一年，董麴税於輦下，總外計於川峽。尋為右補闕，知遂寧郡。又明年，歷文昌度支外郎。雍熙二年，改客曹郎，充史館修撰。是時，先皇帝方鋭意於治平，思得奇士，以助聽斷，謂公為才，特拜樞密直學士，換三品服章。次年，領詔出守成都府中道驛使。徵歸闕，拜諫議大夫、貳樞機之務。明年，上欲舉振舊綱，果用大臣，以傅重厥任，遂自宥密有專席之命，因為籍田儀仗使。端拱初，拜冬官貳卿襄號功臣，爵列男國，賜賦邑三百戸，復貳機務。明年，以改元，例恩進封開國伯，益食菜五百室。是年，換天官小冢宰，主銓衡之位。四年，例恩進封開國侯，增食邑三百戸，俄理天府。至道元年，出牧上黨，嚴禋禮畢，就除文昌右轄。三年，皇上以成康之德，纘紹圖籙，恩及有位，拜起曹尚書。咸平元年，詔乘傳詣闕，俄判審官院，通進銀臺司，代給事中，于門下省封駁書。明年，復因慶恩，益加五百戸，真食二百室。居一歲，天子以公衡繩無欺，旌別必當，再委流內銓，方推擇才賢，抽敘俊彥，注意大用，時將必行。居無何被病，假告達於九重，尋詔中貴人押太醫至其第，于時，公之疾已殛，而氣少衰矣。王人復命，上再詔醫官使趙自化診視脈息，及復南寢此之際，中貴兩至，撫存孤幼，俯攢塗之夕，又令中貴人監護其事。嗚呼！公之忠勤眎如彼上之恩，禮又如此，而景命不融，遽歸泉壤，豈賦壽有限，將益熾其裔耶。公之列形庭趨紫闥，則端莊靜恭，以珩璜之德，軌範簪紱，及承顧問參密，勿則強毅沉亮，以匪石之誠，弼違王度，而周慎畏密，動必由道，帷幄之策，多所前畫。異時，常謂所親曰："凡順而臣者，在知無不為，夙夜匪懈。過則歸己，善則稱君，茲乃臣道之輗軏，士子之軌度矣。豈以一言一策，求彰灼於人口，以沽名為事業乎？禮有大言，入受大利。蓋君人者，汲善而誘忠，非人臣之所宜履也。"每有疏奏，多焚其草，故密謀大議，世不得聞焉。其臨大鎮莅天府，則仁以恤善良，威以肅強暴。獄市不擾，吏不忍欺，公田我私，惠澤周洽。故刑不甚用，民謠大興。其掌銓衡，居束拔之任，鑑品之下，才無隱忒。凡秉清白懷術業之士，雖伶丁無依，孓然獨立，若朝在塵泥，夕已青雲。如被汚累昧官理者，雖氣焰奇熾，勢可薰灼，公亦恬然不顧，多以理遣，故預選掄者，仰公如耆龜，畏公如神明。其愛才舉善，公忠之量又如此，故天下之士言：朝廷賢，公卿寬裕而不黨者必稱公焉。噫嘻！始以布衣文學千萬乘主，中以淳仁沉畫受帷幄寄，終以恪恭愿直振大名於，時立朝將三十年，歷官十五任，周旋閨闥，佐佑王室，大□夫，爵通侯，位三品，不為不遇矣。衆所惜者，才可以丹青神化，致格天之業；

道可以休福生民，跻仁壽之域。君子所以鳴指而興歎，☐袂以泣者也。夫人邊氏，故刑部尚書諱歸讜之女也，以公貴，累封至高平郡夫人，柔嘉有儀，閨門為範，舜華易落，先公七年而歿。女兄弟凡四人，一適故宫贊陸君諱光佩，一適故太常丞郝君諱愿，一適韓氏，皆先公淪喪。一依浮圖教，修出離行，號妙相大師名義，遷賜紫方袍矣。女慶姐尚丱。可久、可道、可度咸以幼年俱粹英氣，承公餘裕建大名、成茂業，可翹足而俟矣。嗣子以宗誨忝同年子弟之契，嘗出門下，謂能熟公景行，泣狀遺烈，乞文以表墓，遵命直書，以備陵谷。銘曰：

猗歟張公，秉義納忠，抱嘉謀兮。靜專正直，有猶有則，心匪石兮。裨化輔政，勳崇業盛，莫可京兮。帷幄之機，喉舌之司，光倚注兮。頒條布令，滌瘼針病，騰☐詠兮。誠懸銓衡，惟允惟平，儲英聲兮。吉祿方來，將正公臺，命不淑兮。闕塞南，伊水西，隴樹蕭蕭，隴水淒淒，千秋萬歲，佳城在斯。

潯陽翟文顯并弟文翰刻定。

[illegible]平利令累贈太子太傅諱峭追封也
昭媛之報不顯於當世而煜耀之慶垂
所談於經濟之業方及加冠義聲[illegible]聞
拜大匠丞通理宣城郡德業吏理爲旁
民錫五品服明年遷大著作左拾遺又
文昌度支外郎雍熙二年改秘書郎充
云爲寺持拜樞密直學士授三品服章
踰年　上欲舉振舊綱畀開大臣
[illegible]彊切臣爵列異國賜賦邑三百户復

局部原大

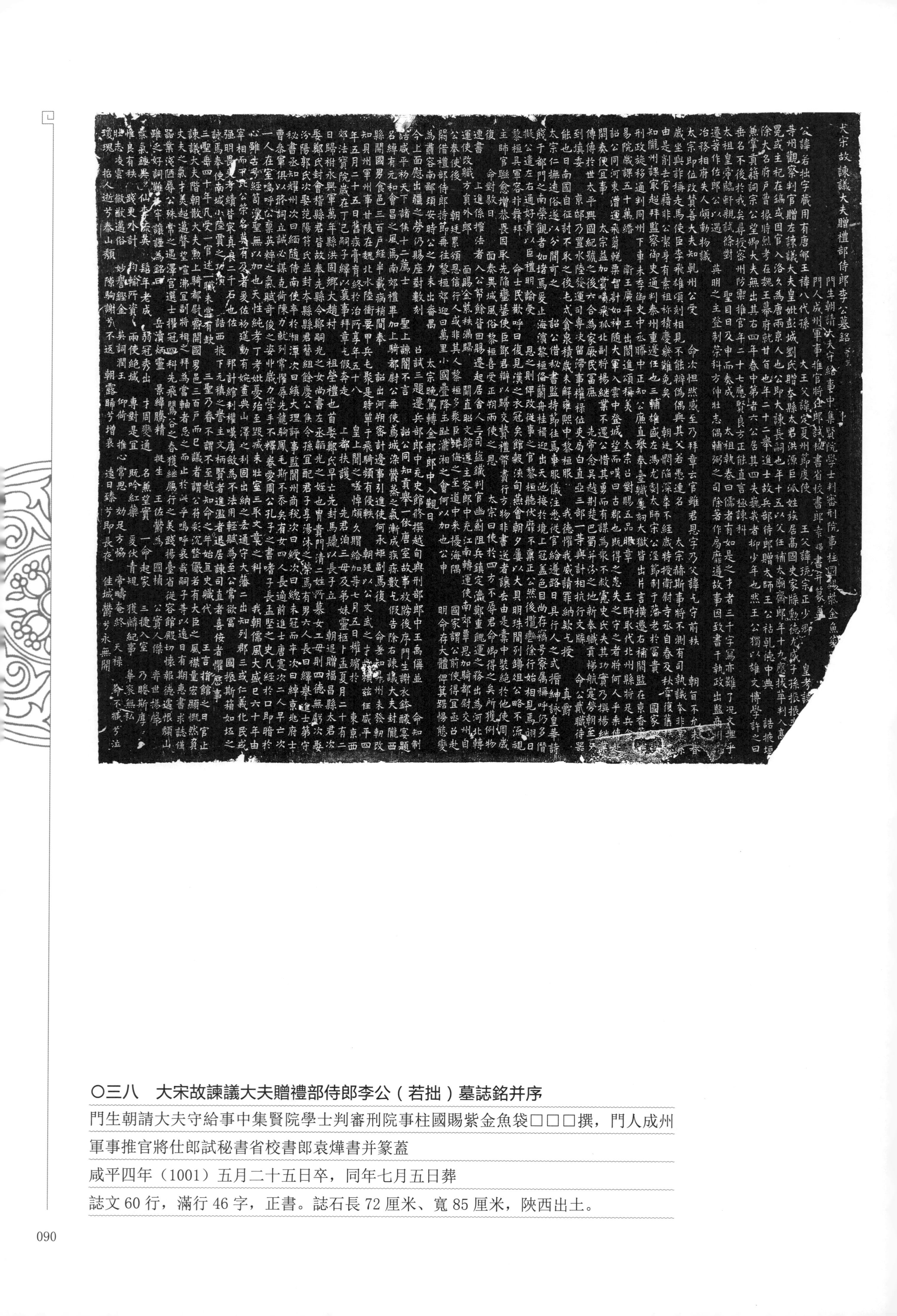

〇三八　大宋故諫議大夫贈禮部侍郎李公（若拙）墓誌銘并序

門生朝請大夫守給事中集賢院學士判審刑院事柱國賜紫金魚袋□□□撰，門人成州軍事推官將仕郎試秘書省校書郎袁煒書并篆蓋

咸平四年（1001）五月二十五日卒，同年七月五日葬

誌文 60 行，滿行 46 字，正書。誌石長 72 厘米、寬 85 厘米，陝西出土。

釋文

〇三八　大宋故諫議大夫贈禮部侍郎李公（若拙）墓誌銘并序

門生朝請大夫守給事中集賢院學士判審刑院事柱國賜紫金魚袋□□□撰，門人成州軍事推官將仕郎試秘書省校書郎袁燁書并篆蓋

公諱若拙，字藏用，有唐郇王禕八代孫。大王父諱定，夏州節度使。王父諱琉，宗正少卿。皇考諱□，□□□等州觀察判官，贈左諫議大夫。皇妣彭城劉氏，贈本縣太君。洪源巨派，姓族居高，國史家牒，勳德尤盛，子孫振振，弈葉冠冕。或主祀在鎬，或因官入洛，久為唐兩京人也。公即大諫長嗣也。年十五，以父任補太廟齋郎，年十九，應拔萃判入高等，除大名府戶曹掾。時烈考在魏王幕府就甘旨也。年二十二舉進士，故兵部侍郎，贈太師王公祐，乾德中典誥掖垣，兼掌貢籍，詞宗公望，卿大夫。無出其右。四年春，中第者六，公居其四。失巍峨者抑少年也，然王公獨以雄詞博學許之，曰："垂名不後於我矣。"尋授密州防禦推官。年二十七，應賢良方正能直言極諫科，太祖皇帝臨軒親試，條對聖目，日及申而奏成。太祖執卷曰："儒者有如是之才者，三千字寫亦難了，況文理乎？"遷著作佐郎。公以遇英明之主登制策科，方伸壯志，偶輔弼之司，除著作局。靡遵故事，因致書干執政，出監商州□冶務。相府失人，頗動物議。太宗即位，改贊善大夫、知乾州。公受命次，坦然感至，乃拜章云：官雖君恩，字乃父諱。乞守前秩，朝旨不允。未期歲，坐與詐稱，走馬使臣李飛雄頃刻相見，不能辨僞。偶與其父若愚連名，太宗赫斯，事將不測。有司執議，本非黨系，由是削去官籍。非公潔身有素，祖祢積慶，幾難免矣。朝廷憫陷深辜，不經歲，特授衛尉寺丞，自春及秋，牽復舊秩，兼知隴州。課最，超拜監察御史，通判秦州，重邊任也。三輔雄盛，左馮尤劇。太師宋公渥節制于藩，老於富貴。國家卹□刑政，旋移通判同州。下車未季，御史中丞滕中正知公廉直，舉奉臺職，屢劾大獄，皆出片言。橫遷右補闕，監在京香藥□易院，歲課五十萬緡，衛王、廣平王出閤進頌稱美。太宗召對，賜五品服章。王師取代北州縣，將足兵食，詔公同河東漕運，飛芻輓粟，智計如神。隨大軍入雲中，登城望而嘆曰："古郡也，既得之患，失之守之者，將何人乎？"乘傳赴闕，奏便宜事。太宗益加賞嘆。飛狐北副將楊繼業不還，公惜其勇而有謀，為衆不救，慮史氏失其功實，乃撰《楊繼業傳》傳於世。太平興國紀號之後，六合為家，厥民富庶。先帝念吳越、荊楚、巴蜀并汾之地，新奉職貢，梯航寔勞，朝至夕到，填委京邸。乃置水陸發運司，專決留滯事，權祿位吏，局白直亞三部一等，與計相抗。行文牒，命公貳職，待器能也。曰：南國自征討不取之後，屯戍貪泉，積歲未解。雍熙中，黎桓服我德、懼我威，請罪納款，乞受真爵。太宗仁撫遠俗，遂以分閫可之，詔公借秘書監，持節往焉，車服儀注，悉從官給，遵路日具，行人之式，搢紳詠皇華詩餞于都門之南，榮觀者如堵焉。爰止海濱，黎桓備蘭舟桂楫迎出天池，接於境上。冠蓋色目，尚存竊號，寮屬稱呼，仍多僭擬。公遣左右通好，責以臣禮，明諭受恩之，則俾改從事之官。黎桓聽伏，靡不稟正。公然後攬轡徐行，始相見焉。翊日，黎桓具軍容弄舞拜命，士民歡呼曰："復見漢之衣冠矣。"館穀浹旬，燕會朝夕，屢以大貝明珠，間列罇俎，公略不流視，主師官聯愈增恭畏。因取先陷蠻蜑，使臣鄧君辯以歸交，贄禮幣賫行，方物非書，送者讓去，由是橐中裝絕於他使。周歲復命，對敭日，面奏異域風俗，黎桓喜受正朔兩使之恩。太宗曰："使於四方，不辱君命，卿得之矣。"所獲例物，連書上進，係擢法者入公，帑餘者皆回。賜遷起居舍人、三司鹽鐵判官。幽薊阻兵，鎮定瀛鄚，重餽運之務。出為河北轉運使，改職方員外郎，面賜金紫。秩滿歸闕，直昭文館，遷主客郎中，充江南轉運使。南郊覃恩，加騎都尉。交州自公奉使後，朝廷累頒恩信，行人或非其人。黎桓多聚巨蟒侮之，至道中，來擾海隅。國家謂公前使得宜，亟召赴闕，借禮部侍郎，持節再往，黎桓郊迎，曰："萬里小國，疊降玉趾，瀟湘之會，何以加也。"公申明命，存大體，俾箕踞，慢態變，為肅容。南鄙頓安，時公之力，未出番禺。太宗晚駕，轉金部郎中。入覲日，今上面慰出疆之勞，仍賜座對。數刻，召試三題，

遷兵部郎中，充史館修撰。越旬，與刑部郎中王禹偁，并命知制誥。咸平初，天下諸侯十二薦士，聖上諒闇不言，詔公同知貢舉，一依唐室故事，放榜後，序門生，謝衣鉢，醵宴題名，綽有元和、會昌之風焉。南郊禮畢，加上騎都尉。公再使裔城，染欝蒸之氣，漸成疾疹，數乞假告，除右諫議大夫，封隴西縣開國男，食邑三百戶。經半載，病稍間，奉詔出河朔，密計邊事，引進使何承矩副焉。復命，差知昇州，未發軔，改知貝州軍州事。甘陵在魏北水陸衝要，甲兵屯聚。是時單于飛騎頻有侵軼，朝廷以公文武之才，故賴茲任。咸平四年五月二十五日，舊疾膏肓，終於治所，享年五十八。皇上聞之，嗟悼頗久，賵給加等。七月五日權殯於東京西郊法寶院，歲在丁巳。嗣子繹以襄事拜章乞假，奔走上都，扶護先君洎三母及弟妹靈柩，卜孟夏月二十有二日歸祔永興軍萬年縣洪固鄉大趙村祖塋，禮也。首娶鄭氏，早亡。先封馬鬣，以長子立朝，追贈福昌縣太君。次娶鄭氏，封會稽縣君，皆故奉先縣令鄭嗣光之女，尚書左丞韜光之姪也。冑貴門清，二姓所慕，女工母則，四德無虧。次娶汾陽郭氏，次娶范陽符氏，并封本縣縣君。簪組餘慶，公侯令孫，宜配君子，享湯沐之榮焉。有男六人，長曰繹，舉進士第，守秘書丞，知耀州。次曰緬，隨侍南使，卒於湘潭。次曰縝，大理評事，監閬州商稅。次曰綬，次曰總，未冠而卒。次曰綽，京兆府士曹參軍。俱以修詞立誠，必謀克荷，陳力就列，常懼辱先，龍駒鳳毛，斯不忝矣。有女四人，長適前進士唐寔，次二人早亡，次一人在室。嗚呼！公稟英粹之氣，賦奇俊之姿。丱歲力學，手不釋卷，愛周公、孔子之書，嗜子長、孟堅之史，凡經於口，即暗於心。雖古號經笥濮聖，無以加也。天性純孝，丁考妣憂，殆至毀滅。未壯室三取文章之科，我朝儒風大盛已六十年，由宰相而下比，公策名莫有及者。爰佐初筵，動有婉晝。典山澤之利，固出納之口。通守大藩二，出知列郡三，或仁義化民，或強明畏吏。考績皆最，真良二千石也。佐邦計，綰利權，嘆厚斂，為不法，用輕賦，為至公，常欲富國，振斯箱如坻之詠焉。奉使南域，小陸賈之功；演誥中掖，下元稹之譽。主文柄，賢者進，濫者退；居諫司，直者喜，佞者懼。歷事三聖，垂四十年。凡受一官，述一職，未嘗有缺。三聖乃眷，不謂不至。越知命之年，始直史職、代王言。捐館之日，官止諫議大夫，階朝散大夫，勳上騎都尉，爵開國男邑三百戶而已。議者謂：公苻彩沉整，儼若有大臣之風；襟量宏顯，慨然負丈夫之氣。才美超邁，聲望喧沸，宜副將相之拜，為當軸者忌之，而止於此乎？嗚呼哀哉！嗣子等以遠日有期，惠書求誌，僅器業淺陋，辱公殊常之遇，擇宮選士，擢冠四科。先飛鸎谷之春，獲繼雁行之美。踐揚臺省，從容館殿，切懷報德，遽恨頽山。雖乏好詞，難於牢讓，謹為銘曰：

岳瀆炳靈，景緯騰精。挺生王佐，欝為國楨。公實人傑，弈世揚聲。紫氣鍾異，仙李流英。髫年老成，弱冠秀出。才周變通，名兼望實。一命起家，三捷入室。乃睠斯厚，惟良有秩。踐更外計，均輸所資。兩使絕域，專對是宜。既吟紅藥，爰伏青規。獲麟紀事，華衮無私。壯志淩雲，徽猷邁俗。妙譽鏗金，英詞潤玉。仰荷推心，常思効足。方協帝疇，奄終天禄。命不臧兮泣瓊瑰，哲人逝兮泰山頽。隙駒謝兮不返，朝露晞兮增哀。遠日臻兮即長夜，佳城欝兮永無開。

贊善大夫知乾州公受　命次恒然感至乃拜章云官雖君貝
走馬使臣李飛雄須刻相見不能辨偽偶與其父若愚連名
籍非公潔身有素祖祢積慶幾難免矣　朝廷憫陷深辜不經
超拜監察御史通判秦州重邊任也三輔雄盛左馮尤劇太師宋
判同州下車未季御史中丞滕中正知公廉直舉奏臺職屢辟大
十萬緡　衛王廣平王出閤進頌稱美　太宗占對賜五品
漕運飛芻輓粟智計如神隨大軍入雲中登城望而嘆曰古郡也
太宗益加賞嘆飛狐北副將楊繼業不還公惜其勇而有謀
平興國紀號之後六合為家厥民富庶　先帝念吳越荆楚巴
京邸乃置水陸發運司專決留滯事權祿位吏局白直岀三部一
自征討不取之後乇弋貪泉積歲未解雍熙中黎桓服　我德
俗遂以分閫司之　詔公借秘書監持節往焉車服儀注悉從
南榮觀者如堵焉爰止海濱黎桓倫蘭舟桂楫迎出天池接於境
通好責以臣禮明諭受　恩之則俾改從事之官黎桓聽伏靡
抃舞拜　命士民歡呼曰復見漢之衣冠矣館轂浹旬燕會朝
增恭畏因取先陷蠻蜑使臣鄧君辯以歸交贄禮幣賚行方物非
故曰　面奏異域風俗黎桓喜受正朔兩使之恩　太宗曰

局部原大

○三九　大宋故推誠佐理功臣光祿大夫檢校太保使持節蔡州□□□□□□□□□□□防禦使兼御史大夫上柱國武都郡開國公食邑三千五百戶贈鎮東軍節度使符公（昭愿）墓誌銘并序

前進士陳舜封撰，元從押衙知客李仁璲書

咸平四年（1001）五月二十四日卒，同年八月二十一日葬

誌文37行，行字數不定，正書。誌石長66厘米、寬61.5厘米，洛陽出土。

釋文

〇三九　大宋故推誠佐理功臣光禄大夫檢校太保使持節蔡州□□□□□□□□□□□□防禦使兼御史大夫上柱國武都郡開國公食邑三千五百戸贈鎮東軍節度使符公（昭愿）墓誌銘并序

前進士陳舜封撰，元從押衙知客李仁璲書

《易》曰：崇高莫大乎富貴，得而不能保者，世有之矣。善享而克終者，其惟符公乎？公諱昭愿，字致恭，守太師、尚書令、魏王諱彦卿之世子也。後唐宣武軍節度使、中書令、秦王諱存審之孫也。封吳王諱楚之曾孫也。系其祖德，文垂家諜，紀其世勳，事具國史，此故略而不書。周世宗宣懿皇后暨恭帝太后、我太宗懿德皇后，皆公之女兄也。晉開運初，魏王建大功，戡大難，明年拜使相，移鎮武寧軍。時虢國楊夫人夢神授夜光，是歲秋七月丙午生公於豐沛挺奎宿之野，感尼丘之秀，符彩昭赫，語必駭人。洎庭趨義方，傳授名教，家嗣惟肖，將門益高。佩觿之歲，侍先王介胄出入戰中，激昂志操，為時所器。王生公而後，凡珥貂蟬崇，保傅進王爵，四移大旆，方居于鄴都。周顯德元年秋八月，公始被銀印青綬，秩視騎省隸天雄軍衛内都指揮使。翌日超授檢校尚書左僕射，遥領興州刺史，充職如故，時年九歲，中外異之，蓋賞王之懋功而嘉公之象賢也。太祖神德皇帝授禪之始年春王正月，公執玉肆覲，遷檢校司徒，進階金紫，勞而遣焉。乾德初，郊祀流恩，爵以開國男，始賜奉邑。開寶二年秋七月，先王移鎮鳳翔，中道稱疾，優詔就養于龜洛，以公供侍定省，勤勞克誠，制授恩州刺史。五年春。遷羅州刺史。八年夏六月癸丑王薨，公柴毁逾禮，太祖聞之軫悼懷睠，遣中使監葬，仍降制復公羅州刺史。起為西京作坊副使，奪情之命也。越明年冬十月，太宗紹統改元之初，公被旨入闕，授尚食使，且命馳國禮于穰下。是年群盗起，淮北數郡淵藪搖釁，朝廷患之。公至自南陽，天子授以卒乘命，為陳蔡等道都巡檢使、皇朝巡警之職。自兹始也，公申明號令，約束士仵，以掩以襲，以執以戮，未期梟首數千，奸猾屏跡。旋以時雨霖暴，潦水湮漫，耕桑不收。原邑告患，轉運使表公所見，詔俞其請。公於是揆工度地，起潁人，自合流鎮東沙溝抵長平，開河數百里入于蔡，物濟民利，時論偁之。明年春二月，乘輿北狩，驛召公赴行在，太宗謂曰：殲寇攘平，水土泰我近甸，時爾之休蠢，兹并汾俶擾聲教。今朕既往順天，行誅以爾王室之親，宜扈戎輅。是日，賜白金、服玩、厩馬，有差命公為御營四面都巡檢使，兼車駕欄前收後、提轄給遣等事，公臨事制變，乘時震威，兵食既充，力役且倍。夏五月平晉，振旅凱旋，以功授使持節、蔡州刺史。時河東以大兵之後區境甚殘，寔資循良，以守方面，遂留公典并州軍州事。公之頒政也，一歲而城池緝，再歲而倉廩實，三歲而府庫完，復逋逃八千，增版籍三萬，富庶成頌，皆公力焉。九年，單車來朝，寵賜彌厚。及期再典并門，從民請也。雍熙四年秋，出師命將，以捍北戎。詔公統禁衛屯于邢臺，備其後殿。端拱之初，耕籍覃慶，遷檢校太保，進開國公，仍益戸封。洎疆埸告寧，詔遣公復理太原，兼駐泊馬步軍副都部署。二年夏五月壬申，母秦國太夫人薨于輦轂，公哀毁奔喪。太宗以公三典晉陽，咸稱異政，褒功從吉，式舉寵章，制授起復雲麾將軍，充蔡州團練使，命公知京兆府事，兼陝西道都巡檢使。公總戎律，以按部頒朝，政以觀風，關輔之民如慰饑渴。淳化中，移典梓州，兼東川路提轄兵馬橋道事，蓋任能之選也。尋落起復，進階二品，秩封如故。政成受代，遣歸于淮西。至道二年春祭上帝於圜丘，公入陪大禮，兑澤光被，載益爰田。孟夏，天塹潰于北畿，亟任公爲滑臺守，以蕆隄防之役。夾輔方乂，太宗上僊，聖皇嗣位之初，公入拱辰極，冬十月，靈駕西起，上命公率内諸司步騎三千，充山陵防援使。先帝祔廟，恩制賜公推誠佐理功臣，增井賦之數。咸平紀號之春，公領兵符為參師，戍于銅臺。二年秋，移邢州駐泊兵馬鈐轄。冬十一月，上始就陽展禮，載益疏封。三年夏四月歸朝，暫聽休沐。秋九月，以相師張衛公捐館，委公作牧于漳川。公之良能，所至皆理。四年春，告疾彌篤，詔許肩輿而歸，天人御醫相踵於道。夏五月，授公蔡州防禦使，以公長子承煦遷左侍禁，次子承度為右班殿直，旌幹家之善，而勵為臣之節也。公娶李氏，封江夏郡君，故華師之女也。禀貞懿之德，鍾慈孝之性，嚴恭以奉戚里，敦睦以肅家風。公有女四人，長適殿中丞直史館王希逸，今定師漠南使相之子也；次適光禄寺丞李宗諒，故司空相之子也；次為尼普濟大師；次幼，而在室，皆賜命服。公以其月乙未薨于東京新昌里第，享年五十有七。上聞之驚嗟，車駕親臨，賵賻有差，詔輟視朝二日，以禮崇勳，戚成服于便殿，百官奉慰于崇政門，遺中貴入降，制贈鎮東軍節度使，斂以華衮，導以鹵簿，命供備庫副使楊永導、内殿崇班蔡紹恩監護喪事。以公含玉之歲秋八月庚申，葬于西京洛陽縣賢相鄉陶村原祔先王之域，禮也。諸孤篤孝思之志，盡喪制之禮，扶杖杖血，請列先君事于方礎，以圖不朽。舜封才力甚劣，名器未顯，志在秉筆，無愧直書。銘曰：

三王之裔，三后之弟。富而無驕，恭而有禮。德紹名家，功垂聖世。幼領圭符，終封節制。風雲慘兮哲人亡，車駕幸兮褒寵章。奄泉臺兮玄夜永，嗣鼎族兮靈源長。飛丹旐兮去西洛，勒貞珉兮埋兆邙。煙昏松露泣寒月，回首茂陵空斷腸。

和彧刻字。

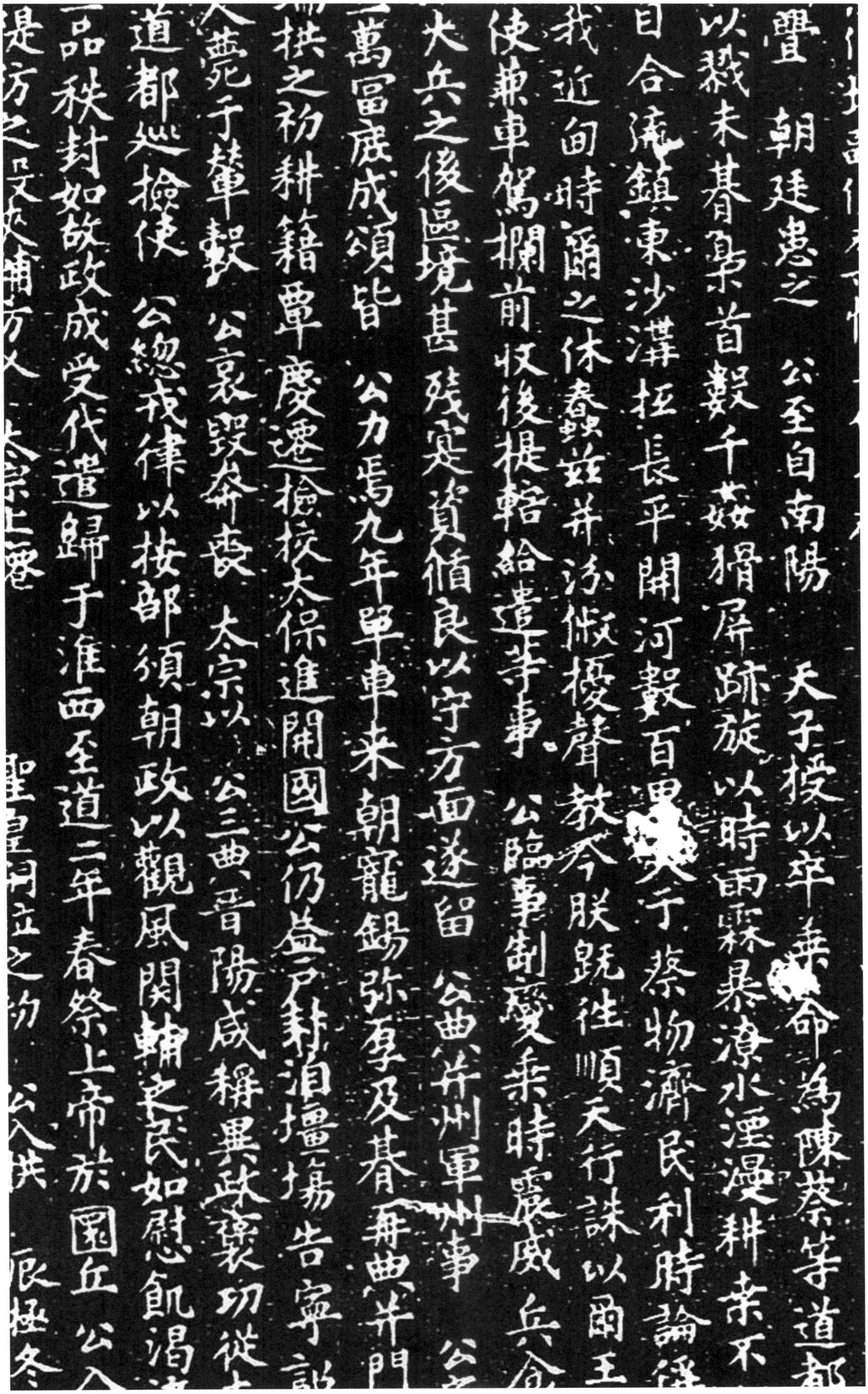

疊　朝廷患之　公至自南陽　天子授以卒乘命為陳蔡等道都
以殺未朞梟首數千姦猾屏跡旋以時雨霖暴潦水淫漫耕桑不
自合流鎮東沙灘抵長平開河數百里入于蔡物濟民利時論偉
我近甸時爾之休眷茲并汾儆擾聲教咨朕既往順天行誅以卣王
使兼東駕欄前收後提轄給遣等事　公臨事制變乘時震威兵食
大兵之後區境甚殘冦貧循良以守方面遂留　公典并州軍州事　公之
萬富庶成頌皆　公力焉九年單車來朝寵錫弥厚及春冊典并門
撫拱之初耕籍覃慶遷檢校太保進開國公仍益戶封洎擅場告寧詔
大薨于輦轂　公哀毀奔喪　太宗以　公三典晉陽咸稱異政褒功從
道都巡檢使　公總戎律以按部須朝政以觀風閔輔民如慰飢渴
一品秩封如故政成受代遣歸于淮西至道二年春祭上帝於圜丘公入
提方之受夾輔方又　太宗上賓　聖皇嗣位之初　公入共　振極冬

局部原大

○四○　宋故主客員外郎直集賢院高平范公（貽孫）墓誌銘并序

宣德郎左司諫知制誥上騎都尉賜紫金魚袋楊億撰，翟文顯、文翰鐫字

咸平五年（1002）二月十二日卒，同年十一月十七日葬

誌文 38 行，滿行 40 字，正書。誌石長 67 厘米、寬 66 厘米，洛陽出土。

釋文

○四○　宋故主客員外郎直集賢院高平范公（貽孫）墓誌銘并序

宣德郎左司諫知制誥上騎都尉賜紫金魚袋楊億撰

咸平五年二月戊寅，集賢院學士、主客員外郎高平范公暴中風眩，終于上都甘泉坊之私第，上以賢相之後，形於歎息，戚里之懿，優其賵賻，兩宮遣使以赴吊，四鄰聞喪而輟舂；交游慟哭於寢門，行旅咨嗟於閭巷。非椒蘭之德，服媚於人，梁棟之材，中道而夭者，疇能痛惜如是哉。公諱貽孫，字餘慶，濟南歷城人。其先歷虞夏商周，實享世祿，春秋戰國，繼出名卿，或以博士顯東京，或以詞人稱南國，或以文雄史策，或以信著友朋，蕃衍流光，非可殫舉。及公之大父守愚，占數京輔，隨牒方州，為鄭州防禦判官，命屈當時，慶踵後嗣，累贈太子太師。王父，故相國魯公諱質，以伊管事業，輔翊三朝，以燕許手筆，稱量天下。由司徒、侍中罷為太子太傅、魯國公，而問望益大，恩禮彌渥，將為蒼生而再起，遽歎哲人之云去。然自五代已來，百年之內，號良弼者不聞它人，累贈至尚書令。烈考諱旻，以公卿子著籍甚之稱，在貴游聞有台輔之望，文章組繡於鞶帨，心計剖析於毛氂。任給事中、三司副使。公累謫官，事備國書，由公上言，追復官爵，累贈至工部尚書。公以歧嶷之姿，荷清白之訓，思以學優入仕，耻由父任為郎，不雜塵游，專精墳史，果以鄉里之薦，亟預賢能之書。天子臨軒，耀居乙等，同年生率次補州郡從事，掾屬丞尉。天子以公弈世載德，肯構象賢，欲其起家，不循常調。解褐，授大理評事。雍熙中，林胡犯邊，王師致討，飛輓之役，公實董之。祗畏簡書，大足兵食。愷旋，遷光祿寺丞，未數月，改秘書省著作佐郎，面賜五品服。公以群玉上帝之冊府，蓬萊道家之藏室，賢□咸集；喜田蘇之與游，圖史寖繁，多黃香之未見。於是削章退食，獻賦離宮，即日命公待制文館。未數月，以本官直集賢院，自是紬書石室，侍宴瑤池，歌黃鵠於廷章；必陪赓載，泛樓舡於汾水。即奉豫游，以冠玉之英標，屢聞題柱；以然萁之敏思，幾至奪袍。其風度閑詳，才調清婉，士流推慕，時論歸之。登朝為殿中丞，遷太常博士。上即位，入省為外郎，皆領書殿之職。公克纘緒業，祗荷門閥。寢丘遺産，非有膏腴；晏子舊居，未更爽塏。而能孝以睦族，儉以飭躬。即安先人之廬，不違王父之命；雅好禪法，尤重名節。奉蒸嘗之祀，馨德達于神明；事期功之親，歡心洽于宗黨。性嗜群籍，家藏萬卷，或手自繕寫，或親加校讎。緗素畢陳，敵秘書之副本；籤題具列，同吳氏之西齋。好事之名，流布京轂，每風庭月榭，蕭辰蘭夕，必命儔嘯侶，銜桮漱醪。凡備三益之交，莫匪一時之雋。漢庭太史，或奏於聚星；齊國客卿，無嫌於卜夜。此亦沖襟高韻，敻越常倫，尚德好賢，有足多者。嗚呼！不幸今也亡，享年四十三，斯夭也已矣。夫人高氏，邑縣君李氏，實淮陽丞相之妹，洪惟伯姊，母儀萬邦，作合先朝，居尊長樂。而夫人處貴思降，在富能貧，周旋禮經，輔佐君子。得中饋之道，彰內助之賢。舉案齊眉，方期於偕老；帷堂晝哭，遽痛於未亡。一子克勤，年十一歲，天子憫之，特授太常寺奉禮郎，月給俸緡，俾終服紀，固有奇骨，荷茲高門。雖在童蒙，已知孺慕，有後之慶，斯言不誣。一女，尚幼。夫人以喪無慮居，禮當即遠，毀家襄事，竭力送終。伊洛之間，松檟斯在，日月其吉，龜筮無違，即以其年十一月戊辰，扶護歸葬于河南府洛陽縣北鄉徐樓村，祔于先塋，順也。嗚呼！劫燼灰飛，沉碑谷變，非刻金石，曷誌桑田。以億投分生平，託之銘篆，巨源尚在，庶嵇紹之不孤；伯喈有言，述大丘而無愧。銘曰：

范氏之先，出於陶唐。積德儲祉，弈葉流光。赫赫魯公，蟬緌貂璫。陰德有後，乃生夕郎。於惟集仙，肯構肯堂。穆然容輝，煥乎文章。行歸於周，動罔不臧。嗚呼難枕，今也即亡。洛水濱兮邙山趾，波東傾兮樹西靡。從先公兮夜臺，啟新阡兮蒿里。傳三世兮一身，閟九泉兮萬祀。琢貞石兮志佳城，人之生兮胡至此。

翟文顯、文翰鐫字。

〇四一　宋金紫光禄大夫檢校司空左衛將軍兼御史大夫上柱國南陽郡開國候食邑一千戶吳公（元載）墓誌銘并序

東齊野搜張舜賓撰

咸平三年（1000）十一月三日卒，咸平五年（1002）十一月二十三日葬

誌文 47 行，行字數不等，正書。誌石長 55 厘米、寬 54.8 厘米，洛陽出土。

○四一　宋金紫光禄大夫檢校司空左衛將軍兼御史大夫上柱國南陽郡開國候食邑一千戸吴公（元載）墓誌銘并序

往者起自古公，迺遷都而渡水；逮於泰伯，□讓國而推賢。而後太守名高，元臣望重，不泯西河之美，搦符東漢之榮。從比府年，奇人靡絕，交相文武，次第軒裳，望族至今，匪移旌節。公大梁人也，諱元載，字咸熙。曾祖，贈邠國公；曾祖母，追封晉國太夫人。祖贈齊國公，祖母追封秦國太夫人。皇考諱廷祚，贈燕王；皇妣追封燕國太夫人。先夫人李氏，早亡。公即燕王之第二子也，九苞應瑞，一角呈祥。年未佩觿，便識趨庭之訓；歲將懷橘，先敦許國之心。至大宋建隆元年，燕王掌密地，有敕徐授將仕郎、右春坊太子通事舍人。不出年，賜緋魚袋。建隆三年，國家以秦庭右限群戎，左鄰諸國，若非英幹，孰可撫臨？輿論以燕王名重當時，位權樞要，足以典斯巨屏，固彼咽喉。天子以中外譽高，旋令出鎮。公念愛育恩厚，慮參省有疎，不欲蹔違，是得同往。建隆三年，宣補充秦州衙內都指揮使。燕王以義化仁煦，未期政成，夜犬不驚，晨羊罷市，厥有雍民稱困，秦郊告豐，嘉聲臣飛，遽入辰聽，俄承制命，移節永興，屏棄奸豪，蘇活疲瘵，布理之要，有如在秦。乾德二年，補充永興軍衙內都指揮使，無何，天不憖遺，摧我樑棟。開寶四年，遺表授東頭供奉官。太平興國三年，補充閤門祗候，不出年，敕借西上閤門使，充契丹國正旦國信使。公春秋未壯，辭氣邁倫，情動單于，彌欲相癵。雖生睚眥，我乃不懼於臨危；縱發咆哮，我乃不忘於報命。單于都茲骨鯁，許促康莊，高格莫儔，大節難奪。太平興國五年，授揚楚八州四軍都巡檢使，雅符人望，不徇斯言，庶事盡公，莫有欺詐，寇皆削跡。民賀息眉，謳謠之聲喧噎；衢部斑白，雅齒誰不欣然晏如也。太平興國九年，授西上閤門副使，不出年，授知陝府軍府事。來暮之歌，首盈耳矣；懸魚示約，次聞境矣；勸課農桑，民不饑矣。雍熙三年，授知秦州軍州事，兼管界沿邊都巡檢使。玉冷難熱，松高更貞，愛物廉勤，類同前日。端拱元年，授西上閤門使，檢校司空，不出年，又授知秦州軍州事，兼管界沿邊都巡檢使。將期屆境，秦民共聞，挈老攜童，壺漿塞路，復臨舊理，清風自高。淳化二年，授使持節富州諸軍事、富州刺史，不出年，授知成都府事，兼管內橋道事。從晨至暮，案牘盈箱，公躬覽悉周，全亡倦色，詎容勢援，是枉皆原，因得囹圄時空，居人安堵。逮至獲替離任，狂寇聿興，聚衆繁多，將圖割據。千尋碧障，横殺氣以猶低；四面青山，布遺骸而欲滿。公獨全骨肉，安然得歸，豈不謂天助善人，神扶有德？誰料薏苡興謗，囊衣有猜，自蜀抵京，路費猶寡。後因徽悉，腳膝酸疼，未許尋醫，卒成讒搆。亦非有志傲世，誠為無心拂塵。出水名駒，遂俄然而就絆；搏團巨翼，當一旦而以低垂。巧言如簧，信不虛矣。淳化五年，責授郢州團練副使，公自歎時命，終無恨言。至道二年，奉敕落責授，授單州團練副使。至道三年，授左衛將軍致仕，怡然道在，樂於修仁。解印淘生，諒不辜於此日；歸山謝傳，誠得趣於當時。奈何宿疹無瘳，浮生如夢。嗚呼！昊天不吊，哲人其萎，公以咸平三年十一月三日薨於東京景寧坊私第，享年五十三。以咸平五年十二月二十三日歸祔于西京洛陽縣平樂鄉張陽村，祔先王之舊塋，禮也。兄弟五人：元元輔，左衛大將軍、平州刺史，不幸早亡。君子表徽，文武不遂時彥，親狎手足，友于清白在官，私門垂訓。觀乎偉量，四溟纔可盈其樽；酌彼雄圖，六合方得滿其志。長弟元範，內殿崇班．動皆成禮，言必中規，宛有士風，不凋令德。次弟元扆，宣州節度觀察留後、駙馬都尉，爰從稚齒，便異諸童，不矜辨李之能，已暮偷燈之學，天分歧嶷，神衛徑行，纔及成人，高聯國戚，溫良自牧，未見其繼芳，躅以挺生，誠異人而間出。次弟元吉，供奉官、閤門祗候，深蘊才術，克紹弓裘，凡所歷官，政有可採。次弟元慶，供奉官、閤門祗候，耽味墳典，翱翔古今，勢奪騰凌，掬蓄英。一門稱虎，奪賈氏之威名；諸弟連龍，騰荀家之美號。公娶太原郡郭氏，故郭中令之女，先公而歿，封太原縣君。後娶清河張氏，故張侍中之女，封清河縣君。後娶郭氏，是先縣君之妹也，封太原郡夫人，今合祔焉。胤子五人：

長曰昭睿，不仕，早亡；次曰昭明，左班殿直，孝恭彌篤，豈斯須而蹔忘，天性是枸，每竟夕以如割；次曰昭矩，將仕郎，守廣文館助教。灰心在服，泣血有類於高柴；垢面倚廬，執節可齊於陶侃。次曰昭用，未仕，纏哀處默，終歲塊然，痛骨無僇曾莞爾。次曰天水哥，雖居童稚，智有老成，自失所天，鄙於戲玩。女一人，適寄班右侍禁劉承渥，是建寧軍節度觀察留後劉太傅之子也。德言溫順，既深契於宜家功容，又俱動不遺於姆訓。噫！孔子聖人也。時不我與，歷聘諸侯，鮮得賓者，遂□泣臨，猶嘗歎拘，卜高門人也，萬一非偶，文侯惟聳，仰同日月。時也，命也，昭然可知。公舉善蔭人，出於當世，竭殫奉國，赫其朝右。太祖時，接加勳皆檢校凡五。太宗時，接加勳階檢校食邑凡七，接槳俞敕書凡三。公至於忠信篤敬，奢儉相得，光紹前後，可為人師。備述奚盡，聊取梗概而已。舜賓也，才非援筆，學昧懷蛟，屢接芳塵，久棲門館，次子殿直見託，敢錄荒辭，乃為銘曰：

代今宋兮運之昌，歲為□兮年之良。丹旐悠悠兮出大梁，雙輻軋軋兮指北邙。□與日兮俱云□，□身雖謝兮名益芳。

東齊野搜張舜賓撰。

注：参見本書其弟〇四五《吳元吉墓誌》。

局部原大

〇四二　大宋故右班殿直前福州兵馬監押兼在城巡檢隴西李公（昭瑀）墓誌銘并序

男進士夢松撰，侄承奉郎守大理寺丞夢澤書，翟文遂刊字

咸平五年（1002）七月二十九日卒，咸平六年（1003）二月二十四日葬

誌文 30 行，滿行 31 字，行書。誌石長 46 厘米、寬 47 厘米，洛陽出土。

釋文

○四二　大宋故右班殿直前福州兵馬監押兼在城巡檢隴西李公（昭瑀）墓誌銘并序

男進士夢松撰，侄承奉郎守大理寺丞夢澤書

聖人設教，巨闡洪猷，王者逮官，常資共理。總軍旅之任，分警衛之司，肅藩閫於遐方，擢英雄之異器。則有班分右職，位列左旃，夙丕振於令名，實昭著於全德，即隴西李公其人也。公諱昭瑀，字瑩之，家世卞人也。曾祖皇華，不仕。祖皇威，補尚書刑部郎中。父鑄，任太常卿致政。母萬年縣君馮氏。公即春卿次子也，鳳毛標異，麟角稱奇。幼善祝文，長能嗜學，嘗撰文選精寶三卷行於世。太平興國三年，從父命籍邠貢，入覲，授殿前承旨。屬河朔亂常，鑾興順動，前轄芻粟，首集城營。駕廻，差充眉州洪雅縣兵馬監押，政必從權，民不擾境，太宗皇帝頒詔書旌公之能事也。九年，授代改右班殿直，監解州納攉務。三載課最，帑藏充盈。端拱二年解印，改命福州兵馬監押，兼在域巡檢。重門不閉，夜犬銷聲，三禩告成，一變至道。淳化伍年，隨召入見，朝廷顧災沴江淮，冤枉擁塞，乃命公乘軺按獄，遍恤無辜，蠲虐滌苛，問罪不間。至道元年夏，易詔委靈州路八鎮俵散錢帛，密命品量，莫敢宣布。恭承睿旨，恪副綸恩，口談聞道之言，身八無，知之俗。披涉巨漠，俄璪沉痾，冥運有期，達人無怨。以七月二十九日奄捐靈州之官舍，享年四十四。嗚呼！天實難憂，哲人已矣。公外推忠信，內保孝和，奉上則誠堅，接下則情恕。有之所喧物論，有文章馳大名，善始令終，不虧名教。夫人瑯琊王氏，故鄆州節度使王檀侍中之孫女也，令淑有聞，雍肅兼備，敦肥家之慶，嚴教子之能。子二人：長曰夢卿，敏於文性而早亡。次曰夢松，方舉進士科。女一人，適渭州衙內指揮使范守信。侄八人，長曰夢徵，太廟齋郎出身，攝太常寺太祝；次曰夢澤，進士及第，守大理寺丞；次曰夢嚴，應進士舉；餘并幼。嗚呼哀哉！龜噬既從於吉兆，龍門永閉於佳城。窀穸得時，松楸有池。乃以癸卯歲二月二十四日，葬於西京河南縣龍門鄉龍門里。夢松為子，不令追奉慈顏，泣血叩頭，謹為銘曰：

德推名兮壽考不長，才有餘兮職位不彰。騶虞絕趾兮斑虎呈祥，蚌蛤鬪耀兮明月沉光。悲風凌秋兮萬物增傷，哲人已矣兮大道無常。葬原隰兮千齡不亡，福子孫兮百世延昌。

進士夢嚴監造，前攝太常寺太祝夢徵填諱，翟文遂刊字。

〇四三　宋故朝奉郎守國子博士武騎尉扶風馬府君（偉）墓誌銘并序

將士郎守龍州司戶參軍宋光輔撰，西河相里及書篆

咸平五年（1002）正月二十四日卒，咸平六年（1003）十月五日葬

誌文36行，滿行39字，正書。誌石長58厘米、寬56厘米，洛陽出土。

〇四三　宋故朝奉郎守國子博士武騎尉扶風馬府君（偉）墓誌銘并序

將士郎守龍州司戶參軍宋光輔撰，西河相里及書篆

公諱偉，字潤之，其先自伯益趙從奢孫興，於咸陽為右內史，遂為扶風人。自漢馬宮至諫議大夫馬延年，皆為著姓。洎名顯於馬周，弈世不絕其冠蓋。高祖而□徙家於深澤，今為安平人也。曾祖諱乂，祖諱泰，顯考諱晟，贈大理評事，皆以地靈川平，風淳俗厚，樂丘園之嘉遯，隱高尚之貞名，鄉閭著其美稱，簪組不能羈絆。廷評有男三人，長曰仲，早世而謝；次曰倣，行謙居簡，博雅淫書，景行伯陽，無心好爵。公即第三子也，時偶太宗修偃之世，可以教子之義方。公始業儒，欝有奇器。嘗謂人曰：夫立名立事，但能博通一經，可以拾青紫之貴仕。其為經學中大志有如此者，遂舉明經，求薦本道。太平興國三年九月，上以臨軒親選多士，公果中其第，仍魁其甲。當年冬，釋褐授將士郎試秘書省校書郎，守遂州觀察推官。在任差昌州，徵隱陷鹽錢一萬餘貫，七年茂績，綽聞吏才。替歸闕，廷免循常，調授承奉郎，守少府監丞。八年春，國家以廣濟軍劇利，命公攉沽，三載□□課程，職允朝議。雍熙元年冬，進階宣德郎。三年冬，授監永清軍商務。端拱元年春，□□皇帝展禋宗之禮，覃慶，授公祕書省著作佐郎。越明年，本道運使劉蟠舉公通判雲安軍。在□會鄰郡夔州告有草叛者，公素懷勇略，奮袂請行，力副戎戈，悉為誅捕。其帑藏之籍失，黎元之室空，盡能推復其本。淳化元年春，陞階朝奉郎。四年正月，遷通判同州軍州事，仍借五品服。左馮重地，侯藩得人，吏服畏威，民登富壽，庶政為之，必緝圓扉，告其八空，如此則皆由公之倅貳才術焉。當年春，擢陞左贊善大夫，勳加武騎尉。在任擁部飛輓，西入鄜延，備聞幹事，政成三載，務簡九重。至道二年春，上以對越玄穹，禮告宗廟，行爵出祿，命降層霄，授公殿中丞。明年夏四月，屬皇上纂紹覃慶，制授國子博士，仍以公仕貴，追封列考，贈大理評事，妣追封彭城縣太君。光被德門，恩霑漏壤。朝廷以二京之征賦繁浩，擢其周才，以敷重計。咸平三年夏六月，公來總轄，商民愛其通明，國利獲之課最。當寧正隆於睠注，夔賢方議於籌鎔，未副急徵，遽纓美疹。五年正月二十四日啟手足於西京永泰坊之私第，享年五十有九。越明年孟冬五日與先宋夫人附葬於河南府洛陽縣賢相鄉杜澤里，從其吉兆也。兼自故里遷廷評太君之神柩，同日附葬於府君之塋，暨公長子之櫬次穴而窆之。公先娶廣平宋氏，壽違偕老；次娶王氏，封臨沂縣君，德備雍和，內聞賢淑，洎稱居寡，復見母儀。男四人，長曰驥，方舉論秀，俄歎沉舟；次曰駿、昂、蒙，皆跬步儒苑，植德文園，蟬聯良治之能，魚貫承家之業，克荷餘慶，駿奔可知。女二人，長適龍州司戶參軍宋光輔，次在室。公自抗志起家，立朝奉國，凡二十五年矣。理無私玷，動合公平，以孝謹事親，以恭友兄弟。凡與之交者，皆當朝名士；所歷任者，悉皇家重權。雖得其時，不富其壽。惜其位靡登於顯達，意殲奪之如是速也。遷厝有日，議刊貞珉，將紀令猷，合在鴻筆。光輔恩連外戚，情仰遺風，揮□直書，無慚漏略，謹為銘曰：

□□名士，生乎文世。業儒起家，抗志經濟。運偶聖君，名登甲第。□□效官，芸香□□。綿歷京袟，飛步朝行。出臨時務，政簡民康。□□□謁，嘉謨□□。宜享顯位，為國之良。天何伐善，不鍾時彥。□□□□，忽興夢□。哀輓動兮素車行，邙山面兮見佳城。□□□兮誌泉扃□，垂不朽兮千古休聲。

翟文翰刻字。

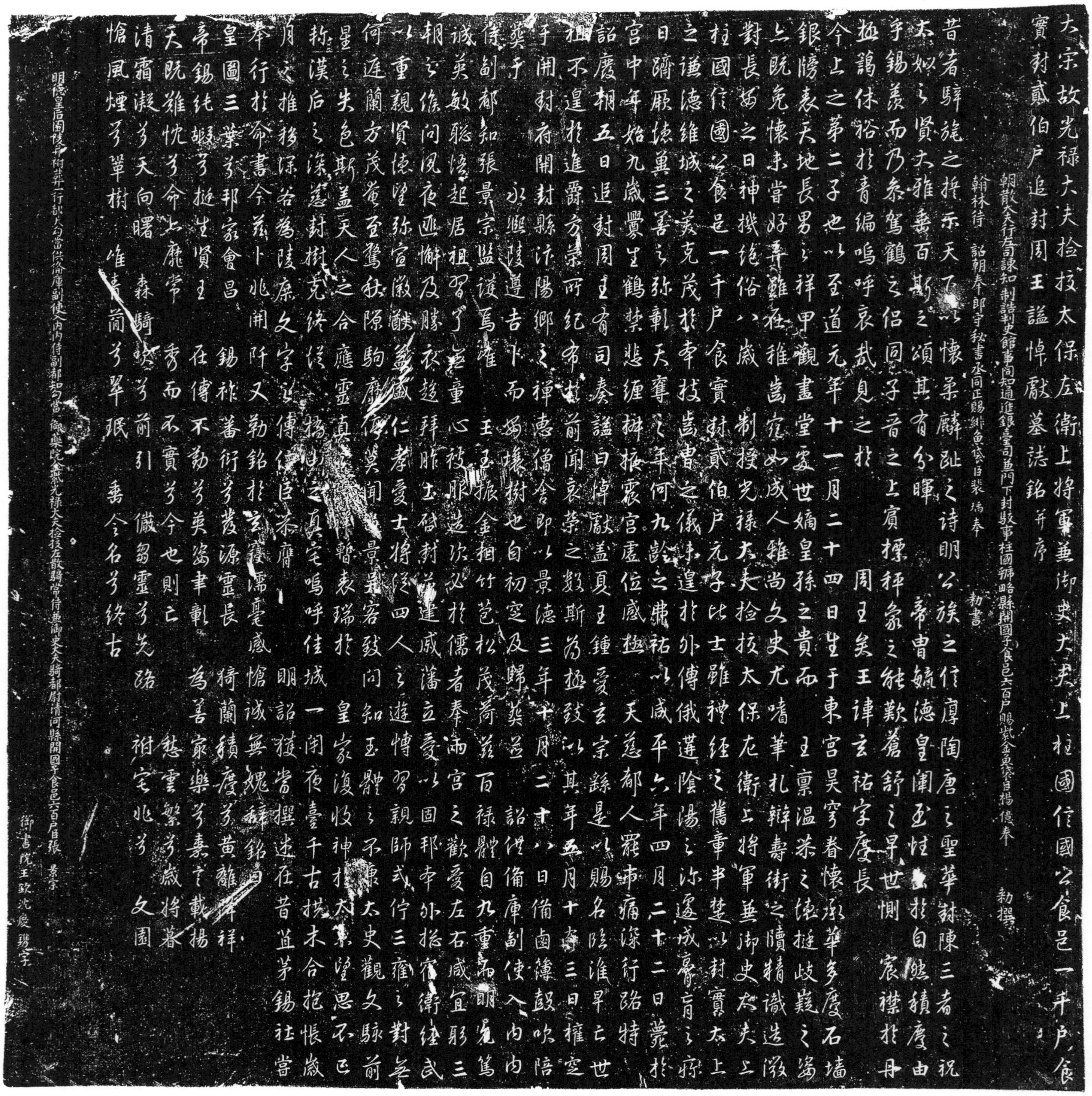

〇四四　大宋故光禄大夫檢校太保左衛上將軍兼御史大夫上柱國信國公食邑一千戶食實封貳佰戶追封周王謚悼獻（趙玄祐）墓誌銘并序

朝散大夫行左司諫知制誥判史館事同知通進銀臺司兼門下封駁事柱國虢略縣開國子食邑六百戶賜紫金魚袋臣楊億奉敕撰，翰林待詔朝奉郎守秘書丞同正賜緋魚袋臣裴瑀奉敕書，御書院王欽、沈慶鐫字

咸平六年（1003）四月二十二日卒，景德三年（1006）十月二十八日葬

誌文 36 行，滿行 33 字，行書。誌石長、寬均 88 厘米，鞏義出土。

釋文

〇四四　大宋故光祿大夫檢校太保左衛上將軍兼御史大夫上柱國信國公食邑一千戶食實封貳佰戶追封周王謚悼獻（趙玄祐）墓誌銘并序

朝散大夫行左司諫知制誥判史館事同知通進銀臺司兼門下封駁事柱國虢略縣開國子食邑六百戶賜紫金魚袋臣楊億奉敕撰，翰林待詔朝奉郎守秘書丞同正賜緋魚袋臣裴瑀奉敕書

昔者騂旄之誓，示天下以懷柔；麟趾之詩，明公族之信厚。陶唐之聖華封，陳三者之祝；太姒之賢大雅，垂百斯之頌。其有分暉帝胄，毓德皇闈，至性出於自然，積慶由乎錫羨。而乃參駕鶴之侶，同子晉之上賓，標秤象之能。歎蒼舒之早世，惻宸襟於丹極，藹休裕於青編。嗚呼哀哉！見之於周王矣。王諱玄祐，字慶長，今上之第二子也。以至道元年十一月二十四日生于東宮，昊穹眷懷，承華多慶。石墻銀牓，表天地長男之祥；甲觀畫堂，處世嫡皇孫之貴。而王稟溫恭之懷，挺岐嶷之姿，亦既免懷，未嘗好弄。雖在稚齒，宛如成人，雅尚文史，尤嗜筆札。辯壽街之牘，精識造激；對長安之日，神機絕俗。八歲，制授光祿大夫，檢校太保、左衛上將軍兼御史大夫、上柱國、食邑一千戶，食實封貳佰戶。元子比士，雖禮經之舊章，半楚以封實。太上之謙德，維城之美，克茂於本枝，齒胄之儀，未遑於外傳。俄遘陰陽之沴，遽成膏肓之疹。日躋厥德，冀三善之彌彰；天奪之年，何九齡之弗祐，以咸平六年四月二十二日薨於宮中，年始九歲。釁生鶴禁，悲纏[illegible]掖，震宮虛位，感極天慈，都人罷市，痛深行路。特詔廢朝五日，追封周王，有司奏謚曰“悼獻”，蓋夏王鍾愛玄宗，繇是以賜名。臨淮早亡，世祖不遑於進爵，方榮所紀，布於前聞，哀榮之數，斯為極致。以其年五月十有三日權窆于開封府開封縣汴陽鄉之禪惠僧舍。即以景德三年十月二十八日，備鹵簿鼓吹陪葬于永熙陵，遵吉卜而安壤樹也。自初窆及歸葬，并詔供備庫副使、入內內侍、副都知張景宗監護焉。王玉振金相，竹苞松茂，荷茲百祿，體自九重。而明允篤誠，英敏聰悟，起居祖習，了無童心，被服造次，必於儒者。奉兩宮之歡愛，左右咸宜；躬三朝之候問，夙夜匪懈。及勝衣趨拜，胙土啟封，并建戚藩，立愛以固邦本；外揔宿衛，經武以重親賢。德望彌宣，徽猷益盛。仁孝愛士，將從四人之游；博習親師，式佇三雍之對。無何庭蘭方茂，奄至驚秋，隙駒靡停，莫聞留景。吳客致問，知玉體之不康；太史觀文，駭前星之失色。斯蓋天人之合應，靈真之降祥。暫表瑞於皇家，復收神於太素。望思不已，稱漢后之深慈；封樹克終，從橋山之真宅。嗚呼！佳城一閉，夜臺千古。拱木合抱，悵歲月之推移；深谷為陵，庶文字之傳信。臣恭膺明詔，獲當撰述。在昔苴茅錫社，嘗奉行於命書；今茲卜兆開阡，又勒銘於玄寢。濡毫感愴，誠無愧辭，銘曰：

皇圖三葉兮邦家會昌，錫祚蕃衍兮發源靈長。猗蘭積慶兮黃離降祥，帝錫純嘏兮挺生賢王。在傳不勤兮英姿聿彰，為善最樂兮嘉言載揚。天既難忱兮命亦靡常，秀而不實兮今也則亡。愁雲繁兮歲將暮，清霜凝兮天向曙。森騎吹兮前引，儼芻靈兮先路。祔宅兆兮文園，愴風煙兮鞏樹。唯青簡兮翠珉，垂令名兮終古。

明德皇后園陵并祔葬一行都大勾當、供備庫副使、入內內侍副都知勾當御藥院、金紫光祿大夫、檢校左散騎常侍、兼御史大夫、騎都尉、清河縣開國子食邑六百戶臣張景宗。

御書院王欽、沈慶鐫字。

蓋題：“大宋故周王墓志銘”。

○四五　大宋故西頭供奉官閤門祗候監西京都鹽院吴府君（元吉）墓誌銘并序

鄉貢進士王琛撰，進士劉惟清書

景德三年（1006）十二月十三日卒，景德四年（1007）正月二十三日葬

誌文 32 行，滿行 32 字，正書。誌石長 63 厘米、寬 62 厘米，洛陽出土。

○四五　大宋故西頭供奉官閤門祗候監西京都鹽院吴府君（元吉）墓誌銘并序

鄉貢進士王琛撰，進士劉惟清書

吁！短長定分，愚智何以逃乎？期陵谷易遷聲跡，不可無其誌。則有昭昭令德，落落奇材，蘊資忠履信之仁，擅緯武經文之業。生於貴族，仕偶昌期，方伸幹事之能，遽起逝川之嘆。人生若是，天道如何？濮陽吴君永懷斯恨。府君諱元吉，字利貞，故永興軍節度使、贈燕王乃先考也，燕國太夫人郭氏乃先妣也。故平州刺史、故富州刺史、今内殿崇班、楊州兵馬都監、今武勝軍節度使、特進、檢校太傅、駙馬都尉皆令兄也。東頭供奉官、閤門祗候、許州駐泊兵馬都監愛弟也。廣平宋氏，賜霞帔冠子室家也。嗟夫！父兄之盛，存没之由，玄寢有銘，青史有傳，□懸□□，不假再書。府君天縱孝行，人仰英翹，自丱歲下，先王及夫人之愛，哀戚異常，姻親共嘆。逮年始冠，授西頭供奉官，累奉皇華，咸推□幹。因王師掃兩川之寇，從都統有一時之勞，轉授閤門祗候，兩充府界，及永興軍都巡檢使，又充兖衛二州都監。所歷之任，備著能聲，偶染微痾，難當大任。授監西京都鹽院，歲月遷貿，課額增盈。無何氣序難調，病疹復作，徒施砭艾，莫愈膏肓，於景德三年十二月十三日亡於西京之寓止，享年四十有三。兇訃洎達於上京，哀戚尤傷於甲第，都尉痛連手足，悲動宗親，每一潸然，觀者墮淚。卜景德四年正月二十三日，歸葬于西京洛陽縣上店管張楊村先塋之次，禮也。命門下士王琛誌其事，辭不獲已，恭述是言。府君風神蕭灑，氣概超騰，積文學於妙齡，耽諷吟於壯歲。編珠綴玉，寧慙騷雅之流；走譽飛聲，幾動搢紳之賞。至若彎弧射圃，揮翰文房，多傳破的之名，共許迴鸞之妙。有男三人：長曰昭允，宣德郎、守將作監主簿。次日昭緒，鄧州中軍使。幼曰昭臯，未仕。并自佩韘之年，俱有成人之操，競習文武，克嗣箕裘。女二人尚幼。諸子洎失所天，咸聞扣地，絶漿啜泣，情莫能勝。孀婦則晝哭不休，□傷以皇王，未忘興嘆，無奈於殲良。都尉敦鴒原之厚義，痛荆樹之傷摧，念彼諸孤，哀纏丹臆。凡闕門□，匪度才能，輒為銘曰：

人生短長，寔曰堪傷；徒有令問，孰能不亡。猗彼舍人，族貴難倫；王門毓德，昌朝立身。出奉皇華，光生國家；護戎著績，美譽尤嘉。未及中年，染疾難痊；不享上壽，俄歸逝川。風蕭颯兮吹銘旌，歌淒涼兮薤露聲。安玄室兮次先塋，斯永訣兮堪傷情。

鎸字人翟詢。

蓋題："大宋故吴府君墓誌铭

注：參見本書其兄○四一《吴元載墓誌》。

〇四六　大宋故廣平宋公（可度）墓銘并序

汝南商敦古撰，沛國劉策篆蓋，相里及書，潯陽翟文翰刻

大中祥符元年（1008）十一月卒，同年十一月十五日葬

誌文 26 行，滿行 27 字。正書。誌石長 55.8 厘米，寬 55 厘米，洛陽出土。

〇四六　大宋故廣平宋公（可度）墓銘并序

汝南商敦古撰，沛國劉策篆蓋，相里及書

公諱可度，字遵聖，周故太師、侍中之季孫，累贈諸衛大將軍之少子也。祖禰勳烈，豐碑巍然，茲不復書。公性尚素履，樂賁丘園，視紱冕若楹桔，輕利祿如咳唾。自始冠止乎不惑，樂酒好逸，遂天真之性。幾二十禩，未嘗有忝祖敗度之失焉，蓋良玉鏐金，雖韜瘞泥壤，終弗能污玷者，其真性本潔，故也。洎年將知命，忽於中夜獨步庭廡而自謂曰：伯玉至是知非吾亦其人也。自爾唯事廉隅，踵子淵之不二，仍復躭尚釋老，研覈精微。謂釋以无相絕念為心，復遣於心；謂道以杳冥沖邃為用，亦泯乎用。所謂妙達一乘，洞入玄極者也。雖耆艾苾芻，宿舊羽流，莫不例咸心伏嚱。凡及易簀之夕，孰不大怖而昏惑者乎？公至是如入三昧，恬然自安，親屬無恐不其深究釋老之妙乎？以大中祥符記號之初蕤賓月十弦日示疾，溘然順化于歸仁坊新第，享壽艾服有五。是歲冬十一月魄望日，歸葬于洛水之陽、邙山之麓，附先將軍宅兆而窆之。公娶沛國朱氏，乃有梁皇裔落鴈之曾孫也，令淑有聞，蘭芬藹譽，自鍾酷罰，苟存視息，但曰未亡。有子文寶者，業隸進士，哀毀過禮，文學推能，朋執交賢，動息師古。女三人：長適聖宋故團練使張侯之令子鼎，文齊賈馬，行蘊曾顏，誠君子儒也。次許故觀察副使李公之少子曰繼忠；其次尚稚。嗚呼！人生到此，翻謂返真，以天地為庭區，以春秋為晝夜，以日月為膏炬，以衆籟為聽聞，以寒暑為吹煦者，孰不然乎安定，悼哉，惜乎！公之天壽不享，家政未成，頹然任化，斯可哀哉。中饋以終天之抉，無以追報。以予素熟景行，請誌貞珉，乃抽毫而銘：

公寓大塊，貧而弗賤。衣錦食珍，豐然有羨。壽不及耆，奄忽而變。生前日月，傾焉若電。□□達理，灑然無□。□得新□，謹哀眷眷。冥□墓□，終天寧見。

潯陽翟文翰刻。

〇四七　宋故清河張夫人（王漢妻）墓誌銘并序

將仕郎試秘書省校書郎前知京兆府醴泉縣事陳淵撰，將仕郎試秘書省校書郎前知京兆府長安縣事魏昌弼書，安晟刻字

大中祥符二年（1009）九月一日卒，同年十月二十八日葬

誌文31行，滿行25字，正書。誌石長63厘米、寬77厘米，陝西出土。

釋文

○四七　宋故清河張夫人（王漢妻）墓誌銘并序

將仕郎試秘書省校書郎前知京兆府醴泉縣事陳淵撰，將仕郎試秘書省校書郎前知京兆府長安縣事魏昌弼書

人倫既正，室家之道斯隆；禮教聿修，婚冠之儀大備。若乃哲婦之行，綽有可稱。周詩之美姜原，尼父之紀阿谷。蔡邕之女，炳煥於縑緗；梁鴻之妻，丹青於圖史。昭昭懿列，豈可略而不書哉。夫人即絳臺從事王君漢之妻，前相國左僕射張公之孫，故內殿崇班宗信之女。夫人誕積慶之門，稟貞純之行，生而穎秀，幼而惠慈。處童稚而不群，事嚴愛而竭力。探環辨李之歲，侍疾于先君，痛貫于心，憂形於色，手進藥物，躬事烹調，衣不解而踰旬，目不交而□旦。洎針砭之無驗，屬綿纊而將終。夫人則斷髮以盟神，泣血而燃臂。雖烈焰之傷體，而精誠之格物，神色不撓，家人不知。其奉親事長，至性純孝有如此者，餘可知矣。夫人幼失怙恃，藐然孤立，女容婦德，秀出于閨門；淑範柔姿，夙兼乎禮訓。繇是相國在諸孫中特所鍾愛，冀選良婿，以為佳匹。時太原王君，名聲藉甚，弱冠登科。陳蕃下榻之賓，莫先孺子；郄鑒東牀之選，無出羲之。王君以相國方執鈞衡，是司國柄，遂稽旨命，將避嫌疑。及相國解職三台，分務東洛，事果符於拌足，禮爰及於問名，委禽既擇於高材，瘞鹿終諧於良選。夫人生膏粱，襲紈綺，而能式恭婦道，克盡禮容，奉舅姑之尊嚴，極寒素之勤儉，有以見相國清河公以禮義正其家，而訓其族也。嗟乎！皐蘭易委，露槿先凋，金波幾望而西傾，璧水環流而東注。坯虵牀蟻，難憑赤使之靈；玉匣珠襦，遽卜青烏之兆。以大中祥符二年九月一日寢疾，終于長安含光里之私第，年二十四。生一女，相國字之曰遙慶。夫人以其年十月二十八日葬于京兆萬年縣鳳栖原，先塋之側，禮也。吾友王君軫安仁之永悼，積奉倩之長歎，驚寶劍之忽飛，訝金玦之不復。將期窆穴，見託斯銘，倏換古今，俄遷陵谷。異日秋風白露，空留鸗女之墳；古篆蒼苔，孰辨曹娥之碣。銘曰：

夫人之生兮，崇高之居；夫人之配兮，賢明之夫。既克配於賢明兮，曷不覩其亨大。何穠華之方盛兮，忽殂謝于中途。嗚呼哀哉！丹禽逝兮井桐枯，菱花缺兮鸞影孤。翠衣不襲兮華堂永訣，新阡舊陌兮幽明遽殊。

安晟刻字。

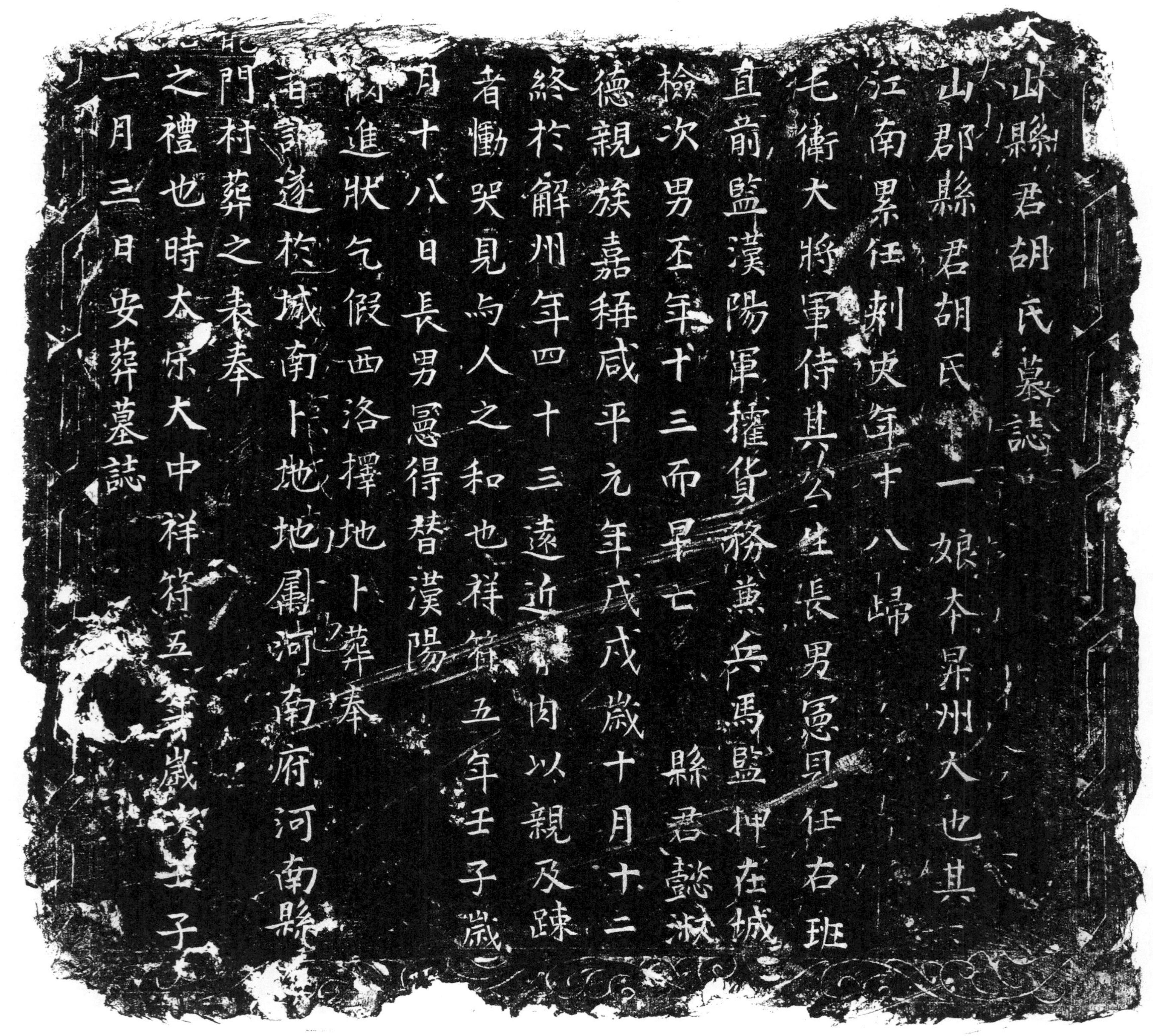

〇四八　太山縣君胡氏（一娘）墓誌

咸平元年（998）十月十二日卒，大中祥符五年（1012）十一月三日葬

誌文 15 行，滿行 17 字，正書。誌石長 42 厘米、寬 45 厘米，洛陽出土。

〇四八　太山縣君胡氏（一娘）墓誌

太山郡縣君胡氏一娘，本昇州人也，其□江南，累任刺史。年十八，歸□屯衛大將軍侍其公，生長男憲，見任右班殿直、前監漢陽軍攉貨務，兼兵馬監押在城□檢。次男丕，年十三而早亡。縣君懿淑□德，親族嘉稱。咸平元年戊戌歲十月十二日終於解州，年四十三，遠近□內，以親及疎，□者慟哭，見與人之和也。祥符五年壬子歲□月十八日，長男憲得替漢陽□闕，進狀乞假西洛，擇地卜葬，奉□旨詣，遂於城南卜地，地屬河南府河南縣龍門村，葬之，表奉□之禮也，時大宋大中祥符五年歲次壬子十一月三日，安葬墓誌。

○四九　宋故推誠同德崇仁守正保節翊戴功臣武勝軍節度鄧州管內觀察處置等使開府儀同三司檢校太尉兼侍中使持節鄧州諸軍事行鄧州刺史判河南府西京留守上柱國魏國公食邑一萬一千七百戶食實封肆仟陸百戶贈太師中書令謚曰文懿馮公（拯）墓誌銘并序

玉清昭應宮判官中散大夫尚書戶部郎中知制誥史館修撰判昭文館同知審官院事上護軍常山郡開國侯食邑一千戶賜紫金魚袋宋綬撰，翰林待詔朝請大夫秘書丞同正騎都尉劉太初書并篆蓋，中書省守闕玉冊官御書院祗候晉文寶、王守清、沈政、鄒義刊字

天聖元年（1023）閏九月八日卒，同年十二月十一日葬

誌文 52 行，滿行 58 字，行書。誌石長 91、寬 92 厘米，洛陽偃師出土。

〇四九　宋故推誠同德崇仁守正保節翊戴功臣武勝軍節度鄧州管内觀察處置等使開府儀同三司檢校太尉兼侍中使持節鄧州諸軍事行鄧州刺史判河南府西京留守上柱國魏國公食邑一萬一千七百戶食實封肆仟陸百戶贈太師中書令謚曰文懿馮公（拯）墓誌銘并序

玉清昭應宮判官中散大夫尚書戶部郎中知制誥史館修撰判昭文館同知審官院事上護軍常山郡開國侯食邑一千戶賜紫金魚袋宋綬撰，翰林侍詔朝請大夫秘書丞同正騎都尉劉太初書并篆蓋

真宗皇帝天禧四年，怡神大廳，葆和綏福。今皇帝表位震邸，毓德少陽，且欲親近衡弼，詳裁機務。冬十一月，制詔樞密使、吏部尚書、檢校太傅、同中書門下平章事馮公正名鼎席，對執魁柄，以右僕射、中書侍郎兼太子少傅，任付託之重，申調護之益。一人注意，四方是維，乃昇左揆，乃封全魏。民宗朝匠，咺赫尊倚。壯其猷而經遠，一乃心而秉常。及遺弓上僊，飛龍利見，導審訓於仍幾，奉繼明於翼室，嘉靖中外，億寧人祇。疇翊戴之勳，冊拜司空，真領左相，遂作司徒，是居上臺。總永定因山之制，護應天肖像之駕。哀恭陟恪，竭其誠信；謨明寅亮，罄其風力；精杭形秏，猶不得謝，久之，乃有師帥保釐之拜。禮命崇備，痌瘝寖劇，未及上道，薨于京師，享年六十有六，時天聖初元閏九月己亥也。兩宮震嗟，殲我哲艾，永惟恩舊，勤勞王家。贊伊陟而弗忘，悼柳莊而增歔。廢朝三日，以太師，中書令告其第，近臣吊祠，法賻殊等，優加襚之典，厚卹孤之渥。申遣内省副監與大鴻臚職喪，太常考行，易名文懿。冬十二月十一日，有司具鹵簿鼓吹，歸葬于河南府偃師縣，禮也。公諱拯，字道濟，直方而溫，辯智而敏，識度夷遠，錚氣標峻。隤然有碩大之量，卓爾負經綸之業。太平興國三年，鄉舉茂才，策上第。起家廷尉平，再命登朝，又再遷左正言，三為尚書外郎。倅二州，典四郡，三佐計府，再充別使。自駕部員外領臺雜，賜金紫之服，擢祠部郎中，直宥密，典銓序之任。繇右諫議三加至起部貳卿，并掌樞要；繇起部四轉至冬官尚書，并參大政。以疾乞身，拜大司寇，分正河洛。滿歲來朝，兼中執法，震肅綱憲。改戶部尚書，鎮宛丘。再受西郊留府之寄，入陪郊享，進位兵部。明年，以天官相印陟于右樞。居中數月，移幹宰職。領玉清昭應、景靈二宮使，昭文、集賢二大學士，兼修國史。以檢校太尉兼侍中，為武勝軍節度，復守洛宅。其初，脫巾沿牒，奔命于四方。興事修官，靡監之不暇；強志精力，明習而不撓。離石近塞，武備為急，利兵搏粟，而師期以濟；端溪服嶺，偽政未革，書版履畝，而邦賦以均。七閩之南，卹孤終、問疾苦，則存患之澤下究；大河之北，閱見糧、按邊瑣，則進孰之計上達。惟番禺之奧府，萃海舶之奇貨。吏或貪墨，禁乃放弛，公檢以剛肅，勵其廉清，率和友僚，抑絕奸利。所居可紀，奏課連最，薦書交於車府，去思溢於郡閣。其間以心術商功，利明而不苛。抗省官已責之請，鍵紹簿多門之蠹。凡所建白，足為程制。以才望任言，責忠而不疚；豈遠孤而自薄，非貴勢之能屈。前後陳時務而裨治體者，非可悉數。太宗厲精核實，而公以治行屢蒙褒勞；先皇嗣服肇位，而公以聞問首膺器使。方其報九江之政，赴一封之召，膝席延問，外庭竦瞻。遂采唐文十事為獻，所以贊守成之治，露致君之志。自結明主，孰覬於先容；願為良臣，遜慕於前哲。博貫多可，盡規無隱。天邑主解，因奏貢士之宜；冀方未靖，復上備邊之策。識者以為左雄、晁錯之作，曾莫是遇。帝方進正臣以端治表，得多士而寧大業。且嘉公骨鯁魁壘，論議閎博，政事已試，宜備近列。每旰食奏事，別殿訪對，言多意合，去常目送。方將厚其棟，而納于大任也。俄詔副故相文簡向公巡西北邊，又中外上書，言事者咸出，付公詳酌當否。皇靈遐暢，副封無壅；翰飛闊步，名動英域。起臺郎二千石，未數載而至柄用。懋功慮憲，得時道行。屬者玁狁南牧，羌戎内侮，爟火交照，羽書疾馳，近庭密勿，寔本兵柄。公周旋帷幄，出納事機，揣摩敵情，指授將略。伐謀於堂上，視虜於目中。以憂邊而見稱，雖下沐而罕出。逮夫陪天步於河曲，喻使指於兵交。講信息民，定功弭患，師千載戢，方表無外，進貳臺極，協恭元宰。告嘉言而賦明命，敘彝倫而熙眾志。天子覽圖書之奥，興禮文之事。肆覲東后，昇中名山，間復

款靈，祗瘞睢上。而公親逢旦暮之會，景從鑾和之音，洗心侍祠，率屬修職。凡再為儀仗使，勞旋舍爵，厥庸居多。于斯時也，萬物之長，皆為瑞應；四氣之和，是成玉燭。穆清垂拱，生殖茂遂。公與二三弼直嘉承太寧，保合元化。一德交罊，庶工時乂休哉！固不可得而稱已。出入崇踐，年耆益明。上圖舊德之舉，時謂再起之晚。赫赫二府，更至迭處；巍巍兩朝，參毗交輔。送往事居，奉法循度。制動猶金柅，存誠若元龜。毅然威重，匪躬之故。萬邦為憲，允賴幹周之績；九命作伯，載隆分陜之化。測景之壤，先域在焉。暢穀薦至，故老時會。息偃餘裕，惠愛孚洽。訓禽巢於獄戶，祥秀芝于嶽趾。雙節行引，西賓日俟。將散金而為樂，奄徹瑟而永已。久服大僚，垂將二紀。天秩國爵，訖臻極摯。雅懷沖挹，不有其貴。頃贊大鈞，典職六年。腠理生疾，避榮遠權。連歲累牘，得請乃已。中辭憲簡，外定藩閫。有難進之操焉，有坐鎮之望焉。兗服華髪，抑畏盛滿。退食林墅。藝居味道。安石有塵外之趣，富平無謝恩之吏。山園復土，引古辭位。詔卻其奏，乃起親職。既而又抗表疏，懇述衰疾。眷諭敦切，感激盡瘁。居一歲，憫公臞□，重違至意，囊封七上，始聽所執。朝家義其名節，天下仰其風采。爾乃寒暑之寇，體力未和，寶餌禁方，匪頒狎至。太醫迭宿，使車五返。其住也，饗侑命賜，皆越彝等；其來也，改容體貌，必蒙異禮。褒優之渥，再流於睿唱；存問之至，動形於細扎。嘗以蕭宅之僻，趍謁勤止。為治官第，以定其居。又以漢時之嚴，齊祠惟恪，特俾臺佐，以承其事。福履終始，哀榮與俱。《易》曰：謙尊而光。蓋公之能讓，所以為人紀也。《詩》云：無德不報。蓋公之有勞，所以荷天寵也。公之先，始平人畢萬支孫，列封受氏，秦漢之盛，公相繼出。自他有耀，必復其初。四代祖瑾，為澤州陽城令，官滿考槃，遂家于上黨。大父紹、王父璋，皆藏用不試，委和克終。列考俊，以卓越之才，丁艱厄之運，歷聘侯閫，數奇寡合，違難養素，復附貫於河陽。種德憑厚，慶祥濬發。及公顯貴，延贈三代，并至太師、尚書令兼中書令。祖門禰廟，又錫榮公陳公之號。公生而秀傑，角犀豐盈。靈休兆於寤寐，奇相表于羈貫。列考與故太師、真定王趙公有同府之契。真定節制河橋，公修名上謁。燕語彌日，許以遠至。厥后繼居大位，偕為元老。其柎封之地，啓國之名，率皆如之，時所歎異。夫人京兆郡夫人史氏，茂鵲巢之德，膺象服之數，先公而沒十有四年，至是追賁而疏鄭國，合祔而從周道。有子九人，用己、恕己，并殿中丞；端己，宫苑副使；晦己，供奉官；稱己，大理寺丞；勤己，内殿崇班；行己，供奉官，皆閤門祗候；虛己、潔己，并太常寺奉禮郎，淑行美才，韡韡聯秀。婿三人，曰殿直張起，曰大理寺丞、館閣校勘劉立禮，曰太常博士、同判南京留守司皇甫泌。華宗良耦，喈喈爾宜。四女幼在室，晦己與張氏女不幸早世。而恕己創鉅毁滅，時傷死孝。其他羣從子姪，由蔭籍而被簪祖者，蓋數十人，宗門之盛至矣。諸孤等充窮號慕，思承遺烈，以綏嘗備官屬，方提史筆，謂詳切行，俾識塋阡。雖拙訥而少華，固采述而無愧。銘曰：

升宫樞極，訏謀軍國。黄扉紫垣，導扶化源。堂堂魏公，踐履便蕃。啓心賦政，道合先聖。秉義思忠，勳參顧命。尊任倚屬，緝熙鎮靖。艾服之勤，藥然乞身。謙光素節，冠耀羣倫。尚期邦屏，以寄宗臣。天胡不吊，奄忽窀穸。穆如清風，古之遺直。笳簫啓行，嵌襚增飾。嗟洛叟兮皤皤，夙飲公之惠和。虎旌不來兮涕感虞歌，壺漿之出兮拜奠山阿。盼鼎原兮瀰迤，面嵩峯兮崛起。昔也降神兮今兹寧體，彼石有磷兮此名部已。

中書省守闕玉冊官、御書院祗候晉文寶、王守清、沈政、鄒義刊字。

陪　郊享進位兵部明年以天官相印陟于右掖居中
為武勝軍節度復守洛宅其初脫巾江陵奔命于四方
雁嶺僞政未革書版履畝而邦賦以均七閩之南郵孫
之奇貨吏或貪墨禁乃放弛　公檢以剛肅勵其庸
明而不苛拔省官已責之請鍵絶簿多門之蠹凡所建
非可悉數　太宗屬精核實而　公以治行
一封之召　除席延問外廷諫瞻遂采唐文皇
遜慕於前哲博貫多可盡覩無隱　天邑主簿因奏
端治表得多士而寧大業且　嘉公骨鯁魁壘論議
而納于大任也俄　詔翦除相文簡向公巡西北邊
堂郎二千石未數載而至柄用懋切憲憲得時道行屬

局部原大

〇五〇　大宋故中大夫行鳳翔府麟游縣令贈虞部郎中蘇公（昌嗣）墓誌銘并序

將仕郎前守蘇州吳縣尉陳最撰，弟太廟齋郎曼書，周雲鐫字

開寶八年（975）十二月二十八日卒，天聖二年（1024）八月初二日葬

誌文 30 行，行字數不等，行書。誌石長 67 厘米、寬 77 厘米，洛陽出土。

釋文

○五○　大宋故中大夫行鳳翔府麟游縣令贈虞部郎中蘇公（昌嗣）墓誌銘并序

將仕郎前守蘇州吳縣尉陳最撰，弟太廟齋郎曼書

公諱昌嗣，字慶之，長安武功郡人也。族望世家，源深派源。游群玉之府者，風流未泯；佩六國之印者，梗概猶存。武持節於漢庭，不辱君命；環保衡於唐室，大宣帝猷。軒冕相望，簡編增耀也。諱沖，度支郎中，贈太子太傅，曾王父也。諱悅，安國軍節度判官、贈太子太師，王父也。諱逢吉，仕漢，守司空門下相，烈考也。公即司空相之長子，幼而穎秀，長而溫醇。不讀兆聖之書，不親無益之友。乾祐中，蔭授大理評事，賜五品服，旋改太僕丞。屬五代襄季四郊，復夷人惟弄兵士，鮮安業。我太祖神德皇帝之造宋也，公以生涯濩落壯節，任榷蓋久，困於食貧，固靡遑於擇祿，退就詮選，非雅志焉。調補耀州三原、簡州楊安二縣尉。載宣夙狂之勤，用警東南之盜，時坤維獻款，太階始平，流民尚恣於兇殘，編戶或罹於剽掠，公悉能擒捕，遂致肅寧。國家款報懋功，俾甄優秩，而有司執奏，賞典莫行。上雖慶於得賢，不蔑聞於舉善，居以俟命，曾亡慍容。歷筠州高安、鳳翔府麟游二縣令，吏不忍欺，民有所措。千里反縻於驥足，割雞焉假於牛刀。善人其萎，□路興歎。以開寶八年十二月二十八日寢疾，終于私第，享年三十有九，贈虞部郎中。夫人隴西李氏，後公四十五年而亡，享年八十二，封寧晉縣太君，由子貴也，故侍御史、累贈尚書令炳之女，故太尉、中書令、文靖公沆之姊也。自公之亡也，諸孤甚幼，一志不移。睦族以慈，率下以禮，其奉身也寧過乎儉，其正家也不失乎嚴。男四人，皆進士擢第，政事文學，冠暎士林，愷悌謙恭，循伏鄉黨，訓導之力，定涇也哉。曰為，都官郎中，今知漣水軍事。曰晟，終都官員外、睦州大尹。曰正，終建州開棣令。曰昂，終湖州德清令。三女：長適延州延長宰張烜，次適前進士趙孚，次適撫州督郵劉繼明。孫六人：曰謹，蘇州長洲縣尉。曰諫，三班奉職。曰詵、曰誦、曰誥、曰詢，未仕。克揚淑慎之名，共遵清白之訓，遠大之志，未易可量。纏水以生事死，葬人子之所，行佳城吉壤，亡者之攸宅，表乞假告，帝命允俞。即以天聖二年八月初二日扶護二喪，合葬於河南府洛陽縣金谷鄉奉先里，祔于先塋，禮也。惟公以孝養親，以仁幹事。生乎甲族，不以貴而驕人；仕乎小邦，嘗以道而行己。而壽罔躋於不惑，位弗遇於陪臣，良可痛哉！今也則已，錫羡餘慶，垂于後昆，真所謂太丘之德業深，于公之門必大者也。最修詞未至誦美兆工，勉裁蕪類之文，以虞陵谷之變。銘曰：

彼美蘇公，盛德所鍾。迺祖迺考，有勳有痛。凰兮鳳兮，來非其時。惟位與壽，天不憖遺。死兮可贖，命也奈何。韜志畜憤，於公則多。嗚呼！不在其身，在乎子孫。肯堂肯搆，蘭薰蕙蕃。洛水側兮龍門限，龜兆吉兮泉扃開。嗟玉樹兮一殞，逐逝川兮不迴。悲風起兮慘涼日，銘旌飄兮颺浮埃。伊令名兮令德，豈與骨而同埋。

周雲鐫字。

○五一　皇宋故金紫光禄大夫檢校刑部尚書左羽林軍大將軍致仕兼御史大夫上輕車都尉洪□□□□□□□□□□戶楊府君（懷忠）墓誌銘并序

中散大夫行尚書職方員外郎監永興軍鹽稅上護軍呼延遘撰，僧惠□書，沙門賜紫德攜篆

天聖二年（1024）五月二十四日卒，同年十月三十日歸葬

誌文 35 行，滿行 42 字，行書。誌石長 69 厘米、寬 75 厘米，陝西出土。

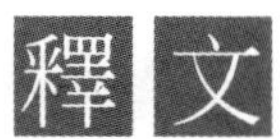

○五一　皇宋故金紫光祿大夫檢校刑部尚書左羽林軍大將軍致仕兼御史大夫上輕車都尉洪□□□□□□□□□□戶楊府君（懷忠）墓誌銘并序

中散大夫行尚書職方員外郎監永興軍鹽稅上護軍呼延遘撰，僧惠□書

若夫圓穹布令陰陽，有差俟之時，方載留形，陵谷有變遷之兆，況於人事乎？公諱懷忠，字國臣，淮甸廬州人也，即漢開輔楊震之族望矣，源流且遠，文武挺生，代有英奇，史無虛載。曾祖謙，本京兆人，唐為瓊林庫使。祖漢昭，授金部員外郎。黃巢盜亂中原，天子行在巴蜀，屬唐運方季，割土者王。後徙家於江吳，事霸主楊行密，累有戰功，兩提郡印。父仁捷，早以材能際會吳主，後李煜即位，崇轉軍職，授神武軍龍翔右廂都指揮使，俄陞宣州節制。洎歸順宋朝，授階州刺史。公即衙內指揮使也，少蘊機謀，勇能騎射。太平興國初，為登補殿前承旨，在庭臣之列，奉皇命即不誤，指呼皆著勞績，次轉右班殿直，累任警巡，克安方土，比屋□□，夜犬編民，煦若春臺。朝廷以戎王未穆，矢戟相馳，命公臨邊守寨，每奮銳而深攻，繼獲其勝，勑書加獎。轉西頭供奉官，閤門充職，次差知西川蜀州，兼駐泊兵馬事。下車之後，民知其愛事，盡其功成。□□祀正朔之日，益部屯軍造惡煞，帥將以占據龜城，恃遐險以僭稱，立渠魁而聚黨。公聞之扼腕伸怒，以□□□師，深嚴壁壘，禦捍要津，提劍誓諸捕盜，使命僕等受明君委寄，豈容蜂屯之類竊弄聖朝，可同懷同心，蕩除妖孽。旋給官庫錢帛，優給師旅，命介使從徑□□，乘馹聞天。上乃沃心錫書注意，未期載，命侯將領禁軍，而爰來與公合勢而克取。其賊衆守孤城且危，俄潰圍偕遁，公遂整兵甲而後襲，至富順，監屯楊家市，云必獲其勝。繇是憤叛逆之輩，賈勢而來，公乃被甲先登，交鋒不懼，齊兵一擊，數千人煞戮無遺，掩至江干，溺水者甚。以功敷奏，降旌賞之命，可特授銀青光祿大夫、檢校右散騎常侍，兼御史大夫、上騎都尉，充供備庫副使，依舊典郡。公意似不足，因訴上言，詔歸闕庭，授崇義使、檢校左散騎常侍、使持節、恩州諸軍事，行恩州刺史，兼御史大夫。詢考其事，以旌實功也。復命充西川兵馬鈐轄，首尾四年，替迴，授西上閤門使。祥符元年，皇帝東封泰山，恩遷東上閤門使。四年，西祀后土，恩轉四方館使。七年，特恩授引進使。荷九重之明恩，俄四遷於內職。在深嚴之地，常近冕旒；分憂寄之權，累知藩府。而能親荷干戈，以衛社稷。奉上抱履冰之節，臨公堅匪石之心。推誠方仕於聖朝，搆疾乞歸於私第。特授左神武軍大將軍致仕，經御樓，恩授左羽林軍大將軍致仕。天聖二年甲子歲五月丁亥朔二十四日終，享年七十有四。表追遺留，上念勳臣，錫以賵贈孫一人，宣補三班借職，所以貽慶子孫不墜簪笏矣。嗟乎！曰馭難停，屬嘆白駒之影；人倫旋故，難追黃壤之魂。先娶金陵侍中女平陽柴氏，有女一人，適驍騎軍主張信，累封縣君，後適西頭供奉官、閤門祇候成志一，卒於海州。男一人永哥，早亡。次娶虞部郎中女清河張氏，累封內鄉郡君。理內甚嚴，母儀昭著。有男一人宗業，授右侍禁，閤門兼職，敦至孝之勤誠，求就祿於侍養。及乎終也，事如生矣。臨食不顧，似絕曾子之漿；聚泣忘休，若罄高柴之淚。所謂追感之情痛矣，哀榮之禮備矣。即以天聖二年十月三十日歸葬於萬年縣洪固鄉胄貴里，禮也。與平陽柴氏同窀穸而祔焉。於是卜鳳棲之高原，擇牛眠之吉地，前臨象闕，後背終南，望迤邐之平崗，見嵯峨之新塚，使其千古之下，誌石長存，二儀之中，嘉名不泯。銘曰：

神岳降瑞，稟氣者聞生而來。美□□□，挺出人表，克振時才。沚水之鑒，明然在懷。淵深器量，瑩潔瓊瑰。羽儀□運，蕩除氛霾。生沒之期，世云定矣。短長之數，天何言哉。東浪赴滄溟兮不返，薤歌聲古道兮可哀。公之名兮標青史，公之魂兮歸夜臺。嗚呼！想騰公□，□□□□。

沙門賜紫德攜篆。

〇五二　宋故淮南諸州水陸計度制置轉運副使朝散大夫尚書祠部員外郎直史館上柱國陳留郡衛公（瀆）墓誌銘并序

趙郡李寇撰，太原王翊書并篆蓋，潯陽翟仲孫刻

天聖六年（1028）十一月二十八日葬

誌文 35 行，滿行 36 字，正書。誌石長 47 厘米、寬 48 厘米，洛陽出土。

○五二　宋故淮南諸州水陸計度制置轉運副使朝散大夫尚書祠部員外郎直史館上柱國陳留郡衛公（瀆）墓誌銘并序

趙郡李寇撰，太原王翊書并篆蓋

咸平、景德中，濟南民間說衛太守政惠而有威，最於東后；士流間諷衛學士文麗而有法，儕於名公，當時獨謂。適去歲月耳訪之，且一紀過矣。逮今復三十載，士民雖漸忘，亦往往聚談而思，何其醉心爽口之，固且遠也。將營封樹，宜有表誌。予嘗學舊史，仍以親聞約而作傳，式存萬一。公諱瀆，字次川，大名南樂人也。曾祖斌，王父�，皆無祿。考氳，臨河令，以幹白賜五品服。公昇朝序繼，贈國子博士，妣樂氏，追封南陽縣太君。公幼侍兄旬官於河內，因游學於嵩少二山，河南府舉進士，開寶四年，主司雅聞其操行程試，復異於倫牓，除諭以甲科，公誠讓，策第二名，時昇第者十人，號十哲。牓文高而讓，真德行之比。闕選，試秩讎書、洺州防禦推官，從軍按獄，公才仍顯，遷著作佐郎，同判宣州。時參政賈尚書作守以道，相契為僚之分，不侔於常矣。就改太子右贊善大夫，知遂州，殊尤昇聞。太宗皇帝命宰執以詔昔褒劭，俾邸吏下之。秩滿，轉殿中丞，賜銀緋，知衛州，不之任，蓋卜葬祖先，願歸鄉邑，乞罷親民，以便事也。因監天雄軍商稅，遷太常博士，知冀州。未久，移典濟南。先是內塞壞坊，外攘猾夏，飛輓科率郡不啻數萬。有司懼於失備，必近期并集，民雖至困，牧守慮其移責，無敢緩之者。公乃上言本部暨鄰郡：凡供億請十，且遣二，稍稍調發，足用可停，所畫未報，遂行其事。濟南之人，皆躍而往，民力不罷，國用無乏，議者多之。上密異其敢，召入直御史府，因奏曰：黄河契丹常苦民力，村閭已第，其產可以均適，而城郭未籍，臨事乃高下多少定於坊，胥廛宰之口受其訴，則不及期，且無據以辨事。過則非有條令擅第之，不可請降，敕俾官吏洎耆耋商其資業，分主客立等級，置簿以待王事。坊郭有倫而無頗，自公始也。懇求外任，出牧博州，轉尚書祠部員外郎，知湖州。未期，詔入覲，便殿引對，加直史館，授淮南轉運副使，錫白金以示聖睠。旋有演誥之命，成而俟拜，促馳傳歸闕。未即路，本道以公物故聞，享年五十有七。上嗟惜久之，因賜子昺同學究出身。公之牧民，所至大治，無遠邇之殊；公之釐務，所嚮畢舉，無煩簡之限。其清方溫潤，忠義孝恪，出於純至，周於微隱。捐館之日，家徒壁立。有文十五卷，題曰《策名集》。夫人太原縣君郭氏，以賢淑稱。子三人：孟即昺；仲曰雄，皆早世；季曰景山，舉進士，以文行純深，西都貢名常在一二間，久而未第。君子謂：景山荷公之慶，似公之賢，未可量也。女四人：長適職方外郎知齊州劉厚載，次適故澶州觀察推官宋荀龍，次適中都令嚴惟忠，次適明經邢洞。女孫一人，適進士王詵。景山遭閔於童稚，承清節之後，裂裳隨計已二十年，以公未奠宅兆，暫不去心，且久居河南，志於守奉，稱家竭力。背芒面洛，卜云其吉，爰以天聖六年十一月二十八日，克葬公於洛陽縣之賢相鄉積潤里，甲之位昺也，庚之位雄也。公之道亡而存焉，景山之孝困而備焉。岸高未易，信言斯在。其銘曰：

邙山之南，洛水之北，起古距今，千瑩萬域。彼有將，彼有相，生或不聞，沒亦無象。一丘蕭然，其人其賢。刺史高第，有威而惠。詞人稱首，罔浮以秀。墓未建碑，民不立祠。煥爾名實，翊於詠思。

潯陽翟仲孫刻。

〇五三　有宋故内殿崇班銀青光禄大夫檢校太子賓客兼御史大夫汝州兵馬都監兼在城巡檢騎都尉濮陽吴公（昭明）墓誌銘并序

登仕郎試秘書省校書郎守陳州司户參軍張伯玉撰，鄉貢進士王積中書并篆，太原翟靈芝刻字

天聖七年（1029）九月卒，天聖十年（1032）十一月四日葬

誌文 35 行，滿行 25 字，正書。誌石長 64 厘米、寬 73 厘米，洛陽出土。

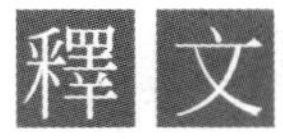

○五三　有宋故内殿崇班銀青光祿大夫檢校太子賓客兼御史大夫汝州兵馬都監兼在城巡檢騎都尉濮陽吳公（昭明）墓誌銘并序

登仕郎試秘書省校書郎守陳州司戶參軍張伯玉撰

公諱昭明，字禮臣，其先濮陽人。齊國公諱璋之曾孫；永興軍節度使、同中書門下二品、贈燕口諱廷祚之孫；西上閤門使、富州刺史、贈左監門衛大將軍諱元□之子；駙馬都尉、山南東道節度使、贈中書令諱元扆之□；中書令汾陽郭公之外孫。少以蔭補右班殿直，改左班，歷左右侍禁，東頭供奉，遷内殿崇班。始巡檢福瑭，洎符、離之二鎮，乃監澤懷□三州，兵走馬承，受邠寧環慶等州邊事，徙督漕于江東。還，知天□之□穀、河陽之濟源二縣，旋遷都監臨汝郡。天聖七年秋九月□□□于官舍，享年六十。以十年冬十有一月壬申，歸葬于河南府洛陽縣平洛鄉張陽村，以三夫人合祔焉，禮也。公生于大族，少有師法，扃量沉峻，容貌方整。好史策，善射馭，從幼逌仕，□未□寢動，為宗黨所推尚。然未嘗鉤紐聲援，冀幸起發，自以幹□葉□，不當屑屑於人下，乃恬退自守，於榮利泊如也。迨夫臨民口善愛，董師有方略，雖縉紳達儒亦無以異。在虢時，嘗攝行太守□□有繫，獄法有疑，議吏文而不能讞，終以慘礉致之必死。公曰：吾誠不能與法吏爭，然以情取之，固不相遠，其當黥徙逮送于京師可也。既而奏報，果曰虢太守議是。從邠寧還，奏方面可節□者數十事。天子顧大臣曰：何如曰可行。遂迄行于今。勾吳漕糧，歲課登益，前後計七百餘萬，公私不擾而力有餘。東諸侯由是交薦之，其所蘊蓄發決，大率如此。先娶夫人杜氏，故密州觀察使、贈安化軍節度使彥鈞之女，昭憲皇后之別宗子也。後繼室以霍氏、高氏焉，皆以淑德嬪于世家，先公而終。子七人，俱純茂有禮法，斯益大其後者歟。長曰惟勤，三班奉職；次曰惟讓，早逝；次惟昌，三班借職；次守一，□尚鎮王女，保寧縣主，擢東頭供奉官。次惟清、惟政、惟岳幼始。□□□五人，三已逝，次許右班殿直王餘慶，一待年于室。孫男三人，口口孺。孫女六人，長許三班借職趙瑜，次五人并幼。銘曰：

猗歟齊公，世有其雄。源長瓞綿，毓于□□。公紹休址，克循善風。委命之和，得壽之中。道貴内全，智亦外融。勒銘真宅，賁厥有終。

鄉貢進士王積中書并篆，太原翟靈芝刻字。

○五四　大宋故監門衛將軍符君（承煦）墓誌銘并序

高平范隱之撰，鄉貢進士王載書，翟文會刻

明道二年（1033）十二月卒，景祐元年（1034）三月十三日葬

誌文 24 行，滿行 22 字，正書。誌石長 62 厘米、寬 65 厘米，洛陽出土。

釋文

〇五四　大宋故監門衛將軍符君（承煦）墓誌銘并序

高平范隱之撰

君諱承煦，姓符，蔡州防禦使、贈太師昭願之子。大王父存審，王父彥卿，仍世有大功業，為將相，爵王，國秦魏。君由門任殿直侍禁，寄內侍班祗候，補供奉官，徙閤門祗候，除內殿崇班。被命使外方謹，道路督載，置捕禁盜賊，幹軍旅小事。三十有四居京師，管庫敦匠事，掌馬政。又五悉無有愆闕，以病告求閑官，拜千牛衛將軍。異勅判金吾衙，仗□軍儀仗事，遷監門衛。職事不改，故大吉兇，朝會祭祀喪葬，以其所職，相治有六，如禮容法式。明道二年十二月戊戌卒于官，年五十九。明年三月十三日還葬河南陪先王之墓。君夷順柔緩，能以剛正樽節，好音聲加，已能通達。無事時會家人，吹竽彈箏管弦，飲酒自樂，然不為是汲汲計求富貴，快其欲。周世宗、我太宗兩朝三后，世次皆諸姑。君處勳舊，又外戚克立身，行志固賢，其宜得大用而反不得。嗚呼，可嘆也！已世之人，□仕不達必歎，是求盡直，斯盡矣。賢而不達則嘆不賢，而不達不也，直矣如君，嗚呼！可嘆也，悲夫！夫人馮氏有婦道，由君封河間縣。男子四人：惟恭、惟讓、惟儉、惟仲。恭，侍禁；讓，三班奉職；儉，未仕；仲，借職。女子一人，既嫁侍禁張宗慶。君積階銀青光祿大夫、檢校兼官至太子賓客、御史大夫，賜勳上騎都尉，爵男，食臨沂縣戶三百。其銘曰：

榮不及先，德紹厥素，獨德紹何在，我之故已矣。令人永□，厥譽宜孝者，後勿忘不慕此也，百世來拜來附。

鄉貢進士王載書，翟文會刻。

〇五五　大宋贈大理評事太原王公（德倫）墓誌銘并序

嗣子王景撰，孫女婿解州司法參軍康衎篆蓋

天聖四年（1026）六月二十九日卒，寶元二年（1039）十月二十七日葬

誌文 34 行，滿行 35 字，正書。誌石長、寬均 63 厘米，洛陽出土。

○五五　大宋贈大理評事太原王公（德倫）墓誌銘并序

孫女婿解州司法參軍康衎篆蓋

王氏之先，出於周太子晉之後，以弈世為王，其後，子孫因而為姓。秦漢魏晉之間，姓王氏者特盛，流裔芳烈，烏可談悉。公諱德倫，字彝敘，曾祖諱武，祖諱彥思，烈考諱延貴，三代潞州人也。並韜光晦跡，以孝悌力田為業。然自五世祖以來，咸居於洛北，丘墓存焉。公生於潞州里舍，自繈褓中，即與烈考妣來居於洛陽賢相鄉勳德里之第。公自少敦尚謙卑，見鄉曲年長，則父兄事之；聞人有急難，則周旋濟之。計家之外，好治塔廟，深信因果。中年後，常於每歲孟春讀誦《金剛經》數千遍，終日不倦，是月長齋，鄉里稱為善人。太平興國中，王師平晉，飛輓之事，公實被之，至于太原，公還鞅日，枉道入祁縣之境，尋訪外祖張氏，奉太夫人之教也。屬以并壘初平，尚多劫掠，公遇數盜於岡阜之側，呼曰何往，公語以尋外祖張氏，其盜抗威偶語，仗器於十步之內。公度此輩必利吾財，遂亟解腰間白金擲遺，既而盜軫其訪舅之誠，返金不受而去。向非積累陰功，安能免於此難。公嘗讀《大戴禮》，覬取青紫於世，屬以時過後學，勤苦靡就，繇是思大門閥，購藏經籍，以訓子孫為務。逮天禧己未歲，果見景舉進士，一上而中，釋褐授試秘書省校書郎、石州軍事推官。是時公在京師，乃曰："吾成家久矣，吾不知榮，見吾子登進士第，方知榮矣。"初，公嘗患咽喉，難通飲膳，慮厥疾之，弗瘳。乃召兒姪於臥榻之前，戒諭曰："吾今六十二歲，非不壽也，汝等又已畢娶，所置田產足可為生，吾身後無不了之事。至于出入錢物，無我負人，寧人負我。"逮乎信宿，寢味復故。自後，舉家細務，悉委兒姪主之。公為人雅好清歡，日飲醇酎。所命儔侶，莫匪丘園有道之士，此亦長懷曠度，高出常流，奉身好事，達人大觀之趣向也。天聖四年六月二十九日，考終于本家之正寢，享年七十有六。鄉中道俗聞公歸全，無不失聲揮涕，嗚呼哀哉！公先娶賀氏，後娶楊氏，出於令族，並先公而逝。又繼室以周氏，後公二年而亡。有男四人：長曰成，翼習《毛詩》，學究志業，甫就早卒。次曰昊，亦常專經，止于中道，心惟樂善，志在睦族，後公五年而亡。次曰景，守秘書丞，知解州聞喜縣事，兼兵馬都監。次曰昱，幼聞詩禮，長親師友，屬務穡以亢宗，遂廢書而治產。女二人，長適武功蘇守信；次適清河張士宗，早亡。今孫男六人，孫女一十人。《易》云：積善之家，必有餘慶。其斯之謂乎？今上寶元冠號之年冬至日，柴燎禮畢，均貺天下，特贈公大理評事，追封太夫人楊氏京兆縣太君。公性孝慈，和協昆弟，撫養親屬，財無別籍，人多推慕。太君執禮閨閫，敦睦宗姻，家甚豐實，躬行儉素。常說孟母擇隣之事，以晦諸子，又好看《多心經》，享年五十有三。以寶元二年十月乙酉，舉葬於所居西北高平之地，近于先域，順也。刊刻松銘非不願，採摭清芬，假詞鴻筆，又慮欽風振藻，增華過實，祭統日古之君子，論譔先祖之美，其先祖無美而稱之，是誣也；有善而弗知，不明也；知而弗傳，不仁也。三者君子之所恥也。景追念公之行事，始終哀榮，泣血濡毫，志實沉礎，謹為銘曰：

人道之大，惟孝與忠；事親教子，公實有禮。鄉曲之美，惟惠與義；務施睦族，公實不匱。靈根方固，良玉生瑕；七旬有六，考終于家。罔極增悲，奉先思顯；嗚呼我公，沒膺贈典。洛水涘兮邙山前，鄰舊域兮啓新阡。稱我公之美善兮，庶萬祀兮千年。

○五六　宋故中散大夫守司農少卿分司西京上柱國祁縣開國子食邑六百戶賜紫金魚袋王公（貽慶）墓誌銘并序

承奉郎大理評事充館閣校勘陳經撰，承奉郎試秘書省校書郎守河南府左軍巡判官李元卿書，刻字張靈鳳

康定二年（1041）七月二十六日卒，同年十一月二十六日葬

誌文 28 行，滿行 32 字，正書。誌石長 72 厘米、寬 74 厘米，洛陽出土。

釋文

○五六　宋故中散大夫守司農少卿分司西京上柱國祁縣開國子食邑六百戶賜紫金魚袋王公（貽慶）墓誌銘并序

承奉郎大理評事充館閣校勘陳經撰，承奉郎試秘書省校書郎守河南府左軍巡判官李元卿書

公諱貽慶，字茂先，贈中書令、祁國公諱溥之第四子，贈太師、中書令諱延祚之孫。公端拱元年，天子躬耕籍田，用兄職方員外蔭補郊社齋郎。明年，下宗正少卿趙安易推擇，攝太常寺太祝，凡五年，不得調。會故相呂公端以衛尉少卿判太常，表公執事，歲久，宜授正員官，遂為太祝。秩滿，改大理評事，累遷國子博士，歷虞、比、駕三部員外郎中，衣朱衣銀魚。年六十餘，猶不出東都城門，然其所職不過廩庫煩辱之事，而得守先人舊廬，蠱家事公私肅給。逮天聖八年，始出知西京河南縣，公喜曰："漢以郎官宰百里為重任，今吾正為是官，亦寵矣。"雖老尚可為政，然其治寬大，而河南當西都之赤，又居丞相治下，吏與民安於简易，故公用寬為宜。時太常少卿趙世長方為留司御史，業產占民居，而訟之庭下，公為取券契尺度按之，乃直其事，悉還趙所侵予民。當時士大夫亦用此多之。歸朝，轉司農少卿，錫五品服，監都鹽院，改判登聞鼓院，累封祁縣開國子，食邑六百戶。歷階朝散大夫，勳上柱國。一年，自請分司西京，得居開封之中牟，然止舍其第不徙。平居，子孫勝冠者侍左右申申然，僮僕訢訢然。歲時，奉觴酒為壽。好蓄奇書，集天下古碑文，類為一百卷，名《琬琰集》。又酷嗜古筆札、圖畫，凡古今之號尤絕者，皆有之，而所蓄甚。多且精珍貴，愛玩緘貯曲密，雖希世之寶，不是過也。每休沐閑燕，多召貴人親賓，出其所嗜，以為娛樂。天子嘗遣使至其家，借書三千卷，褒諭加等。又進明皇書《道德經》，有詔嘉之。性喜栽植，每得一草一木，親為培壅，以至蕃茂，今樹于家園者，多自其手。能謹父詔，理先業規規然不敢怠墮，若公者足名好事，而善保家者歟。公先娶宋氏，後娶劉氏，封彭城縣君，皆蚤世。子男四人：長曰渙，右侍禁；次曰鼎，三班奉職；次曰漸，西頭供奉官；次曰震，右班殿直。鼎、漸今亡。女四人，俱適士族。孫男九人，皆有官。女九人。公年七十九，康定二年七月二十六日終于泰寧坊之私第，以其年十一月二十六日，葬河南洛陽縣邙山北原。銘曰：

年甫八十孰云闕，官亞九卿不為跌。子孫詵詵嗣弗絕，三者之享無一缺。死生常理非神奪，卿之化去烏足怛。

刻字張靈鳳。

注：參見本書其弟○五七《王貽矩墓誌》。

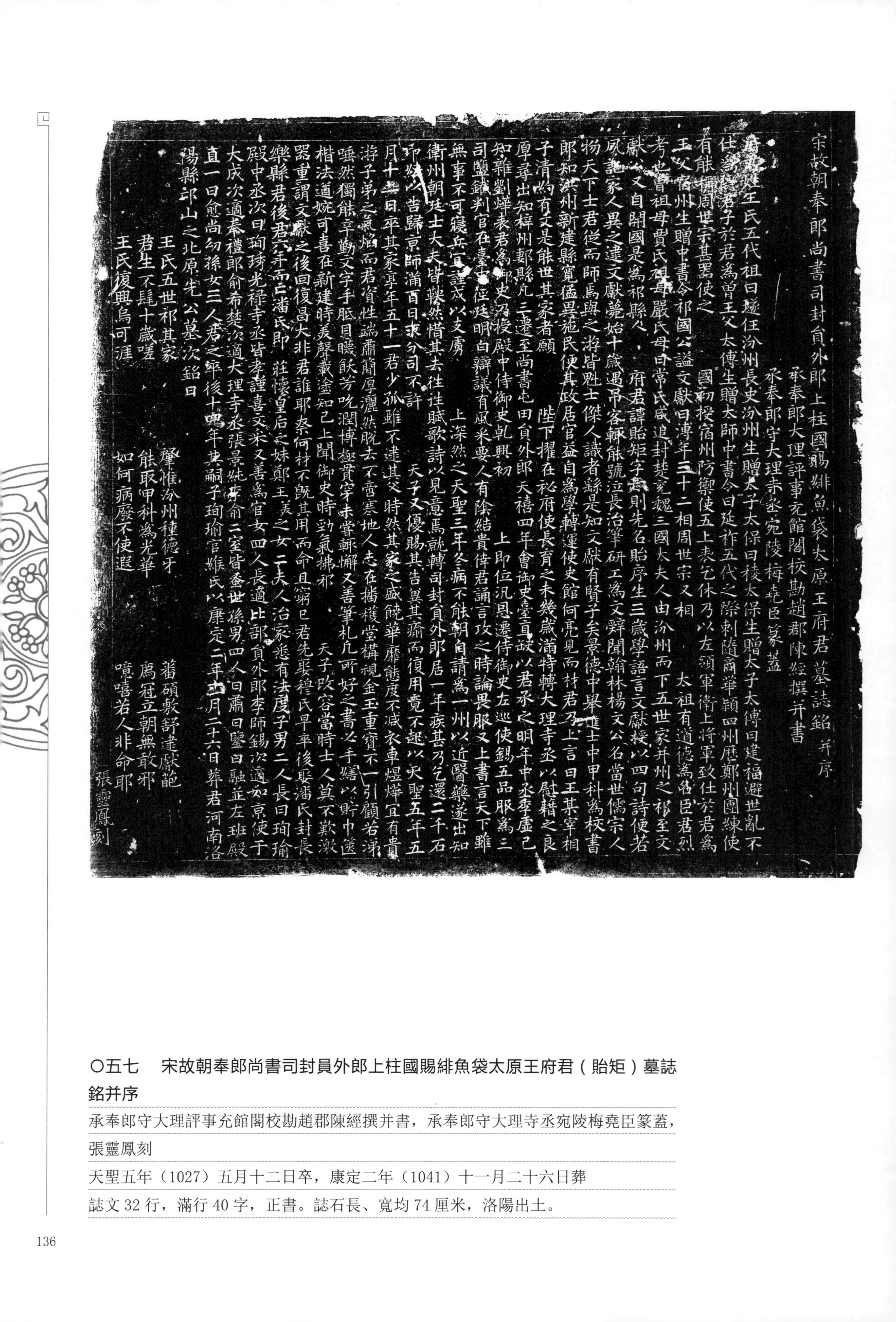

○五七　宋故朝奉郎尚書司封員外郎上柱國賜緋魚袋太原王府君（貽矩）墓誌銘并序

承奉郎守大理評事充館閣校勘趙郡陳經撰并書，承奉郎守大理寺丞宛陵梅堯臣篆蓋，張靈鳳刻

天聖五年（1027）五月十二日卒，康定二年（1041）十一月二十六日葬

誌文 32 行，滿行 40 字，正書。誌石長、寬均 74 厘米，洛陽出土。

○五七　宋故朝奉郎尚書司封員外郎上柱國賜緋魚袋太原王府君（貽矩）墓誌銘并序

承奉郎守大理評事充館閣校勘趙郡陳經撰并書，承奉郎守大理寺丞宛陵梅堯臣篆蓋

府君姓王氏，五代祖曰璲，任汾州長史，汾州生贈太子太保曰稜，太保生贈太子太傅曰建福，避世亂不仕，為隱君子，於君為曾王父。太傅生贈太師、中書令曰延祚，五代之際，刺隨、商、華、潁四州，歷鄭州團練使，有能稱，周世宗甚器使之。國初，授宿州防禦使，五上表乞休，乃以左領軍衛上將軍致仕，於君為王父。宿州生贈中書令、祁國公，謚文獻曰溥，年三十二相周世宗，又相太祖，有道德，為名臣，君烈考也。曾祖母賈氏、祖母嚴氏、母曰常氏，咸追封楚、兖、魏三國太夫人。由汾州而下，五世家并州之祁，至文獻公，又自開國，是為祁縣人。府君諱貽矩，字彦則，先名貽序。生三歲，學語言，文獻授以四句詩，便若夙記，家人異之。逮文獻公薨，始十歲，遇吊客輒能號泣。長治筆研工，為文辭聞。翰林楊文公名當世儒宗，人物天下士，君從而師焉。與之游，皆魁士傑人，識者繇是知文獻有賢子矣。景德中，舉進士，中甲科，為校書郎，知洪州新建縣。寬猛異施，民便其政。居官益自為學，轉運使、史館何亮見而材君，乃上言曰："王某宰相子，清約有文，是能世其家者，願陛下擢在秘府，使長育之。"未幾歲滿，特轉大理寺丞，以慰籍之良厚。尋出知梓州郪縣，凡三遷至尚書屯田員外郎。天禧四年，會御史臺直缺，以君承之。明年，中丞李虛己知雜，劉燁表君為御史，乃授殿中侍御史。乾興初，上即位，泛恩遷侍御史、左巡使，錫五品服，為三司鹽鐵判官。在臺中徑廷，明白辯議，有風采。要人有陰結貴倖，君誦言攻之，時論畏服。又上書言："天下雖無事，不可寢兵，宜謹戍以支虜。"上深然之。天聖三年冬，病不能朝，自請為一州，以近醫藥，遂出知衛州。朝廷士大夫皆鞅然，惜其去，往往賦歌詩以見意焉。就轉司封員外郎，居一年疾甚，乃乞還二千石印，終以告歸京師，滿百日，求分司不許，天子又優賜其告，兾其瘉而復用。竟不起，以天聖五年五月十二日卒其家，享年五十一。君少孤，雖不逮其父時，然其家之盛饒華，靡態度不減，衣車煜燁，宜有貴游子弟之氣焰。而君資性端肅簡厚，灑然脱去，不啻寒地人志，在播穫堂構。視金玉重寶不一，引顧若涕唾。然獨能辛勤文字，手胝目蔑，飫芳吮潤，博極貫穿，未嘗輒懈。又善筆札，凡所好之書，必手繕以貯，巾篋楷法，遒婉可喜。在新建時，美聲載塗，知己上聞；御史時，勁氣拂邪，天子改容。當時士人，莫不歎激器重，謂：文獻之後，回復昌大，非君誰耶？奈何材不既其用，而命且窮已。君先娶穆氏，早卒。後娶潘氏，封長樂縣君，後君六年而亡。潘氏即莊懷皇后之妹、鄭王美之女。二夫人治家悉有法度。子男二人：長曰珣瑜，殿中丞；次曰珣琇，光禄寺丞。皆孝謹，喜文采，又善為官。女四人：長適比部員外郎李師錫，次適如京使于大成，次適奉禮郎俞希楚，次適大理寺丞張景純。李俞二室皆蚤世。孫男四人：曰肅、曰鑒、曰融，并左班殿直。一曰愈，尚幼。孫女三人。君之卒後十四年，其嗣子珣瑜，官緱氏，以康定二年十一月二十六日葬君河南洛陽縣邙山之北原先公墓次。銘曰：

王氏五世祁其家，肇惟汾州種德牙，蓄碩敷舒逮獻葩。君生不髦十歲嗟，能取甲科為光華，廌冠立朝無敢邪。王氏復興烏可涯，如何病廢不使遐，噫嘻若人非命耶。

張靈鳳刻。

注：參見本書其兄○五六《王貽慶墓誌》，又參見本書其子○九六《王珣瑜墓誌》。

○五八　宋故推誠保德功臣金紫光祿大夫行尚書工部侍郎知河南府兼西京留守司畿內勸農使上柱國太原郡開國候食邑一千三百戶食實封四百戶贈戶部尚書謚忠穆王公（駿）墓誌銘并序

朝散大夫右諫議大夫參知政事上護軍祁縣開國伯食邑八百戶賜紫金魚袋王舉正撰，朝奉郎守殿中丞通判天雄軍府兼管內河堤勸農同群牧事上騎都尉賜緋魚袋宋選篆蓋，朝奉郎守太子右贊善大夫騎都尉周延讓書，彭餘慶刻石

慶曆元年（1041）二月十四日卒，同年十一月二十六日葬

誌文 42 行，滿行 44 字，正書。誌石長 90 厘米、寬 92 厘米，河北出土。

釋文

○五八　宋故推誠保德功臣金紫光祿大夫行尚書工部侍郎知河南府兼西京留守司畿內勸農使上柱國太原郡開國候食邑一千三百戶食實封四百戶贈戶部尚書謚忠穆王公（䫋）墓誌銘并序

朝散大夫右諫議大夫參知政事上護軍祁縣開國伯食邑八百戶賜紫金魚袋王舉正撰，朝奉郎守殿中丞通判天雄軍府兼管內河堤勸農同群牧事上騎都尉賜緋魚袋宋選篆蓋，朝奉郎守太子右贊善大夫騎都尉周延讓書

歲直辛巳春二月癸巳，河南守、工部侍郎太原王公，率著令親謁漢光武祠于屬邑，未畢奠拜，風眩暴作。若將僕者，吏掖以興，寮掾前視之，亟取良劑，進而疾加，遂革肩輿還府，即日不起，享年六十有四。訃至，上深軫悼，為不視朝一日，以地官卿印綬告第，優賜賻布，錄其子孫洎傍姻凡七人，哀榮終始，恩典兼渥。公諱䫋，字總之，趙郡臨城人。曾王父盛、王父忠信、列考璘，皆以素風醇行見稱州間，卷智藏用，未遑仕宦。逮公顯達，以帝傅帝師洎紫微令之崇品，追賁三代。而曾王母李氏、王母孟氏、妣田氏又徹陳魯楚三國，賜小君之號。公七歲而孤，嶄如異稟。及長，沈毅敏植，專治儒術，未嘗預家事，宗黨或非之，公晏然不恤。通貫墳籍，於班氏史尤邃。雅好孟軻仁義之談，間為文章，贍麗有規格。既冠，或趣其干祿，公曰："衝天驚人，必學優乃舉，屑屑旅進，吾不取焉。"俄丁內艱，以善居聞。自爾安貧講道，志也彌勵。大中祥符初，負笈檐簦，計偕上都，櫝玉發采，囊錐露穎，珍質利器，寖為人知。章聖皇帝親策造秀，公以詞氣蒙賞識，擢居甲等。解褐婺州觀察推官，改著作佐郎，知并州祁縣，州將任公中正表公治跡為諸縣最。滿歲，通判湖州，登朝為秘書丞、太常博士。以課選提點梓州路刑獄事，增秩屯田員外郎。入補戶部判官，賜朱紱，命為淮南轉運使，留不遣，判磨勘司。未幾，兼侍御史，知雜事。換三品綬，判吏部銓，遷度支員外郎，充戶部副使。會曹襄悼公得罪，公坐里人，以司封員外郎出知湖州，旋移蘇州，召為鹽鐵副使。先是許民入芻粟邊郡，官以鹽茗緡錢若衆，貨高其直，移給於佗所，京師坐賈儈其質劑，規時輕重，以取奇贏。龍圖閣待制馬季良奏請，官自創局，以筦其利。季良方貴，衆多傳會無異辭，主計書者依違，久不斷。公獨執不可，卒罷其事。上知之，他日面諭，形于褒激。遷天章閣待制，判大理寺，提舉京諸司，知審刑院。再領吏銓，加刑部郎中。前此，詔省諸路提點刑獄之職，公上言：國家設官糾振，所以示明慎之意，廢之非便。由是復置焉。尋授左司郎中、樞密直學士，知益州。戍卒一夕，焚營舍、殺馬，脅將校圖為變。公詰朝名捕行法，比決遣外無知者。暇日訪文翁石室，延耆儒說經，以勸厲學徒。蜀民狀其善政，願留三載。外臺以聞，璽札嘉獎。代還，道除右諫議大夫，同知樞密院事。踰年，遂參知政事。又踰年，超拜工部侍郎，知樞密院事。于時，黨羌叛命，王師問罪，按邊瑣調兵食，曾無虛日。公總冠樞近，機籌所寄，陟恪盡瘁，知無不為。屬議募鄉軍，同列奏事有不合，公以累罷，往釐洛郊，使符宮鑰表則方面。帝益虛佇，民斯具瞻。謂當論道納誨，以毗元化，遘□奄忽，未如命何。公姿儀碩儼，舉動方重，外若莊峻，中存寬裕，簡言默識，韻宇沖邁。用純誠介節，自繼明主，內外煩使，休有厥勞，終以彌綸事業，備股肱心呂之任。若夫綢繆左右，密勿夙夜，周慎靜晦，畏遠嫌聞。身居大位，不為親族干橫賞徇。公約己靡有悔疵，前後三持節，撫淮服朔陲，蜀部再將，幣至虜帳；三乘軺勞，餞鄰國使，一主賓館之禮，蓋材猷望實，國之輝光者歟。累階金紫，策勳八柱，食賦千三百戶，真食四百室，功臣再錫推誠保德之號，寵章福履，亦云厚矣。娶宋氏，故樞密副使是之女，封仁壽郡夫人。子男二人：曰正思，將作監主簿；曰正路，右贊善大夫。女二人：長適殿中丞張景山，次適國子博士向綬。而正思洎景山之室皆早世，惟仁壽即吾舅之子也。公初就學以文贄先君中令，先君一見，許其遠到。時仁壽未纓，甫擇嘉對，先君因以公名字語宋族，遂卜妻焉。既而公柄臣，仁壽以魚軒象服，享從夫人之貴，訖如先君言。今年仲冬壬申歸葬其鄉，祔先塋之原。將葬，奉

常易名忠穆，禮也。琬琰之刻，式昭遺躅，感慨疇昔，直書無讓。銘曰：

貳卿昂昂，藴粹含章，德直方兮。繇儒致位，以道經世，王佐器兮。佩玉華紳，榮階要津，為爾臣兮。左符伏軾，鎮靖偃息，殿藩國兮。乃贊持衡，乃職本兵，績炳明兮。宜膺介壽，宜荷圖舊，棟丕構兮。命之不融，數亦有窮，喪宗工兮。九京歸祔，刊石表墓，旌賢輔兮。

彭餘慶刻石。

蓋題："宋故贈戶部尚書謚忠穆太原王公墓銘"。

注：參見本書其父〇二六《王璘墓誌》。

居甲等解褐婺州觀察推官改著作佐郎
登朝爲秘書丞太常博士以課選提點梓
轉運使請不遣判磨勘司宋綬薦侍御史
罪　公坐里人以司封員外郎出知
緡錢若衆貨爲其直移給於他所京師坐
覔其利李良方貴衆多傳會無異辭主計
面諭形于　褒歎遷天章閣
詔省諸路提點刑獄之職　公上
左司郎中樞密直學士知益州六年二夕

局部原大

〇五九　大宋故王府君（誠）墓誌銘并序

慶曆二年（1042）二月十日葬

誌文 18 行，行字數不定，正書。誌石長 48 厘米、寬 51 厘米，山西出土。

釋文

○五九　大宋故王府君（誠）墓誌銘并序

夫有生有死，無古無今，挾舟扛鼎之徒，斷布蒙輪之輩，威能卻日，力可駈山，限至時來，難逃此矣。祖諱贊，王氏者，先商王元子之苗裔也，因官逐任，析派分枝，得為潞州上黨人也。德厚仁寬，言詞婉雅，士子之風貌矣。為人之道，爰彰鄉閭，懷敬愛之心，鄰里歎風波之美，故洽伐椿斷，□□□□□□□□膏心□□夜，婆婆宋氏賈氏助蓮殞墜，桃臉飄零，掩沒□顏，飛□王貌，應□□之天定，達陽臺之境。府君兄諱秘，早亡。弟文禧，早亡。新婦□□□□，大姑，李郎婦見存。府君諱誠，安人和衆，□及成家，悅禮敦詩，踈財至道，何期命逢坎坷，運值天年，享壽三十有八，因疾而亡。夫人王氏，見□高堂，三從早備，四德無差，九族皆悅於母儀，六親克遵於九禮。府君有嗣子三人，長男用和，次男五兒，次男三兒。嗣子用和者，清廉有才，德衡無雙，重義輕財，先人後己。□科□月，洞曉閨儀，克光婦道，主蒸嘗之禮，奉甘旨以彌勤。愛女四人：元郎婦、朱郎婦、李郎婦、小婢兒，姪女楊郎婦。并幼從笄□，金飛引蝶之花；長奉祖宗，是開顏之樂。孫男翁怜韓留。嗣子用和念母劬劳之恩，軫兒女孤孀之感，遂棟牛眠吉馬獵城，擇得慶曆二年壬午歲二月乙亥朔十日甲申，合祔尊靈府西約五里，已來祖墳次西，添立墳塋安厝，禮也，先也。音雲翳日，宿草凝霜，茹歎含悲。為銘曰：

哀哉王氏，名鎮潞州。人生倏忽，風燭難留。六親悲慟，被葬荒丘。壙門永閉，萬古千秋。

伏慮人代遷變，土石奚平，將後他□，刊石為記。

蓋題："大宋故王府君墓誌銘"，"人間到底皆如此，莫負生前酒滿罇。悠悠丹旐引孤魂，親戚悲傷掩壙門"。

大宋故承奉郎守將作監主簿監西京左藏庫權知王屋縣事任述墓誌銘 并序

述字仲明第六贈太子太傅璉之曾孫贈太子太師廷芳之孫樞密副使給事中布之中子也由父任入仕爲人聰悟絕出贍氣自負妙筆札能古文始業儒即恥及章句故不爲進士禮部之辭而潛力乎六科大對之學最慕孟子韓先生道與文正可継聖人每下筆必踵孟躡韓而宗諸孔氏也捨是則空言累句無一作者朋友多之自幼迨長其爲益堅著文凡七篇大氐類子輿況雄之書寶元己卯袖七篇副以大軸往干

太師相國呂公于天雄軍公一見前席閱所贄文驚其不倫許之老筆是歲述赴掌西部之左藏呂公因以書薦於洛尹尚書宋公綬公待之如呂王貳卿駁罷政柄來出鎮也述以下吏求謁王公大奇之面稱于衆曰茲任氏之令器矣康定庚辰冬捧檄假王屋縣以篤學勞苦甚羸得疾越明年春移告歸府訪醫自治踰旬漸革四月二十八日啓手足於府南紫蓋館享年二十四翌月權窆于甘露院慶曆壬午秋七月辛酉吉葬于河南縣龍門伊汭鄉中梁村任氏故阡從

宮師府穴之西張夫人新兆之右禮也娶尚書駕部員外郎譚嘉言第六女有遺腹生男曰鐵牛奴嗚呼吾兒躭嗜儒雅勉力風教不享不壽不登顯官人間榮事未霑豪髮而銜憤早世悲夫命矣與吾别暮歲遂爲陽生天道難忱胡可詰也嗚呼哀哉吾兒見器於大臣得譽於朋友才如是志如是當清時公朝莫能粗展其有使光大著見爲吾門寵今乃知作善之無益而明神可欺也已矣欲書石以識其壙銘曰

文韓孟業周孔 幼明惟長時重才有奇命無寵

嗟天壽之相亂痛仁鄙之弗殊 書遺道在身去名敷

天且悔禍紹昌爾孤

姪男新授將仕郎守河南府河南縣主簿慶之書 翟文會刻石

○六○ 大宋故承奉郎守將作監主簿監西京左藏庫權知王屋縣事任述墓誌銘并序

任布撰，姪男新授將仕郎守河南府河南縣主簿慶之書，翟文會刻石

寶元三年（1040）四月二十八日卒，慶曆二年（1042）七月葬

誌文 26 行，滿行 26 字，正書。誌長 74 厘米、寬 73.5 厘米，洛陽伊川出土。

釋文

〇六〇　大宋故承奉郎守將作監主簿監西京左藏庫權知王屋縣事任述墓誌銘并序

述，字仲明，第六，贈太子太傅璉之曾孫，贈太子太師廷芳之孫，樞密副使、給事中布之中子也。由父任入仕，為人聰悟絕出，膽氣自負，妙筆札，能古文，始業儒，即恥及章句，故不為進士。禮部之辭，而濳力于六科；大對之學，最慕孟子、韓先生道，與文正可繼聖人。每下筆，必踵孟躡韓，而宗諸孔氏也。捨是則空言累句，無一作者，朋友多之。自幼迨長，其為益堅，著文凡七篇，大氐類子輿況雄之書。寶元己卯，袖七篇副以大軸往干太師、相國、呂公于天雄軍，公一見，前席閱所贄文，驚其不倫許之老筆。是歲，述赴掌西都之左藏，呂公以書薦於洛尹、尚書宋公綬，公待之如呂王貳卿。罷罷政柄，來出鎮也。述以下吏求謁王公，大奇之面，稱于衆曰：茲任氏之令器也。康定庚辰冬，捧檄假王屋縣，以篤學勞苦，甚羸得疾。越明年春，移告歸府，訪醫自治，踰旬漸革。四月二十八日啓手足於府南紫嵩館，享年二十四，翌日權塗于甘露院。慶曆壬午秋七月辛酉吉，葬于河南縣龍門伊汭鄉中梁村任氏故阡，從宮師庚穴之西、張夫人新兆之右，禮也。娶尚書駕部員外郎譚嘉言第六女，有遺腹，生男曰鐵牛奴，嗚呼吾兒！躭嗜儒雅，勉力風教，不享下壽，不登顯官，人間榮事，未霑豪髮，而銜憤早世，悲夫！命矣！與吾別期歲，遂為隔生，天道難忱，胡可詰也，嗚呼哀哉！吾兒見器於大臣，得譽於朋友，才如是，志如是，當清時公朝，莫能粗展，其有使光大著見，為吾門寵，今乃知作善之無益，而明神可欺也已。抆泣書后，以識其壙。銘曰：

文韓孟，業周孔。幼明推，長時重。才有奇，命無寵。嗟夭壽之相亂，痛仁鄙之弗殊。書遺道在，身去名敷。天且悔禍，紹場爾孤。

姪男新授將仕郎守河南府河南縣主簿慶之書，翟文會刻石。

注：此墓誌 2012 年 7 月於河南洛陽伊川縣中梁村出土。據誌文，撰文者為其父任布。又據其世系，參見本書其兄一一七《任逸墓誌》。

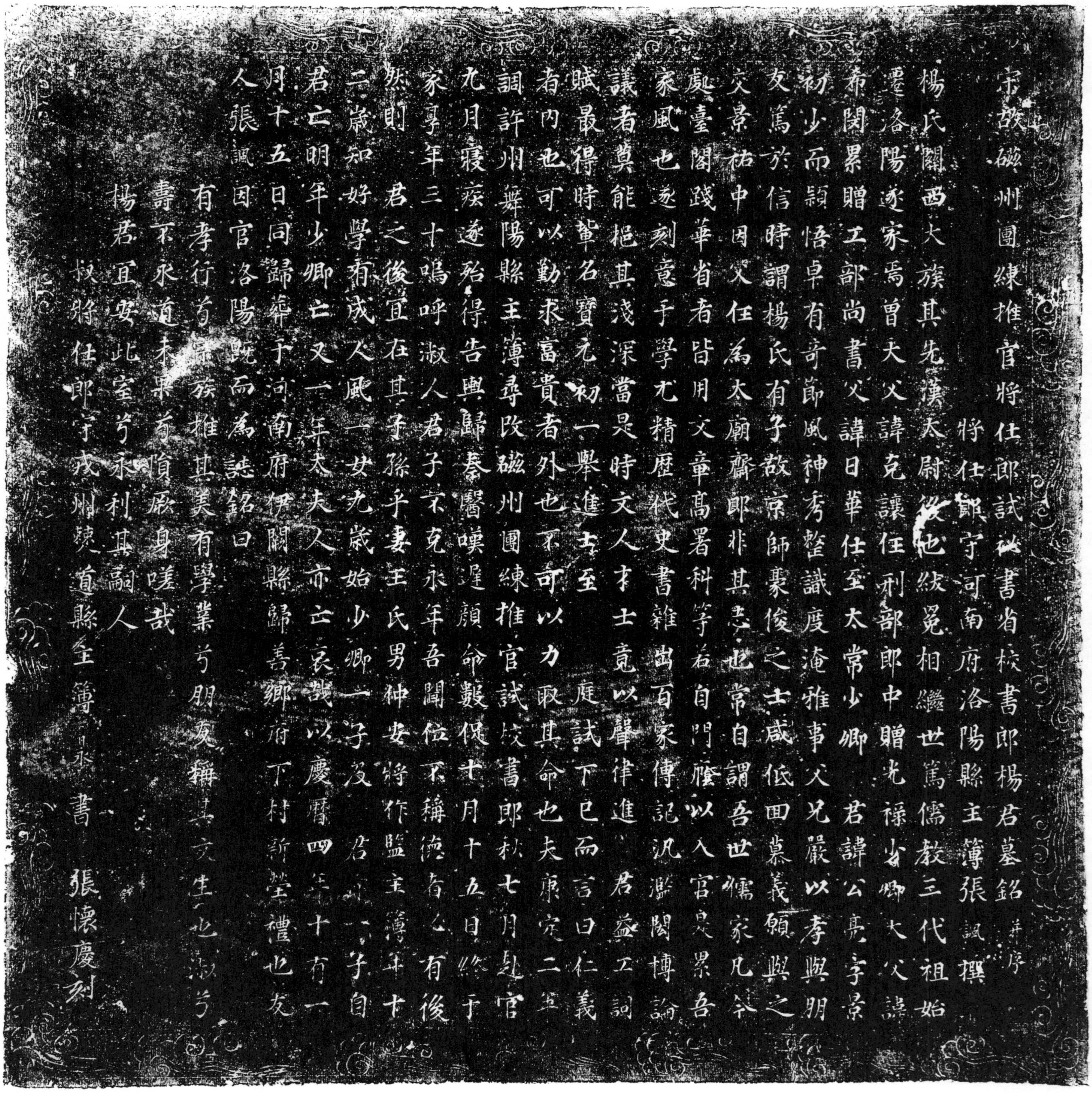

〇六一　宋故磁州團練推官將仕郎試秘書省校書郎楊君（公亮）墓誌銘并序

將仕郎守河南府洛陽縣主簿張諷撰，叔將仕郎守戎州楚道縣主簿昶書，張懷慶刻

康定二年（1041）十月五日卒，慶曆四年（1044）十有一月十五日葬

誌文 25 行，滿行 25 字，正書。誌石長、寬均 61 厘米，洛陽出土。

〇六一　宋故磁州團練推官將仕郎試秘書省校書郎楊君（公亮）墓誌銘并序

將仕郎守河南府洛陽縣主簿張諷撰

楊氏，關西大族，其先漢太尉後也。紱冕相繼，世篤儒教。三代祖始遷洛陽，遂家焉。曾大父諱克讓，任刑部郎中，贈光禄少卿。大父諱希閔，累贈工部尚書。父諱日華，仕至太常少卿。君諱公亮，字景初，少而穎悟，卓有奇節，風神秀整，識度淹雅。事父兄嚴以孝，與朋友篤於信。時謂楊氏有子，故京師豪俊之士，咸低回慕義，願與之交。景祐中，因父任為太廟齋郎，非其志也。常自謂："吾世儒家，凡今處臺閣踐華省者，皆用文章高署科等，若自門蔭以入官，是累吾家風也。"遂刻意于學，尤精歷代史書、雜出、百家、傳記，汎濫閎博，論議者莫能挹其淺深。當是時文人才士，竟以聲律進。君益工詞賦，最得時輩名。寶元初，一舉進士，至庭試下，已而言曰："仁義者，內也，可以勤求；富貴者，外也，不可以力取。其命也夫。"康定二年，調許州舞陽縣主簿，尋改磁州團練推官，試校書郎。秋七月赴官，九月寢疾，遂殆得告輿歸秦，醫嘆遲，顏命數促，十月五日終于家，享年三十。嗚呼！淑人君子，不克永年。吾聞位不稱德者必有後，然則君之後，宜在其子孫乎？妻王氏。男仲安，將作監主簿，年十二歲，知好學，有成人風。一女九歲。始少卿一子，及君亦一子，自君亡，明年少卿亡，又一年，太夫人亦亡，哀哉！以慶曆四年十有一月十五日，同歸葬于河南府伊闕縣歸善鄉府下村新塋，禮也。友人張諷因官洛陽，既而為誌。銘曰：

有孝行兮宗族推其美，有學業兮朋友稱其文。生也淑兮壽不永，道未果兮隕厥身。嗟哉！楊君宜安此室兮永利其嗣人。

叔將仕郎守戎州楚道縣主簿昶書，張懷慶刻。

○六二　楊日休墓誌銘

登仕郎前守陳州西華縣令劉在中文，弟將仕郎守戎州楚道縣主簿昶書，張懷慶刻

明道二年（1033）正月五日卒，慶曆四年（1044）十一月十五日葬

誌文 22 行，滿行 21 字，正書。誌長 68 厘米、寬 71 厘米，洛陽出土。

〇六二　楊日休墓誌銘

宋故承奉郎、守尚書屯田員外郎、通判鄭州軍州事、上騎都尉，借緋楊公諱日休，字垂美，河南人。曾祖遠，贈太常丞。祖克讓，任刑部郎中，贈光祿少卿。考希閔，贈工部尚書。妣金城郡太君王氏。公尚書之第三子也，娶王氏，故大丞相、沂國公之妹，封長安縣君。公聰明好學，臨事慷慨，經史百家，記問精博，踐場屋士流，多其藝學。大中祥符八年，一舉登進士第，調齊州歷城縣主簿。以幹能稱外，計憲司洎郡太守，廉其狀而聞上。歲餘，丁太夫人憂。制除，授汝州團練推官。計相貳卿李公士衡知公之才，舉監漢陽軍榷貨務。代還，以課最，改大理寺丞，知開封府酸棗縣。遷殿中丞，監在京延豐倉。進太常博士，通判鄭州。明道改元，陞屯田員外郎。二年正月五日遘疾，終于官舍，享年五十二。郊祀均慶，進階承奉郎，勳累遷上騎都尉。公中外歷任僅二十載，潔身無玷，所至有聞，搢紳稱之。一女適太常博士錢明逸，後公一年而逝。弗紹臧孫之慶，可傷伯道之孤。有婦已歸，無子為後，天不祐善，莫得而知也。仲兄樞直大諫奉公之靈，卜慶曆四年十一月十五日，葬於伊闕縣歸善鄉府下村之塋，禮也。在中忝親久矣，熟公聲猶，敢揚清芬，用垂不朽。

登仕郎前守陳州西華縣令劉在中文，弟將仕郎守戎州楚道縣主簿昶書。

張懷慶刻。

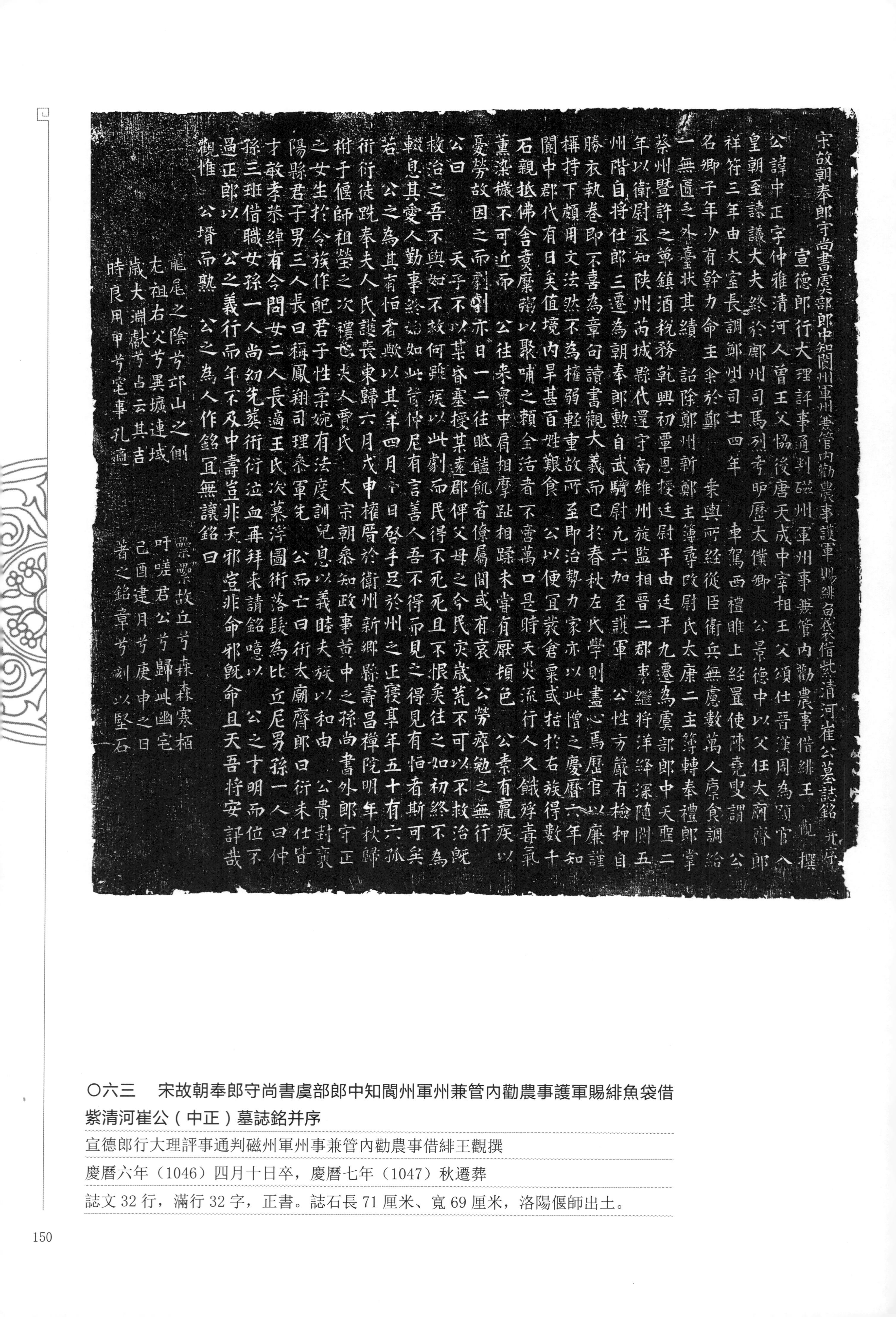

〇六三　宋故朝奉郎守尚書虞部郎中知閬州軍州兼管內勸農事護軍賜緋魚袋借紫清河崔公（中正）墓誌銘并序

宣德郎行大理評事通判磁州軍州事兼管內勸農事借緋王觀撰

慶曆六年（1046）四月十日卒，慶曆七年（1047）秋遷葬

誌文 32 行，滿行 32 字，正書。誌石長 71 厘米、寬 69 厘米，洛陽偃師出土。

〇六三　宋故朝奉郎守尚書虞部郎中知閬州軍州兼管内勸農事護軍賜緋魚袋借紫清河崔公（中正）墓誌銘并序

宣德郎行大理評事通判磁州軍州事兼管内勸農事借緋王觀撰

公諱中正，字仲雅，清河人。曾王父協，後唐天成中宰相。王父頌，仕晉漢周，為顯官，入皇朝，至諫議大夫，終於鄜州司馬。烈考盿，歷太僕卿。公景德中，以父任太廟齋郎。祥符三年，由太室長調鄭州司士，四年，車駕西禮，睢上經置使陳堯叟謂公名卿子，年少有幹，力命主粂於鄭。乘輿所經，從臣、衛兵無慮，數萬人廩食調給，一無匱乏。外臺狀其績，詔除鄭州新鄭主簿，尋改尉氏、太康二主簿。轉奉禮郎，掌蔡州暨許之單鎮酒稅務。乾興初，覃恩授廷尉平，由廷平九遷為虞部郎中。天聖二年，以衛尉丞知陝州芮城縣，代還，守南雄州，旋監相、晉二郡事。繼將洋、絳、深、隨、閬五州，階自將仕郎三遷為朝奉郎，勳自武騎尉凡六加至護軍。公性方嚴，有檢柙，自勝衣執卷，即不喜為章句，讀書觀大義而已，於春秋左氏學，則盡心焉。歷官以廉謹稱，持下頗用文法，然不為權弱輕重，故所至，即治勢力，家亦以此憎之。慶曆六年，知閬中郡，代有日矣。值境内旱甚，百姓艱食，公以便宜發倉粟，或括於右族得數千石，親抵佛舍，煮糜粥以聚哺之，賴全活者不啻萬口。是時，天災流行，人久餓殍，毒氣薰染，穢不可近，而公往來衆中，肩相摩，趾相蹂，未嘗有厭頓色。公素有羸疾，以憂勞故，因之而劇，劇亦日一二往視饁飢者，僚屬間或有哀公勞瘁，勉之無行。公曰："天子不以某昏塞授某遠郡俾父母之，今民災歲荒，不可以不救治，既救治之吾不與，如不救，何雖疾以此劇，而民得不死，死且不恨矣。"往之如初，終不為輟息，其愛人勤事終始如此。昔仲尼有言善人，吾不得而見之，得見有恒者，斯可矣，若公之為其有恒者歟。以其年四月十日啓手足於州之正寢，享年五十有六。孤衎衎徒跣奉夫人氏，護喪東歸，六月戊申權厝於衛州新鄉縣壽昌禪院，明年秋歸祔于偃師祖塋之次，禮也。夫人賈氏，太宗朝參知政事黃中之孫，尚書外郎守正之女。生於令族，作配君子，性柔婉，有法度。訓兒息以義，睦夫族以和。由公貴，封襄陽縣君。子男三人，長曰稱，鳳翔司理參軍，先公而亡。曰衎，太廟齋郎。曰衎，未仕。皆才敏孝恭，綽有令問。女二人，長適王氏，次慕浮圖術，落髮為比丘尼。男孫一人，曰仲孫，三班借職。女孫一人，尚幼。先葬，衎衎泣血再拜來請銘。噫！以公之才明，而位不過正郎；以公之義行，而年不及中壽，豈非天邪！豈非命邪！既命且天，吾將安評哉。觀惟公婿，而熟公之為人，作銘宜無讓。銘曰：

龍尾之陰兮邙山之側，壘壘故丘兮森森寒柏。左祖右父兮異壙連域，吁嗟君公兮歸此幽宅。歲大淵獻兮占云其吉，己酉建月兮庚申之日。時良用甲兮窀事孔適，著之銘章兮刻以堅石。

注：參見本書其妻〇六五《賈氏墓誌》。

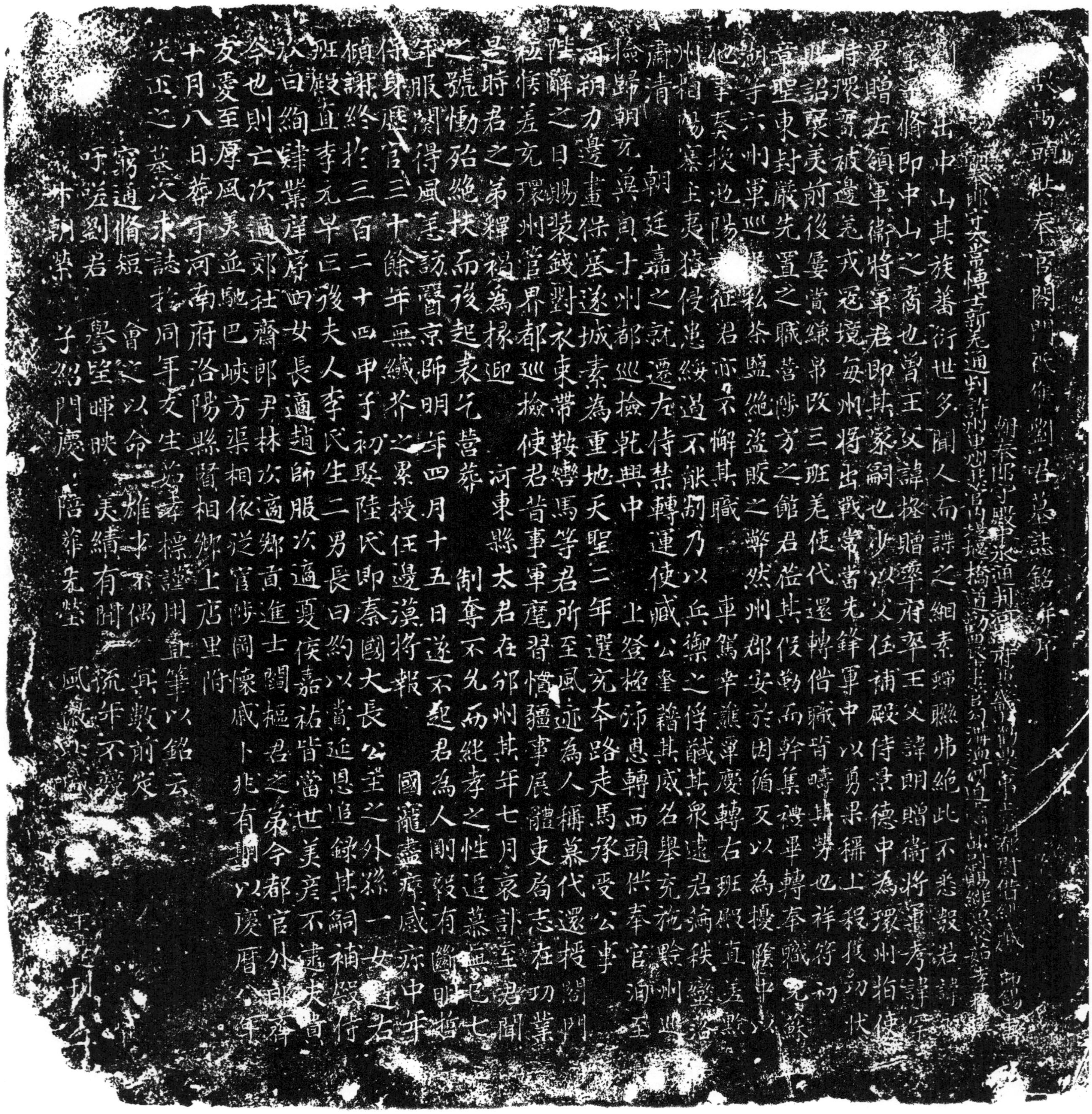

〇六四　宋故西頭供奉官閤門祗候劉君（永）墓誌銘并序

朝奉郎守殿中丞通判河南府兼畿内勸農事上騎都尉借緋臧師錫書，朝奉郎守太常博士新差通判許州軍州兼管内堤堰橋道勸農事管勾溝洫河道上騎都尉賜緋魚袋茹孝標撰

天聖八年（1030）四月十五日卒，慶曆八年（1048）十月八日葬

誌文 31 行，滿行 29 字，正書。誌石長 55 厘米、寬 57 厘米，洛陽出土。

釋文

〇六四　宋故西頭供奉官閤門祇候劉君（永）墓誌銘并序

朝奉郎守殿中丞通判河南府兼畿内勸農事上騎都尉借緋臧師錫書，朝奉郎守太常博士新差通判許州軍州兼管内堤堰橋道勸農事管勾溝洫河道上騎都尉賜緋魚袋茹孝標撰

劉氏，出中山，其族蕃衍，世多聞人，而諜之緗素，蟬聯弗絶，此不悉數。君諱永，字子修，即中山之裔也。曾王父諱拯，贈率府率。王父諱朗，贈衛將軍。考諱罕，累贈左領軍衛將軍，君即其家嗣也，少以父任補殿侍。景德中，為環州指使。時環實被邊，羌戎寇境，每州將出戰，常當先鋒，軍中以勇果稱，上殺獲功，狀賜詔褒美，前後屢賞縑帛。改三班差使，代還，轉借職，皆疇其勞也。祥符初，章聖東封，嚴先置之職，營陟方之館，君莅其役，勤而幹集。禮畢，轉奉職，充蘇湖等六州軍巡，捉私茶鹽，絶盜販之弊。然州郡安於因循，反以為擾，陰中以他事，奏换池陽市徵，君亦不懈其職。車駕幸譙，覃慶轉右班殿直，差黔州相陽寨主。夷獠侵患，綏遏不能制，乃以兵禦之，俘馘其衆。逮君滿秩，蠻落肅清，朝廷嘉之，就遷左侍禁。轉運使臧公奎藉其威名，舉充施黔州巡檢。歸朝，充冀貝十州都巡檢。乾興中，上登極沛恩，轉西頭供奉官。洎至河朔，力邊晝保塞，遂城素為重地。天聖二年，選充本路走馬承受公事，陛辭之日，賜裝錢對衣束帶鞍轡馬等。君所至，風迹為人稱慕。代還，授閤門祇候，差充環州管界都巡檢使。君昔事軍麾，習慣疆事，展體吏局，志在功業。是時，君之弟釋褐為掾，迎河東縣太君在邠州，其年七月哀訃至，君聞之號慟殆絶，扶而後，起表乞營葬，制奪不允，而純孝之性，追慕無已。七年，服闋，得風恙，訪醫京師。明年四月十五日，遂不起。君爲人剛毅有斷，明哲保身，歷官三十餘年，無纖芥之累，授任邊漠，將報國，寵盡瘁，感疹中年傾謝，終於三百二十四甲子。初娶陸氏，即秦國大長公主之外孫。一女適右班殿直李元，早亡。後夫人李氏，生二男，長曰約，以賞延恩追錄其嗣，補殿侍。次曰絢，肄業庠序。四女：長適趙師服，次適夏侯嘉祐，皆當世美彦，不逮夫貴，今也則亡。次適郊社齋郎尹林，次適鄉貢進士閻樞君之弟，今都官外郎齊。友愛至厚，風美并馳，巴峽方渠，相依從宦。陟岡懷戚，卜兆有期，以慶曆八年十月八日葬于河南府洛陽縣賢相鄉上店里，附先王之墓次。求誌於同年友生茹孝標，謹用直筆以銘云：

窮通修短，會之以命，雄才不偶，冥數前定。吁嗟劉君，譽望暉映，美績有聞，流年不競。弟昇朝榮，子紹門慶，陪葬先塋，風徽口盛。

王選刊。

宋故虞部郎中崔府君妻襄陽賈夫人墓誌銘并序
夫人姓賈氏其先滄州南皮人曾祖玭累贈太子少師
祖黃中禮部侍郎兼秘書監烈考守正虞部員外郎
夫人性聰警幼有柔婉之德生於貴冑能以法度自處
十七歲以禮歸於崔氏崔大族也內外幾百口 夫人
事上以恭謹撫下以慈愛色奉身卒未嘗失其歡意
太僕與昭德君每酌酒相慶於堂曰自得賈氏婦使我
姻族益親子孫其昌乎回授 夫人以家事終舅姑世
宗門間無一語言指暴其缺者是為難哉明道初
天子籍田東郊以夫貴踈封襄陽縣君慶曆六年夏四
月 虞曹府君終于闕中郡 夫人提挈諸孤扶喪
柩歸葬於洛陽偃師縣義堂店 祖塋之西偏陰阻故
千里號慟未嘗絕聲行路鄰黨無不為之惻側焉除
虞曹公服之明年正月二十三日感疾薨於新鄉縣之
里第享年五十四後二年三月庚申孤衎衎泣奉
惟櫬祔於 先府君之墓室時皇祐辛卯歲也男子三
人長曰稱鳳翔府司理參軍先七年而亡衎太廟齋郎
行未仕女子二人長適王氏次為尼孫二人仲孫三班
奉職圻䂓年四歲將葬衎衎來乞銘壻王觀為之銘曰
邑也榮其生 祔也歸其真
固之安之 以昌其嗣人

○六五　宋故虞部郎中崔府君（中正）妻襄陽賈夫人墓誌銘并序

王觀撰

慶曆七年（1047）正月二十三日卒，皇祐元年（1049）三月葬

誌文 21 行，滿行 21 字，正書。誌石長 69 厘米、寬 68.5 厘米，洛陽偃師出土。

〇六五　宋故虞部郎中崔府君（中正）妻襄陽賈夫人墓誌銘并序

夫人姓賈氏，其先滄州南皮人。曾祖玭，累贈太子少師；祖黃中，禮部侍郎，兼秘書監；烈考守正，虞部員外郎。夫人性聰警，幼有柔婉之德，生於貴胄，能以法度自處。十七歲，以禮歸於崔氏。崔，大族也，內外幾百口，夫人事上以恭謹，撫下以慈愛，色奉身率，未嘗失其歡意。太僕與昭德君每酌酒相慶於堂曰："自得賈氏婦，使我姻族益親，子孫其昌乎？"因授夫人以家事，終舅姑世，宗門間，無一語言指暴其缺者，是為難哉。明道初，天子籍田東郊，以夫貴疏封襄陽縣君。慶曆六年夏四月，虞曹府君終于閬中郡，夫人提挈諸孤，扶行喪柩歸葬於洛陽偃師縣義堂店祖塋之西偏。險阻數千里，號慟未嘗絕聲，行路鄰黨無不為之慘惻焉。除虞曹公服之明年正月二十三日感疾，卒於新鄉縣之里第，享年五十四。後二年三月庚申，孤衎、衎泣血奉惟櫬祔於先君之墓室，時皇祐辛卯歲也。男子三人，長曰稱，鳳翔府司理參軍，先七年而亡。衎，太廟齋郎。衎未仕。女子二人，長適王氏，次為尼。孫二人，仲孫，三班奉職；叔矩，年四歲。將葬，衎、衎來乞銘，婿王觀為之銘曰：

邑也榮其生，祔也歸其真。固之安之，以昌其嗣人。

注：參見本書其夫〇六三《崔中正墓誌》。

〇六六　宋故特進太子少師致仕上柱國樂陵郡開國公食邑三千七百戶食實封壹仟壹佰戶贈太子太傅謚文定石公（中立）墓誌銘并序

翰林侍讀學士朝請大夫右諫議大夫充史館修撰判秘閣太常寺兼禮儀事臨洺縣開國伯食邑八百戶柱國賜紫金魚袋宋祁撰，朝奉郎尚書虞部員外郎通判西京留守司兼畿內勸農使上輕車都尉賜緋魚袋王珣瑜書，朝奉郎守國子博士通判河南府兼畿內勸農使上騎都尉借緋臧師錫篆蓋，王易刻

皇祐元年（1049）八月二十五日卒，同年十二月一日葬

誌文 36 行，滿行 37 字。正書。誌長 94 厘米、寬 92 厘米。洛陽出土。

〇六六　宋故特進太子少師致仕上柱國樂陵郡開國公食邑三千七百戶食實封壹仟壹佰戶贈太子太傅謚文定石公（中立）墓誌銘并序

翰林侍讀學士朝請大夫右諫議大夫充史館修撰判秘閣太常寺兼禮儀事臨洺縣開國伯食邑八百戶柱國賜紫金魚袋宋祁撰，朝奉郎尚書虞部員外郎通判西京留守司兼畿內勸農使上輕車都尉賜緋魚袋王珦瑜書，朝奉郎守國子博士通判河南府兼畿內勸農使上騎都尉借緋臧師錫篆蓋

皇祐元年八月乙酉，太子少師致仕石公中立薨于京師，年七十八。天子廢朝，敕有司歸其賵，以太子太傅印綬告第，謚曰"文定"。乃十二月庚申，諸孫奉公及王夫人之喪，克葬於河南府洛陽縣宣武原，祔先僕射元懿公之塋。公字表臣，今為河南人。年十三，以功臣子擢西頭供奉官，非其好。讓家財與諸父，更衣侈掖，方領從舊老，伏膺為文詞，獻南闕下，換光祿寺丞，賜朝散服。咸平三年，以殿中丞直集賢院。真宗既獲元符，遂上泰山，瘞汾陰，表刻金石，以明得意。公作為聲詩，那然以告成功者數十篇，既奏御，益知名。天子方好文，而號略楊億以雄渾奧衍，革五代之弊。公與中山劉筠、潁川陳越，推而肆之，故天下靡然變風。朝廷每有論次，公常在選。自中秘書無不讀，校正舛疑，不輕黷除，故三館以公為法。由刑部員外郎賜銀青服。上即位，以戶部郎中充史館修撰，由吏部知制誥，稍遷諫大夫、給事中。召入翰林為學士，進禮部侍郎，加承旨兼龍圖閣學士。公於仕最先進中偃，蹇不遷階，積考昇至是已六十餘。同車茵聯蕝位者，皆平日子姓行，或在公右，然未嘗有少望。歷內外制十二年，不一請間為進取地。上念公終長者，故以本官參知政事。公善言臺閣舊章，衮衮不窮，以此佐上，多所助益。明年，轉戶部侍郎，罷為資政殿學士，久之，加大學士。轉吏部，用太子少傅歸老。後五年，進少師最。凡歷二十官、五學士，使契丹、知禮部貢舉，兼要職，尚十餘局，非輕重所繫，故不論。階二品，勳極轉虛，實食三千七百戶。曾祖延威，梁幽州節度副使，贈太傅；曾妣張氏，追封中山郡太夫人。祖繼遠，贈太師；祖妣牛氏，追封平陽郡太夫人，侯氏，河南郡太夫人。禰熙載，右僕射，贈太師、尚書令、中書令、代國公；妣夫人張氏，追封南陽郡太夫人，後張氏，安定郡太夫人。僕射有功於時，配食太宗廟，風烈爛然，搢紳多能言之。公之前夫人張氏，早卒；後夫人王氏，封太原郡夫人。七子：伯男居簡，善屬文，顯諸公間，終太子中允、集賢校理。次夷簡，大理評事。季昭簡，太子右贊善大夫，皆早夭。仲從簡，國子博士，遭公喪，不五旬，以號慕卒。孟女歸范氏，次歸郭氏，幼歸沈氏。孫七人：祖仁、祖賢、祖元、祖方、祖良、祖溫、祖沖。嗚呼！公識度過人，幼時已自不為豪侈事，後官稍顯，而產利歲狹，仰俸賜終無所營。居常置酒與賓客相娛樂，不以屢空為解。及終，家人待禭，乃能具喪。生平無悔咎，惟一以任人為負。予嘗謂：今之人，如公才能、門閥亦幾何。假令事聲利則易，諧徇務則亟成，少嗇先貲之饒則富馳，鶩於親近時則速顯，今反捨所易，趣所難。與夫！挈然才諝，然辯者，並處茲世，彼此失得。宜有《蹈道者辯》之集二十卷。銘曰：

公之先，蓋世家，顯發祥。公之仕，對聖時，嚼合章。道逶遲，蹇不回，晚乃光。老成人，倬有猷，時而歇。退于家，生有涯，壽則臧。葬何所，從先兆，洛之陽。

王易刻。

注：參見本書其祖〇三二《石繼遠墓誌》、其父〇二五《石熙載墓誌》。

宋故朝奉郎守國子博士上騎都尉樂陵石府君墓誌銘并序
子壻朝奉郎行將作監主簿廣平宋定國撰
姪壻朝奉郎守殿中丞新差通判西京留守司兼畿內勸農事上騎都尉賜緋魚袋王珣琇書并篆蓋
國子博士樂陵石君從簡字易之故　太子少師之子
少師諱中立　君以蔭入官凡八遷至博士職不過筦庫
屈其才以便親也　君性柔慎廉恪與人交有風義不爲紈
袴奢侈　少師所與游皆將相達官　君一紓足往干
必得顯處廼曰彼苟可託自爲我地吾焉能取夏畦之病乎用是
官不進　母夫人太原王氏晚節多疾　君日夜省醫
藥甚謹飲液必嘗而後進姻族稱其孝且仁　君兄弟四人
三人前歿　少師捐館斬然在疚獨與龜筮謀將護柩西葬
故塋哀號蔵事一日歐血卒於路享年四十七矩
少師之薨凡四十九日實皇祐元年十月甲戌嗚呼毀不可滅而
君以至意行之廼及不幸寧禮之所抑非人情之至邪不然
善人之報亦有爽邪使死而有知則
君奉養地下蓋其志也非不幸也　夫人陳氏先
君卒三子祖賢祖允祖良並爲將作監主簿二女長歸於定國次
歸故丞相文正李公之孫外御令爲鄭州原武令孫
祖而上爵里功狀具
少師之誌此不復書以十二月庚申歸葬於河南府洛陽縣宣武
原小子學
君之知且久不敢虛美得以實行銘諸埏銘曰
有才當用　君爲親故　屈於筦庫兮
謂善必報　君廼孝仁　反殲其數兮
生養其親　沒祔其塋　令問不斁兮
玉冊官陳永昌刊

〇六七　宋故朝奉郎守國子博士上騎都尉樂陵石府君（從簡）墓誌銘并序

子婿朝奉郎行將作監主簿廣平宋定國撰，姪婿朝奉郎守殿中丞新差通判西京留守司兼畿內勸農事上騎都尉賜緋魚袋王珣琇書并篆蓋，玉冊官陳永昌刊

皇祐元年（1049）十月十五日日卒，同年十二月一日葬

誌文 25 行，滿行 24 字，正書。誌石長 63 厘米、寬 62 厘米，洛陽出土。

〇六七　宋故朝奉郎守國子博士上騎都尉樂陵石府君（從簡）墓誌銘并序

子婿朝奉郎行將作監主簿廣平宋定國撰，姪婿朝奉郎守殿中丞新差通判西京留守司兼畿內勸農事上騎都尉賜緋魚袋王珣琇書并篆蓋

國子博士樂陵石君從簡，字易之，故太子少師之子，少師諱中立。君以蔭入官，官凡八遷至博士，職不過筦庫，屈其才，以便親也。君性柔慎廉恪，與人交有風義，不為紈綺奢侈。少師所與游，皆將相達官，君一紆足往干，必得顯處，迺曰："彼苟可託自為我地，吾焉能取夏畦之病乎？"用是宦不進。母夫人太原王氏，晚節多疾，君日夜省醫藥甚謹，飲液必嘗而後進，姻族稱其孝且仁。君兄弟四人，三人前歿。少師捐館，斬然在疚，獨與龜筮謀將護柩，西葬故塋，哀號蕆事，一日歐血卒於路，享年四十七。拒少師之薨，凡四十九日，實皇祐元年十月甲戌。嗚呼！毀不可滅，而君以至意行之，迺及不幸。寧禮之所，抑非人情之至邪！不然善人之報，亦有爽邪！使死而有知，則君奉養地下，蓋其志也，非不幸也。夫人陳氏，先君卒。三子：祖賢、祖元、祖良，並為將作監主簿。二女：長歸於定國，次歸故丞相文正李公之孫外卿，今為鄭州原武令。繇祖而上，爵里功狀，具少師之誌，此不復書。以十二月庚申歸葬於河南府洛陽縣宣武原。小子辱君之知且久，不敢虛美，得以實行銘諸埏。銘曰：

有才當用，君為親故，屈於筦庫兮。謂善必報，君迺孝仁，反殲其數兮。生養其親，沒祔其塋，令問不斁兮。

玉冊官陳永昌刊。

蓋題："宋故國子博士石府君墓誌銘"

注：參見本書其父〇六六《石中立墓誌》、其祖父〇二五《石熙載墓誌》。

弟太廟齋郎暠享年二十有五
慶曆五年二月六日侍
親彭門不幸感疾而卒婦潘氏
痛夫夭世悲悼成疾次年十一
月十六日相繼而逝惟暠少沉
毅寡言有氣節姿撿渾厚冠而
喜文常於邑而自訟云階緣恩
補宦為終身之恥於是耽味經
史力學不倦雖風雨晦冥而未
嘗輟卷凡奮筆杼意率以扶聖
樹教為己任必謂垂名當世興
大吾門志願俱違遽然長謝豈
非命歟皇祐二年二月十五日
祔葬於河南府偃師縣義堂店
西北原新卜之隴嗚呼哀哉兄
景誌
鳳臺山僧賜紫景才書
南陽張琇刊

〇六八　朱暠墓誌銘

朱景撰，鳳臺山僧賜紫景才書，南陽張琇刊

慶曆五年（1045）二月六日卒，皇祐二年（1050）二月十五日葬

誌文 18 行，滿行 12 字，正書。誌石長 46 厘米、寬 63 厘米，洛陽偃師出土。

〇六八　朱曷墓誌銘

弟太廟齋郎曷，享年二十有五，慶曆五年二月六日，侍親彭門不幸感疾而卒。婦潘氏痛夫夭世，悲悼成疾，次年十一月十六日相繼而逝。惟曷少沉毅寡言，有氣節，姿檢渾厚。冠而喜文，常於邑而自訟云："階緣恩補，寔為終身之恥。"於是耽味經史，力學不倦。雖風雨晦冥，而未嘗釋卷。凡奮筆杼意，率以扶聖樹教為己任，必謂垂名當世，興大吾門，志願俱違，溘然長謝，豈非命歟？皇祐二年二月十五日，祔葬於河南府偃師縣義堂店西北原新卜之隴。嗚呼哀哉！兄景誌。

鳳臺山僧賜紫景才書。

南陽張琇刊。

注：此墓誌無蓋、無首題，墓主姓氏不明。但據本書《朱文郁墓誌》載："三子：长曰景，秘书丞。次曰曷，太庙斋郎，蚤卒。次曰早尚幼。"而此誌亦書"兄景誌"，且誌主之官職"太廟齋郎"與《朱文郁墓誌》所載同，由此斷定，誌主即朱文郁之子，朱景之弟朱曷。另見本書其父〇六九《朱文郁墓誌》、其兄〇九二《朱景墓誌》。

○六九　宋故尚書主客郎中朱君（文郁）墓銘并序

翰林學士朝散大夫尚書禮部郎中知制誥提舉在京諸司庫務騎都尉樂安縣開國男食邑三百戶賜紫金魚袋孫抃撰，承奉郎守秘書丞知河南府偃師縣事騎都尉李致雍書并篆蓋，東平康士宗刊

皇祐元年（1049）八月卒，皇祐三年（1051）葬

誌文 37 行，滿行 38 字，行書。誌石長 77 厘米、寬 73 厘米，洛陽偃師出土。

〇六九　宋故尚書主客郎中朱君（文郁）墓銘并序

翰林學士朝散大夫尚書禮部郎中知制誥提舉在京諸司庫務騎都尉樂安縣開國男食邑三百戶賜紫金魚袋孫抃撰，承奉郎守秘書丞知河南府偃師縣事騎都尉李致雍書并篆蓋

慶曆九年秋八月，尚書主客郎中朱君終于河南府延福坊舊第，後二載葬偃師縣義堂店之北原。君諱文郁，字從周，世為洛都大姓。始壯舉進士，有聲場屋間，廷試，賜同學究出身。交游故人，以君署第非本科出，語言勉諭，君笑曰：“士所立在忠孝，此安足為？”累歷明洲象山縣主簿、河南府河南縣尉、劍州錄事參軍。屬郡將橫暴，讞獄不以情，君植笏立廡下爭之晝數，刻不退，郡將悟，更前非，部人安焉。本道外臺準詔獻狀，改大理寺丞，監天雄軍商稅。故相國呂公夷簡尹開封，表君知封丘縣。縣治都城北，當虜使衝，君削徑術，夷汚潦，嚴驛置具器用。朝廷嘉之，就除太子中舍。會故參知政事魯公宗道按視白馬決河，聞君之才，奏監修河糧料院，署修河事。既罷，知濟州鉅野，通判泗州，進殿中丞，通判單州，提舉捉賊。劉舜卿，故樞密使曹利用黨也，恃勢患民，君列其狀，曹陰護之不得，直監舒州酒稅。未幾，通判濠州。以母喪去官，涉淮潁抵汴間，一日，風雨暴作，湍浪交屬，溺者數十人，君伏柩下哭不顧，遂濟人以為孝感。服除，通判益州，轉國子博士，賜緋衣銀魚，益號遠地。吏歲，歲部財賦給京師，及雍孟陝洛還，即較先後遠近，以邑鎮擢酤征稅之利償其勞，富人怙欺，多所爭奪，君謹其籍一，定若繩墨，奸束手不得發，至今故老往往導君事，有感慨涕泗者。還朝，會齊人詣闕訟河壖地，追捕繫械累數百，歷年不能決，以君知齊州。始至，諭以約束，為之疆理，齊人無間言，召授開封推官。時翰林胥公偃領府事，公性重慎，每案具若詞證小異，必再讞而申麗之。君開辨督正，獄無留者。改開封府界提點，上面賜三品服，判三司都磨勘，憑由司出為江西轉運使。君素羸瘠，不樂江外，請郡便醫。徙知鄧州，更濟、徐二州，復為開封判官、京西轉運使。露章求解，權西京留司御史臺，未視事，疾作，召家人謂曰：“吾少多病，瀕死者屢矣，今年七十三，位郎官，子孫滿前，吾何憾也。”遂歿。始君尚少，諸父昆弟爭財異居，君獨挺然無所取。其後，爭者悉破產離析，而君已仕，乃完故居，以存處之，死者葬之，孤女嫁遣之。朝廷用師西夏也，君方在江南，會有詔，籍弓手以為士兵，市羊裘以衣戰士。君建言神宗朝，伐罪禦戎，舉諸路調軍而不及江南者，蓋舟楫之人，不可陸用也，今而及之，恐西未寧而東南復煩擾矣。矧戰尚便利士卒，被甲復衣以皮，豈無重累乎？今一羊之皮，其直數千，合數皮以為一裘，是掊民費財，且亡益於戰具爾。搢紳然其言。君性夷雅博記，善談論，尤熟漢唐故事，其待人氣和而辭正，外不為崖岸，暇則彈琴弈碁賦詩以自適。所至，好推究利害，根本必詳，且漸然後更張之，終亦不自名。曾祖獻，不仕；祖繼忠，左班殿直；考琪，累贈衛尉少卿。母寧氏，封安陵縣太君。初娶孔氏，再娶高氏，封會稽、永安二號，皆祔焉。三子：長曰景，負器業，有名於時，今為秘書丞；次曰畧，太廟齋郎，蚤卒；次曰早，尚幼。三女：長適宣州太平縣尉任思齊；次適國子博士裴大亮；次許嫁奉禮郎李茂立，故大諫宗詠之子。四孫：長道古，服勤儒學；次復古，郊社齋郎，餘皆幼。嗚呼有後哉！銘曰：

鈎賾聖域，服勤師門。君起家兮，以詞業聞，出按使軺，入居郎署。君從官兮，以治才著，行清且簡，心逸而沖，君既壽兮。以名節終，慥然守，巉然峙，門閥煒煒，惟君嗣兮。嵩之下，洛之湄，泉戶晏晏，惟君歸兮。

東平康士宗刊。

蓋題：“宋故尚書主客郎中朱君墓銘”

注〔1〕：慶曆年號存八年，慶曆九年，實皇祐元年。〔2〕：參見本書其子〇九二《朱景墓誌》、〇六八《朱畧墓誌》。

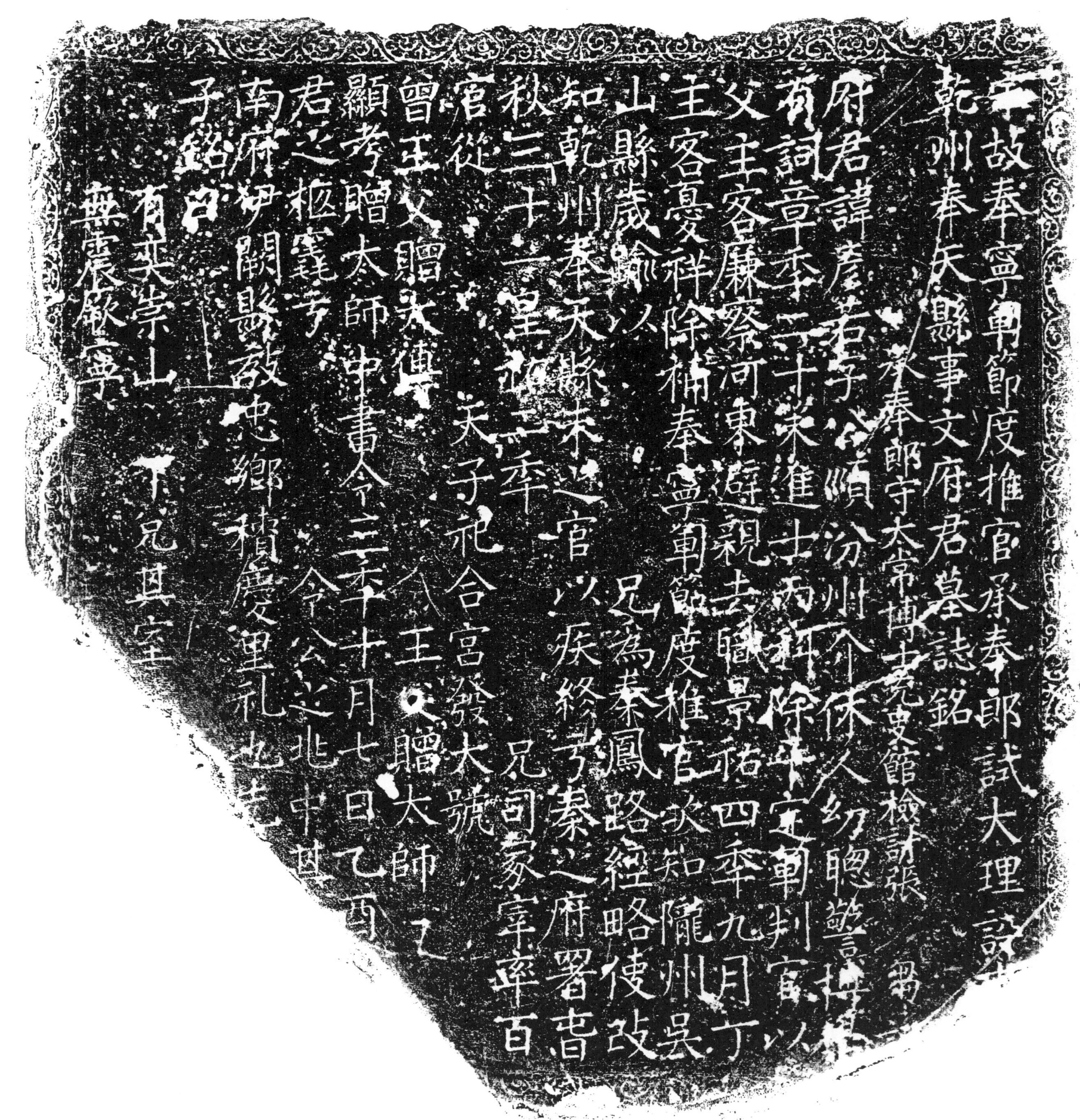

〇七〇　宋故奉寧軍節度推官承奉郎試大理評事知乾州奉天縣事文府君（彥若）墓誌銘

承奉郎守太常博士充史館檢討張芻譔

皇祐三年（1051）十月七日葬

志文 18 行，滿行 18 字，正書。誌石長 56 厘米、寬 54 厘米，洛陽伊川出土。

釋文

〇七〇　宋故奉寧軍節度推官承奉郎試大理評事知乾州奉天縣事文府君（彥若）墓誌銘

承奉郎守太常博士充史館檢討張芻譔

府君諱彥若，字公順，汾州介休人。幼聰警博學，有詞章，年二十，策進士丙科，除平定軍判官，以父主客廉察河東，避親去職。景祐四年九月，丁主客憂，祥除奉寧軍節度推官，次知隴州吳山縣。歲踰，以兄為秦鳳路經略使，改知乾州奉天縣，未之官，以疾終于秦之府署，春秋三十一。皇祐二年，兄司冢宰，率百官從天子祀，合宮發大號，曾王父贈太傅，王父贈太師，顯考贈太師、中書令。三年十月七日乙酉□□君之柩窆于令公之兆中，其□□河南府伊闕縣教忠鄉積慶里，禮也。先□□□□子，銘曰：

有奕崇山，卜兌其室。□□□□，無震厥寧。

注：墓主系北宋名相文彥博之弟。

〇七一　宋故同州朝邑縣主簿范君（埴）墓誌銘

前寧州軍事推官承奉郎試秘書省校書郎劉師旦撰，登仕郎新授守光化軍司理參軍王允恭書

大中祥符六年（1013）三月七日卒，皇祐四年（1052）十二月一日葬

誌文 23 行，滿行 28 字，正書。誌石長 52 厘米、寬 51 厘米，洛陽伊川出土。

釋文

〇七一　宋故同州朝邑縣主簿范君（埴）墓誌銘

前寧州軍事推官承奉郎試秘書省校書郎劉師旦撰，登仕郎新授守光化軍司理參軍王允恭書

君諱埴，字器之，蘇州吳人。唐丞相履冰，其先也。曾王父隋，咸通中為處州麗水丞，遇亂弗克還，因家蘇州。王父夢齡，當錢氏有吳越，為蘇州糧料判官，德豐位約，貽祉厥後。生四子，皆有聞。其曾孫文正公，為皇朝名臣，今天子慶曆中拜參知政事，贈糧料君太保。君實文正之從父。君之考光謨，杭州餘杭令。君少好學，善為文，最長於詩。時錢氏用杜叔廉服要職，叔廉材君之譽，延置於門，深所器重，居常與之圖事。遂加薦引，補秀州司倉參軍。宋興，錢氏拱州縣之籍來上，君與其宗族凡六人從焉，悉拜恩於天朝。君得延州司法，歷廉州合浦主簿、虔州安遠尉、同州朝邑主簿。大中祥符六年三月七日，以疾終於官舍，享年六十有四。君性淳厚，奉親以孝，稱於鄉黨。其仕也本于廉平，遇事無所屈撓，蘄於循禮而已，不矯為以鬻名。群居溫溫謙謙，未嘗以所能。蓋人持躬，以是始終一焉。嗚呼！得以謂之吉人長者矣。夫人孫氏，今樞密直學士沔之姑，柔嘉淑懿，治閨門有法度，後君二十年而逝。二子，長曰釴，舉進士，殂。次曰鈞，并州榆次主簿，卒。二女，長適進士羊淳，次適惠州河源令徐昭回，俱亡。孫三人，長曰純道；次曰純誠，蘇州長洲尉；次曰純讓，業進士。孫女三人，長早夭，次適河南呂周士，次適進士錢頎。皇祐四年十二月一日，長洲君奉君之喪，葬于河南府河南縣萬安山之陽，孫夫人祔焉。銘曰：

內孝外謙，端方而廉；祿雖不衍，宅之以恬。迄終不渝，厥初是瞻；有順其孫，葬安祭嚴。

注：參見本書其子〇七二《范鈞墓誌》。

宋故范府君墓銘
府君諱鈞蘇州吳縣人官爲并州榆次主
簿以景祐元年閏六月一日終于京師皇
祐四年十二月一日嗣子純誠奉
府君之喪葬于河南萬安山　朝邑府
君塋之側夫人孫氏祔焉　府君之
曾祖諱夢齡事錢氏爲蘇州糧料判官慶
曆中以從弟　文正公貴贈太保祖
諱光謨杭州餘杭令父諱埴即　朝邑
府君也純誠守蘇州長洲尉次曰純讓業
進士女二人長未笄而卒次適河南呂周
吉銘曰
嗚呼　府君持心以仁位不充志惠
[illegible]繇伸積善有報慶在子孫

〇七二　宋故范府君（鈞）墓銘

景祐元年（1034）閏六月一日卒，皇祐四年（1052）十二月一日葬

誌文 14 行，滿行 16 字，正書。誌石長、寬均 47 厘米，洛陽出土。

〇七二　宋故范府君（鈞）墓銘

府君諱鈞，蘇州吳縣人，官為并州榆次主簿，以景祐元年閏六月一日終于京師。皇祐四年十二月一日，嗣子純誠奉府君之喪，葬于河南萬安山朝邑府君塋之側，夫人孫氏祔焉。府君之曾祖諱夢齡，事錢氏，為蘇州糧料判官，慶曆中以從弟文正公貴，贈太保。祖諱光謨，杭州餘杭令。父諱埴，即朝邑府君也。純誠守蘇州長洲尉。次曰純讓，業進士。女二人，長未笄而卒，次適河南呂周士。銘曰：

嗚呼！府君持心以仁，位不充志，惠亡繇伸，積善有報，慶在子孫。

蓋題："宋范府君墓志"

注：參見本書其父〇七一《范埴墓誌》。

○七三　宋故朝奉郎守殿中丞分司西京上輕車都尉賜緋魚袋張公（子元）墓誌銘并序

侄承奉郎守太子右贊善大夫知河南府偃師縣事仲武撰并書，王易、康坦鐫字

皇祐二年（1050）五月十八日卒，皇祐五年（1053）十一月十九日葬

誌文 41 行，滿行 40 字，正書。誌石長 73 厘米，寬 80 厘米，洛陽伊川出土。

○七三　宋故朝奉郎守殿中丞分司西京上輕車都尉賜緋魚袋張公（子元）墓誌銘并序

公諱子元，字長卿，其先濟陰宛句人也。石晉開運中，兵旱相繼，戎虜南下，少帝北狩，衣冠陷沒。先人避地洛表，子孫因家焉，今為河南人也。贈太師、尚書令、冀國公守一，秦國夫人孫氏，大王考妣也。大丞相、司空致仕，贈太師、尚書令、英國文定公齊賢，晉國夫人崔氏，王考妣也。大理寺丞，贈刑部尚書宗禮，封萬壽縣太君郭氏，考妣也。公幼而溫純重厚，若老成人。性嗜學，善屬辭，年七八歲，時在英公膝下，令賦櫻桃詩，云："日曬暖疑鎔，琥珀雨噴紅；欲滴燕支又，令為日中烏。"賦云："於誰之屋，運行營室之傍；何枝可依，躔次柳星之畔。"其佳句警策，往往播在人口。英公撫之曰："此吾家之蘇頲也。"未冠，業大成。咸平、景德中，天下成平，人主好文，美官顯爵，非進士不登其選。公及從父昆弟十餘人，德明行修，皆善為文章，名聲籍甚，號一時之俊。當時士大夫之家教子弟，必以吾門為表的。屬英公當國，不使子孫與孤寒士爭名於場屋間。祥符初，英公出鎮藩國，公始一偕鄉賦，不利於春官試。三年冬，真廟誕辰，英公以任，子令內舉，授將作監主簿。四年，幸汾脽，恩遷奉禮郎。乾興元年，今上纂極，轉大理評事。是歲，監穎州清酒務。考滿，改衛尉寺丞。天聖四年，監杭州都商稅務。歸闕，加太子中舍，監西京都鹽院。明道癸酉歲，天子親耕，禮畢覃慶，授殿中丞。其年冬，賜五品服。景祐初，監建州豐國錢監，又榷江陰軍酒稅務。公以萬壽君耆耄，有庭闈之戀，因求便官，以奉旨甘，得監西京水南倉。復厭下官奔走之勞，即表請分司，既報可，欣然退處私第，時年未逾耳順。食息康寧，日侍萬壽君膳，承顏就養，雍如也。嘗謂冢子仲熊曰："人不患貧，患不安；不患不成名，患不知道。吾今雖貧，而曹嫁娶已畢，既獲安居矣。而況日奉吾親，以伸吾孝養之心乎！汝既得祿仕，當守道以求進，俟汝遷官俸厚，吾當掛冠國門，歸老故閭，優游以卒歲。"仲熊奉而行之，不敢失墜。公為人寬仁孝愛，有先英公之風度，而恬於仕進，未嘗以榮利為意。居先尚書憂，哀毀過制。輯睦姻族，無親踈薄厚之間，鄉黨稱為善人。仕宦三十年，不問家人生產，雖居室屢空，湛如也。好圍棋，尤工篇什。英公故第之南園，有涼臺署館，修竹茂林，甲於洛下。公歸，則與親賓襞牋對枰，游樂其間。嘗為《憶天台》詩，有"翠微寺舍霜收橘，紅葉人家曉拾薪"。又《遣興》詩有"劉伶嗜酒非因醉，宋玉多悲不為秋"之句，皆才致清遠，雖古能詩者，未是過也。分務之後，屏絕人事侍親，退則葛巾藜杖，獨步三逕，吟嘯終日，家事一不干其慮。皇祐二年五月十八日，侍萬壽君食時，果飲酒亡恙。是夕既就枕，忽啟手足于子舍，時年六十三。盛夏蒸溽浹日方斂，既舉體如生焉，人以為公積行所感。始公效官檢身絜矩，外臨事敦大體，不以法繩於下，而下不忍欺，惟恐聞人之過。僚友才不才，待之如一。喜愠未嘗見於顏色，識者偉公器量，謂宜遠到，而官止六尚。及閑退，怡然委順，以文酒自樂，固已得喪俱泯，指馬一致，豈芬華盛麗所能汩其心哉！宜其導養沖倪，克享上壽，而天不憖遺，遽興曳杖之嘆。嗚呼！得非命也耶。累階至朝奉郎，勳上輕車都尉。公始娶吳氏，又娶王氏，皆先公而亡。有男四人：長仲熊，登進士乙科，今為著作佐郎。次仲顏，右班殿直。次仲弼，次仲謨，未仕。女一人，適前晉源縣主簿劉絳。孫男四人，孫女六人，並幼。皇祐五年冬十一月十九日甲申諸子弟奉公及二夫人喪，合葬于河南府河南縣洛菀鄉冷泉村先英公之原，禮也。銘曰：

猗歟烈祖，道充德肥；名晦叔葉，違難而西。積善必大，英公始基；功濟鄰憬，流慶本支。是生尚書，克濟厥美；器重珪璋，行芬蘭芷。公實似之，嫡孫冢子；外溫內純，德修言理。人謂公侯，必復其始；丁辰仕進，周旋率履。知命退密，優遊宴喜；富焉浮雲，祿也脫屣。老萊綵衣，公孫布被；子道雍如，天倫樂只。人謂公宜，駘背鯢齒；於何不吊，亟集憫凶。上壽弗享，委順而終；洛水北隼，洛都西偏。遠日至止，先塋在焉；佳城鬱鬱，宿草芊芊。位曰望庚，地曰冷泉；協卜筮吉，如金石堅。公其安此，子孫萬年。

侄承奉郎守太子右贊善大夫知河南府偃師縣事仲武撰并書。

王易、康坦鐫字。

注：參見本書其兄○八一《張子立墓誌》。

宋故彭城劉氏墓誌銘
劉於中國爲著姓惟
夫人之先世以文顯
夫人生十七年歸于我室後十一歲　父官
京師至是始寧焉明年春感疾及夏益革以終實
至和元年甲午四月二日也是月舉其櫬歸
夫人性和志專孝尊睦卑勤於四德之事朝夕盥
櫛衿纓綦屨克柔克順春秋祭祀中饋酒醴不懈
以虔家人無大小莫不宜雖外之姻族以時見者
亦莫不歡其在閨壼訓子以讀書謹身之義所言
不類婦人女子嗚呼享年不淑而弗克永於世生
男子二長曰牧之次曰衍之皆延
先君太傅之賞女子二皆幼是歲七月二十四日
乙酉克葬
太傅於伊汭之原前進士任逸以妻之喪從於
新阡庚窆之右刻石納諸壙爲之銘曰
閨門之內　婦德尤鮮　德而不遐
孰顯其善　或委諸命　推之于天
予不知其然　予不知其然

〇七四　宋故彭城劉氏（任逸妻）墓誌銘

任逸撰

至和元年（1054）四月二日卒，同年七月二十四日葬

誌文 19 行，滿行 19 字，正書。誌石長 62 厘米、寬 61.5 厘米，洛陽伊川出土。

〇七四　宋故彭城劉氏（任逸妻）墓誌銘

劉於中國為著姓，惟夫人之先世以文顯。夫人生十七年歸於我室，後十一歲，父官京師，至是始寧焉。明年春感疾，及夏，益革以終，實至和元年甲午四月二日也。是月，舉起櫬歸。夫人性和志專，孝尊睦卑，勤於四德之事，朝夕盥櫛，衿纓綦屨，克柔克順。春秋祭祀，中饋酒醴，不懈以虔。家人無大小莫不宜，雖外之姻族，以時見者，亦莫不歡。其在閨壼，訓子以讀書，謹身之義，所言不類婦人女子，嗚呼！享年不淑，而弗克永於世。生男子二：長曰牧之，次曰衍之，皆延先君太傅之賞。女子二，皆幼。是歲七月二十四日乙酉，克葬太傅於伊汭之原，前進士任逸以妻之喪，從於新阡庚竁之右，刻石納諸壙，為之銘曰：

閨門之內，婦德尤鮮。德而不遐，孰顯其善。或委諸命，推之于天。予不知其然，予不知其然。

蓋題："宋故彭城劉氏墓誌銘"。

注：参見本書其夫一一七《任逸墓誌》。

宋故西河任君墓誌銘
公諱顥字子明贈兵部侍郎第三子太子賓客致仕穎
之季弟妣濟陽郡太君丁氏君兄弟六人娶隴西李氏
二子長曰庚郊社掌座次康試將作監主簿一女適故
試秘書省校書郎商備孫六人曰之才之美未仕次並
幼孫女三人長適太廟室長趙裔孫餘並在室君陰重
寡言動持撿操方𢇍業也遭先侍郎之喪惸然在疚家
惟壁立伯仲勵精仕進中外幾外祿寓居濟陰之定陶
初非故里曾不植産郡太君高年日徯馨潔之養闔門
累百指仰食為命君獨捨學以資家竭力以治生約己
以豊人量入而節用接親賓以義撫孤遺以仁冠婚喪
祭禮無不至興臺臧獲御之有制濟濟然嗃嗃焉二十
年中能肥其家者君之力也康定初暴感風痺以寶元
元年正月初三日厥疾弗瘳終于家享年四十一後十
八年妻李氏卒兄賓客俾諸孤遷護二柩合葬河南府
洛陽縣北邙山杜澤村從先塋禮也銘曰
出處撿操　韜光隱耀　捨學肥家　以順以孝
中年逝去　不登壽考　施餘慶於諸孤
延賞澤於子道　協爾龜筮　安玆宅兆
啓佳城兮室於斯　吁大夢而弗覺

〇七五　宋故西河任君（顥）墓誌銘

寶元元年（1038）正月初三日卒，至和三年（1056）葬

誌文20行，滿行21字，正書。誌石長49.5厘米，寬48.5厘米，洛陽出土。

釋文

○七五　宋故西河任君（顥）墓誌銘

公諱顥，字子明。贈兵部侍郎第三子，太子賓客致仕顓之季弟。妣濟陽郡太君丁氏。君兄弟六人。娶隴西李氏。二子：長曰庚，郊社掌座；次康，試將作監主簿。一女適故試秘書省校書郎商備。孫六人：曰之才、之美，未仕；次並幼。孫女三人：長適太廟室長趙裔孫，餘並在室。君陰重寡言，動持檢操。方隸業也，遭先侍郎之喪，惸然在疚。家惟壁立，伯仲勵精仕進，中外篾升祿。寓居濟陰之定陶，初非故里，曾不植産。郡太君高年，日傒馨潔之養，闔門累百指仰食為命。君獨捨學以資家，竭力以治生。約己以豐人，量入而節用。接親賓以義，撫孤遺以仁。冠婚喪祭，禮無不至；輿臺臧獲，御之有制。濟濟然，嗃嗃焉，二十年中能肥其家者，君之力也。康定初，暴感風痺，以寶元元年正月初三日，厥疾弗瘳，終于家，享年四十一。後十八年，妻李氏卒。兄賓客俾諸孤遷護二柩合葬河南府洛陽縣北邙山杜澤村，從先塋，禮也。銘曰：

出處檢操，韜光隱耀。捨學肥家，以順以孝。中年逝去，不登壽考。施餘慶於諸孤，延賞澤於子道。協爾龜筮，安兹宅兆。啟佳城兮室於斯，吁大夢而弗覺。

〇七六　宋故威武軍節度推官贈金紫光禄大夫尚書禮部侍郎王公（九言）墓誌銘并序

朝奉郎守秘書丞監嘉州豐遠監上騎都尉李師錫撰，次子朝奉郎尚書駕部員外郎通判同州軍州兼管內勸農同群牧事上輕車都尉賜緋魚袋信民篆蓋，長子朝奉郎尚書駕部員外郎權管勾西京留司御史臺公事上柱國賜緋魚袋借紫正民書，西臺知班駈使官王德明刊石填諱

天禧五年（1021）十月十三日卒，嘉祐二年（1057）四月十六日葬

誌文 28 行，滿行 29 字，正書。誌石長 61 厘米、寬 62 厘米，洛陽出土。

〇七六　宋故威武軍節度推官贈金紫光祿大夫尚書禮部侍郎王公（九言）墓誌銘并序

朝奉郎守秘書丞監嘉州豐遠監上騎都尉李師錫撰，次子朝奉郎尚書駕部員外郎通判同州軍州兼管內勸農同群牧事上輕車都尉賜緋魚袋信民篆蓋，長子朝奉郎尚書駕部員外郎權管勾西京留司御史臺公事上柱國賜緋魚袋借紫正民書

公諱九言，世居汾晉間，家傳世系曰，隋文中子之後，世多顯官。季父嗣宗，舉進士，上前唱第，為第一人，官至太師。家于許，遂為許人。曾祖價先，贈太子少保；祖夢徵，贈太子太保；父嗣慶，成州推官。公舉明經，咸平三年中第，任袁州萍鄉縣尉，再調絳州曲沃縣主簿，以才幹嘗被外臺器使。會朝廷調發兵食，以公督集，沛有成績，亟聞其狀，恩擢保德軍判官，次為亳州推官。丁太夫人劉氏憂，外除為濟州從事，有治迹，表薦者甚衆。以尚書郎趙和致政，數不如吏部格，陛對循資，除威武軍節度推官。天禧五年十月十三日，以疾終于任。御史王臻為郡，素厚于公，公柩之歸，曲致其力。家子正民裁十餘歲，而能哀毀扶護，歷江山重復之險，安措于許，鄉閭由是以孝稱正民與次子信民。用太師蔭，歷官陞朝，累贈公禮部侍郎。公賦性純謹，能孝其家；稟識方厚，不悖於道。輕財好施，族人平居，亦未嘗先於己也。才甚美而位不顯，此命也歟。娶田氏，封長壽縣太君。子二人，長曰尚書駕部員外郎，權西臺御史；次曰信民，尚書駕部員外郎、通判同州軍州事。皆才於官，為士君子所與。孫八人：淇、灝、泂、泌、澣、洵、況、渥，尚幼。孫女三人，長適并州陽曲縣主簿李述之，其次適興州司理參軍掌世康，又其次適太常寺太祝程葆。正民任河南府通判日，長壽終于官舍之正寢，享年七十六，實慶曆五年三月六日也。先塋在許，將卜歸葬，以術者之說，地險而不可營，遂用嘉祐二年丁酉歲四月十六日舉公之喪，葬於河南府洛陽縣賢相鄉上店里，夫人田氏祔焉。龜筮協吉，師錫嘗為留守從事，與主駕君有僚官之舊，具狀其行，俾之論次，讓不得已，謹為銘曰：

孝篤於家，經明而仕。治以才稱，位由命止。士論所嗟，寔人之美。葬永其祀，公之有子。

西臺知班斵使官王德明刊石填諱。

〇七七　宋故宣德郎守大理寺丞知晉州臨汾縣事郭府君（璪）墓誌銘并序

承事郎守尚書都官員外郎新差知磁州軍州兼管內勸農事騎都尉借緋裴子良誌，朝奉郎太常博士新差通判懷州軍州兼管內河堤勸農事騎都尉借緋李師錫銘，朝奉郎守秘書丞新差知興元府南鄭縣事孟辯書并篆蓋，王易模刻

皇祐四年（1052）八月十六日卒，嘉祐四年（1059）十一月十一日葬

誌文 27 行，滿行 27 字，正書。誌石長 63.5 厘米、寬 64 厘米，洛陽出土。

○七七　宋故宣德郎守大理寺丞知晉州臨汾縣事郭府君（璪）墓誌銘并序

承事郎守尚書都官員外郎新差知磁州軍州兼管內勸農事騎都尉借緋裴子良誌，朝奉郎太常博士新差通判懷州軍州兼管內河堤勸農事騎都尉借緋李師錫銘，朝奉郎守秘書丞新差知興元府南鄭縣事孟辯書并篆蓋

府君諱璪，字叔儀，其先河南人。自幼有成人風，當佩觿之歲，父祖令賜財經畫利入，遂致增羡。暨冠，恥以財發身，能自謀學，卓然早成，凡為文字，名公多所推重。慶曆二年，舉進士，中乙科。釋褐單州團練推官，京東素號繁劇，府君贊畫郡政，人遂便安。是歲，天子郊給賞士卒，以物帛精疵不均，喧於庫中，遽往論之，此物由京師致是，非郡中所出，第其美惡以給之，衆皆畏。伏一日，公燕列校凌其上者，因訴於郡，郡將欲平其事，府君辨之，親聞凌上之語，請正其罪，以戒來者，竟從其議。計省嘗薦其才，就領荊南市征。朝廷舊有賞典，府君所蘊素高，堅讓還勅，時論多之。再調昭德軍節度推官，薦其能者數十人。引對，改大理寺丞，知晉州臨汾縣事。未赴官，於皇祐四年八月十六日得疾，卒于家，享年三十九。終之日，平生故人、里巷間無不嗟惜。府君懿德敏行，見稱士類；強學孝友，出於天性。嗟乎！位未充量，而淪謝于世。曾祖霖、祖銀，皆隱耀不仕，父潛，不仕。家雄於財，鄉里有善人稱。母王氏，先亡，繼母張氏。府君初娶吉氏，再娶李氏，有賢德，誓不改嫁，家人不能奪其志。生一女一男，女適試秘書省校書郎宋述。男宥，俊爽異倫，人皆為賢者，當有後。嘉祐四年十一月十一日葬于洛陽縣北邙之原，從吉卜也，以吉氏祔焉。子良素與之游，詳其行實，故為之序。趙郡李師錫夙聯姻好，而作之銘。其銘曰：

文行孝友，得之自然。公清方正，無一缺焉。鄉里所譽，仕路所賢，嗚呼全德，不與之年。

王易模刻。

彭城劉氏二十娘子至和二年乙
未適前進士任逸明年五月二十
二日卒於澤州判官之公署又明
年以其櫬還權厝河南縣伊汭鄉
祖塋之側用嘉祐五年庚子七月
二十三日己酉大葬　亡母萬
年縣太君因啓祔庚之故窆以歸
焉　劉氏之姊予之始娶也往
歲葬我　先君太傅既祔於庚
其銘詳之矣茲所不重敘焉
劉氏端柔純懿類其女兄不幸夭
嗇其壽益可悼也今其葬不可以
弗識任逸記

○七八　任逸妻劉氏墓誌

任逸記

至和三年（1056）五月二十二日卒，嘉祐五年（1060）七月二十三日葬

誌文 13 行，滿行 13 字，正書。誌長、寬均 54 厘米，洛陽伊川出土。

〇七八　任逸妻劉氏墓誌

彭城劉氏二十娘子（任逸妻），至和二年乙未適前進士任逸，明年五月二十二日卒於澤州判官之公署。又明年以其櫬還，權厝河南縣伊汭鄉祖塋之側。用嘉祐五年庚子七月二十三日己酉大葬。亡母萬年縣太君因啟祔庚之故，竁以歸焉。劉氏之姊，予之始娶也，往歲葬我先君太傅，既祔於庚，其銘詳之矣，茲所不重敘焉。劉氏端柔純懿，類其女兄，不幸天嗇其壽，益可悼也。今其葬，不可以弗識。

任逸記。

注：參見本書其夫一一七《任逸墓誌》。

〇七九　皇從姪右武衛大將軍道州團練使清源郡公宗望故夫人永嘉郡夫人張氏墓誌銘并序

翰林學士朝散大夫行尚書兵部員外郎知制誥判昭文館勾當三班院騎都尉長樂縣開國男食邑三百戶賜紫金魚袋臣賈黯奉勑撰，翰林書藝御書院祗侯臣武昌奉聖旨書，玉冊官臣陳永宣、臣李仲宣鐫

至和三年（1056）八月卒，嘉祐五年（1060）十月三十日葬

誌文 24 行，滿行 22 字，正書。誌石長 77.5 厘米、寬 76 厘米，洛陽出土。

○七九　皇從姪右武衛大將軍道州團練使清源郡公宗望故夫人永嘉郡夫人張氏墓誌銘并序

翰林學士朝散大夫行尚書兵部員外郎知制誥判昭文館勾當三班院騎都尉長樂縣開國男食邑三百戶賜紫金魚袋臣賈黯奉勅撰，翰林書藝御書院祗候臣武昌奉聖旨書

夫人姓張氏，贈太師、中書令兼尚書令、徐國公福之曾孫；贈太師、中書令玉之孫；太子太師致仕，贈太師兼中書令、徐國公耆之第二十二女，母曰韓國太夫人馬氏。以景祐三年八月歸于清源郡公宗望，始封平原縣君，俄進封安邑郡君。至和三年八月遘疾，終於邸第，追封永嘉郡夫人，享年三十七。上命內侍治喪，逾月，權厝於京師之普濟佛寺。夫人性沉厚，言語動作皆不妄明達，喜□書，每閑養，惟以圖史為樂。治家嚴而有法，早暮，勗諸子以學。□□□薦，享必躬執滌濯之事。初，清源公欲舉祖妣王夫人襄事，用度未給，以語夫人，夫人忻然盡出匳中玩飾物，以資其用。清源公實太宗皇帝之曾孫，刑文惠王諱元傑之孫也。六男子：仲郃、仲嘉皆千牛衛將軍；仲炎、仲峭，右監門衛率府率；餘早卒。五女：長適左班殿直李天益，封南陽縣君；次適左班殿直李庠，封花容縣君；次并早夭；一尚幼。嘉祐五年十月乙酉歸葬于河南府永安縣之新塋，禮也。爰詔內庭勒銘墓隧，銘曰：

於穆夫人，徽柔淑茂。室家是宜，姻族歸厚。德充於容，宜貴而壽。不偕於老，安歸其咎。

玉冊官臣陳永宣、臣李仲宣鐫。

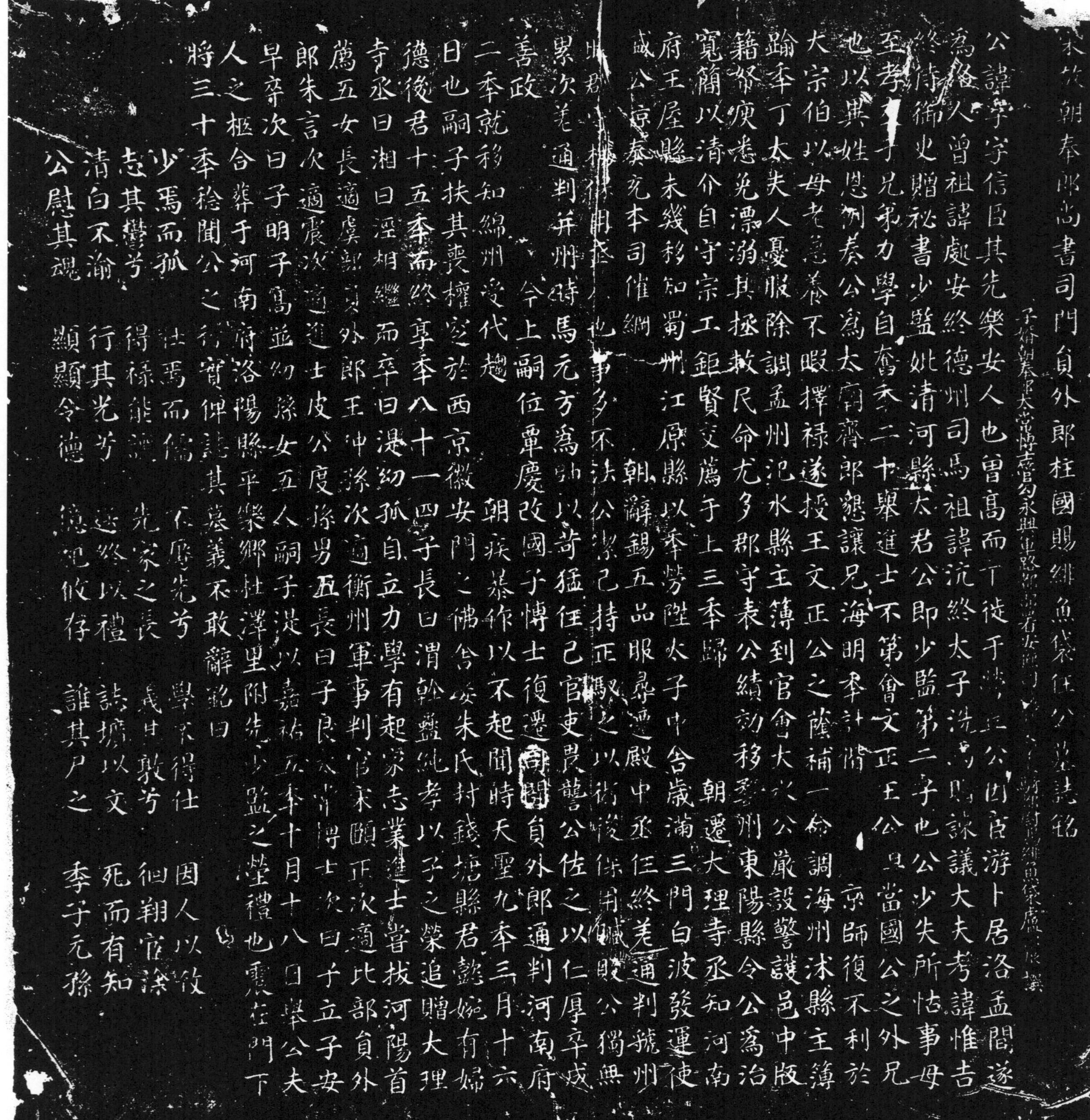

〇八〇　宋故朝奉郎尚書司門員外郎柱國賜緋魚袋任公（孚）墓誌銘

子婿朝奉郎太常博士管勾永興軍路都部署安撫司機宜文字上騎都尉賜緋魚袋盧陣撰

天聖九年（1031）三月十六日卒，嘉佑五年（1060）十月十八日葬

誌文 29 行，滿行 30 字，正書。誌石長 62 厘米、寬 61.3 厘米，洛陽出土。

〇八〇　宋故朝奉郎尚書司門員外郎柱國賜緋魚袋任公（孚）墓誌銘

子婿朝奉郎太常博士管勾永興軍路都部署安撫司機宜文字上騎都尉賜緋魚袋盧震撰

公諱孚，字信臣，其先樂安人也。曾高而丁徙于營丘，公因宦游，卜居洛孟間，遂為洛人。曾祖諱處安，終德州司馬。祖諱沆，終太子洗馬，贈諫議大夫。考諱惟吉，終侍御史，贈秘書少監。妣清河縣太君。公即少監第二子也，少失所怙，事母至孝，友于兄弟，力學自奮，年二十舉進士不第。會文正王公旦當國，公之外兄也，以異姓恩例奏公為太廟齋郎，懇讓兄海。明年，計偕京師，復不利於大宗伯，以母老急養，不暇擇禄，遂授王文正公之蔭補一命，調海州沭縣主簿。踰年，丁太夫人憂，服除，調孟州汜水縣主簿。到官，會大水，公嚴設驚護，邑中版籍帑庾，悉免漂溺，其拯救民命尤多。郡守表公績効，移婺州東陽縣令。公為治寬簡，以清介自守，宗工鉅賢，交薦于上。三年，歸朝，遷大理寺丞，知河南府王屋縣。未幾，移知蜀州江源縣。以年勞陞太子中舍，歲滿，三門白波發運使盛公京奏充本司，催綱，朝辭，錫五品服，尋遷殿中丞。任終，差通判虢州。此郡守機保用□人也，事多不法，公潔己持正，馭之以術，後保用贓敗，公獨無累。次差通判并州，時馬元方為帥，以苛猛任己，官吏畏讋，公佐之，以仁厚卒成善政。今上嗣位，覃慶改國子博士，復遷司門員外郎，通判河南府。二年，就移知綿州。受代趨朝，疾暴作，以不起聞，時天聖九年三月十六日也。嗣子扶其喪櫂窆於西京徽安門之佛舍。妾朱氏封錢塘縣君，懿婉有婦德，後君十五年而終，享年八十一。四子：長曰渭，幹蠱純孝，以子之榮追贈大理寺丞；曰湘，曰涇，相繼而卒。曰湜，幼孤，自立力學，有起家志，業進士，甞拔河陽首薦。五女：長適虞部員外郎王仲孫，次適衡州軍事判官宋頤正，次適比部員外郎朱言，次適震，次適進士皮公度。孫男五：長曰子良，太常博士；次曰子立、子安，早卒；次曰子明、子高，並幼。孫女五人。嗣子湜以嘉祐五年十月十八日舉公、夫人之柩，合葬于河南府洛陽縣平樂鄉杜澤里，祔先少監之塋，禮也。震在門下將三十年，稔聞公之行實，俾誌其墓，義不敢辭，銘曰：

少焉而孤，仕焉而儒，不辱先兮。學不得仕，因人以致，志其鬱兮。得禄能讓，先家之長，義其敦兮。徊翔官涂，清白不渝，行其光兮。送終以禮，誌壙以文；死而有知，公慰其魂。顯顯令德，億祀攸存；誰其尸之，季子元孫。

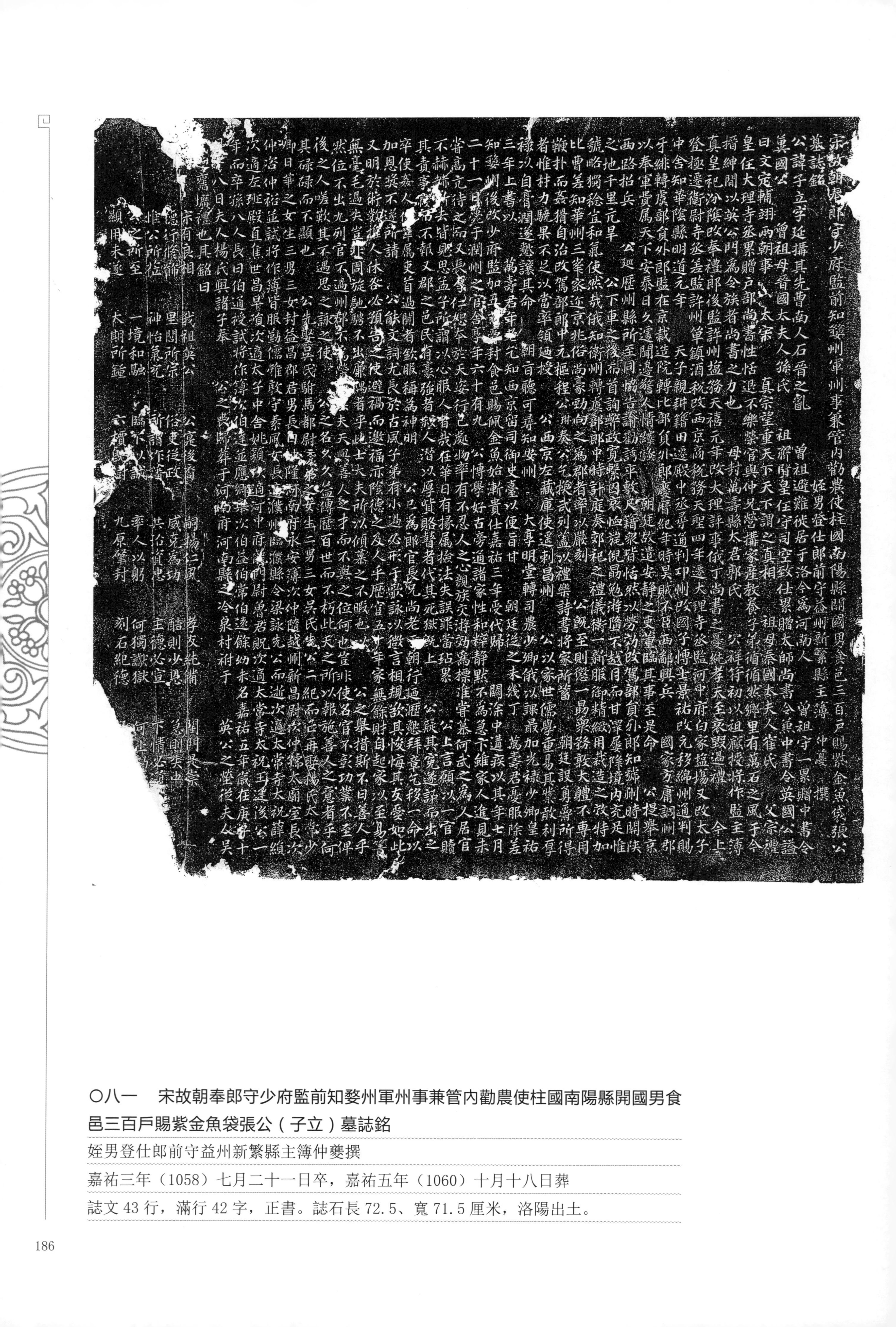

〇八一　宋故朝奉郎守少府監前知婺州軍州事兼管内勸農使柱國南陽縣開國男食邑三百戶賜紫金魚袋張公（子立）墓誌銘

姪男登仕郎前守益州新繁縣主簿仲夔撰

嘉祐三年（1058）七月二十一日卒，嘉祐五年（1060）十月十八日葬

誌文 43 行，滿行 42 字，正書。誌石長 72.5、寬 71.5 厘米，洛陽出土。

〇八一　宋故朝奉郎守少府監前知婺州軍州事兼管内勸農使柱國南陽縣開國男食邑三百戶賜紫金魚袋張公（子立）墓誌銘

姪男登仕郎前守益州新繁縣主簿仲夔撰

公諱子立，字延構，其先曹南人，石晉之亂，曾祖避難徙居于洛，今為河南人。曾祖守一，累贈中書令、冀國公。曾祖母晉國太夫人孫氏。祖齊賢，皇任守司空致仕，累贈太師、尚書令兼中書令、英國公，謚曰文定，輔翊兩朝，事太宗、真宗，望重天下，天下謂之真相。祖母秦國太夫人崔氏。父宗禮，皇任大理寺丞，累贈戶部尚書，性恬退，不樂榮宦，與仲兄營構家產，教養子弟，循循然鄉里，有萬石之風。于今搢紳間以英公門為令族者，尚書之力也。母封萬壽縣太君郭氏。公祥符初以祖蔭授將作監主簿，真皇祀汾陰，改奉禮郎，後監許州鹽務。天禧元年，改大理評事。俄丁尚書之憂，純孝天至，哀毀過禮。今上登極，遷衛尉寺丞，差監許州單鎮酒稅，改西京商稅務。天聖四年，遷大理寺丞，監河中府白家鹽場，又改太子中舍，知華陰縣。明道元年，天子親耕籍田，遷殿中丞，尋通判邛州，改國子博士。景祐改元，移綿州通判，賜牙緋，轉虞部員外郎，監在京裁造院，轉比部員外郎。慶曆紀年，時昊賊不臣，西鄙興兵。國家方庸調州郡以奉軍費。屬天下安泰日久，遽聞邊警，人情繹騷。朝廷故遣安靜之吏董臨其事，至是命公提舉京西路招兵。公巡歷州縣，所至同協，告諭勸誘，卒敷尺籍，衆皆恬然。以勞効改駕部員外郎、知虢州。時關陜之地，千里亢旱，公下車之後而首詢弊政，寬繫囚，哀恤旄倪，勖勉游墮。不越月而甘澤屢降，境内充足，惟虢略獨稔，豈和氣使然哉！俄知衛州，轉虞部郎中。時計庭奏，郊祀之禮，儀衛一新，服御精緻，用裁造之效，特加比曹，差知華州。三峯密邇京兆，俗尚豪勁，向之為郡者，率以嚴刻。公既至則懲一勖衆，務敦大體，不專用鞭仆而奸猾自治，改駕部郎中。元樞程公琳奏公乞換武列，蓋以《禮》《樂》《詩》《書》，將家所蓄。朝廷設勇爵，所得者惟材力驍果，不足以當率領，廼授公西京左藏庫使，遙刺昌州。公以家世儒學，重易其業，敢利厚祿，以自膏潤。遂懇讓其命，朝旨聽可，尋知安州。大享明堂，轉司農少卿，俄以課最，加光祿少卿。皇祐三年上書，以萬壽君年老，乞知西京留司御史臺，以便旨甘。朝廷從之。未幾，丁萬壽君憂。服除，差知婺州，後改少府監，加五等爵，封食邑，賜佩金魚，始漸貴仕。嘉祐三年，受代歸闕，涂中遘疾，以其年七月二十一日薨于潤州之官舍，享年六十有九。公博學好古，旁通諸家，性和粹靜默，不為急卞，雖家人進見，未嘗高亢待之，而又長厚仁恕，本於天姿，行己處物，率有不忍人之心。親族交遊，効為標準。嘗慕何武之為人，居官不赫赫，囗去皆見思。孟子所謂以心服人者哉！在華日，有掾屬檢法失誤，罪當玷累。公上言，願以一官贖其責事，寢而不報。又郡之邑民，有豪強者殺人，潛以厚貲，賂瞽者代其死。獄既上，公疑其寃，遂訊而出之，卒使奸人伏辜，屬吏首過。聞者欽服，稱為神明。公已為郎官，長兄尚老于朝行，廼瀝懇拜章，乞移一命，以加恩奬，不遂所請。公能文詞，尤長於古風，子弟有小過，必形於歌詠，以微言相規，欲其悛悔，其友愛如此。又明於術數，推人休咎，必預告之，使避禍而邀福，亦陰德之及人乎！歷官五十年，家無餘財，自起家至於易簀，無毫毛過失，豈非周旋馳騁，不出廉隅者乎！此士大夫所以傾慕之不暇也。以公之舉措，斯不曰善人乎！然位不出九列，官不過州郡，不為榮囗，士大夫與善人之才，而不與之位，何也？豈非使名宦不彰，功業不至，俾後之人，嗟歎其不遇，思之詠之，使公之名，久久益傳，歷百世而不朽。此天之所以報施善人之意者乎！何其碌碌而不顯也。公先娶吳氏，駙馬都尉元扆弟之女，生二男三女，吳氏先公二紀而亡。再娶楊氏，太常少卿日華之女，生三男三女，封益昌郡君。男長曰仲隆，河南府永安簿。次仲隨，越州新昌尉。次仲孺，太廟室長。次仲諮、仲裕，並試將作簿。皆服勤儒雅，敦守素風。女長適濮州臨濮縣令梁詠，先公而逝。次適太常寺太祝薛縜。次適左班殿直焦世昌，早殞。次適太子中舍姚穎，次適河中府龍門尉魯君貺，次適太常寺太祝王逄，後公一年而卒。

孫八人，長曰伯通，授試將作簿。次伯達，並應鄉舉。次伯益、伯常、伯遠，餘幼未名。嘉祐五年歲在庚子十月十八日，夫人楊氏與諸子奉公之喪，歸葬于河南府河南縣之冷泉村，祔于英公之塋，從夫人吳氏之舊壙，禮也。其銘曰：

宋有良相，我祖英公；公寔後裔，嗣揚仁風。孝友純備，閨門是崇；德行脩飾，里閭所宗。俗吏從政，威克為功；酷則少恩，急則失中。惟公所蒞，神怡氣充；所謂作藩，共治資忠。主德必宣，下情必通；公之所至，一境和融。臨下以誠，率人以躬；何獨讞獄，何止口口。顯用未遂，大期所鍾；六櫝既樹，九原肇封；刻石紀德，口口口口。

注：參見本書其妻一四三《楊氏墓誌》、其弟〇七三《張子元墓誌》。

監許州單鎮酒稅改西京商稅務天聖四年遷大理
元年　天子親耕籍田遷殿中丞尋通判邛州改
監在京裁造院轉比部員外郎慶曆紀年時昊賊不
泰日久邊闉邊警人情繹騷　朝廷故遣安靜之
歷州縣所至同協告諭勸誘平數尺籍衆皆悟然以
公下車之後而首詢弊政寬繇因哀恤旋倪勗勉游
然哉俄知衛州轉虞部郎中時計庭奏郊祀之禮儀
家近京兆俗尚豪勁向之爲郡者率以嚴刻　公
駕部郎中元樞程公琳奏公乞換武列蓋以禮樂詩
以當率領遹授　公西京左藏庫使遙刺昌州
其命　朝旨聽可尋知安州　大享明堂轉司
壽君年老乞知西京留司御史臺以便旨甘　朝
□□□□食邑□□金魚□□□□嘉祐三年受

局部原大

大宋右侍禁焦君夫人張氏墓誌銘并序

鄉貢進士郭甫撰

夫人姓張氏　曾祖齊賢守司空致仕贈太師尚書令英國公謚文定　祖宗禮大理寺丞贈刑部尚書文子立少府監　夫人即　大監之第三女也適右侍禁焦君世昌從夫官于河東石砆寨嘉祐四年十二月八日以疾卒年三十有三　夫人性質令淑事舅姑盡孝遇夫盡順睦族盡愛其守已也正以白其治生也約以節內外宗戚莫不喜仰所謂能宜其家室者也予觀詩采蘋之篇見古之大夫士之妻能循法度奉祭祀其風能化及江漢汝墳之女能守其正當時君子稱詠之如此今　夫人能盡孝盡順盡愛正白約節之德豈不足法一家歟生子一人女五人皆幼嘉祐七年二月二十四日葬河南府洛陽縣金谷鄉尹村祔于

先姑之兆銘曰

易之家人　義在中饋

張氏之德　能全厥義

歸祔于姑　克光永世

鄉貢進士王辨書　王易刊

〇八二　大宋右侍禁焦君（世昌）夫人張氏墓誌銘并序

鄉貢進士郭甫撰，鄉貢進士王辨書，王易刊

嘉祐四年（1059）十二月八日卒，嘉祐七年（1062）二月二十四日葬

誌文 20 行，滿行 20 字，正書。誌石長、寬均 59 厘米，洛陽出土。

〇八二　大宋右侍禁焦君（世昌）夫人張氏墓誌銘并序

鄉貢進士郭甫撰

夫人姓張氏，曾祖齊賢，守司空致仕，贈太師、尚書令、英國公，謚曰“文定”。祖宗禮，大理寺丞，贈刑部尚書。父子立，少府監。夫人即大監之第三女也，適右侍禁焦君世昌，從夫官于河東石硖寨。嘉祐四年十二月八日以疾卒，年三十有三。夫人性質令淑，事舅姑盡孝，遇夫盡順，睦族盡愛。其守己也正以白，其治生也約以節。內外宗戚莫不喜仰，所謂能宜其家室者也。予觀詩采蘋之篇，見古之大夫士之妻能循法度、奉祭祀，其風能化及江漢；汝墳之女能守其正，當時君子稱詠之如此。今夫人能盡孝、盡順、盡愛，正白約節之德，豈不足法一家歟。生子一人，女五人，皆幼。嘉祐七年二月二十四日葬河南府洛陽縣金谷鄉尹村，祔于先姑之兆。銘曰：

易之家人，美在中饋。張氏之德，能全厥義。歸祔于姑，克光永世。

鄉貢進士王辨書，王易刊。

注：參加本書其父〇八一《張子立墓誌》。

大宋故右侍禁焦君墓誌銘并序
承奉郎試秘書省校書郎權滕州軍事推官李昭文撰
君諱宗説字夢臣曾祖諱廣帳前都統軍贈太子少
師祖諱繼勳彰德軍節度使贈太尉考諱守節四
方館使禁州刺史贈右武衛上將軍君天聖中以父
任爲右班殿直監内柴炭庫門後監明州鹽倉明道初
天子畢恭謝禮泛恩改左班後考課遷右侍禁監外香
藥庫門後監福州商税後押兵器赴永興軍以疾卒康
定二年十二月朔日也享年五十有七兄弟九人君
居長而能盡友道郁睦諸弟處家有法雖僮僕無不肅
謹涖官強幹而廉士大夫固所推義出將門席世勳不
以驕伐自逸克裕于家幹于官不與善歟惜乎歷効未
著而世始娶尹氏先君而亡繼娶諫議大夫李公韶
之女子三人長曰世卿内殿崇班曹州兵馬都監次曰
世安右侍禁次曰世寧終右班殿直女一人適進士王
俞子之子六人嘉祐七年二月二十四日葬河南府洛
陽縣金谷鄉尹村祔于先太尉之兆次銘曰
出將門席祖勳
官冗歷德廉勤
遺子孫刻于珉
鄉貢進士王辨書閻永真刊

〇八三　大宋故右侍禁焦君（宗説）墓誌銘并序

承奉郎試秘書省校書郎權滕州軍事推官李昭文撰，鄉貢進士王辨書，閻永貞刊

康定二年（1041）十二月一日卒，嘉祐七年（1062）二月二十四日葬

誌文 21 行，滿行 21 字，正書。誌石長 60.5 厘米、寬 63.2 厘米，洛陽出土。

〇八三　大宋故右侍禁焦君（宗說）墓誌銘并序

承奉郎試秘書省校書郎權滕州軍事推官李昭文撰

君諱宗說，字夢臣。曾祖諱虔，帳前都統軍，贈太子少師。祖諱繼勳，彰德軍節度使，贈太尉。考諱守節，四方館使、榮州刺史，贈右武衛上將軍。君天聖中，以父任為右班殿直，監內柴炭庫門，後監明州鹽倉。明道初，天子畢恭謝禮，泛恩改左班，後考課遷右侍禁，監外香藥庫門。後監福州商稅，後押兵器赴永興軍。以疾卒，康定二年十二月朔日也，享年五十有七。兄弟九人，君居長，而能盡友道，郁睦諸弟。處家有法，雖僮僕無不肅謹。蒞官強幹而廉，士大夫固所推美。出將門，席世勳，不以驕伐自逸。克裕于家，幹于官，不其善歟？惜乎！歷効未著而世。始娶尹氏，先君而亡，繼娶諫議大夫李公韶之女。子三人：長曰世卿，內殿崇班、曹州兵馬都監；次曰世安，右侍禁；次曰世寧，終右班殿直。女一人，適進士王俞。子之子六人。嘉祐七年二月二十四日葬河南府洛陽縣金谷鄉尹村，祔于先太尉之兆次。銘曰：

出將門，席世勳。官冗歷，德廉勤。遺子孫，刻于珉。

鄉貢進士王辨書，閻永貞刊。

〇八四　宋故朝奉郎尚書屯田員外郎新差簽署奉國軍節度判官廳公事上騎都尉賜緋魚袋盧君（震）墓誌銘并序

給事郎試秘書省校書郎前丹州軍事推官李藻撰，河南賈敏之書兼題蓋

嘉祐七年（1062）五月十日卒，同年七月二十七日葬

誌文 27 行，滿行 27 字，正書。誌石長 67 厘米、寬 68 厘米，洛陽出土。

釋文

〇八四　宋故朝奉郎尚書屯田員外郎新差簽署奉國軍節度判官廳公事上騎都尉賜緋魚袋盧君（震）墓誌銘并序

給事郎試秘書省校書郎前丹州軍事推官李藻撰，河南賈敏之書兼題蓋

盧氏世居濮，其先搏漢，乾祐中，嘗為河南少尹，因家焉。曾祖戩，太常寺奉禮郎，逮仕我朝。祖用，不仕。父賁，舉明經不第，累贈大理寺丞。母何氏，封永康縣太君。君諱震，字景仁，及長，父曰："若相異群童，當起吾家。"然不業進士，不得美官，無忽吾言，遂為學日堅。逾冠，一舉中第，調儀州軍事推官。丁父憂，服除，補虢州軍事判官。用薦者，移知解之安邑縣事。丁母艱，已而授奉寧、寧江軍二節度推官。秋滿，改著作佐郎，知陝之芮城縣事。避親諱，遷殿中丞，掌永興路安撫司機宜文字。舊相梁公復舉再任，改太常博士，賜緋衣銀魚，遷屯田員外郎，簽署奉國軍判官事，未之官，終于河南永泰坊之私第，年五十有一，實嘉祐七年五月十日也。君仁厚有斷，治狀尤顯。虢大歉，莩骨暴露，君白州盡斂而葬之。河南盜誘童子，欲奪其珍，縊而未絕，使妻繼下其刃，鞠者不盡，監司疑之，請君覆按。至，則令造木刀、塑像、遣囚，狀其跡，群疑遂泮，皆戮諸市。鄭之婦與人謀殺其夫，子自外至，妻告其由，子因訴於里人，縣獄具議，母子婦當坐極法。君惻然，謂罪緣其母，而牽及無辜，實損和氣，白上官躬請議，縣再詰其根，既而止坐首惡，豈非陰功厚施者哉！罷安邑時，為風疾所中，手足不仁，望天子無復進對，知者愛其才，連任奏辟，常肩輿議事。家素窘，節益堅，未省一日顧米鹽為妻子計。終之日，篋中餘百金，友人前蜀郡太守趙公嗣醵貲以葬。平居，殉財者聞君雖病廢，不以家事為意，豈不愧哉！娶任氏，封仙源縣君。生二男，曰彰、曰清。二女，長適吉州永豐縣尉柏初，次幼。以其年七月二十七日葬于洛陽賢相鄉杜澤里。銘曰：

議刑以平，固節以清。不到于遠，止遺其聲。

韓愷墓誌銘并序
叔祖開府儀同三司行刑部尚書同中書
門下平章事昭文館大學士監修 國史
上柱國儀國公琦撰并書
愷字和仲余姪殿中丞公彥之次子母仁壽縣
君張氏愷天性孝謹幼識禮義讀書彊記而善
屬文嘉祐三年秋方應進士舉而兄確物故是
冬其父病愷躬進藥劑晝夜侍側不解帶者累
月及父之亡也哀毀過甚不能自抑既而感疾
遂不可治五年四月二十二日卒時年二十曾
愷之所稟可謂粹美矣使天稍畀以年則其治
家也有不順而睦乎其得仕也有不忠而幹乎
柰何乎吾家之不幸而賦命之短也七年十一
月二十九日因余妻安國夫人崔氏之葬乃於
相州安陽縣新安村 先塋東百步之近得地
吉用丙穴以葬愷銘曰
秀而不實 夫子之嗟
哀哉愷兮 遽如是耶

〇八五　韓愷墓誌銘并序

叔祖開府儀同三司行刑部尚書同中書門下平章事昭文館大學士監修國史上柱國儀國公琦撰并書

嘉祐五年（1060）四月二十二日卒，嘉祐七年（1062）十一月二十九日葬

誌文 18 行，滿行 18 字，正書。誌石長 48.5 厘米、寬 49.5 厘米，安陽出土。

〇八五　韓愷墓誌銘并序

叔祖開府儀同三司行刑部尚書同中書門下平章事昭文館大學士監修國史上柱國儀國公琦撰并書

愷，字和仲，余姪，殿中丞公彦之次子，母仁壽縣君張氏。愷天性孝謹，幼識禮義，讀書彊記而善屬文。嘉祐三年秋方應進士舉，而兄確物故，是冬其父病，愷躬進藥劑，晝夜侍側不解帶者累月。及父之亡也，哀毁過甚，不能自抑，既而感疾，遂不可治。五年四月二十二日卒，時年二十。噫！愷之所禀，可謂粹美矣。使天稍畀以年，則其治家也，有不順而睦乎？其得仕也，有不忠而幹乎？奈何乎，吾家之不幸，而賦命之短也。七年十一月二十九日，因余妻安國夫人崔氏之葬，乃於相州安陽縣新安村先塋東百步之近得地吉，用丙穴以葬愷。銘曰：

秀而不實，夫子之嗟。哀哉愷兮，遽如是邪。

○八六　宋故朝奉郎守尚書虞部郎中致仕護軍賜緋魚袋劉公（舜卿）墓誌銘

承奉郎守太常博士充秘閣校理同知太常禮院騎都尉李育撰，朝奉郎尚書比部員外郎上騎都尉賜緋魚袋程璠書并題蓋，張琇刊

嘉祐七年（1062）四月二十二日卒，嘉祐八年（10630 十二月五日葬

誌文 29 行，滿行 30 字，正書。誌石長、寬均 77 厘米，洛陽偃師出土。

〇八六　宋故朝奉郎守尚書虞部郎中致仕護軍賜緋魚袋劉公（舜卿）墓誌銘

承奉郎守太常博士充祕閣校理同知太常禮院騎都尉李育撰，朝奉郎尚書比部員外郎上騎都尉賜緋魚袋程璠書并題蓋

公諱舜卿，字仲元，其先鎮州欒城人，後家于開封。父諱懷寶，有行義，年八十，享公祿養三十年，以壽終，累贈光祿少卿；母何氏，追封東海縣太君，公先以禮合葬於河南偃師縣洛南鄉祁村北邙原，今為河南人。公起家好學，顓治詩。大中祥符四年，章聖祀汾陰，詔舉服勤詞學經明行修之士，公冠本科中第，始年二十，調蔡州確山尉。歷簡州司法參軍，鄂州武昌、杭州鹽官二縣令，皆有治名。以母憂去職。釋服，授江寧府司錄參軍。上官許其能，交章慰薦。任滿，改大理寺丞，知偃師。丁父喪，既除，知許州長葛縣。歸朝，出知涪州，又通判鳳翔府，累官至國子博士。用皇祐祀明堂，恩遷尚書虞部員外郎，知成州，又知乾州。三遷至虞部郎中。秩滿，將入覲，子師旦時以殿中丞知河南伊闕縣，迎之官下。居一日，謂其子曰："吾仕宦五十年，今七十矣，豈可恃筋力而竊祿邪？"即以本官請老，居常詠詩讀書為樂。明歲，以疾終于官舍之正寢，享年七十一，實嘉祐七年四月二十二日也。公性端慎外和，易而內方正，事親以孝謹，接人以誠信，內行修飭，治家有禮法。居官，公廉而不徇名譽，聽訟明曲直而已，不深文，無留獄。是以所至，人安之祿賜。稍餘，則賙親戚之貧者。雖閑居，樂延故人賓客，用是無貲產。其治涪也，其地被山帶江，其俗倚架巖壑，以茅竹覆屋而居，比多火災，常備革筩貯財賄，火作則推而下之，置於江岸，環守以避之火，已則復葺，常以是困。公諭之俾為陶瓦，暫費而久，佚民曉然從命，其後遂無火患。屬邑曰：賓化有夷人常相剽掠，吏不能禁。公至，示以威信，無敢少動。所治三州，皆飾庠序，勸課諸生，於成尤著。以僚屬少文，致書於比州辭學之士，以丐試目，試已則復求較定，有一語警策，必喜而稱之，其樂善如此，故成之諸生，寫公象而祠之。公娶王氏，封萬年縣君。一男，即師旦，舉進士，中乙科，博學有文行。孫三人，長曰絢，以公致仕補太廟齋郎；次曰約，次曰絇。女孫三人。育之先子與公有雅素，結為婚姻，故悉知公平生所為，其孤將以八年癸卯十二月壬申葬于先君墓次，前期來請銘。銘曰：

孝于親，惠于民。樂善好誼，心和行醇。請退合禮，靡踰其□。歿喪未除，返宅于真。儉而惟勤，蓄而益振，在後之人。

張琇刊。

魏陽郡申氏墓誌銘

河南李藩撰

鄉貢進士田經書

治平元年七月十四日河南張季莊喪其孀嫂申氏哀慕號踴將

為三年之服同郡友人聞之爭造其門且弔且勉懼其為禮不中而

自納於過季莊曰予幼亡二親保養之恩實出申氏平生固嘗母

事之今其亡也其可不為之服邪不為之服則其恩殆將無以報

焉者由是友人退而懼其終不肯變且不可以口舌爭也相與日往

書以諭之庶乎漸以感悟一日季莊果幡然曰三年之服是不可為

也向之所思蔽於恩而忘義之顧耳雖然全顧恩則傷義全顧義則

廢恩予其降而為朞亦足申吾志也友人聞之為諫猶力季莊曰是

不可奪也聖人立中以為禮固不可過也而今我過之寧自受以為

咎不忍全廢吾恩也既而友人之議熄乃屬李藩曰余將以九月十

有一日舉申氏之喪祔于吾 先兄之墓願乞子文以誌之藩以

朋友之命不可違也遂次其事云 申氏本富族年十六歸張氏為

第五婦天性恬約朱後服玩事舅姑能得歡心舅姑有疾嘗藥視膳

尤適其意諸婦咸取法焉平居賓客猥至必自手爨其勤於婦饋而

不自驕佚蓋如此自三十五歲而孀且復專理內事頗識大體不妄

語其族人愈畏憂之視財利尤蔑以為意閨內嘗有訟而求析者戒

之不聽則曰無置我於訟中以污我也至於聞他族之毋貨者亦必

醜之以謂此物奚用多為中外益以是為美嗚呼家厚於財而持身

不以自污此古人之所難也而婦人者能之是何識之高邪享年六

十有四以疾終于堂女二人長適鄉貢進士田經次適進士馮瑾皆

先卒女孫二人長適進士王玠次適進士王琉銘曰

婦人用恩溺於己親兼施旁達寔鮮厥人惟其申氏

猶孫同仁夫子用義斷在可否匪服而服推心則厚

推其張子受以為咎張子之服 申氏之恩 休聲令聞

[illegible]門刻詩幽壙告諸先

〇八七　魏陽郡申氏墓誌銘

河南李藩撰，鄉貢進士田經書

治平元年（1064）七月十四日卒，同年九月十一日葬

誌文 27 行，滿行 26 字，正書。誌石長、寬均 49 厘米，洛陽出土。

釋文

〇八七　魏陽郡申氏墓誌銘

河南李藩撰，鄉貢進士田經書

治平元年七月十四日，河南張季莊喪其孀嫂申氏，哀慕號踴，將為三年之服。同郡友人聞之，爭造其門，且吊且勉，懼其為禮不中而自納於過。季莊曰："予幼亡二親，保養之恩，實出申氏，平生固嘗母事之，今其亡也，其可不為之服邪？不為之服，則其恩殆將無足以報焉者。"由是，友人退而懼其終不肯變，且不可以口舌爭也，相與日往書以諭之，庶乎漸以感悟。一日，季莊果幡然曰："三年之服，是不可為也，向之所思，蔽於恩而忘義之顧耳。雖然全顧恩則傷義，全顧義則廢恩，予其降而為期，亦足申吾志也。"友人聞之，為諫猶力。季莊曰："是不可奪也，聖人立中以為禮，固不可過也。而今我過之，寧自受以為，各不忍全廢吾恩也。"既而友人之議熄。乃屬李藩曰："余將以九月十有一日舉申氏之喪，祔于吾先兄之墓，願乞子文以誌之。"藩以朋友之命不可違也，遂次其事云：申氏本富族，年十六歸張氏為第五婦，天性恬約，不侈服玩。事舅姑能得歡心，舅姑有疾，嘗藥視膳尤適其意，諸婦咸取法焉。平居，賓客猥至，必自手爨。其勤於婦饋而不自驕，佚蓋如此。自三十五歲而孀，且復專理內事，頗識大體。不妄語笑，族人愈畏愛之。視財利尤蔑以為意，閫內嘗有訟而求析者，戒之不聽，則曰："無置我於訟中，以污我也。"至於聞他族之每貨者，亦必醜之，以謂此物奚用，多為中外益，以是為美。嗚呼！家厚於財，而持身不以自污，此古人之所難也，而婦人者能之，是何識之高邪！享年六十有四，以疾終于堂。女二人，長適鄉貢進士田經，次適馮瑾，皆先卒。孫女二人，長適進士王玠，次適進士王琓。銘曰：

婦人用恩，溺於己親。兼施旁達，寔鮮厥人。惟其申氏，孤孺同仁。夫子用義，斷在可否。匪服而服，推心則厚。惟其張子，受以為咎。張子之服，申氏之恩。休聲令聞，□□閨門。刻詩幽壙，告諸先君。

〇八八　皇從姪右監門衛大將軍世敞夫人旌德縣君李氏墓誌銘并序

翰林學士朝散大夫中書舍人判昭文館充群牧使兼判尚書禮部輕車都尉常山郡開國侯食邑一千三百戸賜紫金魚袋臣賈黯奉撰，翰林書藝將仕郎守少府監主簿御書院祗侯臣蘇從道奉聖旨書，玉冊官臣羅惟政刊

嘉祐八年（1063）十一月十五日卒，治平元年（1064）十一月五日葬

誌文 19 行，滿行 20 字，正書。誌石長 76 厘米、寬 77 厘米，洛陽出土。

○八八　皇從姪右監門衛大將軍世敞夫人旌德縣君李氏墓誌銘并序

翰林學士朝散大夫中書舍人判昭文館充群牧使兼判尚書禮部輕車都尉常山郡開國侯食邑一千三百戶賜紫金魚袋臣賈黯奉撰，翰林書藝將仕郎守少府監主簿御書院祗侯臣蘇從道奉聖旨書

夫人姓李氏，其先應州金城人。曰高者，仕後唐，位至莊宅使。高生彥榮，會石晉割十六州地入契丹，應其一也，彥榮遂仕契丹偽寰州刺史。彥榮生重誨，太平興國中，挈族來歸，補鄧州馬步軍都校，俄授武州刺史，累有戰功。官至皇城使、封州刺史。重誨生禹度，今為內殿承制，夫人之父也。夫人幼而柔淑，既笄，慎擇所配，以嘉祐五年歸于皇姪世敞，今官右監門衛將軍，蓋太祖皇帝之玄孫，越懿王之孫也，恩封旌德縣君。二子：長曰令奧，太子左監門率府率；次未名而夭。八年十一月十五日以疾卒，年始二十有三，權厝於奉先佛寺。明年改元，治平冬十月二十二日自京師遷其柩，以十一月五日葬於河南府永安縣之別塋。銘曰：

生於世胄，嬪於宗英，不偕於老，胡奪其齡。

玉冊官臣羅惟政刊。

〇八九　宋何慶之墓誌銘

姚爽撰，里人尹材書，張冕篆蓋，李縝刻

治平三年（1066）五月十九日卒，同年七月九日葬

誌文 25 行，滿行 25 字，正書。誌石長 63 厘米、寬 61 厘米，洛陽出土。

○八九　宋何慶之墓誌銘

吾友何慶之於治平三年五月十九日卒于永泰里第。葬有日，其嗣中行與門人張冕以太常博士田熙叔狀君之行，授河南姚奭曰："乞為銘，以誌其墓。"奭既哭乃序而銘之。君諱令孫，曾祖諱朗，贈左司禦率府率。祖諱曬，著作佐郎、集賢校理。父諱操，太常博士致仕。自率府葬河南新安，遂家河南。君娶柴氏，男一人，即中行也，舉進士。女六人，一未嫁。孫男二人，曰彥龍，曰伯虎。君色夷氣和，儀貌端偉，處鄉黨溫溫如也，與朋友言，未嘗返背面。里人聞其喪，皆相吊且傷之。君少敏能文辭，天聖、明道間，故舍人謝公、今參政歐陽公嘗稱之，及翰林范公深愛其為人。尹師魯吾鄉有道先生嘗表博士君之墓曰："君寔有子，孝謹有才稱，其為當世賢哲稱重"如此。慶曆六年，進士出身，歷陝之陝縣、河中之臨晉主簿。自臨晉移耀州美源縣令，考滿，用薦者例當遷秩，不幸丁太夫人憂。迨服除，向所薦者淪亡且老，卒不應格，授山南東道節度推官，知懷州武陟縣。歲滿，扶病還家。任臨晉日，嘗攝尉龍門縣，時艱食，有群猾構黨，伺間竊發將為盜，君陰得之，單騎即馳至所處，呼其黨，喻以禍福，自是境內不擾。大抵為政任仁術，既教之不悛，而後即之刑。故所至感於人深，皆此類也。効官二十年，為名德諸公薦其能者，自吳正肅公凡二十人，然躓蹇不伸，君終怡然自得，古所謂知命者耶。好讀《春秋》，有所得，則自為注釋，以明經意，平生著撰多藏于家。君之子能嗣君之美，傳之不泯，則吾文何恤慶之無大於後耶？君卒之年五十六，以是年七月九日葬于賢相鄉次、先大夫之墓。銘曰：

學有潛蘊，既艱厥初。發施宜遠，否抑不舒。君乎何得，自信豁如。嗚呼不壽，天喪賢歟。

里人尹材書，張冕篆蓋，李縝刻。

〇九〇　宋河南郭損之墓誌銘

殿中丞充韓王宮伴讀兼冀王宮教授李寔撰，河南賈敏之書，河東薛孝孫篆蓋清河張琇刻

慶曆七年（1047）二月二日卒，治平四年（1067）五月改葬

誌文 22 行，滿行 25 字，行楷。誌石長 63 厘米、寬 57 厘米，洛陽出土。

〇九〇　宋河南郭損之墓誌銘

殿中丞充韓王宫伴讀兼冀王宫教授李寔撰，河南賈敏之書，河東薛孝孫篆蓋

君諱益，字損之，河南人。慶曆七年二月二日卒，年六十有五。其明年閏正月七日，葬于洛東門外之五里曰積潤原。前事之月，其子瑀泣且言曰：“予父于王父母孝于諸父，友于諸幼，慈而不失義。”嘗一日召諸子謂曰：“始吾謹於治産，今苟完矣，於吾宜若無可慊者。然未始有業詩書以起吾家者，惟是私常悳于心，誠使吾不失教，汝不廢命，不敢曰如若人，亦庶曰儒其世，以是流於後。”諸子拜曰：“願受教。”乃曰：“子某子某可學，吾擇而師，師焉必服，擇而友，友焉必親。”既又曰：“為生不可緩也，子某子某從吾治家，取焉必義，用焉必節。”諸子拜受教退而修其命，故予堂兄璪第進士乙科，入團練幕為推官。而予母弟瑋應，進士舉，期於父志，為無負而它，亦能業其家。予母曹氏生五子，二男三女。女已嫁，皆卒。自予父而上，隱默不仕。今葬有日，願得銘諸實。寔早與推官君游，瑋又從予學，遂為銘曰：

迹與世合，心焉則殊。能子之訓，且尚于儒。既學既仕，有光厥初。納銘壙中，惟是美歟。

既葬之年秋八月二十有六日曹氏卒，後二十年墳圮于水，而瑀卒。於是瑋與其兄之子之純、之美，卜改葬于邙山之賢相鄉陶牙里，曹氏祔焉。而遂葬瑀于庚地，實治平四年丁未歲五月戊寅朔口申日也。瑋今名琉。

清河張琇刻。

〇九一　宗室故金紫光禄大夫檢校右散騎常侍右龍武軍大將軍使持節懷州諸軍事懷州刺史充本州團練使兼御史大夫上柱國天水郡開國公食邑二千八百戶食實封四百戶贈虔州觀察使追封南康侯（趙世哲）墓誌銘并序

翰林學士兼寶文閣學士朝散大夫給事中知制誥兼侍講知通進銀臺司兼門下封駁使理舉醴泉觀察使上柱國東平郡開國候食邑一千三百戶賜紫金魚袋臣呂公著奉敕撰，翰林書藝御書院祗侯臣武世靜奉聖旨書

治平四年（1067）六月十五日卒，同年八月葬

誌文 26 行，滿行 30 字，正書。誌石長 75 厘米、寬 74 厘米，洛陽出土。

釋文

○九一　宗室故金紫光禄大夫檢校右散騎常侍右龍武軍大將軍使持節懷州諸軍事懷州刺史充本州團練使兼御史大夫上柱國天水郡開國公食邑二千八百戶食實封四百戶贈虔州觀察使追封南康侯（趙世哲）墓誌銘并序

翰林學士兼寶文閣學士朝散大夫給事中知制誥兼侍講知通進銀臺司兼門下封駮使理舉醴泉觀察使上柱國東平郡開國侯食邑一千三百戶賜紫金魚袋臣呂公著奉敕撰，翰林書藝御書院祗侯臣武世靜奉聖旨書

侯諱世哲，字公明，太祖皇帝之裔孫也，於今皇帝為兄。曾祖，贈越王諱德昭。祖，贈彰化軍節度使、舒國公諱惟忠。父，贈定州觀察使、博陵侯諱從質。母曰懷安郡君吳氏。以天聖七年生侯於邸第。初，補右班殿直。景祐中，改右監門率府副率，尋加右清道率府率。皇祐初，加右監門衛將軍。嘉祐中，加右領軍衛大將軍。先皇帝即位，加右驍衛大將軍，光州刺史。今上即位，加右龍武軍大將軍、懷州團練使。侯少穎悟好學，從儒者周乘授禮記，通大義。善屬文，尤長於詩，援筆即成，略無滯思。雅好書札，作飛白字特艷麗。至於奕射、音律，皆極幼眇。仁宗朝，嘗會族人燕射授侯，以兩矢發皆中的。帝大嗟賞，再賜袍帶廄馬以寵之。待詔張君平以琴擅名，侯從之學，盡得其指法。每援絃賦詩，超然有遺世之志。然尊賢樂施，常若不及談者以此多焉。治平四年六月辛酉，以疾不起，享年三十有九。是月殯于奉先佛祠。娶周氏，封永安縣君，先侯卒。子三人：長令儇，右武衛大將軍、儀州刺史。二尚幼。女六人：長適左班殿直高緯，次適左班殿直陳師道，四在室。初，博陵侯侍兄之疾，剮其股肉以食之，用是以瘳。及侯病既篤，令儇亦剮股焉，宗室以為孝友之美有所自云。侯平生所為文，多散失，及其歿也，諸弟得其遺稿編成詩集十卷，藏於家。是歲八月，從英宗皇帝之喪，葬于河南府永安縣。將葬，天子命學士臣公著為之銘。銘曰：

惟宋受命，以宗強國。犬牙之封，麟趾之德。九族既睦，振振翼翼。展矣南康，貴而益莊。好是書術，發為辭章。陵谷有變，徽音不忘。

御書院玉冊官臣李仲宣刊。

〇九二　宋故朝奉郎守光禄卿權管勾西京留司御史臺公事上輕車都尉錢塘縣開國男食邑三百戶賜緋魚袋借紫朱府君（景）墓誌銘并序

朝散大夫給事中充天章閣待制知河南府兼西京留守司事畿内監牧勸農使上輕車都尉陳留縣開國子食邑九百戶賜紫金魚袋李中師撰，文林郎試秘書省校書郎守河南府密縣主簿陸彥回書丹，將仕郎試秘書省校書郎守河南府洛陽縣尉楊國寶篆蓋，王易、張士廉刊

熙寧元年（1068）八月十九日卒，同年十一月十五日葬

誌文 44 行，滿行 45 字，正書。誌石長 92 厘米、寬 93 厘米，洛陽偃師出土。

釋文

〇九二　宋故朝奉郎守光禄卿權管勾西京留司御史臺公事上輕車都尉錢塘縣開國男食邑三百戶賜緋魚袋借紫朱府君（景）墓誌銘并序

朝散大夫給事中充天章閣待制知河南府兼西京留守司事畿内監牧勸農使上輕車都尉陳留縣開國子食邑九百戶賜紫金魚袋李中師撰，文林郎試秘書省校書郎守河南府密縣主簿陸彦回書丹，將仕郎試秘書省校書郎守河南府洛陽縣尉楊國寶篆蓋

故事二府，初，擢例薦才以聞。嘉祐中，上思舊德老謀，迺自三城，召宋公庠還堂筦樞務，又命樞密副使孫公抃參預大政。二公悉應詔，薦屯田郎中朱景才堪剸劇，會壽州歲歉，即日自汝海擢典壽春郡，仍理提刑之任，以重其選。君至，則講荒政以發廩，諭民豪以輸粟，殍者仰活，亡慮數十萬指。監司以狀聞，降勅書獎諭。後二年，君以先塋在西洛，思過家上冢，乃丐馮翊郡，泣馮翊踰年，復以甫縱心務止足之戒，請西京留司御史臺。抵洛纔四月感疾，啓手足於官寺，即熙寧元年八月十九日也，享年七十有一。府君諱景，字伯晦，世為河南府偃師人。曾大父繼忠，任左班殿直。大父琪，贈衛尉少卿。考文郁，主客郎中，贈工部尚書。妣孔氏、繼妣高氏，并贈河南許昌二郡太君。君即尚書長子，髫齒警悟過人，祖母愛之，曰："此子異日必成遠器。"既長，嗜學力文，下筆純重。時天聖中，丞相錢文僖尹洛，直集賢謝公絳倅政，皆善誘育務振學校。君於其時與衛景山、王復闒然名并高第，長老屈行，願交鄉賦，首送，擢進士第，調鄭州滎陽簿。踰年，丁許昌夫人憂，服除，補河南府戶曹參軍。府之伊陽縣，地聯殽谷，偷黨淵藪，著令宰者非銓調。屬朝廷遣侍御史魚公周詢安撫過府，察宰不職，與轉運使交章薦君為代，遂遷伊陽令。詔侯任滿，復除京朝官。君操術膚敏，燭精衆務，邑民宜之。寶元中，西垂用武，朝廷以飛輓期會緊郡縣，促辦於選人，中舉才者，陞京秩而往焉。工部郎中、直集賢院向君傳式以君名薦於朝，改著作佐郎，知隴州汧源縣。隴坻之俗獷悍，難以力制，君漸摩嚮善，人皆信伏。年勞，改丞中秘，代還，除通判府州。尚書感疾歸里中，奏丐西京磨勘司，以便親，朝廷許之。尚書捐館，君執喪得禮，躬自負土築墳，遷祖禰而改卜義堂北原，從先志也，里人聲其孝。還臺，大農薦監在京右廂店宅務，歲滿，轉太常博士、屯田外郎，復留再任。皇祐中，毁廢官舍數千楹，君程工督役，不越省限，大農上功。減二年，磨勘考績，轉中都外郎。再任，復該賞典疇課登也，仍許射便官，授三門發運判官，轉職方外郎。以親嫌，更通判河陽府，敘遷屯田郎中，大禮恩賜五品服。宋鄭公典津橋事，悉畀倚君，關裁得宜，隱濟居多。任滿，遂知汝州。年勞，轉度支郎中。英宗嗣位，泛恩改司封郎中，復以歲課，轉太常少卿。今上登極，泛恩改光禄卿，遂偃然洛臺。在汝也，下車即延見諸生，毁佛提以增黌舍，歛公羡以給生員。葉縣界驛隃僻，城旦卒多為護送人，釋縛增械以擅威福，其貧弱者遂瀕於死，名為葉家關，君即購募告者，遂絕其害。有泉自脾山引入，官寺之園瀦焉，而源不之廣，枝流不及闤闠，君曰："囿游取適而民用不充，豈守者心乎？"亟令湮池之派釃渠，匯環廛肆，以周日用、備火禁，于今賴之。大壽也，君既得上所以褒稱，益思展體首公為報。有摘山之饒，民用豐富，市販生聚半在西城外，舟車商儈之萃，不惟歲兇剽掠驚騷，其征筦呵禁，無以限內，外謹蔽欺，君得請於朝，築城延袤數里以環之，公私為便。明年，復淮水暴溢害田，民黼乏充，君前已得振捄之術，故仰活者尤夥。君長於治人，處劇若易典兩大府事，雖靡密迎刃，沛餘其法，寘於死者，情涉疑讞，三覆閱實，即請於朝，賴平亭者衆焉。君襟韻慷慨，待物以誠，直不忤物，恕不容過，與人為善，其志尤篤。俸餘薄於己，而賙貧親。歷代史、漢唐名臣議論大節，悉所記誦，而尤精詩騷，得古人風格，遺藁散落諸子見裒錄。惜乎！位不值才，承慶光大其後巨量虖。君未蓋棺前數日，忽召子光庭曰："汝秉筆聽吾言，書之作表以聞，其詞曰：'臣聞河北地震水災，陛下宜躬自勅戒，避殿減饍，延忠鯁訪掛失，思所以弭變異之實，臣死之日，由生之年。'"光庭泣以書白府書奏，上即訪恤其家，賻祱加等。復詔具合要恩澤，光庭以前之奏迺父遺志，言

不及子孫，上益諗其忠。娶宗氏，封南陽縣君，先君而亡。子男四人：長曰光庭，試秘書省校書郎、虢州虢略縣令；次曰光逢，洺州永年縣令，皆登進士第。光庭博學，文潞公應詔薦賢良方正，所進文卷第優等，方俟廷策。次曰光裔，陝州陝縣主簿；季曰光旦，太廟齋郎。女六人：長適太常博士鄭端，次適光州司理參軍張琉，次適進士黃升卿，次許嫁郊社齋郎劉景陽，次許嫁進士裴宗元，次尚幼。孫二人：長曰純之，次曰徽之。以熙寧元年十一月十五日葬於河南府偃師縣義堂先塋之次，舉宗氏祔焉。君病革之日，拊膺謂余曰："某忍死冀一相見，君當為我作誌壙中，瞑目無恨矣。"中師與君同牓，今又同府，遷窆有日，復得同年王尚恭誄敘行實，忍不副君之託。銘曰：

古之觀政，刺史縣令。君用不次，能官以稱。孰薦君才，聞於朝廷。萬室成城，萬夫全命。壽人德君，往思來詠。能褒君良，天子是慶。孔門四科，政事為右。洪範五福，考終而壽。位非才值，時難命偶。與美於前，曷昌厥後。能榮迺初，寧名不朽。義堂新阡，嵩雲慘然。君陪先正，其安永年。

王易、張士廉刊。

注：參見本書其父〇六九《朱文郁墓誌》、其弟〇六八《朱暠墓誌》。

公綘倅改皆善誘育務振學校君於其時與衛
滎陽簿踰年丁許昌夫人憂服除補河南府丘
遺侍御史魚公周詢安撫過府察守不職與韓
漕敝燭精衆務邑民宜之寶元中西垂用武
部郎中直集賢院向君傳式以君名薦於
人皆信伏年勞改丞中祕代還除通判府州尚
乾喪得禮躬自負土築墳遷祖補而改卜義當
太常博士屯田外郎復留再任皇祐中燹廢官
外郎再任復該賞典疇課登也仍許射便官擇
大禮恩賜五品服宋鄭公典津橋事悉畀倅
祠立沈恩改司封郎中復八歲課轉太常少卿

局部原大

宋故承奉郎行大理評事致仕任君墓誌銘
河南李藩撰
朝奉郎尚書虞部郎中前監西京都麴院上護軍賜紫金魚袋王永書
熙寧元年四月十四日行大理評事致仕任君卒於穎陽之山居享年六
十有四諸孤將以二年正月十七日葬于河南龍門伊汭鄉中梁里 恭
惠公之域以余知 君之深遂來乞銘 君諱遜字順之太子少師贈太
師中書令兼尚書令 恭惠公諱布之長子贈太師中書令諱廷芳之孫贈
太子太傅諱璉之曾孫妣孫氏追封乾寧縣太君妻李氏追封永福縣君
韓氏追封穎陽縣君男五人慶之太子右贊善大夫拱之前邢州龍岡縣
令寬之大理寺丞賈之應之尚幼女三人適故翰林學士賈黯國子博士
沈羣玉幼在室 君未冠以 恭惠公蔭補試秘書省校書郎俄授河南
府洛陽孟州河陰河南府穎陽三主簿 恭惠再表授守將作監主簿監
汝州洛南稻田懷州酒稅二務簽書河陽判官事最後監鄧州商稅以公
譴奪官 君性剛直慷慨有氣識雖少蒙簪紱而恬於榮進嘗慕白樂天
之閑曠暇日過龍門題詩樂天之祠其末曰不求文學兼官職只願清閑
似侍郎識者美之及稍歷官喜論天下事至於利害之大者往往憤激形
于章奏氣直詞切世以敢言稱名公鉅儒若故 文正范公今汝州丞
相富公深亦愛嘆慶曆中 天子求治愈切優納直言數喜 君章奏
將召見特加賞拔大臣或為不可遂罷其後卒以言忤權貴而有鄧州之
命及免官閉門安居縱酒自晦不復談天下事然 朝廷進一賢者退一
不肖聞之喜動于色此其所存蓋可見矣 恭惠薨 上恩優與敘用而
君不復起以長子升朝例封行大理評事致仕嗚呼衣冠子弟循家法讓
身儉世以為賢如 君所存不亦又可賢耶然自 天子慕其名而卒
以放棄老且死斯其命也余嘗嘉其志而悲其窮今銘諸墓不獨發 君
所存而又將寫余悲云銘曰
喜善疾惡兮志欲胡為剛憤忠直兮曾莫少施
鯁言危論兮 天子所知卒死放棄兮余心之悲
姪郊社齋郎儀之篆蓋 刊者閻永真

〇九三　宋故承奉郎行大理評事致仕任君（遜）墓誌銘

河南李藩撰，朝奉郎尚書虞部郎中前監西京都麴院上護軍賜紫金魚袋王永書，姪郊社齋郎儀之篆蓋，刊者閻永真

熙寧元年（1068）四月十四日卒，熙寧二年（1069）正月十七日葬

誌文 28 行，滿行 28 字，正書。誌石長 68.5 厘米、寬 68 厘米，洛陽出土。

釋文

○九三　宋故承奉郎行大理評事致仕任君（遜）墓誌銘

河南李藩撰，朝奉郎尚書虞部郎中前監西京都麴院上護軍賜紫金魚袋王永書

熙寧元年四月十四日，行大理評事致仕任君卒於潁陽之山居，享年六十有四。諸孤將以二年正月十七日，葬于河南龍門伊汭鄉中梁里恭惠公之域。以余知君之深，遂來乞銘。君諱遜，字順之，太子少師、贈太師、中書令恭惠公諱布之長子，贈太師、中書令諱廷芳之孫，贈太子太傅諱璡之曾孫。妣孫氏，追封乾寧縣太君，妻李氏追封永福縣君，韓氏追封潁陽縣君。男五人：慶之，太子右贊善大夫；拱之，前邢州龍崗縣令；寛之，大理寺丞；貫之、應之尚幼。女三人：適故翰林學士賈黯，國子博士沈群玉，幼在室。君未冠，以恭惠公蔭補試秘書省校書郎，俄授河南府洛陽孟州、河陰、河南府潁陽三主簿。恭惠再表，授守將作監主簿，監汝州洛南稻田、懷州酒稅二務，簽書河陽判官事，最後監鄧州商稅，以公譴奪官。君性剛直慷慨，有氣識，雖少蒙簪紱而恬於榮進，嘗慕白樂天之閑，曠暇日，過龍門，題樂天之祠，其末曰："不求文學兼官職，只願清閑似侍郎"，識者美之。及稍歷官，喜論天下事。至於利害之大者，往往憤激形于章奏，氣直詞切，世以敢言稱。名公鉅儒若故文正范公、今汝州丞相富公，深亦愛嘆。慶曆中，天子求治愈切，優納直言，數喜君章奏，將召見，特加賞拔。大臣或為不可，遂罷。其後，卒以言忤權貴，而有鄧州之命。及免官，閉門安居，縱酒自晦，不復談天下事。然朝廷進一賢者退一不肖，聞之，喜動于色，此其所存，蓋可見矣。恭惠薨，上恩優與敘用，而君不復起，以長子升朝，例封行大理評事致仕。嗚呼！衣冠子弟，循家法，護身撿世以為賢，如君所存，不亦又可賢耶？然自天子慕其名而卒以放棄，老且死，斯其命也。余嘗嘉其志而悲其窮，今銘諸墓，不獨發君所存，而又將寫，余悲云銘曰：

喜善疾惡兮志欲胡為，剛憤忠直兮曾莫少施。鯁言危論兮天子所知，卒死放棄兮余心之悲。

姪郊社齋郎儀之篆蓋。

刊者閻永真。

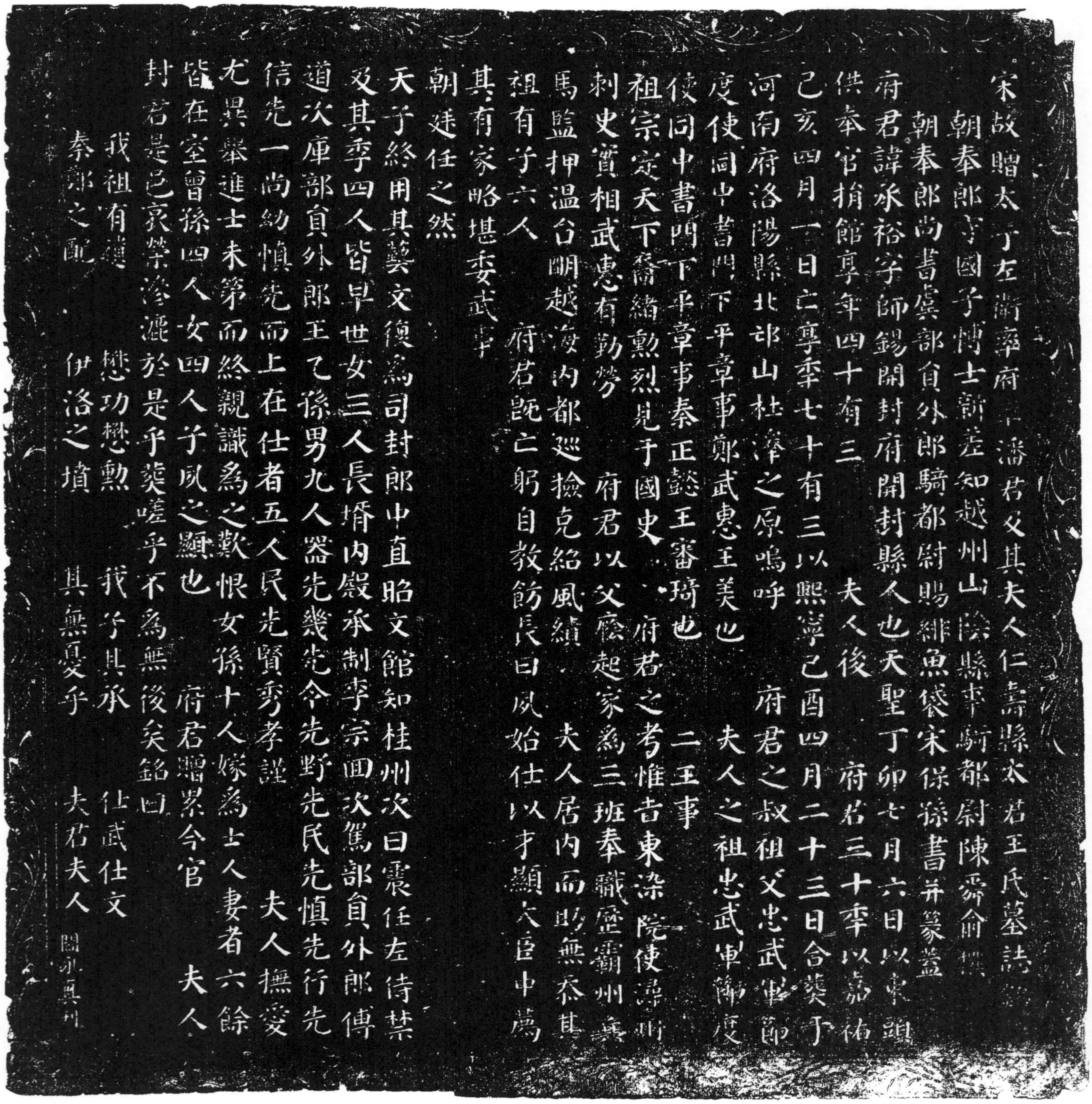

〇九四　宋故贈太子左衛率府率潘君（承裕）及其夫人仁壽縣太君王氏墓誌銘

朝奉郎守国子博士新差知越州山陰縣事騎都尉陳舜俞撰，朝奉郎尚書虞部員外郎騎都尉賜緋魚袋宋保孫書并篆蓋

天聖五年（1027）七月六日卒，熙寧二年（1069）四月二十三日葬

誌文 24 行，滿行 27 字，正書。誌石長 61 厘米、寬 60 厘米，洛陽孟津出土。

〇九四　宋故贈太子左衛率府率潘君（承裕）及其夫人仁壽縣太君王氏墓誌銘

朝奉郎守国子博士新差知越州山陰縣事騎都尉陳舜俞撰，朝奉郎尚書虞部員外郎騎都尉賜緋魚袋宋保孫書并篆蓋

府君諱承裕，字師錫，開封府開封縣人也。天聖丁卯七月六日，以東頭供奉官捐館，享年四十有三。夫人後府君三十年，以嘉祐己亥四月一日亡，享年七十有三。以熙寧己酉四月二十三日合葬于河南府洛陽縣北邙山杜澤之原。嗚呼！府君之叔祖父忠武軍節度使、同中書門下平章事、鄭武惠王美也，夫人之祖忠武軍節度使、同中書門下平章事、秦正懿王審琦也。二王事祖宗定天下，裔緒勳烈，見于國史。府君之考，惟吉東染院使、潯州刺史，實相武惠有勤勞。府君以父蔭起家為三班奉職，歷霸州兵馬監押，溫台明越海內都巡檢，克紹風績。夫人居內而助，無忝其祖，有子六人，府君既亡，躬自教飭，長曰夙，始仕以才顯，大臣中薦其有家略，堪委武事，朝廷任之。然天子終用其藝文，復為司封郎中，直昭文館，知桂州。次曰震，任左侍禁，及其季四人皆早世。女三人，長壻內殿承制李宗回，次駕部員外郎傳道，次庫部員外郎王乙。孫男九人：器先、幾先、令先、野先、民先、慎先、行先、信先，一尚幼。慎先而上在仕者五人。民先賢秀孝謹，夫人撫愛尤異，舉進士未第而終，親識為之歎恨。女孫十人，嫁為士人妻者六，餘皆在室。曾孫四人，女四人。子夙之顯也，府君贈累今官，夫人封君是邑。哀榮滲灑，于是乎葬，嗟乎！不為無後矣，銘曰：

我祖有遺，懋功懋勳。我子其承，仕武仕文。秦鄭之配，伊洛之墳。其無憂乎，夫君夫人。

閻永真刊。

〇九五　宋故儒林郎守國子博士致仕騎都尉賜緋魚袋韓君（樞）墓誌銘

承奉郎守太常博士充韓王宮伴讀兼冀王宮教授騎都尉李蹇撰，朝奉郎尚書屯田員外郎輕車都尉賜緋魚袋趙溧書，朝奉郎守秘書省著作佐郎吳沛篆蓋，黨從志刊

熙寧二年（1069）五月二十三日卒，同年十月二十八日葬

誌文 30 行，滿行 30 字，行書。誌石長 67 厘米、寬 66 厘米，洛陽出土。

〇九五　宋故儒林郎守國子博士致仕騎都尉賜緋魚袋韓君（樞）墓誌銘

承奉郎守太常博士充韓王宮伴讀兼冀王宮教授騎都尉李褰撰，朝奉郎尚書屯田員外郎輕車都尉賜緋魚袋趙溧書，朝奉郎守秘書省著作佐郎吳沛篆蓋

君諱樞，字應之，其先常山人，世厚貲產。五代兵革，避地南徙，因家京師。曾祖諱贇，祖諱彬，皆不仕。考諱崇謹，明經及第，終滑州白馬尉，贈比部員外郎，有孝行，鄉閭稱之。曾祖妣江氏、祖妣路氏、妣杜氏，相繼勤婦道，而杜氏尤賢，生子男二人，女三人，長女即今宰相富鄭公母，秦國太夫人也，以秦國之貴，追封孝感縣太君。君甫能言，一日侍親側，覓冠帶，親曰："為我書'覓'字，乃畀汝。"君徐思曰："不見即覓，此當是字也。"見者奇之。既長，侍孝感徙居洛陽，而昔之富貲，逮是蓋索然矣。君治生養親，旨甘不絕，間即學文，將取進士科。慶曆四年，鄭公為樞密副使，薦君授河南府福昌簿。成資，調河中府司理參軍，至未逾月，明舉者奏就差監涇州酒稅。初康定間，西州用兵，而莞推之利樽己，而兵罷，利亦隨損後之官，于是者大率負殿。君至，為設新法，不唯無負而比額。康定有羨，監司多稱薦焉。丁孝感憂，徒步護喪歸洛。服除，舉監開封府尉氏倉草場。任滿，調遠官，君歎曰："吾家襄替久矣，凡未葬者四世，來儀卜吉，而官遠奈何？"鄭公聞之，為奏請近地，以襄葬事。嘉祐二年，堂除陳州宛丘縣令，方是時承連年水災之後，民多失職。君為政尚寬惠，且請于府開倉庾振饑乏，民免流徙，至今稱之。其保奏君充京官者，如今三司戶部副使榮公諿、故寧遠軍節度使張公茂實者，凡數人。既而謂親友曰："吾已老，今歸休矣。"遂請于朝，以太子中舍致仕，居于洛。英宗登極，遷殿中丞，賜緋衣銀魚。今皇帝踐祚，改國子博士。熙寧二年五月二十三日卒于家，享年八十一。娶李氏，恭順慈愛，治家有法度，以鄭公恩賜冠帔，前君十一年而終，享年六十有六。生子男二人：曰復古、曰復功，力學求進士。女五人，皆嫁士族。孫男三人、女二人，并幼。母弟杞，終左班殿直。君性厚重，心孝友，善治家，精吏術。而其出處，樂易良有以自適也。逮考終命，而聰明不衰。嗚呼！是抑可謂有德而壽考者。以其年十月二十八日，嗣子奉君之柩葬洛陽縣白馬府君之塋次，李氏祔焉。銘曰：

瀍水西，邙山址；鄉金谷，曰尹里；君斯寧，鍾後祉。

黨從志刊。

○九六　宋故朝散大夫尚書虞部郎中護軍贈司勳郎中太原王公（珣瑜）墓誌銘

朝奉郎守太常博士上騎都尉賜緋魚袋段繹撰，朝奉郎尚書都官郎中知解州軍州事上護軍賜緋魚袋借紫呂希道書并篆蓋

嘉祐元年（1056）十二月二日卒，熙寧二年（1069）十一月十日葬

誌文 38 行，滿行 38 字，正書。誌石長 77 厘米、寬 78 厘米，洛陽出土。

釋文

〇九六　宋故朝散大夫尚書虞部郎中護軍贈司勳郎中太原王公（珣瑜）墓誌銘

朝奉郎守太常博士上騎都尉賜緋魚袋段繹撰，朝奉郎尚書都官郎中知解州軍州事上護軍賜緋魚袋借紫呂希道書并篆蓋

公諱珣瑜，字唐輔。王父燕公，事太祖皇帝，以丞相受封為祁國公。曾祖祚，宿州防禦使，累贈太師、尚書令兼中書令，追封晉國公。曾祖母嚴氏，追封兖國太夫人。祖溥，太子太師，累贈尚書令兼中書令，追封燕國公，謚文獻。祖母常氏，追封魏國太夫人。父貽矩，尚書司封員外郎，累贈吏部侍郎。母潘氏，長樂縣君，追封永寧縣太君。王氏，居太原之祁，蓋數世名人大官不乏，至丞相，遂大于其鄉，其種德之厚，既遠愈光。燕公而下，子孫又為開封府祥符近善里人。公用從兄康靖公蔭，初命將作監主簿。仁宗即位，遷太常寺奉禮郎，再授廷尉平，又丞衛尉大理，佐洛都留守為判官，陟太子贊善大夫。出宰緱氏，歷殿中丞、國子博士。用薦者言督河汴漕運，得對延和便坐，敷納詳允，賜五品服。入尚書虞部為員外郎，通判西京留守，改比部。祀明堂，陞駕部，復入虞部為郎中。出守汝州，代還，再領閬州。嘉祐元年十二月二日，以疾終于京師明德坊之私第，年五十有二。熙寧郊祀，贈司勳郎中。始，公為留守判官，太傅張鄧公居守，卒有鑄印為過，所離屯省親，法當斬。公曰："是可死也，何以勸天下之為人子者？"即啟鄧公，得不死。在緱氏，歲旱，覡男子以聖水惑衆，遠近奔走，公即其所，棄水而杖，男子夭，即大雨，政尚慈惠，緱山之人至今思之。其將漕也，治所在河清，河清軍號龍騎，皆州郡夙賊，吏不能捕，乃貰之以隸其軍，河清令反側不安，范忠獻公移公貳邑事，公取其黠兇，置左右奸令者行法無貸，權以濟威，遂弭以定。忠獻啟公自佐，有詔俾副管龠。歲滿，課法領州，於是夏文莊公繼至，借公助己，公欣然為留。文莊素貴，以才高天下，士又方齟齬於世，為文莊佐者，率難其為，由是客主多違言。公不阿順，不矯激，一進以誠，文莊德之，而終不能以親疏得公意。汝控荊襄，流人過葉，葉卒護之，虐取資橐，流人無所訴號，葉為關，公牒州郡，悉移其數，又得犯者置於法。流人感之至泣下。盜殺人，有司執邏兵為之讞，具置不問。更命察之，果得真盜。民艱食，發常平倉賑，而後聞翰林楊文公。大中祥符中，迮丁晉公出守，公於其所起居，構"思賢亭"，圖文公之像，從事劉攽刻文於石以記。始，吏部以宰相子不樂以任子進。逮康靖，以諸姪尚主，猶稱鄉貢進士，卒取甲科，為御史，安行直道。居府凡六年，手寫經史數百卷，公躬自牡鏑，寶惜如新。公之恬聲利，不與世驅馳，本其世風，致然天性，嗜學，大臣累薦，請貼職儒館，使紹世緒，屬康靖當柄者忌，皆不報。文莊之歸鎮也，剡奏辟士，虛姓名託。公曰：君以丐我，公諸不讓遠近，喜河陽得人。文莊歿後數歲，所辟士選為御史云，公嘗以職事責部吏，後每言其人，則憮然有悔色。人或加己不見辭氣，逢其緩急，則煦煦周恤，若有恩于己者。繹嘗考公之存之為政，使公且壽其惠於人可涯也。君子以善惡之効，未必有陰騭者，蓋公是矣。公積階與官等，勳累第四品。夫人隴西李氏，封壽安縣君，贈旌德縣太君，刑部尚書換相州觀察使維之長女，作配君子，恭勤靖淑，以嘉祐六年十月九日歿于洛陽子肅之官舍，享年五十有六。二子：長肅也，今為內殿承制。仲曰鑒，今為內殿崇班。一女，適尚書都官郎中，知解州東平呂希道，封仁壽縣君。男孫八人：審求，太廟齋郎；審交、審言、審文、審立、審奇、審方、審之。孫女六人。以熙寧二年十一月十日葬于河南府洛陽縣宣武村，祔先塋，禮也。繹受公之知最深，凡公之行已接物，雖其子弟有不得知者，而繹知之為詳，而肅見託銘于墓，義不當辭，銘曰：

王氏顯姓，烈烈公卿。燕公之起，益大其閎。惟公之德，能世其聲。正而治邑，敏而佐京。位躋五品，寄專列城。民熙兵肅，盜伏吏篤。恬有所守，不極其榮。善則報施，維後之成。

注：参見本書其父〇五六《王貽矩墓誌》。

○九七　宋故贈左屯衛大將軍魏侯夫人玉城縣主（魏處約妻）墓誌銘

朝奉郎尚書屯田員外郎騎都尉賜緋魚袋蘇畋撰，西京左藏庫副使張守誠篆蓋，進士劉育書諱，男孝明書，康度刊

熙寧二年（1069）九月十日卒，同年閏十一月十五日葬

誌文 38 行，滿行 38 字，正書。誌石長 62 厘米、寬 61 厘米，洛陽出土。

○九七　宋故贈左屯衛大將軍魏侯夫人玉城縣主（魏處約妻）墓誌銘

朝奉郎尚書屯田員外郎騎都尉賜緋魚袋蘇畋撰，西京左藏庫副使張守誠篆蓋，進士劉育書諱

世稱節義婦女固嘗聞之，或一言之信，一行之謹，皆名於時。且兼衆善而聞之者，亦幾稀矣，然多出畎畝之中，或士庶人之門。在王侯之族，居貴盛之地，相矜以勢，相習以侈，嬉逸於閨幃，而能以節義著者，又幾何人邪？玉城縣主，即太宗皇帝之曾孫，魏恭憲王元佐之孫，平陽恭懿王允升之嫡長女也。幼有淑德，聞於宫中。章聖皇帝愛之猶己子，及適人，親擇其所配，得贈左屯衛大將軍魏侯處約以齊之。歸魏氏日，先命入禁闈，章憲太后躬臨粧澤，優隆禮物，恩比諸姑，其貴且盛，孰為之先。而玉城性謙恭温懿，不以貴勢自處，奉魏侯之先廟，齋明潔齊。歲時，祭享供陳之物，手自執授事。夫以肅相見如賓，禮懷族人，以恩待婢妾，無忌嫉。有戾於己者，辨詰而已，胸中無留忿，人樂其和，而家亦以治。朝制宗女封邑，歲遇恩禮，得奏錄夫之兄弟子孫，玉城每後己子，先薦諸姝。母崇國夫人及平陽王相繼寢疾，玉城嘗藥侍膳，不躬不進，雖夜瞑衣不釋帶，扶持坐卧，二親皆枕籍而終。由是以孝行聞於六宫，歷事四朝。入侍君后，常陪燕喜，顧遇不謂不厚，而未嘗恃恩輒邀寵賜，為是者所謂兼衆善而有聞，居貴盛而不忘禮義者也。世之所稱，莫得而倫章章矣。玉城年十八，始適魏氏，三十被命封邑，六十八以疾終於東都建初坊屯衛公之先廬，即熙寧二年九月十日也。終之日，命諸子語之，平陽之所出男女四十人，吾哭者二十五矣，今至是亦無恨焉。送終之禮，稱家之有無，宜免敕葬，無黷天庭。若弟若姝，自大宗正崇信、節度君宗旦而下百餘員環泣于柩，繼聞于朝，天子感惻。翌日，輟視朝，遣中使賻奠，恩意尤厚，以是知玉城慶壽之隆，全美而令終也。自屯衛逝去十餘年，玉城精嚴香潔，日以奉佛而誦佛書。及其往也，其子聞室中有清香，若叢花飄風，薰襲于墻屋，衆驚其異。然人子始失其親，感惜其平生譬像，其聲容觀想于庭户，其情深切悦，然耳目如有接，而鼻息如有聞，宜其然矣。子四人：長孝孫，西京左藏庫副使；次孝稱，供備庫副使；次孝祥，東頭供奉官；次孝明，右侍禁。皆能閱文史而樂志義。曰孫、曰稱者，篤禮法而勵官守，所至有善聞。曰祥者，恢恢好談名理，且喜為歌詩，落筆數百字，日無倦已。曰明者，居室不蓄一資，得俸錢悉市文房之物，延好事者，游觀於其間，六藝中尤勤書筆，所嗜者豈常俗之班焉。是皆可謂令子也已，蓋玉城性質厚而化之以善也何哉！若玉城以富貴自尚，以驕泆自娱，則其子幼而習於懷，以蕩其初，長而觀于堂，以移其氣，其必騰鷹擊鞠，晨歌暮絃，為群兒輕恣之樂。雖屯衛之賢，欲導之以善，猶驅楚人而齊言，其可得邪噫！善論人事者，視其子則母之賢，不假吾言而知之矣。女五人：長新興縣君，適故中書令鄭守忠男宫苑副使餘懿；次安居縣君、次鉅鹿縣君，適故冀王惟吉孫東陽侯世茂，富水侯世祚；次宋城縣君，適故越王德昭曾孫憲州團練使世雄；一未及笄。孫男十人：曰銓、曰釗、曰銘，皆右班殿直；曰鈞、曰鑑，未仕；曰銑，三班借職；曰鏞、曰鏄、曰鉉、曰鐸，未仕。孫女三人：長昌樂縣君，適故越王玄孫右監門衛大將軍令鑠；次二人尚幼。以熙寧二年閏十一月十五日葬于西都洛陽縣平樂鄉杜澤里北邙原，祔先塋也。左藏君兄弟與吾游舊矣，先葬之期，皆泣血來請，欲吾文以誌于墓，乃條其狀而銘之曰：

惟帝之孫，惟王之女；既配而歸，以儀以矩。克承于夫，克虔于祖；不忿而嫉，無泰而泆。其人愉愉，其則慄慄；己慎其修，子化而質。祿不自厚，恩先諸姝；協諧于門，義不我失。二親將終，還視其疾；夕不及寐，晨不暇櫛。誠發于中，其聞四出；吁嘻玉城，德隆壽昌。形留氣翔，子孫纍纍；既衆且臧，生死奚恨。幽墟永藏。

男孝明書，康度刊。

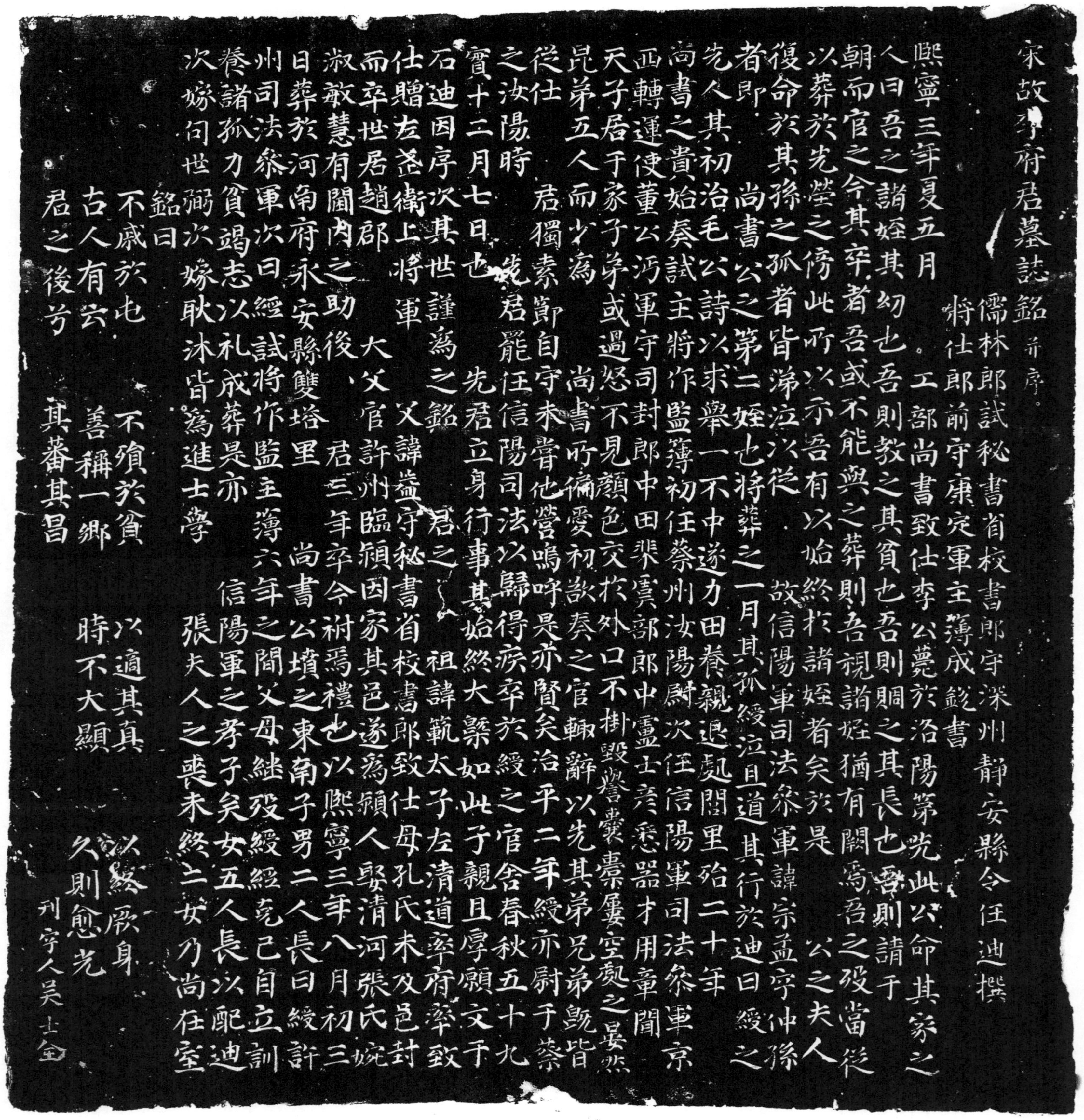

○九八　宋故李府君墓誌銘并序

儒林郎試秘書省校書郎守深州靜安縣令任迪撰，將仕郎前守康定軍主簿成鋭書，刊字人吳士全

熙寧三年（1070）五月卒，同年八月初三日葬

誌文 30 行，滿行 29 字，正書。誌石長 64 厘米、寬 62 厘米，洛陽出土。

釋文

○九八　宋故李府君墓誌銘并序

儒林郎試秘書省校書郎守深州靜安縣令任迪撰，將仕郎前守康定軍主簿成銳書

熙寧三年夏五月，工部尚書致仕李公薨於洛陽第。先此，公命其家之人曰："吾之諸姪其幼也，吾則教之其貧也，吾則賙之其長也，吾則請于朝而官之，今其卒者，吾或不能與之葬，則吾視諸姪猶有闕焉。吾之歿，當從以葬於先塋之傍，此所以示，吾有以始終於諸姪者矣。"於是，公之夫人復命於其孫之孤者，皆涕泣以從。故信陽軍司法參軍諱宗孟，字仲孫者，即尚書公之第二姪也，將葬之一月，其孤綬泣且道其行於迪，曰："綬之先人，其初治毛公詩以求舉，一不中，遂力田養親，退處閭里殆二十年。"尚書之貴，始奏試主將作監簿，初任蔡州汝陽尉，次任信陽軍司法參軍。京西轉運使董公沔軍守、司封郎中田棐、虞部郎中盧士彥悉器才用，章聞天子。居于家，子弟或過，怒不見顏色；交於外，口不掛毀譽。囊橐屢空，處之晏然。昆弟五人，而少為尚書所偏愛。初，欲奏之官，輒辭，以先其弟，兄弟既皆從仕，君獨素節自守，未嘗他營。嗚呼！是亦賢矣。治平二年，綬亦尉于蔡州汝陽時，先君罷任信陽司法以歸，得疾，卒於綬之官舍，春秋五十九，實十二月七日也。先君立身行事，其始終大概如此。子親且厚，願文于石，迪因序次其世，謹為之銘。君之祖諱範，太子左清道率府率致仕，贈左武衛上將軍。父諱益，守秘書省校書郎致仕。母孔氏，未及邑封而卒。世居趙郡，大父官許州臨潁，因家其邑，遂為潁人。娶清河張氏，婉淑敏慧，有閫內之助，後君三年卒，今祔焉，禮也。以熙寧三年八月初三日葬於河南府永安縣雙塔里尚書公墳之東南。子男二人：長曰綬，許州司法參軍；次曰經，試將作監主簿。六年之間，父母繼歿，綬、經克己自立，訓養諸孤，力貧竭志，以禮成葬，是亦信陽軍之孝子矣。女五人：長以配迪，次嫁句世弼，次嫁耿沐，皆為進士學。張夫人之喪未終，二女乃尚在室。銘曰：

不戚於屯，不殞於貧。以適其真，以終厥身。古人有云，善稱一鄉。時不大顯，久則愈光。君之後兮，其蕃其昌。

刊字人吳士全。

注：誌主名諱無載，其子李綬、李經。

〇九九　宋故祕書省校書郎韓恬墓誌銘并序

叔祖淮南節度使司徒兼侍中魏國公琦撰，弟試秘書省校書郎跂書

熙寧四年（1071）二月二十八日葬

誌文 25 行，滿行 20 字，正書。誌石長 54 厘米、寬 63 厘米，安陽出土。

〇九九　宋故祕書省校書郎韓恬墓誌銘并序

叔祖淮南節度使司徒兼侍中魏國公琦撰

恬，字安之，余姪。殿中丞公彦之第三子，母仁壽縣君張氏。幼雋邁喜學，讀書强記，而為文辯速。余嘗較公彦諸子謂：恬它日必能先取科第，以才名自立。嘗求補試國子監生程文中等。俄丁父憂，未幾，其仲兄愷與二妹繼亡。恬與母張氏益大悲駭，不能自寧。余遇嘉祐明堂恩，亟先奏恬得祕書省校書郎，及為娶職方郎中董之邵之女，且口慰其母惸獨之心，張氏喜甚，屢泣以誡，恬令益自□，飭以報恩鞠之厚。已而張氏復感疾，議歸鄉里，冀得移其故處而遂平。愈八年春，不幸疾久，卒不起。恬既併罹酷罰，夙夜號躃，幾以殞絶，猶能手疏母之行實，請余為其墓銘。終以哀毁之過，其年十二月二十一日亦卒，時年二十二。女二人：長曰壽女，次曰安女，并幼。後恬服除，董氏以無男子，歸其父家。壽女者，熙寧初元又不育。嗚呼！□寡之來，未有如恬之一門相，仍窮苦，如是之甚者也。悲夫！四年二月二十八日，以其叔祖母安康郡太君之葬，乃舉恬之喪，葬于相州安陽縣新安村先塋東、其兄確之墓次，葬師所謂穴之外庚也，銘曰：

父母諸兄兮相繼亡于前，二女之□兮一復夭于後。妻無以守歸其家，爾獨于兹瘞其柩。何罪而當此罰邪，豈數之適相偶邪？天乎冥冥，吾安以究。

弟試祕書省校書郎跂書。

一〇〇　宋故武陵郡仁壽縣太君華氏墓誌銘并序

朝奉郎守尚書職方郎中上輕車都尉賜緋魚袋徐松託撰，供備庫使曹誦書并蓋，御書院玉冊官郭中和刊石

熙寧四年（1071）六月二日卒，同年九月十三日葬

誌文20行，滿行22字，正書。誌石長58.5厘米、寬57.5厘米，洛陽出土。

釋文

一〇〇　宋故武陵郡仁壽縣太君華氏墓誌銘并序

朝奉郎守尚書職方郎中上輕車都尉賜緋魚袋徐松託撰，供備庫使曹誦書并蓋

趙韓王孫留後諸子中有二子一女，乃武陵郡仁壽縣太君所出也。仁壽之祖先，□楚人，後居於京師，綿祀寖遠，不可備記。仁壽自幼年敦厚純一，其性凡於內外，親族無不軒□。其子長曰思齊，內殿崇班、閤門祗候；次曰思明，文□□□侯。其歷官所至，各有能名。一女，適內殿崇班曹宗道。□□□寢疾幾彌年，二子乞解官侍疾，朝廷□□請，士大夫皆稱之。其承順顏色，奉養藥餌，朝夕不嘗□步離左右，此所以見仁壽之有福有後乎。於熙寧四年六月二日終于正寢，享年七十有四，不謂不壽矣。是年九月十三日葬於西京洛陽縣金谷鄉石樓村北邙先塋之域，禮也。有孫男四人，希魯三人尚幼未名。孫女六人，長適供備庫副使張可用，次適左侍禁劉高，四人尚幼。仁壽之積慶，二子之盡孝，故感激而書其實，銘曰：

美有德，慶有子。嗚呼！仁壽太君華氏之墓于此。

御書院玉冊官郭中和刊石。

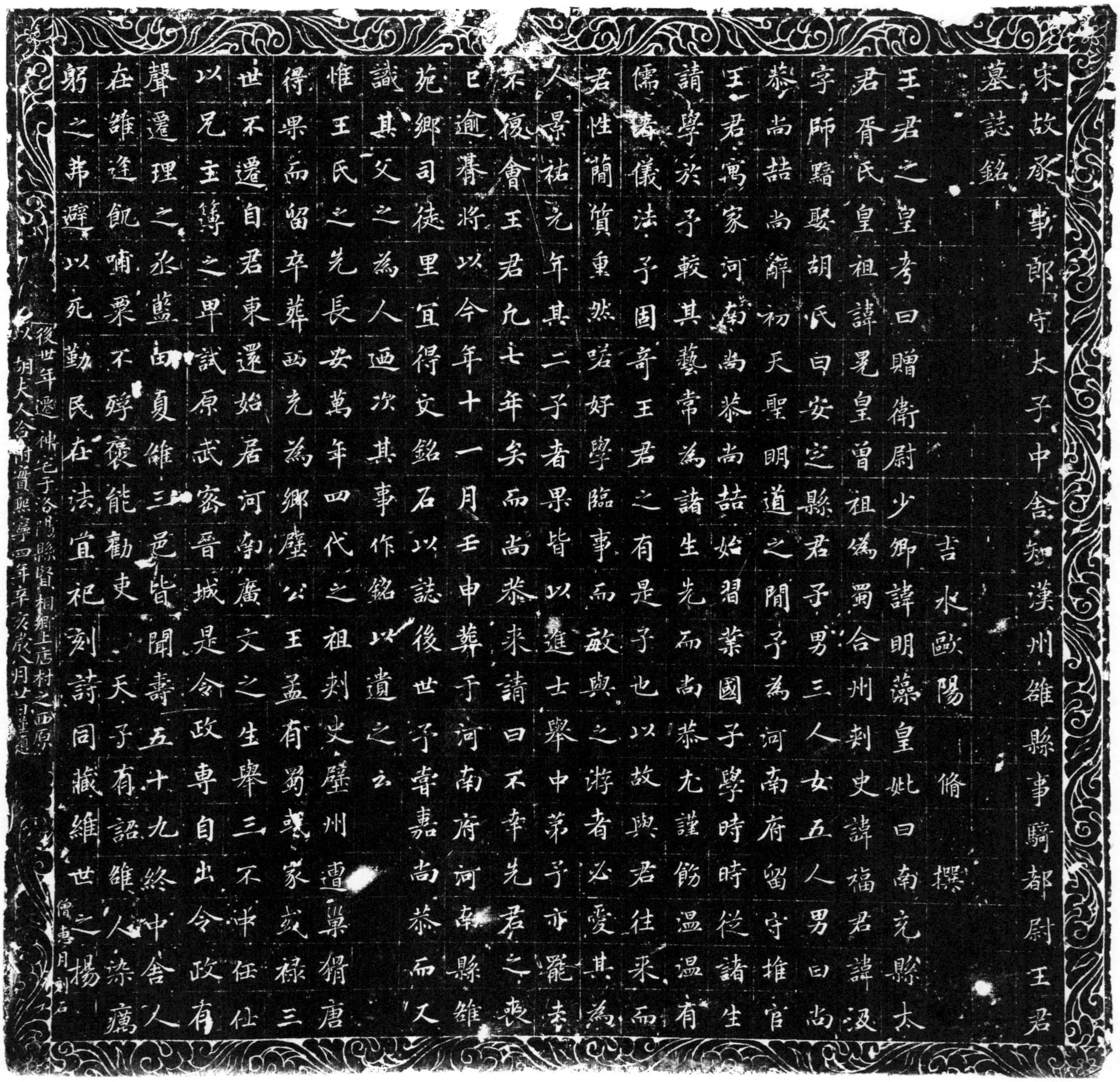

一〇一　宋故承事郎守太子中舍知漢州雒縣事騎都尉王君（汲）墓誌銘

吉水歐陽修撰

熙寧四年（1071）八月二十日遷葬

誌文 25 行，滿行 21 字，正書。誌石長 69 厘米、寬 72 厘米，洛陽出土。

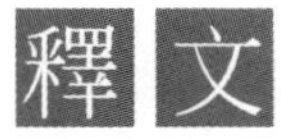

一〇一　宋故承事郎守太子中舍知漢州雒縣事騎都尉王君（汲）墓誌銘

吉水歐陽修撰

王君之皇考曰贈衛尉少卿諱明藻，皇妣曰南充縣太君胥氏。皇祖諱晃，皇曾祖，偽蜀合州刺史諱福。君諱汲，字師黯，娶胡氏曰安定縣君。子男三人，女五人。男曰尚恭、尚喆、尚辭。初，天聖明道之間，予為河南府留守推官，王君寓家河南，尚恭、尚喆始習業國子學時，時從諸生請學於予，較其藝，常為諸生先，而尚恭尤謹飭溫溫，有儒者儀法，予固奇王君之有是子也。以故與君往來，而君性簡質重，然喏好學，臨事而敏，與之游者，必愛其為人。景祐元年其二子者，果皆以進士舉中第，予亦罷去，不復會王君凡七年矣。而尚恭來請曰：不幸先君之喪已逾期，將以今年十一月壬申葬于河南府河南縣雒苑鄉司徒里，宜得文銘石，以誌後世。予嘗嘉尚恭，而又識其父之為人，迺次其事，作銘以遺之。云：

惟王氏之先，長安萬年。四代之祖，刺史壁州。遭巢猾唐，得果而留。卒葬西充，為鄉壁公。王孟有蜀，或家或祿，三世不遷，自君東還，始居河南。廣文之生，舉三不中，任仕以兄，主簿之卑，試原武密，晉城是令，政專自出，令政有聲。遷理之丞，藍田夏雒，三邑皆聞。壽五十九，終中舍人。在雒逢飢，哺粟不殍，褒能勸吏。天子又詔，雒人染癘，躬之弗避，以死勤民，在法宜祀，刻詩同藏，維世之揚。

僧惠月刻石。

後卅年，遷神宅于洛陽縣賢相鄉上店村之西原，以胡夫人合祔，實熙寧四年辛亥歲八月廿日。謹題。

注：參見本書其妻一〇二《胡氏墓誌》。

一〇二　王汲妻胡氏墓誌

朝奉郎守尚書兵部員外郎集賢校理直舍人院同修起居注同知審官東院詳定三司令勑歲計條例輕車都尉河南陳繹撰；河南監牧使朝奉郎守尚書司封郎中上輕車都尉賜紫金魚袋魏郡劉航書；三司度支副使朝奉郎守尚書兵部郎中上柱國賜紫金魚袋南郡楚建中篆蓋，閻永真刻

熙寧三年（1070）十二月六日卒，熙寧四年（1071）八月二十日葬

誌文 25 行，滿行 27 字，正書。誌石長 77 厘米、寬 79 厘米，洛陽出土。

一〇二　王汲妻胡氏墓誌銘

宋贈銀青光祿大夫、尚書刑部侍郎王公諱汲之夫人曰胡氏，曾祖諱標，益州長江縣令。祖諱邵詢，永寧軍判官。父諱惟忠，閬州閬中縣尉，母劉氏。夫人始年十六而有歸，凡四十一年而嫠，又三十年，其子尚恭為太常少卿，同判西京國子監，時夫人蓋年八十七矣。夫人性和仁，少喜怒，飲食起居有常節，故平居不服藥而亦無疾恙之苦。間誦道佛書數篇，薄飲酒，豐約自如。每歲時，必招親姻、攜子孫游園林山水之間，淡然若方外人也。一日，伏枕浸不食而逝，熙寧三年十二月六日也。明年祔于河南府洛陽縣賢相鄉上店村西原侍郎公之墓，八月二十日也。侍郎公先世果州。夫人三代皆仕蜀，妣劉氏即蜀相歐陽炯之外孫，家風靖約，故夫人幼德稱諸閨門。逮事皇姑南充縣太君胥氏左右，旨甘躬執祭事，內外宗族，一無閑言。雖疏屬之子孫，亦為賙恤教養之，至于嫁娶成立者衆矣，豈婦正之賢，母慈之德，終始有裕者乎。初封安定縣君，以子登朝，進封太君，改封長樂縣太君。男三人：長即太常君也；次尚喆，著作佐郎，早卒；次尚辭。女五人：長適殿中丞吳感；次適左藏庫副使知施州朱漸；次適三司度支副使、尚書兵部郎中楚建中；次適進士尹樸；次適蔡州司戶參軍張偉。王氏自侍郎公始居河南，吾里人推為令族。將葬，屬余為銘。銘曰：

生于蜀，歸于洛，既壽而臧，男娶女歸，有子而賢，不世其昌。

余嘗從太常君游，上堂拜夫人問起居。夫人服道士衣，神閑氣清，語聲愉愉。奄忽不還，驚嗟里閭，誰哀姆師，有百送車。

朝奉郎守尚書兵部員外郎集賢校理直舍人院同修起居注同知審官東院詳定三司令勑歲計條例輕車都尉河南陳繹撰；河南監牧使朝奉郎守尚書司封郎中上輕車都尉賜紫金魚袋魏郡劉航書；三司度支副使朝奉郎守尚書兵部郎中上柱國賜紫金魚袋南郡楚建中篆蓋。

閻永真刻。

注：參見本書其夫一〇一《王汲墓誌》。

一〇三　宋故朝奉郎守尚書祠部郎中充集賢校理致仕柱國賜緋魚袋趙君（宗道）墓誌銘并序

淮南節度使開府儀同三司守司徒檢校太師兼侍中判大名府兼北京留守司事大名府路安撫使上柱國魏國公韓琦撰，翰林學士朝散大夫尚書工部侍郎知制誥兼侍讀權知開封府兼畿內勸農使柱國賜紫金魚袋元絳篆蓋，龍圖閣直學士朝散大夫給事中知河南府兼西京留守司事畿內監牧勸農使上護軍賜紫金魚袋李中師書，刊者張琇、李稹

熙寧四年（1071）七月二十九日卒，同年十一月四日葬

誌文 47 行，滿行 46 字，正書。誌石長、寬均 94 厘米，洛陽出土。

一〇三　宋故朝奉郎守尚書祠部郎中充集賢校理致仕柱國賜緋魚袋趙君（宗道）墓誌銘并序

淮南節度使開府儀同三司守司徒檢校太師兼侍中判大名府兼北京留守司事大名府路安撫使上柱國魏國公韓琦撰，翰林學士朝散大夫尚書工部侍郎知制誥兼侍讀權知開封府兼畿內勸農使柱國賜紫金魚袋元絳篆蓋，龍圖閣直學士朝散大夫給事中知河南府兼西京留守司事畿內監牧勸農使上護軍賜紫金魚袋李中師書

熙寧四年夏六月，趙君子淵自管勾西京留司御史臺引年得謝退，處于修善坊之私第，未幾病，且踰月度必不起，遽取筆自書，命其子咸以誌文屬余。七月二十九日果卒，咸亟遣人持其所書號訴來請，余泣而視之，知子淵所以屬余者，以友壻之分，又悉其生平、操守，施設，使書其實足信于後世，此其可辭？子淵，諱宗道，開封封丘人，給事中、贈司空賀之子，贈左衛上將軍正德之孫，贈左屯衛將軍瑨之曾孫。司空在仁宗朝，更任顯要，為時名臣。子淵幼警拔自立，力學能文，屢舉進士不利，始從父任，補將作監主簿，監舒州鹽酒稅，□□稻田務。執政薦其才，召試學士院，得館閣校勘，改集賢校理。累遷大理寺丞、主宗正寺簿，通判河陽，以太子中允同判登聞鼓院。丁司空憂，服除，同知太常禮院。出知宣州，改太常丞。子淵為政知所先後，下車首興學校，招廣生員，起市橋屋，取資以充其用。又選良師，以講勸之人，人樂於為善。宣民素尚巫鬼，病者不醫，以事祈禳。子淵為擇方書之驗者，刻石示之，復出公帑緡為藥劑，以時拯救民脫橫夭，因變其俗溼。邑豪劉氏毆人死，厚用賂鼻以死者，緣它疾獲免。子淵察其奸，卒寘于法吏，受賂者悉默竄之，一郡肅然。歲滿，得郭輔之者來代，始輔之，以所迓兵舟不如意，及至郡會子淵，居式假不能出，遂大忿恚子淵，去搜剔疵，累窮極纖悉無所得，因摭疑似之事，緣飾以聞。子淵不堪誣，即奏辨之。朝廷為置司推究，事盡白。猶以奏牘中一二語差，在律以身事訴止坐杖，法官深文以詐不實論奪，一官落職，既而御史中丞魚公周詢極陳其冤，得復中允監亳州酒稅。物論猶不平，繼得今太子少師趙公概暨兩禁臺憲，官十數人交章薦雪，始還官與職，知宗正丞事，兼判登聞鼓院。知濱州，會河決六塔，郡界有遙隄，監司欲決以釃其流，子淵執不可，雖督之愈急，愈不奪民，賴以全。又立保法檢制奸盜，比戶以安。代歸，為羣牧判官，遷太常博士，權開封府推官。嘉祐四年，京西大飢，轉運使請擇列郡守以濟災饉，子淵被選知潁州。子淵於救荒之術，素以經慮賑給存勞，無所不至，寇盜屏息，流庸以復。俄權三司戶部判官，出知晉州。時營奉永昭方中諸郡，皆嚴期賦民，物價翔而費益倍。子淵獨取帑中物官自營，致使民徐償之，境內寂然無所擾民，既飽其德，惠相率走，闕下請留。朝廷知其能，就徙陝州，晉人號呼遮道，子淵不得前，為駐留彌日，得間道馳去。陝素以土厚水脉深不為井，唯引橐山泉貫城中，以資衆用。歲雨數壞隄渠絕流，則民汲于永定澗，既遠且勞。子淵曰："今邊州嚴堡，往往皆井，此平地反不可耶？"亟選匠者，相廬巷便民之所，浚三十井，皆未數仞得美泉。民歌喜之謂："足與甘棠同永其思也。"子淵自博士，四遷尚書祠部郎中。知蔡州，郡城北直門東西有二橋，跨汝水，上岸高峻，非得巨材不能立，立數歲輒壞，每一易，費民貲幾萬緡，俚諺曰為"害民橋"。子淵卹其久弊，思力去之。募工取確山石，先易其東者，衆論囂然難之。子淵一不聽，至聞于朝，有詔問狀，子淵別白利害，保于必成，朝廷從之。已而橋成患絕，為利無窮。子淵自年及縱心，日思退去。會秩滿，懇求西臺，既得請須期，歲餘，新第完美，日談笑其間，無復以軒冕為意，未踰時即還。君事方且，放懷林泉，以造羲皇之域，而天嗇遐福，遽奪之年，悲夫！子淵性方重，不妄進止，外嶷嶷若不可犯，而內極樂易即之益，溫與人交，篤于風誼，澹薄寡欲，至老無聲色之惑。為政詳敏，得其綱要。當事劇訟挐，它人雖勞精竭慮不能判者，子淵視若閑暇處之，無不中理。善筆札，長于詩。弈公退必引賓，屬以此為樂，其它不好也。慶曆中，杜正獻公、范文正公與諸賢以忠義并進，天子方虛心

仰成，諸公亦鋭于為報，而俱知子淵之才，未及薦擢，為僥倖者所沮，相繼罷去。子淵義之所激，時上書開陳得失，當塗者聞而惡之，故輔之因得希合奇中事，雖獲辨而淹回者十年，不得乘時奮其所長。子淵亦明於義命，居常泰然，未嘗少動其心也。事二親孝，執喪過毀，幾不能生。同宗五世族，大受周内外踈，屬孤無依者，必□鞠成人，為畢婚嫁。先塋在封丘地，頗早下會，鄰有葬者，穿地未及尋而泉已出，子淵視之，大驚曰："近歲京師雨水多沮，□使然吾親葬此，豈得安邪？"於是專意改卜，卒得地於伊闕之府下村，遂遷祖垅二世之丧以安厝之，决謀居洛，以便子孫之奉。前後奏疏論說時事，多見採納。如與皇族結親，必取三代吉身按驗，以絕富民妄冒之弊；經科增對大義弛茶，禁通商流，外官不為縣令；編論政體書，資訓鑒之益，皆自子淵發之。子淵年七十三，娶崔氏，尚書工部侍郎立之女，封安平縣君，事舅姑盡孝，睦宗族盡勤，柔懿之行，親黨稱之，先子淵而亡。五男：長隨，將作監主簿；次未名，俱早世；次鼎，太子中舍，知江陰軍江陰縣；次咸，大理寺丞；次濟，太子中允，權發遣淮南同提點刑獄公事。皆謹蹈門法，以材自奮。而咸向任三司編修令，或懇請宰邑河南，以便親養。子淵疾得，朝夕省視，奉遺語、幹後事，罔不如素。三女：長適尚書屯田員外郎張仲松，次適尚書比部員外郎呂昌暉，次適太子右贊善大夫張德源。以其年十一月四日，諸子舉子淵之喪，葬于司空之兆次。銘曰：

夫惟有才，始可言命；吾蘊有餘，用焉弗罄。繄偶不偶，命也誰競；己或無有，奚取命證。噫嘻子淵，其才孰肩；畜不大發，匪命胡然。少施郡治，功疇與先；進平退勇，始終茂焉。伊洛之間，地環勝勢；既安祖考，遂我素志。今玆卜宅，又從而窆；敦椁雖藏，令名不閟。

刊者張琇、李積。

隄監司欲決以釃其流子淵執不可雖
太常博士權開封府推官嘉祐四年京
經慮賑給存勞無所不至寇盜屏息流
物價翔而費益倍子淵獨取帑中物官
知其能就徙陝州晉人號呼遮
泉貫城中以資衆用歲雨數壞隄渠絕
亟選匠者相廬巷便民之所濬三十井
部郎中知蔡州郡城北直門東西有二
自爲害民橋子淵卹其以弊思力去之

局部原大

一〇四　宋故朝散大夫尚書刑部郎中充天章閣待制知延州軍州事兼管内勸農使充鄜延路馬步軍都總管經略安撫使上輕車都尉吳興縣開國男食邑三百戶賜紫金魚袋贈工部侍郎沈公（邈）墓誌銘

朝散大夫行尚書刑部員外郎充集賢校理上騎都尉陸經譔，朝奉郎尚書虞部員外郎上騎都尉錢景裕書，朝散大夫守太常少卿輕車都尉張湍篆蓋

慶曆七年（1047）五月一日卒，熙寧四年（1071）十一月初九日葬

誌文 32 行，滿行 39 字，隸書。誌石長、寬均 83 厘米，洛陽伊川出土。

一〇四　宋故朝散大夫尚書刑部郎中充天章閣待制知延州軍州事兼管内勸農使充鄜延路馬步軍都總管經略安撫使上輕車都尉吴興縣開國男食邑三百户賜紫金魚袋贈工部侍郎沈公（邈）墓誌銘

朝散大夫行尚書刑部員外郎充集賢校理上騎都尉陸經譔，朝奉郎尚書虞部員外郎上騎都尉錢景裕書，朝散大夫守太常少卿輕車都尉張湍題蓋

公諱邈，字子山，姓沈氏。出周冉季，文王之子戎，為漢光禄勳，居吴興。晉宋齊梁之間，世有名人。至唐曰既濟、傳師父子，以文學稱，傳師即公十代祖也。唐季岳為兵部員外郎，從昭宗至洛陽，有大節，不肯隨衆入汴，後為吏捕送李璟，璟用為中大夫，因使兩浙，錢鏐見而奇之，妻以子，生瞻，為錢氏步兵都尉，公之高祖也。生言，為錢氏行軍參謀，公之曾祖也。生師古，仕錢氏。歸朝，為大理寺丞，贈兵部尚書，公之祖也。生文（下字與御名同），亦仕錢氏。歸朝，為尚書虞部員外郎，贈吏部尚書，公之烈考也。曾祖妣錢氏、祖妣錢氏、妣錢氏，封仙源縣太君。公即尚書第四子也。既齠俊拔，不類常兒，能言即頌詩句，六歲曉聲律。尚書以言事謫福州，召還，因別西禪主僧，僧它往，公請留詩言別，尚書笑使左右抱持，就壁題七字詩，以有思致，尚書異之。二十六登進士甲科，釋褐大理評事，遷丞，改殿中丞、太常博士。入尚書，為屯田都官員外郎。召拜侍御史，改兵部員外郎，直史館。又拜侍御史，知雜事，賜緋衣銀魚，待制天章閣。改刑部郎中，知衢州江山、福州侯官縣，通判廣州、潭州。知福州、澶州、京東轉運使、河北陝西都轉運使。賜三品服，充鄜延路都總管、經略安撫使兼知延州。積階至朝散大夫、上輕車都尉、開國吴興縣男、食邑三百户，特贈諫議大夫。子登朝，贈公工部侍郎。公為侍御史，夏竦召為樞密使，與同列伏閤五上章，言竦不可任，言極切。仁宗嘉納，罷竦樞密使。公為知雜御史，首上疏言，貳府闕失，當路忌之。會保州兵亂，朝廷旰食。仁宗用公知澶州，視事三日，授河北都轉運使。上遣中人賜金帶、開花鞔鞍轡馬、金花銀器等，所以寵公，非例也。至則廣溏水，繕營田，修邊備，河朔艾安。上嘉之，就改陝西都轉運使，按章澄清，官吏畏帖。權知秦州，會元昊講解，疆埸未附，於是畀公知延州。公親率將校，相地形嶮隘，塞蘆關道，修安塞等五堡寨，絕賊奔逸，省戍卒數萬人，邊人賴之，仁宗降詔褒諭。公美容止，風韻高絕，倜儻有大志。遇事剛果莫遏，嫉邪如仇。喜為文章，工詩善書，得鍾褚法。有文集五十卷，藏于家。公在延州，三月晦燕柳湖，酒酣晝寢，得異夢，悟而怪焉。四月二十八日晨起，如聞簫鼓聲甚遠，因感疾不食，五月壹日終州宅正寢，享年四十六，慶曆七年也。公娶錢氏，封仁壽郡太君，生子男四人：長曰群玉，虞部員外郎；次曰嘉玉，衛尉寺丞；次曰伯玉，太子中舍；次曰夷玉，舉進士。女三人：長為尼；次適進士鄧子真；次適殿中丞吴安矩。孫男六人：唐、晉、雝、華、廣、臨。女四人。卜以熙寧四年十壹月初九日，舉公之柩，葬河南府洛陽縣鳳臺鄉陶牙里邙山之陽。嗣子屬余為銘，不得辭。銘曰：

斤斤沈公，行道以躬；正色端朝，耳為君聽。飛閣岧嶢，維天子制；匪材勿居，緊公入侍。出殿大州，于福暨潭；號稱循良，有聲在南。軺車所臨，風采百城；汙吏貪夫，不戒以懲。帥于延安，其政可觀；公來隱然，堡柵用完。公有猷為，為宋名臣；胡不永年，以休吾人。公之新墓，邙山之下；墓石可泐，公銘不腐。

〔蓋文〕宋故天章閣待制沈公墓誌銘

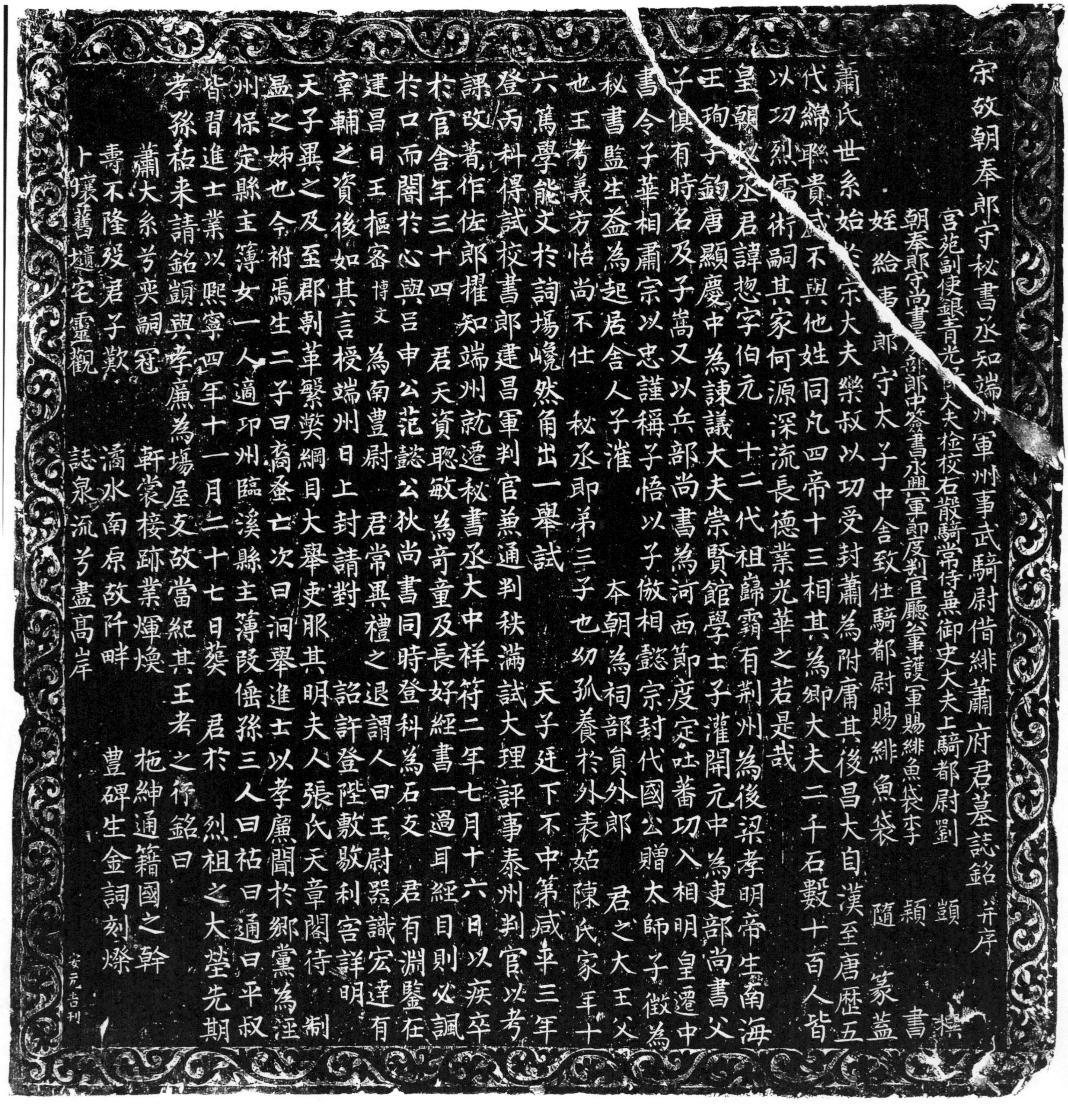

一〇五　宋故朝奉郎守秘書丞知端州軍州事武騎尉借緋蕭府君（揔）墓誌銘并序

宮苑副使銀青光祿大夫檢校右散騎常侍兼御史大夫上騎都尉劉顗撰，朝奉郎守尚書虞部郎中簽書永興軍節度判官聽公事護軍賜緋魚袋李穎書，姪給事郎守太子中舍致仕騎都尉賜緋魚袋隨篆蓋

大中祥符二年（1009）七月十六日卒，熙寧四年（1071）十一月二十七日葬

誌文 28 行，滿行 29 字，正書。誌石長 89 厘米、寬 86 厘米，洛陽出土。

釋文

一〇五　宋故朝奉郎守秘書丞知端州軍州事武騎尉借緋蕭府君（揔）墓誌銘并序

宮苑副使銀青光祿大夫檢校右散騎常侍兼御史大夫上騎都尉劉顗撰，朝奉郎守尚書虞部郎中簽書永興軍節度判官聽公事護軍賜緋魚袋李穎書，姪給事郎守太子中舍致仕騎都尉賜緋魚袋隨篆蓋

蕭氏世系始於宋大夫樂叔，以功受封蕭為附庸，其後昌大。自漢至唐歷五代，綿聯貴盛，不與他姓同，凡四帝十三相，其為卿大夫、二千石，數十百人，皆以功烈、儒術嗣其家，何源深流長，德業光華之若是哉！皇朝秘丞，君諱揔，字伯元。十二代祖歸，霸有荊州，為後梁孝明帝，生南海王珣；子鈞，唐顯慶中為諫議大夫、崇賢館學士；子瓘，開元中為吏部尚書，父子俱有時名。及子嵩，又以兵部尚書為河西節度，定吐蕃功，入相明皇，遷中書令；子華，相肅宗，以忠謹稱；子悟，以子倣相懿宗，封代國公，贈太師；子徵，為秘書監，生益，為起居舍人；子漼，本朝為祠部員外郎，君之大王父也。王考義方，恬尚不仕。秘丞即第三子也。幼孤，養於外表姑陳氏家，年十六，篤學能文，於詞場巉然角出，一舉試天子廷下，不中第。咸平三年，登丙科，得試校書郎、建昌軍判官兼通判。秩滿，試大理評事、泰州判官。以考課改著作佐郎，擢知端州，就遷秘書丞。大中祥符二年七月十六日，以疾卒於官舍，年三十四。君天資聰敏為奇童，及長好經書，一過耳經目，則必諷於口而闇於心。與呂申公、范懿公、狄尚書同時登科，為石友。君有淵鑒，在建昌日，王樞密博文為南豐尉，君常異禮之退，謂人曰：王尉器識宏達，有宰輔之資，後如其言。授端州日，上封請對，詔許登陛敷敭，利害詳明，天子異之。及至郡，剸革繁弊，綱目大舉，吏服其明。夫人張氏，天章閣待制昷之姊也，今祔焉。生二子：曰裔，蚤亡；次曰洞，舉進士，以孝廉聞於鄉黨，為涇州保定縣主簿。女一人，適邛州臨溪縣主簿段僾。孫三人：曰祐、曰通、曰平叔，皆習進士業。以熙寧四年十一月二十七日葬君於烈祖之大塋。先期，孝孫祐來請銘，顗與孝廉為場屋友，故當紀其王考之行。銘曰：

蕭大系兮奕嗣冠，軒裳接跡業煇煥。拖紳通籍國之幹，壽不隆歿君子歎。滈水南原故阡畔，豐碑生金詞刻燦。卜壤舊壝宅靈觀，誌泉流兮盡高岸。

安元吉刊。

宋故彭城劉君墓誌銘并序

鄉貢進士郭之才譔　外孫壻鄉貢進士沈師言書并題蓋

君諱詵其先蒲人　祖諱孝基五代時攝官為州別駕　父諱晃不仕國初徙居鄠而家焉　君天資純孝幼能奉親既從人遊令求師為科舉之業受命而久不行或問之則曰人子之職溫凊甘旨為養在己而朝夕不可闕也累茵列鼎為養在外而不可期也今廢不可闕之養而求不可期之祿親老矣吾不忍也父聞而說之於是克己治財勞辱不厭適數年而貲富足用猶患所居蠶卑未足以慰安親心因㸃營別第頗極完美既成而叩頭求還且謝以事不先請父喜而聽之由是耆者退休壯者服勤自便父子之際勞逸各得父嬰疾彌痼醫者為不可治將置之　君曰吾侍疾數年雖勤悴自飭而病不少間豈吾誠意未能動天地感鬼神乎乃齋戒刲左右股肉啗羞而進之不踰月而果愈其父語家人曰予疇昔之夜夢神人增予筭十年且云申汝子孝心聞者異焉如期而卒父亡　君哀如慕祀享如生除喪不復治產以飲酒賓客為事妻孥憂之諫曰吾前日之遑遑以親在故今亡矣苟常祀有備伏臘粗充餘何求焉平居不憙較是非接人均一無戚疏貧富之間惡言人過而樂聞人善以此交親里閭既美其孝又稱其長者慶曆八年四月二十日以疾卒于家享年六十七娶武氏生子五人少男曰翔舉進士餘皆幼亡女四人長適順政縣令楊熙次適鄉人李仲宣次適太廟齋郎楊裒季亦嫁而卒孫男二人曰昌期昌臣孫女一人皆幼　君之卒也子翔方童故所葬之地久病汙濕翔既長而訛焉以熙寧壬子歲之十月二十七日改藏於萬年縣延興門請恭務之新塋君子曰古之人不茍難以為行為其不可繼也不徼福以為善為其有心也　君力難而不私己求報而歸諸親非誠至意修曷以臻茲昔之善志者傳信傳疑而不沒其實則　君之異於人也不可不書銘曰

介推割肌　賞或見遺　戴氏謹書　九齡夢貽
險易殊節　報施異宜　猗歟劉君　天人兩得
壽於既亡　愈於既亟　含迹師心　茲焉觀德

刊字李仲甫

一〇六　宋故彭城劉君（詵）墓誌銘

鄉貢進士郭之才譔，外孫壻鄉貢進士沈師言書并題蓋

慶曆八年（1048）四月二十日卒，熙寧五年（1072）十月二十七日遷葬

誌文 28 行，滿行 28 字，正書。誌石長 46.5 厘米、寬 46 厘米，陝西出土。

一〇六　宋故彭城劉君（詵）墓誌銘

鄉貢進士郭之才譔，外孫壻鄉貢進士沈師言書并題蓋

君諱詵，其先蒲人。祖諱孝基，五代時攝官為州別駕。父諱冕，不仕。國初徙居鄠，而家焉。君天資純孝，幼能奉親。既冠，入趨令求師，為科舉之業，受命而久不行，或問之，則曰：人子之職，溫清甘旨，為養在己，而朝夕不可闕也。累茵列鼎，而養在外，而不可期也。今廢不可闕之養，而求不可期之祿，親老矣，吾不忍也。父聞而説之。於是，克己治財，勞辱不厭，適數年而貲富足用。猶患所居囂卑，未足以慰安親心，因默營別第，頗拯完美。既成，而叩頭求遷，且謝以事不先請，父喜而聽之。由是，老者退休，壯者服勤，自便父子之際，勞逸各得。父嬰疾彌痼，醫者為不可治，將置之。君曰："吾侍疾數年，雖勤悴自飭，而病不少間，豈吾誠意未能動天地感鬼神乎？"迺齋戒，刲左右股肉，密羞而進之，不踰月而果愈。其父語家人曰："子疇昔之夜，夢神人增予筭十年，且云申汝子孝心。"聞者異焉，如期而卒。父亡，居哀如慕，祀享如生。除喪，不復治素產，以飲酒賓客為事。妻孥憂之，迺曰："吾前日之遑遑以親在，故今亡矣，苟常祀有備，伏臘粗充，餘何求焉？"平居，不喜較是非；接人，均一無戚疏貧富之間，惡言人過而樂聞人善。以此交親，里閭既美其孝，又稱其長者。慶曆八年四月二十日，以疾卒于家，享年六十七。娶武氏，生子五人，少男曰翔，舉進士，餘皆幼亡。女四人：長適順政縣令楊熙，次適鄉人李仲宣，次適太廟齋郎楊袠，季亦嫁而卒。孫男二人：曰昌期、昌臣。孫女一人皆幼。君之卒也，子翔方童，故所葬之地，久病污濕。翔既長而泚焉。以熙寧壬子歲之十月二十七日，改葬於萬年縣延興門靖恭務之新塋。君子曰：古之人不苟難以為行，為其不可繼也；不徼福以爲善，為其有心也。君力難而不私己，求報而歸諸親，非誠至意修，曷以哉止。昔之善志者傳信傳疑，而不沒其實，則君之異於人也，不可不書，銘曰：

介推剖肌，賞或見遺。戴氏謹書，九齡夢貽。險易殊茚，報施異宜。猗歟劉君，天人兩得。壽於既亡，愈於既亟。舍迹師心，玆焉觀德。

刊字李仲甫。

一〇七　宋故將仕郎守道州寧遠縣尉孫府君（鑄）墓誌銘并序

承奉郎守殿中丞致仕賜緋魚袋侯紹復撰并書篆蓋，張琇鐫

天禧元年（1017）十一月三日卒，熙寧七年（1974）二月四日葬

誌文 24 行，滿行 25 字，正書。誌石長、寬均 50 厘米，洛陽出土。

一〇七　宋故將仕郎守道州寧遠縣尉孫府君（鑄）墓誌銘并序

承奉郎守殿中丞致仕賜緋魚袋侯紹復撰并書篆蓋

君諱鑄，字師顏，其先出自樂安，後裔有渡河而南徙者，今為洛陽人焉。曾祖諱璞，晦跡不仕。王父諱琪，累贈水部員外郎。考諱紘，中散大夫、尚書都官郎中。君乃中散之第三子也。自童稚不戲弄，及就學，孜孜有成人之志。既冠，應進士舉，獲天府高薦，當時場屋多流，指君為俊傑，謂其必登甲科。無何，不利於殿試。爾後屢遭家難，稍沮其進取之意。從叔父大諫，集賢學士諱僅器君，於諸子姪之間得選鄉薦，而所履端方。於祥符三年以恩奏君，試將作監主簿，調集吏部，得道州寧遠縣尉。到官恪慎，不逾憲法，治狀有聞。方期漸履亨途，不幸感大疾，以求歸閑，尋訪名醫治之。既還洛陽，厥疾弗瘳，以天禧元年十一月三日卒於侯氏官舍，享年三十七。君始娶喬氏，先亡，再娶侯氏，即中書令、齊國公孫女也，亦繼君之亡。喬氏夫人生女二人，長適進士諸葛騤，次適進士湯師奭。侯氏夫人生一男曰景。侯夫人雖生公侯家，懿範無驕恣，柔順有婦節。自君棄世，景方四歲，昏昕以義方教導，遂至成立。習性謹願恭慤，唯不逮仕祿，竟為當世善士，此乃慈訓之驗，俾中散寧遠，繼其蒸嘗，實侯夫人力焉，深可嗟悼。其嗣孫抃亦繼父之行，以襄事人，後□□重，遂卜窆於高敞之原，舉君及奉二夫人之喪，合葬於河南□□鄉龍門村祖庒西，禮也。其用甲寅熙寧七年二月四日，抃區□□□喪事，掩壙有期，狀君履行告予銘石，義不克讓。銘曰：

□□君之才，行不遇於時，一命不及，設施感疾，未過中年而殂，此乃天命不偶者如斯，其立嗣兮，賴侯夫人誨育之慈。哀哉！

張琇鐫。

宋故安康郡太君劉氏墓誌銘并序
將仕郎守太子中允館閣校勘崇政殿說書呂升卿撰
朝散大夫尚書庫部郎中上柱國賜紫金魚袋寇諲書并篆蓋
太君姓劉氏祥符人幼歸于
太師中書令尚書令秦國王公性恭愿和順凡女功無不通解
而憂思深遠勤勞不懈以能左右中饋之事生一子曰益柔爲
諫議大夫知制誥始封永安縣太君改封壽光熙寧五年進
封安康郡太君嘗誨其子曰
天子神聖拔汝久困之跡寘之從官可謂厚矣非忠誠瘁盡不
顧其私何以爲報哉奉佛祇嚴暮年苦足疾而策杖扶掖旦旦
詣精廬燔香瞻拜居則課[illegible]紉縫不少休或以勞心損目言者
曰吾自樂此不爲苦也視[illegible]幼稚一呴以慈雖或內弗善終
不以聲色加之然必有以悟其心者或勸宜加責怒乃曰吾欲
其自愧悔而懲之深也始終一德家用寧康熙寧七年五月丙
辰以疾終于京師享年七十八前此月餘力疾詣佛舍懺悔又
召比丘尼誦經于前臨終神明不亂約束家事如平居嗒然而
化即以其年八月甲申歸葬
秦國公之墓次銘曰
坤德光大載物廣　母儀體之均愛養
治家有道匪威賞　悟以正容善滋長
上下雍睦顏是仰　家道以肥心克享
壽不百齡德言枉　六親淚泉灑穹壤
張琇刻

一〇八　宋故安康郡太君劉氏墓誌銘并序

將仕郎守太子中允館閣校勘崇政殿說書呂升卿撰，朝散大夫尚書庫部郎中上柱國賜紫金魚袋寇諲書并篆蓋，張琇刻

熙寧七年（1074）五月十九日卒，同年八月十九日葬

誌文 22 行，滿行 24 字，正書。誌石長 61.5 厘米、寬 62.5 厘米，洛陽出土。

釋文

一〇八　宋故安康郡太君劉氏墓誌銘并序

將仕郎守太子中允館閣校勘崇政殿說書呂升卿撰，朝散大夫尚書庫部郎中上柱國賜紫金魚袋寇諲書并篆蓋

太君姓劉氏，祥符人。幼歸于太師、中書令、尚書令、秦國王公。性恭愿和順，凡女功無不通解，而憂思深遠，勤勞不懈，以能左右中饋之事。生一子曰益柔，為諫議大夫、知制誥。始封永安縣太君，改封壽光，熙寧五年進封安康郡太君。嘗誨其子曰："天子神聖，拔汝久困之跡，寘之從官，可謂厚矣！非忠誠瘁盡，不顧其私，何以為報哉！"奉佛祇嚴，暮年苦足疾，亦策杖扶掖，旦旦詣精廬燔香瞻拜。居則課□紉縫，不少休，或以勞心損目，言者曰："吾自樂，此不為苦也。"視□□幼稚一呴以慈，雖或內弗善，終不以聲色加之，然必有以悟其心者；或勸宜加責怒，乃曰："吾欲其自愧悔，而懲之深也。"始終一德，家用寧康。熙寧七年五月丙辰，以疾終于京師，享年七十八。前此月餘力疾，詣佛舍懺悔，又召比丘尼誦經于前，臨終神明不亂，約束家事如平居，嗒然而化。即以其年八月甲申歸葬秦國公之墓次。銘曰：

坤德光大載物廣，母儀體之均愛養。治家有道匪威賞，悟以正容善滋長。上下雍睦顏是仰，家道以肥心克享。壽不百齡德言枉，六親淚泉灑穹壤。

張琇刻。

蓋題："宋故安康郡太君劉氏墓誌銘"

一〇九　宋故尚書屯田員外郎張君（庚）墓誌銘并序

臨川王安國撰，河南王尚恭書

皇祐元年（1049）六月十七日卒，熙寧八年（1075）四月二十四日葬

誌文 37 行，滿行 42 字，正書。誌石長 80 厘米、寬 80.5 厘米，洛陽出土。

一〇九　宋故尚書屯田員外郎張君（庚）墓誌銘并序

臨川王安國撰，河南王尚恭書

君諱庚，字太素。少自砥礪讀書，究治亂安危之意，故舉以文學稱，而選以政事顯，中天聖五年進士，得安利軍判官，丁考妣憂，不赴。服除，李文定公守孟州，錢文僖公留守西京，辟為其佐，不聽，權邠州觀察推官、轉運使，舉監河中府白家監場。以最，改大理寺丞。樞密直學士張逸守成都，乞君以助，除簽書節度判官。歲無雨，君請堰皂江，為督其役，灌田數千頃，而人不苦旱。守以聞上，賜書獎諭，擢通判鳳翔府史。王從政縱侵府事，民患之久。君至，數其罪，竄之，人以悅服。元昊反，自陝以西，爭修城壁，設樓櫓，府吏既以此得賞，又築西關城七里，西關無可保而役費甚。君嘆曰："勞人而利賞，吾可不與。"邪將舉事而君奏罷之，人愈以德君。元昊入鄜延界，宿兵多而儲偫匱，詔君乘馹調發，君能稱緩急之宜，而軍用集，除陝西轉運判官。仁宗召問邊事，稱旨賜五品服，給以裝錢，謂中書曰："張某材可用。"君平生敢為，而一日遭人主知己，尤激卬，無所不勉。開屯田，築籠竿城，為軍運東西，蜀餘錢饋邊，悉出君畫。又言："臣所部四路，惟涇原二州地平，羌出入便，而山外人與蕃漢雜，其畜積富，賊必抄掠，宜增兵選將以戒。"已而元昊果攻涇原，葛懷敏覆軍於定川，元昊遂取瓦亭。歸將入渭州，而州以老弱千人乘城。經略使王沿戰怖，請君間道馳至秦州，得兵六千人，兵朝入而元昊夕薄城下，賴以不驚。於是詔君與將帥謀所以勝後之略，令乘馹歸奏沿為御史。時嘗以事彈樞密使，於是樞密欲中沿以危法白。上曰：懷敏之敗，以沿不為之救，間以利，動君使對，上如其指，君不應。既對，仁宗果問王沿狀，君曰："懷敏盡將渭兵以出，沿特保空城爾。"仁宗意悟，沿猶坐黜而議者多，君不可撓。久之，召為開封府推官。以湖南蠻擾邊，選君體量安撫，兼提舉捉殺蠻事，坐與中書議，不合，罷知虢州。虢盜依山為巢穴，君捕其首磔之，遂無犯者。徙華州，興學校，躬以時教諸生，人敏於業。徙提點淮南刑獄公事，虹縣大姓韋士元殺人而誣其僕，又賕吏簿笞僕，使屈服，君一閱具發其奸，舒之石牌。灣水悍而其下盡石，歲敗百餘舟，貴池令許沂議釃北河以避，而富人陳氏懼廢其魚池，陰使人為道地，故格其議。君為條利害以聞，朝廷聽之而行者無患。徙河北懷州，民擅立祠廟，傾一州事之守，率其屬以謁，君譙使廢之。又言衛州人張舍五世以義聞鄉里，賜以旌表。君於舉劾必盡人之善否，而加禮賢者，故尤有治聲。召為三司戶部判官。王則叛貝州，朝廷出兵以討，仁宗一日召君，問其事，君曰："臣無狀，願以身棄艸野，取一日之報於上久矣，惟陛下使之。"仁宗諭中書令張某行大臣曰：張某前奉使不能豫察今日之變，不可遣。而鄭驤以河北轉運與君同時奉使，於是獨遣驤。而君數日坐貝事，謫通判袁州。君泊然如未嘗謫，而事無巨細，為之究心。歲餘徙知光州，道得疾，以皇祐元年六月十七日卒於和州，春秋五十一。君聰明臨事，它人若憊不勝者，而君閑暇如平時。薄於財利，得祿間以賙姻舊之乏，而既卒，則無以衣食其孥。翰林學士承旨王堯臣、侍御史、知雜事何郯上書乞錄其後，以勸天下之廉吏，不報。而君子雲卿歸居西京，實能學問以節行，不苟合留守，數薦其賢於朝廷。熙寧八年四月乙酉葬君於河南府河南縣杜澤原，而雲卿謀所以顯君於不泯者，乃來京師乞余作銘，余為序其世，曰：張氏出黃帝之後，而三代之際，唯張仲見稱於周晉老，趙孟浸聞於人，而開又見於韓相。韓五世而良以道，為漢之佐，自是不絕，為顯姓。君家滄州之東光縣，曾大父公霸不仕。大父虬，以五代之亂，辟地于蜀，仕至州縣佐，從孟氏歸宋，令寶應、獲嘉二縣，有治行，民愛之。父祐，嘗舉進士不中，遂不復出，以君贈大理寺丞，而封君母賈氏為長沙縣太君。娶王氏，封萬年縣君。子四人男，曰雲卿、曰雲逵，雲逵與二女早卒。君自大理丞四遷至尚書屯田員外郎，散官至朝奉郎，而勳至騎都尉。銘曰：

君潛里閭氣嶙屹，核古成敗出緒端。挾藝得科敏厥官，斷然挺身踐危難。逆測羌變俯仰間，駕取功閥猶坂丸。始誰予之助翔騫，忽鎩羽翮中泭桓。我適其逢人莫扳，肆彼利誘恬無訾。鐫辭幽堂不漫漶，虧於一時萬世完。

張琇刻。

一一〇　宋故朝奉郎守太子中舍騎都尉賜緋魚袋張君（景儒）墓誌銘

朝散大夫行尚書兵部員外郎直史館知河中軍府兼管內權農事提舉解州慶成軍兵馬巡檢公事輕車都尉賜紫金魚袋陸經撰，文林郎前守廣州司法參軍樂溫書，將仕郎試秘書省校書郎前權孟州觀察推官李曈篆蓋，張士廉鐫

熙寧三年（1070）二月三日卒，熙寧八年（1075）九月二十六日葬

誌文 29 行，滿行 29 字，正書。誌石長 63 厘米、寬 62 厘米，洛陽出土。

釋文

一一〇　宋故朝奉郎守太子中舍騎都尉賜緋魚袋張君（景儒）墓誌銘

朝散大夫行尚書兵部員外郎直史館知河中軍府兼管內權農事提舉解州慶成軍兵馬巡檢公事輕車都尉賜紫金魚袋陸經撰，文林郎前守廣州司法參軍樂溫書，將仕郎試秘書省校書郎前權孟州觀察推官李疃篆蓋

君諱景儒，字文通，姓張氏，其上世自許入洛，遂為河南人。曾祖諱誼，皇任中書舍人，贈工部尚書。祖諱去華，皇任工部侍郎致仕，贈司徒。列考諱師錫，皇任光祿少卿致仕，贈兵部侍郎。曾祖妣李氏、祖妣高氏，追封隴西、渤海郡太君；妣曹氏，追封壽光縣太君。君始舉進士，貢于開封府，不利，有司以父任補太廟齋郎。鏁廳復焉于開封，再不利，乃調河南府密縣主簿，徙鄭州新鄭。未幾，以親嫌，換澤州晉城。服太夫人喪，外除，以父致仕，恩授孟州觀察推官。歷鄭州觀察、河陽三城節度推官。丁外艱，服除，用薦者，改衛尉寺丞，遷大理寺丞、太子中舍，知河南伊闕、眉州彭山、河南長水三縣，管勾永興軍路機宜，又簽書永興判官，賜緋衣銀魚。丞相潞國公文公彥博、丞相魏國公韓公琦、丞相魯國公曾公公亮、丞相鄭國公宋公庠、使平章事冀國公王公德用交辟幕府，皆有能稱。魯公又薦召試學士院，止陞一任。君在長水，以三司每歲市材米數百萬悉配民間，一邑病之。君因平其估置場和，買民便之。君外質內明，恬於榮利。游諸公間，莫不善客待之，章交公車府，凡十有七人，而君竟不得一究其用。以歿，為可悲也。雖然視君之知己皆將相名臣，可不為賢也哉。君先娶楊氏，三司鹽鐵副使日華之女；後娶楊氏，供備庫副使琪之女，生子男四人：曰浩、曰洄、曰澄、曰渙，皆有學問。女四人：長適孟州觀察推官李疃，次適進士王格，二人在室。孫男一人。君以熙寧三年二月三日卒於西京永泰坊之私第，享年五十三。嗣子奉君之柩以八年九月二十六日，葬河清縣平洛鄉上店村先公之兆。有文集十卷，號《清白集》，藏於家。嗣子以余與君為里人，來乞銘，不得辭，銘曰：

君之始仕，名在俊傑；辟書交馳，羔雁成列。賓于諸侯，一府之望；疇君之知，落落公相。才良命窄，雖蘊不施；卒于下官，君子齎咨。下從先公，有封其室；銘而固之，以永金石。

張士廉鐫。

宋故彭城郡君馬氏墓誌銘并序　從南第三棺
提點夔州路刑獄公事尚書職方郎中李孝孫撰
夫人馬氏其先出扶風後因徙居濮陽遂爲鄄城人曾祖應圖
澶州頓丘令贈給事中祖元方忠實沉敏事　太宗　真宗
嘗爲三司使樞密直學士兵部侍郎後爲并州終贈吏部尚書
父僅材行修飭嘗奏文中等賜進士第終都官員外郎夫人即
都官之次女也在家事父母以孝聞年十六歸于光祿卿李公
孝基時予家相國再秉政揔諸屬于京第而夫人執婦道睦親
族以和接上下以禮朝夕承事肅然未嘗有懈容閨門間所舉
皆有儀範光祿侍相國左右夙夜強學夫人執詩書視翰墨能
孜孜不倦及光祿預賢能之薦揚于王庭決策高第聲華籍甚
亦夫人昔之內助也以康定元年六月二十一日終于京城私
第享年二十三後八年光祿乃策名登朝而夫人不得均此顯
榮亦命也已生二女長曰詩姐早夭次適國子博士孫純亦亡
初慶曆戊子歲始歸葬夫人于鄄城先兆又三十年乃贈夫人
彭城郡君而光祿公終于西京夫人殁繼室以夫人女弟主子
偲後改祔夫人于河南府河南縣龍門村光祿公新塋時熙寧
十年丁巳歲二月丙申也孝孫幼授學于光祿公未嘗遠離左
愛故詳覩夫人柔令之德宜爲之詞以藏諸幽銘曰
嗟嗟淑人而不永其生
來嬪大族而不觀其成
克助君子而不享其榮
作爲斯文以告諸冥
男偲書丹

一一一　宋故彭城郡君馬氏（李孝基妻）墓誌銘并序

提點夔州路刑獄公事尚書職方郎中李孝孫撰，男偲書丹。

康定元年（1040）六月二十一日卒，熙寧十年（1077）二月十五日合葬

誌文 23 行，滿行 24 字，正書。誌石長 55、寬 53 厘米，洛陽出土。

一一一　宋故彭城郡君馬氏（李孝基妻）墓誌銘并序

從南第三棺

提點夔州路刑獄公事尚書職方郎中李孝孫撰

夫人馬氏，其先出扶風，後因徙居濮陽，遂為鄄城人。曾祖應圖，澶州頓丘令，贈給事中。祖元方，忠實沉敏，事太宗、真宗，嘗為三司使、樞密直學士、兵部侍郎，後為并州，終贈吏部尚書。父僅，材行脩飭，嘗奏文中等，賜進士第，終都官員外郎。夫人即都官之次女也，在家事父母以孝聞。年十六歸于光祿卿李公孝基。時予家相國再秉政，總諸屬于京第。而夫人執婦道，睦親族以和，接上下以禮，朝夕承事，肅然未嘗有懈容。閨門間所舉，皆有儀範。光祿侍相國左右，夙夜強學。夫人執詩書、視翰墨，能孜孜不倦。及光祿預賢能之薦，揚于王庭，決策高第，聲華籍甚，亦夫人昔之內助也。以康定元年六月二十一日終于京城私第，享年二十三。後八年，光祿乃策名登朝，而夫人不得均此顯榮，亦命也已。生二女，長曰評姐，早夭；次適國子博士孫純，亦亡。初慶曆戊子歲始，歸葬夫人于鄄城先兆。又三十年，乃贈夫人彭城郡君，而光祿公終于西京。夫人歿，繼室以夫人女弟生子偲，後改祔夫人于河南府河南縣龍門村光祿公新塋，時熙寧十年丁巳歲二月丙申也。孝孫幼授學于光祿公，未嘗遠離友愛，故詳覩夫人柔令之德，宜為之詞，以藏諸幽。銘曰：

嗟嗟淑人而不永其生，來嬪大族而不覩其成，克助君子而不享其榮，作為斯文，以告諸冥。

男偲書丹。

注：参見本書其夫一一二《李孝基墓誌》。

一一二　故朝散大夫守光祿卿致仕上護軍贊皇縣開國子食邑六百戶李公（孝基）墓誌銘

廣平程顥撰，清原王慎言書并篆蓋，張士廉鐫

熙寧十年二月二十五日葬

誌文 39 行，滿行 45 字，正書。誌石長 73、寬 72 厘米，洛陽出土。

一一二　故朝散大夫守光祿卿致仕上護軍贊皇縣開國子食邑六百戶李公（孝基）墓誌銘

從南第二棺

廣平程顥撰，清原王慎言書并篆蓋

有宋清德君子光祿李公，以熙寧丙辰孟秋庚辰終于西京之里第，越明年仲春丙申，葬於河南縣龍門村之先塋。前期，其孤以狀來請銘。予謂："古之人有一功一行，可以矯時礪俗者，皆得載於文章，傳信後世。或使之泯沒不顯，則當時記善之士為有罪，況如公之賢當書者，豈特一二而已。"則誌其墓也，予宜無辭。謹按：李氏之先本燕人，公之五世祖，用武略為將帥，始遷濮，今為鄄城人。藝祖時以儒顯建策，取湘南有功，諱令珣者，公之高祖也。曾祖蔡國公諱濩，祖鄭國文定公諱迪。贈官皆太師、中書、尚書令。考懿靖公諱柬之，贈太子太傅，妣安定郡夫人高氏。自宋之興，李氏多顯人，文定公翊輔兩朝，稱為賢相，故其族為天下望。公諱孝基，字伯始，懿靖公之長子也，神宇粹清，瑩若冰玉。雖居養富貴，而操尚清苦，逾於寒素之士。少師文正范公、泰山孫明復，二公深相器重。公於治學，精力絕人，有所未達，夜以繼日。故能博涉，無所不通，雖數術、曲藝亦臻其妙。慶曆中舉進士高第，仁宗召之墀下，注視久之，喜為宰相曰："此李某孫耶？能世其家，可嘉也。"始以文定之貴，任為將作監主簿，用年勞汎恩，十四遷而至光祿卿。其職事嘗監寧陵倉草場，在京延豐倉，知潁州汝陰縣，通判閬州；又知開封之雍丘，通判舒州；知隨州，兩監嵩山崇福宮，判西京國子監，遂致其仕，後五年而終，享年六十一。其道雖不大行於時，然所居之官，皆有功利，及物其治，主於清淨不撓，故去常見思。在汝陰時，朝廷懲甘陵之妖，大索邪學，部使者督治過急，郡縣多羅致疑似，以避禍取賞，邑人株連者甚衆。公曰："是皆愚民，情非大惡。"力為平理，得無冤人。閬中江水大，上城且沒，捍守者皆散走，郡將招公亟去。公曰："孰當救斯人耶？"獨率所部，冒險而進，決水射旁谷，城獲存，所全活者，蓋十餘萬計。舒吏受賕誣平民以殺人，獄具將決。公察其冤，力與守爭，留之三日，果得其情，吏皆伏辜，一郡大驚。邑豪有世殺人以祭鬼者，賂交上下，故前政莫能發。公窮治而誅之，人以為神。公久於從政，善事藉藉，舉是足以觀其槩矣。公之居己待物，一於至誠，中懷洞然，無有疑閡。而剛正嚴潔，不苟去就，非其義思，不以一毫屈於人。晏元獻公嘗薦其文，宜在書館。時相有欲恩出於己者，俟召公。公曰："朝廷名器，可私請邪？"終不往，事遂格。其不能與時俯仰類如此。年纔四十餘，求為西洛散官，以便奉養。三居閑曹，前後積十歲。懿靖公既告老，公亦還政於朝，父子同歸士大夫，高其風播於詠歌，以比漢之二踈。少時，嘗召試出身，力推與其弟，有官未達者，復辭官與之。居家未嘗自名一錢，所得俸祿，薄於自奉，盡斥其餘，以贍中外親戚之乏。捐館之日，惟有書數千卷。公雖退處在外，特為天子所念，李氏有進見者，上往往置所論事，而訪公動止，形於咨歎，謂其度越常人，或惜公之材，將請復起。公執政有知之者，曰："是真無心者也，豈能浼以事邪？"其為朝廷信重如此。予於公為姻家，又素相愛，知之宜詳。公之高情灑落，抗志物外，似欲與世俗相斷絕。及聽其言，則不詭於圣賢；質其行，則不離乎倫理。恭儉好禮，動以法度，持喪過哀，毀幾滅性。於名教之分，無少出入。晚節益自晦重，獨處一室，凝塵滿席，隱几默坐，殆忘其形骸，雖交親罕見其面。間或與人語當世事，預處成敗，明於目覩。有疑而問之者，曰："吾未嘗留意於此，豈久靜而明邪？"論者徒見公絕聲色，薄滋味，病則練氣辟穀，翛然終身。因謂其專方外之學，非儒者之事，不知公之所自得者，乃如此也。公少負其材，有大志，又席累世貴盛，早得美仕，以文學行治，高於一時，賢公鉅儒，爭相薦籍。當是時也，第委蛇緩步，便可視公卿為己物，及有所不合，遂為高世絕塵之思。不忍以外物之輕，易奉親之樂，盤桓冷官，乃謝政事。視去軒冕，輕於鴻毛，是豈不誠丈夫哉！公未病時，預計死期，悉以先世書，付其家人。病既革，謂其子曰："吾今且死，而心泰然，由吾平生無所愧負爾，死生常理，無足怛也。"將絕，猶視瞻閑暇，語言如平時，噫！死，大變也，彼猶不以累其心，況區區之得喪乎？夷惠之節，古以為百世之師，聞公之風者，獨不可以激貪吝而礪鄙薄歟。公兩娶馬氏，都官外郎僅之女，前夫人封彭城，後夫人君宣城。子偲，沂州防禦推官。四女，今俱亡。仲適國子博士孫純，季適試校書郎陳知立，其二不及嫁。二孫，旦試校書郎，昱試將作監主簿。公之葬，二郡君之喪實祔焉。銘曰：

遺榮忘勢貴之極，絕貪好施財之殖。知死無懼勇不惑，求仁而仁志斯得。清風高節死不亡，全是而歸學之力。

張士廉鐫。

注：參見本書其妻一一一《馬氏墓誌》。

適於實素之士少師文正范公泰山孫明復二公深相器重
不通雖數術曲藝亦臻其妙慶曆中舉進士高第　仁宗
可嘉也始以文字之貴任爲將作監主簿用年勞汎恩十四
潁州汝陰縣通判閬州又知開封之雍丘通判舒州知隨州
享年六十一其道雖不大行於時然所居之官皆有功利及
徽甘陵之妖大索邪學部使者督治過急郡縣多羅致疑似
力爲平理得無冤人閬中江水大上城且没捍守者皆散走
決水射旁谷城獲存所全活者蓋十餘萬計舒吏受賕誣平
其情吏皆伏辜一郡大驚邑豪有世殺人以祭鬼者賂吏上
善事藉藉舉是足以觀其概矣公之居己待物一於至誠中
一毫屈於人晏元獻公嘗薦其文宜在書館時相有欲恩出
遂格其不能與時俯仰類如此年纔四十餘求爲西洛散官

局部原大

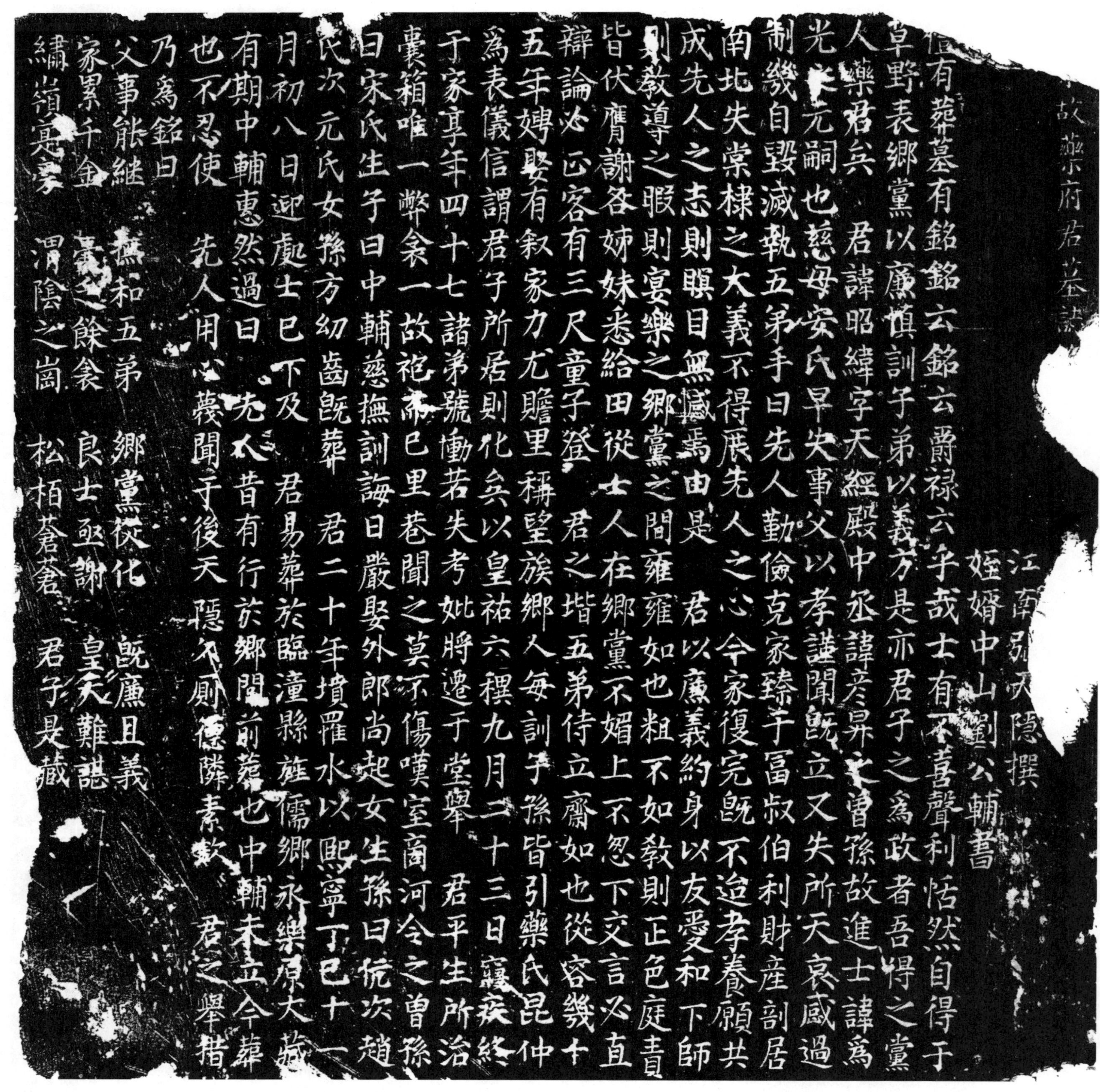

一一三　宋故藥府君（昭緯）墓誌銘

皇祐六年（1054）九月二十三日卒，熙寧十年（1077）十一月八日遷葬

誌文 26 行，满行 26 字，正書。誌石長、寬均 47 厘米，陝西出土。

釋文

一一三　宋故藥府君（昭緯）墓誌銘

江南張天隱撰，姪婿中山劉公輔書

禮有葬，墓有銘，銘云銘云，爵禄云乎哉。士有不喜聲利，恬然自得于草野。表鄉黨以廉慎，訓子弟以義方。是亦君子之為政者，吾得之黨人藥君矣。君諱昭緯，字天經，殿中丞諱彥昇之曾孫，故進士諱為光之元嗣也。慈母安氏早失，事父以孝謹聞。既立，又失所天，哀感過制，幾自毀滅。執五弟手曰："先人勤儉克家臻于富，叔伯利財產，剖居南北，失棠棣之大義，不得展先人之心。今家復完，既不逭孝養，願共成先人之志，則瞑目無憾焉。"由是，君以廉義約身，以友愛和下，師則教導之，暇則宴樂之，鄉黨之間，雍雍如也。粗不如教則正色，庭責皆伏膺。謝咎姊妹，悉給田從士人。在鄉黨不媚上不忽下，交言必直，辯論必正。客有三尺童子，登君之堦，五弟侍立，齋如也。從容幾十五年，娉娶有敘，家力尤贍，里稱望族。鄉人每訓子孫，皆引藥氏昆仲為表儀信，謂君子所居則化矣。以皇祐六稘九月二十三日寢疾終于家，享年四十七。諸弟號慟，若失考妣。将遷于堂，舉君平生所治囊箱，唯一弊衾一故袍而已。里巷聞之，莫不傷嘆。室商河令之曾孫曰宋氏，生子曰中輔，慈撫訓誨日嚴，娶外郎尚起女，生孫曰伉。次趙氏、次元氏。女孫方幼齒。既葬君二十年，墳罹水，以熙寧丁巳十一月初八日，迎處士已下及君，易葬於臨潼縣旌儒鄉永樂原。大葬有期，中輔惠然過曰：先人昔有行於鄉閭，前葬也，中輔未立，今葬也，不忍使先人用心蔑聞于後。天隱久厠德隣，素欽君之舉措，乃為銘曰：

父事能繼，撫和五弟。鄉黨從化，既廉且義。家累千金，囊乏餘衾。良士亟謝，皇天難諶。繡嶺寔旁，渭陰之崗。松栢蒼蒼，君子是藏。

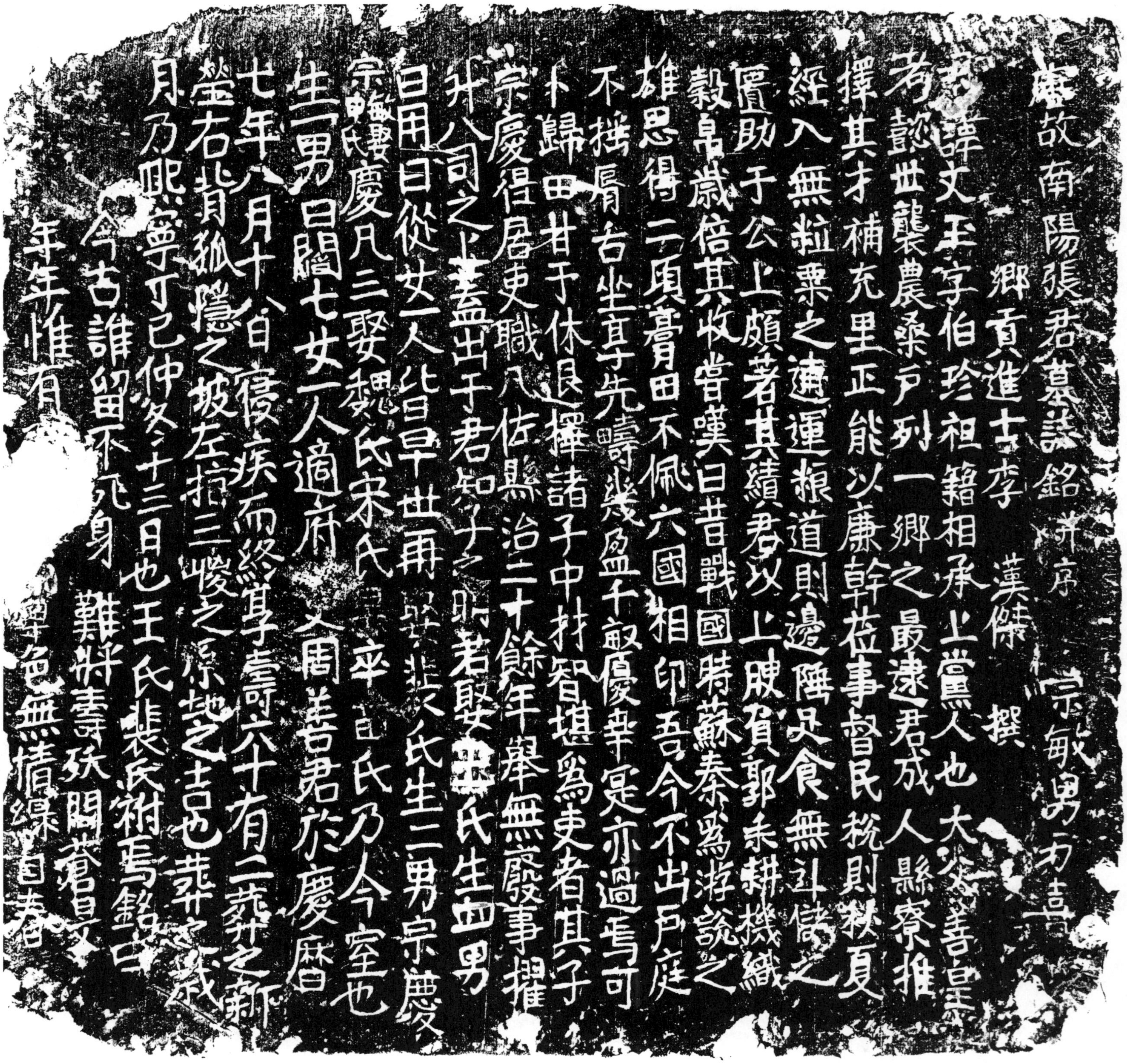

一一四　宋故南陽張君（文玉）墓誌

鄉貢進士李漢傑撰

慶曆七年（1047）八月十八日卒，熙寧十年（1077）十一十三日葬

誌文 21 行，行字數不定，行書。誌石長 41 厘米、寬 45 厘米，山西出土。

一一四　宋故南陽張君（文玉）墓誌

鄉貢進士李漢傑撰

君諱文玉，字伯珍，祖籍相承，上黨人也。大父喜，皇考懿，世襲農桑，戶列一鄉之最。逮君成人，縣寮推擇其才，補充里正，能以廉幹莅事，督民稅則秋夏經入，無粒粟之逋；運糧道則邊陲足食，無斗儲之匱。助于公上，頗著其績。君以上腴負郭耒耕，機織穀帛歲倍其收。嘗嘆曰：昔戰國時，蘇秦為游說之雄，恩得二頃膏田，不佩六國相印。吾今不出戶庭，不搖唇舌，坐享先疇，幾盈千畝，優幸寔亦過焉。可卜歸田，甘于休退，擇諸子中材智堪為吏者，其子宗慶得居吏職，凡佐縣治二十餘年，舉無廢事，擢升八司之上，蓋出于君知子之明。君娶王氏，生四男，曰用、曰從，女一人，皆早世。再娶裴氏，生二男：宗慶、宗敏，娶申氏。慶凡三娶魏氏、宋氏早卒，苗氏乃今室也，生一男曰閻。七女，一人適府吏周善。君於慶曆七年八月十八日寢疾而終，享壽六十有二。葬之新塋，右背狐隱之坡，左指三峻之原，地之吉也。葬之歲月，乃熙寧丁巳仲冬十三日也，王氏、裴氏祔焉。銘曰：

今古誰留不死身，難將壽殀問蒼旻。年年惟有□□□，早色無情綠自春。

宗敏男力喜。

注：該誌實為宋誌，出土後，持有者受射利之驅動，將首行首字“宋”改為“唐”，改動字跡明顯而拙劣，其他部份未改動，卒葬年為宋朝年號。

一一五　宋故三班奉職宋府君（世昌）墓誌銘有序

弟銀青光祿大夫檢校太子賓客兼御史大夫左藏庫副使權帶御器械勾當皇城司騎都尉開國男食邑三百戶宋世隆書，登仕郎前守绛州錄事參軍張成務篆，劉有方刻

治平三年（1066）十二月二十六日卒，元豐元年（1078）正月二十七日葬

誌文 29 行，滿行 29 字，正書。誌石長 63.5 厘米、寬 61.8 厘米，洛陽出土。

釋文

一一五　宋故三班奉職宋府君（世昌）墓誌銘有序

弟銀青光祿大夫檢校太子賓客兼御史大夫左藏庫副使權帶御器械勾當皇城司騎都尉開國男食邑三百戶宋世隆書，登仕郎前守绛州錄事參軍張成務篆

公諱世昌，字子京，東京開封縣人。太師、侍中諱彥筠，迺其元祖也。公即左驍騎尉大將軍諱崇義府君之曾孫，秘書郎諱可昇府君之孫，左監門衛將軍諱文質府君之子。公繇仁宗朝女弟，入掖庭為直筆，恩奏三班借職，出監京兆府藍田縣酒稅。既莅局以能稱，府尹、資政殿學士鄭公戩多公之能，秩滿，再舉監本府涇陽縣酒稅，例改三班奉職。繇是公益以廉勤任己，至於宿弊思盡革，故奸利者，率皆患之而竄跡。公罷職恬然，樂於退處，固不以仕進為意，尋遷汝陽，因以家焉。公性倜儻，耻拘小節，凡治產業之暇，唯以燕游自適。生平所交結，非權豪未之許也。治平三年十二月二十六日因疾而終，享年五十八。公娶鄭氏，有子一人曰良儒，娶申氏。方公之始感其疾也，重以幼稚為念，而無所顧託其家者，因召伯氏之子良佐屬其事。及公卒，夫人鄭氏迺與良佐居焉，故事無巨細，一皆委之。後六年，夫人鄭氏卒，時熙寧五年六月二十一日也，享年五十六。是年秋九月初四日，良儒亡，年十九。越明年五月二十有五日申氏即世，年二十。良儒有女一人曰汝娘，早夭。男一人曰秤住，在繈褓而孤，至是獨依良佐以為鞠養，而良佐惻怛動其誠，故嘗戒其家人使夙夕勤於撫育，雖己之子，不是過也。庶蘄叔父之祀，有所承焉。不幸其孤不數月而夭逝，公之嗣迨此而絕。嗚呼！公之所以然者，其天乎？其人乎？又安得而知乎？豈三世之戒有以致乎？是可哀也哉。良佐以叔父而下葬者凡九，雖皆殯諸佛舍，而未歸葬于先域，良佐不忍負其所託，因具其事之始終，以牒訴于官，丐其瘞埋之費，官迺析公貲產之十一歸良佐，又以錢三十萬俾營襄事，皆從箸令也。良佐以元豐元年正月二十七日舉葬于西京河南縣賢相鄉杜澤里，祔先塋之次。銘曰：

昭昭之鑒，高不可欺。其冥之理，幽莫能知。於巇宋公，族崇位卑。以何施報，絕其本支。賴兄之子，送終析貲。可哀可悼，著此銘詩。

劉有方刻。

誌首：宋故三班奉職宋府君墓志銘。

一一六　宋故樂夫人（劉忠舉妻）墓誌銘并序

表兄朝散大夫尚書工部郎中充集賢殿修撰知河中軍府兼管內權農事兼提舉解州慶成軍兵馬巡檢公事上輕車都尉賜紫金魚袋陸經撰，兄朝奉郎尚書司門員外郎權知唐州軍州兼管內權農事騎都尉借紫樂渙書并篆蓋，呂密刊

元豐元年（1078）正月七日卒，同年二月十五日葬

誌文 22 行，滿行 23 字，正書。誌石長 60 厘米、寬 59 厘米，洛陽出土。

釋文

一一六　宋故樂夫人（劉忠舉妻）墓誌銘并序

表兄朝散大夫尚書工部郎中充集賢殿修撰知河中軍府兼管內權農事兼提舉解州慶成軍兵馬巡檢公事上輕車都尉賜紫金魚袋陸經撰，兄朝奉郎尚書司門員外郎權知唐州軍州兼管內權農事騎都尉借紫樂渙書并篆蓋

內妹夫人姓樂氏，叔舅尚書比部員外郎諱理國之幼女，母曰玉田縣君艾氏。夫人年十六歸于彭城劉忠舉，逮事舅姑，供養甚備。良人久困州縣，數為知己薦，而不克遷。夫人常勉其志，遭回遷徙，從官四方。夫人食貿治家，勤勞不愠。熙寧十年，良人方出銓，調入秘書省為著作佐郎，知許州錄事參軍。居官未及一歲，夫人暴得風眩，謁醫有聞，踰月疾革，竟以不起，實元豐元年正月七日也。良人哭曰："正吾□撫吾族、成吾身者，夫人也，今夫人既卒，吾無以為家矣。"因□庶辭親民官，挈喪以歸。遂以元豐元年二月十五日，卜葬于西京河南縣南、北張里之大墓，禮也。夫人性明悟，有深識，凡在女氏，居婦道，不待姆師，而自有法度。善筆札，喜書數，鳴絃度曲，咸造其妙。享年四十有六。生子男三人：長曰舜臣，試將作監主簿；次曰彥臣，太廟齋郎，早世；次未名而亡。女二人：長適郊社齋郎張大成，次適真定府欒城縣尉張世延。著作君自齊州走僕夫至蒲乞銘，為之銘曰：

體柔順兮世不疵，躬勤勞兮殆百為。方受祉兮焉奪之，質乎天兮孰主之。後之考此銘兮為婦規。

呂密刊。

一一七　宋故朝奉郎守尚書職方員外郎充提舉司勾當公事輕車都尉賜緋魚袋任君（逸）墓誌銘并序

前汝州團練推官將仕郎試秘書省校書郎知鄧州内鄉縣事李藩撰，朝奉郎守司農少卿權管勾西京留司御史臺公事上護軍陳留縣開國男食邑三百戶賜緋魚袋借紫李舜卿書，朝請大夫守司農少卿管勾西京嵩山崇福宮上柱國河南縣開國男食邑三百戶賜紫金魚袋寇譓篆蓋，閻永真刊

元豐元年（1078）十二月二十日葬

誌文 34 行，滿行 37 字，正書。誌石長 75.5 厘米、寬 73.5 厘米，洛陽伊川出土。

釋文

一一七　宋故朝奉郎守尚書職方員外郎充提舉司勾當公事輕車都尉賜緋魚袋任君（逸）墓誌銘并序

前汝州團練推官將仕郎試秘書省校書郎知鄧州内鄉縣事李藩撰，朝奉郎守司農少卿權管勾西京留司御史臺公事上護軍陳留縣開國男食邑三百戶賜緋魚袋借紫李舜卿書，朝請大夫守司農少卿管勾西京嵩山崇福宮上柱國河南縣開國男食邑三百戶賜紫金魚袋寇諲篆蓋

熙寧五年七月二十三日，職方員外郎、河南任君日休卒於鄉，余友人也。適官上黨，不克慟於其門。今其葬也，宜銘諸壙，以慰吾亡友之心。而君之孤牧之，又來請銘，其可已邪。君諱逸，日休其字也。潁州汝陰縣令、贈太子太傅諱璉者為曾大父。孟州別駕、贈太師、中書令諱廷芳者為大父。太子少師、贈太師、中書令兼尚書令、郢國公、謚恭惠諱布者為父。君始由恭惠賞延，授將作監主簿，監西京都鹽院，未赴。皇祐中，恭惠掛冠居洛，上祠明堂，召恭惠及故丞相杜公，將修三老五更之禮，優寵耆舊，賜君出身同進士。以覃霈復轉太常寺太祝，改差知河南府河清縣事，未赴。宋元憲公居守西都，辟君知司錄司。丁恭惠憂，服除，簽書澤州判官聽公事，改光祿寺丞。以妻母正肅公夫人陳乞，就移監西京糧料院，遷著作佐郎。丁所生母、乾寧縣太君孫氏憂，制滿，通判棣州。英宗即位，轉秘書丞，賜五品服，遷太常博士。時濱有妖獄，郡且缺守，安撫司以君權領郡事，且治其獄，為妖首者，始將率衆陰籍姓氏，而所籍之人，未之知也。有司乃欲按籍追鞫，衆情大懼。君剡奏，所捕者衆，人情惶駭，願治罪首，餘置不問。上可其請，人情遂安。今上登極，轉屯田員外郎。棣久以賦税之饒，狡吏竄易其數者。君發宿弊，監司以聞，旋被賞典，遷都官員外郎，通判潞州。既而外兄亦調潞，幕法當移後授者，君以其兄久淹銓選，請自引避，識者多之。改差通判鄧州。潞國文公方在樞府，薦君才能，因得召對，其言當世利病，雅中天子意，擢充三司勾當公事，遷職方員外郎。未幾，改提舉司勾當公事。方階要選，而仇人恐其害己，誣告君已劾之事，時執政與薦君者不協，遂下監司，復求君罪，獲辯如初，仇人覬覦謂必可以撼君搆之愈急，卒置臺獄。君賦性剛勁，銜冤未吐，感疾而終，享年四十有七，人咸哀之，嗚呼！人之於死，均曰不幸正命，乃爾奚不幸邪！若君者，始可謂不幸矣！此知君者所以咨嗟涕洟，而不能已也。君為人凝重，襟韻灑然，與人少合，數舉進士不中第，學益不止。其於文章，尤喜為詩。別館占洛城，饒水石花竹之勝，每受代還鄉，從容宴息於其間，春風之朝，明月之夕，多與文士賦詩為樂。中年又與里閈耆儒宿德，約為老會，益以觴詠相追逐，浩乎洋然，有一自得而不知榮祿之克慕也。用是二十年間，所歷官守，至少蓋能樂其在己者，而聽其在天者，是故其詩有曰“園林薄有收心處，名利都無掛口時”，君之所存，斯可見矣。君兩娶劉氏，故太子賓客諱立德之女，皆先君而亡，再娶吳氏，故尚書左丞正肅公諱育之女，封長壽縣君。男五人：長則牧之，新知開封府管城縣丞；衍之，守耀州司戶參軍；彥之，早世。升之、承之，并舉進士。女四人，三適令族，一尚幼。諸孤以元豐元年十二月二十日葬君於河南府河南縣伊汭鄉中梁村恭惠公之域。銘曰：

君之不壽，才也所招。洛城別館，誰復游遨。吟朋一散，風月蕭廖。龍山之側，是為君宅。既有泉石，亦有松柏。春風秋月，尚慰吟魄。

閻永真刊。

蓋題：“宋故職方員外郎任府君墓銘”。

注：參見本書其妻〇四七、〇七八《劉氏墓誌》及其弟〇六〇《任述墓誌》。

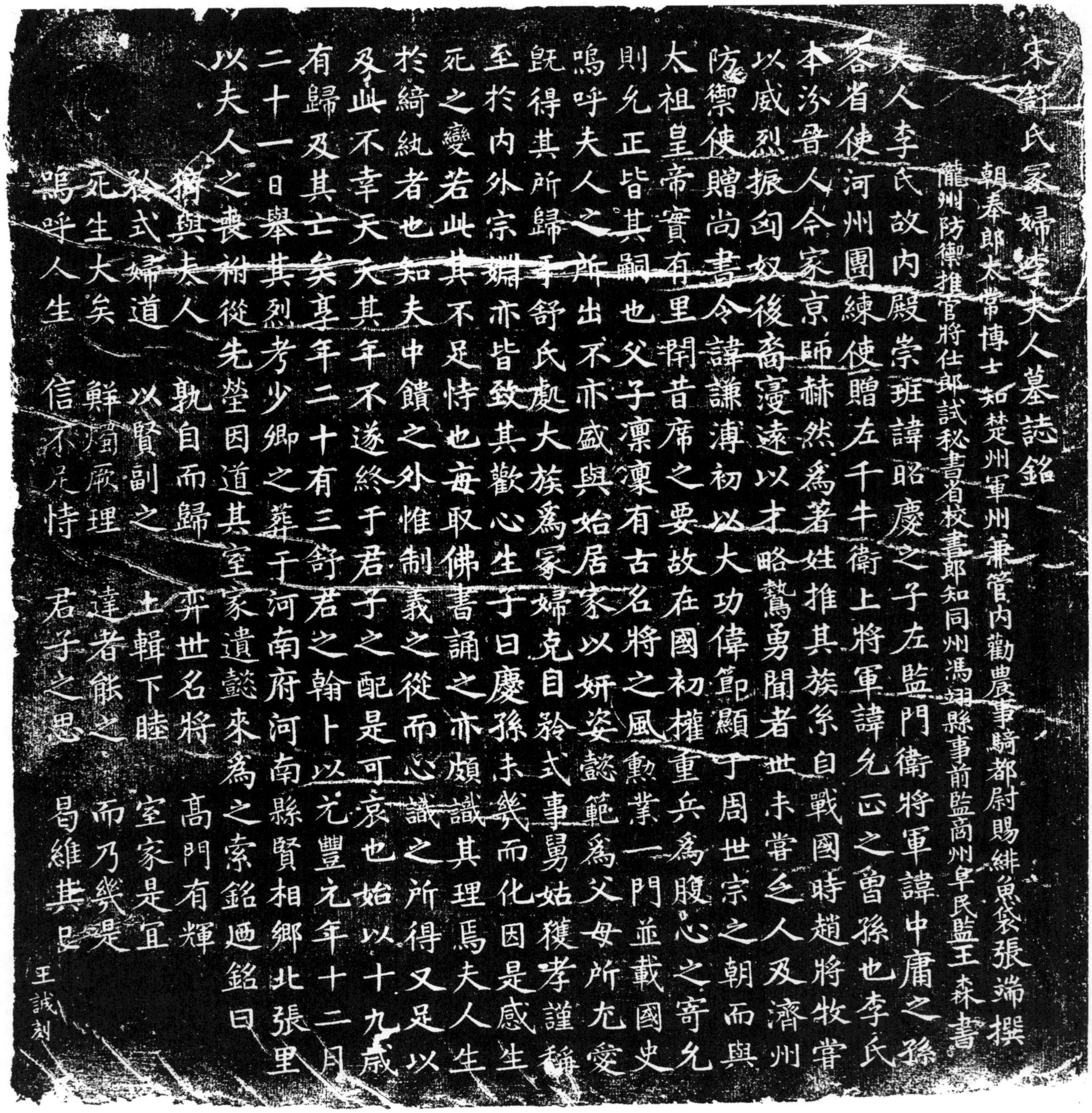

一一八　宋舒氏（之翰）冢婦李夫人墓誌銘

朝奉郎太常博士知楚州軍州兼管内權農事騎都尉賜緋魚袋張端撰，隴州防禦推官將仕郎試秘書省校書郎知同州馮翊縣事前監商州阜民監王森書，王誠刊

元豐元年（1078）十二月二十一日葬

誌文 23 行，滿行 25 字，正書。誌石長、寬均 55.6 厘米，洛陽出土。

釋文

一一八　宋舒氏（之翰）冢婦李夫人墓誌銘

朝奉郎太常博士知楚州軍州兼管內權農事騎都尉賜緋魚袋張端撰，隴州防禦推官將仕郎試秘書省校書郎知同州馮翊縣事前監商州阜民監王森書

夫人李氏，故內殿崇班諱昭慶之子，左監門衛將軍諱中庸之孫，客省使河州團練使、贈左千牛衛上將軍諱允正之曾孫也。李氏，本汾晉人，今家京師，赫然為著姓。推其族系，自戰國時，趙將牧嘗以威烈振匈奴，後裔寖遠，以才略驚勇聞者世，未嘗乏人。及濟州防禦使、贈尚書令諱謙溥，初以大功偉節，顯于周世宗之朝，而與太祖皇帝實有里閈昔席之要，故在國初，權重兵為腹心之寄，允則、允正，皆其嗣也。父子凜凜，有古名將之風，勳業一門，并載國史。嗚呼！夫人之所出，不亦盛與。始居家，以妍姿懿範為父母所尤愛。既得其所歸于舒氏，處大族為冢婦，克自矜持，事舅姑獲孝謹稱。至於內外宗姻，亦皆致其歡心。生子曰慶孫，未幾而化，因是感生死之變若此，其不足恃也。每取佛書誦之，亦頗識其理焉。夫人生於綺紈者也，知夫中饋之外，惟制義之，從而心識之，所得又足以及此，不幸天夭，其年不遂，終于君子之配，是可哀也。始以十九歲有歸，及其亡矣，享年二十有三。舒君之翰卜以元豐元年十二月二十一日，舉其烈考少卿之葬于河南府河南縣賢相鄉北張里，以夫人之喪祔從先塋。因道其室家遺懿，來為之索銘，迺銘曰：

猗與夫人，孰自而歸。弈世名將，高門有輝。衿式婦道，以賢副之。上輯下睦，室家是宜。死生大矣，鮮燭厥理。達者能之，而乃幾是。嗚呼人生，信不足恃。君子之思，曷維其已。

王誠刊。

一一九　宋故内殿崇班銀青光禄大夫檢校太子賓客兼御史大夫騎都尉南和縣開國男食邑三百戶舒府君（昭敘）墓誌銘

姪鄧州防禦推官將仕郎試秘書省校書郎前知寧州定安縣事之翰紀實書丹元豐元

元年（1078）十二月二十一日葬

誌文 35 行，滿行 37 字，正書。誌石長 61.3 厘米、寬 62 厘米，洛陽出土。

一一九　宋故内殿崇班銀青光禄大夫檢校太子賓客兼御史大夫騎都尉南和縣開國男食邑三百戶舒府君（昭敘）墓誌銘

姪登州防禦推官將仕郎試秘書省校書郎前知寧州定安縣事之翰紀實書丹

吾宗之先，有封國於舒者，因以命氏。族系浸遠，其裔多散於江湖間，居廬江者，最為望姓，後徙潁州，又十許世，祕監而上，皆葬沈丘，自太師改卜邙山，尚書遷家，以就埽灑，遂居西京河清縣，蓋亦三世矣。祕監諱仁裕，寔公之曾祖；太師諱元，公之大父；尚書諱知崇，公之烈考也。繼承世禄凡數百年，祖考之葬，皆有名臣誌述，足以傳信永久，此不復載錄。始，仁宗御極，尚書方領使護邊，遣公部方物貢賀，朝廷推恩，補太廟齋郎。公性夷坦，不以小節自拘，且喜馳射，父兄以謂宜在武列。尚書薨，用遺恩改三班借職，序遷奉職，歷左右班殿直，左右侍禁，東西頭供奉官，凡八遷至内殿崇班。初仕，監相州稅，又監達州稅。偶光化軍兵叛遠驅，將寇達州，捕盜官逆戰被害，外臺檄公平賊，賊暴露寖久，力屈易禦，忻然將行。時先人官眉州，忽走書道孀親之言曰："吾老矣，惟爾二子之託，聞賊鋒及彼，慎毋以捕擊求功，遠貽吾憂。"用是，求免使者，力遣竟不行，因得怒被糾奏，甘以罷去。乃監永寧軍酒稅，遷西京登封等四縣巡檢，繼為南劍州管界巡檢。劍當閩衝，不逞輩多以茶鹽私販，官吏喜捕以幸賞，彼既失所販，必為盜以償所失。用是，民不得安。公既至，乃曰："鹺荈人所嗜也，販者之心，不過規小利爾，何必深嫉。"遂寬其邏禁，一境得無盜，民皆奠枕受賜。秩滿，有司以捕禁物多少校賞罰，既無所獲，乃降監磁州臺村鎮酒稅。或曰，為巡檢得無盜，理可論賞，豈甘謫耶？公了不自直。代還，充建州兵馬都監。屬朝廷更新治術，雖軍政亦多改革，乃自嘆曰："吾拙不能奉時事，當自退縮。"遂求監臨莅江寧府鹽稅。既代會先人，再守文登，往省之手足之愛，留連將半年，人以謂替官赴覲，法有期限，稽留非所宜也。殊不顧，忽一日，乘醉疾暴作，遂不起，享年五十有八。公諱昭敘，字次公，少孤有立，介僻寡合，及為武吏，迹不混流俗，自任真率，無所修飾。不以生事介意，雖晨炊不繼，浩然亦不為念。及捐館，斂外無餘衣。生平嗜酒，以醉為得，處鄉曲居仕任，厭避人事，杜門惟觥斚為伴，或接人禮甚簡，不以權貴貧素分高下。至於趨翔顧揖，重輕一概。方朝廷鋭意覈群吏之治，以體量察訪安撫等使，旁午於天下仕，於此時者，必緣飾沽激，務以詭合于進，公泰然如不知，雖使指往來，旌旟相望，未嘗詢其官稱名氏也。一娶呂氏，庫部郎中惟簡之女，克以婦順助壼内，先其夫百日而卒。呂氏奕世台兗，門戶炎炎，炙手可熱，子孫承家馳要路，為能臣者輩出，公不少附之，相見如平居交友而已。武臣每以五年進一官，公自升朝，凡八年不求遷改，亦無意於耴，異自高直，不以進退為懷。爾八年間，凡三遇郊禮，呂氏例當封邑，嘗白之乃笑曰：仕者，以祿食代耕，婦人受封，取虛名，何益哉。此寔天資純篤，雖醉放性不亂，其處己恬約，皆人之所難行者，概書其一二，庶幾身沒而名存矣。生三男：曰之紹、之才，皆先卒。惟幼子之奇，以先人之蔭補一命，俾繼公世祿。四女：長則早夭，次適進士王汝立，澧州安鄉縣主簿李經，三班借職王永勇。之翰永念恩義，不敢懈諸父後事，問於龜筮，得元豐元年十二月二十一日吉，奉公之喪於河南府河南縣賢相鄉北張里，窆從先塋，以呂夫人祔焉。抆淚濡毫，謹銘窀穸，銘曰：

承休世祿，服寵朝行；恬以安分，泰然守常。貧富一致，升沉兩忘；醉放之樂，其誰可量。貪夫營營，徇利而死；巧宦擾擾，奔名以亡。鐘漏同歸於有盡，在理孰否而孰臧。

一二〇　宋宗室故金紫光禄大夫檢校國子祭酒右監門衛將軍兼御史大夫護軍天水縣開國伯食邑九百戶贈舒州團練使（趙宗易）墓誌銘

宣德郎守右諫議大夫權御史中丞充理檢使兼直學士院判司農寺兼提舉太醫局上騎都尉賜紫金魚袋臣蔡確撰，翰林書藝御書院祇侯臣張隆書，玉冊官將仕郎守新洲新興縣主簿臣郭翼刊

熙寧九年（1076）八月十五日卒，元豐二年（1079）五月十一日葬

誌文 17 行，滿行 20 字，正書。誌石長、寬均 66 厘米，洛陽出土。

一二〇　宋宗室故金紫光祿大夫檢校國子祭酒右監門衛將軍兼御史大夫護軍天水縣開國伯食邑九百戶贈舒州團練使（趙宗易）墓誌銘

宣德郎守右諫議大夫權御史中丞充理檢使兼直學士院判司農寺兼提舉太醫局上騎都尉賜紫金魚袋臣蔡確撰，翰林書藝御書院祗候臣張隆書

君諱宗易，字景賢，太宗皇帝之曾孫，吳王諱元儼之孫，定王諱允良之子。官自左監門率府副率，至右監門衛將軍。娶曹氏，封長樂縣君，太皇太后之姪也，生一男夭死。熙寧九年八月庚戌以疾卒，享年十九，詔贈舒州團練使。元豐二年五月戊寅，葬于河南永安縣。君蚤惠好學，定王最愛之。銘曰：

嶷嶷宗子，才則洵美。不觀厥成，乃亟其止。命莫可謀，歸安于此。

玉冊官、將仕郎守新洲新興縣主簿臣郭翼刊。

一二一　皇第三子故體仁保運同德功臣彰信軍節度曹州管內觀察處置等使開府儀同三司檢校太尉使持節曹州諸軍事行曹州刺史兼御史大夫上柱國永國公食邑三千七百戶食實封壹仟戶贈太師尚書令兼中書令追封兗王（趙究）墓誌銘并序

朝奉郎守左諫議大夫充史館修撰直學士院知審刑院事兼判將作監詳定編修諸司敕式上騎都尉賜紫金魚袋臣安燾撰，翰林書藝御書院祗侯臣王珣奉聖旨書并篆，中書省玉冊官御書院祗侯臣王仲宣鐫

熙寧十年（1077）十月卒，元豐二年（1079）五月葬

誌文 32 行，滿行 38 字，正書。誌石長、寬均 91.5 厘米，鞏義出土。

釋文

一二一　皇第三子故體仁保運同德功臣彰信軍節度曹州管内觀察處置等使開府儀同三司檢校太尉使持節曹州諸軍事行曹州刺史兼御史大夫上柱國永國公食邑三千七百戶食實封壹仟戶贈太師尚書令兼中書令追封兗王（趙兗）墓誌銘并序

朝奉郎守左諫議大夫充史館修撰直學士院知審刑院事兼判將作監詳定編修諸司敕式上騎都尉賜紫金魚袋臣安燾撰

今上皇帝第三子曰兗，哀獻王俊，以熙寧六年四月一日生，於今充媛宋氏，神姿骨相，美不容擇，宮掖相慶，以謂朱芾之佩行，見煌煌於室家也。越明年二月，大臣以故事請行封爵，制可授王體仁保運功臣、彰信軍節度、曹州管内觀察處置等使、特進、檢校太尉、使持節曹州諸軍事、行曹州刺史、兼御史大夫、上柱國、永國公，食邑三千戶，食實封壹仟戶。十一月，上祀圓丘，禮畢，進授開府儀同三司，加賜同德功臣，食邑七百戶。王生而端秀，資性敏悟，覃訏歧嶷，有若詩雅所稱。初，未能言，保姆常指𢈔間字一再過，輒識之。暨漸長，其方瞳豐角日益美茂，而態度莊重，綽有成人之風。不甚嬉戲，故亦罕恚怒，宮中常呼其所封公爵，而王亦以太尉自名，若固有也。十年十月，忽以疾告，上朝夕臨視，而勢不加損。至己亥，以不起聞。上天性篤愛，震悼傷怛，而不視政事者凡三日。中宮率傅御護送於普安禪院，制贈太師、尚書令、兼中書令，追封兗王，謚曰哀獻。十一月己酉，具一品鹵簿，自所寄佛舍迎道於菆塗之所，又飭太常以玉幣、牢醴設為贈祭。後二年，以元豐之己未，命右諫議大夫、充天章閣待制李肅之攝鴻臚卿，領護葬事；景福殿使、利州觀察使、入内都知張茂則持節副之。四月甲子，復以仗衛鼓吹發引而西，卜五月戊寅往祔於永厚陵下宮之壬地，乘衛王之兆五月而葬也。王自薨及窆，上為輟視朝者四，丞相率百寮班於崇政殿，及西上閤門以慰上者三，其始終哀榮如此。嗚呼！以王之疏爽生知，秀茂天賦，宜享遐壽，為國宗英，不幸夭閼，五歲而逝，此中外之情所以嗟惜，憤痛而不能已也。若夫王之夙成異相，早慧敏德，宮中所不能狀者，臣亦不得而書也。臣聞死生去來，適若夢幻，此雖浮屠氏之說，而君子亦有取焉。然臣所知者，惟消長有數，報復有理。故積慶之效，有不得於今日，必有待於異時，此臣之奉詔銘王之墓者，敢以此言謹再拜稽首，而為之銘曰：

惟王之生，質粹而精。美玉之璞，良金之英。初離襁負，意已有成。胙之公爵，而能自名。云胡不淑，遽爾顛靈。有古皆然，今何足驚。不苗之嗟，士論常情。天子萬年，豈若彼輕。德厚流光，要之克昌。本支百世，室家君王。既往必復，始晦終旸。一子之失，百男之祥。循環代謝，亦理之常。猗歟哀獻，庸又何傷。神也安止，厚陵之旁。面嵩背洛，永閟幽藏。

入内内侍省内東頭供奉官專管勾修墳臣王思聰，翰林書藝御書院祗候臣王珣奉聖旨書并篆，中書省玉冊官御書院祗候臣王仲宣鐫。

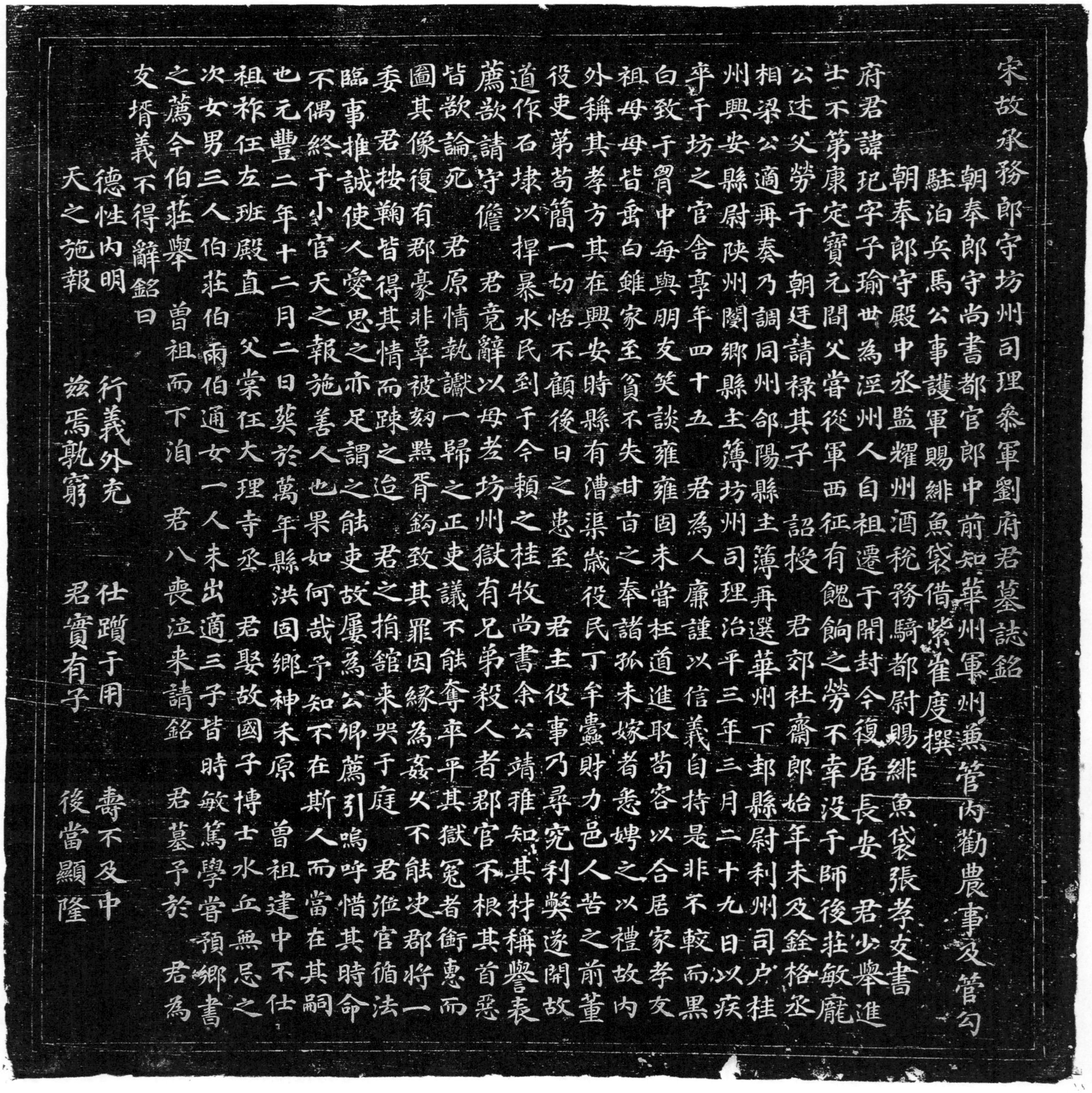

一二二　宋故承務郎坊州司理參軍劉府君（玘）墓誌銘

朝奉郎守尚書都官郎中前知華州軍州兼管内勸農事及管勾駐泊兵馬公事護軍賜緋魚袋借紫崔度撰，朝奉郎守殿中丞監耀州酒税務騎都尉賜緋魚袋張孝友書

治平三年（1066）三月二十九日卒，元豐二年（1079）十二月二日葬

誌文 28 行，滿行 28 字，正書。誌石長 60 厘米、寬 60 里米，陝西出土。

釋文

一二二　宋故承務郎坊州司理參軍劉府君（玘）墓誌銘

朝奉郎守尚書都官郎中前知華州軍州兼管內勸農事及管勾駐泊兵馬公事護軍賜緋魚袋借紫崔度撰，朝奉郎守殿中丞監耀州酒稅務騎都尉賜緋魚袋張孝友書

府君諱玘，字子瑜，世為涇州人，自祖遷于開封，今復居長安。君少舉進士不第，康定、寶元間，父嘗從軍西征，有饋餉之勞，不幸沒于師。後莊敏龐公述父勞于朝廷，請祿其子，詔授君郊社齋郎，始年未及銓格。丞相梁公適再奏，乃調同州郃陽縣主簿，再選華州下邽縣尉、利州司戶、桂州興安縣尉、陝州閿鄉縣主簿、坊州司理。治平三年三月二十九日，以疾卒于坊之官舍，享年四十五。君為人廉謹，以信義自持，是非不較，而黑白致于胸中。每與朋友笑談雍雍，固未嘗枉道進取，苟容以合。居家孝友，祖母、母皆垂白，雖家至貧，不失甘旨之奉。諸孤未嫁者，悉聘之以禮，故內外稱其孝。方其在興安時，縣有漕渠，歲役民丁，牟蠹財力，邑人苦之。前董役吏第苟簡一切，恬不顧後日之患。至君主役事，乃尋究利弊，遂開故道，作石埭以捍暴水，民到于今賴之。桂牧尚書余公靖雅知其材，稱譽表薦，欲請守僉，君竟辭以母老。坊州獄有兄弟殺人者，郡官不根其首惡，皆欲論死，君原情執讞，一歸之正，吏議不能奪，卒平其獄，冤者銜惠而圖其像。復有郡豪非辜被劾，黠胥鉤致其罪，因緣為奸，久不能決，郡將一委，君按鞫皆得其情而踈之。迨君之捐館，來哭于庭。君蒞官循法，臨事推誠，使人愛思之，亦足謂之能吏，故屢為公卿薦引。嗚呼！惜其時命不偶，終于小官，天之報施善人也，果如何哉？予知不在斯人，而當在其嗣也。元豐二年十二月二日葬于萬年縣洪固鄉神禾原。曾祖建中，不仕。祖祚，任左班殿直。父棠，任大理寺丞。君娶故國子博士水丘無忌之次女。男三人：伯莊、伯雨、伯通。女一人，未出適。三子皆時敏篤學，嘗預鄉書之薦。今伯莊舉曾祖而下洎君八喪，泣來請銘君墓，予於君為友婿，義不得辭，銘曰：

德性內明，行義外充。仕躓于用，壽不及中。天之施報，茲焉孰窮。君實有子，後當顯隆。

注：見本書其妻一四六《水丘氏墓誌》。

宋故孟州溫縣王君墓誌銘并序
朝奉郎守右贊善大夫知懷安軍兼管內勸農事騎都尉賜緋魚袋張仲縮書
文林郎守湖州武康縣令前監陝府鑄錢監馮維瞻篆蓋
君諱辯字仲訥其先著望太原近代居蘇忿生所封之溫爲大姓王大父
崇謙嘗任殿前承旨大父允正父文紀皆以長者稱晦迹不仕故君每以
顯親揚名動念且以慰母心自妙齡嗜學明識博記爲日孜孜未冠鄉試
進士果魁之友朋多畏服善與人交慷慨無隱情不屈於彊復哀矜人嘉
祐初歲飢邑多窶者藉食空橐以易薪米爲之濟活田廬之利皆不取願
入者卻之常悟浮圖教以因果爲不無取其書恭自持誦及廣散之又贊
金光明經刻諸石其言深達性命究竟之理知造物者以生我爲勞而欲
自逸於是優游園林事文酒爲樂手筆名公留題詩于亭榜自著賦詩雜
文甚多人皆慕取之應試有司八上禮部嘉祐末詔九貢者例與恩補一
鄉之間君獨熟揞會其母楊氏棄養憂除復當與廷選不幸以治平元年
十月十四日感疾以終得年四十有六三夫人江氏蚤亡馮氏先君八年
卒李氏除君之服而去七子皆馮夫人出四男伯也元之蚤雋以文行稱
悼君之喪又念其母之不見沈痾促齡後君三年沒仲也伯清季則備之
皆夭獨其幼真卿在舉進士孤立勵業將以嗣君之志而大之三女長爲
沁源縣尉馮參之室次及婚遂亡次適進士路聞孫三人真卿卜元豐三
年九月初吉日庚申御君之匶于孟州濟源縣濟北鄉泰安里劉邵谷之
吉宅窆焉以前兩夫人祔及三子從嗚呼大道之不明久矣曲士多蔽憙
於進取者喪性命之真而不悔務知生死者視仕進爲仇敵是二者皆不
通乎道者也君連取五貢侵尋八就春試固欲仕矣而不以此汲汲遂逃
僞而喪真每退而厚佛事談生理順適其意可謂圖幾不器之士而於語
黙出處爲無媿憾也後之不能忘情者以其壽不得考志不得發以死悲
夫千里之於君猶子也而其孤真卿乃敘其深悲極愴之情強以見誌銘
之不得辭銘曰
信以篤學欲進不馳　智以自達覺性不迷
當壽而夭宜仕而奇　命不易知于嗟君兮
姪千里撰

一二三　宋故孟州溫縣王君（辯）墓誌銘并序

姪千里撰，朝奉郎守右贊善大夫知淮安軍兼管內勸農事騎都尉賜緋魚袋張仲縮書，文林郎守湖州武康縣令前監陝府鑄錢監馮維瞻篆蓋

治平元年（1064）十月十四日卒，元豐三年（1080）九月葬

誌文 29 行，滿行 28 字，正書。誌石長、寬均 69 厘米，河南濟源出土。

一二三　宋故孟州溫縣王君（辯）墓誌銘并序

朝奉郎守右贊善大夫知淮安軍兼管內勸農事騎都尉賜緋魚袋張仲縮書，文林郎守湖州武康縣令前監陝府鑄錢監馮維瞻篆蓋

君諱辯，字仲訥，其先著望太原，近代居蘇，忿生所封之溫，為大姓。王大父崇謙，嘗任殿前承旨；大父允正、父文紀，皆以長者稱，晦處不仕。故君每以顯親揚名動念，且以慰母心。自妙齡嗜學，明識博記，為日孜孜。未冠，鄉試進士，果魁之，友朋多畏服。善與人交，慷慨無隱情，不屈於疆，復哀矜人。嘉祐初，歲飢，邑多窶者，鬻食空橐，以易薪米，為之濟活，田廬之利，皆不取，願入者卻之。常悟浮圖教，以因果為不無，印其書，恭之持誦及廣散之，又贊金光明經刻諸石，其言深達性命究竟之理，知造物者以生我為勞，而欲自逸。於是，優游園林，事文酒為樂，手筆名公留題詩于亭榜，自著賦詩雜文甚多，人皆慕取之應試。有司八上禮部，嘉祐末，詔九貢者，例與恩補，一鄉之間，君獨敷格。會其母楊氏棄養，憂除，復當與廷選，不幸以治平元年十月十四日感疾以終，得年四十有六。三夫人：江氏蚤亡，馮氏先君八年卒，李氏除君之服而去。七子皆馮夫人出。四男：伯也元之蚤雋，以文行稱，悼君之喪，又念其母之不見，沉屙促齡，後君三年沒。仲也伯清、季則修之皆夭。獨其叔真卿在舉進士，孤立勵業，將以嗣君之志而大之。三女：長為沁源縣尉馮參之室，次及婚遂亡，次適進士路聞。孫三人。真卿卜元豐三年九月初吉日庚申，御君之柩于孟州濟源縣濟北鄉泰安里劉邵谷之吉宅窆焉，以前兩夫人祔及三子從，嗚呼！大道之不明久矣，曲士多蔽惠於進取者，喪性命之真而不悔務，知生死者，視仕進為仇敵，是二者皆不通乎道者也。君連取五貢，侵尋八就，春試固欲仕矣，而不以此，汲汲遂逐，偽而喪真。每退而厚佛事，談生理順適其意，可謂圓機不器之士，而於語默出處無媿憾也。後之不能忘情者，以其壽不得考，志不得發，以死悲夫。千里之於君猶子也，而其孤真卿乃敘其深悲極愴之情，強以見諉銘之，不得辭，銘曰：

信以篤學欲進不馳，智以自達覺性不迷。當壽而夭宜仕而奇，命不易知于嗟君兮。

姪千里撰。

蓋題：“宋故蘇溫王君墓誌銘”

宋故朝奉郎行太常寺太祝雲騎尉石君墓誌銘
朝散郎守殿中丞王史撰
文林郎守大名府户曹參軍監西京清酒務范澄書
君諱祖方字幹之姓石氏世為開封祥符人右僕射贈太師
尚書令兼中書令充懿公諱熙載之曾孫太子少師贈太子
太傅文定公諱中立之孫贊善大夫贈光祿卿諱昭簡之子
母太楚氏進封長安縣太君始君以文定公蔭守將作監主
簿又以遺奏遷太常寺太祝散官朝奉郎勳雲騎尉初授孟
州監稅以文定公高年君辭不赴以便寧侍再授徐州監
酒不果即治亦未及娶以皇祐二年五月十二日卒于京師
之私第享年二十二 君少端厚敏給才智有餘而不為浮
侈驕逸之行長益修潔勤於學問而尤喜為詩自光祿君傾
謝 君祗恪孝謹以事長安君間或疾病君躬視藥餌忘廢
寢食居常先意承志以迎順乎顏色故長安君日遂怡豫而
未始有纖介不滿之慽時 君之二弟尚幼君友愛導育
以至後皆有成嗚呼以 君穎邁超異之資使少假以年獲
蔵其所蘊則顯設致用其可量哉惜夫壽止於此而才不及
施斯可歎已今其弟尚書司門員外郎祖温太子中允祖沖
以元豐三年九月十三日奉長安君歸葬于河南府河南縣
宣武原光祿君之兆而并舉 君以葬焉因書其實以求銘
於余余與司門兄弟有妻族之婣廼不獲辭而為銘銘曰
有穎其材 有潛其德 孝也不匱 友焉克戢
維友維孝 克承厥家 維德維材 不韡其華
吁嗟乎君 曷為其然 從兆先公 安斯止焉
西京王□刊字

一二四　宋故朝奉郎行太常寺太祝雲騎尉石君（祖方）墓誌銘

朝散郎守殿中丞王史撰，文林郎守大名府戶曹參軍監西京清酒務范澄書，西京王□刊字

皇祐二年（1050）五月十二日卒，元豐三年（1080）九月十三日葬

誌文24行，滿行23字，正書。誌石長60.4厘米、寬60.2厘米，洛陽出土。

一二四　宋故朝奉郎行太常寺太祝雲騎尉石君（祖方）墓誌銘

朝散郎守殿中丞王史撰，文林郎守大名府戶曹參軍監西京清酒務范澄書

君諱祖方，字幹之，姓石氏，世為開封祥符人。右僕射、贈太師、尚書令兼中書令元懿公諱熙載之曾孫；太子少師、贈太子太傅、文定公諱中立之孫；贊善大夫、贈光祿卿諱昭簡之子。母楚氏，追封長安縣太君。始，君以文定公蔭守將作監主簿，又以遺奏遷太常寺太祝、散官、朝散郎，勳雲騎尉。初授孟州監稅，以文定公高年，君辭不赴，以便寧侍，再授徐州監酒不果即治，亦未及娶，以皇祐二年五月十二日卒于京師之私第，享年二十二。君少端厚敏給，才智有餘，而不為浮侈驕逸之行。長益修潔，勤於學問，而尤喜為詩。自光祿君傾謝，君祗恪孝謹，以事長安君間，或疾病，君躬視藥餌，忘廢寢食。居常先意承志以迎，順乎顏色，故長安君日遂怡豫，而未始有纖介不滿之慊。時君二弟尚幼，君友愛導育，以至後皆有成。嗚呼！以君穎邁超異之資，使少假以年，獲蔪其所蘊，則顯設致用，其可量哉！惜夫！壽止於此，而才不及施，斯可歎已。今其弟尚書司門員外郎祖溫、太子中允祖沖，以元豐三年九月十三日，奉長安君歸葬于河南府河南縣宣武原光祿君之兆，而并舉君以葬焉。因書其實，以求銘於余，余與司門兄弟有妻族之姻，迺不獲辭而為銘。銘曰：

有穎其材，有潛其德。孝也不匱，友焉無斁。維友維孝，克承厥家。維德維材，不韡其華，吁嗟乎君，曷為其然。從兆先公，安斯止焉。

西京王□刊字。

注：參見本書其曾祖〇二五《石熙載墓誌》、其祖〇六六《石中立墓誌》、其弟一七九《石祖溫墓誌》。

范君諱楫字濟夫嘉祐六年九月三十日生
於元豐三年閏九月九日以疾終于私第性
沉靜不嗜嬉戲常刻志力學師授不煩而能
造經之隱微為文章遒麗可喜善操觚牘其
筆勢奇峭皆有法度始至成都見府學教授
常安民安惇二人者出所著詩義率拊掌嘉
歎後來洛陽疾方間而形容羸瘁飲食氣貌
未全復而猶讀書不廢亟願補試于學以備
生員遂扶疲憊就一日之集方羣豪並進爭
出頭角嶄嶄然其鋒不可當而教授楊畏考
其文在衆人之先且謂不已則將不可窮其
涯岸此業文之事也若自少至壯循循似不
能言者人未嘗見其過詞詖行此行己之方
也有斯二者而天不畀壽考是可哀也已殁
後凡三日具棺窆葬于北邙山宣武之原
大王父忠獻公塋之西南隅既而誌于壙云

一二五　范楫墓誌銘

元豐三年（1080）閏九月九日卒，同年同月十二日葬

誌文 16 行，滿行 17 字，正書。誌石長 48.5 厘米、寬 45.5 厘米，洛陽出土。

一二五　范楫墓誌銘

范君諱楫，字濟夫，嘉祐六年九月三十日生，於元豐三年閏九月九日以疾終于私第。性沉静，不嗜嬉戲，常刻志力學，師授不煩，而能造經之隱，微為文章，遒麗可喜。善操觚牘，其筆勢奇峭，皆有法度。始至成都，見府學教授常安民、安惇二人者，出所著詩義率，拊掌嘉歎。後來洛陽，疾方間而形容羸瘁，飲食氣貌未全復，而猶讀書不廢。亟願補試于學，以備生員，遂扶疲憊。就一日之集方，群豪并進，爭出頭角，嶄嶄然其鋒不可當，而教授楊畏考其文，在衆人之先。且謂不已，則不可窮其厓岸，此業文之事也。若自少至壯，循循似不能言者，人未嘗見其過詞，誠行此行己之方也。有斯二者，而天不畀壽考，是可哀也。已殁後凡三日，具棺窆葬于北邙山宣武之原、大王父忠獻公塋之西南隅，既而誌于壙云。

一二六　大宋宋君（清）墓誌銘

宋朝宗書，匠人孫清、任宗慶刻

元豐三年（1080）十一月初八日葬

誌文 18 行，滿行 25 字，正書。誌石長 55.5 厘米、寬 38.5 厘米，焦作出图。

一二六　大宋宋君（清）墓誌銘

宋朝宗書，匠人孫清，任宗慶刻

夫人生稟氣天地為先，漚滅漚生，全同幻化，恍焉而有，惚焉而滅，歷代古今，漂沉不絕，見生也喜，見死也憂，生死憂喜，窮之何狀，禍福無因，由人自造。祖事農為業，本天黨李，故人也，秦關之北，潞邑之南，望東嶽而黃砂廟顯，睹西宙而緣檜攢峰。異水綿綿，烏金洛洛，因吏城西南隅易莊十頃，修舍百間，俄成兩世，髣髴三宗。君諱清，生平慕善，累歲延僧盈大會，供滿郡緇徒時時添福，咸家財設野外，孤貧歲歲除災。施禮行而君子為先，行孝義而慈親滿意。君浮生七十有八，期年九月五日染疾而終。娶馮氏，生一男，字戩，神雄稟稟，貌古堂堂，結恩義而松柏齊同，習朋友而如山不動。戩娶元氏，生一男，字換喜，侍父侍親，盡忠盡孝。宅西南卜塋吉地，咸按古經，缉玄堂於榮家之地，置棺槨於顯族之崗，則其甚堅固也。尊靈珍年不朽，謹以元豐三年歲在庚申十一月初八日，亡祖洎父之靈同時掩覆，慮誌辭紀實有未盡，故為銘曰：

人生幻化，幾日光陰；父母微形，何淺何深。須彌臣岳，劫至時侵；誰能得久，甚物堪任。周旋往復，自古自今；出生入死，曆劫漂沉。是故智者，在意推尋；得失二途，總由自心。心正即道，心邪境臨；平等不動，如世黃金。

額題：“河內郡宋君銘”

宋故前陝州夏縣主簿張府君墓誌銘
懷州軍事判官白 具 撰
陝州平陸縣尉劉 景陽 書并題蓋
君諱津字汝檝曾祖去華皇任工部侍郎贈司徒祖師錫皇任光祿少卿贈
兵部侍郎考景倫皇任司封郎中母任氏元城縣君張氏襄邑人自司徒徙
居河南世為大族而 君幼能好學不務游戲暨長克守家法擇交游寡出
入雖閭里親舊所還往者終歲不過一二焉其學皆聖人正經不喜諸子百
家之說尤好春秋家事之餘不舍編簡兩舉進士皆不預貢名以父蔭補太
廟齋郎：君素薄於仕進凡受命十餘年不赴銓調嘗侍親江湖間留意禪
觀門風祖道莫不究竟故輪迴生死之理清淨寂滅之趣頗皆了達烈考外
除迺曰家貧母老安坐不仕則名教之罪人也始赴從選注陝州夏縣主簿
居官嚴明秋毫必察吏畏民愛時司農丞出使五路折納及境聞其才遂辟
以偕所至無所憚守法奉公臨事不撓秩滿陝尹以 朝廷始方民田請
留 君曰予去庭闈既久而數且老矣當委順以避乃稱疾旋洛杜門再歲
復遇祿養詣吏部未幾感疾終于京元豐四年六月十二日也享年三十八
君之先不事資產貧固有素至 君益困然義有可施則未嘗不為晚愛詩
什多談唐杜子美章句善書隸體氣韻淳古賦性剛直難犯不阿於上事少
有忤皆以理折之退莫不服與人寡合樂忠告善道雖見小過必規諷之凡
所為志氣甚大以時不偶故少成事竊慕晉劉伯倫之徒遇佳風月則飲酒
以陶其天真或繼日不醒久為親知力勉而 君弗顧曰酒者古人寓意之
物也安可徇俗而變吾所寓哉竟以致疾其命也歟噫 君既業儒術又通
性理閒以酒為樂而戾平生之所學豈非無心於物動亡滯礙放蕩廓落形
器不能局規矩不能拘繩墨不能檢而是非不能浼者哉娶韓氏知 制誥
綜之女子二人曰太易太蒙女四人並未笄以其年十一月初二日葬于
河南府河清縣平洛鄉上店村祖塋之前先期乃仲備書本末俾具銘其墓
具忝與 君游義不克辭銘曰
嗚歟府君 剛明好古 益道禪學 造師詣祖 晚寓於酒
匪酖匪酗 達以所為 孰測其故 知命以歸 為貧而去
天祿不遐 嗚呼厥數
張大有刊

一二七　宋故前陝州夏縣主簿張府君（津）墓誌銘

懷州軍事判官白具撰，陝州平陸縣尉劉景陽書并題蓋，張大有刊

元豐四年（1081）六月十二日卒，同年十一月初二日葬

誌文 29 行，滿行 29 字，正書。誌石長、寬均 55 厘米，洛陽出土。

一二七　宋故前陝州夏縣主簿張府君（津）墓誌銘

懷州軍事判官白具撰，陝州平陸縣尉劉景陽書并題蓋

君諱津，字汝檝，曾祖去華，皇任工部侍郎，贈司徒。祖師錫，皇任光禄少卿，贈兵部侍郎。考景儉，皇任司封郎中。母任氏，元城縣君；張氏，襄邑人。自司徒徙居河南，世為大族。而君幼能好學，不務游戲；暨長克守家法，擇交游，寡出入。雖閭里親舊，所還往者，終歲不過一二焉。其學皆聖人正經，不喜諸子百家之說，尤好《春秋》。家事之餘，不舍編簡。兩舉進士皆不預貢名，以父蔭補太廟齋郎。君素薄於仕進，凡受命十餘年，不赴銓調，嘗侍親江湖間，留意禪觀，門風、祖道莫不究竟，故輪廻生死之理，清淨寂滅之趣，頗皆了達。烈考外除，迺曰："家貧母老，安坐不仕，則名教之罪也。"始勉從選，注陝州夏縣主簿。居官嚴明，秋毫必察，吏畏民愛。時司農丞出使五路折納，及境聞其才，遂辟以偕，所至，無所憚。守法奉公，臨事不撓。秩滿，陝尹以朝廷始方民田，請留。君曰："予去挺闈既久，而數且屯矣，當委順以避。"乃稱疾旋洛杜門。再歲，復逼禄養，詣吏部，未幾感疾終于京，元豐四年六月十二日也，享年三十八。君之先不事資產，貧固有素，至君益困。然義有可施，則未嘗不為晚。愛詩什，多談唐杜子美章句；善書隸體，氣韻淳古。賦性剛直難犯，不阿於上。事少有忤，皆以理折之。退莫不服，與人寡合，樂忠告善道，雖見小過，必規諷之。凡所為，志氣甚大。以時不偶，故少成事。竊慕晉劉伯倫之徒，遇佳風月，則飲酒以陶其天真。或繼日不醒，久為親知力勉，而君弗顧曰："酒者，古人寓意之物也，安可徇俗而變吾所寓哉！"競以致疾，其命也，歟噫！君既業儒術，又通性理，間以酒為樂，而戾平生之所學，豈非無心於物，動亡滯礙，放蕩廓落，形器不能局，規矩不能拘，繩墨不能撿，而是非不能浼者哉。娶韓氏，知制誥綜之女。子二人：曰太易、太蒙。女四人，并未冠笄。以其年十一月初二日葬于河南府河清縣平洛鄉上店村祖塋之前。先期乃仲備書本末，俾具銘其墓。具早與君游，義不克辭。銘曰：

猗歟府君，剛明好古。益通禪學，造師詣祖。晚寓於酒，匪荒匪酗。達人所為，孰測其故。知命以歸，為貧而去。天禄不遐，嗚呼厥數。

張大有刊。

蓋題："宋陝州夏縣主簿張君墓誌銘"

宋故德靜縣君范氏墓誌銘 并序

姪男安肅軍判官秦鳳路轉運司句當公事李偉 撰

子壻奉議郎權通判岳州軍州事陳沆 書

子壻朝奉郎管句河東路經略安撫都總管司機宜文字欒子元 篆蓋

元豐六年癸亥二月二十三日故虞部李公夫人范氏薨于潞州之官舍其夫之兄以書戒其子偉曰吾弟婦以考終將歸葬洛陽既有日矣汝其論次平生履行閥閱以誌於墓偉聞命殞咽退念夫人於偉既叔母之尊又於偉母實為女弟重以姨氏之親不敢避命而泣敘梗槩云夫人濟南人也世系望族載於史諜曾祖勞謙贈吏部尚書祖正辭 真宗朝任膳部員外郎侍御史知雜事父諷給事中 仁宗朝召登諫垣為御史中丞三司使翰林侍讀學士天聖末獻后上仙 仁宗躬覽萬機給事感人主之知朝政得失無不言者由是風采聳於天下号稱直臣贈左僕射母徐氏封東海郡君夫人幼聰悟和孝年十二已能與僕射議家事動循禮法家人皆欽憚之又博涉圖史工詩詠十有九歸我叔父虞部方是時相國文定公歸政還第甲族鼎盛中外踰百數夫人執婦道睦大族承上撫下無一不得其懽心者太傅懿靖公喜曰是真吾家令婦也虞部享年不永先夫人十三年而終既寡獨侍姑高夫人安貧處順泊然自得日取佛書研誦以究性理閒則以道義訓子姪雍雍如也終高夫人十餘年造次未嘗踰閫域後因從二子伋僎官于太原會家君朝議守上黨數遣人迎之夫人即辦裝上道中途疾作有白夫人緩往以就頤養者夫人蹙然謂其子偶曰吾氣體尚壯亟行無留得至潞一見朝議吾無憾矣既至敘契闊撫諸孤無一語差誥旦論事進藥如平時有頃誦圓覺經云火出木盡灰飛煙滅又云還他者再語畢怡然而化嗚呼異哉生有令德克享其家歿而神明不撓生死不畏雖古之義婦達人無以過也享年五十八以夫封德靜縣君生三子長曰偶應天府戶曹參軍次曰伋宣義郎次曰僎穎昌府長社縣令女六人長適奉議郎陳沆次適朝奉郎欒子元早卒次適彰武軍節度判官陸彥田次繼適欒子元次適隴州防禦判官鞏堅早卒次適知威勝軍沁源縣左建中早卒孫男七人並幼以其年三月二十五日祔於河南縣龍門山虞部之墓系而銘曰

生有節義 克享其家 歿無怛化 神明不訛

猗歟夫人 玉質無瑕 安貧處順 孰曰矜誇

丹旐悠悠 洛京匪遐 歸祔君子 安宅無譁

億萬斯年 厥後其賒

張士廉士寧刊

一二八　宋故德靜縣君范氏（李方妻）墓誌銘并序

姪男安肅軍判官秦鳳路轉運司勾當公事李偉撰，子婿奉議郎權通判岳州軍州事陳沆書，子婿朝奉郎管勾河東路經略安撫都總管司機宜文字欒子元篆蓋，張士廉、士寧刊

元豐六年（1083）二月二十三日卒，同年三月二十五日葬

誌文 30 行，滿行 32 字，正書。誌石長 63.5 厘米、寬 63 厘米，洛陽出土。

釋文

一二八　宋故德靜縣君范氏（李方妻）墓誌銘并序

姪男安肅軍判官秦鳳路轉運司勾當公事李偉撰，子婿奉議郎權通判岳州軍州事陳沆書，子婿朝奉郎管勾河東路經略安撫都總管司機宜文字欒子元篆蓋

元豐六年癸亥二月二十三日，故虞部李公夫人范氏薨于潞州之官舍，其夫之兄以書戒其子偉曰："吾弟婦以考終將歸葬洛陽既有日矣，汝其論次平生、履行、閥閱，以誌於墓。"偉聞命殞咽退，念夫人於偉既叔母之尊，又於偉母實為女弟，重以姨氏之親，不敢避命，而泣敘梗概，云：夫人濟南人也，世系望族，載於史諜。曾祖勞謙，贈吏部尚書。祖正辭，真宗朝任膳部員外郎、侍御史、知雜事。父諷，給事中，仁宗朝召登諫垣，為御史中丞、三司使、翰林侍讀學士。天聖末，獻后上仙，仁宗躬覽萬機，給事感人主之知，朝政得失，無不言者。由是風采聳於天下，號稱直臣，贈左僕射。母徐氏封東海郡君。夫人幼聰悟和孝，年十二，已能與僕射議家事。動循禮法，家人皆欽憚之，又博涉圖史，工詩詠。十有九，歸我叔父虞部。方是時相國文定公歸政還第，甲族鼎盛，中外踰百數。夫人執婦道、睦大族，承上撫下，無一不得其歡心者。太傅懿靖公喜曰："是真吾家令婦也。"虞部享年不永，先夫人十三年而終。既寡，獨侍姑高夫人，安貧處順，泊然自得，日取佛書，研誦以究。性理間則以道義訓子姪，雍雍如也。終高夫人十餘年，造次未嘗踰閫域。後因從二子，伋傣官于太原，會家君朝議守上黨，數遣人迎之。夫人即辦裝上道，中途疾作，有白夫人緩往，以就頤養者。夫人蹙然謂其子倜曰："吾氣體尚壯，亟行無留，得至潞一見朝議，吾無憾矣。"既至，敘契闊、撫諸孤，無一語差，詰旦論事進藥如平時。有頃誦《圓覺經》云："火出木盡，灰飛因滅。"又云："還他者再。"語畢怡然而化，嗚呼異哉！生有令德，克享其家；歿而神明，不撓生死。不累雖古之義婦達人，無以過也。享年五十八，以夫封德靜縣君。生三子：長曰倜，應天府戶曹參軍。次曰伋，宣義郎。次曰傣，潁昌府長社縣令。女六人：長適奉議郎陳沆；次適朝奉郎欒子元，早卒；次適彰武軍節度判官陸彥回；次繼適欒子元；次適隴州防禦判官鞏堅，早卒；次適知威勝軍沁源縣左建中，早卒。孫男七人并幼。以其年三月二十五日祔於河南縣龍門山虞部之墓。系而銘曰：

生有節義，克享其家。歿無怛化，神明不訛。猗歟夫人，玉質無瑕。安貧處順，孰曰矜誇。丹旐悠悠，洛原匪遐。歸祔君子，安宅無譁。億萬斯年，厥后其賒。

張士廉、士寧刊。

宋西頭供奉官宋君墓誌銘并序
朝奉郎行軍器監丞上騎都尉賜緋魚袋晉陵張　天占　譔
姪文思副使　良臣書并篆蓋
君諱世寧字子平其先開封雍丘人高祖彥筠歷事後唐晉漢周以武功
顯官至静難軍節度使以太子太師致仕薨贈侍中封蔡國公事見五代
史曾大父崇義贈左驍衛將軍大父可昇秘書省校書郎父文質贈左屯
衛將軍母夫人張氏　君其第六子也天禧中
仁宗為皇太子就傅資善堂選功臣之後為伴讀殿侍君生才六歲已能
誦孝經論語禮記由是在選中雖童稚侍左右如老成人同時十數輩年
長者不能過也
皇太子横經于侍講君在其側常傾耳以聽侍講公深愛之乾興元年
仁宗即位君以攀附補三班奉職明道元年　恭謝改右班殿直二
年改左班景祐二年遷右侍禁不由磨勘皆異恩也後轉左侍禁西頭供
奉官歷監宿州柳子鎮祁州鹽酒稅汝州管界巡檢代州兵馬都監其在
柳子也君始冠矣能革去舊弊增益歲課在祁亦如之汝素多寇盜君至
訓士卒設方略遠近莫敢竊發歲餘會劇賊張海者掠均房所過殺戮甚
衆君聞其來曰豈天有以相我耶乃坐境上以待之海聞之引去故汝獨
不被害代還以選得代州未久寢疾終于官春秋三十有五寶慶曆七年
六月二十四日也君將家子幼達事
仁皇帝有攀附之遇宜致身貴近有所設施反流落齟齬阨於小官豈命
矣夫君素渾厚謹廉於大節能慷慨自立於職事能力其煩所至有能稱
故上官多薦之凡數十人娶夫人楊氏太子中舍革之女後君九年卒享
年四十有六子男二人長曰良肱君之終也代郡太守安君俊以君攀附
之舊表于　朝録一子官補下班殿侍後遷至左侍禁以卒次曰良弼
早世孫男一人曰雍舉進士孫女七人雍將以元豐六年五月二十一日
舉君及楊夫人之喪葬于河南府河南縣賢相鄉杜澤村侍中之兆而使
來請銘夫人於天占姨氏也蓋知其始卒之詳義不得辭銘曰
士難者才　才難者時　才時皆得
而止於斯　誰令然耶　其咎何歸

一二九　宋西頭供奉官宋君（世寧）墓誌銘并序

朝奉郎行軍器監丞上騎都尉賜緋魚袋晉陵張天占譔，姪文思副使良臣書并篆蓋

慶曆七年（1047）六月二十四日卒，元豐六年（1083）五月二十一日葬

誌文 29 行，滿行 28 字，正書。誌石長 60 厘米、寬 61 厘米，洛陽出土。

一二九　宋西頭供奉官宋君（世寧）墓誌銘并序

朝奉郎行軍器監丞上騎都尉賜緋魚袋晉陵張天占譔，姪文思副使良臣書并篆蓋

君諱世寧，字子平，其先開封雍丘人。高祖彥筠，歷事後唐、晉、漢、周，以武功顯官，至靜難軍節度使，以太子太師致仕，薨，贈侍中，封蔡國公，事見五代史。曾大父崇義，贈左驍衛將軍。大父可昇，秘書省校書郎。父文質，贈左屯衛將軍。母夫人張氏。君其第六子也。天禧中，仁宗為皇太子，就傅資善堂，選功臣之後為伴讀殿侍，君生才六歲，已能誦《孝經》《論語》《禮記》，由是在選中，雖童稚侍左右，如老成人，同時十數輩年長者不能過也。皇太子授經于侍講，君在其側，常傾耳以聽，侍講公深愛之。乾興元年，仁宗即位，君以攀附補三班奉職。明道元年，恭謝改右班殿直，二年，改左班。景祐二年，遷右侍禁，不由磨勘，皆異恩也。後轉左侍禁、西頭供奉官，歷監宿州柳子鎮、祁州鹽酒稅、汝州管界巡檢、代州兵馬都監。其在柳子也，君始冠矣，能革去舊弊，增益歲課。在祁亦如之。汝素多寇盜，君至，訓士卒、設方略，遠近莫敢竊發。歲餘，劇賊張海者掠均房，所過殺戮甚衆，君聞其來，曰："豈天有以相我耶？"乃坐境上以待之，海聞之引去，故汝獨不被害。代還，以選得代州，未久寢疾，終于官，春秋三十有五，實慶曆七年六月二十四日也。君將家子，幼逮事仁皇帝，有攀附之遇，宜致身貴近，有所設施，反流落齟齬，阨于小官，豈命矣夫！君素渾厚謹廉，於大節能慷慨自立，於職事能力其煩，所至有能稱，故上官多薦之凡數十人。娶夫人楊氏，太子中舍革之女，後君九年卒，享年四十有六。子男二人，長曰良肱，君之終也，代郡太守安君俊，以君攀附之舊，表于朝錄一子，官補下班殿侍，後遷至左侍禁以卒。次曰良弼，早世。孫男一人，曰雍，舉進士。孫女七人。雍將以元豐六年五月二十一日，舉君及楊夫人之喪葬于河南府河南縣賢相鄉杜澤村，侍中之兆。而使來請銘，夫人於天占姨氏也，蓋知其始卒之詳，義不得辭，銘曰：

士難者才，才難者時。才時皆得，而止于斯。誰令然耶，其咎何歸。

注：參見本書其兄一三〇《宋世則墓誌》。

一三〇　宋故居士宋公（世則）墓誌銘有序

鄉貢進士梁國張起撰并書，汝陽劉有方刊

嘉祐六年（1061）五月初八日卒，元豐六年（1083）五月二十一日葬

誌文 22 行，滿行 22 字，正書。誌石長 51 厘米、寬 53 厘米，洛陽出土。

一三〇　宋故居士宋公（世則）墓誌銘有序

鄉貢進士梁國張起撰并書

公諱世則，字則之，其先東京開封縣人，皇朝蔡國公諱彥筠之後裔也。曾祖諱崇義，皇任左驍尉大將軍。祖諱可昇，皇任秘書郎。父諱文質，皇贈左屯衛將軍。公雖世禄之後，而志慕高尚，因晦迹弗仕，乃徙居汝陽，今為梁縣人。其初樂林泉之趣，由是卜隱於郡之東郊，距於城纔一舍之遠。俯汝水治田園，卒能擁高貲厚產，致家豐羡。平居喜賓客，日以燕飲為事，時賦歌詩以適其意。雖音律、術數，無不通曉，而尤精於書學。嘉祐六年五月初八日以疾終于里第，享年五十一。夫人王氏，居多內助之力。有女一人，適進士李公直。夫人孀居十數年，舉無差爽，里人以此多之。一日，疾憊甚思，以其家貲匄歸息女，因牒訴于公，繇著令得從所請，夫人聞之曰："固無憾矣！"即日奄然而逝，時元豐三年九月初一日也，享年五十六。越六年五月丙申日舉葬于河南府河南縣賢相鄉杜澤里先塋之次。為之銘曰：

志輕紱冕，迹晦林泉。既適其性，何嗇其年。粵有內助，茕然自處。終丐家貲，歸諸息女。邙山之陽，賢相之鄉。營茲真宅，千古之藏。

汝陽劉有方刊。

注：參見本書其弟一二九《宋世寧墓誌》。

一三一　宋故朝奉郎尚書都官員外郎輕車都尉賜緋魚袋張君（子和）墓誌銘并序

承奉郎充龍圖閣待制永興軍路安撫使兼馬步軍都總管兼知永興軍府事及管内勸農使輕車都尉中都縣開國子食邑五百戶賜紫金魚袋吕大防譔，□□□□□廬州舒城縣事兼監食鹽税曹輔書，□□□直集賢院權發遣河中軍府兼管内勸農使兼提舉解州慶成軍兵馬巡檢公事騎都尉借紫范育篆蓋

元豐二年（1079）四月十二日卒，元豐六年（1083）八月十一日葬

誌文 42 行，滿行 42 字，正書。誌石長 95 厘米，寬 94.5 厘米，洛陽出土。

一三一　宋故朝奉郎尚書都官員外郎輕車都尉賜緋魚袋張君（子和）墓誌銘并序

承奉郎充龍圖閣待制永興軍路安撫使兼馬步軍都總管兼知永興軍府事及管內勸農使輕車都尉中都縣開國子食邑五百戶賜紫金魚袋呂大防譔，□□□□□廬州舒城縣事兼監食鹽稅曹輔書，□□□直集賢院權發遣河中軍府兼管內勸農事兼提舉解州慶成軍兵馬巡檢公事騎都尉借紫范育篆蓋

君諱□之，字子和，洛陽人。曾大父諱度，贈尚書刑部侍郎。大父諱士宗，尚書祠部郎中。父諱遵古，將作監丞。皆賜右諫議大夫。君慶曆六年中進士第，調京兆府法曹參軍，遷秦州天水令。陝西轉運使范祥建議城，故渭州□離羌□之援，委君督治糧餉，而實參軍事。君至新城而種羌數萬圍城，城始立未就，守兵之數不滿千，將懦且庸，不知所以禦之，惟惶駭俟死而已。君為盡策出奇，會捄至，衆賴以免，而城賴以完。已而沮議者謂：城不當□□□□□罪□，而君懷□□。秩滿，改秘書省著作佐郎，知邠州新平縣。連遭親喪，服除，遷□□丞，知京兆府咸陽縣，制置解鹽使。薛向□□□公事，遂監在京都鹽院。居官四年，課最。向治鹽事有緒，惡向者，構浮議以搖之，執政未能察，欲變之者數矣。君玉請丞相府面論得失以爭之，執政不能屈，法得以立。改太常博士、尚書屯田員外郎，管勾鄜延路機宜文字。機宜官師所辟置，君獨不繇辟，被詔而往。蓋以君習邊事，朝命以為帥助，改都官、職方二員外郎。種諤始營復綏銀，而陳橫山可取之狀，因薛向以聞命，君持其書以造明。天子特賜對便殿，君悉言其利，上出御府金賜之，於是遂城綏德。夏人失要害，舉國以為患。然忌功姑息之徒，謗論鼎沸，以為諤違帥節而增發兵，與其議者皆當寘于法。天子不得已下諤吏，而有司論以擅興當死。天子憐之，徙諤于漢東，君以從坐，降監鄧州稅。未赴，通判吉州，又改秦州。向為淮南發運使，初總六路，均輸以給中都之費，辟君勾當公事。朝廷嘉其績，擢提點陝西刑獄。慶州兵判，諸郡張皇，或乘城以為備，守蒲者至，徹河梁以待之。君至，一切復舊，賊黨亦誅滅。召入三司，為鹽鐵、度支二判官。踰年，以屯田郎中復來陝西會析，陝西為永興、秦鳳兩路，又歷兩路提點刑獄。熙寧八年夏，權發遣秦鳳等路轉運副使公事。河洮師旅之後，廩粟不足以支月計，而米斗錢數百。君度常法不足以應猝，乃奏為勸糴之令，預貸錢興民，而以期使入粟於官，於是諸郡頗給。而造議者以君糴不如法，多假興錢，親舊宜有奸，朝廷為興詔獄以治之。而君無一毫私獄，其猶奪兩官，免歸華山下。君素不治產，無田園以為生事，家居食貧而無邑，邑之邑人之得疾不可治，以元豐二年四月十二日卒于寢，享年六十有四。君娶趙氏，封太寧縣君。子男四人：卿材，延州延川縣主簿、永興軍路營田司勾當公事。卿友、卿彥、卿諫並舉進士。卿彥後君一年卒。女二人，皆早卒。後四年八月甲申，諸孤奉君之喪歸葬于河南府河南縣宣武村之先塋。既有期，卿材詣余泣且言曰：先子不幸疾且革，戒諸孤以壙銘，累于公，敢以請。余少與子和游，知其忠信，果敢士也。其與人交，久而彌厚；其營職事，苟利于公。雖亡其身可也，觀渭綏之議，則知余言不妄矣。方其議時，衆人莫不以為狂，於今計之，攘羌髦、固要塞，無過此者。然君方得罪而不悔，阨窮而不憫，蓋其志有足悲者焉。銘曰：

天下大成，日命與義。義足于己，或與命戾。君子為之，盡義而已。事舛願違，命亦不謂。侃侃張君，公爾忘私。屢顛以躓，不悔色辭。渭綏之謀，實始范種。君初與之，卒有顯功。賞雖不及，上愛其忠。勤官而死，其報宜豐。相其子孫，孝友令終。信義傳家，以續厥庸。

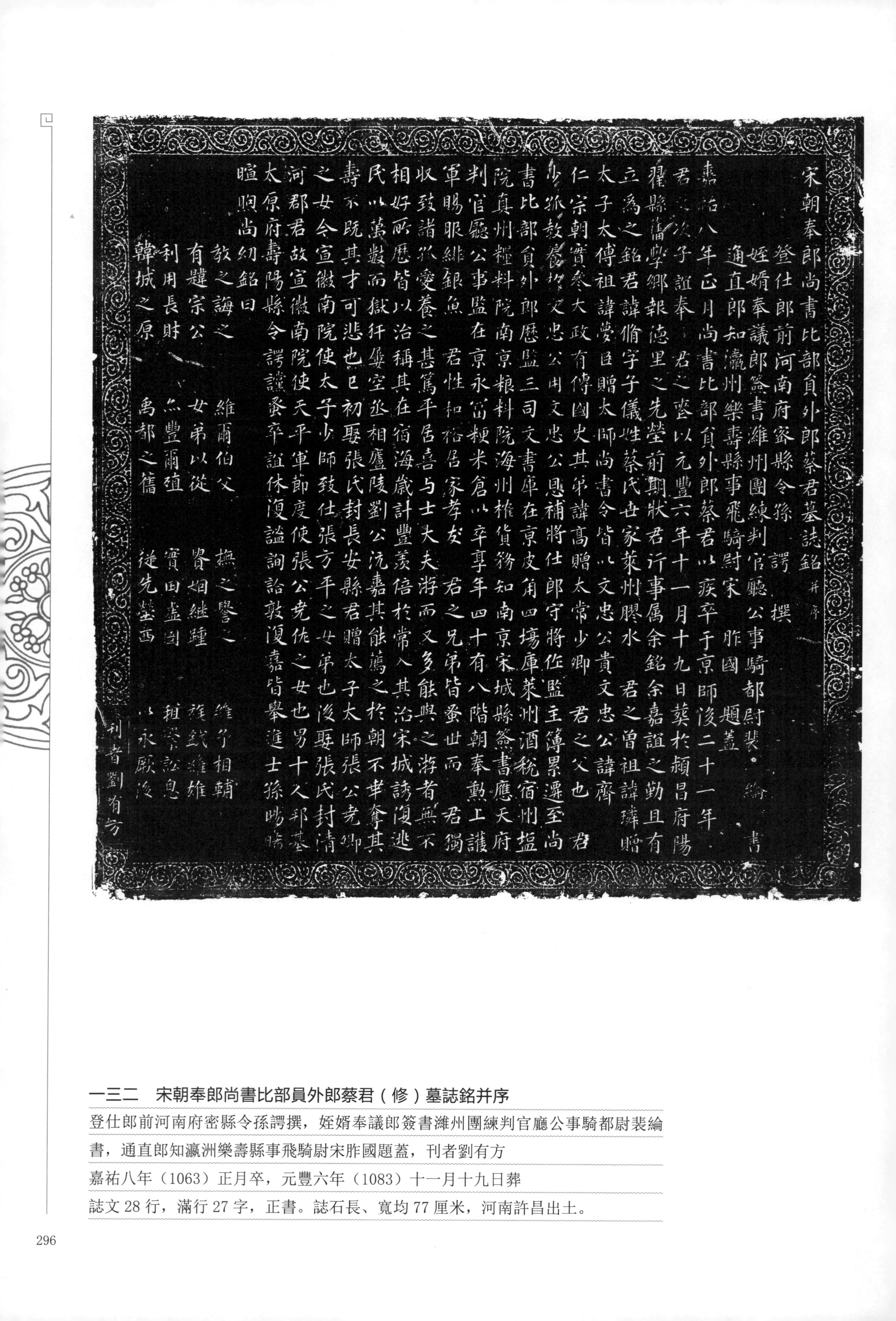

一三二　宋朝奉郎尚書比部員外郎蔡君（修）墓誌銘并序

登仕郎前河南府密縣令孫諤撰，姪婿奉議郎簽書濰州團練判官廳公事騎都尉裴綸書，通直郎知瀛洲樂壽縣事飛騎尉宋胙國題蓋，刊者劉有方

嘉祐八年（1063）正月卒，元豐六年（1083）十一月十九日葬

誌文 28 行，滿行 27 字，正書。誌石長、寬均 77 厘米，河南許昌出土。

釋文

一三二　宋朝奉郎尚書比部員外郎蔡君（修）墓誌銘并序

登仕郎前河南府密縣令孫諤撰，姪婿奉議郎簽書濰州團練判官廳公事騎都尉裴綸書，通直郎知瀛洲樂壽縣事飛騎尉宋胙國題蓋

嘉祐八年正月，尚書比部員外郎蔡君以疾卒于京師，後二十一年，君之次子誼奉君之喪，以元豐六年十一月十九日葬於潁昌府陽翟縣舊學鄉報德里之先塋。前期，狀君行事屬余銘，余嘉誼之勤且有立，為之銘。君諱修，字子儀，姓蔡氏，世家萊州膠水。君之曾祖諱璘，贈太子太傅；祖諱夢臣，贈太師、尚書令，皆以文忠公貴。文忠公諱齊，仁宗朝實參大政，有傳國史。其弟諱高，贈太常少卿，君之父也。君少孤，教養於文忠公，用文忠公恩補將仕郎，守將作監主簿，累遷至尚書比部員外郎，歷監三司文書庫、在京皮角四場庫、萊州酒税、宿州鹽院、真州糧料院、南京糧料院、海州権貨務，知南京宋城縣簽書、應天府判官廳公事，監在京永富粳米倉。以卒，享年四十有八，階朝奉，勳上護軍，賜服緋銀魚。君性和裕，居家孝友。君之兄弟皆蚤世，而君獨收致諸孤，愛養之甚篤。平居，喜與士大夫游，而又多能與之游者，無不相好。所歷皆以治稱，其在宿海，歲計豐羡，倍於常入。其治宋城，誘復逃民以萬數，而獄犴屢空。丞相廬陵劉公沆嘉其能，薦之於朝，不幸奪其壽，不既其才，可悲也已。初娶張氏，封長安縣君，贈太子太師張公堯卿之女，今宣徽南院使、太子少師致仕張方平之女弟也。後娶張氏，封清河郡君，故宣徽南院使、天平軍節度使張公堯佐之女也。男十人：邦基，太原府壽陽縣令；諤、讜蚤卒；誼、休復、謐、詢、詥、敦復、嘉，皆舉進士。孫：暘、晞、暄、煦，尚幼。銘曰：

教之誨之，維爾伯父；撫之譽之，維予相輔。有韙宗公，女弟以從；貴姻繼踵，旌鉞維雄。利用長財，亦豐爾殖；實田虛圄，租繁訟息。韓城之原，禹都之舊；從先塋西，以永厥後。

刊者劉有方。

有宋進士尹君墓誌銘
從子新授孟州汜水縣主簿　機　撰
承奉郎前權知鄆州壽張縣武騎尉張　益　書
先高祖大卿諱諠生四子而炓季皆無後　伯諱文化即機
之曽大父學古入仕累官至都官郎中贈刑部侍郎　仲諱
文忠以子貴贈工部侍郎　嗣子諱仲舒以刑部廕累官至
比部員外郎　進士即比部之子諱渭字師望在機為從炓
父幼而愿謹七歳從師十五成誦五經弱冠為進士志取科
第而比部一子無兼侍起居動作須進士乃安進士亦欲任
煩勞於已而不欲家事之有勤於其親也由是置其業不復
為决科進取計定省之餘惟顔色旨甘之奉故比部晩年厭
仕家居宴然無失禄之慼歳時親賔燕聚必旨酒嘉肴盡其
歡心進士亦獨以是為中心之樂曽不以窮達為身之念也
暨比部捐館事其　孀母循循孝謹不失其家節宗門之内
曲有恩意族中有急未始不賙之故鄉黨稱温厚而有常者
必稽焉元豐六季三月甲申以疾終享年四十有四娶張氏
太子中舍嘉言之女婉静孝睦六親稱之於配為宜子楫好
學有立志二女尚幼孫曰灼楫將以七年正月丙午葬進士
於壽安之連理鄉任范里　先君之墓次故来託銘嗚呼機
與炓父雖宗同派别而炓父自祖父而来敦睦族親無慼踈
之間獨忍銘其壙邪泣而為之銘銘曰
　待禄仕而始曰能養者非所謂誠身置窮達而不矦於外
者兹可以悦親燦然珪組者乞諸其隣不順父母者不
為仁近於養志者何必拖紳慶流不匱者在其嗣人
李稹刻石

一三三　有宋進士尹君（渭）墓誌銘

從子新授孟州汜水縣主簿機撰，承奉郎前權知鄆州壽張縣武騎尉張益書

元豐六年（1083）三月九日卒卒，元豐七年（1084）正月六日葬

誌文 25 行，滿行 23 字，正書。誌石長 61 厘米、寬 62 厘米，洛陽出土。

一三三　有宋進士尹君（渭）墓誌銘

從子新授孟州汜水縣主簿機撰，承奉郎前權知鄆州壽張縣武騎尉張益書

先高祖大卿諱誼，生四子，而叔季皆無後，伯諱文化，即機之曾大父，學古入仕，累官至都官郎中，贈刑部侍郎。仲諱文中，以子貴，贈工部侍郎。嗣子諱仲舒，以刑部蔭，累官至比部員外郎。進士即比部之子，諱渭，字師望，在機為從叔父。幼而愿謹，七歲從師，十五，成誦五經，弱冠，為進士志取科第。而比部一子無兼侍起居動作，須進士乃安，進士亦欲任，煩勞於己，而不欲家事之有勤於其親也。由是置其業，不復為決科進取，計定省之餘，惟顏色旨甘之奉，故比部晚年厭仕家居，晏然無失祿之戚。歲時親賓燕聚，必旨酒嘉肴盡其歡心，進士亦獨以是為中心之樂，曾不以窮達為身之念也。暨比部捐館，事其孀母循循孝謹，不失其家節，宗門之內，曲有恩意，族中有急，未始不賙之，故鄉黨稱溫厚而有常者，必稽焉。元豐六年三月甲申，以疾終，享年四十有四。娶張氏，太子中舍嘉言之女，婉靜孝睦，六親稱之，於配為宜。子楫好學，有立志。二女尚幼，孫曰灼。楫將以七年正月丙午葬進士於壽安之連理鄉任范里先君之墓次，故來託銘。嗚呼！機與叔父雖宗同派別，而叔父自祖父以來，敦睦族親，無戚踈之間，獨忍銘其壙耶，泣而為之銘。銘曰：

待祿仕而始曰能養者，非所謂誠；身置窮達，而不俟於外者，茲可以悅親；燦然珪組者，乞諸其鄰；不順父母者，不□為仁；近於養志者，何必拖紳；慶流不匱者，在其嗣人。

李積刻石。

一三四　宋故中大夫充集賢院學士知信陽軍兼管内勸農使柱國鄭郡開國公食邑三千三百戶食實封四百戶賜紫金魚袋祖公（無擇）墓誌銘并序

朝散大夫直集賢院權知河中軍府兼管内勸農事兼提舉解州慶成軍兵馬巡檢公事柱國賜紫金魚袋范純仁譔，朝請大夫權管勾西京留司御史臺公事柱國賜紫金魚袋蘇于侁書，端明殿學士兼翰林侍讀學士太中大夫提舉西京嵩山崇福宮上柱國河内郡開國公食邑二千六百戶食實封一千戶司馬光書蓋

元豐七年（1084）正月十五日卒，同年二月十五日葬

誌文 33 行，滿行 55 字，正書。誌石長 140 厘米、寬 95 厘米，洛陽出土。

一三四　宋故中大夫充集賢院學士知信陽軍兼管内勸農使柱國鄭郡開國公食邑三千三百戶食實封四百戶賜紫金魚袋祖公（無擇）墓誌銘并序

朝散大夫直集賢院權知河中軍府兼管内勸農事兼提舉解州慶成軍兵馬巡檢公事柱國賜紫金魚袋范純仁譔朝請大夫權管勾西京留司御史臺公事柱國賜紫金魚袋蘇于佚書端明殿學士兼翰林侍讀學士太中大夫提舉西京嵩山崇福宮上柱國河内郡開國公食邑二千六百戶食實封一千戶司馬光書蓋

公諱無擇，字擇之，其先范陽人也。五代之亂，徙家于蔡。曾祖諱仲宣，許州臨潁縣令，贈尚書都官員外郎；曾祖妣李氏，追封晉寧縣太君。祖諱岳，尚書比部員外郎，贈吏部侍郎；祖妣梁氏，追封安定縣太君。考諱士安，蔡州司理參軍，贈刑部尚書；妣錢氏，追封河南郡太君；杜氏，追封陳留郡太君。自都官葬西都之北邙，遂為河南人。公幼而好學，長喜為文。時泰山孫復通春秋，淮西穆修唱鏊文，公遂與之為友，而以文贄夏英公，英公見而奇之，曰："文風久不振，今喜復見於吾子也。"景祐五年，第三人登進士第，授大理評事，通判齊州。齊為京東劇郡，公雖始仕，更剗宿弊，抑強撫弱，已有古循吏之風。境中有河，既枯而猶以渡利征民者，公為上言，以蠲之。改著作佐郎，知南康軍，遷秘書丞，提點淮南路刑獄公事。擿發奸贓，不避豪貴，為怨者所謗，左遷知黃州。人或勉公，宜辨於朝，公曰："我罪無實，久當自明，奚必遽辨耶？"丁杜夫人憂，居喪杜門，祭葬得禮，人多取以為法。服除，上書言時政得失，忤執政者，謫知海州。下車毀淫祀，而貌前守之賢者孫公冕而祠之。又親題其市橋曰"懷孫橋"。移提點廣南東路刑獄，遷太常博士，又徙荊湖北路。所至，刑訟無冤，列郡為之澄清。溪賊儂智高叛，王師南討，遂拜公直集賢院、廣南東路轉運使。公輸財餽糧，填虛補缺，方略備至，民不勞而軍用足。端康封三州，當賊衝兵，民皆亡竄山谷，交相殘掠。公招輯撫納，悉復安業，所存活者甚眾。以擿吏忤權貴，降知袁州，州境隣虔吉，俗好嚚訟，公為尊文儒，設學校以化之，增葺唐刺史韓文公廟、貌繪詩人鄭都官像而從祀焉，民為敦勸。召為三司戶部判官，賜五品服，改判勾院，命使契丹。還，遂請補外，遷工部員外郎，知陝州。召還，修起居注，兼三司戶部判官，拜知制誥，賜三品服，兼修玉牒，判三班院。時朝廷以制策試賢良，考官取舍違異命，公覆校是非，仁宗以公所取為是，士人稱其藻鑒焉。判太府寺，加兵部員外郎。當英宗即位，恩覃百辟，而誥命一出，於公文章典雅，辭□不匱，人服公之才敏。再使契丹，還，遷刑部郎中、龍圖閣學士，糾察在京刑獄。轉右司郎中，知鄭州。今上即位，遷右諫議大夫，知杭州。秩滿，會御史過境，用怨者之言，以隱昧事奏公，朝廷乃置獄明辨，而公卒無他事，猶坐謫為忠正軍節度副使，公處之恬然，未嘗尤人。歲餘，朝廷察其無罪，復秘書少監，分司西京。再遷光祿卿，提舉嵩山崇福宮，又遷秘書監，充集賢院學士，管勾西京留司御史臺。會改官制，授中大夫，知信陽軍。歲餘，以高年再求崇福宮，命未下，而以元豐七年正月十五日，薨于正寢，享年七十有四。公為人愷悌和粹，容衆樂善，接物盡禮，恂恂如也。及立朝剛正，有犯無隱，得古人之風。兗國公主下嫁，奴隸拜官者數人，公上言請從祖宗故事，不宜濫爵，以開奢僭之源。京東孔直溫謀不軌，詿誤者幾百人，公上書，言宜止坐首惡，寧失不經，以廣好生之德。後有緣內寵，拜節度使者，公時在外，上疏論其非，且引楊國忠親舊，為公危之，止公曰："在外無言責，何必深言，以自取譴耶？"公正色曰："我蒙天子厚恩，身雖在外，忍聞朝廷之闕，而忘裨補乎？"上果從之。公在侍從，屢有讜言，嘗進《雜議》十篇：一曰革弊，二曰為政，三曰取士，四曰任賢，五曰納諫，六曰慎好，七曰防漸，八曰節財，九曰治兵，十曰察獄。皆公素所蘊而可施於時者。又進皇極箴，英皇嘉納焉。其文皆見於家集。公少失所怙，起家貧寠，弟兄皆早世，諸孤滿室，公教養備至，逮其成人，補蔭嫁娶，無不均備。族中旅殯，幾二十喪，公皆舉而葬之。善周人之急，有求者，皆如其意，故捐館之日，家無餘財，唯有書數千卷、名畫百餘軸而已。天下士大夫用公薦，而遷官者幾數百人，公未嘗記其姓名，有他日相遇而謝公者，公曰："吾見善，則公言之，過則忘矣。"人嘆公之有量。有《雜文集》二十卷，《右垣集》五卷，《諫藁》三卷。公娶黄氏，封河間郡君，先公而逝。一子博，假承務郎。二女，長適職方員外郎王師元，先公一月而卒；次適大理寺丞趙君彦。其孤將以其年二月十五日葬公于河南縣平樂鄉杜澤村之原，祔先塋也。以公之族弟駕部君所書行狀，求銘於予，予辭不得命而銘曰：

祖已佐商，以道訓王。惟伊及逖，所遘匪臧。挺生我公，遭時會昌。力學掇科，躬自奮揚。三部八州，撫養循良。論思禁塗，外和內方。諤言營營，名節靡傾。全玉堅金，煅煉愈明。書殿蘭臺，位列九卿。年逾縱心，可謂壽齡。子幼而立，餘慶是承。公其無憾，勒誌幽扃。

河南張琇刊。

書言時政得失忤執政者謫知海州下
博士又徙荊湖北路所至刑訟無冤列
略備至民不勞而軍用足端康封三州
州境隣虔吉俗好囂訟公爲尊文儒設
五品服改判句院命使契丹還遂請補
院時　朝廷以制策試賢良考官取舍違
恩覃百辟而誥命一出於公文章典雅
今上卽位遷右諫議大夫知杭州秩
度副使公處之恬然未嘗忤人歲餘

局部原大

一三五　宋故朝奉郎通判環州军州兼管内勸農事輕車都尉賜緋魚袋郭府君（子彦）墓誌銘并序

朝議大夫直龍圖閣權發遣慶州軍州事兼管内勸農使兼權發遣環慶路經略安撫使兼馬步軍都總管公事柱國賜紫金魚袋范純仁撰，朝散大夫中書舍人上護軍賜紫金魚袋范百禄書，兄承議郎知利州軍州兼管内勸農事兼提舉利州路兵馬巡檢公事輕車都尉賜緋魚袋借紫郭子皋篆蓋

元豐八年（1085）五月三日卒，同年十月十二日葬

誌文 34 行，满行 33 字，正書。誌石長 74 厘米、寬 73.8 厘米，陕西出土。

一三五　宋故朝奉郎通判環州军州兼管内勸農事輕車都尉賜緋魚袋郭府君（子彦）墓誌銘并序

朝議大夫直龍圖閣權發遣慶州軍州事兼管内勸農使兼權發遣環慶路經略安撫使兼馬步軍都總管公事柱國賜紫金魚袋范純仁撰，朝散大夫中書舍人上護軍賜紫金魚袋范百禄書，兄承議郎知利州軍州兼管内勸農事兼提舉利州路兵馬巡檢公事輕車都尉賜緋魚袋借紫郭子皐篆蓋

元豐八年夏五月初三日，承議郎，通判環州事郭君得暴疾卒于治所。時上嗣位之始，霈大恩，内外文武官第進一級，君例遷朝奉郎，誥下而已捐館舍。越冬十月十二日卜葬于京兆府長安縣義陽鄉永和坊之新塋。其子珣狀君治行，請銘諸壙，以□不朽。君諱子彦，字醇叟，其先成都人。曾祖卓，不仕。祖仁渥，故贈尚書職方員外郎。父□，故任尚書工部郎中、梓州路水陸計度轉運使，累贈至正議大夫。由正議占籍長安，君始居焉。君少以父蔭試秘書省校書郎，調瀘州瀘川縣尉。縣有強盜雜獠以害民，君方年少氣鋭，設奇誘其黨，盡擒之。遷山南西道節度推官，以舉者改大理寺丞，知汾州西河縣。熙寧三年，西邊用師，皇城使曹偃提兵進自河東，發諸邑義勇護糧以從。君所部比它特衆而統之有方，人咸畏信。比歸，軍食克濟，而無一夫之逃，用是選簽書丹州事，改太子中舍，賜五品服。陝西都轉運使皮公弼舉君才，徙監慶州折博務，遷殿中丞。時朝廷急邊儲，募商賈納錢塞下，给鹽抄以償之。君勸喻招致積數十萬緡，而帥不時给其直，君爭之曰："今法纔下而首不以信示人，何以来四方之旅邪？"帥謝而從。未幾，丁所生母憂。服除，會朝廷新官制，换奉議郎，通判環州，轉承議郎。夏賊寇蘭，會慶帥趙公卨命本路兵自環而入，以牽其勢，委君董粮道。君期會應卒，输輓相繼，不勞而集，帥表君之才於朝。環與賊對壘，彼常乘隙入寇，則掠我居人，残我貲畜。舊有天澗城，依山以為險。君曰："羌之来，若践無人之境者，以其坦然亡阻也，城此足以扼其衝矣。"因建議增築費，不料民役，不踰月而居者恃以為固。時承軍興之後，費出甚廣，吏因緣以為奸。轉運使委君究其弊，獲所陷緡數萬，其莅事精敏皆此類也。君為人廉直，以富貴為有命，不闇然媚時以求榮進。與之論世務，條析本末，慨然有欲為之志。而所不偶者，位與壽而已。君始生而其母去，及入仕，常以禄不及養為恨。熙寧中知其所在，迎以歸，封南陽縣太君。甘旨之奉，彌盡子職，而人以君為純孝。鄉無厚產，而不校家之有無。一日啟手足，囊無餘資，郡僚相與出財，以歸其喪，而人以君為廉吏。君享年五十三。娶雷氏，故尚書水部員外郎周式之女，封崇德縣君，先君而亡。子男六人：珣、琳、珍業進士，球、珵尚幼，珩早卒。女二人，長適進士李養中，次適内殿崇班李昭弼。銘曰：

其行己也直，其莅官也廉。遇事有為，氣鋭而堅。胡嗇所施，彼蒼者天。嗚呼！夭壽窮達兮，得之自然；適来適去兮，夫復何言。灃水北兮終南前，君之宅兮閟幽泉 。

一三六　宋故彰德軍節度相州管内觀察處置等使檢校太師持節相州諸軍事相州刺史充大名府路安撫使馬步軍都總管知大名府兼北京留守司公事畿内勸農使上柱國太原郡開國公食邑九千三百戶食實封叁仟四百戶贈開府儀同三司謚懿恪王公（拱辰）墓誌銘并序

正議大夫同知樞密院事上柱國安定郡開國公食邑二千八百戶食實封柒百戶安燾撰，朝奉郎試中書舍人上騎都尉賜紫金魚袋蘇轍書，太師平章軍國重事上柱國潞國公食邑二萬七千一百戶食實封壹萬壹仟肆佰戶文彥博篆蓋，洛陽張士寧摹刻

元豐八年（1085）七月卒，同年十二月二十四日葬

誌文 66 行，滿行 69 字。正書。誌長 138 厘米、寬 139 厘米，洛陽出土。

一三六　宋故彰德軍節度相州管内觀察處置等使檢校太師持節相州諸軍事相州刺史充大名府路安撫使馬步軍都總管知大名府兼北京留守司公事畿内勸農使上柱國太原郡開國公食邑九千三百戶食實封叁仟四百戶贈開府儀同三司謚懿恪王公（拱辰）墓誌銘并序

正議大夫同知樞密院事上柱國安定郡開國公食邑二千八百戶食實封柒百戶安燾撰，朝奉郎試中書舍人上騎都尉賜紫金魚袋蘇轍書，太師平章軍國重事上柱國潞國公食邑二萬七千一百戶食實封壹萬壹仟肆佰戶文彥博篆蓋

元豐八年七月，彰德軍節度使、檢校太師、北京留守王公拱辰感疾，詔遣中使監國醫乘傳往視，未及至，而乙卯公薨。訃聞，兩宮震悼，為輟垂拱。視朝，又命中使護其喪以歸，賻恤其家甚厚，告贈開府儀同三司，太常考行，謚曰“懿恪”。以其年十二月甲申，葬於河南府河南縣教忠鄉府下里之原。其孤晉明奉公之世系、爵里與所論公之行事，見屬誌其墓而銘之，燾辱公知為舊義，不得辭，謹按：王氏得姓於周靈王之子晉，晉既仙去，世人指其族曰“王家”。其後，子孫蕃衍，散處不常。公之先，實太原祁人也，自高祖丕徙居陳留之通許鎮，鎮後為咸平縣，今為開封咸平人。曾祖諱祚，祖諱鋭，皆畜德養高，不樂仕進。考諱允恕，始仕為江寧句容令，公貴，皆贈太師，祖中書令，考中書令兼尚書令，封韓國公。曾祖妣李氏、祖妣張氏、皇妣趙氏、李氏，贈義寧、同昌、會寧、吳興四郡太夫人。公吳興出也，少而能文，力學有大志。天聖四年，年十五，已與鄉書之薦，又四年，舉進士為天下第一。初名拱壽，仁宗臨軒，見而奇之，改賜今名，朋友以為榮，因字以君貺。初命將作監丞，同判懷州，改潁州。居官以母喪去，未幾，又丁韓國公憂。景祐二年服除，改著作郎，知集賢院，同知太常禮院。以廟享后祝著姓非是，請以謚別之。廢后郭氏卒，方在殯，有司猶具上元燈燕，公言：“春秋晉大夫智悼子卒，未葬而公燕於寢，杜蕢聞鐘聲入諫而止。且郭氏雖見廢，既詔以后禮葬，豈獨大夫比耶？”請罷御樓觀燈，乃俟遺奠日，悉禁都下聲樂，以稱情文。明年，充三司鹽鐵判官，賜緋衣銀魚。五年，權修《起居注》，改右正言。寶元二年，知制誥，充北朝正旦國信使。康定元年，賜三品服，判太常寺，改知通□銀臺司兼門下封駁使，又知審官院及勾當三班院。朝廷禦邊，常重西北，故東南之備，多闊略不講。公言：“二廣幅員數千里，止桂廣二帥，遙制邊州，而又居所部□缴倉，卒必不及事，請復唐制，為五筦益，以東路之潮，西路之邕，容各揔節制，相為聲援。”疏上，不允。皇祐中，儂智高果寇兩路。熙寧中，李乾德又陷邕、欽、廉三州，知者，伏其先識。明年，益梓路奏大飢，以公為兩路體量安撫使，至則賑恤艱阨，蠲釋逋負，吏之貪而害政者，必以法謫去，民用以安。雖疑獄滯訟，交構誕謾，有司所不能決者，公一言判別，莫不引服，其所書斷語，至今兩川人人能道之，以為神明如也。未還，拜翰林學士。慶曆二年，同知貢舉。王師方問罪元昊，北虜乃乘間以其衆壓境，遣劉六符來求晉祖所與關南十縣。其書有“太宗皇帝於有徵之地，才定并汾，舉無名之師，直抵燕薊”之語。朝廷疑之，莫知所答。公獨請問曰：“河東之役，本誅僭偽，北虜首遣拽剌梅里來使，行在以致誠款，既而復寇石嶺關以援賊，太宗皇帝怒其反覆，故纔平繼元，即下令北征，豈謂無名？”因草其答書，概敘所以，乃云：“既交石嶺之鋒，遂有薊門之役。”仁宗大喜，謂執政曰：“非學士知其本末，幾無以為辭。”虜既得報，又屬富文忠公將命，其勢遂屈不復堅，有始望卒，繼好如初。七月，文忠公再報聘行，至樂壽以續，得詔附賜六符。文忠疑國書與執政口宣或詔語有異，遂發緘視之，果不同，乃倍道馳還，叩閤門請對。仁宗召公諭曰：“富弼持書復還，卿亟往視之。”公方考試宿殿廬，以謂國書故事，須學士同視，草乃進乞，召丁度以下。上曰：“卿獨往可矣！”乃歸院與文忠易其異辭，俾無所礙，逮為完書，多出公意。十月，虜又遣蕭階來議事，以公為館伴使，階謂：我能諭元昊使息兵，意欲邀賂中國。是時，朝廷雖已猒兵矣，然尚難此議，比階將行，始詔公許之。以謂：“誠能約束元昊，此亦當班師，可錄詔語付階。”公謂：“若書與之使，常得持以籍口，不若詳論之，無跡也。”遂止，以詔意語階，階謹聽命而去。還奏，上深以為然。改起居舍人，權知開封府。開封之法，群偷皆有籍，每上元，

則按籍而寘于獄。明年，公獨釋之曰："我弗禁汝，汝毋為盜，能更為我得賊，當并籍除之。"皆再拜而去，五夜無有犯者。三月，遷右諫議大夫，權御史中丞。是日，夏文莊公自淮南被召為樞密使，公上疏論列謂："西州用兵以來，竦實經略四路，既久無功，乃移疾求郡，為自安之謀，是可以任大事邪？"又入對，語尤峻切，帝卒感悟追寢。其命天章閣待制滕宗諒守慶州務，侈廚傳以大帥體，故掊取用度，率無藝極，人情怨憤，無敢言者。公聞之，遂具劾奏，朝廷方遣使簿責，而宗諒盡火其籍以自蓋。公論奏益急，時執政大臣有欲薄其罪者，乃止削官、降虢州，公奏不已，又貶岳州。蘇舜欽監進奏院，因祠神燕集，而客有恃才傲睨，被酒肆言物論所不平者，為御史擊之，又指舜欽為易故牘以得緡錢，請屬吏如法，公亦奏云："燕會小過，不足治，其如放言狂率，詆玩先聖，實為害教，宜薄懲之。"朝廷竟峻其責，皆坐貶去。其後議者，概以公為排沮善良，豈公論也哉！又言："中書樞密院所領機務，宜總其大要，今不聞巨細，一切省覽，雖窮日力，猶且不贍，何暇經綸遠慮哉！古者，王公坐而論道，蓋不若是之煩也，請悉條細務，歸之有司。"五年，既升章獻、明肅及章懿皇后同祔真宗廟室，公言："孝惠、孝章、淑德、章懷或生為元妃，或嘗正位號，皆嫡后也，尚祠以別廟，未合典禮，宜下。"太常考正，禮官疑之，未及行。至神宗皇帝蒐講墜典，咸秩無文，卒升諸后以祔，如公議。兼判國子監，乞并錫慶院，以廣太學，因請車駕臨視。六年，復拜翰林學士，兼龍圖閣學士，權三司使。首言："天下兵數比祖宗朝三四倍矣，冗而不精，坐耗廩食，宜講所以訓練澄汰為久遠計。又三路備邊，軍食為急，斂糴之法，當隨時盈縮，以權輕重。而三司居中，喻度動失機會，宜委帥臣，兼計置一路糧草事。"十月，請補外，除翰林侍讀兼龍圖閣學士，知亳州，尋改鄭州。七年，遷給事中，移澶州。八年，改尚書禮部侍郎，坐舉貝守張得一，罷學士職。朝廷以河朔地大兵衆，保、貝二州叛軍繼作，乃分其地為四路，各置帥總領，以公為高陽關路安撫使，知瀛洲。時本道薦饑，民流失業，公發粟賑救，全活者數萬人，天子手詔嘉獎。又畫上新帥職事數十條，朝廷悉可，其奏或兼下鄰路以為法。皇祐元年，復兩學士，移永興路安撫使，知永興軍。七月，改留守西京。十一月，移河東安撫使，知并州。四年，召還，拜翰林學士承旨，兼侍讀學士，知審官院，兼判太常寺。公在經筵，每因進讀，必從容引古以傅今事，上多嘉納。五年，知貢舉。至和元年，拜三司使，累遷尚書左丞。時北虜汎遣貴使來聘，以重講好之義。上選公持禮報之，至則授館於混同江，虜人方供帳冰上，為釣魚之燕，夸為盛禮，遂因以享。公每得魚，其主必親酌以勸，及自鼓胡琴侑之，顧謂其相六符云："南朝雖多士，然少年狀元未三十入翰林為學士，吾未見其比者，故特厚之。"公承其意，因開懷酬酢，尤得其歡心。自是，虜人與中國是大夫接，未嘗不問公之安否、所向。使還，除宣徽北院使。言者以公嘗遇正旦使宋，選於靴淀，而選與虜使失言，杯酒間公實與其會。改端明殿學士，兼翰林侍讀學士；再充永興路安撫使，知永興軍。嘉祐二年，遷禮部尚書，移秦鳳路安撫使，知秦州。五年，改刑部，再留守西京。七年，改戶部，又兼龍圖閣學士，充定州路安撫使，知定州。八年，英宗皇帝即位，改兵部。治平二年，遷吏部，移留守北都。會京師大水，上《治平政鑒》十篇，皆據古援經，指切時事，以圖消復。四年，神宗皇帝即位，除太子少保，嘗遣使詔公曰："卿在先朝，獻納為多，今朕纂承，宜必有言，以輔不逮。"公又為《聖政備覽》十篇上之，皆端本澄源，近忠良、遠□佞之意。熙寧元年，除檢校太傅、宣徽北院使，留再任。前此，羌酋嵬名山，欲率所部并其地。內屬邊臣上其事，朝廷議未決。公言："羌人多狡獪，使實欲歸我，必負釁而來，徒敗邊好爾，不如勿納"。既而宥州□落，果誘殺保安守將楊定。朝廷未及問，會其主涼祚卒，欲遣使來訃，及請其嗣子封冊。公復謂："宜先使人詰取害定者，戮於境上，然後納其訃。"羌人大恐，果執邊豪李崇貴械送闕下。十二月，公還朝，方神宗皇帝勵精政事，興滯起廢，以繼述祖宗惠安元元，而有司急於奉行，或失法意，公獨論列，無所回隱。大臣或陰風公曰："儻少默宜將見用"，公謝曰："用捨蓋有命爾，亦顧義何如，豈復枉志可求邪？"論益不已。遂出留守南都。三年，羌復犯我慶州之塞，而邊將亦出兵攻襲，又因取其羅兀城，公度構兵勢未已也，復上疏言："章聖得潘羅支而繼遷之患息，仁宗用唃廝囉而元昊寖衰，今吐蕃董氈世受封爵，宜更以恩信厚之，必為中國用。"朝廷從其言，逮復洮、隴、金城，而董氈之功居多。四年，移河陽，五年，再留守西京。八年召還，兼中太一宮使，日奉朝謁，每國有大事，必造膝開陳，然其言則莫得而聞也。元豐元年，公思歸洛，乃乞莅閑局。章□八上，始除檢校太尉，充宣徽南院使、西太一宮使。將行，屢引對便坐，上眷其舊德，錫以毯文方團帶，及許墳隴建寺，皆輔臣例也。三年秋，大饗明堂，公被召陪祀，既畢，再除留守北京。公謝曰："臣老矣，恐不足以任事。"上曰："北門重地，卿舊治也，勉為朕行期年，復召卿歸矣。"既至，適三路初籍民兵為日教之法，公累上章，請稍蠲下戶。朝廷未及行，而主者反姑息太甚，致或相驅，率以邀乞民財，鄉縣莫能禁，人頗患之。公又言："請急懲治，不然必滋為盜矣！"主者終庇其事，奏公為撓法。神宗皇帝卒悟公言，而誅其倡率者，人情乃安。六年，拜安武軍節度使，復再留任。八年，今天子即位，改彰德軍節度使，檢校太師。公自再至大名，請老之章凡數十上，皆優詔不許，及其亡也，謝事之歲已踰四年矣。公儀狀端秀，風采照人，趣識高明，論議軒豁，望而見者，知其非齷齪淺丈夫也。其讀書浩博，過目輒記，為文豪邁，落筆可法。少遭天下無事，仁宗崇尚儒學，故筮仕未幾而遍歷清塗，致位顯要，既而出領方面，所更三輔，名藩大鎮幾無遺者。公自謂得君逢時，而思以直道報上恩，故遇事必言，不間中外，行己自信，夷險不渝，所以逮事四朝，皆被眷獎，卒老於位，克保厥終。公自天聖中登顯科，躋貴仕，累典貢舉，及所稱薦多號得人。逮熙寧、元豐以來，不惟當時勳德故老，較其官達先後，往往無以右公。至於門生賓佐，或繼登相府，或并處廊廟，亦常相望也。於是，公之風鑒宿望，遂為當世美談。公樂善好文，出於天性。閑居，對賓客惟講論古人詞章，或議朝廷典故。平生章奏，多自為之。雖老不以屬人，尤喜讀道家書，於養生之術，亦有所自得，故年彌高而神益不衰，臨終，猶索筆草奏求輿疾歸洛，奏成而瞑，詞氣不亂。公兄弟十人，從子孫衆多，男以公官，女以公嫁者數十人，故薨之日，家無餘貲。孫多未仕。公娶薛氏，資政殿學士簡肅公之女，追封平樂郡夫人。繼室，平樂之妹，今封和義郡夫人。子男七人，未名而卒者四人，仕而卒者二人，曰正甫，奉議郎；曰端甫，大理評事；次晉明，今為承奉郎。女八人，在室而卒者三人，嫁朝議大夫程嗣恭、朝奉郎任公裕、孫亞卿而卒者三人；今二人，長適節度推官石宗彝，次適宣德郎呂希亞。孫男七人：□文、景文，并承務郎；敏文，假承事郎；賁文尚幼，餘早卒；女三人。曾孫男一人，女二人。公所著《内外制集》各五卷，《奏議》十卷，《文集》七十卷，藏于家。銘曰：

仁宗太平，樂育士類；臨軒以求，行舉言試。公時斯來，有德而藝；既先群豪，益大厥志。年雖方冠，正義侃侃；帝謂汝器，所致必遠。遽用迅遷，如得之晚；曾未累歲，位遍高顯。越在翰林，旋長憲府；公益自信，帝亦公許。有啓必納，霈然莫禦；左右論思，正直是與。戎書加嫚，妄及邊封；在廷之論，莫知所從。公以義折，彼辭即窮；解嚴繼好，靜勝之功。逮均賢勞，與帝共理；樂易不煩，人用悦喜。出處中外，僅將五紀；遇事必言，身無遠邇。神宗曰噫，汝為老臣；眷待之異，與二府均。載易旄鉞，舊德是尊；有顯四朝，克終厥身。公方累章，固請謝事；詔未夙從，天不慭遺。闕塞之岡，清伊之陽；卜焉公室，萬世其藏。

洛陽張士寧摹刻。

蓋題："宋彰德軍節度使北京留守贈開府儀同三司謚懿恪王公墓銘"

一三七　宋故朝請大夫致仕上輕車都尉賜紫金魚袋游公（及）墓誌銘并序

奉議郎武騎尉王慎術撰，朝議大夫監西京嵩山中嶽廟上柱國保定縣開國男食邑三百戶賜紫金魚袋席公弼書，朝請郎致仕輕車都尉賜紫金魚袋李藻篆蓋，呂密刊

元祐三年（1088）二月二十日卒，同年三月二十五日葬

誌文 33 行，滿行 36 字，正書。誌石長 75 厘米、寬 76.5 厘米，洛陽出土。

一三七　宋故朝請大夫致仕上輕車都尉賜紫金魚袋游公（及）墓誌銘并序

奉議郎武騎尉王慎術撰，朝議大夫監西京嵩山中嶽廟上柱國保定縣開國男食邑三百戶賜紫金魚袋席公弼書，朝請郎致仕輕車都尉賜紫金魚袋李藻篆蓋

公諱及，字敏叔，其先出於鄭穆公之後，穆公之子偃，字子游，至大叔吉，遂以王父字為氏，而代為鄭卿。其後歷魏晉，間有顯者。自曾大父知進、大父仁美、父文秀，繼居河南，因為河南人，皆晦德不仕，頗以恭儉孝謹稱。暨公登朝，始追贈其父為太中大夫，母任氏為萬年縣太君。公幼孤嶷拔，弗類童稚。稍長知好學，有大志，寓居僧舍，閉戶讀書，不復接外事，益自刻勵。舉進士中其科，為彭州九龍縣主簿，又為晉州司法參軍，遷耀州華原縣令。臨事敏飭不苟，使者交章薦其才，遷著作佐郎，知绛州正平縣。正平號難治，吏民肆為奸令，有不便於己者，往往以法中之由是多不免。公至，設為條綱，約而有倫，示之必信，吏不得欺。縣以無事，後令循其政，殆莫能易也。縣有古陂舊疏，以溉公田，而民不預其利，以故多盜決，爭訟日滋，公嘆曰："是豈養民之意乎？"於是，斥以與民為之，第其用水之次，闔境賴焉。絳瀕河，諸邑歲起徒取薪以供防揵并山，諸民必先期採伐，因焚其餘以要利，人力用困。公請輪其直官自為市，公私便之，迄今為定制。以秘書丞簽書渝州軍事判官廳公事。屬歲饑，使者委公勸誘豪姓出泉粟救民，資以全活者幾十萬。改太常博士，通判洺州，賜五品服。英宗皇帝嗣政，公適權郡事，例得貢恩，公獨書弟名上之，而不先其子，搢紳嗟美。後以微疾，連乞監鄜鳳二州酒稅。五遷至都官郎中，至是行年六十矣。迺曰："吾期止於此，尚可妄進耶。"因乞分司西京，已而又曰："冒祿以求安，吾所恥也。"遂以其官致仕。會官制行，易朝散大夫，賜三品服。今上即位，遷朝請大夫，累勳至上輕車都尉。初治第於嘉善坊，與諸耆老優游燕處，觴詠衎衎，幾二十年。一日，戒其子以治家修身，遵儉約為事。踰旬，以疾終于私第之正寢，實元祐三年二月二十日也，享壽七十有四。公初娶郭氏，封永嘉縣君；繼室李氏，封仙源縣君，皆先公而亡。子男四人，三人皆蚤世。幼安民，陝州靈寶縣尉。女四人：長適新渭州華亭縣主簿宋詳，次適進士張大備，次適進士王皐，次適進士楊仲庠。孫男二人：師回、師軻。孫女二人，並幼。將以其年三月二十五日之吉，葬于洛陽縣賢相鄉杜澤里。其孤來請銘，義不得辭，謹跡公之操行，信於朋友，著於鄉里，蓋其仁厚樂易得之天性，而見於政事者，必務清簡。閑居，自奉甚約，能推所餘以周宗族，又收其貧不克葬者十餘喪，皆為盡禮葬之。平日，誘進士類賓客，俟門無少長，延見必以誠敬，聞有善，欣然若出諸己，不善，為之憂動於色。嗚呼！是可銘矣夫，銘曰：

游氏之先，實出於鄭。紹隆自公，載闡厥聞。既學既施，勿懈以勤。有蘊在中，有唐在人。曰篤後慶，弗殫厥榮。亦孰不泯，其視斯銘。

呂密刊。

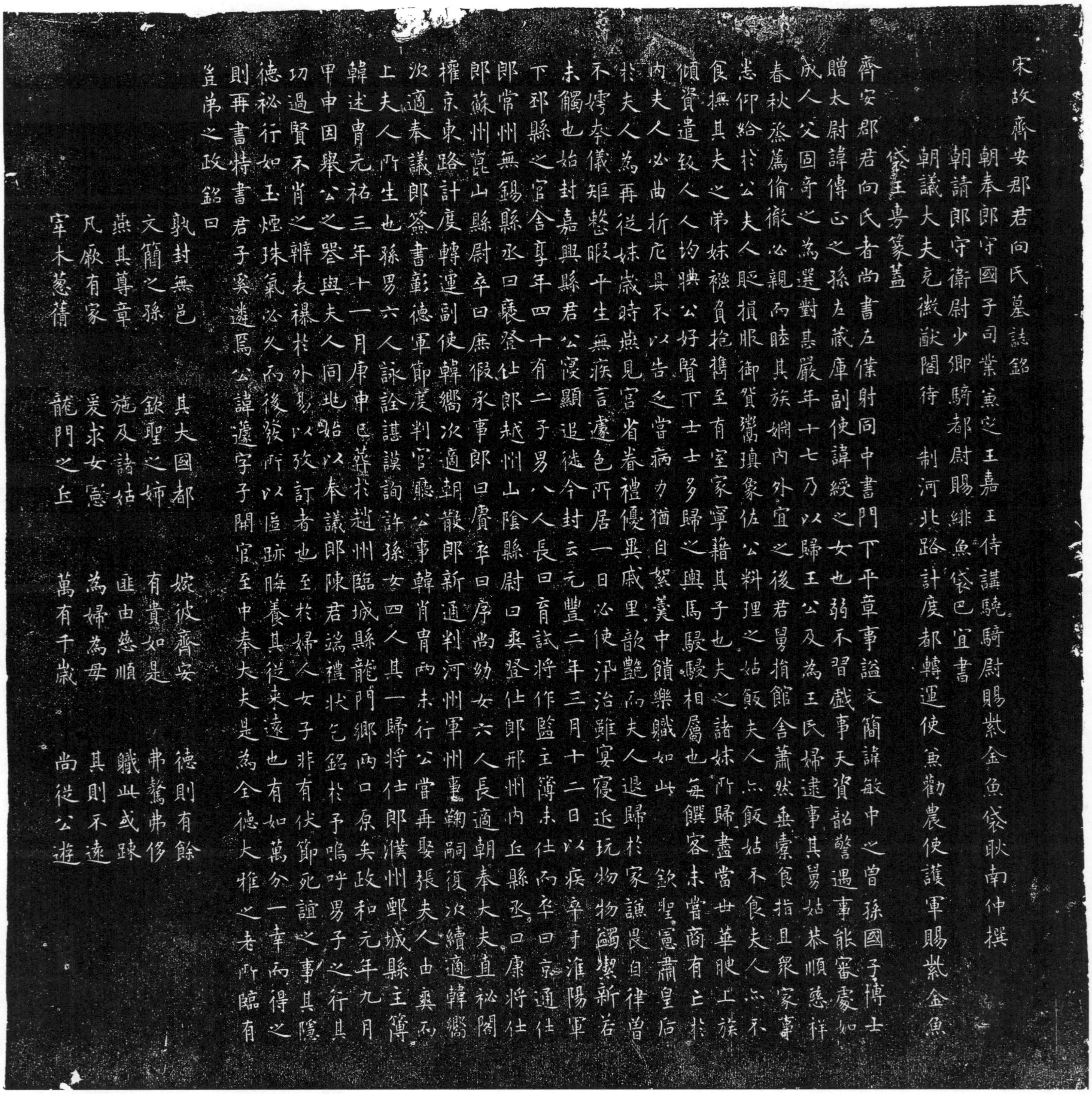

一三八　宋故齊安郡君向氏（王蘧妻）墓誌銘

朝奉郎守國子司業兼定王嘉王侍講驍騎尉賜紫金魚袋耿南仲撰，朝請郎守衛尉少卿騎都尉賜緋魚袋巴宜書，朝議大夫充徽猷閣待制河北路計度都轉運使兼勸農使護軍賜紫金魚袋王㝢篆蓋

元豐二年（1079）三月十二日卒，元祐三年（1088）十一月十八日葬

誌文 33 行，滿行 33 字，正書。誌石長 73 厘米、寬 72.5 厘米，河北出土。

宋故齊安郡君向氏墓銘

一三八　宋故齊安郡君向氏（王蘧妻）墓誌銘

朝奉郎守國子司業兼定王嘉王侍講驍騎尉賜紫金魚袋耿南仲撰，朝請郎守衛尉少卿騎都尉賜緋魚袋巴宜書，朝議大夫充徽猷閣待制河北路計度都轉運使兼勸農使護軍賜紫金魚袋王雱篆蓋

齊安郡君向氏者，尚書左僕射、同中書門下平章事，謚文簡諱敏中之曾孫，國子博士、贈太尉諱傳正之孫，左藏庫副使諱綬之女也。弱不習戲事，天資韶警，遇事能審處如成人，父固奇之，為選對甚嚴。年十七，乃歸王公。及為王氏婦，逮事其舅姑恭順慈祥，春秋蒸薦備徹必親，而睦其族姻，內外宜之。後君舅捐館舍，肅然垂橐食指，且衆家事悉仰給於公，夫人貶損服御，貨鬻瑱象，佐公料理之。姑飯，夫人亦飯；姑不食，夫人亦不食。撫其夫之弟妹襁負抱攜，至有家室，寧籍其子也。夫之諸妹所歸，盡當世華腴上族，傾資遣致，人人均腆。公好賢下士，士多歸之，輿馬駸駸相屬也。每饌客，未嘗商有亡於。於內，夫人為再從妹，歲時，燕見宮省，眷禮優異，戚里歆艷。而夫人退歸於家，謙畏自律，曾不嫮嫊，儀矩整暇。平生無疾言遽色，所居一日，必使滓治。雖宴寢近玩物，物蠲潔新，若未觸也。始封嘉興縣君，公寖顯，追徙今封云。元豐二年三月十二日，以疾卒于淮陽軍下邳縣之官舍，享年四十有二。子男八人：長曰育，試將作監主簿，未仕而卒；曰京，通仕郎、常州無錫縣丞；曰褒，登仕郎、越州山陰縣尉；曰爽，登仕郎、邢州內丘縣丞；曰康，將仕郎、蘇州昆山縣尉，卒；曰庶，假承事郎；曰賡，卒；曰序，尚幼。女六人：長適朝奉大夫、直祕閣、權京東路計度轉運副使韓嚮；次適朝散郎、新通判河州軍州事鞠嗣復；次續適韓嚮；次適奉議郎、簽書彰德軍節度判官廳公事韓肖胄；兩未行。公再娶張夫人，由爽而上，夫人所生也。孫男六人：詠、詮、諶、謨、詢、許。孫女四人，其一歸將士郎、濮州鄄城縣主簿韓述胄。元祐三年十一月庚申已葬於趙州臨城縣龍門鄉兩口原矣。政和元年九月甲申因舉公之喪，與夫人同兆。始以奉議郎陳君端禮狀乞銘於予，嗚呼！男子之行，其功過賢不肖之辨，表襮於外，易以考訂者也。至於婦人女子，非有伏節，死誼之事，其隱德祕行，如玉煙珠氣，必久而後發。所以匿跡晦養，其從來遠也。有如萬分一幸而得之，則再書特書，君子奚遴焉。公諱蘧，字子開，官至中奉大夫，是為全德大雅之老，所臨有豈弟之政。銘曰：

孰封無邑，其大國都。婉彼齊安，德則有餘。文簡之孫，欽聖之姊。有貴如是，弗驁弗侈。燕其尊章，施及諸姑。匪由慈順，職此或踈。凡厥有家，爰求女憲。為婦為母，其則不遠。宰木蔥蒨，龍門之丘。萬有千歲，尚從公游。

蓋題：“宋齊安郡君向氏墓銘”

一三九　宋故山南東道節度推官前知懷州武陟縣事何君（善極）夫人（柴氏）墓誌銘

嗣子何中行撰并書，河南呂密刻字

元豐七年（1084）六月二十四卒，元祐四年（1089）九月十七日遷葬

誌文 20 行，滿行 20 字，行書。誌石長 40 厘米、寬 39 厘米，洛陽出土。

一三九　宋故山南東道節度推官前知懷州武陟縣事何君（善極）夫人（柴氏）墓誌銘

嗣子何中行撰并書

夫人姓柴氏，世籍磁州邯鄲人也。故秦州長道縣令寶之女，年十九而歸于我先君善極，先君比夫人先十九年而逝。夫人事舅姑以孝而勤，友良人以義而順，接內外宗族以禮而和。凡六女皆有歸，男一人即中行也。夫人極終愛其長女，適張鉅者，伊人雖臥疾且久，家人莫之敢告。既死，外孫張潛者自外來，然告之曰：母病篤。夫人本康強，無事乃踞堂而坐，聞其之愕然，徐大慟曰：吾女必不可，吾亦從此逝矣。遂備枕，後其女十九日而終，享年七十五，實元豐七年六月二十四日也。權厝於後堂，至元祐四年九月十七日，遷其柩附于先考之墓。中行既哀戚而敘其事，而又泣血而為之銘曰：

有宋何中行之母，年十九而行婦道。事舅姑居常竭其力，奉祭祀罔不盡其孝。有女焉由是知柔順之理，有子焉由是識義才之教。何荼毒之遽來，歎藥石之無效。哀哉劬勞之罔極，罄乎天地而難報。卜是吉日，附吾先考。泉扃一閉兮其固其安，松柏千秋兮□□愈茂。

河南呂密刻字。

宋故奉議郎甯君夫人仙居縣君許氏墓誌銘并序
晉州洪洞縣主簿劉　介山　撰
廬州司法參軍劉　奕　書
夫人許氏　　故奉議郎通判楚州甯公諱麟之妻家於
濰陽世有顯人　朝議大夫諱中正之長女也　夫
人柔惠而能和莊靜而有禮凡女工之事無所不精而性
識明穎尤善音律以故家人皆愛之　許氏　奉議
君之外族也　榮德太君指館舍　光祿公敦叙不
忘俾其子厚毋黨世聯親好遂納　夫人以為婦時
夫人年二十有一自歸夫家上承下撫不懈以勤閨門雖
雖内外順治　舅姑稱其孝宗族稱其和妾御稱其仁
閨戶百口磬　夫人之德者一無異辭其賢蓋可知矣
至和三年七月五日以疾終於河南嘉善坊之第室享年
二十有五　夫人歿既久加號未及元豐新
制妻亡者許以追封其夫陞　朝遂請於
上誥賜仙居縣君嗚呼　夫人生雖不及司夫之榮死
猶得以被夫之寵使其休顯褒揚於後豈非德善之所致
歟元祐四年十二月辛酉祔其夫之喪葬于河南府河南
縣洛苑鄉龍門里之新塋男一人宗約舉進士女三人二
先卒季適進士楊獬將葬其孤泣涕來屬以銘銘曰
猗歟夫人　閨壼儀則　歿而追榮
寵踰於昔　衍封脂田　以賁幽穸
河南呂密刊

一四〇　宋故奉議郎寧君（麟）夫人仙居縣君許氏墓誌銘并序

晉州洪洞縣主簿劉介山撰，瀘州司法參軍劉奕書，河南呂密刊

至和三年（1056）七月五日卒，元祐四年（1089）十二月二十五日葬

誌文 23 行，滿行 22 字，正書。誌石長 56 厘米、寬 55.5 厘米，洛陽出土。

一四〇　宋故奉議郎寧君（麟）夫人仙居縣君許氏墓誌銘并序

晉州洪洞縣主簿劉介山撰，廬州司法參軍劉奕書

夫人許氏，故奉議郎，通判楚州寧公諱麟之妻，家於濉陽，世有顯人。朝議大夫諱中正之長女也。夫人柔惠而能和，莊静而有禮，凡女工之事，無所不精。而性識明穎，尤善音律，以故家人皆愛之。許氏，奉議君之外族也。榮德太君捐館舍，光禄公頓敘不忘俾其子厚母黨，世聯姻好，遂納夫人以為婦，時夫人年二十有一。自歸夫家，上承下撫，不懈以勤，閨門雍雍，內外順治，舅姑稱其孝，宗族稱其和，妾御稱其仁，闔戶百口譽夫人之德者，一無異辭，其賢蓋可知矣。至和三年七月五日以疾終於河南嘉善坊之第室，享年二十有五。夫人歿既久，加號未及，元豐新制，“妻亡者許以追封”，其夫陞朝，遂請於上，誥賜仙居縣君。嗚呼！夫人生雖不及同夫之榮，死猶得以被夫之寵，使其休顯褒揚於後，豈非德善之所致歟？元祐四年十二月辛酉祔其夫之喪，葬于河南府河南縣洛苑鄉龍門里之新塋。男一人：宗約，舉進士。女三人，二先卒，季適進士楊獬。將葬，其孤泣涕來屬以銘，銘曰：

猗歟夫人，閨壼儀則。歿而追榮，寵踰於昔。衍封脂田，以賁幽穸。

河南呂密刊。

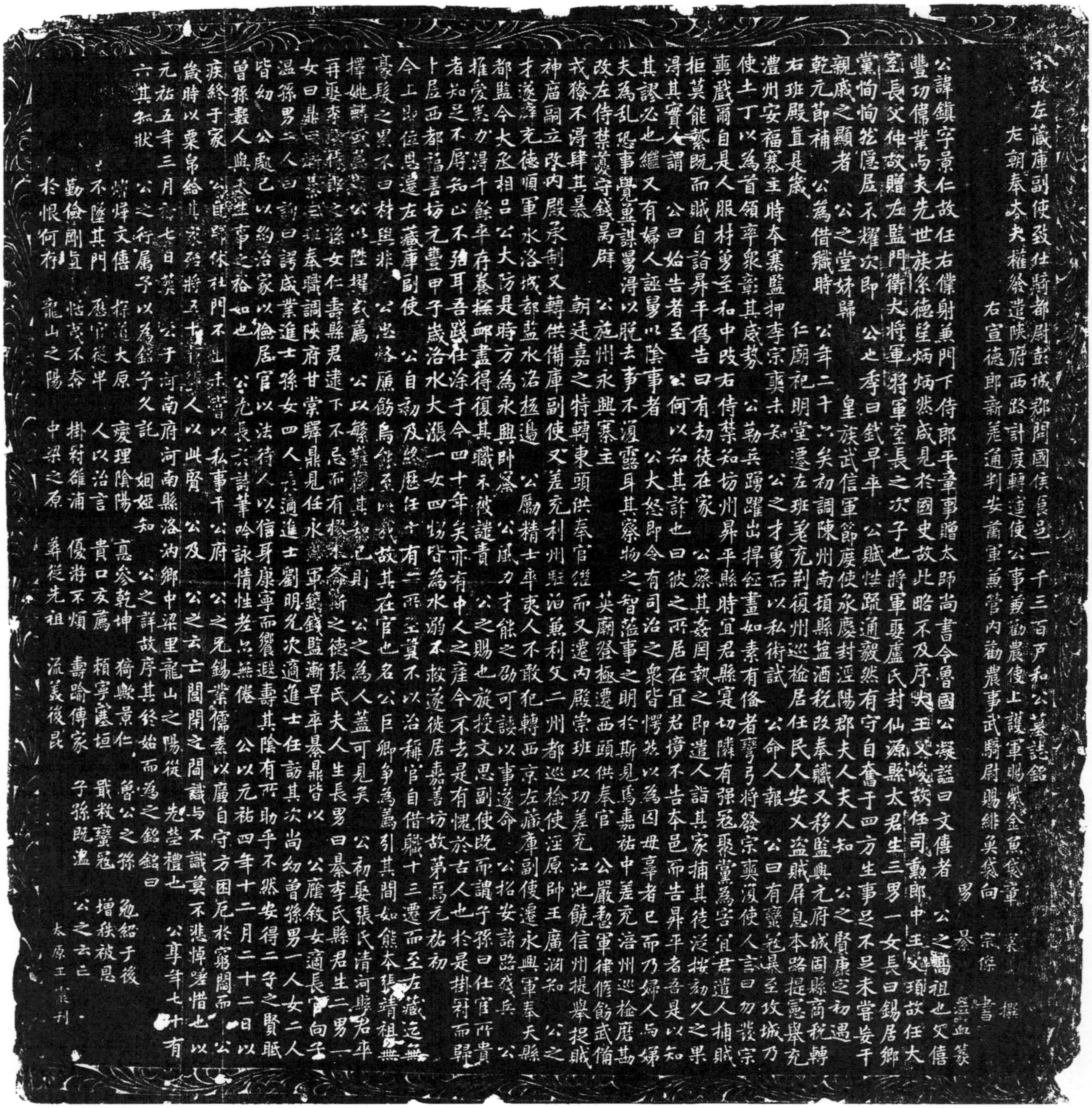

一四一　宋故左藏庫副使致仕騎都尉彭城郡開國侯食邑一千三百戶和公（鎮）墓誌銘

左朝奉大夫權發遣陝府西路計度轉運使公事兼勸農使上護軍賜紫金魚袋章楶撰，

右宣德郎新差通判安肅軍兼管内勸農事武騎尉賜緋魚袋向宗傑書，男綦泣血篆

元祐四年（1089）十二月二十二日卒，元祐五年（1090）三月初七日葬

誌文 42 行，滿行 42 字，正書。誌石長、寬均 78 厘米，洛陽出土。

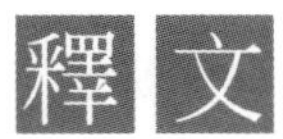

一四一　宋故左藏庫副使致仕騎都尉彭城郡開國侯食邑一千三百戸和公（鎮）墓誌銘

左朝奉大夫權發遣陝府西路計度轉運使公事兼勸農使上護軍賜紫金魚袋章楶撰，右宣德郎新差通判安肅軍兼管內勸農事武騎尉賜緋魚袋向宗傑書，男綦泣血篆

公諱鎮，字景仁。故任右僕射門下侍郎、平章事，贈太師、尚書令、魯國公凝，謚曰文僖者，公之高祖也。文僖豐功偉業，與夫先世族系德望，炳炳然咸見於國史，故此略不及序。大王父峻，故任司勳朗中。王父頊，故任大室長。父仲，故贈左監門衛大將軍。將軍，室長之次子也。將軍娶盧氏，封仙源縣太君。生三男一女，長曰錫，居鄉黨，恂恂然隱居不耀。次即公也。季曰鉞，早卒。公賦性疏通，毅然有守，自奮于四方。生事足不足，未嘗妄干親戚之顯者。公之堂姊歸皇族、武信軍節度使承慶，封涇陽郡夫人。夫人知公之賢，康定初，遇乾元節，補公為借職，時公年二十六矣。初調陳州南頓縣酒税，改奉職，又移監興元府城固縣商税，轉右班殿直。是歲，仁廟祀明堂，遷左班，差充荊、復州巡檢。居任民人安乂，盜賊屏息。本路提憲，舉充澧州安福寨主。時本寨監押李宗奭，未知公之才勇，而以私術試公。命人報公曰："有蠻冠暴至，攻城。"乃使土丁，以為首領，率衆彰其威勢。公勒兵，踴躍出捍，經畫如素有備者。彎弓將發，宗奭復使人言曰："勿發，宗奭戲爾。"自是，人服材勇。至和中，改右侍禁，知坊州昇平縣。時宜君縣實切鄰，有強寇聚黨為害，宜君遣人捕，賊拒莫能系。既而賊自詣昇平，偽告曰："有劫徒在家。"公察其奸罔，執之。即遣人詣其家，捕其徒衆，按劾久之，果得其實。人謂公曰："始告者至，公何以知其詐也？"曰："彼之所居在宜君境，不告本邑，而告昇平者，吾是以知其謬，必也。"繼又有婦人，誣舅以陰事者，公大怒，即令有司治之。衆皆愕然，以為囚毋辜者。已而，乃婦人與娣夫為亂，恐事覺，冀謀舅，得以脫去，事不復露耳。其察物之智，蒞事之明，於斯見焉。嘉佑中，差充涪州巡檢，磨勘改左侍禁。夔守錢扆，辟公施州永興寨主。英廟登極，遷西頭供奉官。公嚴整軍律，修飭武備，戎獠不得肆其暴，朝廷嘉之，特轉東頭供奉官。繼而又遷內殿崇班，以功差充江、池、饒、信州提舉捉賊。神廟嗣立，改內殿承制，又轉供備庫副使，又差充利州駐泊兼利、文二州都巡檢使。涇原帥王廣淵知公之才，遂辟充德順軍水洛城都監。水洛極邊，公勵精士卒，夷人不敢犯。轉西京左藏庫副使，遷永興軍奉天縣都監。今大丞相呂公大防，是時方為永興帥，察公風力才能之劭，可諉以事，遂命公招安諸路殘兵。公推愛悉力，得千餘卒，存養撫恤，盡得復其職，不被譴責，公之賜也，旋授文思副使。既而謂子孫曰："仁官所貴者，知貴不辱，知正不殆耳。吾踐仕涂於今四十年矣，亦有中人之產，今不去，是有愧于古人也。"於是，掛冠而歸，卜居西都福善坊。元豐甲子歲，洛水大漲，一女四甥，皆為水溺不救。遂徙居嘉善坊故第焉。元祐初，今上即位，恩遷左藏庫副使。公自初及終，歷任十有二，所至莫不以治稱。官自借職，十三遷而至左藏，迄無豪發之累，不曰材與？非公忠恪廉飭，烏能至此哉！故其在官也，名公巨卿，爭為薦引。其間如熊本、張靖、祖無擇、姚麟，或薦公以升擢，或薦公以繁難，觀其知己，則公之為人，蓋可見矣。公初娶張氏，清河縣君，卒。再娶李及侍郎之孫女，仁壽縣君。逮下不忌，而有樛木螽斯之德。張氏夫人生長男曰綦，李氏縣君生二男一女，曰鼎、曰漸。綦，三班奉職，調陝府甘棠驛。鼎見任永興軍鑄錢監。漸早卒。綦、鼎皆以公蔭敘。女適長官向子溫。孫男二人，曰詢、曰謂，咸業進士。孫女四人，長適進士劉明允，次適進士任訪，其次尚幼。曾孫男一人，女二人，皆幼。公處己以約，治家以儉，居官以法，待人以信，身康寧而饗遐壽，其陰有所助乎！不然，安得二子之賢，聆曾孫數人，與夫生事之裕如也。公尤長於詩筆，吟詠情性，老亦無倦。公以元祐四年十二月二十二日以疾終於家。公自歸休，杜門不出，未嘗以私事幹公府。公之兄錫，業儒，素以廉自守。方困厄于窮閻，而公歲時以粟帛給其家，殆將五十載，鄉人以此賢公。及公之云亡，閭閈之間，識與不識，莫不悲悼嗟惜也。以元祐五年三月初七日，葬公于河南府河南縣洛汭鄉中梁

裏龍山之陽，從先塋，禮也。公享年七十有六，其孤狀公之行，囑予以為銘，予久托姻婭，知公之祥，故序其終始，而為之銘。銘曰：

煒煒文僖，探道大原；燮理陰陽，德參乾坤。猗歟景仁，魯恭之孫；勉紹於後，不墜其門。曆官從卑，人以治言；貴口友薦，賴寧塞垣。戢敉蠻寇，增秩被恩；勤儉剛直，恬夷不奔。掛冠洛浦，優遊不煩；壽逾傳家，子孫既溫。公之云亡，于恨何存；龍山之陽，中梁之原。葬從先祖，流美後昆。

太原王震刊。

歸　皇族武信軍節度使承慶封涇陽郡
公年二十以矣初調陳州南頓縣鹽酒稅改
仁廟祀明堂遷左班毫充荊復州巡檢居任
押李宗寘未知　公之才勇而以私術試　公
其威勢　公勒兵踴躍出捍經畫如素有備者
知中陂右侍禁知坊州昇平縣時宜君縣寔切
年僞吉曰有劫徒在家　公察其姦周執之即
者至　公何以知其詐也曰彼之所居在宜君
勇以陰事者　公大怒即令有司治之衆皆慴
以脫去事不復露身其察物之智蒞事之明於
公蒞州永興寨主　英廟登極遷西
明是嘉之時轉東頭供奉官　登而又遷内殿崇

局部原大

[illegible]人胡氏長安[illegible]也工部尚書令
僕[illegible]曾孫比部郎中遠之孫朝散
郎[illegible]父之女生[illegible]十五年適長安
安覯安[illegible]中著姓晉晉昌軍節度
使幽公彥[illegible]之後夫人天性純和
事姑孝奉夫順御婢妾有恩朝散
之喪夫人扶疾躬辦喪事纖悉如
式懿德淑行宗族敬之不幸寢疾
以元祐五年五月二十一日卒享
年五十男女各一人男曰壽之卜
以是年九月十一日葬于京兆府
長安縣義陽鄉第五里先塋之次
謹敘夫人世次刻石而納諸壙

一四二　安覯妻胡氏墓誌

元祐五年（1090）五月二十一日卒，同年九月十一日葬

誌文 13 行，滿行 13 字，正書。誌石長、寬均 53 厘米，陝西出土。

釋文

一四二　安覲妻胡氏墓誌

夫人胡氏，長安人也，工部尚書令儀之曾孫，比部郎中遠之孫，朝散郎允文之女，生二十五年，適長安安覲，安□中著姓晉，晉昌軍節度使幽公彥□之後。夫人天性純和，事姑孝，奉夫順，御婢妾有恩。朝散之喪，夫人扶疾躬辦喪事，纖悉如式。懿德淑行，宗族敬之。不幸寢疾，以元祐五年五月二十一日卒，享年五十。男女各一人，男曰壽之。卜以是年九月十一日葬于京兆府長安縣義陽鄉第五里先塋之次。謹敘夫人世次，刻石而納諸壙。

一四三　宋故延安郡太君楊夫人（張子立妻）墓誌銘并序

左朝奉大夫權管勾西京留守御史臺公事上柱國賜紫金魚袋張峋撰，右朝散郎守尚書戶部郎中上輕車都尉賜緋魚袋劉昱書，新授楚州司理參軍楊克一篆蓋

元祐五年（1090）十二月二十八日卒，元祐六年（1091）三月二十六日葬

誌文 28 行，滿行 29 字，正書。誌石長 63、寬 62.5 厘米，洛陽出土。

釋文

一四三　宋故延安郡太君楊夫人（張子立妻）墓誌銘并序

左朝奉大夫權管勾西京留守御史臺公事上柱國賜紫金魚袋張峋撰，右朝散郎守尚書戶部郎中上輕車都尉賜緋魚袋劉昱書，新授楚州司理參軍楊克一篆蓋

夫人姓楊氏，世為弘農華陰著姓。至夫人之曾祖，始居河南，遂為河南人。曾祖諱克讓，尚書刑部郎中。祖諱希閔，以處士有名於時，累贈刑部尚書。父諱日華，太常少卿、三司鹽鐵副使，夫人其長女也。楊公賢之，擇里中相族之有文行者，遂歸於少府監、贈正議大夫張公諱子立。張公歷仕，寖至三品。踐更劇郡，以治行著。公嘗曰："使我一心盡瘁，以奉宣恩德，治民而事國，靡以家事為卹者，夫人之助我多矣。"張公初娶吳氏，其亡也，所生子皆幼。於是夫人鞠養勤甚而誨之，皆使有立。既而二子婚宦，三女出適，族人莫不稱焉。至和中，張公自知婺州代還，次于京口而捐館。夫人護其柩，歸葬于河南縣洛苑鄉冷泉里。其後三十二年，元祐五年十二月戊午，以疾終於西京嘉善坊之第，享年八十三。遂以明年三月乙酉合祔焉。夫人天資順懿而奉養儉約，居常宴坐終日，寡言笑，不喜聞人之過失，內外推其懿行。年逾八十而視聽不衰，尚不捨女功組紃之事，以教其孫。疾革之夕，召為浮圖者誦佛書而聽之，神識不亂，與家人語如常時。既而忽有異香滿室，蓋出自鼻口，衆以為為善之應。夫人以公升朝，初封金華縣君，後進封益昌郡君，以子加封延安郡太君。子男五人，長仲隆，鳳翔府扶風縣令。次仲隨，朝散郎、通判唐州。次仲儒，解州軍事推官。次仲咨，博州高唐縣令。次仲裕，河中府臨晉縣令。女六人，長適太子中舍梁宗詠，次適太常寺太祝薛緝，次適左藏庫副使焦世昌，次適朝奉大夫姚穎，次適右朝散郎、都水監丞魯君貺，次適朝奉郎王逄。孫男凡二十四人，長伯通，洪州分寧縣尉，余皆業進士。孫女凡十九人，曾孫凡十二人。將葬，諸孤來請銘。銘曰：

河南之楊，自唐靖恭；冠冕蟬聯，遠而愈隆。是生壽母，媲於相門；□□□□，□□□□。亦既偕老，宜其後昆；□□□□，□□□□。諏日之嘉，歸從九□；□□□□，□□□□。

注：參見本書其夫〇八一《張子立墓誌》。

一四四　宋故夫人燕氏（劉陽之妻）墓誌銘并序

左朝散郎新差通判洺州軍州事輕車都尉賜緋魚袋楊維撰，右奉議郎知渠州軍州事武騎尉借紫蘇寶臣書并篆蓋

元祐六年（1091）四月三日卒，同年閏八月十六日葬

誌文 24 行，滿行 25 字，正書。誌石長 55 厘米，寬 54 厘米，洛陽出土。

釋文

一四四　宋故夫人燕氏（劉陽之妻）墓誌銘并序

左朝散郎新差通判洺州軍州事輕車都尉賜緋魚袋楊維撰，右奉議郎知渠州軍州事武騎尉借紫蘇寶臣書并篆蓋

夫人姓燕氏，世籍青州，自曾大父再徙，為開封人。贈秘書監諱峻之曾孫；尚書禮部侍郎、贈太尉諱肅之孫；虞部郎中、贈刑部尚書諱卞之女。嫁為安國軍節度推官劉君陽之夫人。劉君，故天章閣待制元瑜子也。虞部君素與劉公善，且器其子，卒以夫人歸之。歷十有八年，而節推捐館舍，是時夫人齒且少而無子，燕氏昆弟方有顯人，服除，力欲更有所歸，夫人堅誓弗許。事舅姑益孝，而接族属益睦，為人天資粹和，動範禮義。平居怡然，雖家人輩，未嘗輒見喜怒。居皇姑仁壽郡太君喪，哀毁過制，族中多之。劉氏素貴家里第，池館為西都勝，概夫人僅析十數舍，足庇風雨，人或陋之，而夫人弗歉也。生平憙佛書，日繙數秩，雖寒暑不廢，以為燕適之趣。外此則紛華綺麗，恬若不較。嘗曰："得喪厚薄身外事耳，何足留思慮間哉。"女二人：長適供備庫副使、徐州淮陽軍都巡檢張永壽，次適進士江懋績，皆夫人躬自訪擇，咸得雅士。而適江氏者前亡。夫人以元祐六年四月三日終於供備君之公舍，享年五十五。二子婿即以閏八月十六日，奉其喪歸葬于洛陽縣杜澤里節推之兆，禮也。烏虖！如夫人終始之節，皆人之所難能者，而卒無愧焉，是可銘矣。謹為之銘曰：

一氣造物，理寔有常。褫福之應，云胡不臧。於維夫人，德音是皇。圭璧挺粹，蘭槐擢芳。曷嗇其報，不壽而昌。龜筮協吉，日時告祥。刻銘黃壤，賁乎幽光。

王震刻。

一四五　宋故奉議郎權通判石州軍州事輕車都尉賜緋魚袋劉君（元瑜）墓誌銘

秦州真陽縣尉充陳州州學教授張雲卿撰，左朝散郎致仕□都尉賜緋魚袋楊景山書，

右朝奉郎□連水作使兼知蘇州連水縣事飛騎尉賜緋魚袋徐介世篆額

元祐六年（1091）七月初八日卒，同年十一月六日葬

誌文 34 行，滿行 39 字，行書。誌石長、寬均 77 厘米，洛陽出土。

一四五　宋故奉議郎權通判石州軍州事輕車都尉賜緋魚袋劉君（元瑜）墓誌銘

秦州真陽縣尉充陳州州學教授張雲卿撰，左朝散郎致仕騎都尉賜緋魚袋楊景山書，右朝奉郎□連水作使兼知蘇州連水縣事飛騎尉賜緋魚袋徐介世篆額

左諫議大夫充天平軍副使□劉公諱元瑜，繇洛通其仕，仁宗、英宗兩朝登傳，□□歷藩翰林，為時名臣。有子七人，皆任以官。君其次子諱□，字仲防，以試秘書省校書郎，用諫議帥，沐南恩，得□河南府推官，君是時方三十歲，府考吏任□，君特按牘□。君立提其奸狀白尹杖之，案是一有□服。吳正□公未居守□□，君以□□其能而為之。秩滿，銓□官調，遂授□□軍判官，未赴，會諫議過河中，復□恩□定國□節之推官，屬邑馮翊闕令，郡俾君往攝。邑民有其父病死，便訟其仇人，嘗激其父故死。君為□其德□丁□□□□，大理寺丞，知河南府司錄、龍圖閣直學士。李公中師為尹，始推行新法，□□□闋服，□□□□君其所樂也，迺易君治西邑之新安，君遂乞還審官。待次後二年，復領河南府司錄，轉大理寺丞。翰林待□大學士王公陶尹洛，府有獄，王尹以獄成之速，疑其從吏受財，久不肯□，君屢白請求，王尹怒，移他別審，□寬無以異□，此知君慰為良。屬伊陽有□鬬，取其一死者，然以物□□□□捕之甲六，而乙覆驗官，乙從而致死，覆驗如之縣械也。上府用下司錄評治，君既聞其□□，其首為死□□，不管□死□。府委他官驗尸，則□骨碎矣，繇是□尉虧甲，而乙得不死。所謂□□□命者，□當賞。君□然曰：吾志伸人之枉，爾親賞，豈吾心哉！宣徽使王懿恪公□□河南，□為□□，不特以家世之舊為□，□公知遇，而君幹識強敏，深所重籍。會監司有興，懿恪公不相中，同□□□者，因□□講□司見中，君以不法寵去。久之，監河清縣長泉鎮酒稅，轉太子□舍，賜五品服。元豐□□□直郎，熙河秦鳳路節度使奏君勾當天平州事，君以邊□方得被命，不敢辭，□傳□□督讓，□□□……以母夫人仁壽君年高，□□歸里中，以奉溫凊。仁壽君既終□，服闋，授知□□縣，轉奉議郎，□寨劇邑□牒訴日屬于前，君不妨□燕西邑事，以治□河澗。歲□，朝廷□□□撫人，□□□錢□薊州，委君發粟以救。君散□有方，全活者衆，本路安撫使而下威上甚最，轉□□□，代還，擢通判石州。元祐六年七月初八日，以疾卒，春秋五十有七。諸孤扶護君柩，以其年十一月六日歸葬于洛陽杜澤原諫議大君之左。君介靜少□□□，久而蓋篤尚風義，樂喜人之心，內□□□□不克婚□者，君悉為營辦。繕居第，葺園池，為洛城之甲。其間，優能奉親者。十九年，中書侍郎□□□□仁壽君之壽日，維直能□□□……，諸弟子侄竭其力而娛樂之，此足以見君之孝行。君□□□郡人自曾高人，而祠部郎中□□□□唐辭相□□□……始卜籍于河陽□中，生將□監承□。工部侍郎諱□□，君為曾祖。侍郎生尚書職方郎中諱□，君為祖。□□□……歸，君與其仲弟相繼登朝，□諫議至銀青光祿大夫，夫人樂□郡君高氏，□其府君□□□……封萬年縣君，有男四人：明觀、明儀皆□□，二人尚幼。女四人，長適偃師□□勉，次適虢縣尉□安節，次適議□縣丞王組，先卒，一未□。二人俱□後□。仲弟，右奉議郎，□□□……諸孤□力襄于之次，君之□灰□陳，□銘為曰：

□□□……

一四六　宋故坊州司理參軍劉府君（玘）夫人水丘氏墓誌

潁昌府臨潁縣令充京兆府府學教授車好賢撰，階州將利縣令王振書，右宣德郎知京兆府奉天縣簽書兵馬司公事劉淮篆蓋

元祐七年（1092）正月二十九日卒，同年四月二十一日葬

誌文 30 行，滿行 30 字，正書。誌石長 61.5 厘米、寬 61 厘米，陝西出土。

釋文

一四六　宋故坊州司理參軍劉府君（玘）夫人水丘氏墓誌

潁昌府臨潁縣令充京兆府府學教授車好賢撰，階州將利縣令王振書，右宣德郎知京兆府奉天縣簽書兵馬司公事劉淮篆蓋

夫人水丘氏，以元祐七年春正月二十九日卒于子雄州防禦推官、知邠州永壽縣之官舍，是年夏四月二十一日，祔于京兆府萬年縣洪固鄉神禾原司理之墓。夫人，崇儀使、潮州刺史、知梓州、贈驍衛上將軍隆之曾孫，右班殿直、贈右領軍衛將軍渙然之孫，國子博士、通判憲州無忌之子。驍衛，餘杭人，嘗仕吳越錢氏，既以其國歸于朝廷，遂徙于京兆之長安。夫人，幼閑女工，知聲音，讀書能言其義。親有疾，既安而後能寢食，博士異之，擇所配，遂歸于司理。姑老矣，且逮事，其祖姑家貧，供養闕，以其奩中物具甘旨。它姑姊妹適，多膏粱族，歲時寧其家，相衿以車服。夫人無珠璣笄珥之飾，於其間，如未嘗見聞者，宗族畏之。司理啟手足于坊州官舍，無所歸。夫人以其喪，還于京兆之長安，遂居焉，曰是衣冠所在，吾子且長，可以訓，求田曰無饑可矣，問舍曰無暴可矣。母氏將奪，其守曰死靡它矣。遂不復踰閾，誦佛書，訓諸子學，里閭不敢望其門。三子皆有學有行，後進以為衿式，其季伯通登進士第，供養于官所常聽事，後自牖間窺所平決，或事失其中；既問膳必訓飭，使盡平恕。劉氏之先，或旅殯四方。夫人以勤儉治其家，數年遂克葬三世之喪。少多病，老且劇，嘗諉人以終事，或曰何以知之，曰："吾年踰七十，吾順矣，生可羨耶。"元祐辛卒未歲，舊疾動，嘆曰："吾厄在壬申，今也病，命矣夫！"因自狀其始終，戒子孫以忠孝。疾病，諸子皆至，或欲還京兆就醫，夫人曰："死生命也，吾死有所矣，寧擇地而後生乎？"將化，言語、視聽如不病者，猶書與諸婦，洎其女訣，遂盥濯易衣，服臥未安，卒年七十有三。三子：曰伯莊、曰伯雨，皆累以鄉書薦禮部；其季伯通也。女一人，適進士尚友涼。孫男二人：曰憲文，次幼。孫女六人。銘曰：

夫人在家，能盡事親之道；父母擇所配，而後嫁之，是可以知夫人為子之孝；既嫁能適其姑，而宜其家，是可以知夫人為婦之順；諸子承訓，有學有行，是可以知夫人為母之賢。貧而能樂，使里閭不敢犯，禮克葬其三世之喪，明則人畏之，幽則鬼懷之，是又非婦人之所能者。生而無憾，死而得壽，有子有孫，將顯大于後。嗟乎！夫人可以無慊於九泉矣。

注：參見本書其夫一二二《劉玘墓誌》。

一四七　宋故馮翊郡太君張氏（范仲淹妻）墓誌銘

資政殿學士通議大夫充真定府路安撫使兼馬步軍都總管兼知成德軍府事及管內勸農使上柱國平原郡開國公食邑二千八百戶食實封捌佰戶李清臣撰，中大夫充寶文閣待制權知開封府兼畿內勸農使上柱國賜紫金魚袋韓宗道書，左朝散郎試尚書吏部侍郎上輕車都尉賜紫金魚袋彭汝礪篆蓋，王誠刻

元祐七年（1092）九月二十七日卒，元祐八年（1093）正月七日葬

誌文 40 行，滿行 43 字，正書。誌石長、寬均 91 厘米，洛陽伊川出土。

一四七　宋故馮翊郡太君張氏（范仲淹妻）墓誌銘

資政殿學士通議大夫充真定府路安撫使兼馬步軍都總管兼知成德軍府事及管內勸農使上柱國平原郡開國公食邑二千八百戶食實封捌佰戶李清臣撰，中大夫充寶文閣待制權知開封府兼畿內勸農使上柱國賜紫金魚袋韓宗道書，左朝散郎試尚書吏部侍郎上輕車都尉賜紫金魚袋彭汝礪篆蓋

寶文閣待制、鄜延路經略安撫使范公守邊，歲餘，方飭治文武，欲以清定外寇，而母夫人終于守治之寢，乃奉柩還河南，卜葬萬安山尹樊村先文正公塋域之次。陝西轉運副使井君季能錄其譜系事實以來曰："夫人，寶文待制公所生母，而寶文公，文正公之幼子也。文正公蓋以忠義事仁宗皇帝，其名傳四夷，書國史。而寶文公克承厥美，昌大于後，與其伯仲同時立于朝，由夫人教諭有法。僕幸與寶文公數聯職相好也，敢為請銘。"清臣諾之曰是，皆應誌銘法。夫人張氏，生錢塘。曾祖諱幾，祖諱望之，考諱亢。夫人髫髻，相者言，當顯父母，乃相謂：以嫁庸兒，終湛里巷，爾豈若從賢者處乎？遂以歸文正公，而嫡夫人蚤世，夫人用文正公指意，佽助家事，敬老字孤，隆姻穆族，凡二十年。溫莊靖共，動必於禮。文正公出入省府，長民賦政，提兵臨邊，參中書政事，已而報罷。其間，升黜進退去就蓋有義，夫人能識其所以然者。文正公家無餘貲，喜施予，內恤疏屬，外賙士大夫，家人常飯脫粟，夫人悅樂推順之至，于奩具褚衣或奉以為助。寶文公生七歲，文正公寢疾，屬夫人曰："是兒亦當大成，吾不及見之矣！逮其長也，使知吾所守所為者。"及居文正公喪，雖困窶，未嘗有不足之歎。寶文公初就學，夫人告之以文正公之遺意；既束髮，又告之以文正公所以治身治家之法；及其立朝，又告之以文正公所以事君者。諄復不已，柔愛在心，嚴厲在色，族人師仰之。熙寧中，寶文公為中書檢正官，以正論忤柄臣，且以罪去，懼傷夫人意，徐入開白。夫人曰："吾從爾先君，固屢逐，直道不可詘也。詘去，庸何傷？子懷祿謟事人，非父母之恥耶！"寶文公為陝西轉運副使，議者欲再興師公，上書極論，非計人為。公懼，夫人慰勉之曰："不辱先君，爾大節也，或失祿養，吾能安之。"奏上，神宗皇帝謂輔臣曰："范純粹論事，遂有父風，其言可聽也，"卒罷大舉。未幾，召以為尚書右司員外郎。及神宗晏駕，入臨還家，夫人執手慟哭曰："汝踈遠小臣，先帝所識，拔中間妄意，言大事在它人，則貶在汝，則聽此宜如何報，吾所以慟也。"嗟惋不食，是日，感風痹之疾。寶文公帥環慶，夫人曰："曩從爾先君開府于此，汝今嗣之榮孰比，然先君有德在人，慎毋失父老之望。"後五年，寶文公以戶部侍郎召還朝，夫人疾有加。會延安闕帥，朝廷重其選，以命寶文公，公以'侍親不可以遠行'辭之至五六，二聖遣使諭曰：延安重寄軍事，方起從，夫人輟愛子以往可乎？夫人謂寶文公曰："君命不可終拒，吾雖羸老，當力疾以行也。"詔賜茶藥數十百斤，聽擇名醫二人以偕，慰寵恩數，未嘗有也。延亦文正公之舊治，既至歲餘，病益劇，乃以元祐七年壬申九月二十七日丁未棄孝養，享年七十有一。夫人慈懿肅雍，出於天性，自寶文公顯貴，夫人多以俸賜分宗屬，力行文正公之意。平居服澣衣讌坐，終日誦佛書，食不營甘脆，室不陳繪繡。聞寶文公延接知名士，則喜曰："爾得所親矣。"初，文正公賜三品服，無金魚，以金塗銀魚佩之，夫人寶藏以示寶文公曰："前人清德如此，可尚也。"韓康公留守北都，以幕府辟召，夫人曰："韓公何如人也，士大夫公議之所與乎？"寶文公曰："舊德名臣也。"夫人曰："如是可從矣。"及韓康公薨，方臥疾揮涕曰："始終知爾者，韓康公也，其可忘乎？"熙寧十年，寶文公升朝，恩封樂壽縣太君。寶文公初帥環慶，願以一官易命服，二聖語執政曰："范純粹之母，朝廷自當與，何待其請。"遣使賜之。夫人之亡，詔贈馮翊郡太君，皆異數也。夫人惟一子，孫男三人：正夫，陳州錄事參軍；正圖，太廟齋郎；正謩，尚幼。孫女六人：長適知陳州錄事參軍、監開封府陳留縣倉高公尹；次適右承奉郎張戢；次適知隴州吳山縣事、監蔡州稅高公應；餘在室。葬以明年正月七日乙酉。銘曰：

於惟夫人，溫嫕在躬。見聞習熟，文正之風。以飭厥嗣，以儀厥宗。以慶于初，以榮于終。

命服是加，湯沐是封。夫人有德，是以有子。庀司幹方，內外任使。文武能之，無擇彼此。夫人壽考，享是孝敬。異竁聯域，從于文正。

王誠刻。

蓋題："宋故馮翊郡太君張氏墓誌銘"

寶文閣待制鄜延路經略安撫使范公守
舊還河南卜葬萬安山尹樊村　先文
人寶文待制公所生母而寶文公　文
夫書國史而寶文公克承厥美昌大于後
數聯職相好也敢為請銘清臣諾之曰是
髭鬚相者言當顯父母乃相謂以嫁庸兒
世　夫人用　文正公指意佽助家事
省府長民賦政提兵臨邊參中書政事巳
正公家無餘貲晝施予內恤踈屬外賙士

局部原大

一四八　大宋右領軍衛將軍致仕馬公（仲良）墓誌銘

新授潞州司戶參軍張先撰，右朝散郎前通判潁州軍州兼管內勸農事護軍賜緋魚袋陳仲英書，姪右朝奉郎前勾當在京諸軍專勾司飛騎尉賜緋魚袋中行篆蓋，雷發刻

慶曆二年（1042）二月二十七日卒，元祐八年（1093）正月二十八日葬

誌文 33 行，滿行 33 字，正書。誌石長、寬均 69 厘米，洛陽出土。

釋文

一四八　大宋右領軍衛將軍致仕馬公（仲良）墓誌銘

新授潞州司戶參軍張先撰，右朝散郎前通判潁州軍州兼管內勸農事護軍賜緋魚袋陳仲英書，姪右朝奉郎前勾當在京諸軍專勾司飛騎尉賜緋魚袋中行篆蓋

馬氏在唐，曰扶風懿公，揔以沈懿敦大，再鎮天平軍，鄆人附賴之，入為戶部尚書，薨于京師，贈右僕射，子孫有家于須城者，公其裔也。公諱仲良，字昭嗣。曾祖訓，祖玭，贈率府率，皆避亂不仕。祖妣李氏，江夏縣太君。考（名犯仁宗嫌名）始以勇力，遇太宗于晉邸，從征幽州，以功遷薊州團使，守代州，方倚以平燕，而遽卒于郡，上悼惜之。妣周氏，汝南縣君。公生方四歲，召對便殿，授右班殿直，拜舞如成人。翼日，遷左班。十有八歲，監鄧州淅川縣稅，下不能欺。徙監北都作坊，歷忻壽越三州監押，監杭州市舶司，再歷緜益二州駐泊都監，秦州、永寧等十六寨都巡檢使，河中府楚州駐泊都監。累遷至內殿承制，以疾上章乞身，遂以右領軍衛將軍致仕官。其一子曰中粹。以慶曆壬午二月二十七日卒于楚州之官舍，春秋五十七。公敬以事上，信以馭下，故所至皆以幹敏稱。其在壽州，牙將李文亮誘部兵判，掠花黶鎮，以其黨至城下，城中兇懼，公率衆開門直前，俘數十級，賊平，衆賴以安，郡守以其材任邊將薦之于朝。益州雄勇兵謀為亂，其黨告變，公夜艾被橄緩帶至軍中，罪人斯得無敢動者。公為人簡易不伐，朝廷欲用為監司，而堅辭以疾。初，馬氏自懿公之後，雖居須城，歷唐季、五代之亂，河決墊溺，宗族散而之四方。至公在蒲，而族弟刑部侍郎尋方進用于朝，將糺其宗人，公乃以閭里世次為之譜。繇是馬氏之族始合，侍郎公推恩，官其族人者十數，公之力也。嗚呼，可謂篤厚君子矣。公未嘗語治生間，則與其僚飲酒為樂。及其終也，家無餘貲，鬻宅以給饘粥。娶張氏，南陽縣君，後公二十八載卒。生子男六人：詳、中粹，西頭供奉官；中立，池州軍事判官；謂、中厚、中復不仕。詳、謂早夭，中粹、中立後公卒。女二人：長適左班殿直聶惟志，次適進士劉孟陽。孫男十一人：承慶、昭慶、迂、遜、通、逢、迪、遵、造、逸、速，皆為儒學。承慶、遜、逢、迪先卒。初，公之終，遷厝于祥符縣之段干里，後三十五載，季子中復奉公之喪來卜宅于河南府伊陽縣神陰鄉中費里。將葬，而中復不幸卒，以事付中厚。元祐癸酉正月丙午克襄事，先事以右通直郎致仕呂昌符之狀來，銘曰：

戎昭果毅，制之在氣，有蕩于心，鮮克以濟。詻詻馬公，柔外剛中，坦坦施施，往殲其兇。矯矯薊州，爵庸弗讎，惟帝念功，後嗣是收。有蘊未施，曷副予求，伊水之西，海山之東。既開新阡，既安新宮，尚其子孫，傳之無窮。

雷發刻。

一四九　宋故彭城劉君（奕）墓誌銘并序

元祐八年（1093）四月二十日卒，同年七月二十二日葬

誌文 27 行，满行 27 字，正書。誌石長 76.5 厘米、寬 76 厘米，陝西出土。

釋文

一四九　宋故彭城劉君（奕）墓誌銘并序

左承議郎新差通判鄜州军州兼管内勸農事雲騎尉借緋劉鉅譔文，左承議郎前管勾熙河蘭岷路都總管經略安撫司機宜文字武騎尉安師文書并題蓋

君諱奕，字韓望。曾祖諱晟，職方員外郎，累贈光禄少卿。祖諱訥，殿中侍御史。父諱絳，以大理寺丞致仕。妣張氏，英國文定公之孫。君四世祖家河南，至殿中君始為京兆之鄠人。君家由曾高皆歷顯仕，世世以才德聞。殿中君與先子游，以其宗盟相見，往來用家人禮。鉅時尚童稚，嘗拜寺丞君、太夫人于堂上，故太夫人視吾家兄弟猶姪也，吾家自先妣而下悉皆敘拜，當時論世契之厚，而始終無間者，莫如君家也。寺丞君致政歸第，開賔閤日與鄉人把酒笑歌。寺丞君即世，時在道路，君奔赴號哭，幾至毀滅。然終能繼守先業，愈久而愈不廢，是可嘉也。君為人魁岸軒豁，望之凜然，恂恂能以禮自持，故人不敢易，而君亦未常驕人也。賦性樂易，尤喜賓客，賙人急難，如己有之。鄠陂之南，竹木尤盛，農田皆水耕，宛如在江湖間，君家別業之所居也。 君能肯構亭榭池沼，焕然一新，方引召賔朋飛觴行樂，未及此而君已去世矣，實元祐八年四月二十日以疾終於家，享年五十四。君才不為世用，故見於治生者常有餘；身不為官守，而形於理家者常自足。用是家貲門館與夫宴賓致賞之地，常甲於吾鄉，然君能以約自守，不為利疚，故雖享富足而能保其家者也。寺丞君再娶錢氏，中書令文僖公之女，人以貴族為難事，君左右侍養，卒能成其志。君娶張氏，著作佐郎諱仲熊之女，有婦德，克主中饋。男三人：曰戭、曰戩、曰載，戭載先亡，戩端慤孝謹，能嗣其業。女二人：曰慧，適司理參军錢恢，先君而亡。次柔，復配錢君。其孤以其年七月丁酉卜葬于珍藏鄉貨泉里先塋之次。日月有期，錢君狀君行實来求銘，鉅既世通家，知君最為詳，義不可辭，遂為之銘。銘曰：

君之先，多顯仕。御史後，勢中否。孰交游，自先子。逮於君，歷三世。能勤家，樂善施。斂所存，貽厥嗣。考諸銘，其無愧。

武宗道、姚文鐫。

注：參見本書其妻一八三《張氏墓誌》。

一五〇　宋西京左藏庫使河陽兵馬鈐轄致仕上輕車都尉任城郡開國候食邑一千五百戶魏君（孝孫）墓誌銘并序

左中散大夫守衛尉卿上柱國天水縣開國伯食邑七百戶賜紫金魚袋趙令鑠撰，左朝散大夫知洪州軍州兼管內權農事充江南西路兵馬鈐轄上柱國隴西縣開國男食邑三百戶賜紫金魚袋李琮書諱，左朝奉大夫前知和州軍州兼管內權農事柱國孫賁篆蓋，男鏜書，王誠鐫

元祐八年（1093）六月二十九日卒，同年八月十五日葬

誌文 40 行，滿行 40 字，正書。誌石長 72 厘米、寬 73 厘米，洛陽出土。

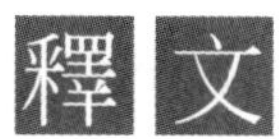

一五〇　宋西京左藏庫使河陽兵馬鈐轄致仕上輕車都尉任城郡開國候食邑一千五百戶魏君（孝孫）墓誌銘并序

左中散大夫守衛尉卿上柱國天水縣開國伯食邑七百戶賜紫金魚袋趙令鑠撰，左朝散大夫知洪州軍州兼管內權農事充江南西路兵馬鈐轄上柱國隴西縣開國男食邑三百戶賜紫金魚袋李琮書諱，左朝奉大夫前知和州軍州兼管內權農事柱國孫賁篆蓋

君姓魏氏，諱孝孫，字祖貺，世為開封開封人。曾祖丕，任度支使、復州刺史。祖廷杲，贈左武衛大將軍。父處約，贈左金吾衛上將軍。母玉城縣主，太宗皇帝之曾孫，魏恭憲王元佐之孫，平陽郡恭懿王允升之女，於章聖皇帝為姝行，遴擇其配。大中祥符六年，上將軍方以進士試廣文館，名在第一，章聖親選得之，繇是門庭日顯。及君之生，其家已富貴。幼年數侍玉城入禁中，章獻明肅，太君抱持密問以事，君奏對有序，后嘉之。君少謹重好學，及長，公正有操守，閨門之事，巨細與焉。玉城以宗女每遇大禮，恩許任子若孫，始奏君為右班殿直。慶曆二年，勾當油醋庫。六年，監文思院。七年，加上。真宗皇帝尊謚延和殿，呈冊寶以工作屬文思，故君與讀副本，仁宗皇帝立聽感泣，因奏兵匠勞効，推恩有差，歷開封府界中牟、許州長葛、陽翟、鄭州新鄭四縣巡檢，常率兵夜邏，不避寒暑。躬設謀略，獲巨盜數十。前此多不事事，而君能勤勵，故守臣、監司狀之皆薦于朝。一日，方韓城捕寇，聞上將軍疾劇，謂將士曰："父母生我，吾願一見，手進藥食，雖獲罪無憾。"行數里解印而遁，道遇兇訃。後有司欲以擅去聞，帥臣嗟閔事，遂寢。繼為府界陽武、宿州、虹縣、河陽、徐越駐泊兵馬都監鈐轄。丞相富文忠公鎮三城，大河夜漲，君馳登浮梁督治水，有□校曰："岸步已遠，不可久立。"亟率衆強掖而去，僅至河亭而浮梁壞。忘身徇公，衆所嘆服。先是君空諸管，悉令軍士持畚鍤城下，救護堤防，文忠頗善其措置，自此知君益深，退公燕服，曲留道話。凡作詩必使屬和，剡章特薦，稱與甚美，衆異之。永厚山陵使韓忠獻公辟為防托巡檢。還朝。太師文潞公為樞密使，奏請監修宣化安上門。方漸進擢，遽以玉城憂去。元豐中，權浙東路都監、提舉諸州訓練團結，總其要而不擾。事畢，水陸兼行，深巖絕壑，禪林道院，游覽殆遍，甚適素志，往往見於篇什。再至河陽，年六十八，懇丐謝事。宣徽馮公、戶部尚書資政李公為守臣，勉以滿任，竟解官歸陽翟別第，閑靜澹泊，不妄交往。自四十有四，譚性養真，看書老不釋手。學易於膠東先生賈滋，晚年益勤。尤喜為歌詩，格詞清高，每官滿，則為一集，多以地名名之，曰《金風》《牟臺》《鈞臺》《虹亭》《河梁》《彭門》《山陰集》《河梁後集》。逮夫雜文合三千五百首，比得疾至捐館，架上猶有詩頌殘藁，其苦吟清尚如此。注《道德經》二卷，編纂佛經、道藏、諸家小說，切於攝生治性者，成十二卷，號《抱一集》。採摭晉漢至唐末名人詩句精麗，可以為法者二卷，號《驪珠集》。記吳越方言一卷，譔《南游記》一卷藏于家。元祐癸酉六月二十九日以疾終于正寢，享年七十有三。君仕官踰五十年，內外十任，所至有善狀，鉅公名臣表才行者七十餘人。清介寡欲，不事干請，雖老常調，實安分無累也。初，玉城遇大禮，齒奏諸孫，君遜之以及叔弟之子，中外嗟仰。奉親生則致其孝，沒則嚴其祭。友睦諸弟，白首益厚，教子孫期于卓立大將軍。玉城已窀穸，男女訖婚嫁。年未七十，上印綬棺槨、墳墓、幠衾之類悉豫備，儲金為送終之費。嗚呼！可謂能事畢矣。初娶河間縣君，繼室壽安縣君，皆宗室女。壽安先君一年卒。二子：長鏜，河陽節度推官；次鈞，東頭供奉官、保定軍兵馬監押。鏜也、鈞也，早遵庭訓，克世厥家。二女：長適令鑠，封永嘉郡君；次適右監門率府率叔諄，封壽光縣君。皆亡。孫男八人：句常，三班借職；旬、棠、當、匄、甸、勺未仕。孫女三人尚幼。八月十五日葬于河南府洛陽縣平樂鄉杜澤里北邙原，祔于祖塋。節推以左藏君治命，俾令鑠誌其墓，蓋以君為亡母之兄，實伯舅也；亡妻之父，實外舅也，知君既詳，安可以辭乎？銘曰：

顯允將軍，實尚儒素。遴我章聖，選配宗女。逮君之生，家已富貴。出入中禁，方離孩幼。

進對明肅，語不少差。撫憐賞激，其心孔嘉。仕踰四紀，迭為內外。所蒞有稱，訖無纖累。不違禮經，懇謝祿食。優游伊何，韓城別宅。堂堂鉅公，薦辟攸同。知君特深，惟富文忠。頤真修性，曾不人知。喜為文章，尤長於詩。年七十三，不為不壽。墳墓棺槨，前此而就。振振有子，詵詵有孫。以似以續，克大其門。

男鎧書，王誠鐫。

注：參見本書其妻一五一《趙氏墓誌》。

卒兵夜邏不避寒暑躬設謀略獲巨盜數十
朔一日方歸城捕寇聞上將軍疾劇謂將士曰
而道道遇凶訃後有司欲以擅去聞帥臣曉
監鈐轄丞相留文忠公鎮三城大河夜漲
衆驚捄而去僅至河亭而浮梁壞忘身徇公衆
賴防文忠頗善其措置自此知君益深
衆異之秋舉山陵使韓忠獻公辟爲防
門方漸進擢邊以王城憂去元豐中權浙東路
深巖絕壑禪林道院遊覽殆遍甚適素志往往
尚書資政李公爲守臣勉以滿任竟解官歸隱
老不釋手學易於膠東先生賈漱晚年益勤尤

局部原大

一五一　宋皇四從姑西京左藏庫使致仕魏君（孝孫）夫人壽安縣君（趙氏）墓誌銘并序

左中散大夫衛尉卿上柱國天水縣開國伯食邑七百戶賜紫金魚袋趙令鑠撰，左朝請大夫知洪州軍州兼管内權農事充江南西路兵馬鈐轄上柱國隴西縣開國男食邑三百戶賜紫金魚袋李琮書諱，男鐙書，河南王誠鐫

元祐七年（1092）二月五日卒，元祐八年（1093）八月十五日葬

誌文 29 行，滿行 29 字，正書。誌石長 56 厘米、寬 53 厘米，洛陽出土。

釋文

一五一　宋皇四從姑西京左藏庫使致仕魏君（孝孫）夫人壽安縣君（趙氏）墓誌銘并序

左中散大夫衛尉卿上柱國天水縣開國伯食邑七百戶賜紫金魚袋趙令鑠撰，左朝請大夫知洪州軍州兼管内權農事充江南西路兵馬鈐轄上柱國隴西縣開國男食邑三百戶賜紫金魚袋李琮書諱，左朝奉大夫前知和州軍兼管内勸農事柱國孫賁篆蓋

夫人，實越懿王諱德昭之曾孫，冀康孝王諱惟吉之孫，武成軍節度使、楚國僖安公諱守巽之女。母河南郡太夫人畢氏、清河郡君張氏、安定郡君張氏、河南郡君田氏，夫人即田出也，歸魏氏，為左藏君之繼室。夫人在家，養父母以孝，尤為三嫡母所喜，人無閑言。既嫁，事舅姑上將軍、玉城縣主以敬，盡為婦□道，雖玉城於夫人為三從姑，撫下事上，不失恩義。奉左藏君以禮，視諸子以慈，育群婢以恩，故内外皆賢之。夫人生于公宫，平□奉養固厚，既適人豐儉隨夫，家兄弟中有不足者，夫人密賙其急。左藏君致政，居韓城營葺别第，偏西闢為小圃，有茂林修竹，以悦心目，芳亭經榭，以縱步履，相從累年，頗以為樂，村醪野茹，一同澹泊，人不知其為天族也。左藏君好道學佛，夫人化之，讀經譚性，率以為常，故臨終之日，擁衾坐逝。前一夕，猶與家人輩行西園，是可異焉，時元祐壬申二月五日也。訃聞，天子震悼，賻贈甚優。越明年八月十五日葬河南府洛陽縣平樂鄉杜澤里北邙原祔左藏君之墓。二男：鏜，河陽節度推官；鈞，東頭供奉官、保定軍兵馬監押。先是歸左藏君數年無子，夫人默有所禱，遂得異夢，繼生二子焉。二女，長適令鑠，封永嘉郡君；次適右監門率府率叔諄，封壽光縣君，皆亡。壽光特鍾夫人所愛，其夫坐微，累夫人每助濟之。孫男八人：句、常，三班借職；旬、棠、當、丐、甸、勺，未官。孫女三人尚幼。前期，節推以書請銘，令鑠於夫人為族姪，又娶其女，熟夫人之行，故銘，銘曰：

克孝于父母，克敬于舅姑。生高明之家，而澹泊從夫。昆弟之不給，吾損其有餘。子女雖有别，吾愛之與俱。學佛譚性，所獲裕如。不疾而化，端坐以跌。善固自積，福不自居。慶流後裔，不亦休乎。

男鏜書，河南王誠鐫。

注：參見本書其夫一五〇《魏孝孫墓誌》。

宋故廉君墓銘

上黨廉府君墓誌銘 并序

河東裴淑撰并填諱 男拯恭書 李昭素鐫

惟大宋元祐八年秋八月十有三日三教里廉君之卒也遂
求卜筮得是月二十七日壬申舉葬於郡西太平鄉崇仁
先塋從庚之穴日既定矣厥弟儀狀君善行哀號來余請誌
其壙余於儀昆仲洒里閈之識也辭不獲已勉敘其實曰
府君諱沆字伯通世為上黨人也先以商販起家占籍久矣
曾祖失諱祖諱讓考諱誠皆以克儉守郎委順天年唯君甲
子五十有三疾縈歲月徧歷良工雖神鍼妙藥無復救治斯
至歸真天其福之 君之賦性色溫內厲言直心平執諒於
人誠無欺誕夙被義方恭承嚴訓溫凊雙親雍睦一弟餘暇
則喜朋樂飲或困窮依投弗擇高下但塞意而應之是亦幾
於義夙娶夫人侯氏蚤世再娶厥妹善其婦道子男一人曰
拯娶扶風馬氏生孫女曰十兒厥子拯執親之喪哀苦過情
以盡人子之孝也嗚呼伯通不保永年之壽而逝長夜之鄉
蓋素分之定人其奈何既誌始卒又宜銘之 詞曰
於戲伯通兮教被義方 心術言矢兮貌柔志剛
浮世百春兮半促流光 生而委質兮死也順常
是真休息兮臨穴徒傷 銘善掩壙兮不絕傳芳

一五二　上黨廉府君（沆）墓誌銘并序

河東裴淑撰并填諱，男拯恭書，李昭素鐫

元祐八年（1093）八月十三日卒，同年同月二十七日葬

誌文 19 行，滿行 23 字，正書。誌長 62 厘米、寬 45 厘米，山西出土。

釋文

一五二　上黨廉府君（沆）墓誌銘并序

河東裴淑撰并填諱，男拯恭書，李昭素鐫

惟大宋元祐八年秋八月十有三日，三教里廉君之卒也，遂求卜筮，得是月二十七日壬申舉葬於郡西太平鄉崇仁里先塋，從庚之穴。日既定矣，厥弟儀狀君善行，哀號來余請誌其壙，余於儀昆仲，迺里閈之識也，辭不獲已，勉敘其實曰：府君諱沆，字伯通，世為上黨人也，先以商販起家，占籍久矣。曾祖失諱，祖諱讓，考諱誠，皆以克儉守節，委順天年。唯君甲子五十有三疾縈歲月，偏歷良工，雖神鍼妙藥，無復救治，斯至歸真，天其福之。君之賦性色溫內厲，言直心平，執諒於人，誠無欺誕，夙被義方，恭承嚴訓，溫清雙親，雍睦一弟。餘暇則喜朋樂飲，或困窮依投，弗擇高下，但塞意而應之，是亦幾於義風。娶夫人侯氏，蚤世。再孌厥妹，善其婦道。子男一人曰拯，娶扶風馬氏，生孫女曰十兒。厥子拯執親之喪，哀苦過情，以盡人子之孝也。嗚呼，伯通不保永年之壽而逝，長夜之鄉，蓋素分之定，人其奈何。既誌始卒，又宜銘之。詞曰：

於戲伯通兮教被義方，心衡言矢兮貌柔志剛。浮世百春兮半促流光，生而委質兮死也順常。是真休息兮臨穴徒傷，銘善掩壙兮不絕傳芳。

額題：“宋故廉君墓銘”

宋故登州防禦推官知晉州冀氏縣事昌黎韓君墓誌銘
齊郡左先之撰
安化陳正輔書
富春孫求題蓋
君諱介卿字持正其先河南人曾大父義方累贈工部侍郎大父奉先贈光
祿卿父應贈右承議郎自光祿累任關輔徙家京兆之臨潼遂為臨潼人
君俊邁開爽天資孝悌始為兒時已能知老成人十六歲遭父喪哀毀癯瘠
憔然苫塊中母夫人病且亟疾醫來視診其脉曰無可療矣 君憂泣不已
即潛割股肉為藥劑以進已而疾間人皆目為孝童云事兄敬順未嘗失色
一姊婺居於華 君賙恤勤至久而彌篤它日迎侍君夫人側母嘗訓之
曰謹身節用以養父母此庶人之孝爾不能立身揚名以顯其親徒為庶人
之事非吾所以望汝也 君感悟自厲日親師友雖食息寢興未嘗廢卷學
數歲業且成矣不幸母夫人卒 君以志未就哀毀加焉既而曰生不能以
有養歿當追榮於後世斯可矣迺服勤終喪益取群書伏而讀之研精極思
綴為文辭下筆輒數千百言人皆歎羨以為莫可及明年舉進士中第調閬
州司法參軍閬居兩川間富江山之秀民事簡 君日賦詩為文以自娛
樂嘗曰仕宦僕僕與俗吏上下而專以文法自拘何足以取名於天下後世
哉會 朝廷更復制舉以待非常之才 君即喜曰此誠志士之所託迹也
吾將勉焉適以代還用薦者遷登州防禦推官知晉州冀氏縣待次於家元
祐六年五月十五日以疾卒春秋三十一娶崔氏都官外郎歧之女一子曰
公才四女皆幼卜以八年十月十七日葬於萬年縣龍首鄉長樂原先人之
兆次嗚呼 君之才可知也矣自為童稚其趣操固已異於人及居父喪拯
母疾繼遭大戚而服勤禮制孝行日著事兄姊以敬順有聞專心學問刻意
自立遂以少年取名第而一時之賢士大夫交譽更薦為時聞人觀其器識
宏博致亦遠矣惜乎齒方及壯才不逮施位止一命而亡可謂真不幸也先
之於 君為外氏之族蓋嘗聞其大略其兄又以狀來索銘則義不可辭遂
為之銘亦所以寫予之哀焉銘曰
天固生之兮良玉其姿 復棄之年兮幽蘭其萎
嗟之子兮命不偶 可奈何兮哀以辭

一五三　宋故登州防禦推官知晉州冀氏縣事昌黎韓君（介卿）墓誌銘

齊郡左先之撰，安華陳正輔書，富春孫求題蓋

元祐六年（1091）五月十五日卒，元祐八年（1093）十月十七日葬

誌文 29 行，滿行 29 字，正書。誌石長、寬均 74 厘米，陝西出土。

一五三　宋故登州防禦推官知晉州冀氏縣事昌黎韓君（介卿）墓誌銘

齊郡左先之撰，安化陳正輔書，富春孫求題蓋

君諱介卿，字持正，其先河南人。曾大父義方，累贈工部侍郎。大父奉先，贈光禄卿。父應，贈右承議郎。自光禄累任開輔，徙家京兆之臨潼，遂為臨潼人。君俊邁開爽，天資孝悌，始為兒時，已能如老成人。十六歲，遭父喪，哀毁癯瘠，憔然苫塊中。母夫人病，且亟疾暨來，視診其脉曰：無可療矣。君憂泣不已，即潛割股肉為藥劑以進，已而疾間，人皆目為孝童云。事兄敬順，未嘗失色。一姊嫠居於華，君賙恤勤至，久而彌篤。它日逡巡，侍君夫人側，母嘗訓之曰：謹身節用，以養父母，此庶人之孝爾。不能立身揚名，以顯其親，徒為庶人之事，非吾所以望汝也。君感悟自厲，日親師友，雖食息寢興，未嘗廢卷學，數歲業且成矣。不幸母夫人卒，君以志未就，哀毁加焉。既而曰：生不能以有養，歿當追榮於後世斯可矣。迺服勤終喪，益取群書，伏而讀之，研精極思，綴為文辭。下筆輒數千百言，人皆歎美，以為莫可及。明年舉進士中第，調閬州司法參軍。閬居兩川間，富江山之秀，民事殊簡，君日賦詩為文以自娱樂。嘗曰："仕宦僕僕，與俗吏上下，而專以文法自拘，何足以取名於天下、後世哉？"會朝廷更復制舉，以待非常之才，君即喜曰：此誠志士之所託迹也，吾將勉焉。適以代還，用薦者遷登州防禦推官，知晉州冀氏縣，待次於家。元祐六年五月十五日以疾卒，春秋三十一。娶崔氏，都官外郎岐之女。一子曰公才，四女皆幼。卜以八年十月十七日葬於萬年縣龍首鄉長樂原先人之兆次。嗚呼！君之才可知也矣，自為童稚，其趣操固已異於人。及居父喪、拯母疾，繼遭大戚，而服勤禮制，孝行日著，事兄姊以敬順有聞。專心學問，刻意自立，遂以少年取名第，而一時之賢，士大夫交譽更薦，為時聞人，觀其器識宏博致亦遠矣。惜乎！齒方及壯，才不逮施位，止一命而亡，可謂真不幸也。先之於君為外氏之族，蓋嘗聞其大略，其兄又以狀來索銘，則義不可辭，遂為之銘，亦所以寫予之哀焉。銘曰：

天固生之兮良玉之姿，復奪之年兮幽蘭其萎。嗟之子兮命不偶，可奈何兮哀以辭。

蓋題："宋故登州防禦推官韓君墓銘"

注：參見本書其父一五四《韓應墓誌》。

宋故通直郎守太子中舍知平定軍樂平縣事兼兵馬都監贈右承議郎韓府
君墓誌銘
左朝議大夫知相州軍州事兼管內勸農使上護軍彭城縣開國子食邑五百戶賜紫金魚袋劉航譔
左承議郎前管勾熙河蘭岷路都總管經略安撫司機宜文字武騎尉安師文書
右宣德郎知京兆府奉天縣簽書兵馬司公事劉淮篆蓋
府君諱應字彖之世家河南曾祖諱貫之故任太子洗馬祖義方故贈工部侍
郎父奉先故任光祿少卿贈光祿卿母趙氏永嘉縣太君自光祿徙居京兆臨
潼縣遂為臨潼人 君始以父任太廟齋郎初調綿州魏城縣尉時偶歲歉盜
賊充斥 君用智力夙夜警捕寇攘屏迹民賴以安丁母憂去職繼執父喪皆
以孝聞服除改丹州司理參軍治獄詳明能察情偽疑辭隱訟片言輒決時有
繫囚陷於巧詆當以重辟不能自明 君力辨而生之故終 君之任民自以
不冤遷同州節度推官號為稱職監司郡守交章剡薦轉大理寺丞知鳳州河
池縣民狡獪素稱難治 君推誠撫字未嘗加以威刑曾不閱歲人心自化
會使者行縣過事威嚴 君與之論列不為回屈乃据以公坐移監邠州酒稅
士人為之憤惋而 君處之自如或以左遷免 君者 君笑曰乘田委吏聖
人且為之苟無愧心何往而不樂也聞者嘆服任滿考課又以增羨就復知平
定軍樂平縣還太子中舍方將赴官以熙寧九年十月二十九日終於家享年
五十八 君生於名族幼能自立居家孝悌而蒞官公正處已接物一於至誠
言行有常不近名譽是以久而人益信之屈於小官間遭遷謫未始枉道以徇
世態故其施設止於如此苟天假之壽使得行其志則其所未為者豈易量哉
君始娶孫氏贈真寧縣太君再娶左氏贈華容縣太君又娶任氏贈仁和縣太
君男三人曰周卿右通直郎新差權通判隰州曰端卿未仕曰介卿及進士第
登州防禦推官知晉州冀氏縣事已亡女二人長適比部員外郎通判棣州張
仲舒次適右朝散郎通判定州張延年孫男四人曰公亮曰公度曰公孺曰公
才皆習進士業以元祐八年十月十七日葬 君於京兆府萬年縣龍首鄉長
樂社之原從先塋也以孫左任氏三夫人祔焉諸子先期狀 君之行乞銘於
予義不得辭乃為之銘曰
顯允韓氏 世有令人 君始肯構 灼以才聞
位則時屈 道則已伸 未究之緒 其在後昆

一五四　宋故通直郎守太子中舍知平定軍樂平縣事兼兵馬都監贈右承議郎韓府君（應）墓誌銘

左朝議大夫知相州軍州事兼管內勸農使上護軍彭城縣開國子食邑五百戶賜紫金魚袋劉航撰，左承議郎前管勾熙河蘭岷路都總管經略安撫司機宜文字武騎尉安師文書，右宣德郎知京兆府奉天縣簽書兵馬司公事劉淮撰蓋

熙寧九年（1076）十月二十九日卒，元祐八年（1093）十月十七日葬

志文 29 行，滿行 30 字，正書。誌石長、寬均 75.5 厘米，陝西出土。

釋文

一五四　宋故通直郎守太子中舍知平定軍樂平縣事兼兵馬都監贈右承議郎韓府君（應）墓誌銘

左朝議大夫知相州軍州事兼管內勸農使上護軍彭城縣開國子食邑五百戶賜紫金魚袋劉航撰，左承議郎前管勾熙河蘭岷路都總管經略安撫司機宜文字武騎尉安師文書，右宣德郎知京兆府奉天縣簽書兵馬司公事劉淮撰蓋

府君諱應，字承之，世家河南。曾祖諱貫之，故任太子洗馬；祖義方，故贈工部侍郎；父奉先，故任光祿少卿，贈光祿卿；母趙氏，永嘉縣太君。自光祿徙居京兆臨潼縣，遂為臨潼人。君始以父任太廟齊郎，初調綿州魏城縣尉。時偶歲歉，盜賊充斥，君用智力夙夜警捕，寇攘屏迹，民賴以安。丁母憂去職，繼執父喪，皆以孝聞。服除，改丹州司理參軍，治獄詳明，能察情偽疑辭隱訟，片言輒決。時有繫囚陷於巧詆，當以重辟，不能自明。君力辨而生之，故終君之任，民自以不冤。遷同州節度推官，號為稱職，監司、郡守交章慰薦，轉大理寺丞，知鳳州河池縣。縣民狡獪，素稱難治，君推誠撫字，未嘗加以威刑，曾不閱歲，人心自化。會使者行縣過事威嚴，君與之論列，不為回屈，乃捃以公坐，移監邠州酒稅。士人為之憤惋，而君處之自如，或以左遷勉君者，君笑曰：“乘田委吏，聖人且為之，苟無愧心，何往而不樂也。”聞者歎服。任滿考課，又以增羨就復知平定軍樂平縣，遷太子中舍。方將赴官，以熙寧九年十月二十九日終於家，享年五十八。君生於名族，幼能自立，居家孝悌，而蒞官公正，處己接物，一如至誠，言行有常，不近名譽，是以久而人益信之。屈於小官間，遭遷謫，未始枉道，以徇世態，故其施設止於如此，苟天假之壽，使得行其志，則其所未為者，豈易量哉！君始娶孫氏，贈真寧縣太君；再娶左氏，贈華容縣太君；又娶任氏，贈仁和縣太君。男三人：曰周卿，右通直郎，新差權通判隰州；曰端卿，未仕；曰介卿，及進士第，登州防禦推官，知晉州異氏縣事，已亡。女二人：長適比部員外郎、通判棣州張仲舒；次適右朝散郎、通判定州張延年。孫男四人：曰公亮、曰公度、曰公孺、曰公才，皆習進士業。以元祐八年十月十七日葬君於京兆府萬年縣龍首鄉長樂社之原，從先塋也。以孫、左、任氏三夫人祔焉。諸子先期狀君之行，乞銘於予，義不得辭，乃為之銘曰：

顯允韓氏，世有令人。君始肯構，灼以才聞。位則時屈，道則已伸。未究之緒，其在後昆。

注：參見本書其子一五三《韓介卿墓誌》。

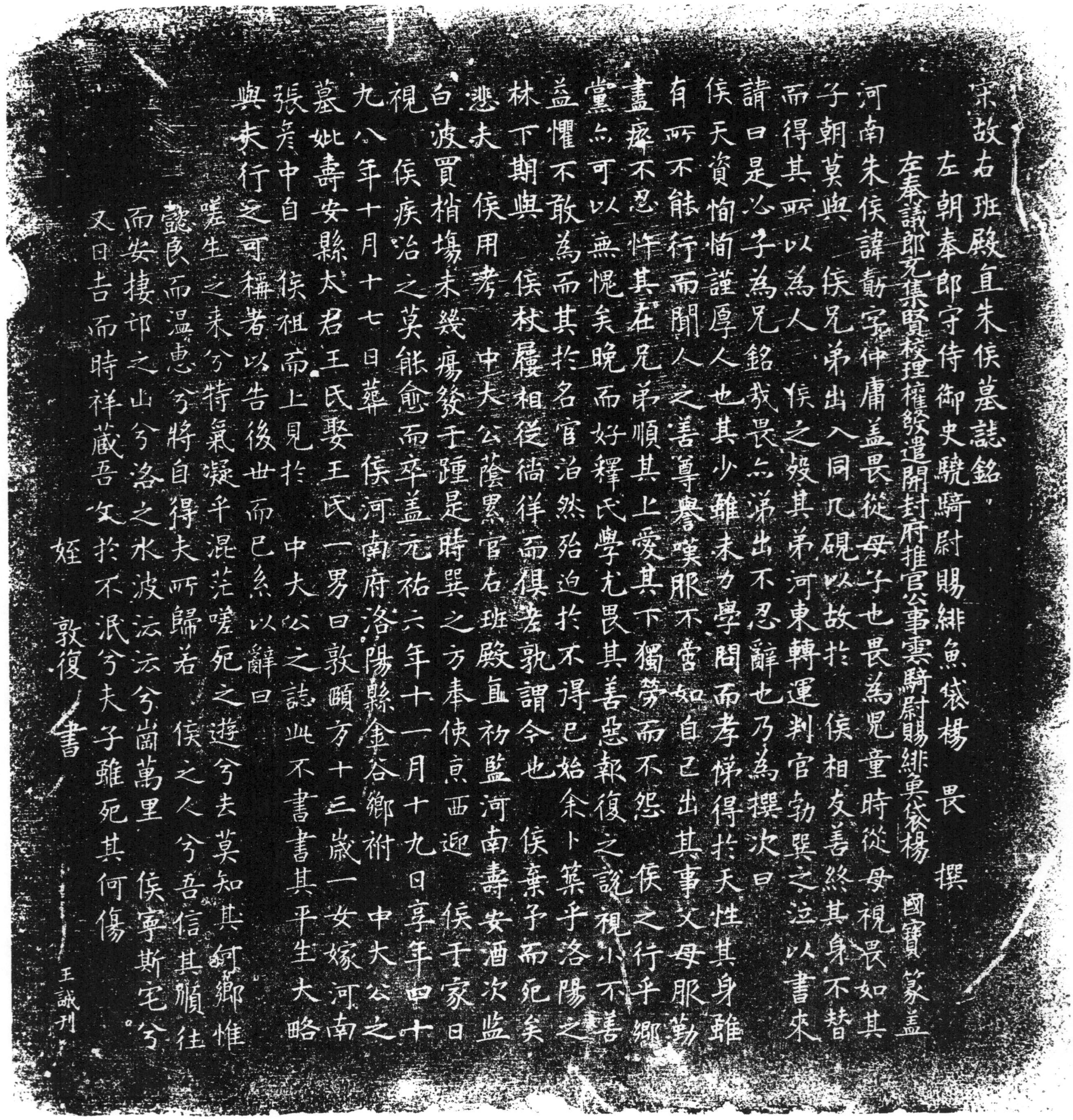

一五五　宋故右班殿直朱侯（勳）墓誌銘

左朝奉郎守侍御史驍騎尉賜緋魚袋楊畏撰，左奉議郎充集賢校理權發遣開封府推官公事雲騎尉賜緋魚袋楊國寶篆蓋，姪敦復書，王誠刊

元祐六年（1091）十一月十九日卒，元祐八年（1093）十月十七日葬

誌文 25 行，滿行 26 字，正書。誌石長 54.5 厘米、寬 53 厘米，洛陽出土。

一五五　宋故右班殿直朱侯（勣）墓誌銘

左朝奉郎守侍御史驍騎尉賜緋魚袋楊畏撰，左奉議郎充集賢校理權發遣開封府推官公事雲騎尉賜緋魚袋楊國寶篆蓋

河南朱侯諱勣，字仲庸，蓋畏從母子也。畏為兒童時，從母視畏如其子，朝莫與侯兄弟出入同幾硯，以故於侯相友善，終其身不替，而得其所以為人。侯之歿，其弟河東轉運判官勃巽之泣以書來請，曰："是必子為兄銘哉。"畏亦涕出，不忍辭也，乃為撰次曰：侯天資恂恂，謹厚人也。其少雖未力學問，而孝悌得於天性；其身雖有所不能行，而聞人之善尊譽嘆服，不啻如自己出。其事父母服勤盡瘁，不忍忤；其在兄弟順其上愛其下，獨勞而不怨。侯之行乎鄉黨，亦可以無愧矣。晚而好釋氏學，尤畏其善惡報復之說，視小不善益懼不敢為，而其於名官泊然，殆迫不得已。始余卜築乎洛陽之林下，期與侯杖屨相從徜徉而俱老。孰謂今也，侯棄予而死矣。悲夫！侯用考中大公蔭累官右班殿直，初監河南壽安酒，次監白波買梢場。未幾瘍發于踵，是時巽之方奉使京西，迎侯于家，日視侯疾治之，莫能愈而卒，蓋元祐六年十一月十九日，享年四十九。八年十月十七日葬侯河南府洛陽縣金谷鄉，祔中大公之墓。妣壽安縣太君王氏。娶王氏，一男曰敦頤，方十三歲。一女嫁河南張彥中。自侯祖而上，見於中大公之誌，此不書。書其生平大略與夫行之可稱者，以告後世而已，系以辭曰：

嗟生之來兮，特氣凝乎混茫；嗟死之游兮，去莫知其何鄉。惟懿良而溫惠兮，將自得夫所歸；若侯之人兮，吾信其順往。而安棲邙之山兮，洛之水波沄沄兮，崗萬里，侯寧斯宅兮，又曰吉而時祥。藏吾文於不泯兮，夫子雖死其何傷。

姪敦復書，王誠刊。

一五六　宋宗室定國軍節度觀察留後持節同州諸軍事同州刺史上柱國天水郡開國公食邑六千一百戶食實封壹仟肆佰戶贈保寧軍節度使追封東陽郡王(趙仲暉)墓誌銘

翰林學士左朝奉大夫知制誥兼侍講國史院修撰兼知院事兼修國史上輕車都尉高平縣開國子食邑六百戶賜紫金魚袋臣范祖禹撰，翰林藝學兼書題諸宮院小學兼皇親字頭臣吳舜臣奉聖旨書并篆蓋，少府監玉冊官臣趙隱刻

元祐八年（1093）卒，元祐九年（1094）二月七日葬

誌文 24 行，滿行 32 字，正書。誌石長 73 厘米、寬 74 厘米，洛陽出土。

一五六　宋宗室定國軍節度觀察留後持節同州諸軍事同州刺史上柱國天水郡開國公食邑六千一百戶食實封壹仟肆佰戶贈保寧軍節度使追封東陽郡王（趙仲曄）墓誌銘

翰林學士左朝奉大夫知制誥兼侍講國史院修撰兼知院事兼修國史上輕車都尉高平縣開國子食邑六百戶賜紫金魚袋臣范祖禹撰，翰林藝學兼書題諸宮院小學兼皇親字頭臣吳舜臣奉聖旨書并篆蓋

王諱仲曄，字子華，曾祖魯恭靖王，祖濮安懿王，考沂國公宗詠。王，沂公長子也，母杜氏，河南郡夫人。初賜名，授太子右內率府副率，歷率府率、右千牛衛將軍、右監門衛大將軍、右武衛大將軍、康州刺史、忠州團練使。濮王之夫人祔濮園，預使行。還，拜覃州觀察使。今上即位，遷定國軍節度觀察留後。初，杜夫人娠王七月而生，幼多疾，不好弄。及長，儀質端謹，性寬而和，事上知禮節，居家不妄言笑。既富且貴，奉己尤儉約，無聲樂、妓妾，玩好嗜欲，一不以經心。平居掃一室，終日坐寐其間，幽閑闃寂，常人所不堪，王處之泊如也。或勸王曰："身為侯伯，屬籍親近而所養，太專□至，泊苦如此邪？"王正色曰："世人有不免飢寒者，吾為宗室，賴祖宗之寵，致位要顯，其獲溫飽為幸厚矣，安可為侈太之事哉？"每朝廷加官錫賚，命既下，王憮然曰："我不幸有負薪之疾，力不足以奉朝請高爵重祿，因取便安，死有餘責矣。"元祐元年七月病劇，以聞，天子命中貴人挾太醫診治，太皇太后撫□□至。癸酉薨，年四十有五。兩宮傷悼，遣門人致奠，賻錫加等，贈保寧軍節度使，追封東陽郡王，命□內省供奉官、勾當御菓院梁惟簡典治喪事。八月己丑具鹵簿鼓吹，出殯于城北慶恩佛祠。再娶夫人郭氏、王氏皆亡，終以無嗣。九年二月己酉葬河南永安縣。銘曰：

濮國子孫，□衍而昌。沂卒于□，以啓東陽。猗嗟東陽，幼極于病。澹泊無次，安以順□。寵至而懼，居家而憂。而連荒之，爾公爾侯。四十五卒，兩宮所悼。孰如王賢，而不耉老。王雖無子，宗不絕□。琢石右文，以詔來裔。

少府監玉冊官臣趙隱刻。

一五七　宋故右朝散郎知普州軍州兼管内權農事上輕車都尉借紫劉公（乙）墓誌銘

左朝請大夫知漢州軍州兼管内權農事上護軍借紫李誼伯撰，左朝議大夫提點梓州路刑獄公事兼提舉渠堰本路權農事柱國借紫楚潛書，左朝議大夫充集賢校理知梓州軍州事管内權農事兼提舉梓果渠州懷安廣安軍兵甲巡檢賊盜公事上柱國武功縣開國伯食邑七百戶借紫馮如晦篆蓋，耿應、劉習刊

元祐九年（1094）正月十七日卒，同年四月二十六日葬

誌文 33 行，滿行 34 字，正書。誌石長 71 厘米、寬 74 厘米，洛陽出土。

一五七　宋故右朝散郎知普州軍州兼管内權農事上輕車都尉借紫劉公（乙）墓誌銘

左朝請大夫知漢州軍州兼管内權農事上護軍借紫李誼伯撰，左朝議大夫提點梓州路刑獄公事兼提舉渠堰本路權農事柱國借紫楚潛書，左朝議大夫充集賢校理知梓州軍州事管內權農使兼提舉梓果渠州懷安廣安軍兵甲巡檢賊盜公事上柱國武功縣開國伯食邑七百戶借紫馮如晦篆蓋

元祐九年正月十七日，普慈郡守劉公卒，越二月靈殯歸洛。其子可狀公之行，泣授使者而乞銘於誼伯，曰：吾父已矣，可杖而執事，不敢越次，不得跣以請。然潛德幽光，固宜有載。誼伯獲與公游，知其為端士正人，涖官行法，始終如一，可無愧於辭而銘諸壙焉。公諱乙，字仲達，大梁人也。曾祖澤，皇任左補闕，累贈吏部尚書。祖師道，皇任樞密直學士、左司郎中，累贈太尉。考純，皇任少府監致仕，累贈左正議大夫。妣艾氏，追封天水郡太君。公天資剛敏，雅負大志，強勉學問，嶄然見頭角，人謂有祖風烈。奈何跛蹇場屋，迺就賞延，從伯父之蔭也。歷遂州蓬溪、瀘州江安簿。瀘界西羌南蠻之域，疆埸遐阻，而簿職在檢按，公於勞苦之事爭先敢為，雖風纚露沐，了無憚色。事獲以濟，遂移鄭州觀察支使。丁天水郡憂，服除，試判出等，授汝州團練判官。復丁大監憂，服除，調河陽幕。有堤護大河之勞，遷著作佐郎，知潁昌府司錄。乞監西京商稅。會易官制，換宣德郎，遷通直郎，改奉議郎。郊恩，賜五品服，監泗州，轉般倉。所至，以強敏稱，名聲藹然。遷承議郎，知陝州靈寶縣事。再歲，用減年恩，改朝奉郎。縣當衝要，素號繁劇，公至，剸裁有倫，闃然無事。會歲大歉，民有菜色，公發粟而賑之，一無流亡。於是，陂池之廢塞渟污者，悉究其利害而興除之，下始受其賜，而益多其能，問望赫然，播於朝野。遷朝散郎，知普州事，借三品服。普人謹願畏法，公熟其俗，終能以寬濟猛，不嚴而治。然事無巨細，必親畫之，雖精力不少怠，亦緣此遘癘，遂終於館。公平生以誠應物，以仁撫民，以禮待士，故所至郡縣，凡有旱澇，不時必親禱之，其應如響。人或癘疾，親和劑而救之，雖逖不間也。待僚屬猶加禮貌，見一善□孜，推道不已，不啻若自其口出。其不善者，或面攻而規正之，亦靡有後言，與夫好而舉，而背毀之者異矣。居嘗詩酒自娛，厚於奉養，故啟手足之日，家無留貲。然清白之風，貽厥子孫，捨彼取此，孰多得耶。享年六十五。娶樂氏，封南陽縣君，先公十七年而亡。子男二人：可，慈州鄉寧縣令；彥臣，太廟齋郎，早亡。女五人：適前處州司法參軍張天成，右宣議郎、前知瀘州合江縣事張延，餘未笄。孫男二人：延、永，皆業進士。孫女三人尚幼。將以元祐九年四月二十六日，葬于河南府洛陽縣金谷鄉南北張村，夫人樂氏祔焉。予聞位不稱德，與夫有功及民者，其後必大。嗚呼！公其終有後乎。銘曰：

嗚呼劉公，才高氣雄；所歷郡縣，穆然清風。年邇中壽，不謂不促；位在諸侯，又諧所欲。興利除害，民斯人康；至今稱之，公猶不忘。洛陽之阜，土膏其厚；既安既固，永利爾後。

耿應、劉習刊。

宋故懷州司法參軍范君墓誌銘并序
右奉議郎飛騎尉賜緋魚袋李師直撰并書
紹聖元年閏四月十四日懷州司法參軍范君子猷卒其妻石氏走
介抵洛告哀其家是時方舉光祿公之喪族人會葬光祿視君為從
弟即為鑿墓待君喪以五月二日祔于其兆范氏自太保仁恕入蜀
為孟氏開國為蜀創業相薨葬于蜀子孫還中原至曾孫雍仕
仁祖為樞密副使寶元間西戎叛授以節鉞扞元昊於高奴薨贈太
師葬洛陽其子宗師為朝奉大夫知劍州以歿而君為次子時甚幼
雖其世家多顯人宜習貴富然君能貧執喪如禮繼侍其母疾累年
以孝聞母卒兄弟蔬布終喪猶未改視負郭田且盡悉推予兄弟而
君不取一錢羣居怡然唯恐傷兄弟意而氣不為人動奴僕故欲怒
君而君竟不為變色故雖少年人固以長者遇之謂其所享當莫量
初以蔭補太廟齋郎久不得調游夔峽尉萬州司理參軍幸得之旅
食以待除期以親嫌改邠州邠陽尉又待久之自洛辦行粮裹就道
半途遇移疾去邠者言土風惡抱疾死亡不可居狀遂與俱還比到
洛行李索然益可憂會其從兄還戶部侍郎以恩擬冀州信都主簿
未赴引嫌易懷州司法參軍方到官自喜謂得祿以飽而君病且革
矣卒年三十二君無子其妻挈君櫬以歸族人為之葬從其先墓在
洛陽北山之宣武原嗚呼世謂長者宜有豐報而君享如此生無以
養歿無以葬後無以祭可哀也已銘曰
氣和而溫物不疵癘奈何若人而以蚤世嗟嗟夫若人士負為
常命有通塞奈何若人而以屯極嗟嗟夫若人

宋懷州
司法范
公墓銘

一五八　宋故懷州司法參軍范君（子猷）墓誌銘并序

右奉議郎飛騎尉賜緋魚袋李師直撰并書

紹聖元年（1094）閏四月十四日卒，同年五月二日葬

誌文22行，滿行26字，正書。誌石長55.5厘米、寬55厘米，洛陽出土。

一五八　宋故懷州司法參軍范君（子猷）墓誌銘并序

右奉議郎飛騎尉賜緋魚袋李師直撰并書

紹聖元年閏四月十四日，懷州司法參軍范君子猷卒，其妻石氏走介抵洛，告哀其家。是時，方舉光祿公之喪，族人會葬光祿，視君為從弟，即為鑿墓待君喪，以五月二日祔于其兆。范氏自太保仁恕入蜀，為孟氏開國，為蜀創業，相薨，葬于蜀。子孫還中原，至曾孫雍仕仁祖，為樞密副使。寶源間，西戎叛，授以節鉞，扞元昊於高奴，薨，贈太師，葬洛陽。其子宗師，為朝奉大夫，知劍州，以歿。而君為次子，時甚幼，雖其世家多顯人，宜習貴富，然君能貧，執喪如禮，繼侍其母疾累年，以孝聞。母卒，兄弟蔬布終喪，猶未改視，負郭田且盡悉推予兄弟，而君不取一錢。群居怡然，唯恐傷兄弟意，而氣不為人動，奴僕故欲怒君，而君竟不為變色。故雖少年人，固以長者遇之，謂其所享當莫量。初，以蔭補太廟齋郎，久不得調，游夔峽射萬州司理參軍，幸得之旅食，以待俯期。以親嫌，改邵州邵陽尉，又待久之，自洛辦行艱癏，就道半途，遇移疾去，邵者言土風惡，抱疾死亡，不可居狀。遂與俱還比至洛，行李索然，益可憂會。其後，兄遷戶部侍郎，以恩換冀州信都主簿，未赴，引嫌易懷州司法參軍。方到官，自喜謂得祿以飽，而君病且革矣，卒年三十二。君無子，其妻挈君櫬以歸，族人為之葬，從之先墓，在洛陽北山之宣武原。嗚呼！世謂長者宜有豐報，而君享如此，生無以養，歿無以葬，後無以祭，可哀也已。銘曰：

氣和而溫，物不疵癘，奈何若人，而以蚤世，嗟嗟夫若人。士貧為常，命有通塞，奈何若人，而以屯極，嗟嗟夫若人。

蓋題："宋懷州司法范公墓銘"

宋故長壽縣太君李氏墓銘
左朝奉大夫權管勾西京留司御史臺事徐瓘撰并書
右宣德郎新知潁昌府郾城縣事楊仁寶篆蓋
紹聖元年八月十七日承議郎通判河南府潘玨自洛口
嘗臺忿面有憂色問之　母夫人疾病再宿以不起聞享年
七十有五卜其年十月十七日舉而祔之　先府君朝散諱
稷之墓屬余爲之銘謹按　夫人姓李氏究丘人　曾祖
諱凝贈殿中丞　祖諱道贈吏部侍郎　父諱宗
閔虞部郎中致仕年二十二歸　府君方其歸也　舅
駕部郎中諱承渥適通判河南府後二十八年而　府君亡
男四人長承議也林瑜豐舉進士瑜豐蚤世皆　夫人教育
以成之也繇承議　封長壽縣太君女五人長適通直
郎段詢次朝奉郎田君彥次河中府萬泉縣主簿劉直溫次
幼亡次進士葉祖德孫男八人女六人　夫人世儒族昆弟
姪從繼繼登科甲以故喜書札精通白氏詩晚好佛書見山
水秀絕之處常欲擺俗累而居其間性樂幽靜蓋如此寘爲
母長安縣君戚氏所喜愛而同產弟君玉相友睦交脩旨甘
不忍離去　長安年踰八十又迎致子舍以就養焉
夫人年彌高承議得官西都以爲便豈意捐館乃廟見之地
嗚呼哀哉系之以詩曰
府君元配　夫人李氏　孝於其親　友於其弟
禮法宜家　義方教子　淵源有來　文儒苗裔
同穴故山　藏神福地　作爲銘詩　以附圖史
河南耿應刊

一五九　宋故長壽縣太君李氏（潘稷妻）墓銘

左朝奉大夫權管勾西京留司御史臺事徐瓘撰并書，右宣德郎新知潁昌府郾城縣事楊仁寶篆蓋，河南耿應刊

紹聖元年（1094）十月十七日葬

誌文 24 行，滿行 23 字，正書。誌石長 74 厘米、寬 73 厘米，洛陽出土。

釋文

一五九　宋故長壽縣太君李氏（潘稷妻）墓銘

左朝奉大夫權管勾西京留司御史臺事徐瓘撰并書，右宣德郎新知潁昌府郾城縣事楊仁賓篆蓋

紹聖元年八月十七日，承議郎通判河南府潘珏至自洛口，嘗臺參面有憂色，問之，母夫人疾病再宿，以不起聞，享年七十有五，卜其年十月十七日舉而祔之先府君朝散諱稷之墓，屬余為之銘，謹按：夫人姓李氏，宛丘人，曾祖諱凝，贈殿中丞。祖諱道，贈吏部侍郎。父諱宗閔，虞部郎中致仕。年二十二，歸府君，方其歸也，舅，駕部郎中諱承渥，適通判河南府，後二十八年，而府君亡。男四人，長承議也，林瑜豐舉進士，瑜豐蚤世，皆夫人教育以成之也，繇承議封長壽縣太君。女五人，長適通直郎段詢，次朝奉郎田君彥，次河中府萬泉縣主簿劉直溫，次幼亡，次進士葉祖德。孫男八人，女六人。夫人世儒族，昆弟姪從繼，繼登科甲，以故喜書扎，精通白氏詩，晚好佛書，見山水秀絕之處，常欲褫俗累而居其間，性樂幽靜蓋如此，最為母長安縣君戚氏所喜愛，而同產弟君玉相友睦，交修旨甘不忍離去。長安年踰八十，又迎致子舍，以就養焉。夫人年寖高，承議得官西都以為便，豈意捐館，乃廟見之地，嗚呼哀哉！系之以詩曰：

府君元配，夫人李氏。孝於其親，友於其弟。禮法宜家，義方教子。淵源有來，文儒苗裔。同穴故山，藏神福地。作為銘詩，以祔圖史。

河南耿應刊。

蓋題：“大宋故長壽縣太君李氏墓銘”

一六〇　宋故供備庫副使新就差提點右廂諸監上輕車都尉安府君（悆）墓誌銘并序

朝奉郎充集賢校理權知河中軍府兼管內勸農使兼提舉解州慶成軍兵馬巡檢公事雲騎尉借紫游師雄撰，朝散郎直秘閣權發遣陝府西路計度轉運使公事兼勸農使飛騎尉借紫張舜民書，朝奉郎權發遣提點廣南西路刑獄公事雲騎尉借紫曹輔篆額，河南耿應刊

紹聖二年（1095）二月初四日卒，同年同月二十一日葬

誌文 38 行，滿行 44 字，正書。誌長、寬均 92 厘米，洛陽偃師出土。

一六〇　宋故供備庫副使新就差提點右廂諸監上輕車都尉安府君（悆）墓誌銘并序

朝奉郎充集賢校理權知河中軍府兼管內勸農使兼提舉解州慶成軍兵馬巡檢公事雲騎尉借紫游師雄撰，朝散郎直秘閣權發遣陝府西路計度轉運使公事兼勸農使飛騎尉借紫張舜民書，朝奉郎權發遣提點廣南西路刑獄公事雲騎尉借紫曹輔篆額

君諱悆，字仲塗，其先太原人。由君之高祖元慶仕後唐，官至驍騎將軍，徙家開封，今為開封人。曾祖贇，高州團練使、左屯衛大將軍。祖延密，贈左領軍衛大將軍。父俊，侍衛親軍、步軍都虞候、陵州防禦使，累贈太尉。惟安氏世以忠義顯，而太尉更踐禁衛，益著勳績，國史有傳。君其第二子也，幼補三班奉職，歷左右班殿直，監河中府龍門青澗渡，以幹力聞，用薦者監泗州浮橋，華州鑄錢，監當路者多以君為材。環慶經略使俞充辟為木波寨都監，累遷內殿崇班。靈武之役，主帥高遵裕辟君銓擇諸將軍馬及督器具事，先衆集軍中倚辦之大兵，既入虜境至囉危烽、新平等縣，糧夫數千為虜鈔奪，勢且危，適與君遇，君以驍騎擊之，虜遂退而糧獲完。改策中軍副將，至州南平，遇賊接戰，先鋒趙戣被圍，幾殆君出援之，會日暮亟以輕兵擾其寨，虜為之懼，夜半遁去。大軍圍靈州，主帥督諸將築拒闉，而城上矢石如雨，人莫敢進。君率麾下卒先越壕，直立城下，督勵兵夫負土，虜射殺君側執信旗者，衆為君懼，而君自若也。遵裕亟召君還軍，回至澣海平。虜追兵既及涇原，兵馬不得進，主帥劉昌祚遣使來告，遵裕遣君及裨將俞平以環慶蕃兵赴敵力戰，而虜遂解。既而多張兵勢追躡我後，時帥老無鬥志，人為之恐，君徒步杖劍於軍中，申諭號令，士卒感激，創病皆奮，諸將練視曰："安侯平日以儒雅聞，未嘗言軍旅事，至是勇敢，非所及也。"先是遵裕閱諸將，獨以君為能，凡左右前後諸部遇賊，所當應敵處，多遣君兼領之。會糧道不繼，兵出無功，士多饑凍，朝廷議罰，以君更領諸部之故，總計亡者迺倍它將，降五官，人皆嘆君以材自累，而君竟不自言也。明年，環慶路副總管曲珍鈐轄張守約出疆拓虜，辟君都大管勾四部軍馬，第功為多。既歸，士卒爭前而無所紀律，君首捕主將，所喜者牙兵一人，撾之殆斃，衆以為懼。君笑曰："軍律正當自此輩始。"曲珍聞之喜，謂君有敢為氣。鄜延經略使劉昌祚辟充準備差使，隸王愍討滅平軍，夜發失道，士卒前却不齊，虜據險陣兵邀戰，軍中夜恐喧噪，君復安撫，士氣稍定。因請益整金鼓、嚴刀斗、廣設疑兵以待之，虜畏不敢進。師還，以功轉一官，累遷復內殿崇班。朝廷選使夏國者，難其人，以君材勇素聞，特預選。時虜人不恭命，君至宥州，宣上威德，詰辯反覆，詞氣慷慨，虜不敢抗，跪受王命。使還，遷內殿承制，充府界將。河東經略使曾布請戍河外斥候，經期年，虜不入境。大臣薦其能，擢守永康軍。秩滿還朝，遷供備庫副使，授知龍州。未幾，就除提點右廂馬監。朝廷稍方進用，而君以不起聞矣，年五十三，實紹聖二年二月初四日也。初永康嘗廢為邑，至是新復，案籍散逸，吏緣以為奸。君至，究治經月，條理悉具，吏縮手不敢以法為玩，民恃君為安。龍陽編戶雜屬，羌性悍鄙，多不循州縣教令，郡政苟簡不振。君至，一切繩以法度，强猾斂迹。前後二州之治，獨稱君為最，由是知君之材，未易量也。君風度秀雅，喜讀書，頗著論述，藏書幾萬卷，凡小家、外學、律曆、卜筮之術，多所通究。美翰墨，時時作詩以自娛。士人喜從其游，而君謙嘿，未嘗以才能自矜，故人之聞君材勇者，或未必能知君之文雅。而人或遇君於平居閒暇者，德見其修潔自持，而不知君胸中之奇有可用者也。君性孝友，收卹中外之孫于其家，好義樂施，顧死之日，家無遺材，而開封亦未始有田庸也，人以是益知君賢。君娶羅氏，天章閣待制拯之女，封壽安縣君，淑德宜家，於君為有助。男五人：植，河陽尉，玉逢兆旂。□□二女□□。以卒之年月廿一日葬于洛陽縣北邙之原。余昔久歷西諸侯幕府，與君會者多矣，故知君之才及世系，為之而銘，不可辭也。銘曰：

曄彼安氏，爰有偉人。仕于後唐，為國忠烈。有傳其芳，屯衛領軍。矯矯太尉，名位益振。克壯維侯，忠義是似。銜□□□，□□顧死。天實不啬，不大其位。復艱其年，材不究试。落落胸襟，溫溫貌言。疇不謂侯，維德之至。胡為一朝，返彼新阡。作此銘詩，以慰九泉。

河南耿應刊。

一六一　宋宗室右監門衛大將軍惠州刺史（趙士奇）第八子墓記

翰林學士左朝議大夫知制誥兼侍讀上柱國會稽郡開國侯食邑一千一百戶賜紫金魚袋

臣錢勰撰，翰林藝學臣靳中碩書，少府監玉冊官臣趙隱刻

紹聖元年（1094）六月丁巳卒，紹聖二年（1095）七月葬

誌文 9 行，滿行 20 字，正書。誌石長 72 厘米、寬 49 厘米，洛陽出土。

一六一　宋宗室右監門衛大將軍惠州刺史（趙士奇）第八子墓記

翰林學士左朝議大夫知制誥兼侍讀上柱國會稽郡開國侯食邑一千一百戶賜紫金魚袋臣錢勰撰，翰林藝學臣靳中碩書

右監門衛大將軍惠州刺史士奇第八子，故左屯衛大將軍、池州團練使、祁國公宗說之曾孫，贈蔡州觀察使、汝南侯仲軻之孫。元祐八年九月丙申生，紹聖元年六月丁巳卒，始二歲。二年七月丁酉葬河南府永安縣。謹記。

少府監玉冊官臣趙隱刻。

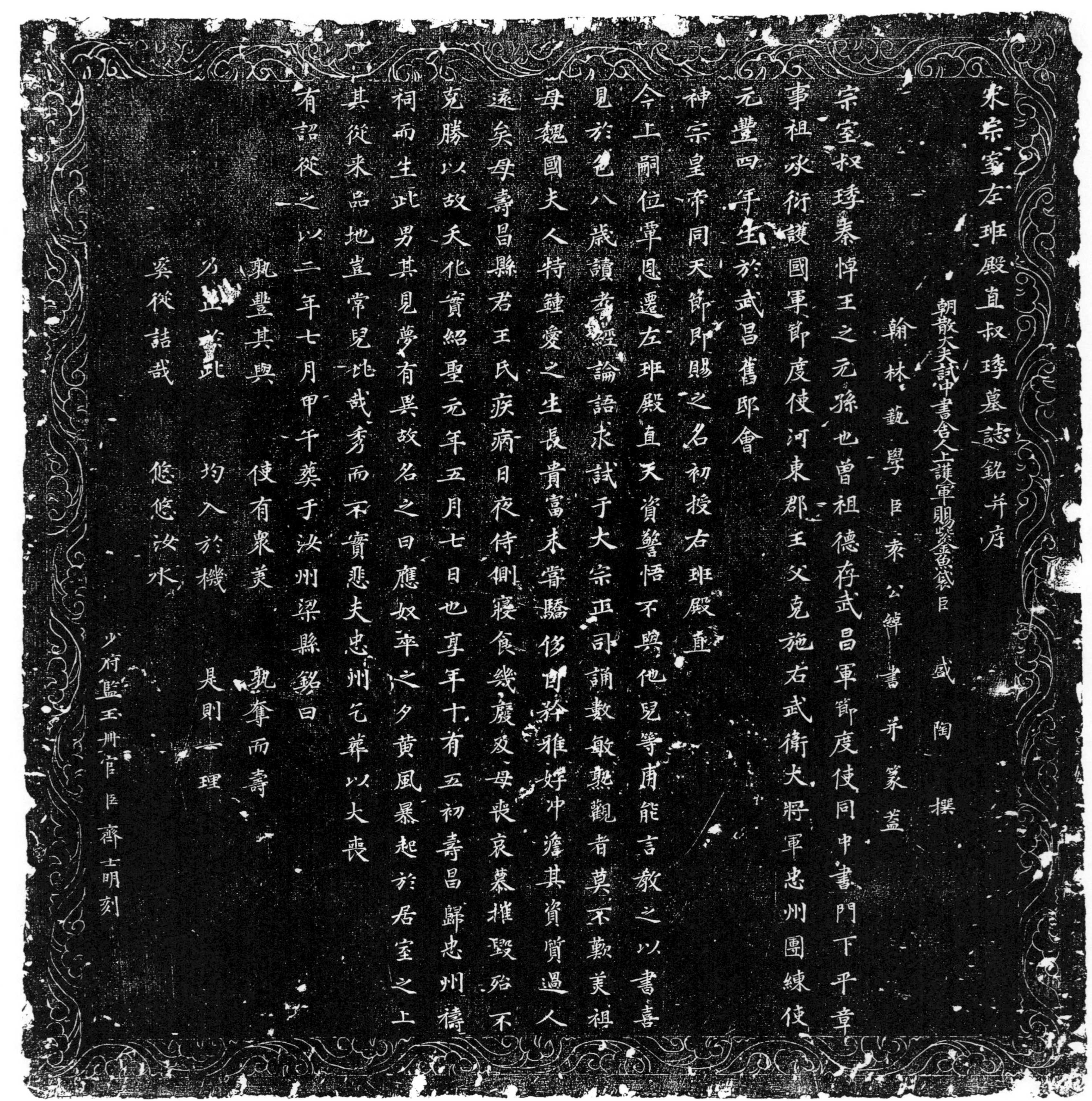

一六二　宋宗室左班殿直（趙）叔琈墓誌銘并序

朝散大夫試中書舍人上護軍賜紫金魚袋臣盛陶撰，翰林藝學臣袁公綽書并篆蓋，少府監玉冊官臣齊士明刻

紹聖元年（1094）五月七日卒，紹聖二年（1095）七月一日葬

誌文 19 行，滿行 28 字，正書。誌石長 76.5 厘米、寬 75 厘米，平頂山出土。

釋文

一六二　宋宗室左班殿直（趙）叔琈墓誌銘并序

朝散大夫試中書舍人上護軍賜紫金魚袋臣盛陶撰，翰林藝學臣袁公綽書并篆蓋

宗室叔琈，秦悼王之元孫也。曾祖德存，武昌軍節度使、同書門下平章事。祖承衍，護國軍節度使、河東郡王。父可施，右武衛大將軍、忠州團練使。元豐四年生於武昌舊邸，會神宗皇帝同天節，即賜之名，初授右班殿直，今上嗣位，覃恩遷左班殿直。天資警悟，不與他兒等，甫能言，教之以書，喜見於色。八歲，讀《孝經》《論語》，求試于大宗正司，誦數敏熟，觀者莫不歎美，祖母魏國夫人特鍾愛之。生長貴富，未嘗驕侈自矜，雅好沖澹，其資質過人遠矣。母壽昌縣君王氏疾病，日夜侍側，寢食幾廢。及母喪，哀慕摧毁，殆不克勝，以故夭化，實紹聖元年五月七日也，享年十有五。初壽昌歸忠州，禱祠而生此男，其見夢有異，故名之曰“應奴”；卒之夕，黄風暴起於居室之上，其從來品地，豈常兒比哉！秀而不實，悲夫！忠州乞葬以大喪，有詔從之。以二年七月甲午葬于汝州梁縣。銘曰：

孰豐其與，使有衆美。孰奪而壽，乃止於此。均入於機，是則一理。奚從詰哉，悠悠汝水。

少府監玉冊官臣齊士明刻。

一六三　宋故六宅副使銀青光祿大夫檢校太子賓客兼御史大夫上騎都尉太原縣開國伯食邑九百戶王公（甫）墓誌銘并序

新授恩州清河縣尉陳陣撰，承議郎前通判祁州軍州兼管內勸農事驍騎尉賜緋魚袋崔材書，宣議郎充京西路轉運司勾當公事盧君佐篆蓋，張士安刊

熙寧三年（1070）十月初二日卒，紹聖二年（1095）八月二十一日葬

誌文32行，滿35字，正書。誌石長59.3厘米、寬62.4厘米，洛陽出土。

釋文

一六三　宋故六宅副使銀青光祿大夫檢校太子賓客兼御史大夫上騎都尉太原縣開國伯食邑九百戶王公（甫）墓誌銘并序

新授恩州清河縣尉陳振撰，承議郎前通判祁州軍州兼管內勸農事驍騎尉賜緋魚袋崔材書，宣議郎充京西路轉運司勾當公事盧君佐篆蓋

公諱甫，字周翰，初名希甫，姓王氏，開封人。曾王父溥，守司空、門下侍郎、同中書門下平章事，罷守太子太師、祁國公，贈太師、尚書令、兼中書令，追封燕國公，謚文獻。王父貽慶，司農少卿，贈尚書禮部侍郎。考渙，金吾衛將軍，贈左武衛大將軍。公家世居太原之祁縣，自高祖太師事晉，故遷于河南；文獻相周，又遷于開封。公以世賞補三班奉職，凡十一遷，為六宅副使，階累銀青光祿大夫，勳累上騎都尉，進爵開國伯，食采九百戶，又嘗為閤門祗候。初，勾當在京祗候庫，次鄭州滎澤縣界，巡護黃河堤岸勾當，在京西八作司，再監左藏庫、懷州駐泊兵馬都監、北京陳州兵馬都監。皆從辟也。又為北平軍使、淮南東路、真定府路兵馬都監。公揚歷內外，服勤職業，所至以才能稱大，為一時名公所知，錄其才能上之，謂宜進擢者滿七十人，而龐莊閔公、程文簡公、宋景文公、與今潞國文公，尤悉力推挽，朝廷知之，命持節契丹，及還稱旨。其在北平，兵狂驕墮，公至，一繩以律，衆悉嚴憚，因其帑賜，構為飛語，期以中公。公叱之曰："吾在，若敢為亂乎？"衆惶懼。少却，公曳其榻獨坐于砌，人呼其名，而予之訖，無譁者。其在維揚，地俗慓易，盜賊間發，屯卒因緣為奸。公先為禁防，敕其校曰：一犯吾法，終不爾赦。由是，終公之任，截然無他。其在鄴城，公曰："真定一路，當北狄之衝，不重耀威，則兵不嚴。"奏乞騎士六十人，副以弓劍，聽得出入自隨。上從其請。真定路分出入隨以騎士，蓋自公始。代還而疾，朝廷閱其資閥，謂宜勸獎，以觀來効。未及擬官，而以熙寧三年十月初二日終于泰寧坊之私第，享年五十有五。公姿範秀拔，明辯開敏，志大識遠，不為婗婗近步，厲以廉白，益自畏抑，由是，終身曾無小累。平居，喜涉書史，款接賓朋，友愛其弟，出於天性。自幼鞠養，迄于蒞事，所至官守，惟務盡瘁。未嘗以儲積為意，家之有無，一置不問。歿之日，室無餘資，亦文獻之餘風也。惜夫！天不假之年，而願効于時者，不克究施矣。娶梁氏，封同安縣君，後公九年而卒。二子：琳，前閿鄉縣主簿；說，左班殿直。六女：長適宗室昭州防禦使仲玉，次適承議郎崔材，次適劉易從，次適曹僖，次適劉曦，次適宋球，并舉進士。孫四人：思齊、思聰、思楚、思明。以紹聖二年八月二十一日，葬于河南府洛陽縣宣武村先塋之兆，同安君祔焉。銘曰：

偉矣王氏，文名武功；桓圭山袞，五世雍容。公紹其後，奮由厥躬；既以才振，夙夜在公。踐榮上閤，一節初終；出使絕漠，六轡冲冲。命戍軍壘，爰整我戎；談笑而治，式趐乃衷。言載是美，曷究厥庸；曰疇曰度，以褒以崇。日薄崦嵫，靡遐有融；歸從先宅，當邙視嵩。

張士安刊。

昌黎韓君墓誌銘
汴陽向濤撰并書
昌黎韓君名翼胄字欽夫贈正議大夫諱璩之曾孫朝
議大夫直秘閣諱正彥之孫通直郎新知開封府祥符
縣嚮之子自其為兒時沉默不好弄幽居簡出人莫見
其面宗族異之年十六乃通義理之學下至詞賦傳記
碑刻卜筮之書莫不涉獵手抄而口誦之無暇日年十
二失所恃哀毀如成人終喪不茹葷事繼母盡禮人無
間言紹聖元年歲[illegible]感疾踰月而間季春疾復作五月
初十日遂不起享年十九前卒之數日遺書其祖及其
外氏以自訣暨終神不亂予觀其書自言達於死生之
分無所憾則其所知蓋有不可量者惜乎不少假之年
俾克充其所學也君善字學筆力清婉有晉宋人風氣
神觀秀爽語言灑落人期其為遠器而卒不壽可哀也
夫紹聖三年十二月己未葬君相州水冶村先塋之旁
實附君祖朝議公之襄事云銘曰
昌所稟之厚兮所歷不延
我知君兮以其心不以其言
苟有以善吾死兮沒何恨焉
安先壠兮千萬年

一六四　昌黎韓君（翼胄）墓誌銘

汴陽向濤撰并書

紹聖元年（1094）五月初十日卒，紹聖三年（1096）十二月三日葬

誌文 20 行、滿行 21 字，行楷。誌石長、寬均 39 厘米，安陽出土。

一六四　昌黎韓君（翼冑）墓誌銘

汴陽向濤撰并書

昌黎韓君，名翼冑，字欽夫，贈正議大夫諱璩之曾孫，朝議大夫、直秘閣諱正彥之孫，通直郎、新知開封府祥符縣嚮之子。自其為兒時，沉默不好弄，幽居簡出，人莫見其面，宗族異之。年十六，乃通義理之學，下至詞賦、傳記、碑刻、卜筮之書，莫不涉獵，手抄而口誦之，無暇日。年十二，失所恃，哀毁如成人。終喪，不茹葷。事繼母盡禮，人無間言。紹聖元年歲旦感疾，踰月而間季春，疾復作，五月初十日遂不起，享年十九。前卒之數日，遺書其祖及其外氏以自訣，暨終神不亂。予觀其書，自言達於死生之分無所憾，則其所知，蓋有不可量者，惜乎！不少假之年，俾克充其所學也。君善字學，筆力清婉，有晉宋人風氣。神觀秀爽，語言灑落，人期其為遠器而卒不壽，可哀也夫。紹聖三年十二月己未葬君相州水治村先塋之旁，實附君祖朝議公之襄事云。銘曰：

曷所稟之厚兮，所歷不延，我知君兮，以其心不以其言。苟有以善吾死兮，沒何恨焉，安先壠兮千萬年。

宋故朝請郎致仕慕容君遺戒

朝散郎新差權知兗州軍州事王森書于石

門人進士王寀同編次

紹聖三年丙子冬十有二月二十有四日庚辰朝請郎致仕慕容君寢疾終于河南府河清縣之里第前數日付其子彙以家事且戒之曰吾歿之後不得以誌石求文於人不得以朝衣冠置于棺止以常所服道帽褐纏殮且速葬焉又召門人王寀留四句詩以質其戒俾其無違既而啓手足其子謂門人曰吾家世以武進先君嗣其家而以文登科歷官四十餘年清節介行有羔羊素絲之德而不大耀後無名文以表顯之大懼泯滅使我先君之令善無以傳子孫則爲人之後者罪莫焉大蓋聞禮經曰有善而弗知不明也知而弗傳不仁也則銘父之美有自來矣今若告諸先君平生相知之居上位者乞文以銘其墓是禮也則又懼違先君之治命且令速葬朝已迫矣進退惶惑不知所出會余臨朝請君之喪而弔其子門人王君具道其事余乃言曰近世賢士大夫亦有戒其子孫勿求文以誌墓者但書其三代子孫之數若歷官之年月終葬之時日以納諸壙其醇德懿行則具諸家諜以茲可法而爲𢾾庶乎兩無違者其子與門人即應之曰諾且請余以編次遂與門人共爲之編次曰惟慕容氏世居河北曾伯祖諱延釗仕

太祖武皇帝爲山南東道節度使追封河南郡王葬于洛子孫遂多居河南至朝請君而家河清也朝請君諱伯才字之珎皇祐五年登進士第調河中府臨晉河南府河清兩縣之主簿相州之司理參軍用薦者爲大理檢法官尋改佐著作郎知北京司錄司事遷秘書丞太常博士官制行換承議郎凡用年勞轉朝奉朝散朝請郎三官勳累加至柱國通判嵐鄜二州勞于從事漸謀閑退得同判西京國子監遂以本官告老于朝錄男彙一官逦居河清爲林下之計時入洛宅陪太師潞國文公游至是而以壽考終享年七十有八曾祖諱延忠磁州刺史祖諱德儼東頭供奉官祖母王氏父諱惟緒東頭供奉官累贈左驍衛將軍母宋氏永寧縣太君娶陳氏故刑部郎中直史館貫之女封安福縣君先十二年而亡男一人即彙也任澠池縣尉女四人長適通直郎賈京次適通直郎陳獻之早亡次九娘幼亡一在室孫男五人長曰嗣祖次曰弼次嗣功皆業進士次禎老耐老皆幼稚孫女四人皆在室初朝請君卜葬其考妣于洛陽縣陶牙村遂以陳夫人祔于塋北之次今彙遵遺命十以四年丁丑春二月初六日辛酉開故陳夫人之穴而葬焉其書于石者蓋紋其所以而紀其始終庶知乎地下者有以見不忘其遺戒且書朝請君所留四句之詩云

道冠琴尾樻椰褐　不要朝衣近此身

速葬便須開故穴　莫刊碑石罔他人

一六五　宋故朝請郎致仕慕容君（伯才）遺戒

朝散郎新差權知兗州軍州事王森書于石，門人進士王寀同編次

紹聖三年（1096）十二月二十四日卒，紹聖四年（1097）二月六日葬

誌文 30 行，滿行 32 字，正書。誌石長 72.4 厘米、寬 72 厘米，洛陽出土。

一六五　宋故朝請郎致仕慕容君（伯才）遺戒

朝散郎新差權知兖州軍州事王森書于石，門人進士王宷同編次

紹聖三年丙子冬十有二月二十有四日庚辰，朝請郎致仕慕容君寢疾，終于河南府河清縣之里第。前數日，付其子彙以家事，且戒之曰："吾歿之後，不得以誌石求文於人，不得以朝衣冠置于棺，止以常所服道帽褐屨殮，且速葬焉。"又召門人王宷，留四句詩，以質其戒，俾其無違。既而啓手足。其子謂門人曰："吾家世以武進，先君嗣其家，而以文登科，歷官四十餘年，清節介行，有羔羊素絲之德，而不大耀，復無名文以表顯之，大懼泯滅，使我先君之令善，無以傳子孫，則為人之後者，罪莫為大。蓋聞《禮經》曰：'有善而弗知，不明也；知而弗傳，不仁也。'則銘父之美，有自來矣，今若告諸先君平生相知之居上位者，乞文以銘其墓，是禮也。"則又懼違先君之治命，且令速葬，期已迫矣，進退惶惑，不知所出。會余臨朝請君之喪而吊，其子、門人王君具道其事，余乃言曰："近世賢士大夫，亦有戒其子孫勿求文以誌墓者，但書其三代子孫之數，若歷官之年月、終葬之時日，以納諸壙，其醇德懿行，則具諸家諜云，茲可法而為歟，庶乎兩無違者。"其子與門人即應之曰："諾。"且諉余以編次，遂與門人共為之編次曰：惟慕容氏，世居河北，曾伯祖諱延釗，仕太祖武皇帝，為山南東道節度使，追封河南郡王，葬于洛，子孫遂多居河南，至朝請君而家河清也。朝請君諱伯才，字子珍，皇祐五年登進士第，調河中府臨晉、河南府河清兩縣之主簿，相州之司里參軍。用薦者為大理檢法官，尋改佐著作郎，知北京司錄司事。遷秘書丞、太常博士。官制行，換承議郎。凡用年勞，轉朝奉、朝散、朝請郎三官，勳累加至柱國，通判嵐鄜二州。勞于從事，漸謀閑退，得同判西京國子監，遂以本官告老于朝。錄男彙一官，迺居河清。為林下之計，時入洛宅，陪太師潞國文公游，至是而以壽考終，享年七十有八。曾祖諱延忠，磁州刺史。祖諱德儼，東頭供奉官，祖母王氏。父諱惟緒，東頭供奉官，累贈左驍衛將軍；母宋氏，永寧縣太君。娶陳氏，故刑部郎中、直史館貫之女，封安福縣君，先十二年而亡。男一人，即彙也，任澠池縣尉。女四人：長適通直郎賈京，次適通直郎陳獻之，早亡。次九娘，幼亡。一在室。孫男五人：長曰嗣祖，次嗣弼，次嗣功，皆業進士。次頑老、耐老，皆幼稚。孫女四人，皆在室。初朝請君卜葬其考妣于洛陽縣陶牙村，遂以陳夫人祔于塋兆之次。今彙遵遺命，卜以四年丁丑春二月初六日辛酉，開故陳夫人之穴而葬焉。其書于石者，蓋敘其所以，而紀其始終，庶知于地下者，有以見不忘其遺戒，且書朝請君所留四句之詩云：

道冠琴尾檳郎褐，不要朝衣近此身。速葬便須開故穴，莫刊碑石罔他人。

一六六　宋故淮南荊南節度管内觀察處置等使守太師開府儀同三司揚州牧兼荊州牧上柱國楚王食邑一萬六千六百戶食實封伍仟捌佰戶賜入朝不趨贊拜詔書不名贈尚書令兼中書令加冀州牧改封燕王（趙顥）墓誌銘

龍圖閣直學士降授左朝議大夫權知開封府兼畿內勸農使上柱國弋陽郡開國侯食邑一千戶賜紫金魚袋蔣之奇奉勅撰，內殿承制故燕王府內知客武騎尉臣盛倚奉勅書并篆蓋，翰林藝學、皇弟祁國公閤祗候臣王□僅摹勒，鐫字祗應臣曹惠良刻石

紹聖三年（1096）九月二十六日卒，紹聖四年（1097）二月十二日葬

誌文 53 行，滿行 55 字，正書。誌石長、寬均 136 厘米，鞏義出土。

釋文

一六六　宋故淮南荊南節度管内觀察處置等使守太師開府儀同三司揚州牧兼荊州牧上柱國楚王食邑一萬六千六百戶食實封伍仟捌佰戶賜入朝不趨贊拜詔書不名贈尚書令兼中書令加冀州牧改封燕王（顥）墓誌銘

龍圖閣直學士降授左朝議大夫權知開封府兼畿内勸農使上柱國弋陽郡開國侯食邑一千戶賜紫金魚袋蔣之奇奉勑撰，内殿承制故燕王府内知客武騎尉臣盛倚奉勑書并篆蓋

紹聖三年秋九月壬子，皇叔楚王薨，訃聞，上震悼，即輦如其第，臨奠哭之慟，且問王得無有遺意乎？具令孤悉上之。翼日，□□慈德宮□哭，詔親王、大長公主而下，宰輔從臣與宗室皆往奠，中大人將命拊循無虚日歸，賵皆加等，錫符陵汞、婆律香以斂。輟朝五日，丙辰晦日明□，十月朔，應視文德朝而未成服，是夕，傳宣閤門改視朝為垂拱起居。丁卯，上素服發哀於后苑，宰相率百官□慰於崇政殿門，詔有司罷宗室嫁娶百日。詔昭宣使入内内侍省押班臣從熙總襄事，内東頭供奉官、勾當御藥院臣友端辦用度，□吏部尚書兼侍講臣履監護焉。制詔中書門下，其贈以尚書令兼書中令、冀州牧、燕王印授，太常上謚為“榮”。又詔臣之奇爾其誌王之墓，臣之奇承命悸恐，即奏疏辭避，以承乏開封，典治浩穰，不暇從事筆研，願丐寢罷，有旨不從。它日因對，又面陳臣術學膚淺，文辭薄陋，大懼不足以傳信後世，願改付能者。上復敦諭不許，退而伏思：今天子隆親篤愛，感通神明，自元祐末，王病日侵，體益羸，而今復屬疾彌久，上優軫特甚，遣内侍問勞，挾太醫高手武相接于道，詔晝夜以王起居狀聞，醫療萬方，竟不效，比薨，贈賵不□。及葬，三臨其喪，特恩兼官二令，加牧三州，皆官制之所未行，舊典之所無有。至罷文德視朔，又非故事，皆上發於誠心，不待禮官博士，告詔□薄，遽指麾，曲盡禮意。則上之所以眷王，其恩其勤，如此其至，而臣方待罪從官，持槖簪筆，雖作為辭章，固其職業，誠恐譔次失當，以忝詔命。而期迫事嚴，遂不敢□辭，乃考玉牒，據行狀而論著其實。謹案：王諱顥，字仲明，英宗皇帝第二子，母宣仁聖烈皇后。生五歲，仁宗命為太子右内率府副率，賜名仲糺。英宗嗣統領和州防禦使，開國樂安郡公，遷明州觀察使，進祁國公，賜今名，加檢校太傅，同中書門下平章事，進拜保寧軍節度使，東陽郡王。南郊禮成，加檢校太尉。三年出閤，居東宮。車駕與慶壽，寶慈宮同臨幸，宴犒賜予，盛極一時，至晡乃還。神宗踐祚，進武昌、武安二軍節度，真拜王，以昌為國。英宗升祔，易泰寧鎮海軍，改王岐，大饗明堂，改兗州大都督，累階開府儀同三司。會改官制，以階寓祿，冊拜司空、開府儀同三司，更王雍。今上□極，拜太保，換成德、横海二鎮，徙王楊。詔援周尊叔父、漢寵東平故事，賜王贊，拜不名，五日一朝見於禁中，如見大長公主之儀。神宗祔廟，拜太傅、京兆鳳翔尹，即軍府為節度。元祐初，遷居外第，拜太尉、雍州牧，兼鳳翔牧。王自熙寧以來，屢請出居于外章，每上輒卻，詔答丁寧。先帝召府寮對便坐，俾諭王以方，奉以兩宮溫情，問奈何自祈便安，竟不從，及是固請不已。上重違王雅意，乃賜咸宜坊所□□區。榜曰親賢。王與魏王對闢府邸，金碧相照，華萼交輝，萬乘親幸，三宮臨寵，留宴竟日，加賜金錢幣帛器具稱是，王與魏王諸子皆進官一等，府官吏卒，賜各有差，又賜國子監書，改王徐，賜詔書不名。宣仁寢疾，王日至禁中問起居，王亦被疾，詔以肩輿入朝，王□辭不允。居宣仁喪，哀癯過常，繇是疾益殆。上聞之，亟往臨問，三宮繼至，拊勞艮厚，侍醫診治，乃有瘳。宣仁祔廟，拜太師，改王冀，賜入朝不趨。以揚荊二州牧為淮南荊南節度，即王楚。大抵賜功臣號者六，其文至十有六字。後罷功臣號，勳上柱國，食虚邑自五百戶至一萬六千六百戶，真食自貳佰戶至伍仟捌佰戶。終焉，享年四十七。王姿秀發穎悟，恭而好禮。初奉外朝，進止衿嚴，占拜可觀操行，完飭篤志問學。始年十四，侍先帝出就外傅，從王陶、孫忠恭講讀，必朝衣冠。玉容靜慮，領接簡敏，日有加益。終一經，即賜衣帶器幣，鞍勒馬以為常。疾病矣，枕席間猶置經史，玩讀不廢，亦權導有方，故其勤如此。蓋自英宗久居潛藩，知族屬之衆，不聞師友之誼。及即位，增講導之官，嚴課習之令。

神宗敦尚儒術，表□六藝，凡以教養宗室，訓□天下之士。恩施甚厚，而況於親子母弟之間，其磨礲浸灌，疏瀹冷汰，以入於義理者，非一日之積，其成就德性，宜若□□。而王又□□，恭父兄之志，以不墜厥訓，率履不越，號稱賢王，顧不休哉。少善筆札，能為飛白書，性和裕篤睦，撫有二弟，極其情好，賓禮有□□，隆而有恩，至□□□極嚴肅，故克謹飭，有成人之風。尤知音，善鼓琴，嘗侍先帝元夕御樓觀燈，製新曲以進，音律諧妥，賜名《棣華同元樂》，英宗宴後□□□□。先帝宴西池，皆詔王侍射，發輒破的，寵賚有加。好圖書，博求善本，摹寫潢治，必極精工。傾金帛購名畫，無所吝。先帝□□□友愛甚篤，車駕數幸邸第，燕私從容。去輒錫予隆渥，若遠方奇物，或初見異書，必預分頒，使者相屬不絕。熙寧末，命出內府□□方團玉帶，賜王與故魏王，使服以朝，王辭不敢服，願藏于家，以侈上展親之賜。詔褒諭，不從，復以玉魚面賜之。宣仁祥除，加王歲給□使錢三百萬，皆給實錢無慮萬九千緡，異時，朝廷優禮尊屬，無盛於玆。先帝西郊，再祀明堂，王一郊三判□，皆詔王亞獻。宗廟時饗類古，王必攝事，非有疾，未嘗不行，又請朔望□殿起居，退詣內東門，朝謁兩宮，著為定制。光獻皇后、英宗、神宗靈寢之西，王皆護從，必請拜諸陵、會聖宮神御殿。元豐初，光獻喪，既成服，當用以日易月之制，王曰：諸孫也，宜心喪以□孝思，今情文使然未稱，請□素紗服明紫，而皂帶以朝，須□禫除而即吉。詔從之。在英宗喪，屢請解官行服，合於唐舒王誼，本朝雍王元□之故事。而卒用漢制，厭□至尊不克，遂服以致其哀。及宣仁喪亦然。而因毀致疾，終以不起，其篤孝有足稱者。雅信佛法，善浮屠之祠，營蒲塞之饌。摹經刻，施名寺度僧，若方袍師名之賜，不可勝紀。嘗製文題所刻《金剛經》，破妄明真，以證無生之法。元祐中，崇慶宮甲子將復元，上用先帝尊奉光獻故事，大會都內僧尼、道士於顯聖佛寺感慈塔，王奉詔親臨，梵唄潔齋，董有祥光見塔頂，都人異之。王表請宣付太史，以昭上孝誠之感。先帝增置禪剎于京師，召道人法秀住法雲，本逸住智海，王皆問道焉。嘗以偈示本逸，及真幻之□者是之。娶馮氏，封崇國夫人，故司徒兼侍中魏文懿公拯之曾孫女。四男：曰孝純，右屯衛大將軍，早卒，贈同州防禦使，追封馮翊侯。曰孝騫，渭州防禦使。次早夭。曰孝錫，嘉州團練使，卒，贈成德軍節度使，追封永國公。八女：曰京兆郡主，適西京左藏庫副使劉言。曰華原郡主，適內殿承制□□□。曰安定郡主，適東頭供奉官潘高，卒。次二人皆早夭。曰仁壽郡主，適西頭供奉官郝師旦。次亦夭。次未封，在室。四年正月丙午啓最塗，癸丑具鹵簿儀衛伐京師，以二月丁卯葬于永厚陵之北。銘曰：

宋受寶命，枝葉百世，嶷嶷燕王，擢于慶系。英宗之子，神宗之弟，魏王之兄，太母所愛。先帝則友，誨勅從容，爾母外居，留我禁中。定省昏晨，惟予汝同，王請彌堅，迄用弗從。元祐之初，亮其勤止，肇允爾私，即安宮邸。太子臨幸，三宮燕喜，錫予便蕃，維多受祉。帝曰叔父，朕之尊屬，付爾方州，往其司牧。揚徐冀楚，大啓藩服，苴卯胙土，永綏寵祿。來朝之趨，贊詔不名；肅雝其儀，庭陛降登。丙子之秋，遘厲徂薨；上聞廢朝，震悼非寧。一品追崇，哀榮則有；刻章煌煌，光貤延久。厚陵之峨，其北維阜；既措而安，永壽厥後。

翰林藝學、皇弟祁國公閤祗候臣王□僅摹勒，鐫字祗應臣曹惠良刻石。

蓋題："宋皇叔故燕王墓誌銘"

使守太師開府儀同三司揚州牧兼荊州牧
中書令加冀州牧改封燕王墓誌銘
議大夫權知開封府兼畿内勸農使上柱國弋
内殿承制故燕王府内知客武騎尉
訃聞　上震悼即輦幸其第臨奠哭之慟且
宗室□皆往奠中大夫入□□□循無虞□節衛皆
宣閤門改視朝爲□揖起居丁卯　上素
内侍省押班臣從熙總襄事内東頭供奉官
兼中書令冀州牧燕王印綬太常上謚爲榮
不暇從事筆研頗丐□□有旨不從它日
退而太息　今天□登觀篤愛盛道中朋

局部原大

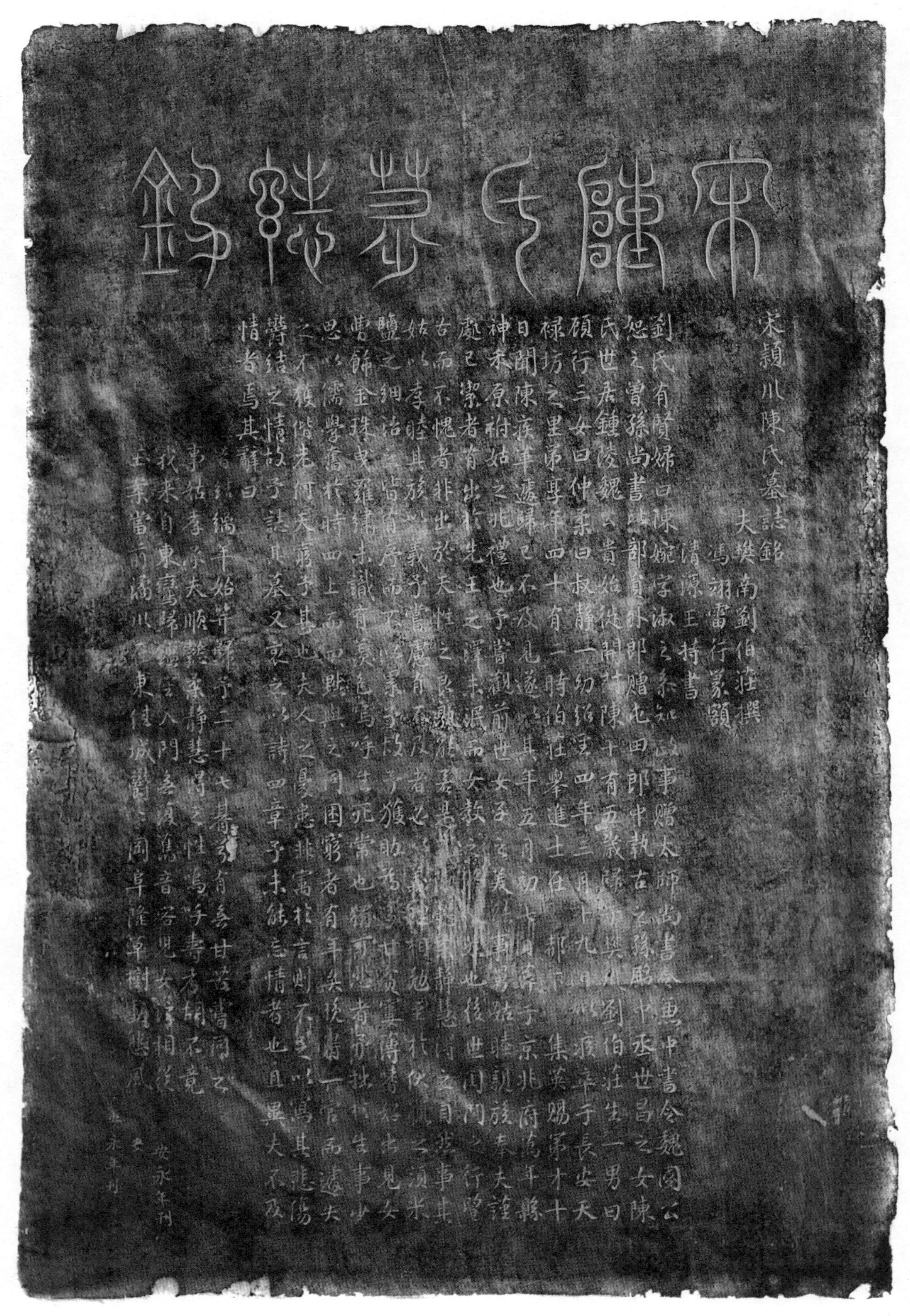

一六七　宋潁川陳氏（婉）（劉伯莊妻）墓誌銘

夫樊南劉伯莊撰，馮翊雷行篆額，清源王持書，安永年刊

紹聖四年（1097）三月十九日卒，同年五月初七日葬

誌文 24 行，滿行 28 字，正書。誌石長 76 厘米、寬 52 厘米，陝西出土。

一六七　宋潁川陳氏（婉）（劉伯莊妻）墓誌銘

夫樊南劉伯莊撰，馮翊雷行篆額，清源王持書

劉氏有賢婦曰陳婉，字淑之，參知政事贈太師、尚書令兼中書令、魏國公恕之曾孫，尚書比部員外郎贈屯田郎中執古之孫，殿中丞世昌之女。陳氏世居鍾陵，魏公貴，始徙開封。陳十有五歲歸于樊川劉伯莊，生一男曰顧行，三女曰仲柔、曰叔靜，一幼。紹聖四年三月十九日以疾卒于長安天禄坊之里第，享年四十有二。時伯莊舉進士，在都下集英賜第才十日，聞陳疾革，遽歸已不及見，遂以其年五月初七日葬于京兆府萬年縣神禾原，祔古之兆，禮也。予嘗觀前世女子之美，能事舅姑、睦親族、奉夫謹處己潔者，有出於先王之澤未泯，而女教之修使然也。後世閨門之行，望古而不愧者，非出於天性之良，孰能若是哉。陳懿柔靜慧，得之自然，事其姑以孝，睦其族以義，予嘗慮有不及者，必以義理相勉。至於伏臘之須，米鹽之細，治之皆有序，而不以累予，故予獲助為多。甘貧寠薄嗜好，出見曹飾金珠曳羅繡，未識有羨色。嗚呼！生死常也。獨可悲者，予拙於生事少思，以儒學奮於時，四上而四黜，與之同困窮者有年矣。晚得一官而遽失之，不獲偕老，何天窮予甚也。夫人之憂患，非寓於言，則不足以寫，其悲傷鬱結之情，故予誌其墓，又哀之詩四章，予未能忘情者也，且異夫不及情者焉。其辭曰：

昔結縭，年始笄，歸予二十七期兮，有無甘苦嘗同之。事姑孝，承夫順，懿柔靜慧得之性，嗚呼壽考胡不竟。我來自東，鸞歸鑑空，入門無復舊音容，兒女泣相從。玉案當前，潏川在東，佳城鬱鬱岡阜隆，草樹動悲風。

安永年刊。

額題：宋陳氏墓志銘。

注：參見本書其夫一七六《劉伯莊墓誌》。

一六八　楊畏妻王氏墓誌

王誠、王震刊

紹聖四年（1097）八月葬

誌文 21 行，滿行 24 字，隸書。誌石長、寬均 62 厘米，洛陽出土。

一六八　楊畏妻王氏墓誌

河南楊畏夫人□□縣君王氏，考，朝議大夫諱尚恭，妣福昌縣君席氏。□□而嫁，嫁二十三年卒，卒十一年而葬。曰鼎，萊州防禦推官、監西京左藏庫，未赴，卒，是為子。曰朝奉郎、隴州通判王希聲是為婿。未嫁者二，是為女。曰仲忽，才五歲，是為孫。其壽□□□□□，元祐三年五月二十六其葬，紹聖丁丑八月甲□□□葬于龍門之原，其祔皇姑長壽太夫人也。朝議公於長□□□□為從兄，恩義篤相，與長壽太夫人視君特鍾愛，然□□□□太夫人者，矜慎不少怠，其性孝柔順，謹□□守法度，□□□子言，始歸楊氏。時吾家窶，而畏不問恤私室有無，既□□□□又凡俸入門請，必聽太夫人命，君始終敬承務自□□□□，未嘗以不足告，平居儉薄，一縷不妄費，至臨義無嗇□□□□能者，當先大夫既喪二十年，諸孤未克葬。君始嫁悉豈□□□□白曰：竭此以辦，無所愛，卒用以濟親戚，或莫知而□□□不復言。元祐初，上即位，畏時出使夔州路，遣子弟事，皆例得一命恩，而子鼎、姪泰皆未官，君私以告曰：泰雖姪兄也，且吾重念太夫人愛之，請以授泰，畏曰：然。於是君徑出見太夫人，徐以白，欣然聽焉。嗚呼！君行有狀如此，則婦人之賢否，後世考焉，可鑒以為何如。於其葬也，吾心悲而為之銘。銘曰：

陰和川順天所宜，敬戒無違婦是師。君信體是無一疵，矧於見義勝己私。嗚呼死矣知者思，我不敢誣刊此辭。

王誠、王震刊。

一六九　宋故内殿崇班充真定府定州路都總管司走馬承受公事魏侯（鈞）墓誌銘

瀛洲防禦推官前知汝州龍興縣事耿轍撰，西京左藏庫副使充東南第十將訓練福州南劍興化諸州軍馬福州駐劄上輕車都尉毛思聰書，西京左藏庫副使太原府駐泊兵馬都監兼管勾在城兵馬及在城巡檢煙火賊盜公事勾當統平殿李詡篆蓋，東垣居士刊

紹聖四年（1097）七月四日卒，同年九月二十三日葬

誌文 29 行，滿行 29 字，正書。誌石長 62.2 厘米，寬 61.5 厘米，洛陽出土。

一六九　宋故内殿崇班充真定府定州路都總管司走馬承受公事魏侯（鈞）墓誌銘

瀛洲防禦推官前知汝州龍興縣事耿轍撰，西京左藏庫副使充東南第十將訓練福州南劍興化諸州軍馬福州駐劄上輕車都尉毛思聰書，西京左藏庫副使太原府駐泊兵馬都監兼管勾在城兵馬及在城巡檢煙火賊盜公事勾當統平殿李詡篆蓋

紹聖四年七月乙卯，内殿崇班、走馬承受真定府定州路都總管司公事魏侯卒于官，享年四十六。卜以是年九月癸酉葬于洛陽縣平樂鄉杜澤里先塋，禮也。曾祖廷杲，贈左神武軍大將軍。祖處約，贈左金吾衛上將軍。父孝孫，終于西京左藏庫使、河陽兵馬鈐轄致仕。侯諱鈞，字仲和，世為開封人。初命緣祖妣玉城郡主，奏補三班借職，監華州華陰縣酒稅，第考課最，嘗被恩奬，繼任在京八作司。元豐初，曹村埽決，朝庭患之，都水監有薦侯之材者，因得外都水監丞，司準備修塞隄防，旬月河復故道，澶人賴之，侯有力焉。以功授右班殿直，用任子恩轉左班殿直，年勞改左右侍禁。今上即位，覃恩遷西頭供奉官，權管勾右騏驥院。神宗山陵，就差提轄本院人馬，還部，授伊陽縣大和巡檢。伊陽為寇盜之淵藪，聞侯之來，悉皆逋逃竄伏之不暇，由是農安於耕，婦恬於織，美迹甚著，公卿交奏，頌聲騰越於道路間。秩滿，兩得高陽關總管，司按閱將兵。今尚書蔡公時為本路安撫使，荏侯之能，屢為之薦磨勘，轉東頭供奉官。丁内艱，閱歲，嗣丁左藏憂，哀毀躃踊，殆將滅性。暨外除選，充真定府定州路都總管，司走馬承受。俄改内殿崇班。侯娶衛國安仁保佑夫人之姪張氏夫人，年方及笄，為侯之配，其功容德言，咸有可稱道。至于事上恭肅，御下嚴恪，皆有法度；又能奉采蘩采蘋之職，以供祭祀，不幸先侯四年而亡，今舉其柩以祔侯之墓。子男七人：長曰句，三班借職，監宣州杜遷鎮酒稅；次曰旬、匃、勺、[illegible]，皆未任；包、甸蚤卒。女五人並幼。侯之為人，外負恢廓，内明權變，忠于國而孝于父母，友于兄弟而信于朋友。惜乎！未盡施設，遽以云亡，捐館之日，聞者莫不謂之傷悼。先事其孤狀侯之行來乞銘，義不敢辭，故爲之銘曰：

嗚呼魏侯，正而有守；克勤盡瘁，涖官弗疚。誠德于身，忠信孝友；已矣命夫，胡嗇其壽。福兮禍兮，天孰與究；欲報之德，宜昌厥後。

東垣居士刊

注：參見本書其父一五〇《魏孝孫墓誌》。

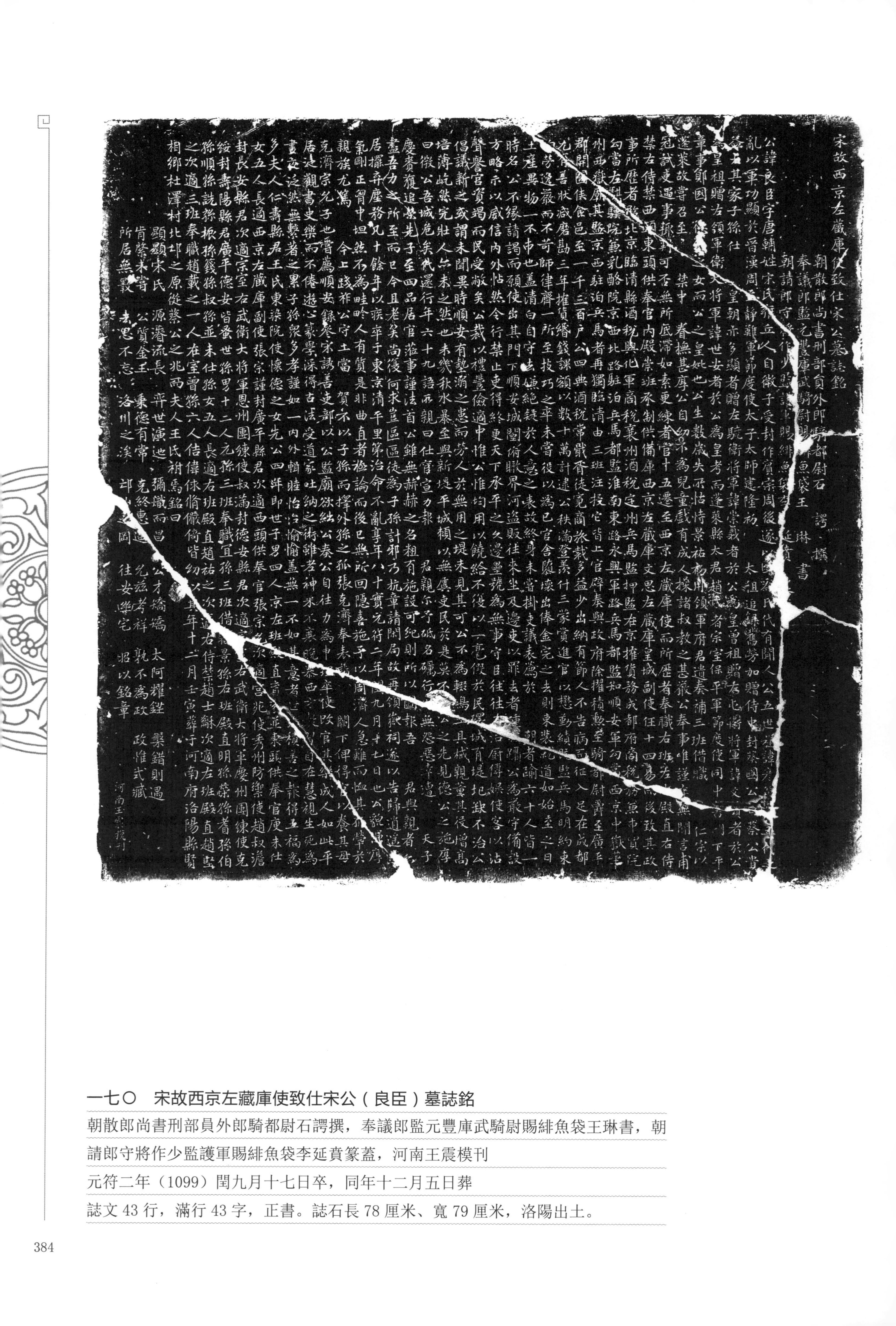

一七〇　宋故西京左藏庫使致仕宋公（良臣）墓誌銘

朝散郎尚書刑部員外郎騎都尉石諤撰，奉議郎監元豐庫武騎尉賜緋魚袋王琳書，朝請郎守將作少監護軍賜緋魚袋李延貢篆蓋，河南王震模刊

元符二年（1099）閏九月十七日卒，同年十二月五日葬

誌文 43 行，滿行 43 字，正書。誌石長 78 厘米、寬 79 厘米，洛陽出土。

一七〇　宋故西京左藏庫使致仕宋公（良臣）墓誌銘

朝散郎尚書刑部員外郎騎都尉石諤撰，奉議郎監元豐庫武騎尉賜緋魚袋王琳書，朝請郎守將作少監護軍賜緋魚袋李延貢篆蓋

公諱良臣，字唐輔，姓宋氏，雍丘人。自微子受封作賓宗周，後遂以國為氏，代有聞人。公五世祖諱彥筠，□五代之亂，以軍功顯於晉、漢、周，至靜難軍節度使、太子太師。建隆初，太祖追錄舊勞，加贈侍中，封蔡國公。因蔡公貴，益大其家，子孫仕皇朝，亦多顯者。贈左驍衛將軍諱崇義者，於公為皇曾祖；贈左屯衛將軍諱文貞者，於公為皇祖；贈左領軍衛大將軍諱世安者，於公為皇考。而蓬萊縣太君趙氏者，宗室保平軍節度使、同中書門下平章事鄖國公德鈞之女，而公之皇妣也。公生數歲，失所怙恃。景祐初，用領軍府君遺奏，補三班借職。仁宗以蓬萊故，嘗召至禁中，眷撫甚厚。公自幼不為兒童戲，有成人操，諸叔教之甚嚴。公奉事唯謹，卒無間言。甫冠試吏，遇事輒判可否，無所底滯，如素更練者。官十五遷至西京左藏庫使，而所歷者，奉職右班、左右殿直、右侍禁、左侍禁、西頭、東頭、供奉官、內殿崇班，承制供備庫、西京左藏庫文思、左藏庫皇城副使。任十四易而後致其政事，所歷者，監北京臨清縣酒稅、興化軍商稅、襄州酒稅、定州兵馬監押、監在京榷貨務、成都府商稅物兼市買院勾當、左騏驥院兼乳酪院、京西北路駐泊兵馬都監，淮南東路、永興軍路兵馬都監，知順安軍、勾當西京中嶽、華州西嶽廟。其監京西駐泊兵馬者，再獨臨清，由三班注授，它皆上官辟奏與政府除擢，積勳至騎都尉，爵至廣平郡開國侯，食邑至一千三百戶。公四典酒稅，常戢胥徒、寬商旅，裁多益少，出納有節，人不告病而征入足。在成都，尤有善狀，減磨勘三年，榷貨緡錢課額，以數十萬計。逮公秩滿，登羨什三蒙賞進官，以懋勤績。既監兵馬、明約束、均勞逸，嚴而不苛，師律齊一。所至，技巧之卒，未嘗役以為己，官舍隳壞，出俸金完之。去則束裝就道，如始至之日，土產異物，一不市也。蓋清白自守，去嫌絕疑，於人意之表，故終身未嘗掛，吏議表薦於朝者踰六十人，皆一時名公。不緣請謁，而願使出。其門下順安城闉，俯瞰界河，盜販往來，坐及邊吏，以罪去者，□□躡公，為嚴守備，設方略，示以威信，內外怗然，令行禁止。吏得終更，天下承平之久，邊壘號為無事。守臣往往□治廚傳娛使客，以沽聲譽，官資竭而民受敝矣。公裁以禮，豐儉適中，惟公惟均，用以饒給，不復以一毫假於民。環城有堤，圮缺不治，公倡議新之，或謂未聞。異時，順安有墊溺之患，而勞人於無用之堤，未見其可。公不為輟，鳴工具械，親董其役，增高培薄，屹然完壯，人亦未之然也。未幾，秋水暴至，與新堤平，城賴以無虞，吏民於是莫不□公之先見，德公之施厚。曰："微公吾城危矣。"代還，行年六十九，語所親曰："仕宦宣力報君親爾，予砥名礪行，□無怨惡。幸遭天子慶賚，獲追榮先子至四品，居官蒞事，謹法首公，雖無赫赫之名，粗有施設可紀，則所以圖報吾君與親者，亦盡吾力之所至而已。今且老矣，尚復何求，豈區區徒為子孫計耶？"乃抗章請閑局，故再領嶽祠，遂以告歸，逍遙幽居，罷棄塵務，凡十餘年，以疾卒于東京清平里第，治命不亂，享年八十，實元符二年閏九月十七日也。公貌渾厚、氣剛正，胸中坦然，不為畦畛，人有質是非曲直者，極論而後已，無所回隱。喜施予以周濟，人急難而恤其孤煢，於親族尤篤。今上踐祚，公守土當賀，不以子孫而擇。外孫之孤張克濟奉表詣闕下，俾得官以養其母。克濟，宗允子也，嘗薦順安錄參。宋誘善吏部，以公監廟，欲絀公，奏公自往，力為申理，卒使改官，其樂成人如此。平居，泛觀書史，樂而不倦；游心篆學，深得古法。受道家吐納之術，雖老神采不衰；晚慕西方教習，自在慧視生死。為晝夜泛然，無繫著之累。子孫衆多，孝謹如一；內外輯睦，怡怡愉愉，蓋無一不如其意者。世謂積善之報，得五福為多。夫人，仁壽縣君王氏，東染院使懷德之女，先公四年即世。子男四人：京，左班殿直；育、袞，并東頭供奉官；庚，未仕。女五人：長適西京左藏庫副使張宗謹，封廣平縣君；次適西頭供奉官張宗允；次適宮苑使、秀州防禦使趙

淑澮，封長安縣君；次適宗室右武衛大將軍、恩州團練使叔滿，封德安縣君；次適宗室右武衛大將軍、慶州團練使克綏，封壽陽縣君。廣平、德安皆蚤世。孫男十二人，元孫，三班奉職；宜孫，三班借職；景孫，右班殿直；明孫、榮孫、耆孫、伯孫、順孫、詵孫、振孫、籛孫、叔孫，并未仕。孫女五人：長適右班殿直趙祐之，次適右侍禁趙士龢，次適左班殿直趙堅之，次適三班奉職趙載之，一人在室。曾孫六人：佶、偉、俅、脩、儼、倚，皆幼。以其年十二月壬寅葬于河南府洛陽縣賢相鄉杜澤村北邙之原，從蔡公之兆，而夫人王氏祔焉。銘曰；

顯顯宋氏，源濬流長。弈世演迤，彌熾而昌。公才矯矯，太阿耀鋩。槃錯則遇，肯綮未嘗。公質金玉，秉德有常。克終惠迪，允茲考祥。孰不為政，政惟式臧。所居無斁，去思不忘。洛川之涘，邙山之岡。往安幽宅，昭以銘章。

河南王震模刊。

注：參見本書其妻一七一《王氏墓誌》

侯食邑至一千三百户公四典酒稅常戢胥徒寬商
狀減磨勘三年榷貨緡錢課額以數十萬計逮公秩
嚴而不苛師律齊一所至技巧之卒未嘗役以爲己
物一不市也蓋清白自守去嫌絶疑於人意之表故
不緣請謁而願使出其門下順安城闉俯瞰界河盜
以威信内外怗然令行禁止吏得終更天下承平之
資竭而民受敝矣公裁以禮豐儉適中惟公惟均用
之或謂未聞異時順安有墊溺之患而勞人於無用
然究壯人亦未之然也未幾秋水暴至與新堤平城
吾城危矣代還行年六十九語所親曰仕宦宣力報
後追榮先子至四品居官蒞事謹法首公雖無赫赫之
之所至而已今且老矣尚復何求豈區區徒爲子孫

局部原大

宋故仁壽縣君王氏墓誌銘
朝散郎尚書刑部員外郎騎都尉石　諤　撰
奉議郎監元豐庫武騎尉賜緋魚袋王　琳　書
朝請郎守將作少監護軍賜緋魚袋李　延賁　篆蓋
夫人王氏世為開封人贈左監門衛將軍諱琥之曾孫贈侍中兼中書令諱繼忠之
孫東染院使諱懷德之女而西京左藏庫使致仕宋公諱良臣之妻也年十六歸宋
氏熙寧初　神宗親祀　南郊推慶澤於天下以胥邑寵廷臣之母妻於時左
藏公為內殿承制封夫人仁壽縣君夫人生於甲族習於富貴靜默溫恭動循女則
幼事父母孝聞宗親越自有家克配君子柔順自處雍睦外接笑言必有儀度喜慍
不形容色敬上撫下無不得其歡心裁處家事小大條理平居未嘗越閨壼娣姒皆
效夫人所為而取法且誨勵其婦女使學焉自少至老始終如一稱賢婦者六十年
故左藏公從仕四紀宣力內外能不以家為慮者繄夫人內助之力至若子為能吏
咸有顯聞女修婦道克遵禮法抑又夫人母教之至也自左藏公請老與夫人白首
相對壽考康寧子孫振振就養左右歲時諸女偕其壻來非宗室之英則望族之秀
閭里嗟咨莫不榮之紹聖二年四月朔以疾終于京師春秋七十有六後四年十二
月壬寅與左藏公合葬于河南府洛陽縣賢相鄉杜澤村北邙之原子男四人京左
班殿直育衮並東頭供奉官庚未仕女五人長適西京左藏庫副使張宗謹封廣平
縣君次適西頭供奉官張宗允次適宮苑使秀州防禦使趙叔澹封長安縣君次適
宗室右武衛大將軍恩州團練使叔滿封德安縣君次適宗室右武衛大將軍慶州
團練使克綏封壽陽縣君廣平德安皆先夫人卒孫男十二人元孫三班奉職宜孫
三班借職景孫右班殿直明孫榮孫耆孫伯孫順孫誂孫振孫籛孫叔孫皆從學五
孫女其四已嫁右班殿直趙祐之右侍禁趙士龢左班殿直趙堅之三班奉職趙載
之其婿也季在室六曾孫佶偉俅脩儆倚並幼夫人諤王母從父女弟也元祐三年
與左藏公歸自順安定居京師諤始得拜夫人于清平里第辱愛之厚見則加誨而
誘進之得聞夫人之行為詳將葬夫人諸子屬諤以銘其敢以鄙陋辭謹為銘曰
猗歟慶門兮有將有公　嗣生夫人兮維德之隆
爰自笄總兮孝謹在躬　來嬪君子兮相以肅雝
男材女嫕兮有教率從　六多孫曾兮益蕃其宗
天畀淑媛兮積厚報豐　其孰與倫兮哀榮始終
蓍龜協吉兮窾地之中　揭從舅姑兮銘示無窮
河南王誠摸刊

一七一　宋故仁壽縣君王氏（宋良臣妻）墓誌銘

朝散郎尚書刑部員外郎騎都尉石諤撰，奉議郎監元豐庫武騎尉賜緋魚袋王琳書，朝請郎守將作少監護軍賜緋魚袋李延賁篆蓋，河南王誠模刊

紹聖二年（1095）四月卒，元符二年（1099）十二月五日葬

誌文 30 行，滿行 32 字，正書。誌石長 77 厘米、寬 76 厘米，洛陽出土。

釋文

一七一　宋故仁壽縣君王氏（宋良臣妻）墓誌銘

朝散郎尚書刑部員外郎騎都尉石諤撰，奉議郎監元豐庫武騎尉賜緋魚袋王琳書，朝請郎守將作少監護軍賜緋魚袋李延貢篆蓋

夫人王氏，世為開封人。贈左監門衛將軍諱琉之曾孫，贈侍中兼中書令諱繼忠之孫，東染院使諱懷德之女，而西京左藏庫副使致仕宋公諱良臣之妻也。年十六歸宋氏。熙寧初，神宗親祀南郊，推慶澤於天下，以爵邑寵廷臣之母妻，於時左藏公為內殿承，制封夫人仁壽縣君。夫人生於甲族，習於富貴，靜默溫恭，動循女則。幼事父母，孝聞宗親；越自有家，克配君子，柔順自處，雍睦外接。笑言必有儀度，喜愠不形容色。敬上撫下，無不得其歡心，裁處家事，小大條理。平居未嘗越閨壼，娣姒皆效夫人所為而取法，且誨勵其婦女使學焉。自少至老，始終如一，稱賢婦者六十年。故左藏公從仕四紀，宣力內外，能不以家為慮者，繄夫人內助之力。至若子為能吏，咸有顯聞；女修婦道，克遵禮法，抑又夫人母教之至也。自左藏公請老，與夫人白首相對，壽考康寧，子孫振振，就養左右。歲時，諸女偕其婿來，非宗室之英，則望族之秀，閭里嗟咨，莫不榮之。紹聖二年四月朔以疾終于京師，春秋七十有六。後四年十二月壬寅，與左藏庫公合葬于河南府洛陽縣賢相鄉杜澤村北邙之原。子男四人：京，左班殿直；育、袞，并東頭供奉官；庚，未仕。女五人：長適西京左藏庫副使張宗謹，封廣平縣君；次適西頭供奉官張宗允；次適宮苑使、秀州防禦使趙淑澹，封長安縣君；次適宗室右武衛大將軍、恩州團練使叔滿，封德安縣君；次適宗室右武衛大將軍、慶州團練使克綏，封壽陽縣君。廣平、德安皆先夫人卒。孫男十二人，元孫，三班奉職；宜孫，三班借職；景孫，右班殿直；明孫、榮孫、耆孫、伯孫、順孫、詵孫、振孫、鑊孫、叔孫，皆從學。五孫女，其四已嫁，右班殿直趙祐之、右侍禁趙士穌、左班殿直趙堅之、三班奉職趙載之其婿也。季在室。六曾孫：佶、偉、俅、脩、儼、倚并幼。夫人，諤王母從父女弟也。元祐三年與左藏公歸自順安定居京師，諤始得拜夫人于清平里第，辱愛之厚，見則加誨，而誘進之，得聞夫人之行為詳。將葬夫人，諸子屬諤以銘，其敢以鄙陋辭。謹為銘曰：

猗歟慶門兮有將有公，嗣生夫人兮維德之隆。爰自笄總兮孝謹在躬，來嬪君子兮相以肅雍。男材女嫕兮有教率從，亦多孫曾兮益蕃其宗。天棐淑媛兮積厚報豐，其孰與倫兮哀榮始終。蓍龜協吉兮窾地之中，揭從舅姑兮銘示無窮。

河南王誠模刊。

注：參見本書誌主之夫一七〇《宋良臣墓誌》。

一七二　宋故符公（壽現）之墓

左朝議大夫致仕柱國賜紫金魚袋張仲容撰

元符三年（1100）四月初一日葬

誌文 22 行，滿行 34 字，正書。誌石長 83 厘米，寬 48 厘米，洛陽出土。

釋文

一七二　宋故符公（壽現）之墓

公諱壽現，字漢公，姓符氏，仕五代後唐莊宗，為宣武軍節度使、追封秦王諱存審之五世孫也。初有大節，軒昂不群，務學好古，不求人知。長以世祿之及俯從武，并非其好也。性靜專，不喜□生事，不苟得不苟笑，人有善必稱，有惡必戒。治心養性，得黃老之術。自其父武衛太傅公薨，事其母仙居縣太君三十年，溫情如一日。畢其弟妹未婚嫁者數人，承順不違，惟承仙居意是奉，宗族內外咸稱其孝。迨仙居奄棄，執喪如禮，獨力以辦襄事，未嘗取兄弟一金之助。嘗謂所知曰：余奉先公遺誨，居家以孝，事君以忠，教子以經術，與人以信義，清白如是足矣。吾服事斯，語能不忝其先。雖貧甚，洎如也朋友死，無田不能葬，捨己田以葬之。遇人難，急解衣以衣之。非其志不就，非賢士大夫不友。教子孫力學，以奉先公遺誨。仕宦凡五十年，更十任，所至皆有治狀。家藏書萬卷無餘貲，惟樂善不污是好。嗚呼！系君子人歟！自元祐辛未間，其子既第，迎侍如官所，遂不出仕，如是凡十載。七十，請致仕于朝，又三年，不幸以終，享年七十有三。娶周氏，封崇德縣君，和順仁孝，親族稱懿。子一人曰世英，元祐三年進士，今為宣德郎。女二人，長適宗室淄州防禦使叔峙，次適宗室合州防禦使仲葩。孫男一人曰袤，舉進士。孫女二人，長適左班殿直李沔，次未嫁。將以元符三年四月庚子，葬于河南府洛陽縣賢相鄉陶村原，祔先武衛太傅公之域。公子世英號慟踵門，來余告曰：頃者先考，不幸奄逝，嘗誨令不必求銘于世，今也罪逆，不敢違前日之戒，且懼終無以昭萬一于後，願紀其大略，以示無窮。仲容且老矣，與公游舊，得其行事為詳，悲噎感愴，於是乎書。嗚呼！凡人之生，好名者多矣，而公能樂道好利者多矣，而公能固躬。其事親也以孝，有曾子養志之行焉；其友弟也以義，有王商推遜之德焉。教其子以道，能慰其先；行其身以善，將必顯于後。方諸世人，可以無恨矣。惜乎！志大而名不彰，才高而命不偶，官止于西京左藏副使，勳止于從三品。不能致身顯仕以大，有聞于世，守道以終。悲夫！

元符三年歲在庚辰四月初一日丁酉，左朝議大夫致仕、柱國、賜紫金魚袋張仲容謹誌。

一七三　宋故朝奉大夫騎都尉致仕王公（茂之）墓誌銘并序

朝散郎新知閬州軍州兼管内權農事護軍借紫東平畢仲游撰，承議郎添差充河東路轉運司勾當公事賜緋魚袋彭城劉沔書，朝請郎權提點江南西路刑獄公事騎都尉借紫洛陽錢彀篆蓋，袁異刊

元符三年（1100）四月十二日卒，同年七月二十日葬

誌文 38 行，滿行 41 字，正書。誌石長 82 厘米、寬 81 厘米，洛陽出土

一七三　宋故朝奉大夫騎都尉致仕王公（茂之）墓誌銘并序

朝散郎新知閬州軍州兼管內權農事護軍借紫東平畢仲游撰，承議郎添差充河東路轉運司勾當公事賜緋魚袋彭城劉沔書，朝請郎權提點江南西路刑獄公事騎都尉借紫洛陽錢轂篆蓋

元豐四年四月，河大決，澶州濮陽北流注于海，故寶文閣待制吳居易方在都水領事者，議欲匯為東流，隄故道而復之，人多言其非是，而附居易之議者亦衆。故東流北流之辯，累歲不決。是時，故朝奉大夫王公茂之為都水丞，上言傳稱：鯀障洪水，而河北有鯀隄，則是隄而障之與水爭道者，鯀事也。《書》稱：禹隨山浚川。《孟子》稱：禹疏九河，決汝漢，排淮泗，瀹濟漯，而無一言及於隄障者，禹事也。今折大河之勢而回之，則積蒭茭料人力，築隄以居，水與水爭道，小淤則小增其隄，大淤則大贈其隄，水非徒行地上也。而又行隄上，則終不免決溢之患，願因水之行善導之釃二渠，疏孫口、鑿狼村，竇巻以紓大名之急，無與水爭道。書再上各數百言下之，有司不省，後竟隄其河而回之。至元符中，河卒決，內黃北至□濫十餘郡之。朝廷治回河議者之罪，而有司返置公名於主議者，偶中因是不切事情論北而意欲東，□逐罷公所居倉部郎中職，故或謂公宜辯，公曰："我言在也，可求不必辯。"及公之亡葬且有日，其孤師覺持公上言之遺稿與宣德郎王叔堪狀，抵公同年進士畢仲游，泣血再拜，而求為銘，余故以辭不獲，又視公之遺稿艮信，因雜取叔堪所載而銘之。蓋公自隴州防禦推官五遷至朝散郎，賜五品服，又兩遷至朝奉大夫致仕，歷商州洛南縣主簿，知閬州馮翊縣，監商州阜民錢，監權京兆府觀察推官，知孟州汜水縣事，知南□丞公事，行都水監丞，夏州路轉運判官。移利州路，改提舉常平等事，權知□州。守尚書倉部員外郎，遷郎中。□□□騎都尉。曾大父諱陶，為起居郎，贈吏部侍郎。大父諱元一，為職方員外郎，贈刑部郎中。父諱世則，為□州□氏縣令，贈朝請大夫。公以元符三年四月十有二日卒于京師，以其年七月二十日葬於河南府洛陽縣金谷鄉金谷原，銘曰：

王氏居孟，徙家河清。諱奉者誰，大夫王公。公在□臣，世先□□。決科如掇，益憮厥聲。試吏洛南，攝商洛令。田公所入，車幾生平。睨而返之，歸若□燦。其在京師，從官以時。陳囚三人，□□不疑。公獨懇懇，讞而生之。既出其囚，□□以士。有勞□訟，其□□成。李馮二猾，并暴汜水。公往為縣，猾不少亡。李敢大言，我□唐齋。公曰欺余，創其非是。□馮治之，屏不出氣。元□□□，公始奉徙。為南外丞，河洶不制。公趣原武，拏丹夜瀆。奮以啟相，人恐知□。有子此行，旁立不逝。公曰歸哉，我乃王事。後決濮陽，□□□□。或曰隄北，可使東騖。公實有言，築垣而處。豈不遽回，復□就禦。公言不信，更使劍外。歲饑嗷嗷，民靡所戾。公先下貧，以及□切。廩而□之，否則吾罪。既言而行，公遂□矣。東魯嚴嚴，其政甚美。考公舊言，入朝為郎。為郎再歲，河決內黃。謂公議北，□□□□。遂去郎位，匹馬兩童。不趨而趺，固義之中。或俾公辯，公曰何哉。得之匪求，失亦自來。雖有詔之，吾口不問。人莫與直，謂天或假。所宜百年，以永居下。胡又嗇之，一疾而謝。公配張氏，繼者二室。曰江曰賈，皆祚大邑。有六男子，足侈公後。希道師覺，居長而茂。女實半之，厥孫則倍。六十有六，中壽之次。知公有人，匪時之宗。潞公太師，丞相汲公。凡厥高位，我引我庸。欲行而梱，以放于終。龜洛之北，□原隆隆。有水瀰瀰，有山崇崇。窆而銘之，以稔無窮。

袁異刊。

一七四　宋宗室左班殿直（趙士燕）妻范氏墓誌銘

翰林學士承旨中大夫知制誥兼侍讀修國史上柱國南陽郡開國公食邑二千三百戶食實封貳佰戶賜紫金魚袋臣蔡京撰，翰林書藝局藝學兼講筵奉御書臣李安中書并篆蓋，少府監玉冊官臣蹇思刻

元符三年（1100）五月二十六日卒，同年八月八日葬

誌文 18 行，滿行 20 字，正書。誌石長 74 厘米、寬 72 厘米，洛陽出土。

一七四　宋宗室左班殿直（趙士燕）妻范氏墓誌銘

翰林學士承旨中大夫知制誥兼侍讀修國史上柱國南陽郡開國公食邑二千三百戶食實封貳佰戶賜紫金魚袋臣蔡京撰，翰林書藝局藝學兼講筵應奉御書臣李安中書并篆蓋

夫人范氏，開封人。曾祖守彬，以武略名世，贈左司禦率府率。祖文用，故不仕。父昇，廣州增城縣尉。母李氏。夫人幼稚孝謹，篤於女功，不與群兒戲遊。笄年，歸宗室左班殿直士燕，即太宗皇帝之五世孫也。既歸，事舅姑勤且有禮，待宗族敬而無慢。誦佛書，戒葷酒。忽一日得疾，寖革間有問者，必被衣服興坐，敬謝如禮。既而謂其夫曰："凡囿形於天地之間者，始合終離，殆有數焉，固不可逃。然去住無常，而有常者固在，何足慮乎。"語畢遂終，享年二十二，實元符三年五月二十六日也。女一人，尚幼。以其年八月八日祔葬于河南府永安縣。銘曰：

其生也，知所戒而弗淪。其死也，奄然逝而常存。久而彌新，已矣夫人。

少府監玉冊官臣蹇思刻。

一七五　宋宗室三班奉職（趙子薦）墓記

翰林學士承旨中大夫知制誥兼侍讀修國史上柱國南陽郡開國公食邑二千三百戶食實封貳佰戶賜紫金魚袋臣蔡京撰，翰林書藝局藝學兼講筵應奉御書臣李安中書，少府監玉冊官臣蹇思刻

元符三年（1100）四月十八日卒，同年八月八日葬

誌文 12 行，滿行 24 字，正書。誌石長 82 厘米、寬 58 厘米，洛陽出土。

一七五　宋宗室三班奉職（趙子薦）墓記

翰林學士承旨中大夫知制誥兼侍讀修國史上柱國南陽郡開國公食邑二千三百戶食實封貳佰戶賜紫金魚袋臣蔡京撰，翰林書藝局藝學兼講筵應奉御書臣李安中書

君諱子薦，字彥恭，太祖皇帝七世孫也。曾祖從讜，故同州觀察使、馮翊侯。祖世智，故開府儀同三司、申國公。父令衎，右武衛大將軍、饒州團練使。母王氏，永安縣君。紹聖二年，明堂大禮，授三班奉職。元符三年四月十八日以疾卒于邸第，享年十有三。君天性仁孝，溫厚寡言。其平居燕私，惟以讀書自娛，尤精律詩，善筆札，論議非經史不出於口。以是年八月八日祔葬于河南府永安縣。謹記。

少府監玉冊官臣蹇思刻。

一七六　宋故康定軍鄜城縣主簿劉先生（伯莊）墓銘并序

朝散大夫新差知坊州軍州兼管内權農事上柱國賜紫金魚袋李嵩撰，朝奉郎新差通判相州軍州兼管内權農事飛騎尉賜緋魚袋种果書并篆蓋

元符三年（1100）七月十七日卒，同年十月十六日葬

誌文 28 行，滿行 28 字，正書。誌石長、寬均 58 厘米，陝西出土。

釋文

一七六　宋故康定軍鄜城縣主簿劉先生（伯莊）墓銘并序

朝散大夫新差知坊州軍州兼管內權農事上柱國賜紫金魚袋李嵩撰，朝奉郎新差通判相州軍州兼管內權農事飛騎尉賜緋魚袋种果書并篆蓋

有宋賢儒曰長安劉先生，諱伯莊，字子衷，自少力學，研究六經，以求聖賢義理之歸；博覽群史，以通古今治亂之跡。尤精於《春秋》之學，期欲施之有政，以顯後世。其修身行己，率皆慎重不妄，故能循蹈規矩，未嘗踰閑。少失所怙，偏親在堂，先生奉事敬嚴，甘旨必具。接昆弟親舊至和，雖僕妾得其歡心。其家累世仕宦，南北旅櫬多寄四方，先生舉曾祖而下八喪，葬于長安。其閑暇則多聚古書，日與賓朋講論，遇興則放懷泉石，作為歌詩以自娛樂。其安命忘憂，綽有古人之風，故其學行為鄉閭所衿式，長少皆樂從之，即之愈久，而益溫聽其言者。雖久而忘倦，五預鄉書，乃登進士第，調康定軍鄜城縣主簿。方西面用兵，朝廷發京西之粟數百萬以實邊，自洛至軍，車轂相連，先生受納有方，民不留滯，而公廩給足。歲旱，被檄視穀之多寡以寬民賦，先生多為蠲除，而民荷其惠。饑民困於道路，死亡甚衆，先生率僚屬聚財以賙給，而人賴其生。僚屬有所未見，則密為之告，當塗有所訪問，則稱其長而舍其短。其蒞官常以無補，於公為慮，不汲汲於名利，故人皆服其長者。其德性溫淳，襟量恢廓，與人交淡而無適，莫泛愛衆而不失色於人，故其沒也，聞者莫不傷嘆。左班殿直諱延祚者，其曾祖也。大理寺丞諱棠者，其祖也。坊州司理參軍諱玘者，其父也。娶陳氏，殿中丞世昌之女，淑德藹著，先先生而亡。男一人彥祖，應進士舉。女三人：長曰仲柔，許嫁進士尚猷；次曰叔靜，次曰康奴，尚幼。孫男一人幼。以元符三年七月十七日卒于康定軍鄜城縣官舍，享年五十有四。卜以是年十月十有六日葬于京兆府萬年縣神禾原父塋之次。其藏之家者有《無憂子文集》《春秋說》數十卷。銘曰：

其德伊何，如金如玉。其度伊何，如川如谷。樂道忘憂，知足不辱。事親敬嚴，居家輯睦。政務寬仁，民懷愛育。壽宜永也止逮中年，位宜尊也纔及寸祿。聞訃之來，遠近悲惻。形則有窮，名傳不息。

安延年刊。

注：參見本書其妻一六七《陳婉墓誌》。

一七七　宋故奉議郎簽書集慶軍節度判官廳公事武騎尉太原王君（冒）墓誌銘并序

奉議郎守監察御史兼權殿中侍御史武騎尉賜緋魚袋石豫撰，朝散郎守起居舍人雲騎尉賜緋魚袋謝文瓘書，朝奉大夫國子司業騎都尉賜緋魚袋詹文篆蓋，霍奕刊

元符二年（1099）四月二十六日卒，元符四年（1101）二月二十九日葬

誌文 41 行，滿行 50 字，正書。誌石長、寬均 108 厘米，洛陽出土。

一七七　宋故奉議郎簽書集慶軍節度判官廳公事武騎尉太原王君（冒）墓誌銘并序

奉議郎守監察御史兼權殿中侍御史武騎尉賜緋魚袋石豫撰，朝散郎守起居舍人雲騎尉賜緋魚袋謝文瓘書，朝奉大夫國子司業騎都尉賜緋魚袋詹文篆蓋

君諱冒，字居道，世為開封人。曾祖繼凝，右騏驥使、宜州刺史、贈左金吾衛上將軍。祖元慶，內殿崇班、贈左武衛大將軍。父易，宮苑使、贈右金吾衛大將軍。君幼而警穎，見善輒悟，治經讀史，一覽不復忘。既長有遠大志，凡立言持行，皆磊落丈夫，事人始賢。君之好學者，謂宜發策決科，而君之學，實志於為己，而不肯賈蓺以求售，金吾公器之。乃以任子恩，兩遷為三班，奉職皆強，而後可然。晨昏奉養，鄉黨稱其孝。久之，更授文資，調鄆州司理參軍。縣民有同耕于富家者，相殺，已服其罪。會使者案獄，乃厚誣其主，使者過聽非是，疑縣吏之受賂變實，以具獄授君。君審知其妄，執法不回。有客謂君曰："主誤殺僕，行將赦原，豈宜與使者較是非，而媒怒也。"君太息曰："使者可以見怒，而法不可撓。"繇是兩申，其冤巨室。有協貴而負恃者，豪奪民田數千畝，官吏畏憚，閱二十年不決，君一正以法，人服其公。考滿，調恩州司理參軍。部使者汪輔之，素以文章擅一時譽，見君所為文，歎曰："真天下奇才也。"繇是當道者，交章薦之為河南府澠池縣令。元豐問罪西夏，朝廷重於勞民，而和僦車馬。君聞命從容，輒發常平錢造車市馬，應給調用，辦先鄰邑。不以一毫取於民，已而自陳，邑人德君之賜，使者賴以為用。而方將列之於朝會，丁金吾公憂，君純孝之心，哀慕過制，逮其服除，三歲不調，親友迫之，為磁州邯鄲縣令。邑當虜使，道食息供饋，素假於民，縣吏乘間騷動，君至，一繩以法，而應給不匱，邑人歌之道路，為之鼓舞。由是，名滿朔道，薦者相先，改宣德郎，知應天府。寧陵縣民有寄金於人，因其死而匿之，家人訟之，病於無證。君以色聽得之，叩首服罪。人不能欺，類皆如此。邑當東南，舟車之會，衝兵民浩，穰紛爭辯。訟決以片言，以致訟庭晝空，人無留獄。日與賓客言，酌酒賦詩，熙熙如也。先是邑租歲輸于府兵，屯萬計，枉道授衣，君亟請于府，就令縣官事給納，兵民利之。鄰邑河役涉夏乃成繼，欲調夫以廣疏樌。君以麥禾方盛，不可勞民，抗論堅勤，卒如其請。逮詔卹孤老，諸郡遣官旁邑，呼召閱實，有以疾病負荷而至者，衆以為艱。君曰："以吾二三人之佚而勞千萬人，非朝廷意也。"乃檄官吏走鄉井，家至戶到，民益歸心焉。樞密直學士留守李公承之，聞君之政，以書勞君，曰："公之所陳，無不便民，可謂賢令尹矣。"邑政之餘，乃帥邑之善士，興隆禪關，集四方高德，振揚宗教，學者雲集，尤有覺於斯人。蓋君之所性雅，以淨智自證，而信道悟理，雖超然自得於方外，而未始忘物。故君之去，宋士民見思者惟曰："雖古循吏，不過爾也。"繼以通直郎，知河南府福昌縣，治跡亦如寧陵時。俄丁所生母孝感縣太君張氏憂。服除，改奉議郎簽書、集慶軍節度判官廳公事。元符二年四月二十六日，以疾卒于官舍，享年五十一。疾革之日，謂其子曰："吾嗣先人之業，不敢叛違義命，以失天下之大。或古人以死生為夜旦之常，而吾將逝矣，其未始生死者，汝知之乎？"亟命解官，神氣不亂，冥然化徃。嗚呼！君可謂達死生之理者矣。君信道甚篤，自知益明，事事之際，臨物對變，酬應不窮。雖為政如神明之先知，而抑疆嫉惡，未嘗以私滅公，然推測其心，則有如權衡，號為平等。故仕雖不顯，然不為利誘，不為勢遷。直道自任，惟學士大夫之賢者，能知其為非常之才，故交口推道，問譽四達。昔金吾公守中冀，劉摯為屬邑令，蓋嘗薦其人。逮摯為宰相，未嘗通片紙以事造請，此固義於進退爾。君生纔數歲，孝感流落于外，乃鞠于母。遂寧郡夫人劉氏愛育彌甚，及遂寧既喪，君始知之，諮諏里閭，逮走南北，求訪垂二十年，日夕懷慕，竟得于乾寧軍民舍間，君子以為孝感。逮君登朝，由是加封焉。自金吾公解官，築室于衛，逮出而從仕，悉棄資產給親戚，蒞官愛民，出於天性，介然自守，不求聞達。故其所至，人皆賢之，而惜乎才不勝命。考其所有，固宜聳壑昂霄，以大奮起，而今亡矣。君自少喜讀佛考書，晚益警悟自得，謂筌蹄之言，皆緒餘土苴。故平居宴默，心冥於道者，

不能以筆舌陳也。雅不喜陰陽家流，以拘忌為說。及丁孝感喪日者，以歲時相戾，未可葬，君曰："人子之葬其親，何心為禍福計也？"即置葬，師勿問，遂克大事，其純孝自信有如此者。君至誠樂善，勤於教子，故諸子皆好學，有文勇，自建立未見其止也。娶劉氏，承奉郎、守大理評事諲之女，封永嘉縣君，先君亡。男六人：長曰敦仁，早亡。敦義、敦禮、敦智，曰敦信，早亡。敦常，皆舉進士。女五人，長適衛州共城縣尉孔唐年，早亡。次，早亡。次適蔡州平輿縣主簿張崐。次，早亡。次幼在室。孫男一人，光祖。其孤敦義以元符四年二月庚申，葬君于河南府河南縣龍門之原，以永嘉祔焉，禮也。余世寧陵人，與君游有舊，而知君為最詳，敦義哀泣致疏，乞銘于余，故不得而辭者，義也。銘曰：

天之降才，豪傑輔世，宜展其藴，用信厥志。猗嗟王君，任重遠器，既懋其才，而嗇其位。寧介而躓，不屈而遂，奧學所充，高明積中。土苴外物，秕糠事功，發為仁術，惠先困窮。云何不永，以成厥終，子孫繼善，後昆其豐。

霍奕刊。

注：參見本書其妻一七八《劉氏墓誌》。

調親友迫之為磁州邯鄲縣令邑當雱使
鼓舞由是名滿稍道薦者相先改宣德郎
首服罪人不能欺類皆如此邑當東南舟
詩熙熙如也先是邑租歲輸于府兵屯萬
廣蹤導君以麥禾方盛不可勞民抗論堅
君曰以吾二三人之佚而勞千萬人非
政以書勞君曰公之所陳無不便民可謂
於斯人蓋君之所性雅以淨智自證而信

局部原大

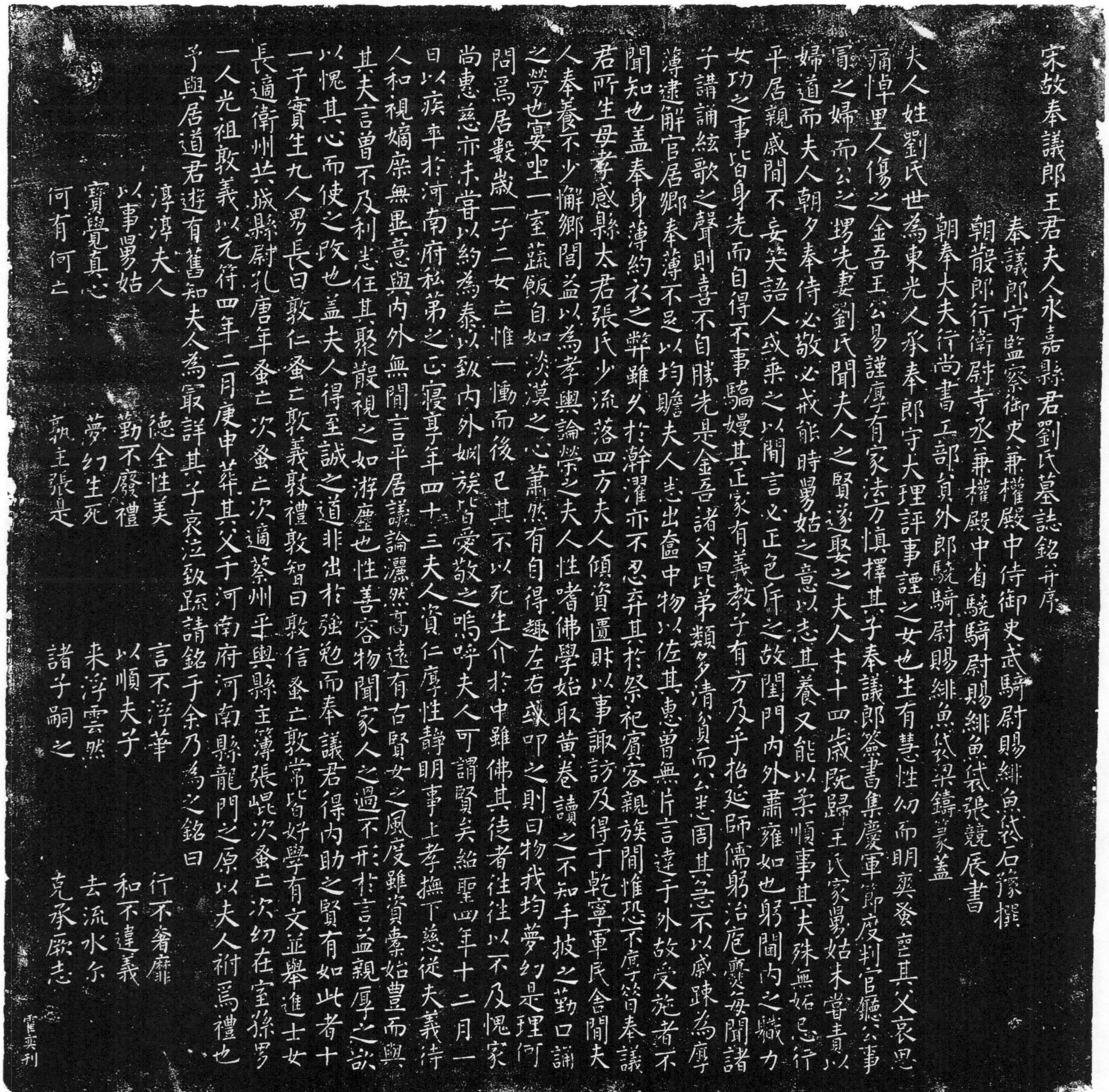

一七八　宋故奉議郎王君（冒）夫人永嘉縣君劉氏墓誌銘并序

奉議郎守監察御史兼權殿中侍御史武騎尉賜緋魚袋石豫撰，朝散郎行衛尉寺丞兼權殿中省驍騎尉賜緋魚袋張競辰書，朝奉大夫行尚書工部員外郎驍騎尉賜緋魚袋梁鑄篆蓋，霍奕刊

紹聖四年（1097）十二月一日卒，元符四年（1101）二月二十九日葬

誌文 31 行，滿行 36 字，正書。誌石長 78 厘米、寬 77 厘米，洛陽出土。

釋文

一七八　宋故奉議郎王君（冒）夫人永嘉縣君劉氏墓誌銘并序

奉議郎守監察御史兼權殿中侍御史武騎尉賜緋魚袋石豫撰，朝散郎行衛尉寺丞兼權殿中省驍騎尉賜緋魚袋張競辰書，朝奉大夫行尚書工部員外郎驍騎尉賜緋魚袋梁鑄篆蓋

夫人姓劉氏，世為東光人。承奉郎、守大理評事諲之女也。生有慧性，幼而明爽，早喪其父，哀思痛悼，里人傷之。金吾王公易，謹厚有家法，方慎擇其子奉議郎簽書、集慶軍節度判官、廳公事冒之婦。而公之甥先妻劉氏，聞夫人之賢，遂娶之。夫人才十四歲，既歸王氏家，舅姑未嘗責以婦道，而夫人朝夕奉侍，必敬必戒，能時舅姑之意，以志其養。又能以柔順事其夫，殊無妒忌行。平居親戚間，不妄笑語人，或乘之以閑言，必正色斥之。故閨門內外，肅雍如也。躬閫內之職，力女功之事，皆身先而自得，不事驕嫚。其正家有義，教子有方，及乎招延師儒，躬治庖爨。每聞諸子講誦絃歌之聲，則喜不自勝。先是金吾諸父昆弟，類多清貧，而公悉周其急，不以戚疎為厚薄，逮解官居鄉，奉薄不足以均贍。夫人悉出匳中物以佐其惠，曾無片言達于外，故受施者不聞知也。蓋奉身薄，約衣之弊，雖久於澣濯，亦不忍棄。其於祭祀、賔客親族間，惟恐不厚。昔奉議君所生母孝感縣太君張氏，少流落四方，夫人傾資匱財，以事諏訪，及得于乾寧軍民舍間，夫人奉養不少懈。鄉閭益以為孝，輿論榮之。夫人性嗜佛學，始取黃卷讀之，不知手披之勤，口誦之勞也。宴坐一室，蔬飯自如，淡漠之心，蕭然有自得趣。左右或叩之，則曰：“物我均夢幻是理，何問焉。”居數歲。一子二女亡，惟一慟而後已，其不以死生介於中。雖佛其徒者，往往以不及愧家尚惠慈，亦未嘗以約為泰，以致內外姻族皆愛敬之。嗚呼！夫人可謂賢矣。紹聖四年十二月一日以疾卒於河南府私第之正寢，享年四十三。夫人資仁，厚性靜明，事上孝，撫下慈，從夫義，待人和。視嫡庶無異意，與內外無閑言。平居議論，灑然高遠，有古賢女之風度。雖資囊始豐，而與其夫言，曾不及利，悉任其聚散，視之如游塵也。性善容物，聞家人之過，不形於言，益親厚之欲，以愧其心而使之改也。蓋夫人得至誠之道，非出於強勉，而奉議君得內助之賢有如此者。十一子，實生九人，男長曰敦仁，早亡，敦義、敦禮、敦智，曰敦信，早亡，敦常，皆好學有文，并舉進士。女長適衛州共城縣尉孔唐年，早亡。次，早亡。次適蔡州平輿縣主簿張崐。次，早亡。次幼在室。孫男一人，光祖。敦義以元符四年二月庚申，葬其父于河南府河南縣龍門之原，以夫人祔焉，禮也。予與居道君遊有舊，知夫人為最詳，其子哀泣致疏，請銘于余，乃為之銘曰：

淳淳夫人，德全性美，言不浮華，行不奢靡。以事舅姑，勤不廢禮，以順夫子，和不違義。寶覺真心，夢幻生死，來浮雲然，去流水尔。何有何亡，孰主張是，諸子嗣子，克承厥志。

霍奕刊。

注：參見本書其夫一七七《王冒墓誌》。

一七九　宋故朝請大夫致仕上柱國武功縣開國子食邑五百戶賜紫金魚袋石公（祖溫）墓誌銘并序

朝散大夫尚書戶部郎中上護軍賜緋魚袋翟堪撰，朝奉大夫權提點江南西路刑獄公事騎都尉借紫錢穀書，右朝議大夫權管勾西京留司御史臺公事上柱國賜紫金魚袋吳安行篆蓋，王誠刊

元符三年（1110）二月卒，建中靖國元年（1101）二月二十九日葬

誌文 44 行，滿行 46 字，正書。誌石長 91 厘米、寬 93 厘米，洛陽出土。

釋文

一七九　宋故朝請大夫致仕上柱國武功縣開國子食邑五百戶賜紫金魚袋石公（祖溫）墓誌銘并序

朝散大夫尚書戶部郎中上護軍賜緋魚袋翟堪譔，朝奉大夫權提點江南西路刑獄公事騎都尉借紫錢穀書，右朝議大夫權管勾西京留司御史臺公事上柱國賜紫金魚袋吳安行篆蓋

公諱祖溫，字師正，其先洛陽人。曾大父熙載，故任推忠協謀佐理功臣、金紫光祿大夫、守尚書右僕射、贈太師、尚書令兼中書令、代國公，謚元懿，配食太宗廟。曾祖妣張氏，南陽郡太夫人；後張氏，安定郡太夫人。大父中立，故任太子少師，贈太子太傅，謚文定。祖妣張氏，南陽郡夫人；王氏，太原郡夫人。父昭簡，故任太子右贊善大夫，贈金紫光祿大夫。妣楚氏，江陵郡太夫人。公幼有淑質，寡言不戲，有成人風。三歲，以文定任戶部侍郎。遇慶曆元年郊禋，補守將作監主簿。七歲，居金紫喪，毀慕如禮。事母孝，得於天性。文定深愛之，嘗曰："世吾家必此兒也。"皇祐二年，覃恩授太常寺太祝。未冠，以急於祿養，太夫人欲其仕，廼調官監應天府寧陵縣倉草場，從母志也。嘉祐三年，遷大理評事，明年，判三司勾院。李及之知公才，表奏監秦州稅商、賈阜、通號，稱職，當塗咸薦之，遷光祿寺丞。八年，監在京倉草場，賜五品服。覃恩遷大理寺丞，旋遷右贊善大夫，知大名府冠氏縣。時朝廷遣使講議役書，訪所以便民者，諸邑紛然，衆論旁午，公獨默如，迨諸邑紛定，徐曰："吾君吾相以民力為重，四□□□□□，或以戰□，雖廟堂議具不之決，更遣使者訪諸郡縣，今諸邑紛，如高者為名太寬，卑者急功近太迫，恐非朝廷愛民意，下邑所□，特以中為制，□□□□然，諸縣咸以為法。"朝廷嘉之。神考即位，遷殿中丞。尋以太夫人憂，服除，知許州陽翟縣，遷國子博士。□是為今者，嘗病達人，□姓占籍，怙勢不以繩以法。公曰："郡守、縣令民之師帥，吾何容心焉，第一以公心治之，有善必稱，有惡必懲。"未數月，靡然風變，□者無十九，時謂有魯恭卓晟之風，民到于今稱之。秩滿，堂選監在京竹□務，遷尚書虞部員外郎。九年，差通判渝州，旋改保定軍，遷司門員外郎。元豐三年，通判衛州。官制改，換授朝散郎。衛居大河之要□□，初徙公國□□家勤勞于外，雖寒暑甚，不少懈，人鮮及之。會市易推行，委公督察河北路錢帛，上□不得□，累月就緒。遷朝請郎，差知鳳州，加上柱國。哲宗御極，遷朝奉大夫，八年，賜三品服，遷朝散大夫。元祐三年，差知夔州，兼提舉本路兵馬賊盜公事。巴峽土風陋惡，凡有疾，雖父子別室穴居，以□餉□。喪則暴露山谷，□□不之怪之。公下車聞之惻然，召諸邑令，語以孝悌忠信、養生送死之法，且曰："民本生厚第在上者，無以教之，爾誠能□是心以教之，有不從者，官為如律，若是懲勉，而不率者，吾未之信也。"未踰年，風俗為之丕變，民賴以生，卒葬者多矣。秩未滿，吏部尚書蘇公頌、戶部尚書李公常以公才可用上之，擢本路轉運判官。夔路諸司以公治夔最奏諸朝，復下責實，會□已被進擢，乃聞乞罷不行，不近名類如此。元祐六年，遷朝請大夫，還朝，除江南西路轉運判官，未赴，改梓州路，避親，改利州路。本路調度，藉鹽利為多，民間舊有匿□不輸，久弗治。公下車究得狀議者，請自匿，始償課，□曰不可，若是民將蕩產不足償矣，即自根括日為始，百姓欣然，歲用以辨，公之力也。還朝，以亳州明道宮居洛。元符二年，進封開國子，加食邑凡五百戶，三年二月歸印于朝，是月以疾終于私第，享年六十有二。公天性孝友，資品渾厚，自其少時，酷好文史，有繼志述事之志。迨從仕，廉慎勤恪，所至，以才稱。仕宦幾五十年，未嘗及家事，不治業產，惟靜默有常，是好伏臘之外，悉分諸孤。息出適女兄，其資槖雖貧甚，洎如也。元懿、文定葬，屬諸昆幼神道皆未立。公嘗有發揚潛德之志，迨居洛，□文□□□國蘇公，二公之德益顯。季弟通直君蚤卒，遺二女一子，悉承顯族，以婚嫁之，人不知其為姪者。嘗訓諸子曰："爾等仕宦，必廉慎奉法，無懸吾憂。"雖遠信□及其□慎如此。嗚呼！真君子人歟。娶故樞密使王仁贍孫女，封長壽縣君。男八人，三蚤亡，仲先，宣議郎，前知青州臨淄縣；仲□，前成都府郫縣尉；仲川，前慈州鄉□縣尉兼主簿；仲涓、

仲遷皆進士。女三人，一蚤亡，次適鄉貢進士時孜，次適潁州萬壽縣令、夔州路轉運司管勾帳司文字王良翰。孫男十四人，六蚤亡，八尚幼。孫女十六人，六蚤亡，十在室。有詩二十卷，藏于家，藻麗秀發，世多稱之。諸孤號慟鍾門，且予告曰，仲先等獲罪于天，先考大夫不幸，將以建中靖國元年二月二十九日葬於河南府洛陽縣宣武村，祔先元懿公之塋，乞銘于堪，竊惟公之行實有聞，于生平昔得，其行事為詳，於是乎書銘曰：

維嶽降神，與時斯契；有開必先，肇生元懿。君明臣良，不苻而會；章聖廟廷，實為之配。繼生文定，允也其□；父子胥顯，搢紳之師。踐歷二府，為國耆龜；功名偉曄，汗□不□。逌公四世，恭恪勤瘁；未冠而仕，已如歷試。身不己營，志弗懷貳；宜諒孝友，永錫其類。守邦刺部，垂二十年；善彰惡癉，流承化宣。家傳有子，壽胡不延；勒銘幽宮，以昭其先。

王誠刊。

注：參見本書誌主之曾祖〇二五《石熙載墓誌》及祖〇六六《石中立墓誌》。

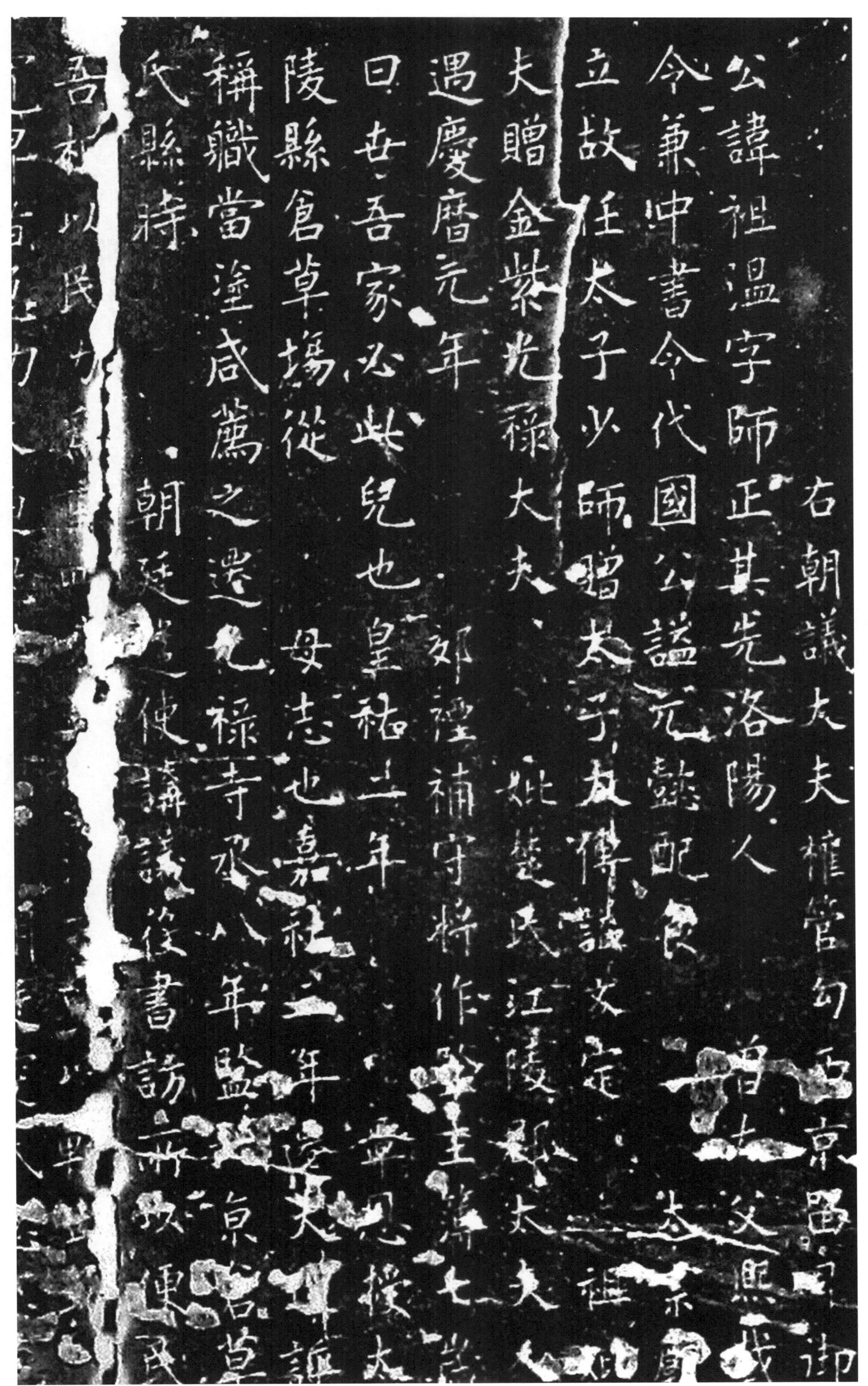

右朝議大夫權管勾西京留司御
公諱祖温字師正其先洛陽人曾大父熙□
令兼中書令代國公謚元懿配食太宗廟
立故任太子少師贈太子太傅謚文定祖
夫贈金紫光禄大夫妣楚氏江陵郡太夫人
遇慶曆元年郊禋補守將作監主簿七歲
曰毋吾家必此兒也皇祐二年覃恩授太
陵縣倉草場從母志也嘉祐二年遷大理評
稱職當塗咸薦之遷光禄寺丞八年監□泉倉草
氏縣特朝廷遣使講議役書訪□□便民

局部原大

一八〇　宋扶風馬氏（范純禮妻）墓誌銘

元符二年（1099）十二月十九日卒，建中靖國元（1101）年四月葬

誌文 23 行，滿行 17 字，篆書。誌長 55 厘米，寬 56 厘米，洛陽出土。

一八〇　宋扶風馬氏（范純禮妻）墓誌銘

承務郎范正己之母馬氏，瀛州河間人。生七歲，以良家子養於今尚書右丞范公純禮。恭順勤恪，有志趣。公之室、高平郡夫人王，愛歧異甚，他不得倫比。為軋己者轢蹩排擯，一不與校，而經弗能間。夫人寢疾，無強子女，獨周旋奉事，憂見顏色。既薨，哭泣哀毀，吊者閔焉。公察其忠實，屬以家事，内外上下，罔不賓伏。於范氏宗族姻婭，雖兒女行輩，見之離立避道，強之坐，必絕席降等，其律身嚴分如此。至有所撓，正色執議，莫可回奪。為公生一女一子，齒方少即自屏，稀復進見，推擇其餘，使奉巾盥。家人時有鬬決，度不得已，然後與之區處，皆中節度。脩西方淨土觀，稱其佛號，日數千過。帷裳素縵，往往不茹葷血。元符二年十二月丙辰旦，起坐如平時，呼其兒孫唱使誦佛。少焉瞑目，若將假寐，然視之，卒矣。享年四十有六。建中靖國元年四月庚子，葬河南萬安山之麓。女適軍器少監韓跂。孫男三人：直愚、直友、直內。女三人，皆幼。後五月，直友亦卒，今祔于墓隧之左次，前事其子謂王壽卿曰："子以吾母銘。"銘曰：

擢德於泰，以約處躬，祭從其子，而饗卒豐。

大宋故安喜縣君楚氏墓誌銘

降授朝散郎知嘉州軍州兼管內勸農事飛騎尉借紫李宏撰
朝請郎新差知邛州軍州兼管內勸農事騎都尉借紫趙允書
朝奉郎新差知鼎州軍州兼管內勸農事飛騎尉借紫張建侯篆蓋

一八一　大宋故安喜縣君楚氏（任拱之妻）墓誌銘

降授朝散郎知嘉州軍州兼管內勸農事飛騎尉借紫李宏撰，朝請郎新差知邛州軍州兼管內勸農事騎都尉借紫趙允書，朝奉郎新差知鼎州軍州兼管內勸農事飛騎尉借紫張建侯篆蓋

紹聖二年（1095）十二月十二日卒，建中靖國二年（1102）正月十七日葬

誌文 26 行，滿行 26 字，正書。誌石長 63 厘米、寬 62.5 厘米，洛陽伊川出土。

一八一　大宋故安喜縣君楚氏（任拱之妻）墓誌銘

降授朝散郎知嘉州軍州兼管內勸農事飛騎尉借紫李宏撰，朝請郎新差知邛州軍州兼管內勸農事騎都尉借紫趙充書，朝奉郎新差知鼎州軍州兼管內勸農事飛騎尉借紫張建侯篆蓋

故朝散郎致仕任公諱拱之之夫人楚氏，前達州司戶參軍諱敏中之女，殿中丞、贈左金紫光祿大夫諱繼隆之孫，水部員外郎、贈屯田郎中諱蘭之曾孫也。其先京師人，遠祖大理評事諱蘊徙居汝州襄城縣，肇金紫公居河南府潁陽縣，遂世其家。夫人幼而穎悟，長則聰慧，方在室時，治事已有條理，司戶公愛之，為擇良配，既冠，歸任氏。任氏大家，內外親族，何啻數百人，夫人上承下御，無不得宜。其姑早世，事舅中大孝而盡禮，中大寢疾彌歲，夫人侍藥供膳，禮如一日，略無懈色，其孝謹也如此。元豐六年七月，朝散公陞朝遇南郊，恩封安喜縣君。夫人性重寡言，約己厚人，治內事無巨細，有規法，親賓無不器服。生平樂誦佛書，頗通奧義。疾革之日，正坐而逝，神色如故，衆亦異之，實紹聖二年十二月十二日，終于河南府嘉善坊甲舍之正寢，享年六十有四。諸孤卜建中靖國二年正月十七日癸酉，舉夫人之喪於河南府河南縣洛苑鄉中梁里，祔朝散公之墓。夫人生子男三人：長曰諫，前汝州梁縣主簿；曰該、曰訪未仕。女四人：長適進士李鐸，次適新授雄州防禦推官李實，次早世，次適進士裴彥世。孫男二人：宗彥、忠彥。孫女十人并幼。銘曰：

韙歟夫人，性明智富；歸嬪君子，克諧婚媾。處之大家，謹禮無邪；動不踰規，儉不務奢。上承下御，所宜至裕；孝奉舅恙，弗懈朝暮。邑封顯榮，家道昌盈；佛書究義，寂滅何輕。新邃幽宅，祔安爾形；永播令德，刻石斯銘。

宋故奉議郎王君墓誌銘并序
朝奉郎管勾南京鴻慶宮武騎尉賜緋魚袋江公望撰
承議郎尚書司門員外郎武騎尉沈濟書
承議郎致仕賀鑄篆蓋
君諱遹字子敏姓王氏世為趙郡臨城人贈太師中書令璘於君為曾大父工部侍郎知
樞密院事贈司徒謚忠穆駿於君為大父比部郎中知濮州贈金紫光祿大夫正路於君
為元孝忠穆公器節勳業書在 國史流風餘習至君元孝雖未盡見於設施然樂善好
士士夫稱之生君宜其光居克大於其後矣君幼孤為童稚已不羣克志勵操不為科舉
學遊彭門太守蘇公軾一見而器之遇之如平生學日益進操節日益勵而預鄉書而黜
於春官自誓曰予不利於今舉則已矣行為遠引深遯之計達則行所學不達則取足於
一身其樂顧不泰哉明年與第進士授信州司法參軍以故易應天府寧陵主簿邑當水
陸之衝奔走鞅掌無寧日凡職事困悴皆所不辭留守孫公升喜士類愛惜人才命攝府
掾以寧逸完養其氣秩滿遷瀛州防禦推官知華州下邽縣下邽為繁劇犴獄凶訟無日
無之操刃行於盤根錯節間所過立斷至於善良擾之如子時 朝廷發近郡夫興鄜延
進築之役君董役往返凡二年顧佗邑已者如歸君竟事無一人含役而亡者為政有之
理皆此類也雖帥李公琮列君治狀上之部使者繼之君於進取未嘗容心雖薦者莫知
其誰何代還薦員溢格改宣德郎 覃恩加奉議郎知河南府登封縣 廟堂有知君者
擬君掌教公族卒以貧辭除知開封府考城縣未行改知河南府 陵臺令兼知永安縣
事 陵寢所在中貴絡繹遇之稍失撙則事有出於意表而非防閑之所及者君處之有
剛柔之節天材優贍臨事裕如也君風止可觀眼如點漆膏理韶潤皙白自是風塵表物
間居汝海精舍以道術自持泊然不累世事一日得疾與處如平常淹月疾革神觀不亂
家人問所以語後者竟無一語而卒實崇寧三年正月十八日也享年四十有八以其年
四月二十七日葬于臨城龍門鄉西口原母宋氏咸寧郡太君李氏晉寧郡太君李氏會
寧郡太君妻江氏蓬萊縣君男三人庶唐賡廣蚤卒二女亦先君而卒越崇寧四年五月
二十五日蓬萊君卒政和元年九月二十四日將合葬於君之塋其子廣以承議郎陳瑞
禮所纂行狀并書乞銘于江公望君於公望為妹壻平昔雅相知厚義不得辭君天性純
孝篤於友愛視長兄之疾通夕不解帶藥不嘗不進次兄卒撫遺腹子如己子所與交皆
天下端人善士朋友故舊非大故不棄賓客至隨豐約必具觴豆以盡歡至沒齒未嘗一
言以及貨利學有胷襟能作近體詩以自見翰林蘇公軾況之曰美田且非其種而植之
莫不猥大況以其種而益之以灌溉其生達豈易量哉蘇公弟侍郎轍亦曰王氏之遺懿
其在君乎嗚呼天不假之年而止於斯乎銘曰
堂堂天樞　妙翰忠穆　藉藉士口　允屬臨濮
天何為哉　永安之祿　慶莫裕後　年弗克德
厚土不誣　茂貽爾則

一八二　宋故奉議郎王君（遹）墓誌銘并序

朝奉郎管勾南京鴻慶宮武騎尉賜緋魚袋江公望撰，承議郎尚書司門員外郎武騎尉沈濟書，承議郎致仕賀鑄篆蓋

崇寧三年（1104）正月十八日卒，同年四月二十七日葬

誌文 34 行，滿行 34 字，正書。誌石長 73 厘米、寬 73.5 厘米，河北出土。

一八二　宋故奉議郎王君（遹）墓誌銘并序

朝奉郎管勾南京鴻慶宫武騎尉賜緋魚袋江公望撰，承議郎尚書司門員外郎武騎尉沈濟書，承議郎致仕賀鑄篆蓋

君諱遹，字子敏，姓王氏，世為趙郡臨城人。贈太師、中書令璘於君為曾大父。工部侍郎、知樞密院事、贈司徒、謚忠穆嚴於君為大父。比部郎中、知濮州、贈金紫光祿大夫正路於君為元考。忠穆公器節勳業，書在國史，流風餘習。至君元考，雖未盡見於設施，然樂善好士，士夫稱之。生君宜其光啟，克大於其後矣。君幼孤，為童穉已不群，克志勵操，不為科舉，學游彭門。太守蘇公軾一見而器之，遇之如平生，學日益進，操節日益勵。兩預鄉書，兩黜於春官，自誓曰："予不利於今舉則已矣。行為遠引深遁之計，達則行所學，不達則取足於一身，其樂顧不泰哉。"明年，與弟進士，授信州司法參軍，以故易應天府寧陵縣主簿。邑當水陸之衝，奔走鞅掌無寧日，凡職事困悴皆所不辭。留守孫公升喜士類，愛惜人才，命攝府掾，以寧逸完養其氣。秩滿，遷瀛洲防禦推官，知華州下邽縣。下邽為繁劇，犴獄兇訟無日，無之操刃，行於盤根錯節間，所過立斷。至於善良，擾之如子。時朝廷發近郡夫，興鄜延進築之役，君董役，往返凡二年，顧佗邑亡者如歸，君竟事無一人舍役而亡者，為政有文理皆此類也。雍帥李公琮列君治狀上之，部使者繼之。君於進取未嘗容心，雖薦者莫知其誰，何代還薦員溢格。改宣德郎，覃恩加奉議郎，知河南府登封縣。廟堂有知君者，強君掌教公族，卒以貧辭。除知開封府方城縣，未行，改知河南府陵臺令兼知永安縣事。陵寢所在，中貴絡繹遇之，稍失撙，則事有出於意表，而非防閑之所及者，君處之，有剛柔之節，天材優贍，臨事裕如也。君風止可觀，眼如點漆，膚理韶潤晰白，自是風塵表物。間居汝海精舍，以道術自持，泊然不累世事。一日得疾，興處如平常，淹月疾革，神觀不亂，家人問所以語後者，竟無一語而卒，實崇寧三年正月十八日也，享年四十有八。以其年四月二十七日葬于臨城龍門鄉兩口原。母宋氏，咸寧郡太君；李氏，普寧郡太君；李氏，會寧郡太君。妻江氏，蓬萊君，卒，政和元年九月二十四日將合葬於君之塋。其子廉，以承議郎陳端禮所簒行狀并書乞銘于江公望，君於公望為妹婿，平昔雅相知厚，義不得辭。君天性純孝，篤於友愛，視長兄之疾，通夕不解帶，藥不嘗不進。次兄卒，撫遺腹子如己子。所與交，皆天下端人善士、朋友故舊。非大故不棄賓客，至隨豐約，必具觴豆以盡歡。至沒齒，未嘗一言以及貨利。學有胸襟，能作近體詩以自見。翰林蘇公軾亦曰："王氏之遺懿，其在君乎？"嗚呼！天不假之年而止於斯乎？銘曰：

堂堂天樞，妙斡忠穆。籍籍士口，允屬臨濮。天何為哉，永安之祿。慶莫裕後，年弗充德。厚土不誣，茂貽爾則。

蓋題："宋奉議郎王君墓志銘"。

注：參見本書其妻二〇二《江氏墓誌》，并參見本書其祖〇五八《王嚴墓誌》。

宋故張夫人墓誌銘并序

通仕郎耀州雲陽縣令主 康朝 撰并書

朝奉大夫通判澶州軍州兼管內勸農事護軍錢 景略 篆蓋

余友錢子真僑居有邑一日過余出其妻母張夫人行狀求余為銘夫人之夫家曰劉氏世為邑人非余親且舊也不亦可以辭乎已而得夫人為名相南人與余為同郡熟其家世而又夫人有懿行故樂為書之惟丞相英謚文定諱齊賢於夫人為高祖其先曹南人丞相徙焉曾祖宗禮贈吏尚書祖子元殿中丞父仲然著作佐郎著作君文學籍籍有譽周急重諾得名於時夫人年十八無怙恃諸季幼家事不理已自能處畫有法居喪齋戒誦佛書宗族稱其孝夫人有姑先適大理寺丞劉君絳雅知其賢俾其子奕委禽以聘焉夫人歸二十一歲事舅姑惟謹寺丞母仙源君尤悅愛之寺丞繼室錢氏丞相中書令文僖公之女人頗謂貴族為難事夫人顏色未嘗忤且佐佑其夫得展意孝道母子間卒無一語後嚬閫政豐不踰度儉能中禮鮮華甘煖不以自奉左右之人不問戚疏施與均一劉氏饒於財靡有角尖之耗私父母家或恡而問者則曰世多以是取誹吾尚忍為此上累先人哉教諸子以恭儉脩身為務有過失輒不食繼以泣弗加譴責子孫感其慈訓亦莫敢犯也人有疾病親為扶持粥藥皆經心手其至誠惻怛蓋出於天性尤喜人節義自守凡有善必稱之內外親族見者莫不肅然加敬此又婦人之所難也崇寧三年九月二十二日以疾終於家春秋六十有六其夫隱居不仕先夫人十二年卒子男三人曰戩曰戢曰載戩載皆蚤亡戢孝而謹愿能保其家者也女二人長適宣德郎錢恢即子真也次亦繼歸子真孫男四人焴煒燁煥女三人長適三班借職錢忱餘在室其子戢卜以是年十二月初三日合葬于京兆府鄠縣珍藏鄉貨泉里先君之兆禮也余與子真游舊矣審其為可信士狀夫人之行為不誣則與之銘曰

文定之勳　載于典冊　爰有女孫　亦紹厥德

作配金刀　聿脩婦職　孝慈惠和　可儆可則

胡不百年　天予之嗇　南山之陰　下有松柏

魂兮歸來　以安斯宅

安敏男延年刻

一八三　宋故張夫人（劉奕妻）墓誌銘并序

崇寧三年（1104）九月二十二日卒，同年十二月三日葬

誌文 28 行，滿行 29 字，正書。誌石長 61.9 厘米、寬 61.5 厘米，陝西出土。

一八三　宋故張夫人（劉奕妻）墓誌銘并序

通仕郎耀州雲陽縣令王康朝撰并書，朝奉大夫通判澶州军州兼管内勸農事護军錢景略篆盖

余友錢子真，僑居有扈，一日過余，出其妻母張夫人行狀，求余為銘。夫人之夫家曰劉氏，世為扈人，非余親且舊也，不亦可以辭乎。已而，得夫人為名相□□南人，與余為同郡，熟其家世，而又夫人有懿行，故樂為書之。惟丞相英國公，謚文定，諱齊賢，於夫人為高祖，其先曹南人，丞相徙焉。曾祖宗禮，贈吏部尚書。祖子元，殿中丞。父仲熊，著作佐郎。著作君文學籍籍有譽，周急重諾，得名於時。夫人年十八無怙恃，諸季幼家事不理，已自能處畫有法。居喪，齋戒誦佛書，宗族稱其孝。夫人有姑，先適大理寺丞劉君絳，雅知其賢，俾其子奕委鴈以聘焉。夫人歸二十一歲，事舅姑惟謹，寺丞母仙源君尤悅愛之。寺丞繼室錢氏，丞相中書令文僖公之女。人頗謂贵族為難事，夫人顔色未甞牾，且佐佑其夫，得展意孝道，母子間卒無一語。後顓閫政，豐不踰度，儉能中禮，鮮華甘煗，不以自奉，左右之人，不問戚踈，施與均一。劉氏饒於財，靡有角尖之耗私父母家。或怪而問者，則曰："世多以是取譏，吾尚忍為此，上累先人哉？"教諸子以恭儉修身為務，有過失輒不食，繼以泣，弗加譴責，子孫感其慈訓，亦莫敢犯也。人有疾病，親為扶持，粥藥皆經心手，其至誠惻怛蓋出於天性。尤喜人節義自守，凡有善必稱之，内外親族見者莫不肅然加敬，此又婦人之所難也。崇寧三年九月二十二日以疾終於家，春秋六十有六。其夫隱居不仕，先夫人十二年卒。子男三人：曰戣，曰戬，曰載，戣、載皆蚤亡。戬孝而謹愿，能保其家者也。女二人：長適宣德郎錢恢，即子真也。次亦繼歸子真。孫男四人：炤、煒、燁、焕。女三人，長適三班借職錢忕，餘在室。其子戬，卜以是年十二月初三日合葬于京兆府鄠縣珍藏鄉貨泉里先君之兆，禮也。余與子真游舊矣，審其為可信士，狀夫人之行為不誣，則與之銘曰：

文定之勳，載于典册。爰有女孫，亦紹厥德。作配金刀，聿修婦職。孝慈惠和，可傚可則。胡不百年，天予之嗇。南山之陰，下有松栢。魂兮歸來，以安斯宅。

安敏男延年刻　。

注：參見本書其夫一四九《劉奕墓誌》；又見本書其祖〇七三《張子元墓誌》。

一八四　宋故宣德郎知鄜州洛交縣事馮府君（貽孫）墓誌銘并序

承議郎涇原路經略安撫司勾當公事賜緋魚袋陳述之撰，朝請大夫管勾西京嵩山崇福宮柱國張保淳書，寶文閣待制定州路安撫使兼知定州黃寔題蓋

元豐四年（1081）五月十一日卒，崇寧三年（1104）十一月二十六日葬

誌文 27 行，滿行 27 字，正書。誌長 62 厘米、寬 61.5 厘米，洛陽偃師出土。

一八四　宋故宣德郎知鄜州洛交縣事馮府君（貽孫）墓誌銘并序

承議郎涇原路經略安撫司勾當公事賜緋魚袋陳述之撰，朝請大夫管勾西京嵩山崇福宮柱國張保淳書，寶文閣待制定州路安撫使兼知定州黃寔題蓋

府君諱貽孫，字仲謀，洛人也。故丞相、魏國文懿公諱拯之曾孫；贈刑部侍郎諱用已之孫；文思使、梓夔路兵馬鈐轄諱維禹之第四子也。兄弟好學，能世其家。以父蔭補三班借職，又改奉職，君曰："是豈足以行吾志。"於是，鏁其廳舉進士，遂與薦送。以母病不赴春宮，換授河中府河東縣尉，避親嫌，調孟州司戶參軍。時大丞相富鄭公鎮孟州，才其為吏部使者選，攝新安縣，以譽聞。丁父憂，服除，授汜水縣主簿。又以母憂去，再調石州司法參軍。石守武人，欲君曲法，以得積俸，君拒而不從，守復稱其剛果，用帥臣等，薦為懷州防禦推官，知潞州襄垣縣事。又以親嫌，對移相州林慮縣。縣有十年稅欠，君以術理之，不大擾而足。秩滿，用舉者，遷宣德郎，知鄜州洛交縣事。到官兩月感疾卒，寔元豐四年五月十一日也，享年四十有三。娶樂氏，贈刑部尚書諱許國之孫。繼室陳氏，龍圖閣直學士、左中散大夫諱安石之女。男紹祖，京兆府乾祐縣令，管勾太原府團栢鎮煙火公事，亦以才聞，後君十四年卒。女適進士李蒼舒。孫男三人：定國、彥國、康國，并舉進士。女孫一人，早夭。君和裕明達，蓋將有為，而命奪其志。出於相門，而氣無驕矜。與人交，恂恂有始終。君之卒也，藁葬者幾三十年。陳氏先君得廢疾，而心計有餘，能幹葺生事，幾於家肥。將卜以崇寧三年十一月二十六日葬君於偃師縣洛南鄉香裕里之塋，以銘屬其從弟述之，述之以謂：生不擄其有，而死能安其歸，是可銘也。銘曰：

既畀其德，胡薄其仕；既富其才，胡嗇其壽。強仕之年，命抑所有；迷冥陰施，其理奚究。猗歟寡妻，惸惸在疚；三十年間，送終卹幼。力勉諸孤，舉君之柩；歸藏新丘，俾安永久。

注：參見本書其曾祖〇四九《馮拯墓誌》。

一八五　宋故廉府君（沅）侯夫人墓誌銘并序

朝奉郎通判雄州軍州事賜緋魚袋陳叔度撰，朝奉郎通判忻州軍州事賜緋魚袋李防書，

從事郎新授麟州新秦等縣令兼主簿常价篆額

崇寧三年（1104）十月十二日卒，崇寧四年（1105）正月初三日葬

誌文27行，滿行28字，正書。誌石長104厘米、寬57厘米，山西出土。

一八五　宋故廉府君（沅）侯夫人墓誌銘并序

朝奉郎通判雄州軍州事賜緋魚袋陳叔度撰，朝奉郎通判忻州軍州事賜緋魚袋李防書，從事郎新授麟州新秦等縣令兼主簿常价篆額

夫人侯氏，世為上黨大族。父諱崇，隱德不仕。妣李氏，生女三人，夫人乃其長也，生而賢淑，動成儀範，年十七，歸同里廉沅，循執婦道，不好華侈，務從儉約。逮事舅姑，夙興夜寐，寧自炮爨供饋，曾勿憚煩。天性喜親，屬下及女御，中外無間；鞠育孤遺，尤加恩紀。鄉閭聞夫人之風，而取為法。則閨庭之間，勤儉柔順，喜怒未嘗形於色。惟務以義禮訓飭諸子，俾勉為商，孜孜不怠。而諸子克承夫人之志，貿易四方，不數年間，寖大其門，遂昇府之上列，皆出夫人之教也。府君掌握常不啻鉅萬，夫人終不以貨殖自私，里中有貧乏者，不以親疏為間而周濟之，亦婦人之所難能也。治內之暇，持誦佛書，以《金剛》《上生》之類，日常為課，轉念於《心經》一藏，而又聽習《法華》《圓覺》，深得理趣。夫人近歲染疾，幾踰百日，病勢甚劇，橐貯餘貲易之，召釋道之流，飯及數百。男拯奉夫人之命，洗浴盥漱，齋戒嚴潔，設醮奏章於天，凡三晝夜，獲得痊愈，其好善之心如是之焉。崇寧三年十月十二日昏時，言語忽變，俄瞑其目，遽然不救，終於宅之正寢，享年五十四。男一人曰拯，純雅至孝，能於幹蠱，先娶馬氏，早卒，繼娶王氏。孫男一人楊老，孫女二人，并在室。夫人之存事能竭力，夫人之疾，男拯憂見乎色，粥以親饋，藥以先嘗，扶持飲食，生事死送，棺槨衣衾，悉能周備，迺人之大節也。拯奉夫人遺柩，卜以崇寧四年正月初三日庚申，祔葬於府之西南太平鄉崇仁里、先塋之次府君之庚穴，禮也。拯一日狀夫人內行，泣血來請銘於經，義不可辭，謹摭其實而系之，銘曰：

賢哉夫人，禮恭舅姑。懿行淑德，光於鄉閭。勤為婦職，以義從夫。薄衣菲食，恩撫諸孤。訓飭諸子，芳蹤可模。子能承順，遂昌厥居。先塋改葬，西南之隅。具述其美，銘於珷玞。

任睨刊。

額題：“宋廉府君夫人侯氏墓銘”

一八六　宋故供備庫副使致仕符君（守誠）墓誌銘

朝請郎守少府少監驍騎尉賜緋魚袋蔡天輔撰，承奉郎充涇源路經略安撫司勾當公事王萬書，朝散郎御史臺檢法官飛騎尉賜緋魚袋鄭景平篆蓋，劉文諒刊

崇寧三年（1104）十月十二日卒，崇寧四年（1105）正月十三日葬

誌文 29 行，滿行 28 字，正書。誌石長 82 厘米，寬 81 厘米，洛陽出土。

釋文

一八六　宋故供備庫副使致仕符君（守誠）墓誌銘

朝請郎守少府少監驍騎尉賜緋魚袋蔡天輔撰，承奉郎充涇源路經略安撫司勾當公事王萬書，朝散郎御史臺檢法官飛騎尉賜緋魚袋鄭景平篆蓋

君諱守誠，字亶夫，先宛丘人。自秦王存審，當五代諸侯，僭竊從李克明，屢建奇功。後事莊宗，以將相位高天下，寔君六代祖也。及顯德初，秦王以女孫冊后，而符氏始家於京師。君即故如京使昭矩之曾孫，內殿崇班、閤門祇候承訓之孫，東頭供奉官、累贈左千牛衛大將軍惟熙之子，而追封仙居縣太君畢氏，其母也。君幼孤，事仙居至孝，有稱於族黨。方在童齠，笑言必時，人皆卓然，以遠大期之長。娶宗室定州觀察使從質之女，恩補右班殿直。始獲試吏，而飭己祇事，乃以年勞，敘遷左班殿直。歷侍禁、供奉官。既陞通籍，由內殿崇班改承制，又遷供備庫副使。初監洪州武寧縣酒稅，秩滿，主兩浙漕計者，以姑蘇會郡榷沽之利，歲入越十餘萬緡。求才力可辦者，莫如君焉。因薦任之次，勾當京東窑務，又西京同巡檢、陝府兵馬都監，勾當車營致遠務。即以疾致其仕，歸休於祥符縣永昌坊之里第。亦既閱歲，終于正寢，時乃崇寧三年十月十二日也，享年六十有四。君在陝郊以前，政貪穢狼籍之餘，兵籍謬紊，力役之任，更休失次，群情為之汹然。會君之來，一皆條革其弊，而衆用以安。蓋忠厚之資，不苟操踐，憲令之外，非所持循。故所至，皆取能譽，方今士大夫之立朝者，往往知君之才而論薦之。不幸白首迄無，所遇不克，大有施設。疾既殛，命矣。家人輩語以後事，且及諸族之未葬者，當自致資力，以襄其事，由是得從藏掩之惠者甚衆。噫！君將殆矣，猶思以義德愛人者如此，則君生平志意之所及者，固可得而知也。子一人世美，右侍禁。女三人：長適皇叔坊州防禦使仲沄，次適皇兄寧武軍節度觀察留後孝騭，次在室。孫三人皆尚幼。以崇寧四年正月十三日，葬於河南府洛陽縣淘牙村先塋之側，銘曰：

符氏之族，世有其後。惟君之賢，忠義有守。竭節奉公，進退不苟。未及引年，請歸林藪。杜門清時，捐館盛際。舉君之靈，藏于洛汭。佳城鬱鬱，百千其世。

劉文諒刊。

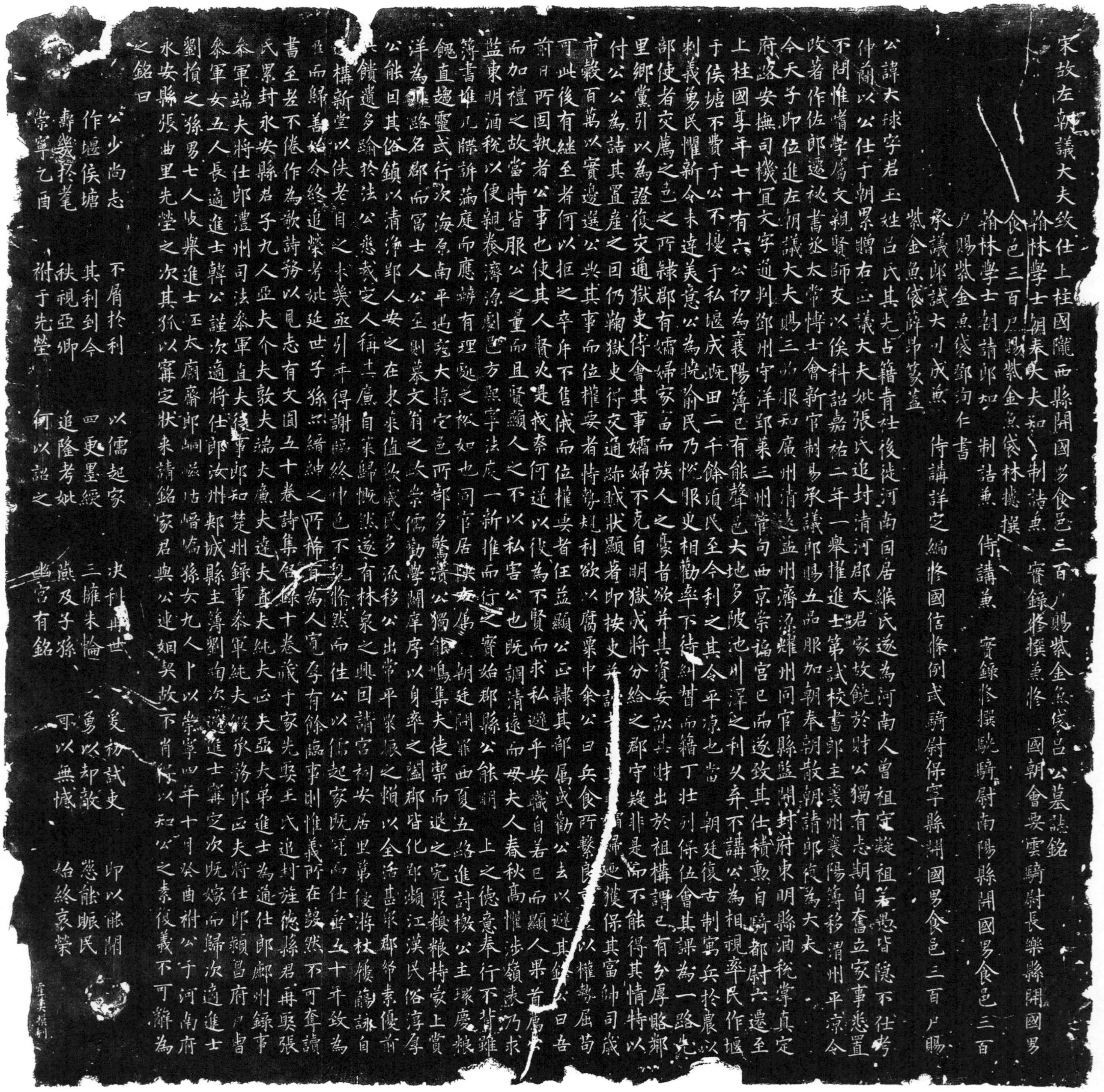

一八七　宋故左朝議大夫致仕上柱國隴西縣開國男食邑三百戶賜紫金魚袋呂公（大球）墓誌銘

翰林學士朝奉大夫知制誥兼實錄修撰兼修國朝會要雲騎尉長樂縣開國男食邑三百戶賜紫金魚袋林攄撰，翰林學士朝請郎知制誥兼侍講兼實錄修撰驍騎尉南陽縣開國男食邑三百戶賜紫金魚袋鄧洵仁書，承議郎試大司成兼侍講詳定編修國信條例武騎尉保寧縣開國男食邑三百戶賜紫金魚袋薛昂篆蓋，霍奕模刊

崇寧四年（1105）十月癸酉日葬

誌文 42 行，滿行 41 字，正書。誌石長 91 厘米、寬 93 厘米，洛陽出土。

釋文

一八七　宋故左朝議大夫致仕上柱國隴西縣開國男食邑三百戶賜紫金魚袋呂公（大球）墓誌銘

翰林學士朝奉大夫知制誥兼實錄修撰兼修國朝會要雲騎尉長樂縣開國男食邑三百戶賜紫金魚袋林攄撰，翰林學士朝請郎知制誥兼侍講兼實錄修撰驍騎尉南陽縣開國男食邑三百戶賜紫金魚袋鄧洵仁書，承議郎試大司成兼侍講詳定編修國信條例武騎尉保寧縣開國男食邑三百戶賜紫金魚袋薛昂篆蓋

公諱大球，字君玉，姓呂氏，其先占籍青社，後徙河南，因居緱氏，遂為河南人。曾祖守凝、祖若愚，皆隱不仕。考仲簡，以公仕于朝，累贈左正議大夫；妣張氏追封清河郡太君。家故饒於財，公獨有志，期自奮立，家事悉置不問，惟嗜學屬文，親賢師友以俟科詔。嘉祐二年，一舉擢進士第，試校書郎，主襄州襄陽簿，移謂州平涼令，改著作佐郎，遷秘書丞、太常博士。會新官制，易承議郎，賜五品服，加朝奉、朝散、朝請郎，復為大夫。今天子即位，進左朝議大夫，賜三品服，知廣州清遠、孟州濟源、耀州同官縣，監開封府東明縣酒稅，掌真定府路安撫司機宜文字，通判鄧州。守洋、郢、萊三州，管勾西京崇福宮。已而，遂致其仕，積勳自騎都尉，六遷至上柱國，享年七十有六。公初為襄陽簿，已有能聲。邑大地多陂池、川澤之利，久棄不講。公為相視，率民作堰于侯塘，不費于公，不擾于私。堰成，溉田二千餘頃，民至今利之。其令平涼也，當朝復古制，寓兵於農，以刺義勇。民懼新令，未達美意。公為曉諭，民乃悅服，更相勸率，不待糾督，而籍丁壯列保伍。會其課為一路先，部使者交薦之。邑之所隸郡有孀婦家富，而族人之豪者，欲并其資，妄訟其財出於祖構，謂己有分，厚賂鄰里鄉黨引以為證。復交通獄吏，傳會其事，孀婦不克自明，獄成將分給之。郡守疑非是，而不能得其情，特以付公。公為詰其置產之因，仍鞫獄吏，得交通跡贓狀顯著，即按吏并訟者□，其非孀婦，迺獲保其富。帥司歲市穀百萬以實邊，選公典其事，而位權要者，恃勢規利，欲以腐粟中粂。公曰："兵食所繫良重，豈以權勢屈，苟可此後有繼至者，何以拒之？"卒斥不售。俄而位權要者任益顯，公正隸其部屬，或勸公去，以避其鋒。公曰："吾前日所固執者公事也，使其人賢必是，我奚何逆，以彼為不賢而求私避乎？"安職自若。已而顯人果首薦公而加禮之，故當時皆服公之量，而且顯人之不以私害公也。既調清遠，而母夫人春秋高，懼涉嶺，表乃求監東明酒稅，以便親養。濟源巨邑，方熙寧法度一新，推而行之，實始郡縣，公能明上之德意，奉行不背。雖簿書堆幾，牒訴滿庭，而應辦有理，處之裕如也。同官居陝右，屬朝廷問罪西夏，五路進討檄，公主環慶糧餽，直趨靈武，行次海原南平，遇寇大掠，它邑所部多驚潰，公獨能鳩集夫徒，禦而退之，完聚糗糧，特蒙上賞。洋為川路名郡而富士人，公至，則慕文翁之政，崇儒勸學，闢庠序以身率之，闔郡皆化。郢瀕江漢，民俗淳厚，公能因其俗，鎮以清淨，郢人安之。在東萊，值歉歲，民多流移。公出常平粟賑之，賴以全活甚衆，郡帑素優。前此饋遺多踰法，公悉裁定，人稱其廉。自萊歸慨然，遂有林泉之興，因請宮祠，安居里第，優游杖屨，觴詠自適，構新堂以佚老。目之未幾，亟引年得謝，臨終神色不亂，翛然而往。公以儒起家，既冠而仕，垂五十年，致為臣而歸，善始令終，追榮考妣，延世子孫，亦縉紳之所稀有。為人寬厚有餘，臨事則惟義，所在毅然不可奪讀書，至老不倦。作為歌詩，務以見志，有《文囿》五十卷，《詩集啟錄》十卷，藏于家。先娶王氏，追封旌德縣君；再娶張氏，累封永安縣君。子九人：亞夫、介夫、敦夫、端夫、廉夫、達夫、直夫、純夫、正夫。亞夫，第進士，為通仕郎、鄜州錄事參軍；端夫，將仕郎、澧州司法參軍；直夫，從事郎、知楚州錄事參軍；純夫，假承務郎；正夫，將仕郎、潁昌府戶曹參軍。女五人：長適進士韓公謹，次適將仕郎、郟城縣主簿劉絢，次適進士寧定，次既嫁而歸，次適進士劉損之。孫男七人：岐，舉進士；岻，太廟齋郎；峒、嵫、岵、瑁、嶠。孫女九人。卜以崇寧四年十月癸酉祔公于河南府永安縣張曲里先塋之次。其孤以寧定狀來請銘，

家君與公連姻契，故不肖得以知公之素復，義不可辭，為之銘曰：

公少尚志，不屑於利。以儒起家，決科再世。爰初試吏，即以能聞。作堰侯塘，其利到今。四更墨綬，三擁朱輪。勇以卻敵，慈能賑民。壽幾於耄，秩視亞卿。追隆考妣，燕及子孫。可以無憾，始終哀榮。崇寧乙酉，祔于先塋。何以詔之，幽宮有銘。

霍奕模刊。

上柱國享年七十有六公初為襄陽簿邑有能聲邑大姓
于侯塘不貲于公不㥧于私堰成溉田二千餘頃民至今
刺義勇民懼新令未達美意公為曉諭民乃悅服吏相勸
部使者交薦之邑之所隸郡有孀婦家富而族人之豪者
里鄉黨引以為證復交通獄吏傅會其事孀婦不克自明
付公公為詰其置產之因仍鞫獄吏得交通跡贓狀顯是
市穀百萬以實邊選公典其事而位權要者恃勢規利欲
可此後有繼至者何以拒之卒弃不售俄而位權要者怒
前日所固執者公事也使其人賢必是我奈何逆以從之
而加禮之故當時皆服公之量而且賢顯人之不以私害
監東明酒稅以便親養濟源劇邑方聚享法度一新推官
簿書堆几牒訴滿庭而應辨有理處之裕如也同官居睦
䰟直趨靈武行次海原南平遇寇大掠它邑所部多驚

局部原大

一八八　宋宗室右金吾衛大將軍昌州防禦使（趙令穆）女墓記

翰林學士朝奉大夫知制誥兼侍講實錄修撰驍騎尉□□縣開國男食邑三百戶賜紫金魚袋臣鄧洵仁撰，翰林書藝局藝學臣梁安世書，少府監玉冊官臣張惟幾刻

崇寧二年（1103）三月十七日卒，大觀元年（1107）三月二十九日葬

誌文 9 行，滿行 19 字，正書。誌石長 80 厘米、寬 60 厘米，洛陽出土。

釋文

一八八　宋宗室右金吾衛大將軍昌州防禦使（趙令穆）女墓記

翰林學士朝奉大夫知制誥兼侍講實錄修撰驍騎尉□□縣開國男食邑三百戶賜紫金魚袋臣鄧洵仁撰，翰林書藝局藝學臣梁安世書

右金吾衛大將軍、昌州防禦使令穆第七女，贈保寧軍節度使、楚國公從信之曾孫，贈青州觀察使世爽之孫，母樂壽縣君徐氏。於紹聖二年四月十五日寅時生，於崇寧二年三月十七日卒，享年九歲。以大觀元年三月二十九日葬于河南府永安縣。謹記。

少府監玉冊官臣張惟幾刻。

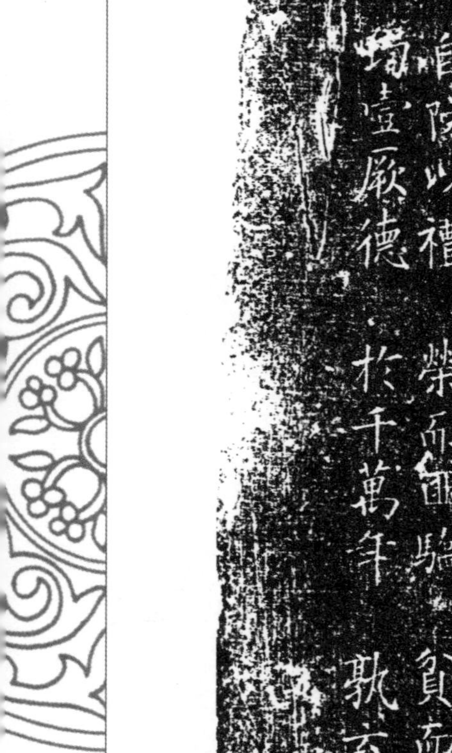

一八九　宋故仁和縣君王氏（舒之翰妻）墓誌銘并序

朝奉大夫知衢州軍州兼管內權農事上輕車都尉借紫許巨卿撰并書

大觀元年（1107）七月十二日卒，同年九月初七日葬

誌文 21 行，滿行 23 字，正書。誌石長 43 厘米、寬 45 厘米，洛陽出土。

一八九　宋故仁和縣君王氏（舒之翰妻）墓誌銘并序

朝奉大夫知衢州軍州兼管内權農事上輕車都尉借紫許巨卿撰并書

夫人王氏，大觀初元七月十二日以疾終，享年七十有三。夫人其先高密人。父杲，故任太子中舍，自曾高而下，皆以文行歷顯仕。夫人幼而穎悟，以禮自防。及笄，適承議郎舒之翰，自歸舒氏，克修婦道，門内肅如也。元豐中，天子郊天，以夫貴，加邑封。逮舒君卒，夫人撫育諸孤，教子以經術，訓女以婦禮。家雖壁立，躬享蔬薄，晏如也。素學老氏清淨之術，深賾微妙。暨臨終，則側化長逝，了無滯礙，頂熱逾時，此豈非平昔修真奉道之所致耶。男女八人：長曰彥弼，榆次縣尉；次紹弼、嗣弼，皆舉進士。長女適褒信縣丞王公恕，次適朝奉郎、監元豐庫臧詢，次適殿直王璋，次適進士孫沖，次適進士汪洪。孫男女各一人，男道卿尚幼，女適承事郎辟雍博士李邦彥。崇寧以來，天子作新學制，復里選之法。大觀初，邦彥以優最貢京師校藝中程第一名勳，當世士流榮之。初，夫人以孫女之適李君也，或欲擇已仕者為配。夫人曰：非爾所知。竟選李君。其後，李君之登上第，衆咸服其知人。是歲九月初七日，舉夫人之喪葬于河南府洛陽縣北張村，祔於舒君之塋，禮也。銘曰：

嗚呼夫人，自防以禮。榮而匪驕，貧而弗恥。母道克殫，□壹厥德。於千萬年，孰云其慝。

孔聚亮刊。

一九〇　宋故朝請郎尚書倉部員外郎致仕飛騎尉賜緋魚袋王公（仲原）墓誌銘

承議郎試給事中兼直學士院實錄修撰武騎尉賜紫金魚袋許光疑撰，左中散大夫試尚書工部侍郎騎都尉賜紫金魚袋賈炎書，中大夫試尚書戶部侍郎上輕車都尉賜紫金魚袋李孝稱篆蓋

大觀二年（1108）三月二十九日卒，同年七月十三日葬

誌文 34 行，滿行 34 字，正書。誌石長 71 厘米、寬 76 厘米，洛陽出土。

一九〇　宋故朝請郎尚書倉部員外郎致仕飛騎尉賜緋魚袋王公（仲原）墓誌銘

承議郎試給事中兼直學士院實錄修撰武騎尉賜紫金魚袋許光疑撰，左中散大夫試尚書工部侍郎騎都尉賜紫金魚袋賈炎書，中大夫試尚書戶部侍郎上輕車都尉賜紫金魚袋李孝稱篆蓋

公諱仲原，字深之，其先蜀人也。兵部郎中、贈太師、中書令兼尚書令、魏國公諱贄之曾孫；三司鹽鐵判官、太常博士、秘閣校理、贈太師、中書令兼尚書令、漢國公諱準之孫；朝議大夫、充集賢校理，贈銀青光祿大夫諱瓘之子。王氏世以儒學進，自魏國公之父榮國公諱永始顯於朝，至公之諸父，乃大耀當世。公初不以貴胄自驕，刻意向學，亹亹不厭，衆期以遠大，用仲父岐國公諱珪薦，補將仕郎，試秘書省校書郎。時衛國長公主，神宗所鍾愛，及笄，將擇公卿之賢子弟尚之。於是，召公入對延春閣，一見稱旨，左右趣公謝公，公辭曰："貴主下嫁，必先勳閥，如臣寒陋，曷足以副盛選。"懇辭至再。神宗嘉其志，矜從之，持論高焉。主亳州衛，真簿開封府咸平尉，遂登進士第，教授潤、陝兩學生。公教育不倦，無不虛而往，實而歸，各因其材而成焉。潤學素庳陋，公易而新之，人或以為侈，公曰："朝廷崇儒尊道，當如此。"逮崇寧初，詔郡縣廣學舍，諸郡往往營建新宇，獨潤因舊為完，人始服公遠識。改秩，知開封府封丘縣，遷魏王宮教授，提舉白波，輦運京畿。常平公奉行詔令，務存大體，不為苛察，希進人以長者稱，然奸吏畏縮，公自引去，有利於國，必力陳於上，朝廷多施行之。嘗言惠民局行於天下，為惠實大。然小民不知治法，恐投藥抵捂，請置醫工，視脈給藥，人獲其利。崇寧末，新建比輔告成，官吏被賞者八十餘人，公實與焉。言者論其僥冒者衆，詔公裁定，公自以前所受賞，非功第庶僚，法不當辭，請先還所遷官，乃計其功緒，與其冒賞者，列為二等，上之公議惟允。公在京畿二年，考課皆居最，遷京西北路提點刑獄公事。時汜水有劇賊，剽劫鎮縣，白晝出鬪殺官兵，縱火掠奪，民懼不安。公探刺其淵藪，先鋤去之，稍弛巡捕，不以不迫，乃宿兵要會，乘其分散即擒之，無得脫者。因建言：汜水之北有訾家店，據數邑、兩河之會，京西多盜，凡出入肅聚，恃此為巢穴，請徙汜水捕盜官一員，以窺其隙。詔從之，由是民獲安堵。遷尚書倉部員外郎。朝廷知公材，未及用而公病矣，乃抗疏乞身丘園。未幾，以疾終，享年五十有八，實大觀二年三月二十九日也。歷官至朝請郎，勳飛騎尉，賜六品服。娶晁氏，水部郎中仲蔚之女。一子，耆以文學登科，今為通仕郎、衛州新鄉縣令。一女適廩延呂彥祖。四孫：子□、子澐、子潮、子瀜。公性溫厚，與物無迕。孝于親，友于兄弟，信于朋友，衈孤周急，唯恐不逮。歿之日，士大夫適班于原廟，聞公之訃，莫不失聲嗟惜，云：公為部使者，所薦皆賢士，見義敢為，不少屈。好學善屬文，尤長於詩，深得唐人體，有文集二十卷藏于家。公卒之年七月十三日，其孤舉公之喪，葬于洛陽曾高之次，蓋治命也。耆使來乞銘，余與公親且厚，義不得辭。銘曰：

十烏乎尚，所尚曰志，志意既修，窮達惟義。公之高行，聞於少時，及其仕也，而不大施。人則公嗟，公又何咎，有子有孫，永侈厥後。

一九一　宋宗室内殿承制（趙）令玥夫人瑞昌縣君李氏墓誌銘

翰林學士朝散郎知制誥實錄修撰武騎尉文安縣開國男食邑三百戶賜紫金魚袋臣許光疑撰，翰林書藝局藝學臣張舜卿書并篆蓋，少府監玉冊官臣蹇思刻

大觀元年（1107）四月二十日卒，大觀二年（1108）十二月二十七葬

誌文 17 行，滿行 20 字，正書。誌石長 70 厘米、寬 69 厘米，洛陽出土。

釋文

一九一　宋宗室內殿承制（趙）令玥夫人瑞昌縣君李氏墓誌銘

翰林學士朝散郎知制誥實錄修撰武騎尉文安縣開國男食邑三百戶賜紫金魚袋臣許光疑撰，翰林書藝局藝學臣張舜卿書并篆蓋

瑞昌縣君李氏，開封人也。天章閣待制昭諒之曾孫，金部郎中端卿之孫，朝奉郎士高之女，母崇仁縣君陳氏。夫人端慧孝睦，朝奉君慎擇所配，遂歸宗室內殿承制令玥，蓋故司空、惠國公之子。惠國九子，諸婦日進見，一揖而退，以夫人孝，每得侍左右。及惠國寢疾，諸婦侍藥餌，惟夫人進，公必勉強為之服。承制君喜士人、好賓客，夫人能順適其意，以故賓至如歸。其侍親姻必盡恩義，上下無間言。大觀元年四月二十日卒於河南府澠池之佛寺，享年三十七。子男四人：子樣、子瑑、子璒、子璟。女一在室。以大觀二年十二月二十七祔葬于河南府永安縣。銘曰：

猗歟夫人，端靜柔懿。嬪于公子，克勤婦禮。有德弗遐，是以永郗。

少府監玉冊官臣蹇思刻。

宋宗室右
千牛衛大將
軍濟州防
禦墓誌銘

一九二　宋宗室右千牛衛大將軍□州刺史、濰州團練使、濟州防禦使趙令著墓誌銘

大觀二年（1108）三月二□卒，同年十二月二十七日葬

誌文 21 行，滿行 21 字，正書。誌石長 75 厘米、寬 73 厘米，洛陽出土。

釋文

一九二　宋宗室右千牛衛大將軍□州刺史、濰州團練使、濟州防禦使趙令著墓誌銘

公諱令著，字子占，曾祖惟忠，故彰化軍節度使、舒國公。祖從藹，故武勝軍節度觀察留後、韓國公。父世綱，安定軍節度使、韓康侯。母石氏，錢塘縣君。公□□□太子□□五世孫也。元祐六年賜名，授太子□□率府副率，遷右監門衛率府率，右千牛衛將軍，以右千牛衛大將軍□□□州刺史、濰州團練使、濟州防禦使。大觀二年三月二□卒，享年五十有二。是歲十二月二十七日葬河南永安縣。公生篤厚，博涉經史，事錢塘君至孝，嘗謂事□□□□，□□□，迺從國醫問方術，多得其要。居家無聲樂玩□□□行□□踰十年，每語諸子，以宗室坐食無他營，惟□□□足以□恭復以疾廢，常自以為愧。娶劉氏，以公爵奉壽□縣君。子十一人，子誘、子訴，皆左班殿直。子訓；右班殿直，子警、子諿、子略未仕，餘蚤亡。女十五人，適內殿崇□□□，左侍禁高士絳，進士□潘廩，右班殿直高士詸，餘三人□□。孫男□人。銘曰：

□□莫大，□□□□。事親莫大，□孝□□。□□□□，□□□□。是謂義文。

少府監玉冊官臣□□刻。

蓋題：“宋宗室右武衛大將軍濟州防禦墓誌銘”

宋宗室裕之新婦墓誌銘

宣義郎試起居舍人兼權中書舍人賜紫金魚袋臣張邦昌撰

翰林書藝局藝學臣王玠書并篆蓋

夫人盧氏世家開封曾大父永昌大父霞父約左侍禁夫人生而聰明孝淑侍禁君與其配李氏特愛之既笄聞宗子裕之材乃以妻焉是爲贈定州觀察使博陵侯之婦入門而媪御咸喜閱歲而娣姒皆化裕之好文辭每從士大夫游夫人左右佽助進其志於學事姑長壽君夙夜不懈他婦莫能及姑嘗曰事我不當如是耶崇寧三年六月二十日卒于徐州享年二十六女一人未行大觀二年十二月二十七日葬于汝州梁縣銘曰

展彼靜姝　毓德自初　來嬪公子

媚于其姑　如蘭之旉　奄忽以徂

刻銘其藏　淑問不渝

少府監玉冊官臣朱煥刊

一九三　宋宗室裕之新婦（盧氏）墓誌銘

宣議郎試起居舍人兼權中書舍人賜紫金魚袋臣張邦昌撰，翰林書藝局藝學臣王玠書并篆蓋，少府監玉冊官臣朱煥刊

崇寧三年（1104）六月二十日卒，大觀二年（1108）十二月二十七日葬

誌文 17 行，滿行 17 字，正書。誌石長、寬均 73 厘米，平頂山出土。

釋文

一九三　宋宗室裕之新婦（盧氏）墓誌銘

宣議郎試起居舍人兼權中書舍人賜紫金魚袋臣張邦昌撰，翰林書藝局藝學臣王玠書并篆蓋

夫人盧氏，世家開封。曾大父永昌；大父覆；父約，左侍禁。夫人生而聰明孝淑，侍禁君與其配李氏特愛之。既笄，聞宗子裕之材，乃以妻焉，是為贈定州觀察使、博陵侯之婦。入門而媪御咸喜，閱歲而娣姒皆化。裕之好文辭，每從士大夫游，夫人左右佽助，進其夫於學。事姑長壽君夙夜不懈，他婦莫能及。姑嘗曰："事我不當如是耶。"崇寧三年六月二十日卒于徐州，享年二十六。女一人，未行。大觀二年十二月二十七日葬于汝州梁縣。銘曰：

展彼靜姝，毓德自初。來嬪公子，媚于其姑。如蘭之芳，奄忽以徂。刻銘其藏，淑問不渝。

少府監玉冊官臣朱煥刊。

一九四　宋宗室西頭供奉官（趙）令湝妻田氏墓誌銘

翰林學士朝散郎知制誥實錄修撰武騎尉文安縣開國男食邑三百戶賜紫金魚袋臣許光疑撰，翰林書藝局藝學臣張舜卿書并篆蓋，少府監玉冊官臣蹇思刊

大觀二年（1108）五月三日卒，同年十二月二十□日葬

誌文 21 行，滿行 22 字，正書。誌石長 78 厘米、寬 79 厘米，洛陽出土。

一九四　宋宗室西頭供奉官（趙）令湝妻田氏墓誌銘

翰林學士朝散郎知制誥實錄修撰武騎尉文安縣開國男食邑三百戶賜紫金魚袋臣許光疑撰，翰林書藝局藝學臣張舜卿書并篆蓋

宗室西頭供奉官令湝夫人姓田氏，曾祖興，贈感德軍節度使；祖奕，故文思副使；父仲孫，故東頭供奉官。夫人幼沉靜喜學，雖志女工，而繙書不倦，不以姿色自矜，其母獨怪之。夫人曰孟光，世稱賢女子，豈在夫傅粧取妍哉！其母奇其言，擇所宜配，得宗室令湝為佳公子，故以託焉。夫人事姑有禮，躬節儉，雖盛年，儼然整容無靡麗之飾。喪其親，終三年不御葷。急於教子，時令湝補吏臨邑，顧俸薄，不能行束修之餽，夫人曰："易子而教，古之道也。昔陶母為其子，至剪髮待賓，豈吾不能□及哉！"迺盡取嫁時衣鬻之，以召英俊使親高誼。其子少而能學，夫人之力也。大觀二年五月三日感末疾卒，時年三十六。子男四人：曰子騊，未仕；曰子驊、子駰，皆卒；曰子駼，□□。女二人。初，夫人病且劇，□□□涕泣，夫人曰："死生，命也，何至如是。"俄而遂終。以其年十二月二十□日祔葬于河南府永安縣。銘曰：

女子有□，其幾可規。能擇其尤，彼賢謂宜。死生之常，奚又怛化。夫人脫矣，無生滅者。

少府監玉冊官臣蹇思刊。

一九五　宋宗室右監門衛大將軍濟州團練使（趙仲昀）長女墓記

翰林學士承議郎知制誥充學制局同編修官兼實録修撰賜紫金魚袋臣葉夢得撰，翰林書藝局藝學臣張舜卿書，少府監玉冊官臣騫思刊

大觀元年（1107）四月十四日卒，大觀二年（1108）十二月二十七日葬

誌文9行，滿行20字，正書。誌石長76厘米、寬56厘米，洛陽出土。

一九五　宋宗室右監門衛大將軍濟州團練使（趙仲昀）長女墓記

翰林學士承議郎知制誥充學制局同編修官兼實録修撰賜紫金魚袋臣葉夢得撰，翰林書藝局藝學臣張舜卿書

右監門衛大將軍、濟州團練使仲昀長女，濮安懿王之曾孫，贈濟陰郡王宗輔之孫女也。元祐八年九月六日生，於大觀元年四月十四日卒，享年一十五歲。以大觀二年十二月二十七日祔葬于河南府永安縣。謹記。

少府監玉冊官臣蹇思刊。

一九六　宋宗室右監門衛大將軍原州刺史（趙士岑）第四女墓記

翰林學士承議郎知制誥充學制局同編修官兼實錄修撰賜紫金魚袋臣葉夢得撰，翰林書藝局藝學臣張舜卿書，少府監玉冊官臣蹇思刊

元祐五年（1090）七月四日卒，大觀二年（1108）十二月二十七日葬

誌文 9 行，滿行 20 字，正書。誌石長 90 厘米、寬 61 厘米，洛陽出土。

釋文

一九六　宋宗室右監門衛大將軍原州刺史（趙士岑）第四女墓記

翰林學士承議郎知制誥充學制局同編修官兼實録修撰賜紫金魚袋臣葉夢得撰，翰林書藝局藝學臣張舜卿書

右監門衛大將軍、原州刺史士岑第四女，贈左屯衛大將軍、池州團練使、祁國公宗説之曾孫，贈明州觀察使、奉化侯仲瓘之孫女。熙寧八年八月二十日生，元祐五年七月四日卒，享年十六歲。以大觀二年十二月二十七日祔葬于河南府永安縣。謹記。

少府監玉冊官臣蹇思刊。

一九七　宋宗室保大軍節度使第十九男左班殿直（趙）士𢡟墓記

翰林學士朝散郎知制誥實錄修撰文安縣開國男食邑三百戶賜紫金魚袋臣許光疑撰，

翰林書藝局藝學臣張舜卿書，少府監玉冊官臣蹇思刊

大觀二年（1108）四月二日卒，同年十二月二十七日葬

誌文 8 行，滿行 20 字，正書。誌石長 80 厘米、寬 52 厘米，洛陽出土。

一九七　宋宗室保大軍節度使第十九男左班殿直（趙）士㵄墓記

翰林學士朝散郎知制誥實錄修撰文安縣開國男食邑三百戶賜紫金魚袋臣許光疑撰，翰林書藝局藝學臣張舜卿書

保大軍節度使仲聘第十九男左班殿直士㵄，贈濮安懿王之曾孫，贈太師、昌王宗晟之孫。元祐六年十二月六日生，大觀二年四月二日卒，享年十八歲。以是年十二月二十七日祔葬于河南府永安縣。謹記。

少府監玉冊官臣蹇思刊。

一九八　宋朝請郎致仕范君（煇）墓誌銘并序

兄承議郎權管勾西京留司御史臺公事武騎尉埴撰，兄朝散郎充顯謨閣待制知河陽軍州提舉本州學事兼管内勸農使驍騎尉賜紫金魚袋坦書丹并篆蓋，緱山霍奕刊

大觀三年（1109）八月四日卒，大觀四年（1110）十一月八日葬

誌文 28 行，滿行 30 字，行書。誌石長、寬均 52 厘米，洛陽出土。

一九八　宋朝請郎致仕范君（煇）墓誌銘并序

兄承議郎權管勾西京留司御史臺公事武騎尉埴撰，兄朝散郎充顯謨閣待制知河陽軍州提舉本州學事兼管內勸農使驍騎尉賜紫金魚袋坦書丹并篆蓋

君姓范氏，名煇，光道其字也。先世居河東，後徙成都。自高祖葬洛陽，遂為河南人。曾祖雍，故任資政殿大學士、禮部尚書，贈太師、中書令兼尚書令，封祁國公，謚忠獻。祖宗傑，故任兵部員外郎、直史館，贈開府儀同三司。父子明，故朝請大夫，贈中散大夫。母茹氏，封寧國縣君。君以中散公蔭補太廟齋郎，後以雄州防禦推官改宣德郎，凡五遷至朝請郎致仕。初任秀州海鹽縣尉，又歷襄州宜城，知饒州浮梁縣事，勾當在京西小作司。又特差提舉營造諸局管勾文字，繼為两淛漕，屬命下，以疾不果行。惟尉令調於有司，餘皆以辟召應。君性警敏，自為童子，讀書染翰，俊發可喜。為尉時，齒甚少，已能督兵捕寇，境內為之肅然。浮梁東南巨邑，民獪胥猾，號為難治，令不能辨，多以譴逐。君始至，察其俗，次第施條教，俾迪所趨，然後剔杖剗削，取其尤者置于法，群奸出不意，懼結愕眙，更相戒告，以為令不可欺也。日未昃已，闔戶散吏与賓客從容燕飲，若此官守系者，於是監司合奏課為一路最。既改官，遂從中都為屬，參畫佽助，不遺餘力。雖土木營繕之繁，簿書鈎考之猥，莫不程工覈實，曲稱其任，故大臣多稱其能。至三歲，取四官，而士論不以為過。朝廷亦且知君名姓，而不幸卒矣，以大觀三年八月丙子終于京師，享年四十六。後一歲庚寅十一月初八日，葬於洛陽縣金谷鄉宣武村先塋之西南隅。先娶葉氏，贈崇德縣君。繼室方氏，封永和縣君，有賢行，能撫葉生庶子如己出。男五人：長邦禮，亡；次約禮，用君致仕，恩當得官者；次崇禮、敦禮，季未名。女一人，許嫁承務郎鐘震君，疏通跌宕，遇事敢斷，與人傾盡歡，情無少間；尤喜周急，未甞以有亡為辭，故交游多喜君；親舊之貧者，亦賴君以振；事親孝謹，中散公特愛異之。諸孤葬君有日，來乞銘，余於君從兄也，是宜銘，銘曰：

既生而材，既茂而秀；誰其尸之，胡為匪壽。伊洛在前，嵩少左右；君兮孔安，以昌厥後。

緱山霍奕刊。

一九九　宋故通仕郎行巴州司戶參軍兼司法事范君（子舟）墓誌銘并序

降授宣德郎前通判利州軍州管勾學事賜緋魚袋陳述之撰，朝散郎充顯謨閣待制知河陽軍州事提舉本州學事兼管內勸農使驍騎尉賜紫金魚袋范坦書，宣義郎充真定府路安撫都總管司勾當公事王闡篆蓋，緱山霍奕刊

大觀四年（1110）六月六日卒，同年十一月八日葬

誌文 28 行，滿行 30 字，行書。 誌石長 53.7 厘米、寬 54.5 厘米，洛陽出土。

一九九　宋故通仕郎行巴州司戶參軍兼司法事范君（子舟）墓誌銘并序

降授宣德郎前通判利州軍州管勾學事賜緋魚袋陳述之撰，朝散郎充顯謨閣待制知河陽軍州事提舉本州學事兼管內勸農使驍騎尉賜紫金魚袋范坦書，宣義郎充真定府路安撫都總管司勾當公事王闓篆蓋

自誠而之明則物莫能蔽，自明而之誠則物不容僞。明誠著而蔽僞無，蔽僞無而存諸己，施諸人，一也。明自天與，而誠由學得，夫得此之備而後可以言賢，得此之偏則賢不肖辨焉，所以求其備，世莫見也。洛人范君，其得之天者，似庶幾而修於人者，予見其進而未已，則其聰明曠達，與夫博大樂易，已足為人跂慕，推是之有，亦可以稱賢矣，此予所以以女妻之也。君家素貧，既孤，善事兄，兄死於官，擘俸踰半以賙之。時文斂己用度之餘以助之，不問家之有無，不明而有蔽者能此乎？幼失怙恃，每歲時臨祭，則必垂涕感咽，不誠而僞者能此乎？其欲有賑施，雖他人財取用不疑，或己財為人輒費，亦不之卹，其推心夷曠也如此。君諱子舟，字巨濟，曾祖德隆，贈太師、尚書令兼中書令。祖雍，仕仁宗，為樞密副使，謚忠獻，贈太師、中書令兼尚書令。父宗師，故任朝奉大夫，知劍州。二兄俱以父廕得官，而先君以卒，恩不及君。君能以學問自奮，游行無常師。及建中靖國元年，第頗為當塗者所知，而未有以致力也。釋褐將仕郎、青州千乘主簿。以上書姓名入籍，不得進，再任巴州司戶參軍兼司法。以大觀八寶恩赦，循通仕郎，而朝廷釋去籍禁，舉者應格，而君不幸死矣，實大觀庚寅六月癸酉也，享年四十有六。其為人溫淳忠厚，洞見肺腑，不識而明者有是乎？使其少假壽考，得攄所有，以暴曜於時，顧不美歟。雖予之愚，亦且期君遠到，而壽止此位，止此，此親友所以痛恨於無窮也。娶楊氏，無子。繼室予女也，生二女皆幼。一男子蓋和，尚方四歲未名。予女護君喪、撫三稚，煢□走二千里之遠以歸，即以大觀四年十一月初八日葬君於洛陽縣金谷鄉宣武里之原，先塋之次。君之猶子球以銘託予，予不敢辭，泣而銘曰：

圭壁禮天之寶，而毁於可用；瑚璉薦廟之器，而跌於未施。雖於天於廟，未足言闕，而其禮其誠，斯亦可噫！夫君之才，世未多知；而命之夭，位之卑，豈不為多士善類之悲乎？

緱山霍奕刊。

二〇〇　宋故福昌縣君閻氏（王安妻）墓誌銘并序

將仕郎潁昌府法曹參軍董百禮撰，儒林郎前守同州觀察判官趙瓌書并篆蓋，祁處恭刊

大觀四年（1110）十月初二日卒，同年十二月廿七日葬

誌文 24 行，滿行 24 字，正書。誌石長 60 厘米、寬 59 厘米，洛陽出土。

二〇〇　宋故福昌縣君閻氏（王安妻）墓誌銘并序

將仕郎潁昌府法曹參軍董百禮撰，儒林郎前守同州觀察判官趙瓌書并篆蓋

故左藏庫副使致仕王公諱安之夫人福昌縣君閻氏，世為鄭圃右族，家累鉅萬，年十七嬪于王公。夫人莊而和，儉而節，在父母家，父母已知其賢。為婦能自持以禮，事舅姑以孝，閨門又推其賢。王公始以微從仕，歷官至使列，所在有稱。夫人從容勸勉，嘗曰："作官須効勤廉謹。"族黨以是，又稱其內助之賢。王公以老歸休，生事甚薄，夫人盡出篋中金，買田為子孫計，營治園圃，怡然自樂，其賢於世，婦人益遠矣。王公陞朝，封福昌縣君。夫人自少至老，肅恭神明，夙夜不渝，尤好誦佛書，遂悟性理，不忍殺生。平居雖衣襦冠履，第務苟完，不喜華飾。視娣姒有恩，弗忍加訶責，嘗教其子浦曰："處家以儉約為先。"又曰："與人貴和。"至戒婦，每每以勤儉為言，其婦雖出自富盛，一遵其訓，里中亦稱為賢婦，斯其賢固可法已。以大觀四年十月初二日終于室，享年七十三。以十二月廿七日葬于河南府河南縣洛苑鄉龍門里，祔于左藏庫之塋。子男一人浦，右班殿直，材武中選。女四人，長適三班借職關守中，次適皇城使尹貴，次適進士喬昌裔，次適進士呂仲章。孫男二人，早卒。女一人，尚幼。其孤奉夫人之喪而請銘以葬，余怜其孤之哀，又得聞夫人之賢，乃次其所知，以為之銘。銘曰：

猗嗟夫人，柔順靜專，越相君子，內外稱賢。躬服儉素，始卒罔愆，封享爵邑，壽終天年。善有餘慶，嗣其永傳，銘之石刻，閟于幽泉。

祁處恭刊。

注：參見本書其夫二〇一《王安墓誌》。

二〇一　宋故左藏庫副使上護軍致仕王公（安）墓誌銘并序

從仕郎新授澤州軍事推官郭體仁撰，儒林郎前守同州觀察判官趙瓌書并篆蓋，洛陽祁處恭刊

崇寧元年（1102）九月初五日卒，大觀四年（1110）十二月廿七日葬

誌文 30 行，滿行 30 字，正書。誌石長 61 厘米、寬 60 厘米，洛陽出土。

二〇一　宋故左藏庫副使上護軍致仕王公（安）墓誌銘并序

從仕郎新授澤州軍事推官郭體仁撰，儒林郎前守同州觀察判官趙瓌書并篆蓋

公諱安，字昌國，世為大梁人。曾大父清、大父乂、父慶，以公貴，贈左監門衛將軍。公少有大志，初甚窶困。輒歎曰："男子當自為功名，何至齷齪，効轅駒廁鼠而坐斃溝壑。"尋隸籍內殿直。鄉人初笑之，而公獨自信。與今騎帥徐和俱事殿帥，郝公質一日立戶外，聞食器有聲，如有物覆之，二人相語曰："脫不毀吾曹，其掉臂取貴。"及視則器完如故，乃心俱自喜。未幾較藝，以才武充選。治平中，天子臨軒閱其能，公首中異等，授三班奉職。論其官，則累遷，終左倉庫副使；考其行，則歷仕三十年，以忠義自將。雖王公貴人，未嘗不以禮加焉。初宣徽王公拱辰方留守北門，一見而器之，因辟居左右。會莘縣劇賊不能下，公被命討賊，既至，設方略，因盡破其黨。秩滿，移丹州都監。時守倅不協，公從容其間，救弊解紛不少，置二人復相好，而一郡大治，咸喜公長者。俄遷北平軍兵馬都監，兼訓練河北第二將軍馬。未幾，徙鄆州駐泊都監，復移河南府河清縣兵馬都監。公天資忠厚，事親以孝聞，而器識明遠，以故所至有能名，而薦公者甚衆。浸貴復恬於仕進，未及引年，而勇於自退。崇寧初年既休致，卜築洛城之西南，葆光不耀，怡然自適，燕閑以謙晦為尚。雖少事弓劍，既退以老，頗隆好儒術，嘗繹味書史，且留思草聖。至於陰陽之學，皆自其所長。每戒子浦曰：吾右選入仕，竊慕忠義，汝其以此守門戶，而無忘吾志。崇寧元年九月初五日，公以疾終于正寢，享年六十八。娶閻氏，封福昌縣君。子浦以公補右班殿直，復以才武中優選。女四人，長適三班借職關守中，次適皇城使、河北第十六將領尹貴，次適進士喬昌裔，次適進士呂仲章。孫男二人，早卒。孫女一人，尚幼。卜以大觀四年十二月廿七日葬于河南府河南縣洛苑鄉龍門里。前期子浦以狀來，屬體仁以文，體仁曰：惟我祖先樞密太尉，昔在熙寧宣撫交管，而王公昌國實隸帳下，固嘗以忠恪薦，公今其云亡，不腆之文，其何敢辭，而為之銘。銘曰：

嗚呼昌國，妙齡俁俁，充保令名，無愧于古。惟孝與忠，實資遠識，白髮丘園，終始惟德。惟德之脩，知進知止，閱禮敦書，既燕而喜。人亦有言，謂逸其老，大化密移，奚啬之早。峩峩新封，公來其宅。嗚呼哀哉！惟公之休世無斁。

洛陽祁處恭刊。

注：參見本書其妻二〇〇《閻氏墓誌》。

宋故蓬萊縣君江氏墓誌銘
兄朝奉郎管勾南京鴻慶宮武騎尉賜緋魚袋公望撰
承議郎尚書司門負外郎武騎尉沈濟書
承議郎致仕賀鑄篆蓋
蓬萊君江氏予季父滋之女也季父隱德不仕嘗語其母劉氏曰吾女審重似我我衰愛之必擇其良擇之三年得子敏而嫁之子敏慷慨磊落蓬萊君婉淑懿柔實得其配歸王氏舅姑皆没念亡以供婦職每歲時祭享手饌以進恂恂如侍舅姑側徹祭無督容子敏好士喜賓客又輕於施予饔飧周給家無餘貲子敏為政主嚴而贊以慈良為治主斷而輔之審重近子敏世無愆德亦內助之力遇婢妾以恕喜怒不見顏色子敏死教子有法度在母家為淑女適人為賢妻毓子為令母享年三十有七雖不得年而死亦可不憾矣死之日崇寧四年五月辛酉也子敏其夫通字也蓬萊君子敏官至奉議郎所封之邑也葬之日政和元年九月甲申也臨城縣龍門鄉両口原葬之宅兆也生三男子庶唐廣二女與廣皆蚤世哀苦不能抑聞鳳翔有好道術女子者禮致而師事學辟穀憔悴骨立嘗曉之曰辟穀非道但能莫求知解泯絕萬緣離女妄心即是真性雖未能了然於死生之際亦脫然矣庶唐性資美好學甚力能克其家者請銘於舅氏舅氏釣臺江公望也茲以為銘

二〇二　宋故蓬萊縣君江氏（王通妻）墓誌銘

兄朝奉郎管勾南京鴻慶宮武騎尉賜緋魚袋公望撰，承議郎尚書司門員外郎武騎尉沈濟書，承議郎致仕賀鑄篆蓋

崇寧四年（1105）五月二十五日卒，政和元年（1111）九月二十四日葬

誌文 22 行，滿行 22 字，正書。誌石長 68 厘米、寬 70 厘米，河北出土。

釋文

二〇二　宋故蓬萊縣君江氏（王子通妻）墓誌銘

兄朝奉郎管勾南京鴻慶宫武騎尉賜緋魚袋公望撰，承議郎尚書司門員外郎武騎尉沈濟書，承議郎致仕賀鑄篆蓋

蓬萊君江氏，予季父滋之女也。父隱德不仕，嘗語其母劉氏曰：吾女審重似我，我衷愛之，必擇其良。擇之三年，得子敏而嫁之。子敏慷慨磊落，蓬萊君婉淑懿柔，實得其配。歸王氏，舅姑蚤沒，念亡以供婦職，每歲時祭享，手饌以進，恂恂如侍舅姑側，徹祭無替容。子敏好士喜賓客，又輕於施予，饔飧周給，家無餘貲。子敏為政主嚴而贊以慈良，為治主斷而輔之審重。迄子敏世無愆德，亦內助之力。遇婢妾以恕，喜怒不見顏色。子敏死，教子有法度。在母家為淑女，適人為賢妻，毓子為令母。享年三十有七，雖不得年而死亦可不憾矣。死之日，崇寧四年五月辛酉也。子敏其夫適字也，蓬萊君，子敏官至奉議郎，所封之邑也。葬之日，政和元年九月甲申也。臨城縣龍門鄉兩口原，葬之宅兆也。生三男子：廉、唐、廣。二女與廣皆蚤世，哀苦不能抑。聞鳳翔有好道術女子者，禮致而師事，學辟穀，憔悴骨立，嘗曉之曰：“辟穀非道，但能莫求知解，泯絕萬緣，離女妄心，即是真性。雖未能了然於死生之際，亦脫然矣。”廉、唐性資美，好學甚力，能克其家者，請銘於舅氏，舅氏釣臺江公望也。以為銘。

蓋題：“宋蓬萊縣君江氏墓銘”

注：參見本書其夫一八二《王適墓誌》。

二〇三　宋故建安郡君張氏（王蘧妻）墓誌銘

中奉大夫直龍圖閣提點淮南東路刑獄公事兼本路勸農使輕車都尉賜紫金魚袋孫鰲抃撰，朝請郎守衛尉少卿騎都尉賜緋魚袋巴宜書，朝議大夫充徽猷閣待制河北路計度都轉運使兼勸農使護軍賜紫金魚袋王專篆蓋

崇寧三年（1104）六月十三日卒，政和元年（1111）九月二十四日葬

誌文 32 行，滿行 33 字，正書。誌石長 71.5 厘米、寬 72 厘米，河北出土。

二〇三　宋故建安郡君張氏（王蘧妻）墓誌銘

中奉大夫直龍圖閣提點淮南東路刑獄公事兼本路勸農使輕車都尉賜紫金魚袋孫鰲抃撰，朝請郎守衛尉少卿騎都尉賜緋魚袋巴宜書，朝議大夫充徽猷閣待制河北路計度都轉運使兼勸農使護軍賜紫金魚袋王專篆蓋

中奉大夫臨城王公諱蘧，字子開之繼室曰張氏，世為常州江陰人。曾高皆隱德丘林，不求聞達。父滬，始肄進士業，不幸早世。初，夫人之生，有異氣旁礴，鬱蔥彌覆廬上，過者駴歎，咸謂誕貴之祥。夫人天性柔慧，不類凡女子。既孤，隨其母劉鞠於欒氏，欒氏族望高華，而夫人耳濡目染，益自貴珍淑問，籍籍鄉人，爭欲請婚，無當劉意者。久之，攜夫人至都下，乃以歸公。入門而媼御皆喜，已而族姻美其賢，子姓欒其均，諸婦安其慈也。從公仕官凡二十四年，勤儉率下，慶恤餽饟，戚疏多寡，咸有節適。它日謂公曰："娣姒有嫠居者，族屬有貧窶者，可悉收致館之，而給其終身。公官成名立，當與此曹均饗，上賜以肅餘日，此求之古人，幾無而僅有者也。"公頷首許曰："不蚤言之，何其後率如之。"王氏有忠穆公登宥密而金紫，暨公相繼，通顯子孫，固不病禄仕。然夫人日夜課諸子學，不俾遨宕，故其子有數預鄉物者。雖女子輩亦勤誦、習翰墨，弈弈可觀，夫人實使然。晚讀，能仁契經，嘗見道人宗本，得死生之說，遂捐貨泉千萬，即其所建法藏一區，以為棲經之室。瑚文髹彤金翠之餙，甚設寢不御組繡，屏膏沐奉持戒律，粲玉雪也。將終，神氣不擾，識者以謂或有助云。崇寧三年六月十三日以疾卒于夔州轉運使之官舍，享年四十有二。始封崇安縣君，後以公顯，徙封建安郡君。公初娶向氏。子男蓋八人：曰育，試將作監主簿，未及仕而卒；曰京，通仕郎、常州無錫縣丞；曰褒，登仕郎、越州山陰縣尉；曰爽，登仕郎、邢州内丘縣丞；曰康，將仕郎、蘇州昆山縣尉，卒官；下曰庶，假承事郎；曰賡，卒；曰序，尚幼。女六人：長適朝奉大夫、直祕閣、權京東路計度轉運副使韓嚮；次適朝散郎、新通判河州軍州事鞠嗣復；次續適韓嚮；次適奉議郎、簽書彰德軍節度判官廳公事韓肖胄；兩居室。由康而下，夫人所生也。孫男六人：詠、詮、諶、謨、詢、許，皆治學有聞。孫女四人，其一適將士郎、濮州鄄城縣主簿韓述胄，餘未行。政和元年九月甲申，諸孤將以公之喪與夫人合葬於趙州臨城縣龍門鄉兩口之原。前期乞銘於予，予頃奉使夔部，與子開實聯計事，且復厚善，以故知夫人為詳，是宜銘。銘曰：

顯允夫人内德茂兮，柔慧不凡妙自幼兮。強委禽焉推莫受兮，百兩御之師婚媾兮。鳲鳩均一無厚薄兮，哺饑燠寒唯恐後兮。超然訪道絕氛垢兮，膏沐不御捐組繡兮。云何不淑理莫究兮，不亡者存斯則壽兮。傳信行遠孰可久兮，窾碧埋辭對不朽兮。

蓋題："宋建安郡君張氏墓銘"

二〇四 宋故張穆卿墓誌銘

圭峰楊浩然撰，任溉書，曹演篆蓋，李迪刊

政和二年（1112）三月三日葬

誌文 31 行，滿行 34 字，正書。誌石長 80 厘米、寬 63 厘米。

釋文

二〇四　宋故張穆卿墓誌銘

圭峰楊浩然撰，任溉書，曹演篆蓋，李迪刊

大觀四年，張革喪其怙恃，越二年，卜葬有期，齎行狀求余為銘，而褒顯之。余謂曰："夷齊首陽之餓夫，淵騫魯國之賤士，獲仲尼一稱天下，後世所以信之者，蓋取信於仲尼，故也。浩然雖學於仲尼有年矣，寂無揚名之效，設為片文，人孰信之？況先丈有如是美行，即諸聞人而銘之，可也。"革曰："仲尼稱茲四人，固當為法，於萬世賴子顯。革怙恃，蓋將傳信於一家，幸毋固辭余堅請之。故既不獲辭，直誌而銘之。"張君諱清，字穆卿，世為岷州長道人。曾祖不聞諱，以祖幼孤故也。祖友萬、父吉，皆不仕。熙豐之間，君之父不幸在縲紲中，勢若未易免者。君乃歎曰："為人父母，子病亦病，子榮亦榮。今也，吾父有囹圄之苦，安得移之吾身，俾吾父之安靖也哉！"念念不已，有位果矜而釋之，非孝誠孰致之哉。君少與弟慶仰事謹節，然常苦家貧口衆，命君請佃省地，命慶治諸別業，皆有幹蠱之譽。元祐五年，在永感下，哀毁有聞。既除服，乃舉大葬，美而不奢，儉而不陋，得所以葬之之禮已而。慶累白於君，欲異籍而居，君既達其愛弟之所請，復念為父母之鍾愛，即與議曰："別業增廣，吾弟平日勤勞之力也。我則無意於是省地，所入無幾，吾弟豈欲之哉。"慶深可其言，請臨貼詳述其事，易而執之。弟兄之間，秋毫無復取，遂析居焉。識者稱君善友愛之行，天姿剛直。人以不正而至者，必面折其非，而喜怒不留於心矣。樂與山居人陪游，嘗於邑之南境俾畜牧豚彘，偶佳景良晨，割牲釃酒，以永談笑者屢年，于茲至六十有二。一旦棄其夙好，自視身世等一夢幻，然乃帥室家專事戒品，誦味內典。游秦封之麥積，覩巖佛之瑞光，尋訪先覺而知日用。大觀四年五月癸卯，忽感疾不起於第，先是嘗自刻遇忌日，躬持大明神呪五千四十八卷以薦之。乙巳即父之忌日，病且篤矣，猶思所持未滿者二百餘卷，扶病而足之。越四日乙酉日，方中熟寐而覺，謂其子曰："吾病瘳矣！夢得大圓鑑，皎然明徹，非類常所見者，我心豁然輕安矣。"言訖而化，享年六十有六。妻甘氏，及笄而適君，為女則秉從德，有家則行婦道，睦親嚴祀，始終如一。生男二人：長曰革，季曰厚。女三人，長適韓氏，次成氏，季景氏，皆豪族也。冬十有二月己未，微覺風眩，安枕久之，若有待者，會緣化尼至，欣然而起，相與語論甚歡，命革施之千錢，既退而卒，享年六十有三。革卜以政和二年三月庚申大葬於水秋里黃蘗谷之西山，以夫人甘氏祔焉。銘曰：

於惟穆卿，一念何精。行篤友愛，遐飛厥聲。氣剛而直，心和且平。折彼邪說，不留其情。嘗遠城郭，山鄉旁礴。割牲釃酒，用輔所樂。年高德劭，屏除夙好。眷世幻虛，如夢忽覺。資訪師友，知而允蹈。病瘳輕安，寂大圓照。夫人甘氏，淑德如此。有後復賢，不殄厥美。蘗谷西山，卜為吉兆。百世攸寧，於焉是保。

額題："宋故張君墓誌"

二〇五　宋故朝議大夫太府少卿致仕上輕車都尉石君（諤）墓誌銘并序

朝奉郎守尚書右司員外郎兼定王嘉王記室驍騎尉賜緋魚袋張叔夜撰，奉議郎充詳定重修敕令所刪定官許景衡書并篆額，楊真、彭祐刊

政和二年（1112）五月十八日卒，同年七月十八日葬

誌文 44 行，滿行 45 字，正書。誌石長、寬均 98 厘米，河南新鄭出土。

釋文

二〇五 宋故朝議大夫太府少卿致仕上輕車都尉石君（諤）墓誌銘并序

朝奉郎守尚書右司員外郎兼定王嘉王記室驍騎尉賜緋魚袋張叔夜撰，奉議郎充詳定重修敕令所删定官許景衡書并篆額

叔夜，大觀四年秋，恩除尚書庫部員外郎。是時，石君諤為兵部郎中，同省闥君，似不能言者，而内寔警敏，臨事享練。有所不為，余心每宗焉。君熙寧末與余伯氏近同年進士業，伯氏為常參官，得舉自代者，奏以君為代，朝廷籍其名。政和元年冬，君徙太府少卿，會余使虜。二年，余還朝，而聞君病，然坐曹治事益精明。夏五月，疾亟，致其政以歸。十八日甲戌，卒于寢。其季譓委儒林郎萬勔，狀君之行來告曰："君與伯仲厚，且知其行為詳。君今亡矣，盍為銘詩，以信後世。"余辭之曰："凡人之所以誌方礎者，蓋欲其久傳也。使言之不聞，非特不足以曰其懿德，而又將負共弟孝子之託，罪莫大焉。"譓意堅甚，遂為之銘。君字舜弼，系出甚遠。春秋衛有石碏，楚有石奢，漢奮以恭謹著，晉苞以才略顯。元魏之世，祖興、文德，皆節義聞於時。逮及于唐，雄善戰為神武統軍。五代之晉，昂於獨行，有傳世不乏德，時有令人。君占籍開封之祥符，自馮翊徙，今四世矣。曾祖斌，永武力致位方伯，為冀州防禦使、殿前都虞候，以左屯衛大將軍致仕。曾祖妣安氏，封萬年郡君。祖懷懿，東頭供奉官，贈左衛大將軍。祖妣王氏，贈太原郡太君。父立，西京左藏庫使，以君贈中大夫。妣趙氏，長安縣君，以君封大寧郡太君。德積慶長，垂裕來裔。君幼不逐兒嬉，下帷讀書，夜輒達旦。中大君憫其勤，稍止之。君恐傷親意，然默誦不廢。遂博極群書，為時通儒。擢第，丁大寧憂。服除，起家授秘書省校書郎，歷宿州司法參軍、刑部詳斷官、大理評事、寺丞、通判陳州軍事、開封府推官、刑部員外郎，遷郎中，出知齊州。復入為刑部郎中，改度支。屬外艱，終喪，除吏部郎中，知虔州，兼江南西路兵馬都監。引疾求領真祠，除管勾亳州明道宫。秩滿，除兵部郎中。自初筮仕，凡十六遷而為太府少卿，由校書郎凡十二遷而為朝議大夫，勳至上輕車都尉，賜五品服。中間嘗押伴夏國人使，又為接伴契丹賀正旦使。法家少恩，以刻深為賢。而君本儒者，引經傳情，多所全貸。在大理日，陛犴為空。逮佐京兆，盤根錯節，迎刃立斷，人人自以為不冤。其為邢曹郎，會元符中以赦，出繫囚而疑讞。在刑部、大理者，乃獨引例取旨。君曰："若然，則當辜者幸免，而不經者罹法，非赦意也。乞以受賕及以其私抵罪至放殛者，仍舊貫餘悉貸之。"後京東歲饑，人盜斗米及食遺胔者，或皆至極法，讞繼上。君曰："它時民租以歉，故蠲十七，則用輕典。今艱食至此，而蠲租之數不滿，此吏惡而重斂也。今罪在大辟者衆宜有以寬之。"朝廷從其請。異日復肆眚，雖上澤甚惠，而有司條具，不能副明天子欽恤之意。如配隸兵籍及流放在所羈察者，咸以歲月，得近里闕，或除其籍，至沒入為奴婢，獨無貸期。君上其事，詔許與配隸羈察者比，自是無向隅者。戶部為劇曹，推度支為甚。逮君為之，校一歲所治，按牘凡五萬一千有奇，無一可指議者，朝廷第課居最。承平日久，士大夫以内為重，或出補外，則率不事事，朝夕奚遷。君獨不然，其在陳也，守臣多鉅公略細務，君佐上治下，期月稱治。其為濟南，抑強扶弱，寬以濟猛，務去害民者。屬縣章丘有李氏，貲高忍愎，婢僕忤意，輒斷舌抉目，手刃數十輩。以賄結郡縣吏，刺守令短陰持之。君至，擿其奸，而會赦當原。君言于朝，詔盡削其官，黥配嶺表，郡人快之，自是豪右斂跡。其後治虔，大抵出此。而虔地薄，嶺俗喜訟事，巫詛不嘗藥，父母疾，懼弗之省，子生不舉。君初所以曉告之者備至，其後有不悛者，必寘之法，因遂襄止。訟牒多浮辭，至累千百，務以汩聽者，君著為程，使其文纔足以盡意，不中程輒弗售，以故無以肆其巧，虔遂大治。郡人歌之曰："前有趙劉，後有石侯。"其為政善若此。而孝悌出於天資，丁内、外艱，杖而後起，水漿不入口者累日。兩以官乞封外祖母湯沐邑，及追贈中大君三品服，雖朝廷難之，而士論稱焉。弟詠卒，君為其子娶婦，嫁二女。與它昆弟無間言，怡怡如也。親族皆分俸以賙之。家貧無餘貲，然不以貧故易其操。所至兵廚，先以銷餉屬吏，吏弗偏弗取也。

齊圭田素厚，民貧或不能盡耕，而吏不為蠲其賦。君會所不當者，悉還之。所至惠愛及物，人懷其恩。至宛丘，道多遺骸，君出俸以葬，自為文以祭之。為人有藻鑒，所從游多賢士大夫，其薦于朝，遂躋顯仕者，凡十數輩。如兵部侍郎劉煥，亦君門下士也。人物秀偉，與賓客言，言簡而詣。西北虜使至中國，前此與將迎者，務夸大以相高。及君為使，皆屈服，無敢忤。與人交，雖甚久不狎侮。平居無所嗜好，唯蓄書為文以自適。詞致典雅，有集行于時。早就道人傳心法，至啟手足，神識不亂。取所服用施釋氏，召其弟及子侄，命毋怛化，已而僧如玩至，君與語，首肯者一再，遂卒，享年五十五。娶順昌縣君孫氏，有賢德，閨門肅然。子底，將士郎，名家駒，慶未艾也。女嫁宗室侍禁士跉。君之疾，底幼，而譓適宦游，還家，君付以家事。逮卒，譓即以是年七月癸酉，斂葬君鄭州新鄭縣西韓村之原。其所以送終，無一不合于禮，足以勸為人之弟者，可謂賢矣。銘曰：

維石君，時聞人。冠柱後，守儒紳。廣霈澤，及斯民。刺千里，政如神。廉於財，孝厥親。亞九列，以終身。位不充，志莫伸。紀懿德，銘堅珉。崗為屏，山為鄰。佳城鬱，無復晨。

楊真、彭祐刊。

蓋題：“宋朝議大夫太府少卿致仕石公墓志銘”

君廷傷親意然默誦不廢遂博極群書爲
詳斷官大理評事寺丞通判陳州軍州事
艱終喪除吏部郎中知虔州兼江南西
倅□□□六遷而爲太府少卿由校書郎凡
又爲接伴契丹賀正旦使法家少恩以刻
根錯節迎刃立斷人人自以爲不冤其爲
曰若決則當辜者辜免而不經者衆法非
人盜斗米及貧遺躡者或皆至極法識繼
此吏惡而重繇也今常在大辟者衆宜有
明天子欽卹之遂如配隸兵籍及流放在

局部原大

夫人恭氏開封人天資純厚二十二歲來
楊氏事　龍圖公甚謹踰年生子祖仁
方八月　龍圖公薨　夫人不忍去
鞠育教誨以至成人莅官不苟累外為大
夫　夫人之力也封長壽縣太君
夫人好讀佛書諳理趣存心養性喜怒不
形將終澹然曾不以死生為念政和三年
五月乙酉卒于尊賢之第享年七十五大
夫君卜以其年七月乙酉葬于洛陽縣賢
相鄉杜翟里先塋之西南隅　龍圖公
為世顯人賴　夫人生子不殞其後而
夫人克享眉壽生得其養死得其葬嗚呼
可以無憾矣介夙與大夫君游且熟
夫人之行大夫君有請辭不獲避故為之
叙次奉議郎管勾温州南真宮賜緋魚
刊者祁處恭

二〇六　楊祖仁母恭氏墓誌

奉議郎管勾溫州南真宮賜緋魚袋魏介撰，刊者祁處恭

政和三年（1113）五月六日卒，同年七月七日葬

誌文16行，滿行16字，正書。誌石長46厘米、寬47厘米，洛陽出土。

二〇六　楊祖仁母恭氏墓誌

夫人恭氏，開封人，天資淳厚，二十二歲來楊氏，事龍圖公甚謹。踰年生子祖仁。方八月，龍圖公薨，夫人不忍去，鞠育教誨，以至成人。莅官不苟，累昇為大夫，夫人之力也，封長壽縣太君。夫人好讀佛書，詣理趣存心養性，喜怒不形。將終澹然，曾不以死生為念。政和三年五月乙酉卒于尊賢之第，享年七十五。大夫君卜以其年七月乙酉葬于洛陽縣賢相鄉杜翟里先塋之西南隅。龍圖公為世顯人，賴夫人生子，不殞其後。而夫人克享眉壽，生得其養，死得其葬。嗚呼！可以無憾矣。介夙與大夫君游，具熟夫人之行，大夫君有請，辭不獲避，故為之敘次。

奉議郎管勾溫州南真宮賜緋魚袋魏介撰。

刊者祁處恭。

宋故朝散大夫致仕賜緋魚袋賈公墓誌銘
朝散郎前權發遣信陽軍管勾學事兼管內勸農事賜緋魚袋王寔撰
朝奉大夫試尚書戶部侍郎賜紫金魚袋賈偉節書
朝散郎管勾彭州沖真觀岑穰篆蓋
公諱公述，字傳之。丞相文元公之孫，尚書駕部員外郎贈右光祿大夫諱田之
子也。文元公以經術勳業輔相仁宗，門戶光大。公自幼刻意於學，無貴
驕習。及長，惇厚和裕，於事無不練達。以文元公遺表恩，授將作監主簿，遷太常
寺太祝。丁父憂，服除，遷大理評事。元豐官制行，換宣義郎，賜緋衣銀魚，九遷至
朝散大夫。初監開封府咸平縣鹽稅，從辟監廣利門，秩滿，知越州剡縣。有盜發
冢得者，公察其枉，釋之，果非盜。人以為不可欺。知無為軍廬江縣，丁母廣平郡
太君李氏憂，服除，知常州晉陵縣。所至吏畏民愛，有能稱。通判亳州、應天府，除
開封府右軍巡判官，內香藥庫。通判鄆州，移河南府，除提舉江池州鑄錢，未赴，
知開封府開封縣，宿蠹隱弊，別抉無所遺，治効著聞。部使者更薦之，除太僕寺
丞，出提舉河北京東鹽香鹽稅，屬司廢，通判大名府，未赴，而司復還舊任，鹽課
增羨以千萬計。前此總漕領自列率被賞，公獨曰：是乃職事也。卒不自言。改京
西南路提舉常平等事。會隨、郢饑，公請發八州米賑之，所活甚衆。未幾得小疾，
起居猶自如。公慨然曰：吾使者，當一路寄，可以病處之哉？即請宮觀，得管勾西
京嵩山崇福宮。愛潁昌以為賢士大夫所聚，卜家焉。府城外之西北隅有文元
別圃，水竹清勝，暇日引子弟杖策徜徉其間，超然也。時以年勞當遷，及改金紫，
服皆不肯自陳，遂請致仕。雖親舊不及知，既得謝，皆往賀，且曰：公年未衰，又無
田以供伏臘，遽謝祿，獨不為後日計哉？公笑曰：吾病不任事矣，又敢安祿邪？聞
者伏其知。公自少好讀書，其為詩清麗而造理，後痺且甚，猶自力不廢，與賓
客燕語，終日不倦。以政和三年十月戊申卒，享年六十。以其年十二月癸酉葬
于陽翟縣大儒鄉元老村文元公塋之次。娶王氏，贈光祿大夫諱力之女，始封
壽陽縣君，改宜人。子男二人：曰逮，曰迨，皆將仕郎。女子七人：適忠翊郎焦莊叔、
修武郎趙叔遠、宣德郎王令淳、從事郎宋暈、修武郎趙令沖、假將仕郎王令潔，
幼在室，許嫁承奉郎韓璟。公葬有日，逮來請銘，因系公世次官伐為之銘：
慶歷之隆，有相魏公。曰德曰位，惟時顯融。公其嗣孫，謙然有聞。不侈不驕，惟德
之純。試于百里，是謂循吏。爰領一道，是謂廉使。弗究其施，引疾以去。公豈遂厭，
惟義之懼。匪公自歸，壽亦止此。公乎命邪，瘞則有誄。 史暉刻

二〇七　宋故朝散大夫致仕賜緋魚袋賈公（公述）墓誌銘

朝散郎前權發遣信陽軍管勾學事兼管內勸農事賜緋魚袋王寔撰，朝奉大夫試尚書戶部侍郎賜紫金魚袋賈偉節書，朝散郎管勾彭州沖直觀岑穰撰蓋，史暉刻

政和三年（1113）十月一日卒，同年十二月二十六日葬

誌文 30 行，滿行 30 字，正書。誌石長 77 厘米、寬 75 厘米，許昌出土。

二〇七　宋故朝散大夫致仕賜緋魚袋賈公（公述）墓誌銘

朝散郎前權發遣信陽軍管勾學事兼管內勸農事賜緋魚袋王寔撰，朝奉大夫試尚書戶部侍郎賜紫金魚袋賈偉節書，朝散郎管勾彭州沖真觀岑穰撰蓋

公諱公述，字傳之，丞相文元公之孫，尚書駕部員外郎、贈右光祿大夫諱田之子也。文元公以經術勳業，輔相仁宗，門戶光大。公自幼刻意於學，無貴驕習。及長，惇厚和裕，於事無不練達。以文元公遺表，恩授將作監主簿，遷太常寺太祝。丁父憂，服除，遷大理評事。元豐官制行，換宣議郎，賜緋衣銀魚，九遷至朝散大夫。初監開封府咸平縣鹽稅，從辟監廣利門，秩滿，知越州剡縣。有盜發冢得者，公察其枉，釋之，果非盜人，以為不可欺。知無為軍廬江縣。丁母廣平郡太君李氏憂，服除，知常州晉陵縣，所至吏畏民愛，有能稱。通判亳州應天府，除開封府右軍巡判官、內香藥庫。通判鄆州，移河南府，除提舉江池州鑄錢，未赴，知開封府開封縣。宿蠹隱弊剔抉無所遺，治效著聞，部使者更薦之。除太僕寺丞，出提舉河北京東鹽香鹽稅。屬司廢，通判大名府，未赴而司復，還舊任，鹽課增羡以千萬計。前此纔溢額自列，率被賞，公獨曰："是乃職事也。"卒不自言。改京西南路提舉常平等事，會隨郢饑，公請發八州米賑之，所活甚衆。未幾，得小疾，起居猶自如，公慨然曰："吾使者，當一路寄，可以病處之哉。"即請宮觀，得管勾西京嵩山崇福宮。愛潁昌，以為賢士大夫所聚，卜家焉。府城外之西北隅，有文元別圃，水竹清勝，暇日引子弟杖策徜徉其間，超然也。時以年勞當遷，及改金紫服，皆不肯自陳，遂請致仕。雖親舊不及知，既得謝，皆往賀且曰："公幸未衰，又無田以供伏臘，遽謝祿，獨不為後日計哉？"公笑曰："吾病不任事矣，又敢安祿邪？"聞者伏其知止。公自少好讀書，其為詩清麗而造理，後痹且甚，猶自力不廢。與賓客燕語，終日不倦。以政和三年十月戊申卒，享年六十。以其年十二月癸卯，葬于陽翟縣大儒鄉元老村文元公塋之次。娶王氏，贈光祿大夫諱力之女，始封壽陽縣君，改宜人。子男二人：曰逮、曰莚，皆將仕郎。女子七人：適忠翊郎焦莊叔，修武郎趙叔邌，宣德郎王令淳，從事郎宋暈，修武郎趙令沖，假將仕郎王令深，幼在室，許嫁承奉郎韓璟。公葬有日，逮來請銘曰，系公世次、官伐爲之銘：

慶曆之隆，有相魏公；曰德曰位，惟時顯融。公其嗣孫，藹然有聞；不侈不驕，惟德之純。試于百里，是謂循吏；爰領一道，是謂膚使。弗究其施，引疾以去；公豈遂廢，惟義之懼。匪公曰歸，壽亦止此；公乎命邪，瘞則有誄。

史暉刻。

宋故秀容縣君墓誌銘
宣德郎充國朝會要所檢閱文字張植撰
朝奉郎新差權發遣河北路轉運判官公事借緋魚袋張勸書
承議郎秘書省校書郎充編修六典檢閱文字黃伯思篆蓋
夫人太祖皇帝四世孫贈定州觀察使從質之女供備庫副使
符守誠之妻西頭供奉官世美之母夫人在家時聰慧婉懿為父
母鍾愛擇所宜歸年十八歸符氏封秀容縣君符氏族大且貴夫
人事舅姑恪恭左右服勤不怠上下胥悅自其姑喪即主堂奧奉
時祀垂三十年卒能以柔順承其夫母道訓其子輯睦親屬循事
求稱靡有厚薄御僮使治資産皆有條序處尊卑間無不順適嗚
呼可謂賢矣夫人以天族之榮歸勲閥之裔不尚侈靡而特以儉
素為事里閭有不給者悉賙濟之唯恐居後所享宜永遠嗇其壽
以大觀三年三月癸亥寢疾卒享年五十有七卜以政和四年七
月十二日葬于河南府洛陽縣闊牙村魏王之塋列于舅姑之次
男一人世美蒞官廉勤所至以幹治稱女三人長適宗室坊州防
禦使仲汯先夫人卒次適親王子建寧軍節度使孝騭次適嗣濮
王子右千牛衛將軍仲琈皆以婦德著聞孫男三人思廉思度思
廣孫女五人余於符氏有葭莩之舊熟夫人之懿范其子泣以行
狀來請銘義不獲辭乃為之銘銘曰
淑哉夫人警敏和靖嬪于大家外參內正
承夫訓子循義約禮薪火告窮倏焉徂逝
夫其先歸有室有丘合葬刻銘垂譽無休

二〇八　宋故秀容縣君（符守誠妻趙氏）墓誌銘

宣德郎充國朝會要所檢閱文字張植撰，朝奉郎新差權發遣河北路轉運判官公事借緋魚袋張勸書，承議郎秘書省校書郎充編修六典檢閱文字黃伯思篆蓋

大觀三年（1109）卒，政和四年（1114）七月十二日葬

誌文 22 行，滿行 25 字，正書。誌石長 70.5 厘米、寬 72.5 厘米，洛陽出土。

釋文

二〇八　宋故秀容縣君（符守誠妻趙氏）墓誌銘

宣德郎充國朝會要所檢閱文字張植撰，朝奉郎新差權發遣河北路轉運判官公事借緋魚袋張勸書，承議郎秘書省校書郎充編修六典檢閱文字黃伯思篆蓋

夫人，太祖皇帝四世孫，贈定州觀察使從質之女，供備庫副使符守誠之妻，西頭供奉官世美之母。夫人在家時聰慧婉懿，為父母鍾愛，擇所宜歸，年十八歸符氏，封秀容縣君。符氏族大且貴，夫人事舅姑恪恭左右，服勤不怠，上下胥悦。自其姑喪，即主堂奥，奉侍祀垂三十年，卒能以柔順承其夫，母道訓其子。輯睦親屬，隨事取稱，靡有厚薄。御僮使、治貲產，皆有條序，處尊卑間，無不順適。嗚呼，可謂賢矣！夫人以天族之榮，歸勳閥之裔，不尚侈靡，而特以儉素為事。里閭有不給者，悉賙濟之，唯恐居後。所享宜永，遽嗇其壽，以大觀三年癸亥寢疾，卒，享年五十有七。卜以政和四年七月十二日葬于河南府洛陽縣淘牙村魏王之塋，列于舅姑之次。男一人世美，效官廉勤，所至以幹治稱。女三人，長適宗室坊州防禦使仲沄，先夫人卒。次適親王子、建寧軍節度使孝騭。次適嗣濮王子、右千牛衛將軍仲埏。皆以婦德著聞。孫男三人：思廉、思度、思廣。孫女五人。余於符氏有葭莩之舊，熟夫人之懿范，其子泣以行狀來請銘，義不獲辭，乃為之銘。銘曰：

淑哉夫人，警敏和靖，嬪于大家，外柔內正。承夫訓子，循義約禮，薪火告窮，倏焉徂逝。夫其先歸，有室有丘，合葬刻銘，垂譽無休。

二〇九　宋故太原王公（士英）墓誌銘

登仕郎充西京國子監博士權司業李彝撰，承議郎京西路轉運司勾當公事宋元常書，

宣議郎提舉置天章閣等材植司勾當文字周洵篆蓋，袁昇刻

大觀四年（1110）十月初九日卒，政和四年（1114）十月八日葬

誌文25行，滿行27字，正書。誌石長56.7厘米、寬56.5厘米，洛陽出土。

釋文

二〇九　宋故太原王公（士英）墓誌銘

登仕郎充西京國子監博士權司業李彝撰，承議郎京西路轉運司勾當公事宋元常書，宣議郎提舉措置天章閣等材植司勾當文字周洵篆蓋

公諱士英，字子能，世為河陽人。曾祖禋、祖榮以財雄于鄉里。父文政，樂河南土風，徙居之，其始布褐芒，屢推家財不有，用仁厚信義處百賈間，附者翕然。遂再致巨產，甲於河南門族，蕃衍桑梓，于是，今為河南人矣。公淳直端亮，克肖父德，而襟抱恢廓，儀狀秀偉，人望而即之知其為長者也。兄士昌恬默莊重，杜門自順，悉以家事付公，慮無纖芥。公竭誠盡力，不吝勤勚，經營謀畫，皆適於當。而委虵出入，訖無一毫私己，中外服其公焉。初，公之父廛身積貲，與陶朱猗頓相上下，至公兄弟，斥去錐刃，不復競利，惟闔戶耽玩書史，延洛之宿學鄉先生，俾誨諸子。賓朋踵門，倒屣迎納，侈饌具不計費，食客盈前，間以丐貸，終無倦色。公有姊，適周氏，生一男一女矣，夫佚游不還；仲兄士衡蚤世，有遺腹女。公奉寡姊盡禮，迄于壽終；撫孤甥侄恩惠備厚，不啻己子。卒之男有成，女有歸。平日居家與伯氏友睦，食飲坐起，未嘗相捨，怡怡如也。其子弟輩循蹈矩矱，不妄嬉游，閨閫肅然，鄉邦稱之。大觀四年十月初九日，公晨興盥櫛如常，忽感暴疾，兒女圜侍弗顧，獨呼其兄，握手與訣，享年四十有九。姻戚、閭巷之人聞其不幸，皆垂洟咨嗟，以謂善人亡矣。娶高平范氏，生男子四人：汝言、汝礪、汝弼、汝霖。汝礪純厚而敏于學，今為國子監內舍生。汝弼警秀樂善，年十六，後公三歲而卒；汝霖出繼伯父。女子七人，長適李氏，次二人許婚矣，餘皆蚤亡。汝言、汝礪卜以政和四年十月己酉，舉公之喪葬于洛陽縣金谷鄉宣武原之新塋，乃來請銘，銘曰：

佳城鬱鬱，卜云其吉。以利後人，公乎永畢。

袁昇刻。

宋故梁夫人墓銘
通直郎陳穀撰并書
雄州防禦推官劉伯通妻梁氏諱珣曾祖
昪隱德不仕祖審言夔州錄事參軍父清
民蜀州新津縣主簿梁氏世居江淮因家
關右遂占籍京兆之城南夫人禀性端厚
幼孝於父母及嫁事姑無倦承夫且順推
官蚤死孀居二十年處貧無難色杜門誦
佛書雖親戚見者有數里閈稱之感疾終
堂于長安龍首里享年五十有六寔政和
五年五月二十八日也死無子有女一人
嫁俊士句令儀卜以是年六月二十二日
葬于萬年縣洪固鄉神禾原祔推官之墓
銘曰
守義而生　固窮而死
形雖有歸　祭則無子

二一〇　宋故梁夫人（珣）（劉伯通妻）墓誌

通直郎陳穀撰并書

政和五年（1115）五月二十八日卒，同年六月二十二日葬

誌文 16 行，滿行 16 字，正書。誌石長、寬均 44 厘米，陝西出土。

二一〇　宋故梁夫人（珣）（劉伯通妻）墓誌

通直郎陳穀撰并書

雄州防禦推官劉伯通妻梁氏，諱珣，曾祖昇，隱德不仕。祖審言，處州錄事參軍。父清民，蜀州新津縣主簿。梁氏世居江淮，因家關右，遂占籍京兆之城南。夫人稟性端厚，幼孝於父母；及嫁，事姑無倦，承夫且順。推官早死，孀居二十年，處貧無難色。杜門誦佛書，雖親戚見者有數，里閈稱之。感疾終堂于長安龍首里，享年五十有六，寔政和五年五月二十八日也。死無子，有女一人，嫁俊士句令儀。卜以是年六月二十二日，葬于萬年縣洪固鄉神禾原，祔推官之墓。銘曰：

守義而生，固窮而死。形雖有歸，祭則無子。

二一一　宋故武德郎鄜延路兵馬鈐轄贈左武衛將軍許公（咸亨）墓誌銘并序

奉直大夫前京西路轉運司管勾文字韓容撰，武功大夫白州團練使催促陝西河東路府第并明堂等木植王子久書，武德郎催促御路窠木王子弼篆蓋

政和六年（1116）四月二十一日卒

誌文21行，滿行26字，正書。誌石長、寬均60厘米，洛陽出土。

釋文

二一一　宋故武德郎鄜延路兵馬鈐轄贈左武衛將軍許公（咸亨）墓誌銘并序

奉直大夫前京西路轉運司管勾文字韓容撰，武功大夫白州團練使催促陝西河東路府第并明堂等木植王子久書，武德郎催促御路窠木王子弼篆蓋

公諱咸亨，字仲通，其先同州朝邑人，自其大父徙家于開封。公幼習騎射，廷試入異等，授成忠郎。仁宗朝，趙元昊判，王師討之，公出入行陣，屢立奇功，賊衆為之畏服，積多至武德郎、鄜延路兵馬鈐轄。未幾，以疾卒，享年四十六。左監門衛大將軍、唐原州團練使、超成忠郎繼隆，公之曾祖父、祖父、父也。公娶崔氏，贈孺人。男三人：曰定國，武節郎、熙河第一副將；曰安國，承信郎，贈左屯衛將軍；曰宥，修武郎。女三人：長適從義郎馬仲立，次適武經郎劉琬，次適忠翊郎夏伾。孫男三人：曰亞，武功大夫、京東第二將；曰丙，保義郎；曰噩，未仕。孫女二人：長適承節郎樊全，次適俊士王俊明。曾孫男八人：曰溥，保義郎；曰淵，承節郎；曰沔、曰深、曰浩、曰濬、曰涓、曰澄。曾孫女適武翼郎李師中。方公之逝也，諸子幼，不能奉公之柩以歸，留厝于延安西山之佛寺。後六十餘年，孫男亞位于朝，乃克歸公之柩于河南府洛陽縣宣武村之原，并舉公之室崔氏祔，實政和六年四月二十一日也。銘曰：

堂堂許公，克世家風。鷹揚于外，屢嘉告功。材未大施，遽夭厥躬。知與不知，莫不歎惜。歸彼兆域，至孫乃克。茲惟永寧，以利其後人。

祁恭刊。

二一二　宋故王夫人（陳寬之妻）墓誌

大觀二年（1108）正月十二日卒，政和七年（1117）四月十二日葬

誌文 26 行，滿行 26 字，正書。誌石長 61 厘米，寬 62 厘米，洛陽出土。

二一二　宋故王夫人（陳寬之妻）墓誌

弟從政郎唐州比陽（下闕），姪朝奉大夫起居舍人兼國史編修官（下闕），中奉大夫充江南西路計度轉運副使李令将篆蓋

大觀二年正月十二日，青神陳君寬之之夫人終于汝之葉縣，彬之姊也。彬時為趙城尉，君以訃告彬，哭之慟曰："天乎！人乎！吾姊有遺恨者三，悲夫！夫人始歸陳氏，謂陳氏之族當大，而大其族者在君，然不克見君之貴，一也。有女未笄，有男方稺，而婦儀義方之訓，弗克告焉，二也。夫人愛篤於親，先妣之去河東也，夫人思歸，寧而不得，故有遠兄弟父母之痛，三也。懷此以歸泉壤，情可極耶！"後九年，政和之七祀，君與其子煜，謀舉夫人之喪，以四月十二日，葬于河南府壽安縣升泉鄉龕口口之原，屬彬誌之。夫人二十有二，始歸陳氏，則自幼以至于結帨，君之知，固有得之未盡者，是惡可以辭。夫人天性孝慈，莊而和，柔而直。言必有法，動必中禮。初遭先君之喪，哀毁能如成人。有老比丘尼言釋氏，資薦功德，惟生天經第一。夫人受持讀誦，晝夜不息，數滿大藏者凡十餘過。先妣嬰疾，醫者言形證甚惡，不發藥而未易，數醫皆同。夫人涕泣於佛前，刲股肉置飲中下咽，立汗而愈，聞者嘉其孝焉。既歸陳氏，能以孝於親者，移於其姑；睦於族者，移於其娣姒。事長撫幼，糾合宗族。陳氏聚族百餘口，内外無有間言，故其姑蒲夫人特愛異之。嗚呼！德與壽反，享年三十有六而歿，其吾宗之不振乎？陳氏之不幸乎？向使天道與善，鬼神福謙，則夫人宜登期頤，與君子偕老，胡為厚其德而嗇其年也？繄不至歟，命有極歟。適來適去，皆忽然歟。彬痛且惑之，遂以終天之哀，謹志兹石。王氏其先，太原著姓。廣明之亂，徙家蜀之天彭。曾祖仲雍，故贈大理評事。祖仁顯，故任太子中舍致仕，贈口大夫。父九成，故任朝奉大夫云。

二一三　宋故承議郎劉公（陶）孺人楊氏墓誌銘

朝請大夫直龍圖閣新權發遣同州軍州事管勾學事兼管內監牧勸農事借紫金魚袋齊定國撰，朝奉大夫權通判興元軍府管勾學事趙希孟書并篆蓋，張友聞刊

政和七年（1117）九月初六日卒，同年十二月七日葬

誌文 28 行，滿行 32 字，行書。誌石長 70 厘米、寬 69 厘米，洛陽出土。

二一三　宋故承議郎劉公（陶）孺人楊氏墓誌銘

朝請大夫直龍圖閣新權發遣同州軍州事管勾學事兼管內監牧勸農事借紫金魚袋齊定國撰，朝奉大夫權通判興元軍府管勾學事趙希孟書并篆蓋

孺人楊氏，其先京兆萬年縣人。漢太尉震之後，關右名族也。父得一，故任西京左藏庫使，嫡母仙源縣君高氏，繼母仁壽縣君王氏。仙源縣君早亡，孺人奉□繼母以孝稱。年十七，歸故承議郎劉陶。承議公之父天章閣待制，以直諫事仁宗皇帝，為國名臣。孺人入門，執婦道尊幼，百口率無間言。待制捐館青社，與承議公奉仁壽君歸葬洛陽營私第于溫柔坊。奉旨甘勤力孝睦，自初迄終十有九年，無一日少懈。仁壽喪服既革，始勉承議公從宦，歷保州保塞縣，通判石州，所至，清肅端亮，內和外剛，巨細辨治，雖承議公稟賦有自，寔中饋佐佑之力。孺人天資慎重，謹潔自將，雅尚質素，洛俗多豪富汰於追樂，芳時追逐，相矜以誇。孺人自承議公去世，孀居二十七年，端處一堂，非蘋蘩家廟之事，未嘗出諸闈，撫字諸息，嫡庶均一，有鳲鳩之德焉。其治家量入為出，不妄侈費。晚景尤務節約，一衣至屢浣不易，或以相勸，怡然自如，不以屑意，蓋天性純儉，非由強勉。承上御下，率恭仁厚，或有怫其意者，未嘗形見于色。雖左右臧獲，亦不覩其詞氣之厲。歲時慶賀，自班白之子，逮諸曾孫，環擁膝下，捧觴為壽，雍雍如也。親戚內外，靡不咨笑，以詫其榮。政和七年九月初六日終于正寢，享年七十有三。自寢疾至于啓手足，唯是默誦佛書，而神色不亂，凡百姻族，無少長戚疎，莫不哀慟。初封萬年縣君，後改今稱。子男四人，孟曰平仲，次曰明儀，曰嘉仲、曰正仲，或力學屢獲薦貢，或強敏裕于幹蠱，咸以孝稱，不墜素業。女四人，長適奉議郎傅勉，次適朝奉郎李安節，次適朝散郎王烈，次適將仕郎程廣問，皆先亡。孫男六人：行之、濬之、補之、澤之、振之、深之。曾孫男五人，曾孫女三人。卜是歲十二月七日葬于洛陽縣杜澤里，從承議吉兆也。定國於孺人為諸甥，幼孤，寄育于外氏，沐渭陽之恩為多，且念孺人之德舊矣，用忘□陋，誌于珉石。銘曰：

於顯天章，族大以昌。惟承議公，白眉最良。於嘉承議，世濟其美。惟茲孺人，襲婦之懿。克儉惟勤，克和惟孝。內外斬斬，匪怒伊教。繩繩子孫，厥德惟肖。年至于期，壽亦云考。卜葬惟祉，杜澤之里。協于初龜，福延後裔。

張友聞刊。

二一四　宋故太原武公（夢齡）墓誌銘

元祐七年（1092）九月二十九日卒，政和八年（1118）二月八日葬

誌文 32 行，滿行 36 字，正書。誌石長、寬均 74 厘米，陝西出土。

二一四　宋故太原武公（夢齡）墓誌銘

承直郎知德順軍隴干縣事管勾學事管勾勸農公事孟庶文撰，陳倉進士宋與權書并篆

公姓武氏，諱夢齡，字延年，世為大梁人。祖任官郿邑，後家於陳倉。曾祖諱廷俊，不仕。祖諱仁恕，成忠郎監鳳翔府郿邑斜谷鎮坑冶酒稅。父諱應之，宣教郎，任福州司戶參軍。公少孤，賦性剛介，作事有法，非特孝友於其家，又信於朋友，仁及閭里，故鄉人鮮有不道其善者。公嘗嘆曰："父祖以仕官顯於家，我既不能繼其志，當敕身勵行，求有以異於人者，安可碌碌，然混同於流俗哉？"故因都下房族析煙，悉以祥符，祖業讓其族人，而獨守陳倉薄產。務農數年，家至富有，遂起第宅於渭水之南，而屋宇雄壯，堂室具完，以至池亭園圃，無不悉備。於是，晦迹林下，不求聞達。每客至，則置酒以盡其歡。居常，則與弟姪、朋友以山水吟詠為樂。顧公之為人，雖不祿仕，亦可謂清朝高尚之士也，又何愧於父祖哉！熙寧、元豐間，民遇饑歲，往往凍餒於道路，公特出其餘粟而賑救之，人感恩德，迄今不忘。外孫女野詩氏幼孤，無所歸，公取而育之十餘年，以妻富人胡中實，次妻張氏，有前夫陳公之子曰偕、曰傑，公養之如己子，又使之成。推之，非仁人君子，孰能若是？公三娶，首曰陳氏、次曰張氏、又其次曰蓋氏。男二人：長曰奉世，次曰奉先。奉世長立，悉以家務委焉。奉世溫克好士，亦能幹父之蠱。奉先幼，使之從學，嘗戒之曰：汝當力學奮身，祖業不可恃爾。奉先篤志好學，潛心經史，雖未遂志於場屋，而名不失為醇儒。女四人：長適邑人趙迪，次適邑人王擇，次適士人侯億，次適士人馬証。長男孫五人：曰昌祐、曰昌明、曰昌祚、曰昌時、曰昌言。幼男孫二人：曰昌宗、曰昌朝。孫女衆多，不能備紀。公有弟諱夢禾，字叔恬，博學能文，累舉進士，尤善詩筆，而賢士大夫皆務傳頌，踈財重義，器識高遠。嘗據水竹間，葺池館、築花圃，擇里中之賢者，相與追陪。不諂勢位，而邑官多就見之；不親豪富，而里人尤敬重之。可謂關中之豪傑矣！然惜乎時命不偶，未第而亡。公嘗祝其二子曰："叔既亡矣，有子不立，異日汝等當盡其襄事也。"公享年六十九，以元祐七年九月二十九日寢疾，卒於牖下。後二十年，奉先頓首再拜，請於兄曰：父母之喪，蓋已久矣，尚未盡其大事，願卜葬焉。兄曰："善。"奉先遂擇政和八年二月初八日，葬於散關鄉車村里，塋闢四穴，公與其配陳氏、蓋氏一也。奉先之叔父夢禾、叔母李氏一也。奉世之前妻王氏一也。奉先之前妻胡氏、席氏一也。噫！惟奉先之為人，可謂孝且悌矣。始謀葬也，見其兄之財用不足，遂將棺椁、衣衾、宅兆之所，皆備於己，不忍以毫髮動其兄。及將葬也，慮非有誌，猶不葬耳，故特遣介持里人郭彥所為行狀祝於予，予公之姪婿、叔恬之女夫也，義不敢辭，遂作誌與銘焉。銘曰：

公本梁人兮徙居陳倉，家既富有兮允蹈五常。篤行孝友兮于家有光，鄉黨稱仁兮逮今不忘。子為儒士兮令名孔彰，厥孫詵詵兮浸以明昌。人之衰盛兮豈無所自，已能積善兮流慶斯長。

二一五　宋承議郎權知懷安軍管勾神霄玉清萬壽宮管勾學事兼管內勸農事借紫金魚袋李公（晟）墓誌銘

奉議郎權管勾西京留司御史臺公事文安禮撰并書，承議郎知孟州汜水縣管勾學事曾訢篆蓋

宣和二年（1120）十月卒，宣和三年（1121）正月葬

誌文 37 行，滿行 38 字，正書。誌石長、寬均 73 厘米，洛陽出土。

二一五　宋承議郎權知懷安軍管勾神霄玉清萬壽宫管勾學事兼管内勸農事借紫金魚袋李公（晟）墓誌銘

奉議郎權管勾西京留司御史臺公事文安禮撰并書，承議郎知孟州汜水縣管勾學事曾訢篆蓋

李氏之系出唐虞時理官，其後自趙徙濮，有文定公顯于宋，奮身布衣，不十年為宰相，守節不回。在真宗、仁宗時，忠言讜論，具載國史。相繼懿靖公，學行該備，亦以端勁聞，神宗初年，請老謝事，乃始居洛。父子被遇四朝，搢紳歆豔，至今天下誦其英聲者，聞之足以矜式，是宜遺風餘烈，有以傳世而未艾也。公諱晟，字顯叔，賦性至剛，幼而喜學，壯而筮仕，無所屈橈，凡更八政，志在摧奸抑强。不以位卑，故有所畏而不為，宗族稱之，謂惟有祖之風烈者。文定諱迪，以太子太傅致仕，贈太師、中書令、尚書令、鄭國公，公之高祖也。懿靖諱柬之，以太子少師致仕，贈太子太傅，公之曾祖也。祖諱孝孫，終中散大夫，行鴻臚少卿，贈光禄大夫。考諱偉，終朝奉大夫，知衛州，贈宣奉大夫。妣文氏，昭德縣君，贈碩人。公初以祖蔭補太廟齋郎，歷洺州雞澤縣主簿、單州成武縣尉，陞令為絳州録事參軍，用薦授宣教郎，知德州平原、深州束鹿二縣。丁宣奉公憂，終喪，轉通直郎，又知鳳州河池、劍州陰平二縣。轉奉議郎，賜五品服，權知懷安軍，轉承議郎。宣和二年庚子十月庚辰，以疾終于官，享年五十有二。娶劉氏，朝散郎陟之女，初封順昌縣君，更封孺人。子男五人：宗仁未仕，宗厚、宗恕、宗武皆早卒，宗質尚幼。女三人：長適保義郎安頤，早卒；次淇姐在室；次通姐夭。惟李氏閥閲盛大，公從官之初，宣奉公司水衡，方見用於朝。公靖共自效，一無憑藉，故雞澤以催科應，賞格成武。在東州，號聚寇之地，公尉其邑，躬行警捕，曾靡憚勞。暨為絳之獄官，尤盡心焉。薦書交上，遂遷京秩。鳳集當秦蜀孔道，而河池為邑，地瘠民貧，重山復嶺，使者之車，罕有臨者。前令往往忽民政而苟簡偷惰。公則不然，視事未久，而人譽藹如蜀綢，茶帛歲備邊計者皆此塗出。公每自涉險阻，驅遣以敘，運無滯留。邑之兵食不足，則力為經營，僅以能贍。而貴近有使佗路者，領卒且衆，以私故留邑中，既浹旬，猶欲日支券食。公執法不為，給銜之而去，迨入蜀，求擬外選。道益昌部刺史聞其才，爭留之。俾攝糾利州，州之財賦積歲，陷沒者吏所欺也。公沿檄按治，會計悉得之漕。臺方將以貳郡處公，而前日河池使人適隸本道，公聞其來，即移疾不出。曰："吾寧東歸，當不使此人得快意也。"監司太守懼公去，力請於彼，至使以母為誓，然後公復就職，既見之，終不少謝。陰平介兩蜀間，其民多訟，素難治，為劍中劇邑。公到，無敢以非理犯者，囹圄屢空，憲司上其事，郡守蒙奬詔，而公被賞。其守懷安也，日以職事程督僚佐，尤嚴扵馭吏，然百姓實驩附。公既沒，舁櫬還里，歷艱險且六十驛，兵吏之送者，不以勞己為苦，而傷公之死。蓋一詞由是觀之，則彼民之戴公者從可知也。公持身以廉白自將，居官不懈。平時，雖臨事强毅，而交人以誠，接物以義。族從之孤幼者，不問疏戚，一卹之以恩，可謂賢也已。嗚呼！公之才業略見於為郡縣矣。知公者，固將期以遠大，誰謂遽止於此，可不為朝廷與李氏惜哉。越明年辛丑正月辛酉，葬公於河南府河南縣龍門村祔先塋之次。其孤以其從弟曦之狀來謁銘，安禮念與公家世有姻好，故不得辞，乃為銘之。銘曰：

宋有賢相，粵惟文定。繼代生賢，是有懿靖。忠義一節，始終四朝。危言正色，凛然孤標。慶澤所流，於焉未替。暨于顯叔，實鐘其美。剛毅不倚，克紹祖風。孰謂有始，不同其終。位固未隆，壽亦不享。德之期報，於是為爽。平生六邑，晚守蜀邦。民懷吏畏，如古循良。薤露晞朝，白駒過隙。人之云亡，天乎不弔。龍門之北，伊水之西。佳城鬱鬱，魂兮來歸。

宋故孺人曹氏墓誌銘

夫趙郡李曦 撰并書

孺人姓曹氏生 慈聖光獻后家曾大父佺同州觀察使贈開府儀同三司大父謹左藏庫副使父時承直郎母趙氏韓王普之曾孫女孺人蚤失所恃事繼母孝篤愛兄弟無間言年十八歸於我爲朝請大夫致仕伋之仲婦治家有法閨門以肅性警敏不少下於人人有謂善每期於同而後無歉生二女無子予爲取從弟普之子宗賢以養鞠育之如己出者逮予通籍封孺人政和戊戌其父没未逾年遭舅喪仲弟且死哀癯不自勝竟致疾以卒宣和己亥九月十三日也享年三十有四予家至貧生二十六年而娶娵而仕所賦方魯不能俛仰阿徇動多違物而跡於機心孺人出戚里甘素約若固然及親賓相徵逐曾莫見有闕與予言從容必戒以周慎故居官保身僅得爲完人實有助也當病革時狂不知人事一日復能以身後誨予與兒女訣以至衣衾之具皆自處無一語亂越翼日乃絶嗚呼其狂者疾也其不亂者識也識苟不亂雖曰生可也辛丑正月二十五日葬其姑宜人王氏舉以祔焉銘曰

人孰無生兮爾生克囏 人孰無死兮爾壽惟慳
閭則是修兮予賴以全 中道而逝兮舍予以先
丹青留像兮平時之顔 聲音在耳兮永訣之言
宅兆協吉兮龍門北原 往從爾姑兮何千萬年

雷沂刊

二一六　宋故孺人曹氏（李曦妻）墓誌銘

夫趙郡李曦撰并書，雷沂刊

宣和元年（1119）九月十三日卒，宣和三年（1121）正月二十五日葬

誌文 23 行，滿行 22 字，正書。誌石長、寬均 54 厘米，洛陽出土。

二一六　宋故孺人曹氏（李曦妻）墓誌銘

夫趙郡李曦撰并書

孺人姓曹氏，生慈聖光獻后家。曾大父佺，同州觀察使，贈開府儀同三司。大父謹，左藏庫副使。父時，承直郎。母趙氏，韓王普之曾孫女。孺人蚤失所恃，事繼母孝篤，愛兄弟無間言。年十八，歸於我，為朝請大夫致仕伋之仲婦，治家有法，閨門以肅，性警敏，不少下於人，人有謂善。每期於同而後無歉，生二女無子，予為取從弟普之子宗賢以養鞠育之，如己出者。逮予通籍，封孺人。政和戊戌，其父沒，未逾年，遭舅喪，仲弟且死，哀癯不自勝，竟致疾以卒，宣和己亥九月十三日也，享年三十有四。予家至貧，生二十六年而娶婳，而仕所賦，方魯不能俛，仰阿徇動，多遻物而踈於機心。孺人出戚里甘，素約若固，然及親賓相徵逐，曾莫見有闕。與予言從容，必戒以周慎，故居官保身，僅得為完人，實有助也。當病革時，狂不知人事，一日復能以身後諉予，與女兒訣，以至衣衾之具皆自處，無一語亂，越翼日乃終，嗚呼！其狂者，疾也；其不亂者，識也。識苟不亂，雖曰生，可也。辛丑正月二十五日，葬其姑宜人王氏，舉以祔焉。銘曰：

人孰無生兮爾生克囏，人孰無死兮爾壽惟慳。闔則是脩兮予賴以全，中道而逝兮舍予以先。丹青留像兮平時之顔，聲音在耳兮永訣之言。宅兆協吉兮龍門北原，往從爾姑兮何千萬年。

雷沂刊。

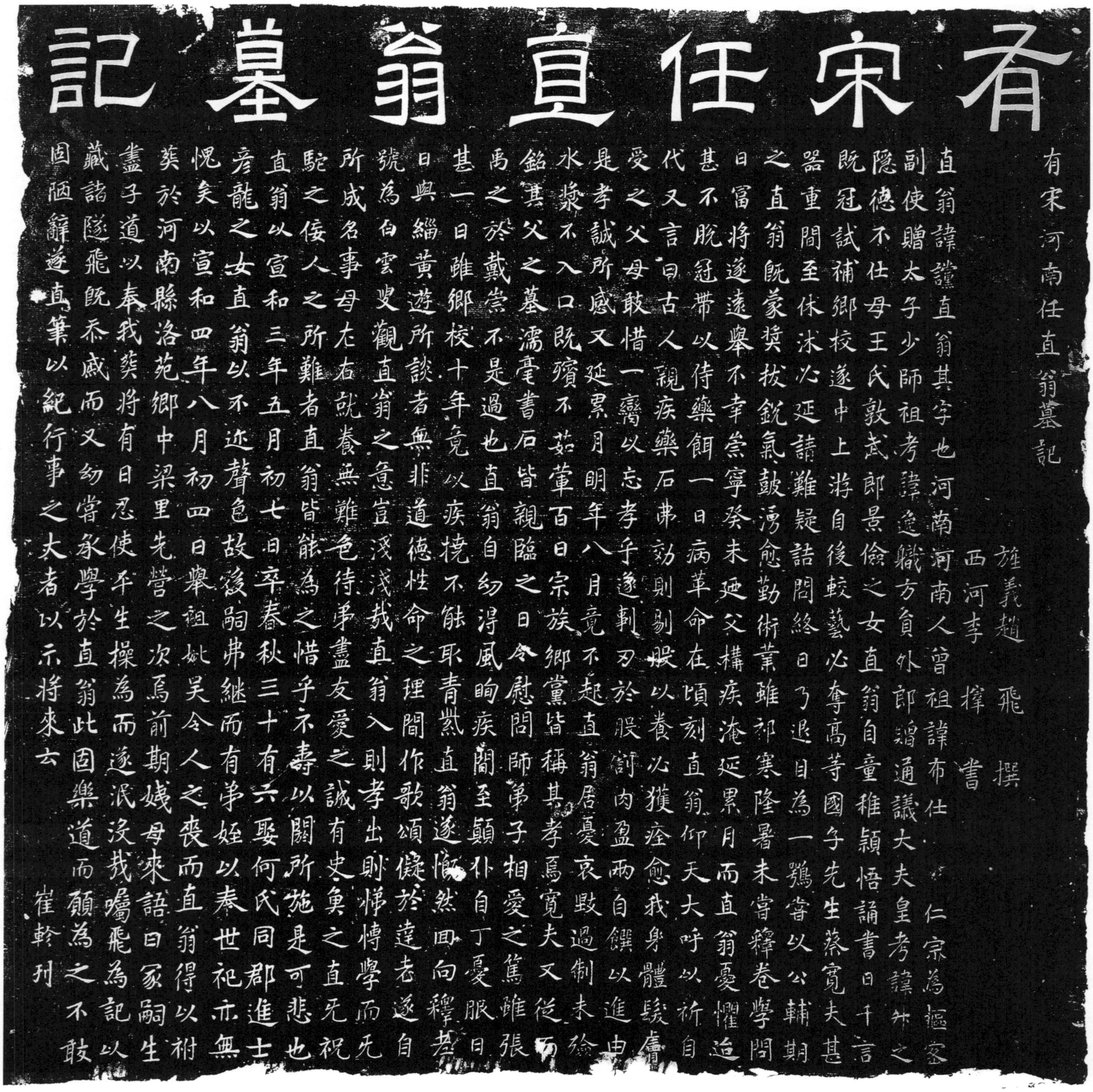

二一七　有宋河南任直翁（讜）墓記

旌義趙飛撰，西河李梓書，崔軫刊

宣和三年（1121）五月初七日卒，宣和四年（1122）八月初四葬

誌文29行，滿行26字，正書。誌石長、寬均59厘米，洛陽伊川出土。

二一七　有宋河南任直翁（讜）墓記

旌義趙飛撰，西河李梓書

直翁諱讜，直翁其字也，河南河南人。曾祖諱布，仕仁宗，為樞密副使，贈太子少師。祖考諱逸，職方員外郎，贈通議大夫。皇考諱升之，隱德不仕。母王氏，敦武郎景儉之女。直翁自童稚穎悟，誦書日千言。既冠，試補鄉校，遂中上游，自後較藝，必奪高等。國子先生蔡寬夫甚器重，間至休沐，必延請難疑，詰問終日乃退。目為一鶚，嘗以公輔期之，直翁既蒙獎拔，銳氣鼓湧，愈勤術業，雖祁寒隆暑，未嘗釋卷，學問日富。將遂遠舉，不幸崇寧癸未迺父遘疾，淹延累月，而直翁憂懼迫甚，不脫冠帶，以侍藥餌，一日病革，命在頃刻，直翁仰天大呼，以祈自代，又言曰："古人親疾，藥石弗効，則刲股以養，必獲痊愈。我身體髮膚受之父母，敢惜一臠以忘孝乎？"遂剸刃於股，割肉盈兩，自饌以進。由是孝誠所感，又延累月，明年八月竟不起。直翁居憂，哀毀過制，未殮，水漿不入口，既殯，不茹葷百日，宗族鄉黨皆稱其孝焉。寬夫又從而銘其父之墓，濡毫書石，皆親臨之，日令慰問。師弟子相愛之篤，雖張禹之於戴崇不是過也。直翁自幼得風眴疾，間至顛仆，自丁憂服，日甚一日，雖鄉校十年，竟以疾撓，不能取青紫。直翁遂慨然回向釋老，曰："與緇黃游所談者，無非道德性命之理，間作歌頌，僻於達志。"遂自號為"白雲叟"，觀直翁之意，其淺淺哉。直翁入則孝，出則悌，博學而無所成名。事母左右，就養無難色。待弟盡友愛之誠，有史魚之直，無祝鮀之佞。人之所難者，直翁皆能為之。惜乎不壽，以閼所施，是可悲也。直翁以宣和三年五月初七日卒，春秋三十有六。娶何氏，同郡進士彥龍之女。直翁以不邇聲色，故後嗣弗繼。而有弟姪，以奉世祀，亦無愧矣。以宣和四年八月初四，舉祖妣吳令人之喪，而直翁得以祔葬於河南縣洛苑鄉中梁里先營之次焉。前期姨母來語曰："冢嗣生盡子道以奉我，葬將有日，忍使平生操為而遂泯沒哉。"囑飛為記，以藏諸隧。飛既忝戚而又幼，嘗承學於直翁，此固樂道而願為之，不敢固陋辭，遂直筆以紀，行事之大者，以示將來云。

崔軫刊。

額題："有宋任直翁墓記"

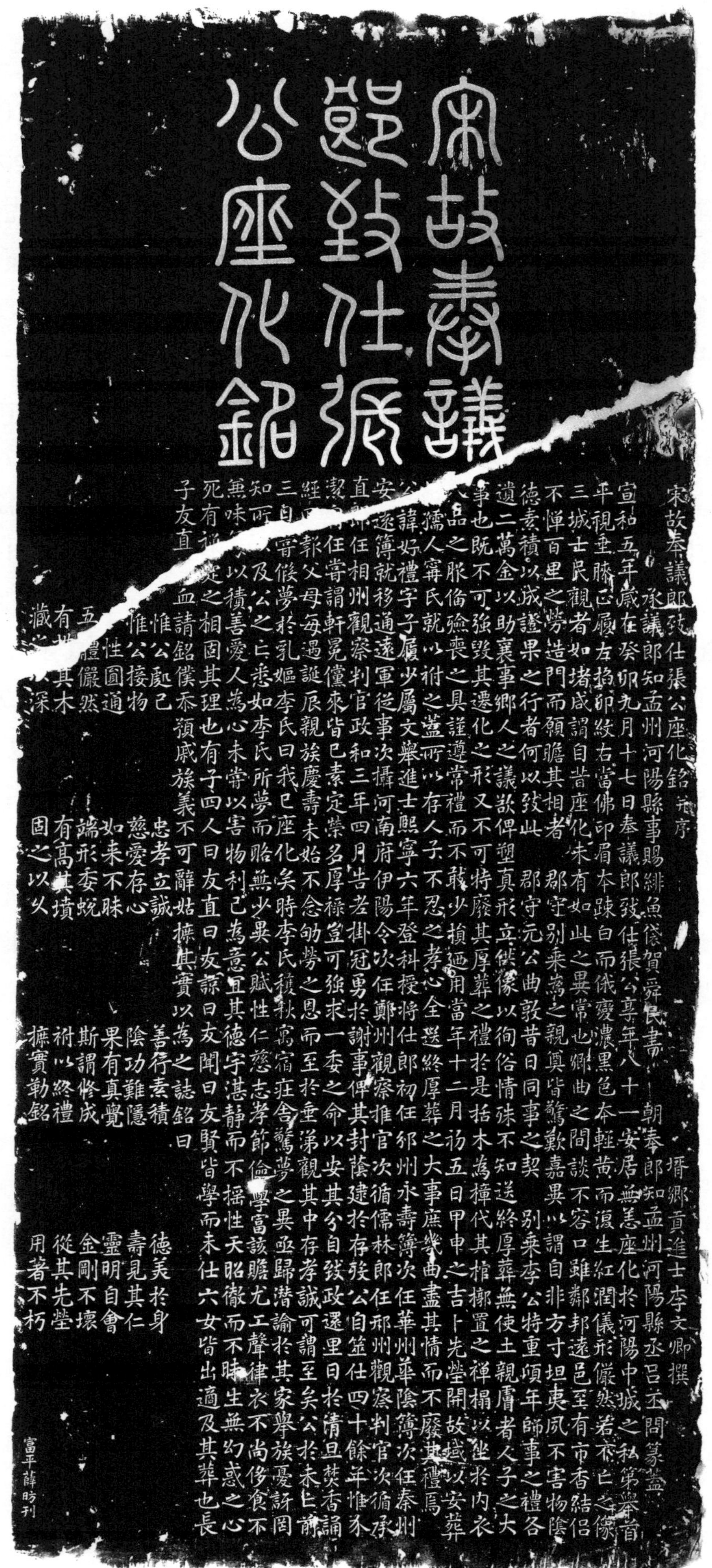

二一八　宋故奉議郎致仕張公（好禮）座化銘并序

壻鄉貢進士李文卿撰，承議郎知孟州河陽縣事賜緋魚袋賀舜民書，朝奉郎知孟州河陽縣丞呂丕問篆蓋

宣和五年（1123）九月十七日卒，同年十二月初五日葬

誌文 27 行，滿行 40 字，正書。誌長 150 厘米、寬 66 厘米，河南孟州出土。

釋文

二一八　宋故奉議郎致仕張公（好禮）座化銘并序

婿鄉貢進士李文卿撰，承議郎知孟州河陽縣事賜緋魚袋賀舜民書，朝奉郎知孟州河陽縣丞呂丕問篆蓋

宣和五年歲在癸卯九月十七日，奉議郎致仕張公，享年八十一，安居無恙，座化於河陽中城之私第，舉首平視，垂膝正履，左掐卯紋，右當佛印。眉本疎白，而俄變濃黑；色本輕黃，而復生紅潤。儀形儼然，若不亡之像。三城士民觀者如堵，咸謂：自昔座化，未有如此之異常也。鄉曲之間，談不容口，雖鄰邦遠邑，至有市香結侶，不憚百里之勞，造門而願瞻其相者。郡守別乘為之親奠，皆驚歎嘉異，以謂自非方寸坦夷，夙不害物，陰德素積，以成證果之行者，何以致此？郡守元公曲敦昔日同事之契，別乘李公特重頃年，師事之禮，各遺二萬金以助襄事。鄉人之議，欲俾塑真形、立供像，以徇俗情。殊不知送終厚葬，無使土親膚者，人子之大事也。既不可強毀其遷化之形，又不可特廢其厚葬之禮，於是括木為樟，代其棺槨，置之禪榻以坐，於內衣八品之服，備殮喪之具，謹遵常禮，而不敢少損。迺用當年十二月初五日甲申之吉，卜先塋、開故域，以安葬□，孺人寧氏就以祔之。蓋所以存人子不忍之孝心，全送終厚葬之大事。庶幾曲盡其情，而不廢其禮焉。公諱好禮，字子履，少屬文，舉進士，熙寧六年登科，授將仕郎。初任邠州永壽簿，次任華州華陰簿，次任秦州安遠簿。就移通遠軍從事，次攝河南府伊陽令，次任鄭州觀察推官，次循儒林郎，任邢州觀察判官，次循承直郎，任相州觀察判官。政和三年四月，告老掛冠，勇於謝事；俾其封蔭，建於存歿。公自筮仕四十餘年，惟介潔自任，嘗謂軒冕儻來，皆以素定，榮名厚祿，豈可強求，一委之命，以安其分。自致政還里，日於清旦焚香誦經，回報父母。每過誕辰，親族慶壽，未始不念劬劳之恩，而至於垂涕，觀其中存孝誠，可謂至矣。公於未亡前三日，嘗假夢於乳嫗李氏，曰：“我已座化矣。”時李氏穫秋寓宿莊舍，驚夢之異，亟歸潛諭於其家，舉族憂訝，罔知所以。及公之亡，悉如李氏所夢，而略無少異。公賦性仁慈，志孝節儉，學富該贍，尤工聲律。衣不尚侈，食不兼味，每以積善愛人為心，未嘗以害物利己為意。宜其德宇湛靜而不搖，性天昭徹而不昧。生無幻惑之心，死有禪定之相，固其理也。有子四人：曰友直、曰友諒、曰友聞、曰友賢，皆學而未仕。六女皆出適。及其葬也，長子友直泣血請銘，僕忝預戚族，義不可辭，姑摭其實，以為之誌。銘曰：

惟公處己，忠孝立誠；善行素積，德美於身。惟公接物，慈愛存心；陰功難隱，壽見其仁。□性圓通，如來不昧；果有真覺，靈明自會。五體儼然，端形委蛻；斯謂修成，金剛不壞。有葉其木，有高其墳；祔以終禮，從其先塋。藏之以深，固之以久；摭實勒銘，用著不朽。

富平薛昉刊。

額題：“宋故奉議郎致仕張公座化銘”

二一九　宋故碩人王氏（楊畏妻）墓誌銘并序

兄中奉大夫直龍圖閣提舉西京崇福宫文安縣開國男食邑三百戶賜紫金魚袋純撰并書，徽猷閣直學士通奉大夫致仕清河郡開國候食邑一千二百戶張杲篆蓋，袁異刊

宣和六年（1124）八月十五日卒，同年十月二十九日葬

誌文 38 行，滿行 39 字，正書。誌石長 73 厘米、寬 71 厘米，洛陽出土。

二一九　宋故碩人王氏（楊畏妻）墓誌銘并序

兄中奉大夫直龍圖閣提舉西京崇福宮文安縣開國男食邑三百戶賜紫金魚袋純撰并書，徽猷閣直學士通奉大夫致仕清河郡開國侯食邑一千二百戶張杲篆蓋

故朝散大夫、充寶文閣待制致仕，贈太中大夫楊公諱畏之碩人曰王氏，其先光州固始人。高祖避五季之亂，乘桴游海南，新羅國王一見奇之，命以相國。曾祖諱仁侃，繼執國柄，後贈光祿卿。祖諱彬，生有英氣，年十八，聞藝祖定天下，慨然白其王曰："中國有真人出，請歸。"王俾其言，即貢於朝。登進士甲科，仕至太常少卿，歷三路轉運使，贈金紫光祿大夫，為時名卿。父諱宗望，故任中散大夫，充集賢殿修撰，歷工部侍郎，贈開府儀同三司。踐揚中外六十年，以君子長者稱。自金紫葬汝州梁縣，遂為汝人。碩人生稟異質，天資淑慎。平居不妄言笑，事父母以孝聞。喪母榮國夫人錢氏，開府以其孝謹，為遴選其配久之。至元豐末，楊公初自御史，出提點夔州路刑獄。開府時領轉運使，以楊公風度凝遠，問學高妙，甚器之。逮元祐間，楊公再擢為御史，以太夫人年高，有再醮意。聞碩人有賢行，來求之，曰："是必能事吾母而母吾子也。"及歸，姑果稱其孝，而子愛其慈。逮其姑棄養，執喪盡禮。楊公自昔立朝，志在裕陵。會元祐更法，公為御史，明目張膽，推明國是，多所排擊，時論稱之。紹聖間，謀北帥，自吏部侍郎以寶文閣待制守常山。其後進退逡巡，請宮祠居洛，垂二十年，處之裕如，而碩人亦未嘗以出處為欣戚。洛城之南，有禹鑿龍山，相距十五里，伊水貫其中，兩山有佛刹，境為勝絕。侍郎公與碩人攜諸幼稚，嘗游息焉。又卜築伊水之西為別墅，曰"松齋"。疏流泉，植松竹，每風月之勝，杖履笑傲，徜徉物外以自樂。衆嘆其數奇，而獨以自適也。政和癸巳，朝廷亟召，方將大用，而遽以疾不幸矣，士論惜之。碩人於侍郎公之出處向背，皆能析其是非。侍郎公先碩人捐館一紀越，自稱未亡人，則屏斥鉛華，栖心向道。衣淡素，從尼禪師智光游，請法名曰"淨覺"，求所以達大道之理，卒有得焉。碩人治家，整肅有法，凡侍郎公之遺範，一無所違，內外親族，咸所矜式。至於歲時薦享，展省松楸，必備陳事生之禮，始終如一。嗚呼！如碩人者，豈徒必敬必戒，無違夫子，以順為正而已耶。侍郎公親睦族屬，撫存幼孤，先疏後親，恩義備盡，碩人贊助有力焉。碩人歸楊氏，無所出。拊憐兒女，不啻如己出也，又以兄之女妻其子臨。長女因喪夫抱疾，攜幼子侄來歸。病既篤，囑碩人曰："此兒願留外家，勿使歸。"許之乃絕。碩人鞠有存恤，與己子等，日使就問學。至成立，為擇名家娶婦，以侍郎公遺表官之。嘗曰："吾不負其托矣。"次女孀居，自遠來館於家，終不忍使去其側。噫！慈仁若此，真可謂有婦德矣。碩人氣體康強，齒髮未衰。一日自外歸，易衣坐憩，舉家侍前，命小鬟按新歌，碩人亦自歌。未闋，目若眩索就枕，家人掖至寢所。越翌日，無甚疾而化，享年六十有六，實宣和六年甲辰八月十五日也。碩人平時神情常自適，有林下風。去年來汝陽，語女弟曰："我他日撒手便行，更無餘念。"弟怪其言。今乃無甚疾苦，倏焉而逝，得非知所謂諸幻悉滅，非幻不滅，得智光之發藥耶？初封永寧縣君，會新制改封碩人。子男二：鼎，萊州防禦推官、監西京左藏庫，先碩人卒。臨，承奉郎、監西京商稅務。女三，長適朝奉郎、隴州通判王希聲。次適通直郎、知唐州比陽縣張伯淳。次許嫁而卒。孫男三：仲忽，從政郎、新差監相州酒稅；仲偃，未仕；仲弓，登仕郎。孫女一，曾孫女一。以宣和六年十月二十九日奉碩人喪合祔於侍郎公之墓，即河南縣龍門之原祖塋也。余蚤從侍郎公游，視碩人則女弟也。其孤甥臨，狀其行來請銘，哀傷而為之銘曰：

倚嗟夫人，淑慎褆身；來嬪楊宗，法度是循。承姑以孝，鞠子以仁；親睦內外，厥愛咸均。

雍容肅括，御家有倫；所遇丕泰，了無戚欣。嗟乎！其逝奚遽，其歸則真；龍門之原，伊水之濱。窀穸是祔，逍遙跡陳；施及孫子，有來詵詵。

袁異刊。

蓋文：“宋故碩人王氏墓志銘”

郎贈開府儀同三司踐揚中外六十年以君子
天資淑慎平居不妄言笑事父母以孝聞喪母
豐末楊公初自御史出提點夔州路刑獄開府
祐間楊公再擢爲御史以太夫人年高有再辭
也及歸姑果稱其孝而子愛其慈逮其姑弃養
裕陵會元祐更法公爲御史明目張膽推明國
寶文閣待制守常山其後進退遂廵請宮祠
戚洛城之南有禹鑿龍山相距十五里伊水貫其
嘗游息焉又卜築伊水之西爲別墅曰松齋疏
衆歎其數奇而獨以自適也政和癸巳
於侍郎公之出處向背皆能析其是非侍郎公

局部原大

二二〇　宋秉義郎周公（諤）墓誌銘

宣教郎知陝州芮城縣丞梅安道撰，從事郎真定府司兵曹事馬作楫書并篆額，刊者李知柔、知本、姚彦

宣和二年（1120）正月二十三日卒，宣和六年（1124）九月三日葬

誌文 30 行，滿行 25 字，正書。誌石長 66 厘米、寬 62.5 厘米，陝西出土。

二二〇　宋秉義郎周公（諤）墓誌銘

宣教郎知陝州芮城縣丞梅安道撰，從事郎真定府司兵曹事馬作楫書并篆額

公姓周氏，諱諤，字正孺，其先居蜀之眉，後徙京兆，占籍樊川。簪紱相繼，世有顯人。曾祖寔，兵部侍郎，贈開府儀同三司，守太尉。祖宗古，司農少卿，贈金紫光祿大夫。父朋錫，宣議郎，贈中大夫。中大公兩娶李氏，再娶張氏，皆令人。公實張出，即中大公第五子也。崇寧元年七月，以娶皇叔嗣濮王仲御女，補授三班奉職，差監秦州天水縣酒稅，歷京兆府臨涇鎮酒稅監，商州洛南縣鑄錢監，累轉左侍禁。會朝廷釐正武臣官制，換授忠訓郎，遷秉義郎。公天資樸茂，慎重寡言，幼不戲弄，長以禮法自持。金紫諸孫數十人，公居兄弟間，和協輯睦，喜慍不形于色，讀書績文。初，亦有志於學，中大公特器愛之，故不欲與遠鄉，凡裔聯婚，必慎所擇焉。方是時嗣濮王實判宗事，貴重當時，為宗室僑，欲俾依之，以取膴仕。公以義命自處，卒不于以非道，故其宦游連蹇，未嘗戚戚介意。初，天水時榷酤有術，增息動以萬計，法應減年。會避親解官，去後，政實受其賞。人或勸之訟者，答曰："理甚直，誠可得，然奪彼與此，又何益耶？"其在洛南也，鼓鑄增羡，數倍它監，例以十分為率，計息多寡，官與役工均之，公獨一無所受，盡給其下，一監大喜，人人歎服，其廉潔多此類。時張太令春秋稍高，居安上里第，公彩衣娛樂，不忍去，膝下漠然，無仕進意，雖伯仲強之，莫從也。一時部使者多賴其才，委攝鳳翔府岐山巡檢，固辭懇切，終不獲命，不得已留妻孥以奉甘旨，公乃單騎馳往，每東望庭闈，必欷歔歎息。又嘗作詩自歌，以寫其思親意，至為泣下，憂勤成疾，竟以不起，卒于扶風縣之官舍，遠近聞者哀之，享年三十有八，實宣和二年正月二十三日也。男五人：曰溥、曰灝、曰注、曰湘、曰深，皆好學，有立志。女一人在室，許嫁為士人妻。六年，仲兄朝請公詡將舉太令人之喪，卜以九月丙子葬于京兆府樊川縣洪固鄉貴胄里先塋之次。銘曰：

嚴以潔己，孝於事親。壽胡不永，志胡弗伸。天之不報，諸子詵詵。慶流綿遠，宜及後人。

刊者李知柔、知本、姚彥。

額題："宋周秉義墓銘"

二二一　宋故安君（覿）墓誌銘

姪從事郎前同知樞密院事主管文字及之撰文，婿從政郎前河東路制置使司幹辦公事張俊書，姪宣教郎前權通判清州事借緋魚袋勉之題蓋，王彥刊

建炎元年（1127）七月十九日卒，同年八月二十七日葬

誌文 19 行，滿行 21 字，正書。誌石長 94 厘米、寬 61 厘米，陝西出土。

二二一　宋故安君（覿）墓誌銘

姪從事郎前同知樞密院事主管文字及之撰文，婿從政郎前河東路制置使司幹辦公事張俊書，姪宣教郎前權通判清州事借緋魚袋勉之題蓋

君諱覿，字瞻叔，舊諱與，御名音同。君少孤，能自立，讀書通大義，不事科舉。驪山之陰，有別業，優游自適，委遠權倖。平居，未嘗與物迕；遇事，人服其氣勁不撓。高情遠致，不慕榮利，真曠達人也。晚年，視聽不少衰。建炎元年秋，避暑終南豐德山寺，以七月十九日卒，享年八十四。曾祖守忠，左衛大將軍；祖成永，三班奉職；父育，隱德不仕。母周氏，國子博士宗範之女。君娶朝請郎胡允文女。長男壽之，母晁氏；次曰祐之，先君亡。長女適忠翊郎劉質，次適進士張俊。孫男鎮，孫女三人，皆幼。以是年八月二十七日葬于京兆府長安縣義陽鄉貴胄里先塋之次。銘曰：

嗚呼伯氏，長於自治。不事王侯，高尚其志。克己慎獨，知足不辱。宇量宏達，異乎流俗。考槃在阿，獨寤寐歌。仁者所得，非壽而何。

王彥刊。

額題："有宋故安府君墓誌銘"

二二二　故邢州堯山縣主薄王公（宗孟）墓誌銘

前進士上官昶撰，文林郎守太子校書郎前高平縣主簿兼知縣尉滑可立書，姪男進士良弼篆蓋，酒貴刊

大觀元年（1107）九月二十日卒，天會十五年（1137）十一月十四日葬

誌文 35 行，滿行 38 字，正書。誌長 71 厘米、寬 63 厘米，山西出土。

二二二　故邢州堯山縣主薄王公（宗孟）墓誌銘

前進士上官昶撰，文林郎守太子校書郎前高平縣主簿兼知縣尉滑可立書，姪男進士良弼篆蓋

公諱宗孟，字景純，曾祖考諱儀、祖考諱德昇、父考諱文。其先占籍高平縣，後徙居晉城，為郡大姓，三代皆晦迹不仕。公天資聰明，秀穎持異。總角讀書，不作兒童戲。既長，博通經史。于時取士之科，有詞賦、有明經、有學究、有明法，大抵時之所尚，以詞賦為先，公既不喜為章句儒，且羞為法家而不讀律，遂專攻詞賦，作者服其能。爾後，每至秋賦，就會試於于今昭義，再奪文解。迨熙寧初，王氏之學既興，純以經術取士，而詞賦之科遂廢矣。公於是專以教子袞為事，使通諸經子之書，尤熟三經新義。時尊新學，其博聞強記，寤疑辯惑，諸儒多請益者。所應有司之選，經專尚書，吐辭為義，滔滔浩浩。初試秋闈，獨擅一日之長，旁竊觀者，縮手袖間，且服且歎。果與其姪略同預解名，皆公所教之力也。至元祐六年，公受特恩，廷試中選，受文學，避諱改州助教。其子袞預正奏名，前公一日廷試中進士高第。既還故里，親舊迎賀，有衣錦之榮，父子同之，前此蓋未有比者。未幾，調邢州堯山縣主簿。安之若命，不起棲鸞之歎，雖曰佐縣，實多惠政，遠思親族至，服食器用，時寄均惠，蓋公之不吝，本乎天性之義。則然先是公之弟亡，三子孤遺，如良弼者皆幼。公留意字育，飲食教誨之，至今皆為成人。然初為嚴氏疾之公，惡而勿恤，終至反目。鄉之好德君子，莫不服其以義斷恩，為友于者之所胥傚焉。公前在任日，以管勾牧馬有勞，減磨勘四年，歸而弗就，則公之視爵祿亦輕矣。況家素殷足，志高氣揚，又其子袞每割清俸，以奉甘旨，於是遠謝勢榮，退安舊第。雖無當門之五柳，亦有就荒之三徑。園林既茂，松菊猶存。攜幼入室，欣欣而樂，有酒盈罇，陶陶而醉。南窗之明，足以寄傲；琴書之樂，足以消憂。歲時伏臘，良集親賓，把盞笑傲，率以為常。而又間多酬唱，膾炙人口，前輩耆老，頗能誦之，日復一日，行三十年，則公之享福修洪範之五者，真可尚已。噫！人生一世間，其來若浮，其去若休，然不滿其志者，十常八九，如公之享受，志亦足矣。雖有孤猿啼月墳上，果何憾焉。以大觀元年九月二十日寢疾，卒于家，享年八十有一。娶陳氏，繼娶賈氏、嚴氏。男三人，長曰涇，後公六年卒；次曰濤，少負奇才，學未可量，不幸蚤夭，先公六十二年卒；次曰袞，故知嵐州宜芳縣事，後公三十一年卒。女四人：長適進士郭煥，次適進士嚴適，次適進士滑庠，次適進士周之才。孫男六人：長曰大年，舉進士；次曰允弼，西班小底，前任權高平主簿兼知縣尉；次曰大忠，次曰大受，次曰大護，次曰大韶，皆肄業於學。孫女八人：長適進士郭時敏，次適金州戶曹都彥倫，次適進士陳子韶，次適鄜延路第四部將陳泰，次適進士張錫，次適進士劉楫，二幼。且女之所適，皆得佳偶，如都、張、陳氏，非特當時之名家，亦皆一時之聞人，允謂得所嫁矣。曾孫男四人：光國、光祖、光烈、光輝，皆幼。卜以天會十五年十一月壬寅日葬于本縣移風鄉招賢里白水原之新阡，夫人皆祔焉，禮也。其孫大年以次，前期狀公之行事來告，且丐銘於予，固辭既不獲矣。乃為之銘曰：

王氏之先，慶祚綿綿；世為巨姓，赫奕光傳。猗嗟我公，蚤善詞賦；熙寧改科，遭迴遲暮。元祐復古，大母垂簾；振淹拔滯，雨露恩霑。鸞棲一官，折腰是耻；歸三十年，優游閭里。既富而康，既壽而臧；考終天命，五福難量。教子克家，博聞強記；射策彤廷，榮中高第。澤流後昆，宜爾子孫；詵詵而德，繩繩而溫。白水平原，兆乎吉壤；銘發幽光，將來是仰。

酒貴刊。

蓋題："故邢州堯山縣主簿王君墓銘"

宋故居士范公墓記

嗚呼大椿罪逆深重先考不幸於去年九月二十四日傾逝卜以今年十二月
辛酉奉匶葬于高嶺之西原大椿不才既不能丐聞人銘文不敢沒先考平日
之行實敬泣血序其大槩范氏其先出錢塘五季雲擾徙居于豫章豐城之藻
溪高祖諱弁承務郎岳州司理參軍曾祖諱伯虎祖諱無逸於先考爲三代先
祖守家學場屋有聲凡經史百家傳記佛老之書靡不洞究其賦歌詩文傳播
四方者不可具紀故先考德性寬和蹈履純固處世酬物具有條理誠有自來
先祖去世祖妣在堂先考朝夕奉事尤謹既終喪别築第于舊居之南與叔父
密迩日相會集不異同居環屋種竹植栢鑿池引泉爲幽雅自適計守先業無
大儲蓄人有以匱乏告者亦略周之尤善處事凡鄉黨間疑而未決者悉以訪
焉其終事之是否悉如所料内外交游無不厚善而於族伯提幹從事公尤篤
曁之官靜江也家事悉以爲託彼貲力富饒爲鄉邑冠其家居其官所應酬繁
劇皆畢力爲之區畫從事公言旋深義之其仲嗣大圭蚤世在殯者踰半紀諸
子皆少襄奉莫舉先考竭誠爲之營辦俾其孤獲終大事處心大抵如此居無
事東堂小室揭卧雲二字雜編積桉游心其間今太中大夫宫庶尚書黃公贈
以蜀本古文把玩不釋手閒亦喜飲日有量度至宗族親舊相過必隨家有無
具盤飧設醴醆笑談款曲極歡而去東居謹禮法雖被疾之日族屬問候沓紛
至必起更衣接見語言不亂七日終于正寢遠近聞知無不傷嘆享年六十有
七嗚呼豈非大椿罪干天地行負神明致先考不克終于上壽而止於此耶嗚
呼痛哉先考諱季文字仲章先妣徐氏先三十二年卒繼母蘇氏男二人大椿
次任哥女三人長適傅逢吉次適何邦傑考殁後三月卒季未笄孫男二人許
老方就學馬孫尚幼孫女二人長適臨汝進士唐璵次幼嗚呼大椿早負嚴訓
不克肖似今奉先考就窀穸又不克盡所欲爲抱恨夫復何言嘉定丙子季冬
之月朔日孤子大椿謹泣血記姪壻迪功郎新袁州司理參軍張洽填諱

二二三　宋故居士范公（季文）墓記

孤子大椿謹泣血記，姪婿迪功郎新袁州司理參軍張洽填諱

嘉定八年（1215）九月二十四日卒，嘉定十年（1217）冬葬

誌文 23 行，滿行 30 字，正書。誌石長 81 厘米、寬 57 厘米，江西出土。

二二三　宋故居士范公（季文）墓記

嗚呼！大椿罪逆深重，先考不幸於去年九月二十四日傾世，卜以今年十二月辛酉奉柩葬于高嶺之西原。大椿不才，既不能丐聞人銘，又不敢沒先考平日之行實，敬泣血序其大概。范氏，其先出錢塘，五季雲擾，徙居于豫章豐城之藻溪。高祖諱弁，承務郎、岳州司理參軍。曾祖諱伯虎，祖諱無逸，於先考為三代先祖，守家學場屋有聲，凡經史百家、傳記、佛老之書，靡不洞究；其賦歌詩文，傳播四方者，不可具紀。故先考德性寬和，蹈履純固，處世酬物，具有條理，誠有自來。先祖去世，祖妣在堂，先考朝夕奉事尤謹，既終喪，別築地于舊居之南，與叔父密邇日相會集，不異同居。環屋種竹植柏，鑿池引泉，為幽雅自適，計守先業，無大儲蓄，人有以匱乏告者，亦略周之。尤喜處事，凡鄉黨間，疑而未決者，悉以訪焉，其終事之是否，悉如所料。內外交游，無不厚善，而於族伯提幹從事，公尤篤。其之官靜江也，家事悉以為託，彼貲力富饒，為鄉邑冠。其家居，其官所，應酬繁劇，皆畢力為之，區畫從事，公言旋深義之。其仲嗣大圭蚤世，在殯者踰半紀，諸子皆少，襄奉莫舉，先考竭誠為之營辦，俾其孤獲終大事，處心大抵如此。居無事，東堂小室揭"臥雲"二字，雜編積按，游心其間。今太中大夫宮庶、尚書黃公贈以蜀本古文，把玩不釋手。間亦喜飲，日有量度。至宗族親舊相過，必隨家有無，具盤飧設醴醆，笑談款曲，極歡而去。夷居謹禮法，雖被疾之日，族屬問候者紛至，必起更衣接見，語言不亂。七日，終于正寢，遠近聞知，無不傷嘆，享年六十有七。嗚呼！豈非大椿罪干天地，行負神明，致先考不克終于上壽，而止於此耶？嗚呼，痛哉！先考諱季文，字仲章，先妣徐氏，先三十二年卒，繼母蘇氏。男二人：大椿，次住哥。女三人：長適傳逢吉，次適何邦傑，考歿後三月卒；季未笄。孫男二人，許老方就學，馬孫尚幼。孫女二人：長適臨汝進士唐璵，次幼。嗚呼！大椿早負嚴訓，不克肖似，今奉先考就窀穸，又不可盡所欲為，抱恨夫，復何言。嘉定丙子季冬之月朔日，孤子大椿謹泣血記，姪婿迪功郎新袁州司理參軍張洽填諱。

碑陰

孝男大椿泣血言曰
先考居士生於紹興己巳卒於嘉定乙亥越二年丙
子季冬卜葬于本里高嶺之西原柰緣尒時門師謬
誤時日不良咎徵間見不獲已遂遷舉靈柩權厝于
所葬之右迨今寒暑推移荏苒再閏大事未終不孝
之辠將何所逃今取甲申十二月丙辰偕弟住哥扶
杖運靈大葬于撫州臨川之明賢鵝公岐山之陽實
嘉定之十七年也其山丙午行龍坐坤申向寅艮氣
聚風藏龍蟠虎踞前揖太江之潮後枕老蛟之穴在
陰陽爲宜永爲先考藏真之所惟靈其安居也伏願
歸封之後降福孔偕慶及後裔如江漢之水源深流
長如松栢之茂根深蔕固而後子孫昌熾生理滋繁
一則以高大我司理公門戶一則以爲先人泉下之
光君大本系及行事梗槩前記備之兹不重述是用
略紀歲月勒于碑陰以藏不朽謹記

二二四　宋故居士范公（季文）墓記碑陰

嘉定八年（1215）九月二十四日卒，嘉定十七年（1224）十二月遷葬

誌文 15 行，滿行 20 字，正書。誌石長 81 厘米、寬 57 厘米，江西出土。

二二四　宋故居士范公（季文）墓記碑陰

孝男大椿泣血言曰：

先考居士生於紹興己巳，卒於嘉定乙亥，越二年丙子季冬，卜葬于本里高嶺之西原。奈緣尒時，門師繆誤，時日不良，咎徵間見不獲已，遂遷舉靈柩，權葳于所葬之右。迨今寒暑推移，荏苒再閏，大事未終，不孝之罪，將何所逃。今取甲申十二月丙辰，偕弟住哥扶杖運靈，大葬于撫州臨川之明賢鵝公岐山之陽，實嘉定之十七年也。其山丙午行龍，坐坤申，向寅艮，氣聚風藏，龍蟠虎踞，前揖大江之潮，後枕老蛟之穴，在陰陽為宜，永為先考藏真之所，惟靈其安居也。伏願歸封之後，降福孔偕，慶及後裔，如江漢之水，源深流長；如松柏之茂，根深蒂固。而後子孫昌熾，生理滋繁。一則以高大我司理公門戶，一則以為先人泉下之光。若夫本系及行事梗概，前記備之，茲不重述，是用略記歲月，勒于碑陰，以藏不朽。謹記。

額題："碑陰"

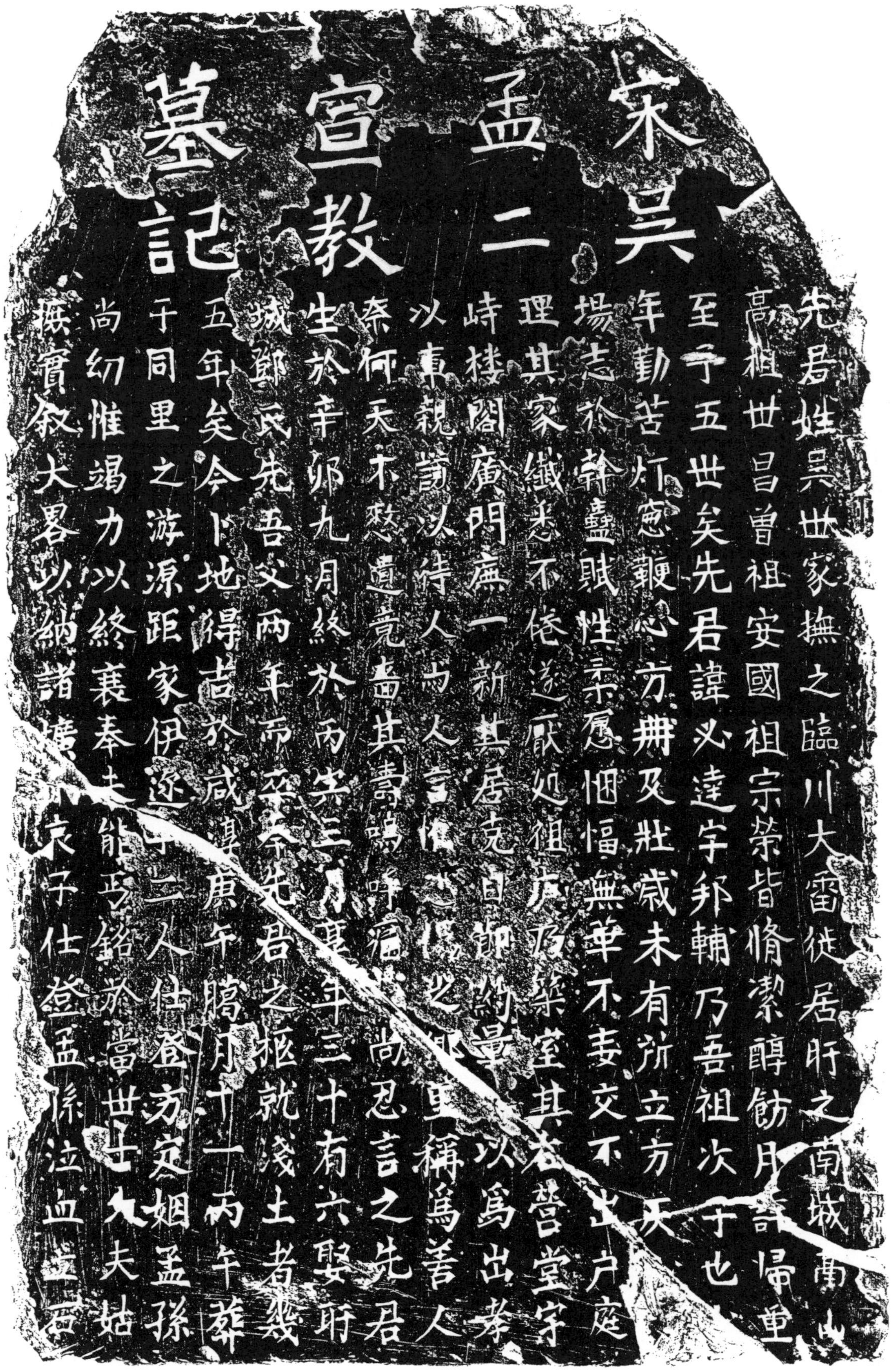

二二五　吳必達墓誌銘

子仕登撰

咸淳六年（1270）十二月十一日葬

誌文 15 行，滿行 20 字，正書。誌石長 82 厘米、寬 53 厘米，山西出土。

二二五　吳必達墓誌銘

先君姓吳，世家撫之臨川大雷，徙居盱之南城鬲山。高祖世昌、曾祖安國、祖宗榮，皆修潔醇飭，月許歸重，至于五世矣。先君諱必達，字邦輔，乃吾祖次子也。少年，勤苦燈窗，鞭心方冊。及壯歲，未有所立，方厭□□場，志於幹蠱，賦性柔愿，悃愊無華，不妄交，不出戶庭，理其家，纖悉不倦。遂厭處祖廬，乃築室其右，營堂宇，峙樓閣，廣明廡，一新其居。克自節約，量入以為出。孝以事親，誠以待人，與人言，惟恐傷之，鄉里稱為善人。奈何天不憖遺，竟嗇其壽。嗚呼，痛哉！尚忍言之。先君生於辛卯九月，終於丙寅三月，享年三十有六。娶盱城鄧氏，先吾父兩年而卒，奉先君之柩就淺土者幾五年矣。今卜地得吉，於咸淳庚午臘月十一日丙午葬于同里之游源，距家伊邇。子二人：仕登，方定姻；孟孫尚幼。惟竭力以終襄奉，未能丐銘於當世士大夫，姑遮實敘大略，以納諸壙。

哀子仕登、孟孫泣血立石。

額題："宋吳孟二宣教墓記"

有宋范君記墓

莫逆交范君時可生而聰明長益特達強記捷見髫穉如成人甫
弱冠已詞賦蜚英鄉校士論咸怏閑居崇交道繹理趣薄物細故
視之若浼今分教寶應秋江李公眞味傾蓋一見如平生歡亟相
館置喜與語曰君之才之美猶名駒方秣一日千里庸可量乎居
數月不幸以疾歸寖復不起初君之考孟宣君缺饋事予姻家女
兄丘氏繼其室不再朞孟宣竟大故他日過從每從容謂予曰始
兒爲范氏婦諸幼煢煢不可人意今有女爲士人妻矣有子知論
學。取友矣夫奚憂嗚呼君之異乎人者如彼人之期乎君者若此
而卒制於命秀而不實昔者吾夫子嘗嘆之矣忍爲故人道哉君
之既屬纊也丘氏哀其孝且恭而弗克壽圖嗣續惟謹伯兄儀鳳
再育子曰福保充肥警敏與群兒異始命執事者齋宿謁高曾之
靈而立之嗚呼君其不死矣君諱元鳳世爲豐城上交里人曾大
父恭叔大父讓之父堯言俱種德潛隱弗耀子一人即福保可昌
厥後生於淳祐丙午十月之三日卒于咸淳丁卯十月之二十九
日得年二十有二以德祐乙亥正月二十五日丁酉葬于同鄉之
樟坑原距所居半里而近是山坐兑向卯土厚水深可以妥君之
靈福君之後將事告于左右前後之神曰皇皇后土山川之主壤
廈泉臺爾其守護魍魎魑魅爾其禁禦祀事有常異威靈兮來與
前葬姻契姪待補國學補承信郎江西轉運使司議事官劉椿記
契末文林郎寶應軍軍學教授兼淮東制置使司僉廳李方載填諱

二二六　范元鳳墓誌銘

姻契姪待補國學補承信郎江西轉運使司議事官劉椿記，契末文林郎寶應軍軍學教授兼淮東制置使司僉廳李方載填諱

咸淳三年（1267）十月二十九日卒，德祐元年（1275）正月二十五日葬

誌文 20 行，滿行 25 字，正書。誌石長 84 厘米、寬 60.5 厘米。

二二六　范元鳳墓誌銘

莫逆交范君時可，生而聰明，長益特達，強記捷見。髫稚如成人，甫弱冠，以詞賦蜚英鄉校，士論咸快。閑居，崇交道繹理，趣薄物細，故視之若涗，今分教寶應。秋江李公臭味傾蓋，一見如平生歡，亟相館置喜，與語曰："君之才之美，猶名駒方秣，一日千里，庸可量乎？"居數月，不幸以疾歸寢，復不起。初，君之考孟宣君缺饋，事予姻家女兄丘氏繼其室，不再期，孟宣竟大故，他日過從，每從容謂予曰："始兒為范氏婦，諸幼煢煢，不可人意。今有女為士人妻矣，有予知論學取友矣，夫奚憂。"嗚呼！君之異乎人者，如彼人之期乎？君者，卒制於命，秀而不實。昔者吾夫子嘗嘆之矣，忍為故人道哉！君之既屬纊也，丘氏哀其孝且恭，而弗克壽圖，嗣續惟謹。伯兄儀鳳再育子曰福保，充肥警敏，與群兒異，始命執事者，齋宿謁高曾之靈而立之。嗚呼！君其不死矣。君諱元鳳，世為豐城上交里人。曾大父恭叔、大父謙之、父堯言，俱種德潛隱弗耀。子一人即福保，可昌厥後。生於淳祐丙午十月之三日，卒于咸淳丁卯十月之二十九日，得年二十有二。以德祐乙亥正月二十五日丁酉，葬于同鄉之樟坑原，距所居半里。而近是山坐兊向卯，土厚水深，可以妥君之靈，福君之後。將事告于左右前後之神，曰：皇皇后土，山川之主，壤廈泉臺，爾其守護，魑魎魑魅，爾其禁禦。祀事有常，𡚁威靈兮來與前葬。

姻契姪待補國學、補承信郎、江西轉運使司議事官劉椿記；契末文林郎、寶應軍軍學教授、兼淮東制置使司僉廳李方載填諱。

額題："有宋范君記券"

誌主索引

1. 本索引依四角號碼順序排列。
2. 本索引中誌主後的數碼為圖版和釋文的序號。

跋

我們在從事出土墓誌的整理與研究過程中，發現有關北魏、隋、唐時代墓誌的著作較多，而宋代墓誌結集出版尚屬空白，少量宋代墓誌也只散見於其他書籍的後面，給宋史研究者帶來了不便。曾接觸過不少歷史方面的專家朋友，不少人對出土的宋代墓誌十分感興趣，感歎目前全國尚未有一部有關宋代墓誌的專著。適逢《全宋文》已於2008年陸續出版。而結集出版宋代墓誌，一是可以對《全宋文》進行補遺，二是可以為宋史研究者提供最新的資料。有鑒於此，我們從2010年開始留意宋代墓誌，通過購買、交換等手段，陸續積累了墓誌拓片200餘件。這些墓誌大多是新出土或尚未發表的，少量為其他書籍已經刊登過圖版的墓誌。在余扶危先生及其他一些學者的鼓勵和支持下，《宋代墓誌輯釋》業已截稿，即將付梓出版。該書的出版，彌補了墓誌文獻整理中宋代墓誌輯釋方面的缺憾，能為宋史研究者提供一個研究平台，也算是力有所圖。

本書共輯錄宋代墓誌226方，我們運用文獻學、校勘學及語言文字學等相關學科相結合的整理研究方法，對墓誌進行釋文、點校、編目，以利研究者參考。

在收集拓片過程中，得到了李知建、李國欽、程迎昌、常德生、何漢儒、裴建平等同志的無私協助；洛八辦的王治軍先生為本書圖版進行了精心拍照。全書脫稿後，中國社會科學院著名墓誌研究專家趙超先生為該書撰寫了序文，中州古籍出版社洛陽分社鄭學通先生，洛陽師范學院秦金聚、高慎涛等為本書的出版付出了艱辛的勞動，在此一并致謝。

由於編者水準所限，在墓誌釋文、句逗、校讎等方面難免有疏漏和訛誤之處，敬請專家批評指正。

郭茂育

2015年6月

图书在版编目（CIP）数据

宋代墓志辑释 / 郭茂育，刘继保编著. —郑州：
中州古籍出版社，2016.2
ISBN 978-7-5348-5937-3

Ⅰ. ①宋… Ⅱ. ①郭… ②刘… Ⅲ. ①墓志—汇编—
中国—宋代 Ⅳ. ①K877.45

中国版本图书馆CIP数据核字（2016）第037019号

宋代墓誌輯釋
SONGDAIMUZHIJISHI

责任编辑：王小方
责任校对：郑学通
出 版 社：中州古籍出版社
（地址：郑州市经五路66号　邮政编码：450002）
发行单位：新华书店
承印单位：郑州新海岸电脑彩色制印有限公司
开　　本：787×1092mm　1/8　　**印　张**：67.5
字　　数：620千字　　**版　次**：2016年2月第1版
印　　次：2016年2月第1次印刷

定价：480.00元

本书如有印装质量问题，由承印厂负责调换。